Adolpho Wiener

Die jüdischen Speisegesetze nach ihren verschiedenen

Gesichtspunkten

Zum ersten Male wissenschaftlich-methodisch geordnet und kritisch beleuchtet

Adolpho Wiener

Die jüdischen Speisegesetze nach ihren verschiedenen Gesichtspunkten
Zum ersten Male wissenschaftlich-methodisch geordnet und kritisch beleuchtet

ISBN/EAN: 9783743315365

Hergestellt in Europa, USA, Kanada, Australien, Japan

Cover: Foto ©Thomas Meinert / pixelio.de

Manufactured and distributed by brebook publishing software
(www.brebook.com)

Adolpho Wiener

Die jüdischen Speisegesetze nach ihren verschiedenen Gesichtspunkten

Rabbiner Dr. A. Wiener.

Die jüdischen Speisegesetze

nach ihren verschiedenen Gesichtspunkten.

De ciborum e legibus divinis (biblicis)

atque

rabbinicis vetitorum indole et sententia.

Commentatio exegetica. critica.

quae institutionis nostrae rei historicae, religiosae. antiquariae rationem habet. corporis atque animi curam nec non vim ad vitam socialem respicit.

Auctore ADOLPHO WIENER.

Dioeceseos Oppoliensis Rabbino.

BRELSAU.

Schlesische Buchdruckerei Kunst- und Verlags- Anstalt
v. S. Schottlaender.
1895.

Die jüdischen Speisegesetze

nach ihren verschiedenen Gesichtspunkten

zum ersten Male

wissenschaftlich-methodisch geordnet
und kritisch beleuchtet

von

Rabbiner DR. A. WIENER.

Mit Unterstützung der Zunz-Stiftung und der All. Isr. Univ.

BRESLAU.
Schlesische Buchdruckerei, Kunst- und Verlags-Anstalt
v. S. Schottlaender.
1895.

Inhalts-Verzeichniss.

I. גיד הנשה „Die Spannader" (Nervus ischiadicus).

II. בשר בחלב „Fleisch mit Milch".

III. und IV. חלב ודם „Fett (Inschlitt) und Blut".

IV. דם „Blut".

Der Vollständigkeit vorliegender Abhandlung
wegen habe ich auch diesen Punkt gestreift, wiewohl bei der anerkannten Idiosynkrasie, man kann
sagen, dem unwiderstehlichen Ekel der Juden gegen
Blut überhaupt, der Genuss von Menschenblut bei
ihnen nie vorgekommen sein wird, es sei denn die
Aussaugung des Blutes zur Stillung einer Wunde.
(Der Talmud spricht auch oft vom Aussaugen des
Blutes aus den eigenen Zähnen, was allerdings lediglich als müssiges und albernes Geplauder zu betrachten ist.) Der Rabbinismus aber, der sich in
seiner kindlichen, man darf sagen, kindischen Naivetät,
einbildet, es gebe kein Gott wohlgefälligeres Werk,
als die Beschäftigung mit dergleichen (vermeintlichen)
religiösen Themata, discutirt noch über ganz andere,
ja über sterile, skurrile Utopien. Die treuen und
ergebensten Schildträger des Talmuds selber, die
Tossaph., sagen von diesem an mehreren Stellen,
besonders Ketub., 4 b, „dass die Talmudisten bisweilen
über Dinge discutirten, die nie existirten und nie
existiren werden, aber der Lohn für diese heilige
Beschäftigung wird nicht ausbleiben," und sie führen
als Beispiele solcher Utopien — die durch zahllose andere vermehrt werden können — die Stelle in
Gem. Chul. 70a an: בלעתו הולדה . . . ויצא מאליו מהו? ? Gem. Chul. 70a an
הדביק שני שני רחמים . . . יבמס לזה מהו? und diese skurrile
Beschäftigung geschehe משים יגדיל תורה ויאדיר. Kann
man sich da wundern, wenn sie auch eine akademische
Discussion — man möchte es besser Causerie nennen
— über den Genuss von Menschenblut führten?

„Discutire nur immer über talmudische Themata,
ist die Maxime des chauvinistisch angehauchten
Rabbinismus (mag auch gar keine reale Unterlage
dazu vorhanden, nur ein phantastisches Hirngespinnst
das Sujet sein), der göttliche Lohn ist dir verbürgt."
Diejenigen aber erkläre ich im Voraus für elende
Schufte, ehrlose Wichte, verlogene, blutdürstige
Sykophanten, denen auch sonst jede Glaubwürdig-
heit abgesprochen werden muss, die, um für ihr
verleumderisches Bubenstück Capital zu schlagen,
nur jene müssigen, windigen, rabbinischen Debatten
copiren, dagegen die von mir und den hochachtbaren,
weltberühmten, christlichen Theologen gegebenen
heiligen Betheuerungen und Verdicte über diese
Materie, in vorliegendem Buche Seite 194—199, verschweigen würden. Die dem blöden Fetisch des
wahnwitzigen Antisemitismus huldigende und den
Götzen der Intoleranz, des Rassenhasses Altäre er-
bauende, schamlose Presse, die literarische Abhandlungen verstümmelt, sie aus ihrem Zusammenhange
reisst, (nicht nach ihrem vollen Inhalte mittheilt,)
wird auch sonst vor Urkundenfälschung und vor
Falsch-, ja selbst vor Meineiden nicht zurückschrecken, um nur für ihre bübischen Zwecke, Förderung von Rassen- und Religionshass, Propaganda
zu machen. Wir haben dies an der Neige des neun-
zehnten Jahrhunderts des Heils erlebt. Bedauerlicher-
weise scheint es mancher Regierung bis jetzt noch
nicht einzuleuchten, dass durch ihr Gewährenlassen
der verhetzenden Ausschreitungen in der antisemitischen Presse die Vorfrucht des Anarchismus bei
dem Janhagel, dem blinden, von ihren Agitatoren
verführten Pöbel gezeitigt wird, hinter welchen jene
sich verstecken.

Der Seite 193 betreffs des verbotenen Genusses
von Menschenblut besprochenen Syllogismus, קל
וחמר, a minori ad majus: „Wenn schon Thierblut
so nachdrücklich, geschweige denn, dass Menschenblut verpönt ist", findet sich im „Tana di be
Eliahu rabbah", C. 15. In diesem in mehreren Ausgaben gedruckten agadisch-ethisch-religiösem Werke
finden sich neben manch Abstrusem und Abge-
schmacktem auch unser erwähnter, correcter Syllo-

Seite

gismus ausdrücklich hervorgehoben und einige auch in unserer Zeit noch für Juden und Christen sehr schöne beherzigenswerthe Morallehren. Ich habe übrigens über Abfassung dieses Werkchens meine eigene Ansicht.

Also דם מהלכי שתים 189

Mischnah, Tosefta, Gemara und deren Discussionen. . 189—193

Verleumderische, lügenhafte Blutbeschuldigung von Seiten unwissender, gewissen- und ehrloser, fanatischer Judenfeinde. Deren Widerlegung durch hochgelehrte, charactervolle, hochverehrte Theologen. Dr. Veith, Oberhofprediger in der Wiener St. Stephanskirche, Dr. A. Neander, Professor der Theologie an der Universität Berlin, Dr. Delitzsch, Professor der Theologie und orientalischen Sprachen in Leipzig. Unterredung des Königs Alfons mit dem Philosophen und Historiker Thomas, Buch des Professors an der Wiener Universität A. v. Sonnenfels, „Jüdischer Blutekel“ vom Jahre 1753.

„Gutachten“-Sammlung vieler Professoren und theolog. Facultäten (Berlin 1882 und Wien 1883) . . . . 194—199

Fortsetzung des historischen Gesichtspunktes. Gekochtes Blut, die Leber, Gehirn, Milz. Wenn dem Thiere nach dem Schlachten, bevor es verendet, das Genicke gebrochen wird. . . . . 199—201

Institution des Salzens . 202

Einleitendes. Bibel . . . . . . 202—203

Rabbinisches . . . . 204—206

Antiquarischer Gesichtspunkt bezüglich des Blutverbotes. Blut - Aberglaube und Missbräuche bei den alten Völkern . . . . 207—210

Das Salzen vom antiquarischen Gesichtspunkt 211

Blutverbot bei den Christen und Mohammed . . . . 213—214

Diätetischer Gesichtspunkt . . . . 214—216

Ethisches Motiv gegen die zu weit getriebene Ausdehnung der Institution der Salzung und Wässerung und Curiosum 217—219

V. und VI.

נבלה und טרפה „Zerrissenes und Aas".

VII. בהמות ועופות וכו׳
„Unreine Vierfüssler, Vögel und Fische".

In vielen Paragraphen des V. Buches die grösste Aehnlichkeit und fast Identität mit dem Pentateuch, (aber

Hierüber habe ich zur Vermeidung von Missverständnissen dasselbe zu bemerken, wie oben im
Inhaltsregister S. III über דם אדם. Es giebt wahrlich kein Volk, keine menschliche Rasse, die mehr
Idiosynkrasie, stärkeren Abscheu vor diesem Genuss
empfindet, als gerade wir Israeliten. Warum ich
aber über diese lediglich akademisch rabbinischen
Utopien den verbissenen Judenfressern gegenüber
nicht lieber geschwiegen? Um nicht die Vogel-
Strauss-Weisheit nachzuahmen. Wie leicht könnte
doch ein slavisch-tschechisch-rumänisch-jüdischer
Renegat, ermuntert von den frommen Verkündern
der Christuslehre, beispielsweise eines Rohling*)
und seines Alter ego Stöcker, jene talmudisch-rabbinische Lucubrationen, von denen — ohne zu übertreiben — ausser einigen Talmudbeflissenen von

---

*) Gegen diesen Idioten in Hebr. et theologic. Judaic., diesen
zweiten Haman, der dem durch den Process Stöcker-Baecker aller Welt
bekannt gewordenen damaligen Hofprediger ebenso glaubwürdig erscheint,
wie die heiligen Betheuerungen eines (jetzt in Gott seligen) Delitzsch,
wurde unter Intervention des k. k. Landesgerichtes Wien ein litterarisches
Material beschafft, wie das sonst wohl niemals bisher geschehen ist.
Zwei von der D. M. G. in Leipzig empfohlene deutsche Gelehrte von
europäischem Rufe haben, unter Eid genommen, nahezu 400 hebräische
Texte nicht blos übersetzt, sondern auch, und zum Theil in umfassender
Weise, erläutert und die Textfälschungen Rohlings und Consorten nach-
gewiesen. Dazu gesellt sich eine Reihe von Erhebungen, durch welche
die völlige Unglaubwürdigkeit und Unwahrhaftigkeit der von Rohling
an Eidesstatt abgegebenen blutanklägerischen Betheuerungen · auf's
Evidenteste constatirt wurden. S. „Zur Judenfrage von Dr. Josef Kopp,
Hof- und Gerichts-Advocat, Abgeordneter des niederösterreichischen
Landtags und des österreichischen Reichs-Raths.

Fach kein anderer Israelit jemals auch nur etwas
gehört hat —, und die der unwissendste und am
tiefsten stehende Israelit mit aller Entrüstung
perhorresciren würde, — doch herausstöbern und
gegen uns den Vorwurf erheben, dass wir eine verderbliche Geheimlehre besitzen, die wir verdecken,
vertuschen. Vgl Rohlings Inspirator, den landes-
verwiesenen Renegaten Paulus Mayer.

Eine jüdische Geheimlehre (die sogenannte Kabbalah), deren litterarische Erzeugnisse bekanntlich
jedermann leicht zugänglich sind, existirt einzig
und allein in dem Sinne von Mystik, und diese, die
übrigens in der Gegenwart nahezu in Vergessenheit
gerathen ist und höchstens in den slavischen Ländern
hin und wieder noch von einzelnen Gelehrten zum
Gegenstang des Specialstudiums gemacht wird, enthält nicht im Geringsten etwas Verwerfliches, Schäd-
liches, sondern nur Supernaturalistisches, Ueber-
spanntes, Träumerisches, das im praktischen Leben
gar keinen Anhaltspunkt hat. Sonst existirt bei uns
keinerlei Geheimlehre. Wir verweisen vielmehr auf
V. M. C. 30, 11—14.

Ich bedaure, bei Beurtheilung des Talmud bisweilen übersehen zu haben, dass dieser ja die biblischen Satzungen nicht immer nach religiös-ethischem,
sondern nach juridisch-casuistisch-formalem Gesichtspunkte aufgefasst und behandelt, wonach allerdings
oft der todte Buchstabe zu entscheiden hat. Hätte
ich diesen Differenzpunkt bei Bearbeitung des vorliegenden Buches stets, wie bisweilen, im Auge behalten,
so wäre mein Verdict über den Talmud oft weniger
herb ausgefallen. Durch die fraglichen verschiedenen
Gesichtspunkte lassen sich manche auffallende Widersprüche im Talmud zu seinen Gunsten lösen.

VIII. תערובות „Vermischungen".

Anhang II.

50 Jahre sind verflossen seit der ersten Rabbiner-
versammlung 1844 und 25 seit der ersten Syncde.
Diese konnte keinen beredtern und charaktervolleren
Anwalt finden, als ihren Secretär, den wackeren
geist- und gemüthvollen Advocaten Emil Lehmann,
Gemeinde-Vorsteher in Dresden (Z. d. Jud. No. 27 d. J.)
Ich habe von den hochachtbaren und gelehrten
Antragstellern und Begutachtenden gerade Fürst
und Geiger namhaft gemacht, weil diese Beiden dem
in diesem Buche behandelten Thema besonders
Rechnung trugen.

Ergänzungen.

Nachbemerkungen.

VORWORT.

Die auf dem Titelblatt genannten verschiedenen Gesichtspunkte, unter denen ich in vorliegendem Werke die jüdischen Speisegesetze zu behandeln mir vorgesetzt habe, sind:

1. der historische,
2. der religiöse,
3. der antiquarische,
4. der diätetische,
5. der interconfessionelle.

In historischer Beziehung werden die Grenzen zwischen dem biblischen, mischnaischen, talmudischen Zeitalter markirt und die Fortbildung der Speisegesetze im Verlaufe dieser geschichtlichen Phasen des Judenthums nachgewiesen.

In religiöser Beziehung werden die Ansichten der Exegeten und der Gesetzlehrer über die religiösen Motive der jüdischen Speisegesetze mitgetheilt und kritisch geprüft.

In antiquarischer Beziehung werden die jüdischen Speisegesetze mit denen anderer Völker des Alterthums verglichen.

In diätetischer Hinsicht dürfte es rathsam sein, die wohlthätige oder nachtheilige Einwirkung der jüdischen Speisegesetze auf die Gesundheit des Körpers zu untersuchen. Da Verfasser dieser Abhandlung aber kein Mediciner ist, so begnügt er sich nur mit einigen gelegentlichen, unmassgeblichen Aeusserungen [1]).

---

[1]) Die älteren, wie die jüngeren Commentatoren der Schrift ziehen wohl diesen Gesichtspunkt in den Kreis ihrer Forschungen, die wir weiter unten reproduciren. Doch gehört dieser Gesichtspunkt dann, als über die Motive handelnd, eher in die Rubrik „Religiöse Beziehung".

In interconfessioneller Hinsicht wird gezeigt, welchen Einfluss die jüdischen Speisegesetze auf den socialen Verkehr zwischen Juden und Nichtjuden ausgeübt haben und immerfort ausüben.

Der Verfasser hält es wegen vieler wissenschaftlicher Motive für opportun, die aufgestellten, verschiedenen Gesichtspunkte nicht in besondere Hauptrubriken getrennt zu behandeln, sondern sie alle bei jedem einzelnen der Speisegesetze zu erörtern. Es dürfte sich vielleicht diese Eintheilung der Arbeit als nothwendig, oder doch als die am meisten geeignete herausstellen. Nur die Erörterung des interconfessionellen Gesichtspunktes erheischt ihrer Natur nach am Schlusse auf die Gesammtheit der jüdischen Speisegesetze ihre Anwendung und Erledigung. Wenn und wo ich vielleicht die Anordnung nicht so strikte innehalte, wie man es nach dem voranstehenden Schema erwarten sollte, da ist nicht Willkür, sondern eine individuelle Auffassung von Einfluss, der ich nicht untreu werden durfte, ohne der Abhandlung das Gepräge subjectiver Wahrhaftigkeit zu entziehen.

Bevor ich indess in medias res eintrete, will ich noch einem folgenden Gedanken als allgemein leitendem Gesichtspunkte Ausdruck geben.

Einen wesentlichen Bestandtheil der mosaisch-jüdischen Gesetzgebung bilden unstreitig die Speisegesetze; es ist keines der fünf Bücher Moses, worin nicht von dem einen oder anderen Speisegesetze die Rede ist. Findet sich doch gleich auf dem ersten Blatte der Genesis, und ist ja doch geradezu das allererste Verbot an den ersten Menschen ein Speiseverbot: „Von dem Baume der Erkenntniss des Guten und des Bösen sollst du nicht essen." (1 M. 2, 17.) Dann auch 1 M. 9, 4.

Aber so ausgedehnt und umfangreich die Speisegesetze, so verschieden sind auch ihre Motive, soweit ist Absicht und Zweck des einen Speiseverbotes von dem anderen verschieden: ja, die Motive sind bisweilen einander entgegengesetzt[1]). Bald ist eine

---

[1]) Darum kann wohl nicht von den Motiven der jüdischen Speisegesetze im Allgemeinen und überhaupt die Rede sein, sondern von denen jedes einzelnen insbesondere. Unwissenschaftlich — nur dogmatisch-parteiischer Eingenommenheit entspringend — sind daher Aeusserungen

Speise verboten, weil sie für den profanen Genuss zu gut, für
den Altar nur bestimmt ist, wie das Fett הלב und nach Ansicht
mancher Exegeten, zum Theil der Schrift selbst, auch das Blut:
„Ich habe es für euch auf den Altar bestimmt, eure Seelen zu
sühnen; darum sagte ich, keiner von euch soll Blut geniessen."
(3 M. 17, 11—12)[1]); bald ist eine Speise verboten, weil sie zu
schlecht, zu gemein, weil sie unrein, des Menschen, des Israeliten
unwürdig, wie die unreinen Thiere, Gefallenes, Zerrissenes. Ebenso
verschieden sind die Speisegesetze aber auch nach dem Grade der
Klarheit und Durchsichtigkeit ihrer Motivirung; bei manchem,
wie bei dem im 2. M. 23, 19 „das Böcklein in der Milch der
Mutter" wissen wir noch gar nicht, was das Verbot eigentlich
bedeutet, da die bei uns durch die Rabbinen tradirte Bedeutung
dieser Schriftworte die am wenigsten richtige ist. Ferner, während
wir bei dem einen über das Motiv seiner Einsetzung keinen Augenblick im Zweifel sind, die Schrift selber uns den Grund angiebt,
der uns auch einleuchtend ist, lässt sie uns über andere im tiefsten
Dunkel, streift bei ihnen, wie beim Verbot des Genusses vom
Baume der Erkenntniss und der Spannader am Hüftgelenke, in
das Gebiet des Mythos. Während manches Speiseverbot sich auch
in den Gesetzgebungen anderer alten Völker findet, also wohl auf
einer allgemeinen Idiosynkrasie, einem instinctiven Widerwillen

wie folgende und ähnliche: „Der wahre Bibelgelehrte wird in einem
Gesetze Mosis auch das Princip der ganzen Gesetzgebung festgehalten
finden," (R. S. R. Hirsch), was doch wohl namentlich von der Speisegesetzgebung in ihrer Gesammtheit gelten soll.

[1]) Nur weil der Talmudismus die Speisegesetze nicht nach ihrer
Verschiedenartigkeit und darum auch nicht dem Geiste nach, sondern
sie gleichsam summarisch, als aus einem und demselben Motiv oder
aus Willkür erflossen auffasste und behandelte, sind Discussionen, wie
die folgende, möglich gewesen. Menach. 5, 2: „Wenn ein Fehler-
haftes, das zum profanen Gebrauch gestattet, nicht altarfähig ist, geschweige dass Zerrissenes, das ja schon zum Profangebrauch nicht verstattet, für den Altar unzulässig sein muss. Das ist ein gesunder, vernünftiger Syllogismus. Wenn hingegen aber daselbst eingeworfen wird:
„Fett und Blut sind ja für den Profangebrauch verboten und doch für
den Altar gestattet", so heisst das die Logik auf den Kopf stellen und
die talmudische Discussion spricht sich selber ihr . . . Urtheil.

und Eckel beruht[1]) oder den Israeliten von andern Völkern oder umgekehrt, entlehnt worden, erscheint ein anderes geradezu als antithetisch, eine Speise gerade deshalb verboten, weil der Genuss bei den Götzendienern als ein religiöser Ritus galt. Noch andere Speiseverbote waren präkautioneller oder prophylaktischer Natur, Präservative, um einem eigentlichen Delict vorzubeugen. So war es (2 M. 34, 15—16) verboten, vom Opfer der Götzendiener zu geniessen, um nicht dadurch eheliche Verbindung mit ihnen zu schliessen und dies wiederum eine Cautele, um nicht zum Götzendienst verleitet zu werden. (Siehe indess weiter unten.)

Als mythisch bezeichneten wir zunächst das Verbot des Genusses der Frucht vom Baume der Erkenntniss. Es ist freilich, wie die Gepflogenheit (nicht das Gebot), die Spannader nicht zu geniessen, vormosaisch[2]). Doch ist es ja herkömmlich, alle Institutionen, die sich im Pentateuch vorfinden, mosaisch zu nennen, obgleich der ganze Inhalt des sogenannten ersten Buches Mosis durchwegs vermosaisch ist. Freilich kommt jenes erste Gebot von der Erkenntnissfrucht hier gar nicht in Betracht, weil es ohne jede praktische Bedeutung für das Leben und die Speiseeinrichtung der Israeliten geblieben[3]).

Ueber die Genesis dieser Arbeit und manches sie Betreffende wird noch am Schlusse gesprochen werden.

Anmerkungen, auf die in diesem Werke hingewiesen wird, die sich nicht als Fussnoten vorfinden, haben am Ende jedes Artikels, so nach גיד הנשה, nach בשר בחלב u. s. w. ihre Stelle.

---

[1]) Bechor. 37 a. דברים שהנפש קצה בהן כגון נבלת וטרפות שקצים ורמשים.

[2]) Wir hätten freilich die ganze obige Bemerkung ersparen können, wenn wir gar nicht von **mosaischen**, sondern von **biblischen** Speisegesetzen gesprochen hätten. Wenn wir etwa in Zukunft das Wort „mosaisch" gebrauchen, so wollen wir damit nicht etwa zugeben, dass Moses der Verfasser des ganzen Pentateuchs ist. „Mosaisch" ist in dieser Abhandlung gebraucht synonym mit „biblisch", im Gegensatze zu „rabbinisch".

[3]) Wegen mancher in dieser Arbeit unnöthigen Wiederholung erbitten wir die Nachsicht des Lesers. Wenn man sich lange mit dem Talmud beschäftigt, verfällt man in seinen Fehler. תני והדר תני.

Was meinen theologischen Standpunkt in dieser Abhandlung betrifft, so spreche ich mit dem sel. Luzzatto (Vorwort zum Mischthadel 5 B. M.): „Ich bin weder starrgläubig, noch Neolog, weder Buchstabenverehrer, noch Philosoph, weder Rabbanit, noch Karait, aber ich forsche nach Wahrheit, nehme sie an von dem Geringsten, weise die Täuschung auch der höchsten menschlichen Autorität zurück. All mein Forschen gipfelt in dem Streben, „Sinn und Absicht" der Schrift, des Gesetzgebers zu erfassen und verschmäht es, den Schriftwerken eine Deutung unterzuschieben, um sie mit der Halacha in Einklang zu bringen.‟

NACHWORT.

Bei meinem vorgerückten Alter Nebensächliches zu vergessen befürchtend, schrieb ich das Vorwort zu vorliegender Abhandlung noch vor Beginn des Abdrucks des ersten Bogens. Während des Druckes stellten sich bei mir gewisse Reflexionen ein, die ich meinem Leserkreis nicht vorenthalten zu sollen glaube, und die hier darum als Nachwort ihren Ausdruck finden. Vor allem muss ich bemerken, dass die Gliederung, die verschiedenen Gesichtspunkte, nach denen diese Abhandlung bearbeitet wurde, von einem gelehrten, tiefen Forscher [1] vorgezeichnet waren, denen ich, so gern ich es wollte, doch während der Ausarbeitung nicht immer ganz stricte folgen konnte. Er hat diese Abhandlung bis zu dem „Allgem. Interconfession. Gesichtspunkt" gelesen. Sein empfehlendes Urtheil darüber kann ich produciren.

Einige Zeit dachte ich daran, die Abhandlung statt in deutscher, in hebräisch-rabbinischer Sprache zu veröffentlichen. Sie sollte gerade für den engen Kreis der talmudischen Gelehrten-Republik verfasst, und jedes andere Raisonnement, nicht eigentlich Wissenschaftliches, zumal gar aufregende Expectorationen sollten ausgeschlossen sein. Da aber einige kleine Auszüge in deutscher Sprache, die ich als Fühler zur Veröffentlichung aussandte, von einigen jüdischen Zeitschriften mit der Motivirung zurückgewiesen wurden, dass während der antisemitischen Epidemie alles vermieden werden

---

[1] Der fragliche tiefe Forscher ist kein Anderer, als der zu Ende des abgelaufenen Jahres verschiedene allgemein betrauerte, als Gelehrter und Kanzelredner hochgefeierte Oberrabbiner Dr. Jellinek in Wien. Ich konnte ihm in meinem Nachrufe am Sabbath וארא mit dem Midrasch zur Sidra nachrufen חבל על דאבדין.

müsste, was innerhalb der Judenheit selbst auch nur im Geringsten
Zersplitterung hervorzurufen geeignet sein könnte, [1] musste ich befürchten, dass, wenn die vorliegende Abhandlung in der hebräischen, zumal gar rabbinisch-hebräischen, Sprache erschiene, sie
gerade von den Rabbinen todtgeschwiegen werden würde. So entschloss ich mich denn, sie in deutscher Sprache zu veröffentlichen,
sie also auch dem gebildeten Laienpublicum zugänglich zu machen.
Darum schwankt der Charakter dieser Abhandlung zwischen dem
einer volksthümlichen und dem einer gelehrten, mit vielen fremd-
sprachlichen Citaten versehenen Arbeit. Sind von diesen letzteren
auch nicht alle in die Muttersprache übersetzt, so wird sich doch

---

[1] Erst jetzt, da der letzte Bogen dieser Abhandlung zu Ende ge-
druckt und ihm dieses Nachwort nachgeschickt wird, lese ich, während
ich jahrelang ein „Prediger in der Wüsten" war, in der „Israel. Wochen-
schrift" (letzte Nummer des Jahrgangs 1893) — quod felix faustumque
sit — möge es ein günstiges Zeichen fortschrittlicher Gesinnung für
alle Zukunft sein, das mir aus der Seele gesprochene, erlösende Wort:
„Wir beklagen tief das Zurückgedrängtwerden des religiösen Freisinns ...
das ist ein fauler Friede, wenn wir, um nach aussen uns einig zu zeigen,
die naturgemässen religiösen Gegensätze verdecken, vertuschen; auch
unsere Gegner zweifeln nicht daran, dass diese Gegensätze für keinen
vernünftigen Juden irgendwie bedeutsam sind, um uns in Secten zu
trennen und uns die Gemeinsamkeit vergessen zu lassen."
„Nur die religiöse Aufklärung kann das heranwachsende Geschlecht
bei unserer Fahne halten. Im religiösen Streite wollen wir Keinen
kränken, Keinen verhöhnen, wollen wir jede ehrliche Ueberzeugung
achten und nur die Unehrlichkeit oder die Herrschsucht bekämpfen, ob
sie nun für oder gegen uns sind. Aber Zeit ist es, dass die Freisinnigen
sich sammeln, dass das Banner der Aufklärung in der Synagoge wieder
aufgerollt wird, dass wir neben und über dem Frieden doch auch der
Wahrheit die Ehre geben." Das sind Worte, die wir zu hören, zu
lesen schon lange gewünscht und ersehnt haben. Mögen andere jüdische
Blätter bald ebenfalls ohne Furcht und Menschenscheu Gott, der Wahrheit, die Ehre geben und trotz Antisemitismus und Muckerei gegen die
eingetretene Stagnation zum erleuchteten, religiösen Fortschritt auf unserem alten ehrwürdigen Religionsgebiete auffordern! Gleich beherzigenswerth ist der mit B. J. unterzeichnete Aufsatz N. 4 d. J. das. Hoch-
interessant ist auch der instructive Artikel von Dr. Kuttner, Allg. Ztg
des Jud. N. 4 d. J.

jeder intelligente, wenn auch nicht gelehrte. Leser über deren Sinn und Inhalt durch den Zusammenhang im Texte orientiren können. Erscheint ihm manche Stelle interesselos, gleichgiltig, so dürfte ihm oft schon die folgende Seite, eine folgende Ausführung oder Erörterung von Interesse sein.

Ich bin mir bewusst, dass die leidigen socialen Zeitverhältnisse der Verbreitung und Veröffentlichung dieser Abhandlung sehr ungünstig sind. [1]) Da ich aber bei meinem vorgerückten, hohen Alter nicht hoffen darf, noch das Aussterben der „schmachvollen" Bewegung dieses Jahrhunderts zu erleben, so soll diese Arbeit nicht in meinem Pulte eingeschlossen bleiben.

Mir drängt sich als unabweisbare Forderung unserer Zeit die Berufung einer Synode auf, in der noch ganz andere vitale Fragen, tief in's sociale Leben eingreifende Constitutionen ihre Erledigung finden müssten, auf die ich an einigen Stellen dieses Buches hingedeutet habe.

Die eine unerlässlich dringende Bitte richte ich an Uebereinstimmende, wie an Gegner dieser Schrift, an jüdische, wie an christliche Leser, nur ja und ja nicht einzelne Stellen herauszugreifen, sondern das Ganze von Anfang bis zu Ende zu lesen; nur so herausgefordert und angegriffen kann und werde ich unbedenklich jedem Rede stehen und etwaige Unrichtigkeiten und Irrthümer anstandslos eingestehen und gern berichtigen.

Ich schätze und ehre wahrlich meine Collegen hoch — der Sache entgegen — der Person Freund. — Wir könnten herrliche Institutionen haben, um die uns alle Welt, alle wissenschaftlich Erleuchteten beneiden würden und ausrufen müssten: מִי כְּעַמְךָ אֲשֶׁר לוֹ חֻקִּים וּמִשְׁפָּטִים צַדִּיקִם כְּכֹל הַתּוֹרָה הַזֹּאת! 5 M. 48.

Wir sind in der glücklichen Lage, dass wir kein Consistorium, keinen Oberkirchenrath besitzen, die uns vorzuschreiben das Recht hätten, was wir zu denken, was wir zu glauben, wie wir zu beten haben; die Staatsbehörde mischt sich nicht, wie sehr oft in

---

[1]) Die Ehre eines sonst edlen Lebenden, noch mehr eines hochgeehrten Todten legen der Erwähnung einer sonstigen Schicksals-Ungunst, die der Veröffentlichung dieser Abhandlung widerfahren, Schweigen auf.

früheren Zeiten, in unsere inneren religiösen Angelegenheiten, sie lässt uns nach unserer eigenen Façon selig werden. Darum fehlt es in dieser Abhandlung bisweilen nicht an verstimmenden, bisweilen vielleicht verletzenden Expectorationen רבות אחתי ולבי דוי; denn es schmerzt mich tief, dass nicht Remedur geschafft, Hand an's Werk gelegt wird, damit das von dem, zum Theil sogar missverstandenen, Talmudismus, seinen Ausspintisirungen und Schnörkeleien bisweilen überwucherte Judenthum in einer Synode intelligenter, für ihre angestammte Religion begeisterter Männer durch gewissenhafte Läuterung in seinem biblischen Glanz wiederhergestellt werde: להחזיר העטרה ליושנה.

Freilich werden nicht alle Gemeinden folgen, steht ja auch nicht eine Gemeinde auf derselben Bildungsstufe, wie die andere; auch spielen auf diesem Gebiete oft locale Verhältnisse, günstige oder ungünstige, eine Rolle. Was aber für manche Gemeinde heut noch nicht opportun, kann es doch bisweilen schon in einem oder zwei Decennien sein.

Da ich mich meist eines Vorlesers und Schreibers bediene, mit dem ich oft wechseln musste, so ist die Orthographie und die Wiedergabe hebräischer Namen mit deutschen Lettern keine einheitliche. Besonders muss ich, da ich wegen meiner weit vorgerückten Augenschwäche und Kurzsichtigkeit die Arbeit oft tage-, sogar wochenlang unterbrechen musste, wegen mehrerer überflüssiger Wiederholungen und nicht immer an rechter Stelle angebrachter Noten um Entschuldigung bitten.

Alle, oder doch die meisten, noch so dringend unerlässlichen Reformen (auf dem Gebiete vieler unserem heutigen geläuterten Bewusstsein nicht entsprechender Liturgie- Speise- und besonders Ehegesetze) werden, wenn nicht ganz ignorirt, doch nur lückenhaft, Stückwerk bleiben, so lange wir uns nicht über unsere veränderte Stellungnahme zu Talmud und Schulchan aruch klar werden und offenkundig aussprechen. Von den Rabbinern in Amt und Stellung, und wären ihrer Legionen, ist das nun einmal nicht zu erwarten. Wo noch etwas Erkleckliches an Reformen geschah, gaben intelligente Laien den Impuls, die Rabbinen waren höchstens die Nachgebenden.

So hoch ich die damaligen Rabbiner in Berlin schätze, so gross auch meine Pietät gegen sie ist, der Gottesdienst stände vielleicht dort, wie damals vor sechzig Jahren fast noch überall in Deutschland, in seiner Verwilderung, Erbauungslosigkeit da, die gerade Biedersten, Edelsten, Gebildetsten wären dem Gotteshause entfremdet geblieben, wenn nicht durch die Bemühung einiger Intelligenten der sel. Dr. Sachs auf die Kanzel berufen worden wäre, zum Theil freilich auch, um der eigentlichen Reform in der Johannisstrasse ein Paroli zu bieten.

Ueber seine Stellung zu dem fraglichen Schriftthum hat sich Verf. der vorliegenden Abhandlung, einer der (שם בלי אישי aber doch) ältesten der Rabbiner Deutschlands, der von seiner frühesten Jugend bis heute Bibel und Talmud nicht aus seinem Gesichtskreis verlor, an mehreren Stellen dieses Buches ohne Scheu und Rückhalt ausgesprochen, dass er Talmud und Schulchan aruch von menschlichen Fehlern, Schwächen und Irrthümern ihrer Zeit nicht freisprechen kann. Man höre hierüber die Stimme eines in der Gelehrtenwelt hochgefeierten Mannes, des Professors am Colleg und Rabbiners in Görz, des seligen Reggio.

Er schrieb 1853 in der hebr. Beilage zur Wiener Vierteljahrschrift: „Ich weiss, warum die Herren über meinen „Bechinath ha Kabbalah" sich nicht vernehmen lassen; aus ihrem Schweigen erkenne ich ihre Gesinnung. Der Ruhm der Rabbiner und ihr Ruf gründet sich auf ihre Beschäftigung mit dem Talmud, das ist der Fels, auf dem sie ihre Aussichten, höher zu steigen gründen; darum kämpfen sie für ihn mit aller Kraft, denn sie stehen und fallen mit ihm. Deshalb knirschen sie gegen Jeden, der so kühn ist, die Mängel und Fehler des Talmuds aufzudecken, und bemühen sie sich hartnäckig, alle in ihm befindlichen Irrthümer aufrecht zu erhalten..."

So der ehrwürdige siebzigjährige Greis, den wohl keiner unter allen Rabbinen Deutschlands an Vertrautheit mit dem Talmud überragt, mit dem aber, was seine profunde Kenntniss und Erforschung der heiligen Schrift, die Gewandtheit und Klassicität seines hebräischen Stiles betrifft. — was mir gewiss keiner meiner Collegen ver-

übeln wird — keiner von unseren Zeitgenossen — mit Ausnahme
des sel. Luzzato — sich messen könnte. Und dieser, unbesoldet
sein Rabbineramt verwaltende Reggio war keineswegs Neolog und
reformsüchtig, er polemisirt ja an vielen Stellen gegen den sonst
von ihm hohverehrten Modena und tritt bisweilen für den Talmud
in die Schranken. Aber er gehörte zu den wenigen Charakteren,
denen die Wahrheit über Alles geht: er gehörte nicht zu denen,
die, wie so viele Talmudisten, uns in der Religion zu befestigen
vermeinen, wenn sie es — man verzeihe uns den Ausdruck —
besser, vorsichtiger als die Gottheit selber machen wollen; sondern
zu denen, die es der höchsten Weisheit, Gott selber, überlassen,
wie er sein Gesetz befestigt, beschützt und umhegt wissen wollte.

Aber ich bin weit entfernt, das so herbe Verdict unseres
hochverehrten sel. Reggio vollauf, ohne Einschränkung zu unterschreiben, etwa über alle Talmudanbeter den Stab zu brechen.
Lange nicht bei allen ist Selbstsucht, Selbstberäucherung das Motiv
ihrer Talmudverhimmelung.

Der jetzige Nachwuchs, die heutigen jungen Theologen, kennen
nur einen geringen Theil des Talmuds, der bei weitem grössere·
Theil ist ihnen unbekannt, wofür wir sie durchaus nicht verantwortlich machen können. Einen Theil ihrer Lebensjahre müssen sie auf
dem Gymnasium zubringen, später auf der Universität Humaniora,
Philologika und Philosophika, homiletische Studien betreiben. Nun
kommt allerdings die obligate Erlernung und Pflege der rabbinischen
Casuistik. Später im Amte haben sie, was wir ihnen gewiss nicht
verübeln, um ihren Predigten den Beifall des Publicums zu sichern,
volle Veranlassung sich mehr mit den deutschen Classikern, als
mit den הויות דאבי' ורבא zu beschäftigen. Hätten sie Musse, den
bei weitem' grösseren Theil des Talmuds (und des Schulchan aruch)
zu studiren, so könnten sie unmöglich wünschen, dass die fraglichen Werke übersetzt und noch weniger im Ernste hoffen, dass dann
diese Literatur bei Juden und Nichtjuden an Ansehen und Achtung
gewinnen würde. Wohl findet sich in den 12 voluminösen Foli-
anten des Talmud auch Schönes, Löbliches, Schätzbares: aber mehr
als zehn Zwölftel enthalten ja Antiquirtes, Verlebtes, das nur noch
für diejenigen nicht ganz unbrauchbar geworden, die an eine

einstige Rückkehr nach Palästina, an den Wiederaufbau des Tempels in Jerusalem glauben, wo die Priester einen „herrlichen!" Gottesdienst, über dessen zeitige und zeitliche Unterbrechung sie Thränen vergiessen und Seufzer ausstossen — wieder herstellen, die Thiere schlachten, sie abhäuten, ausweiden, das Blut und Fett auf dem Altar in Rauch aufsteigen lassen werden. In diesem Sammelwerke, worin Hunderte von Personen, gebildete und ungebildete, erhabene und seichte Charaktere, die in verschiedenen Jahrhunderten, in verschiedener Herren Ländern das Wort geführt, finden sich auch Märchen, Abergläubisches,[1] Gespensterhaftes, auch Einiges, das sich leider (ich will nicht sein ein טבע מללה, sondern vielmehr ein מכבס טבעים) mit unserer heutigen fortgeschrittenen Gesittung und Moral durchaus nicht vereinigen lässt. Dem Talmud ist darob nicht zu grollen, er theilt die Schwächen und Irrthümer seiner Zeit- und seiner Landesgenossen. Dazu kommen noch die grausamen Verfolgungen, Scheiterhaufen, und was noch immer in majorem dei gloriam gegen sie verübt wurde. Aber wie unfasslich, wie unbegreiflich, ihn als einen unfehlbaren Codex anzuerkennen und preisen zu wollen! Es gereicht uns gerade zur Ehre, dass wir — trotz des Talmuds, trotz mancher Fadheiten, Abgeschmacktheiten, trotz mancher nicht zu billigenden Maximen, die freilich nicht das Volk, sondern nur Talmudisten vom Fach kennen, — durch eigenes Denken, Forschen und Arbeiten, ohne summus episcopus, ohne Consistorium, ohne Oberkirchenrath es dahin gebracht, dass wir an Wahrheitsliebe, Gerechtigkeit, Moralität, Gesittung und Humanität der besten Gesellschaft unserer christlichen Mitbürger nicht nachstehen.

Ueber die Hyperorthodoxie, die auch das Fadeste, Abgeschmackteste in der talmudischen und Schulchan aruch-Literatur, nach der Maxime credo, quia absurdum, für göttlich offenbart hält, will ich kein Wort verlieren. Wohl giebt es Gott sei Dank auch Viele, die im Talmud wohl bewandert und von dem besten Willen

---

1) Statt unzähliger Beispiele nur das eine: Eine der allerherrlichsten biblischen Institutionen, ein Sabbathgesetz, wird in der Mischnah Erubim 4, 1 mit den Worten eingeleitet, wie es sich in dem Falle verhalte, wenn Jemand von einem Dämon über die Sabbathgrenze hinausgeführt wird.

beseelt sind, das Bessere einzuführen, aber (s. oben) dem Antisemitismus gegenüber müsse nach ihnen selbst der leiseste Schein
einer Uneinigkeit unter uns vermieden werden. So tragen wir,
die wir ein unserer Ueberzeugung entsprechendes, freisinniges,
fortschrittliches Judenthum wünschen und erstreben, den Schaden
davon; den Gewinn heimst die Hyperorthodoxie ein, der sich jetzt
die Neuorthodoxie anschliesst, und so ist seit Mitte der siebziger
Jahre eine Stagnation, — nein, nicht Stagnation, sondern nach
dem Wahlspruch **יסיך מוסיך ודלא** ein Rückschritt eingetreten:
an dem Gewinn participiren die Antisemiten, die mit der einzigen
Ausnahme der Inhibirung des rituellen Schächtens, ja nichts sehn-
licher wünschen, als dass wir in Cultus und Cultur, in Riten und
Sitten, uns von unseren christlichen Mitbürgern durchweg unterscheiden und für die Uebersiedelung in's Ghetto vorbereiten sollen.

Aber die Verquickung der Ultra- mit der Neuorthodoxie ist
doch nur eine Mesalliance. Vergleichen wir nur die jüngsten
beiden Expectorationen der beiden Schulen. Es liegt mir gewiss
fern, mit meiner Kritik zwei Vertreter beider mir nicht sympathischer
Richtungen herabzusetzen; ich kenne deren anderweitige grosse Verdienste um das Judenthum, die ich gewiss anerkenne. Die „jüdische
Presse" bezeichnet im Jahrg. 1894 in einem Nachruf auf Dr. Jellinek
Nr. 1 S. 1. im Gegensatze zu der freisinnigen Richtung die ihrige
als die, „welche Gewissen und Ueberzeugung davor zurückbeben
lässt, Menschenwitz und Deutelei an die Stelle des Gotteswortes
der Bibel zu setzen". Der Verfasser jenes Nachrufes, wer er
immer sei, verzeihe mir, wenn ich sagen muss, dass gerade das
Entgegengesetzte die Wahrheit ist. Das Streben der Freisinnigen,
die sich mehr dem Karäismus nähern, ohne gerade wie dieser zu
buchstäbeln, geht dahin, den Sinn und die Bedeutung des Bibelwortes ganz zu erfassen und ihm Folge zu geben, während es ja
gerade „der Menschenwitz, die Deutelei, die Willkür, die man an
die Stelle des Gotteswortes setzte", war, was die Karäer dem
Talmudismus abwendig machte, wie es auch heute der Wunsch
und das Streben des freisinnigen Judenthums ist, statt der talmudischen Witzelei und Deutelei das Bibelwort zu setzen. Ist es nicht
gerade der Talmud, der sich erkühnt, das Wort Gottes zu amen-

diren, zu meistern? Statt vieler hundert Beispiele nur zwei: Nach
dem Gotteswort soll am ersten Tage des siebenten Monats in
die Posaune gestossen, am fünfzehnten desselben der Feststrauss
genommen werden: aber der Talmudismus ist religiöser! Wenn
der erste, resp. der fünfzehnte Tag des siebenten Monats auf
Sabbath fällt, so unterbleibe dies, denn man könnte vergessen, den
שׁוֹפָר, resp. den לוּלָב schon am Rüsttage in das Gotteshaus zu
bringen, und würde dann erst am Sabbath „die schwere Last!"
dorthin tragen. Die Schrift lässt Gott von sich selber sagen וְנַקֵּה
לֹא יְנַקֶּה, „dass seine Langmuth doch auch eine Grenze habe und
beim Verharren in der Sünde die Strafe nicht ausbleibe". Die
Talmudisten aber legen uns die Unwahrheit in den Mund, Gott
das Entgegengesetzte sagen zu lassen וְנַקֵּה „er lässt ungestraft".
Das Raisonnement Rabbi Eleasars (Gem. Joma 86a hierüber kann
doch einen nüchternen Forscher unmöglich befriedigen, und noch
dazu der ungrammatische Schluss des Verses mit einem Infinitiv.

Während nun die „Jüdische Presse" den theologischen Frei-
sinn tadelt, dass er die eigentliche Willkür, seinen Aberwitz in
die heilige Schrift hineindeutelt, dagegen die strengen Anhänger
des Talmuds lobt, die — der Wahrheit diametral entgegen — allein
sich stricte an die Bibel anschliessen. enuncirt Herr Oberrabbiner
Dr. Güdemann das Entgegengesetzte: er hebt es als das Hauptver-
dienst des Talmud hervor, dass er sich über die Bibel erhebe,
es besser wisse, besser mache als diese[1]). Dr. G. spricht in
seiner sonst rhetorisch meisterhaften Rede zur Einweihung des
Wiener Rabbiner-Seminars, wie sie in Nr. 43 der „Israel. Wochen-
schrift" 1893 abgedruckt ist, unter Anderem wörtlich, wie folgt:
„Dem Talmud imponirt gar nichts, nicht einmal der Himmel[2]),
nicht im Himmel ist die göttliche Wahrheit zu suchen. lautet sein
Grundsatz, den wir verwegen nennen müssten. wenn ihm nicht
nach der talmudischen Sage, welche diesen Grundsatz aufgestellt

---

[1]) Wie sich ja der Talmud selber an mehreren Stellen eine solche
Superiorität vindicirt: יתר משל הורה. חכמים עשו חיזוק לדבריהם Ferner:
יש בח ביד חכמים לעקור דבר מן התורה. Freilich wird hinzugefügt: בשב
ואל תעשה Vgl. dazu יד. מלאכי.

[2]) s. was ich unten S. 385 Note 2. היו עצמי darüber bemerkt.

und verherrlicht, Gott selbst Beifall gezollt hätte." Ich aber rufe
diesem Verdict — wahrlich eher licentia poetica denn als objective
Lehre — zu: הבמים הורי ברבים es könnte uns gefährlich, zumal in unserer Zeit des Antisemitismus, sehr gefährlich werden. Wird
unsere Religion angegriffen, unser Moral- und Sittengesetz als ein
gegen das christliche inferiores herabgesetzt, so sagen wir, und mit
vollem Recht, das jüdische und das christliche Sittengesetz ist ein
gemeinsames, die Quellen und Wurzeln Beider sind „Das Alte
Testament", und wir weisen den feindlichen Vorwurf und Angriff,
dass der Talmud den Juden über die Bibel geht, zurück. Hier
aber wird den talmudischen Enunciationen eine grössere Autorität
als den biblischen vindicirt, und als sei die Bibel ohne Talmud
„etwas Veraltetes, Todtes, ein גוף בלא נשמה ein Körper ohne Seele,
ohne Geist" 1)

1) So kann man von beiden Schulen (— der starren und der ver-
mittelnden Orthodoxie — es liegt mir wahrlich fern, sie zu schmähen
oder zu verletzen, aber amicus Plato, sed magis amica veritas —) sagen
לא הרי זה כהרי זה הצר זה השוה שבהן: „von diamentral entgegengesetzten
Gründen aus, sind sie schwärmerische verzückte Verhimmler des Talmuds."
Ich aber und meine Gesinnungsgenossen sagen: Die Bibel allein
ist und bleibt für uns der heilige und lautere Born, der Talmud nur
dessen oft noch klarer und lauterer, eben so oft aber auch ver-
schwommener, getrübter Kanal oder Graben. Die Bibel allein ist unser
stetiger Wegweiser und Meister, den Talmud können wir höchstens als
seinen zuweilen intelligenten und geschulten, zuweilen unbeholfenen und
— sit venia verbo — verpfuschenden Lehrling und Gehilfen betrachten.
Und darum schwören wir nicht auf den Talmud, obgleich wir, selbstverständlich, den weisen und gelehrten antisemitischen Tugendhelden
und Consorten im Tivolibeiligthum nicht das Recht einräumen über
ihn und seine Gelehrten zu Gericht zu sitzen. Salomo (Spr. 30,
12 bis 14) hält euch einen Spiegel vor, worin ihr euch in eurer wahren
Gestalt erblicken könnt. Und Christus: „Ihr Heuchler und Schein-
heilige ziehet zuvor den Balken aus eurem Auge, darnach besehet, wie
ihr den Splitter aus eurer Brüder Augen ziehet." (Matth, 7, 3.) Hat
das bubenhaft freche Treiben dieser verrohten, verkommenen Gesellschaft
auch nur vor dem Kranken- und Sterbebette des besten unter allen
Fürsten Halt gemacht? Und gerade die se Menschen — Antisemiten
und die ihnen an Gerechtigkeit und Menchenliebe am meisten verwandt sind — haben die Stirn, sich als die Säulen und Stützen des
Thrones und Altars aufzuspielen! Der Prophet aber, Jerem., ruft euch

Auf eine Anfrage einiger meiner Gemeindemitglieder, wie auch von auswärtigen Freunden, warum mein Name unter dem Manifest meiner Collegen (der zweihundert Rabbiner Deutschlands) über den Talmud fehle, ob hier Zufall oder Absicht waltete, erwiderte ich am 3. März 1893 in der hiesigen (Oppeler) Zeitung unter der Ueberschrift „Noch einmal der Talmud" Folgendes: „Die geehrte Redaction brachte in dieser Woche einen Artikel über den Talmud von einem Nichtrabbiner. Gestatten Sie nun über dieses in jüngster Zeit so oft ventilirte Thema die Abgabe eines Votums von einem Rabbiner. Ich unterschreibe mit Ausnahme einiger Redewendungen, die besser weggeblieben wären, alles in dem fraglichen Artikel Gesagte. Rechtliebende Menschen, Christen wie Juden, hat sich der Verf. durch seine Aufklärung zu Dank verpflichtet. Ich meinerseits wünschte, dass die zweihundert Rabbiner Deutschlands in ihrer Erklärung (statt der Definitionen und Distinctionen über Talmud und Schulchan aruch, die, eine geringe verschwindende Minorität ausgenommen, für die Juden Deutschlands in der That eine terra incognita sind, die den Talmud nie gesehen haben und nie sehen werden) sich darauf beschränkt hätten, auf die Religionsbücher, Katechismen und dergl. hinzuweisen, nach denen die jüdische Jugend unterrichtet und erzogen wird! Nach meinem besten Wissen und Gewissen sollte jene Erklärung also lauten: „Was Sittengesetz und Moral betrifft, ist uns die Bibel ausschliesslich massgebend und Richtschnur; wo diese durch die veränderten Local- und Zeitverhältnisse unserer Zeit nicht ausreicht, muss die mens sana, [1]) die Erfahrung, ein gesunder

---

zu: Was hat die Spreu mit dem Korn für Gemeinschaft? oder 13, 23: Wandelt etwa der Mohr seine Haut, ein Panther seine Flecken? So wenig könnt ihr noch Gutes üben, die ihr des Bösen gewohnt seid. Paul. ruft ihnen zu II Cor. 6, 14 u. 15: Was hat die Gerechtigkeit für Gemeinschaft mit der Ungerechtigkeit? Wie stimmt Christ. mit Belial?!

[1]) Schliesslich bleibt ja doch der Verstand das höchste Tribunal in der Beurtheilung der religiösen Satzungen; denn, wenn wir auch nicht blos ein altes und ein neues, sondern sogar auch ein mittleres und wer weiss welch anderes Testament und heiligen Codex noch hätten, ohne Nachdenken und Verstand wäre uns ja Alles nichts nütze. Schon A. b. Esra sagt: „Der Verstand ist der vermittelnde Engel

geläuterter Zeitgeist und Culturfortschritt helfen, wie es in der That eine
Reihe gediegener, von Juden in nachbiblischer Zeit in hebräischer und
anderen Sprachen verfasster Schriften giebt, die hinter denen anderer
Confessionen und ihres autoritativen Schriftthums an innerem Gehalt
keineswegs zurückstehen." (Ich empfehle gebildeten wirklich frommen

zwischen dem Menschen und Gott." Und in der That haben wir uns
ja in so vielen Lebensbeziehungen nicht blos über den Talmud hinweg-
gesezt, sondern sind auch über die Bibel zur Tagesordnung übergegangen. Würden wir bei unserem vorgeschrittenen Denken jetzt,
wenn uns auch die Iurisdiktion vom Staate nicht genommen wäre,
etwa wie einstmals im theokratischen Staate, für gewisse Delicte die
Todesstrafe, oder auch nur Geisselhiebe oder Excommunication verhängen?! (Vergl. Mos. Mendelssohns Jerusalem.) C'est tout comme chez
nous. Auch die gläubigsten, religiösesten Christen, unsere katholischen
wie protestantischen Mitbürger, denken und verfahren, — was ihnen gewiss
nur zur Ehre gereicht — ganz anders als ihre mittelalterlichen Vorfahren.
Sie verwerfen und verurtheilen die grausame Hinrichtung eines Huss,
eines Servet und eines Giord. Bruno*). Unsere heutigen intelligenten
gefühlvollen katholischen Mitbürger sind weit entfernt, mit einem
Kirchenvater — es für ein Vergehen gegen die Kirche zu halten, wenn
sie einem Akatholiken Almosen ertheilen, und sie glauben vielmehr sich
Gottes Wohlgefallen zu erwerben, wenn sie dem Ausspruch 3. M. 18, 19
„Liebe deinen Mitmenschen" die weiteste Ausdehnung geben.

*) Homo sum, nihil humani etc. Unter Juden, Katholiken und
Protestanten gab es stets edle und gute Menschen, aber auch verthierte
Unmenschen. Der Atheismus zählte gerechte und gefühlvolle Männer
in seiner Mitte, ebenso aber erzeugte der starre, finstere Glaube Fanatiker,
die wie die Raubthiere über ihre Menschenbrüder herfielen.

Auch das jüdische Mittelalter, wenn auch nicht mehr im Besitz
der Jurisdiction, liess doch sein auto da Fé durch die weltlichen Behörden vollziehen.

In einer Rabbinerversammlung um 1460, so berichtet das authentische
Geschichtswerk „Juchasin", gab R. Sam. Sarsa dem Zweifel Raum, ob
die Welt wirklich geschaffen, oder nicht schon von Ewigkeit an vorhanden
war, worauf ihn der Vorsitzende, R. J. Kampanton, bei der weltlichen
Behörde denuncirte, um den vermeintlichen Ketzer dem Scheiterhaufen
zu weihen. Welcher Jude in heutiger Zeit aber, und wäre er der
verknöchertste Zelote, würde nicht vor solchem mit Feuer und Schwert
wüthenden Glaubenseifer zurückschaudern?! Tantum religio potuit
suadere malorum. (Lucr. de rerum natura 1, 102) Es ist unwiderlegbar:
Religion ohne Vernunft hat stets viel Unheil angestiftet.

Christen statt vieler anderer auch nur die Lectüre des einen Buches, das den Titel „Herzenspflichten" führt, gegen 1100 p. Ch. verfasst. Sie werden gestehen, dass sie etwas Gediegneres noch nicht gelesen haben).

„Der Talmud und Schulchan aruch dienen selbst den stabilen hyper- und den neu-orthodoxen Rabbinern als Gesetzbücher ausschliesslich nur für die Ausübung meist äusserer, ich möchte sagen, todter Ceremonien, deren Beachtung oder Vernachlässigung für die übrige menschliche Gesellschaft ganz irrelevant und indifferent ist. Eine solche Erklärung allein könnte die deliratio antisemitica, wenn sie noch heilbar wäre, vielleicht curiren. Uebrigens nehmen jetzt selbst auf dem Felde des Ceremonialwesens viele jüdische Theologen Deutschlands und anderer Culturländer dem Talmud gegenüber einen freieren, protestirenden Standpunkt ein." Das fragliche Thema betreffend, findet sich in dem vorliegendem Werke Seite 198 und 297 nach einer strengen Abrechnung mit dem Talmud auf seinem speciellen Gebiete, dem starren Ceremonialismus, folgender Passus: „Wir können den Wunsch nicht oft genug wiederholen, dass Alle, die sehen wollen, unsere Religionsgesetze in den Werken, die in der Landessprache verfasst sind, namentlich die in den Schulen eingeführten, noch so verschiedenen Religionsbücher, Katechismen und Auszüge aus den biblischen Geschichten nachlesen möchten: man wird in denselben nichts finden, was gegen die Gerechtigkeit, die Moral und die gute Sitte, die Liebe zum Mitmenschen im Allgemeinen und zum Mitbürger desselben Vaterlandes im Besonderen und dergl. verstösst; wohl aber wird jeder Wahrheitsliebende erkennen und anerkennen, dass Heil, Wohlfahrt und Segen für das ganze Menschengeschlecht erblühen würde, wenn alle Welt diese Lehren zur Richtschnur für ihr Leben und Streben nähme." Dieser letzte Satz war bereits niedergeschrieben, lange bevor der preuss. Cultusminister die jüdischen Religionsbücher zur Enquête eingefordert hatte; gesprochen, wenn auch nicht dem Wortlaute, aber doch dem Inhalt und Sinne nach, von Schreiber dieses bereits 1869 und 1871 in den Commissionssitzungen der Synoden zu Leipzig und Augsburg.

Ich schliesse dieses „Nachwort und Bekenntniss", wie vor achtzehn Monaten das „Vorwort", mit einer Mahnung des allseitig

hochgefeierten sel. Sam. David Luzzato zu den Worten: תורה אמת
בן חומת כהן :6 ,2 הותם הנביאים des היתה בפידו וכו׳
עם ישראל העומרים לשרת בקדש זה היום לאהוב האמת בתורת ד׳
ולא לחפא עליו דברים אשר לא כן בחדור שבל המעוקם . ישמעו
המודים בישראל ויקחי לקח „Mögen sich die heutigen Priester
(die Volkslehrer) in Israel dies merken, in der Lehre Gottes der
Wahrheit nachzustreben und sie nicht durch ihren blendenden ver-
schrobenen Menschenwitz zu entstellen." Gewiss hat der nach dem
wahren Wortsinn forschende hervorragende Schriftgelehrte vor den
mancherlei rabbinisch-talmudischen Schrift-Deuteleien und Entstellungen warnen wollen.

Geschrieben Oppeln, den 1. Febr. 1894, am Tage meines
beginnenden dreiundachtzigsten Lebensjahres תרנד יהה לשדר בל
אשר דבר ד׳ נעשה ונשמע. „Was der Herr geboten, wollen wir
hören und befolgen."

Nachschrift.

Nachdem ich dieses Nachwort geschlossen und jetzt zum Abdruck befördere, kommt mir ein Ztg.-Bericht über eine Reichstags-
sitzung zu Gesicht, den ich nicht unbesprochen lassen kann. Es
betrifft den parlamentarischen Disput zwischen zwei Abgeordneten.
Der eine äusserte sich: „Nicht die Religion schafft Cultur,
sondern Cultur schafft Religion."

Cum grano salis ist hieran gewiss viel Zutreffendes, und gehört auch der Autor jener Aeusserung nicht gerade zu den Offen-
barungs-Gläubigen, wir befolgen das πάντα δὲ δοκιμάζετε τὸ καλόν
κατέχετε oder nach jenem Rabbi: קבלו האמת ממי שאמרו
„Nehmet die Wahrheit an, woher sie auch kommt". Man möchte
zu jenen im Reichstage gesprochenen geflügelten Worten den Ausspruch jenes griechischen Weltweisen als Commentar hinzufügen:
Wohl ist der Mensch im Ebenbilde Gottes geschaffen, aber auch:
„der Mensch schafft sich Gott in seinem Ebenbilde." Geben wir
diesem Gedanken noch einen anderen Ausdruk: Wie es ein und
derselbe Lichtstrahl ist, der von der Sonne ausgeht, der sich aber
verschiedentlich bricht und gestaltet, je nach dem Gegenstand, auf
den er auffällt, so äussert sich das religiöse Leben je nach dem

Verstand, Charakter und selbst dem Temperament des Menschen.
Vergleichen wir z. B. Theologen mit Theologen, einen Stöcker, einen
Rohling, den Schüler und Adepten des Apostaten, bald kath., bald
luther., und, wer weiss, wie noch immer getauften, später mit Ehren-
strafen belegten Aron Briemann, mit jenem gefeierten Domprediger
Veith in Wien, Aug. Neander in Berlin und Franz Delitzsch in Leipzig.
Vergleichen wir auch einen Geschichtsschreiber Treitschke
(s. S. 499) mit einem Mommsen. Letzterer schreibt unterm 4. No-
vember 1893 von Rom aus an Léo Errera, Professor an der Universität
in Brüssel, zu seinem Werke „Les Juifs Russes" über die traurigen
Judenverhältnisse fast ebenso, wie der unvergessliche, von uns Allen
angebetete gottselige Kaiser Friedrich III., gesprochen: „Le tableau
navrant que vous en — sc. des persécutions des Juifs Russes —
tracez . . . ne manquera pas d'émouvoir beaucoup de coeurs et de
leur dévoiler l'abime où le bon sens et l'humanité à la fois
paraissent devoir s'engloutir. Mais, parmi ces coeurs que vous
aurez émus, s'en trouvera-t-il qui soient capables de remédier à
ce fléau honteux et non seulement de déplorer, mais aussi d'effacer
la tache la plus noire du siècle?" So appellirte gleichsam der
weniger gut informirte Mommsen (s. u. S. 462) an den später besser
informirten M. Das vermögen nur gute, grosse Charaktere; ein
Gleiches nehmen wir an Rénan wahr. Dazu können kleine Geister
sich nicht erheben.

Kommen wir jetzt zu dem fraglichen parlamant. Duell zurück.
Der Gegner jener so freisinnigen Aeusserung meinte: Das Christenthum hätte seine eigene Cultur erzeugt und aufgebaut[1].

Existirte aber nicht wirklich schon eine vorgeschrittene Cultur,
zum Theil sogar eine grossartige, durch die Literatur der Griechen

---

[1] Wir sind weit entfernt, die grossen Verdienste zu verkennen,
die sich das Christenthum — freilich nicht ein Tivoli-Christenthum —
um einen grossen Theil der Menschheit erworben, (s. die sehr interessanten
Worte des Maim. Melach. C. 11 § 4 Amsterd. Ausg. u. d. Dissert. des
Nachmani, gehalten vor König Jacob von Aragonien, ed. Jellinek S. 5).
Das Judenthum verdankt ihm wohl auch die Durchführung der strengen
Monogamie, die sonst vielleicht dem R. Gersom nicht in dem Masse
gelungen wäre.

um nur statt der vielen Philosophen einen Plato, den phil. Redner Isokrates anzuführen „Ἀ πάσχοντες ὑφ' ἑτέρων ὀργίζεσθε ταῦτα τοὺς ἄλλους μὴ ποιεῖτε,“ oder einen Aristoteles? Und was das besonders Ethisch-Sittliche betrifft, die mosaische Gesetzgebung? Sind die Zehn Gebote, die ja Christus zweimal anführte, kein Fonds der Ethik und Sittenlehre? Hat Christus nicht wörtlich dem Pent. 5. M. 6, 5 den Vers entnommen: Liebe den Herrn deinen Gott mit ganzem Herzen, ganzer Seele und mit allem Vermögen? Fand Christ. nicht 2 M. 23, 8 den Ausspruch: „Von jedem lügenhaften Worte sollst du dich fern halten od. 5. M. 16, 20: Nach Gerechtigkeit strebe, ja vor Allem strebe nach Gerechtigkeit?!“ Stand die Lehre des Judenthums, die mehr als in einer Stelle die Liebe zu dem Fremdling einschärft, nicht über unserem heutigen bürgerlichen Gesetze in seiner Praxis? Fand Christ. in dem sogenannten Alten Testament nicht die rechte Feindesliebe eingeschärft 2. M. 23, 4 u. 5, 5. M. 22, 1 u. 2? Ferner Sprüche Sal. 24, 17: Wenn dein Feind fällt, freu' dich nicht, wenn er strauchelt, frohlocke nicht, sowie das. (25, 21): Wenn dein Feind hungert, sättige ihn, durstet er, reich' ihm den Labetrunk?? Hat nicht Christ. selber gesagt (Math. 15, 17 u. 18. Luk. 16, 17), dass er nur gekommen sei, das Mosesthum zu erfüllen und eiferte nur gegen Missbräuche, hat also Christ. nicht eine jüdisch vorgeschrittene Cultur vorgefunden? — Und da ich, mit Ausnahme der antisemitischen Gesellschaft und Consorten, absichtliche Unterdrückung, oder auch nur Verschweigen der Wahrheit keinem Abgeordneten zutraue, so muss ich nur annehmen, dass Dr. L. weder im Alten noch im Neuen Testament gut bewandert ist.

Schliessen wir dieses Nachwort mit einem Spruche aus dem Alten und aus dem Neuen Testament: „Diese Dinge thuet, die Wahrheit redet Einer mit dem Andern, Keiner von euch sinne auf Böses in seinem Herzen gegen seinen Mitmenschen, denn dergleichen hasse ich; die Wahrheit und den Frieden liebet. Das ist der Spruch Jiwehs“ Zacharj. 8, 16, 17. 19.

„Daran wird es offenbar, welche die Kinder Gottes sind . . . Wer nicht recht thut, der ist nicht von Gott, und wer nicht seinen Bruder lieb hat.“ 1. Joh. Cap. 3, 10.

1.

גִּיד הַנָּשֶׁה.

Die Spannader. (Nervus ischiadicus.)

Wir beginnen selbstverständlich mit diesem sogenannten
Verbote, weil es in der heiligen Schrift das erste ist, das exclusiv
mit Israeliten in Verbindung gebracht wird. Hier zeigt sich aber
gleich, warum wir die Ordnung nach dem aufgestellten Schema
nicht einhalten können, warum wir nicht mit dem ersten, sondern
mit dem zweiten, dem religiösen Gesichtspunkt, hier beginnen:
ich muss mich nämlich vor Allem an die Exegese wenden, ich
führe gleichsam einen Kampf gegen das Dasein dieser Satzung,
ich spreche ihr nämlich die Existenz ab — es liegt hier kein
eigentliches Verbot vor — und vindicire ihr nur die Bedeutung
einer Usance, einer „Gepflogenheit". Darum kann ich hier nicht
anders als mit der Exegese beginnen. Der Referent jenes Capitels
in der Genesis (32), worin von der „Spannader" die Rede ist, hat
die Gepflogenheit der Enthaltung von dem Genusse der Spannader
im Leben der zeitgenössischen Israeliten vorgefunden; in den ihm
vorliegenden heiligen Urkunden selbst fand er kein Verbot vor,
noch weniger einen Grund für diese Enthaltung. Da bot eine
zur Zeit des Referenten oder früher schon verbreitete Sage von
dem Ringkampfe des Erzvaters ihm Gelegenheit, jene Gepflogenheit
der Abstinenz von der Spannader zu motiviren und bei Gelegenheit jenes Referats die Worte V. 33 „Darum essen die Kinder
Israels die Spannader nicht bis auf den heutigen Tag" gleichsam

in Parenthese, als Glosse beizufügen[1]). Dass diese Parenthese
als Interpolation zu betrachten ist, dürfte kaum zu bezweifeln sein.
Doch lassen wir die Bibel selber berichten. Diese erzählt
uns 1 M. 32, 25 ff. den Kampf Jakobs (sei es, dass dieser Kampf
in Wahrheit und Wirklichkeit stattgefunden, oder dass es — nach
einer anerkannten Autorität — (a) dem Erzvater in einer Vision, einem

[1]) Diese Aufstellung, die ich mir selbstständig und ganz unabhängig gebildet, finde ich hinterher bestätigt bei Dr. Fürst zu unserer
Stelle in seinem Bibelwerk: „In diesen Versen mischte der Bearbeiter
eine merkwürdige, aus alten, volksthümlichen Stoffen gebildete sinnbild-
liche Mythe ein (vergl. weiter unten antiquar. Gesichtspunkt), um
in Jacob vorbildlich das ganze Hebräervolk als siegreiches Israel darzustellen. . . . Die drei Namen Jabbok*), Penuel und Israel werden vom
Erzähler sämmtlich auf das Nachtstück der Mythe zurückgeführt, Jabbok
soll den Ringstrom, Penuel die Sichtbarkeit El's (אל) und Israel den
Gotteskämpfer bedeuten; wie überhaupt dieser Bearbeiter der Väter-
geschichten die mitgetheilten Sagen und Mythen, durch welche er das
Leben des Erzvaters umstrahlen lässt, mit den Namen etymologisch
verknüpft. Aus dieser Erzählung leitet ein sehr später Ordner des
Fünfbuches die Gewohnheit der Israeliten her, das um die Hüfte vorn
sich befindende Fleisch nicht zu geniessen, weil dieser Theil durch
die göttliche Berührung geheiligt wurde. (S. weiter unten das im
Namen Knobels Mitgetheilte.) Da aber im ganzen mosaischen Gesetz
von diesem Verbot — besser „dieser Gepflogenheit" — nichts vorkommt
und die Motivirung auch ohnehin höchst sonderbar erscheint, so kann
man nicht zweifeln, dass es späteren Ursprunges**) ist und aus anderen
Ursachen entstanden sein mag, und dass V. 33 sehr spät hinzugefügt
wurde, um den Werth dieses Brauches zu erhöhen.

*) Gesenius bemerkt: „In יבק ist auf eine Etymologie von אבק
angespielt, als ob es für יאבק (Kampf) stünde." Ich würde statt an
אבק eher an יעקב V. 24 denken. Und warum wird nicht, was doch so
nahe liegt, an die Transmutation von יעקב und יבק gedacht, Jacob — Jabok?
**) „Später" ist ein ganz unbestimmter, sehr dehnbarer Begriff. Ob
frühen oder späten Ursprungs, ist übrigens für das hier Gesagte ganz
nebensächlich. Ja, gerade aus dem Umstande, dass das eigentliche Motiv
jener Abstinenz schon in gänzliche Vergessenheit gerathen war, ist eben
anzunehmen, dass der Referent einen älteren Brauch vorgefunden hat.

NB. Die ausf. Citate (a), (b), (c), die sich nicht als Fussnote
finden, sind am Schlusse des Artikels angebracht.

Nachtgebilde und Traumgesichte nur also geschienen) mit einem
Manne אִישׁ, der aber später (V. 29 und 30) ein göttliches Wesen
אלהים genannt wird [1]). In diesem Kampfe nun wurde der Ball
an dem Hüftgelenke Jakobs verrenkt, und darauf lesen wir (V. 33)
die Worte: עַל כֵּן לֹא יֹאכְלוּ בְנֵי יִשְׂרָאֵל אֶת גִּיד הַנָּשֶׁה אֲשֶׁר עַל כַּף
הַיָּרֵךְ עַד הַיּוֹם הַזֶּה „Darum essen u. s. f. bis auf den heutigen
Tag." Der unbefangene, nüchterne Sinn, die einfache, gesunde.
vorurtheilslose Exegese lässt keinen Zweifel darüber, dass hier
von keinem Verbote die Rede ist, dass das Futurum לֹא יֹאכְלוּ
hier kein prohibitivum „sie sollen nicht essen", sondern das
historicum ist, das eine Usance, eine Gepflogenheit bezeichnet:
Die Kinder Israels (wohl um die Erinnerung an den Kampf des
Vaters festzuhalten) enthalten sich des Genusses jenes Nervs. Der
Referent meint mit seinen Worten: Gewiss haben sich zunächst
die eigentlichen Kinder Israels, des Erzvaters, dieser Speisen enthalten, aber auch bei späteren Nachkommen des Erzvaters, den
Zeitgenossen des Referenten, hat sich dieser Brauch forterhalten [2]).

Sollten jene Worte ב״י יֹאכְלוּ לֹא כֵן עַל ein Verbot enthalten:
Die Kinder (die spätesten selbst) Israel, die Israeliten, das Volk
Israel überhaupt, sollen sich dieses Genusses enthalten, so musste
es sich, wie alle anderen Gebote ohne Ausnahme in einem der

[1]) Hosea 12, 4—5 wird das Wesen, mit welchem Jacob gekämpft,
bald אלהים bald מַלְאָךְ genannt. Nach Theodor Mopsvetiensis habe sich
Gott vermittelst eines Engels als Mensch vergegenwärtigt. Nach
Josephus liegt hier eine Vision vor (b).

[2]) Josephus in seiner grossen Ungenauigkeit führt (Antiqu. 1, 20),
jedenfalls gegen die Gemara, diese Enthaltsamkeit schon auf Jacob
selbst zurück und leitet daraus für uns das Unstatthafte des Genusses
ab (c). Aehnlicher Irrthum im Koran Sure III. (Nach Ullmanns Uebersetzung S. 43): Alle Speisen waren, bevor die Thora gegeben, den
Kindern Israels erlaubt, ausgenommen die, w e l c h e I s r a e l s e l b s t
s i c h v e r s a g t e. Dazu die Anmerkung: „Jakob hat nach den Aus-
legern zum Koran in einer Krankheit gelobt, sich des Fleisches und
der Milch des Kameels zu enthalten." Ohne Zweifel aber ist doch
dieser Ausspruch Mohammeds auf unsere Stelle und auf das Verbot vom
nervus ischiadicus zu beziehen. Vielleicht aber meint Mohammed mit
Israel oder Jacob die Familie Jacob oder Israel im engsten Sinne, also
die eigentlichen בְּנֵי יַעֲקֹב.

späteren Bücher des Pentateuchs unter der Zahl der mosaischen
Verordnungen finden.[1]) Der Talmud zwar (Mischnah Chulin 7, 6)
(d) sagt: בזמן אלא שנכתב אלא נאמר בסיני d. h. Moses hatte das
spätere sinaitische Verbot hier anteeipirt, das Verbot sei aber in
Wirklichkeit erst nach der sinaitischen Gesetzgebung erflossen[2]),
und die Gemara (101 b) will diese Ansicht damit begründen, dass
die Kinder des Erzvaters erst bei der Gesetzgebung auf Sinai בני
ישראל „Kinder Israels" heissen, während sie bis dahin בני יעקב
„Kinder Jakobs" genannt werden. Raba רבא widerlegt schon daselbst diesen Irrthum, da sich die Benennung בני ישראל schon
1. M. 46, 5 findet. Er hätte schon aus früheren Schriftstellen
1. M, 36, 31 und 45, 21 berichtigen können. Mechilta z. St.
huldigt keineswegs jener unrichtigen Ansicht und datirt jenes Verbot allerdings zurück auf die eigentlichen Söhne des Erzvaters אם[3])

---

[1]) Dieses so einfache, wie klare, durchaus gerechtfertigte Bedenken
findet auch vollen Ausdruck in der Gemara (Synh. 59 a). בסיני נשנית מדלא
לבני נח :נאמרה ולא לישראל. Aber wie so oft in der Gemara wird auch hier
das logische Gewissen, ein gerechter Einwurf nach der Mens sana durch
eine dialektische Wendung zum Schweigen gebracht ליבא מידעם דלישראל
שרי ולעכבים (ציל ולבני נח) אסור. Und doch ist gerade nach dem Talmud
den Noachiden manches verboten, was nach der sinaitischen Gesetzgebung gestattet ist, (siehe Näheres Ikarim III, 14.)
[2]) R. Ichudah huldigt (daselbst) allerdings der richtigen Ansicht
und datirt die Observanz (oder Gepflogenheit) von den Söhnen Jakobs.
והלא מבני יעקב נאמר גיד הנשה.
Vergleiche am Schlusse das Citat S. 13 (b) aus Josephus, wonach
Jakob selbst schon (dann seine Nachkommen) sich des Genusses der
Spannader enthielt. Auch der Midrasch, Jerusal. Pesiktha, respektirt
die Gemara nicht und sagt יעקב נצטוה על גיד הנשה (Piska 12.)
[3]) Und die Gemara selber, hin und herschwankend, giebt doch an
einigen Stellen zu erkennen, dass bei dem ג"ה לא יאכלו zunächst doch
nur an die eigentlichen Söhne Jokobs zu denken ist. Chul 91 heisst es:
— מאי רבתים (ישעיה נ' ו) דבר שלח ביעקב יפל בישראל — דבר שלח ביעקב
זה גיד הנשה ונפל בישראל שפשט איסורו בכל ישראל.
Heisst das nicht mit klaren Worten, der Usus hatte blos bei den
Söhnen Jakobs statt, später habe sich daraus (mit wie vielem Fug und
Recht, bleibt dahingestellt) ein Verbot herausgebildet für ganz Israel?
Und auch an einer anderen Stelle (Synh. 59, a) muss die Gemara im
Gedränge der Debatte zur Ansicht des R. Jehudah rekurriren, dass die

אמרת בניד הגשה שאיסורו קודם מתן תורה. Und so giebt es das einfache, wahrheitsgetreue Verständniss. Der Usus sei zunächst von den eigentlichen Söhnen Jakob-Israels ausgegangen, habe sich aber forterhalten עד היום הזה, d. h. bis zu den Zeiten des biblischen Referenten [1])

Ja der Zusatz עד היום הזה macht die Auffassung jener Worte על כן לא יאכלו (welche für uns, wie gesagt, nur eine Gepflogenheit ausdrücken) als ein Verbot: „Die Kinder Israels sollen nicht essen" für den gesunden Menschenverstand zu einer Unmöglichkeit.

משתע' איגש (רחמנא) הבי rufen wir verwundert aus, hätte es nur einen Sinn, zu sagen: „Sie sollen etwas nicht essen bis zu diesem Tage", nämlich an welchem jener biblische Bericht erstattet wird?! [2])

Im Allgemeinen schon hat der Verfasser des Buches היד diese Schwierigkeit wohl herausgefühlt, und er bemerkte deshalb: והאי לא יאכלו לא נאמר על דרך סיפור . . . אלא אזהרת השי" Man

h. Schrift selber die Worte: על כן לא יאכ'רו ב" zunächst auf die eigentlichen Söhne Jakobs beziehe: (בלימ" די אליבא דהשה נד אלא לגי אין רמבני יעקב אשר גיה.

[1]) Mag zur Orientirung darüber, ob von einem „Verbot", oder nur von einer „Gepflogenheit", die Spannader nicht zu essen, die Rede ist, hier noch ein Citat folgen aus einem Buche, das namentlich auf dem Gebiete mysteriöser Gebräuche grosses Ansehen geniesst. Im Buche der Frommen § 231 lesen wir: Die Söhne Jakobs hätten aus Reue darüber, dass sie den alten Vater allein zurückgelassen und so das harte Begegniss verschuldet hatten, sich „gelobt", die Spannader nicht zu geniessen. על כן לא יאכלו ב" י יען כי אמרה ראיל ישעוני שהומתני הלילה הוק לבני — לבני איענ ירי שלא לאביל — לבך נרי לו בששילי Von einem Verbote seitens der h. Schr. und zumal gar für spätere Generationen ist also durchaus nicht die Rede. Aehnlich bei Chaskuni z. St. (e) Aehnlich auch R. Elieser ben Nathan in מאמר השכל (f). Wir sehen hieraus einerseits den mythischen Charakter dieses Kampfberichtes, andererseits, dass von keinem Verbote der Thora, sondern von einer freien Entschliessung der Söhne Jakobs die Rede ist.

[2]) Ganz anders verhält es sich mit den Worten עד היום הזה 3. M. 23, 14. nämlich, וכריאל לא תאכלו עד עצם חיים הזה dort ist das לא תאכלו freilich als futurum prohibitivum zu nehmen und der Zusatz עד עצם היום הזה ganz correkt: bis zu dem bestimmt angegebenen Tage, dem Omer-Tage, soll die neue Frucht nicht genossen werden.

sicht, das kritisch-exegetische Gewissen ist bei ihm erwacht, und ein gewisser Grad der Aufrichtigkeit ist nicht zu verkennen. Nicht so aufrichtig, die Schwierigkeit anzuerkennen, ist Rabbiner Hirsch in Frankfurt a. M. in seinem Pentateuch-Commentar. Er sagt: Die Worte עד היום הזה beziehen sich nicht auf den Schreibenden, sondern auf den Lesenden „das Verbot besteht, so lange dies gelesen wird, also: immer." Es ist überflüssig, über diese Art ad maiorem Dei gloriam, zur Konservirung des vermeintlichen גיד הנשה Verbots, den natürlichen Schriftsinn zu verdrehen, auch nur ein Wort zu verlieren. [1])

Es findet sich in der ganzen Bibel nur noch eine der unsrigen ganz analoge Stelle 1 Sam. 5, 5 על ... על כן לא ידרכו כהני דגן מפתן דגן ..... עד היום הזה War nun etwa Jemand darüber in Zweifel, dass das Futurum hier nur historisch, ein Pflegen, und nicht einen Befehl oder ein Verbot enthalte? Dass man eben übersetzen müsse: darum treten die Priester nicht" aber nicht übersetzen darf: „darum sollen die Priester nicht treten bis zu diesem Tage (des Berichterstatters)?! Warum also die ganz analoge Stelle על כן לא יאכלו .... עד היום הזה nicht ebenso korrekt auffassen, anstatt sie gegen allen gesunden Menschenverstand zu interpretiren?

Was sollte aber auch durch dieses vermeintliche Verbot bezweckt oder abgewendet werden? Welches wäre das religiöse Motiv dieses Speiseverbots?

Bei anderen Speiseverboten heisst es אל תשקצו את נפשותיכם אנשי קדש תהיון לי oder es gehört nicht für den profanen Gebrauch, es ist für den Altar bestimmt; hier ist als religiöses Motiv kein

---

[1]) Als Beweis, dass das Futur. לא יאכל hier nicht prohibitiv, sondern historisch, nicht futurisch im eigentlichen Sinne von der Zukunft zu nehmen ist, gilt mir auch die Verbindung mit על כן, welches sich immer auf Vergangenheit und Gegenwart-Gepflogenheit bezieht. Will man eine eigentliche Zukunft, oder gar einen Befehl ausdrücken, so wird nicht על כן, sondern לכן gebraucht. S. Luzzato משתהרל zu 1. M. 2, 14. על כן יעזב איש את אביו ואמו heisst nicht „er soll verlassen", sondern: „er verlässt", er pflegt zu verlassen. Es kann dies noch an unzähligen Beispielen erörtert werden. S. Note (g).

heiligendes, kein ethisches, kein diätetisches[1]) Moment angegeben. Es wird über einen Kampf des Erzvaters referirt, in welchem ihm das Hüftengelenke verrenkt wurde, und es ist dann hinzugefügt כל כן לא יאכלו בני ישראל את ג״ה. Es sollte, motiviren die ältesten Interpreten, die Erinnerung an jenen Kampf festgehalten werden. Nun, für die eigentlichen Söhne des Erzvaters, für die nächste Generation mag durch die Enthaltung von dem Genusse jener Substanz jene Absicht erreicht worden sein. Wie sollte aber für die Ewigkeit hinaus durch eine blosse Negation, durch ein blos passives Verhalten, durch einen Nichtgenuss, das Andenken an ein Ereigniss lebendig erhalten werden?! Das wäre ja wirklich ein יש מאין eine zweite Schöpfung aus dem reinen Nichts. Das Buch Chinuch bemerkt zur Stelle:

משרש מצוה וו בדי שתהיה רמז לישראל שא״עפ שיסבלו צרות רבות גדולות... שיהיו בטוחים שלא יאבדו ... ובזכרם תמיד ענין זה .... יעמרו באמונתם[2])

Und ähnlich R. Hirsch in seiner romantisch überschwänglichen Weise l. l: „Darum sollen auch die Kinder Jakobs diese Sehne (Nerv) der Unterordnung und materiellen Schwäche nicht essen, es soll ihnen, so oft sie sich an den Tisch setzen, aus dem Wanderbuche des Lebens die Mahnung entgegentreten"[3]). Nun

___

1) Maimonides, der sonst für jedes Speiseverbot ein Motiv und zwar bei weitem am öftersten ein diätetisches angiebt, bemerkt hier bloss: (M. N. III 48) ושטם ניד הישה כחוב.

2) Nach Josephus hat der Engel selber dem Erzvater diese Verheissung — gegeben (h). S. auch weiter unten ein religiöses Motiv bei Knobel.

3) Eine symbolische Deutung anderer Art findet sich bei Isaac Arama Akeda porta 26. Die Spannader sei ein zur Sünde und Unreinheit besonders disponirter Theil des Menschen (er denkt wahrscheinlich an den Geschlechtstrieb, in dem Sinne, wie Philo das Gebot der Beschneidung bespricht). Darum sei uns die Abstinenz von dem Genusse dieses Theiles eingeschärft. Dann spricht er, anknüpfend an Jes. 48, 4 מדעתי כי קשה אתה וגיד ברזל ערפך dass mit diesem Gebote gemahnt werde Herzenshärtigkeit und Halsstarrigkeit von sich fern zu halten, und dass nach Micha 4, 6—7 והצילעה והגדהה אקבצה בים ההיא אספה das Heilung und Heil für uns nicht ausbleiben werde. Ich habe darüber dasselbe zu bemerken, was ich oben über die symbolische Deutung bei

möchten wir an alle sog. „Gesetzestreuen" der Vor- und Jetztzeit und Herrn Hirsch selber die Frage richten, ob ihm, so oft er sich zu Tische setzt (oder ob auch nur einige Mal), weil er etwa unter seinen Speisen den גיד הנשה vermisst, aus dem Wanderbuche seines Lebens die Mahnung, oder nach Chinuch die Verheissung entgegentritt?

Wie viele Menschen, Israeliten wie Nichtisraeliten, sind doch durch blossen Zufall in der Lage, ihr Leben lang kein גיד הנשה zu verzehren, ohne dadurch jemals auch nur im Mindesten jenes erzväterlichen Kampfes und der sich daran knüpfenden Mahnungen und Verheissungen eingedenk zu werden! Denken namentlich die Hausfrauen, die hier am ersten und wohl ausschliesslich in Betracht kommen, denn ihre Aufgabe ist es ja, Fleisch mit der Spannader nicht ins Haus zu bringen, denken diese an jene erzväterliche Vision, haben sie dabei auch nur eine leise Ahnung von jener uns insinuirten Verheissung oder Ermahnung? אם כך היית נידח לא קיימת מצות גיד הנשה מימיך rufen wir den Verfassern des Chinuch, des Akeda, R. Hirsch und all den Apologeten zu. In Wahrheit und Wirklichkeit werden wir nur und ausschliesslich durch das Lesen dieser Erzählung, allenfalls durch den Namen ישראל statt יעקב [1]), aber durchaus nicht durch Nichtgenuss der „Spannader" an jenes etwaige Ereigniss oder Traumgesicht erinnert.

Chinuch und Hirsch sage. Alles recht schöne Lehren und Nutzanwendungen, aber mit dem Schriftwort hängen sie nicht im mindesten zusammen, es erinnert das alles an das haec fabula docet.

[1]) Da es übrigens mit dem Ausspruch לא יעקב יאמר עוד שמך auch nicht allzustreng genommen wird, die Bibel selber vielmehr oft genug auch später den Namen „Jacob" nennt (was der Talmud Berach. 13 und die Commentare dazu bemerken, ist mir nicht unbekannt), so möchte auch dieser Umstand beweisen, dass analog dem לא יעקב יאמר עוד שמך auch das גיד לא יאכל als kein eigentliches V e r b o t (sondern als eine Gepflogenheit) zu verstehen ist. Es sei mir verstattet, bei dieser Veranlassung hier folgende Conjectur aufzustellen. Ganz überflüssig wird die oben aus Cap. 32, 28 angeführte Verheissung Cap. 35, 10 mit den Worten wiederholt: לא יקרא שמך עוד יעקב. Nun will man von Seite der hyperorthodoxen Apologetik annehmen, die Rede sei von der göttlichen Bestätigung der frühern Verheissung des Engels (oder wie man auch immer den vermeintlichen Kampfgegner Jacobs benannt findet). Ich

Man wird einwenden. auch die Erinnerung an יציאת מצרים
wird durch eine Negation, durch den Nichtgenuss von חמץ, dem
ewigen Andenken überliefert. Aber welch' ein bedeutender Unterschied! Die Enthaltsamkeit von uns sonst ganz unentbehrlichen,
sonst für jeden Tag und bei jeder Mahlzeit verwendeten Lebens-
mitteln — gerade und ausschliesslich für mehrere bestimmte Tage —
eine Woche lang[1]), ist etwas so Markirtes, eine in unsere Lebensweise so tief eingreifende und einschneidende Institution, dass sie
sehr wohl geeignet ist, uns jenes weltgeschichtliche Ereigniss ins
Gedächtniss zu rufen. Die heilige Schrift selbst bemerkt ja:
„Wenn dich einst dein Kind f r a g t, was bedeuten diese Zeugnisse,
Satzungen und Anordnungen, so erwidere ihm, wir waren Knechte
in Mirzrajim u. s. w." Also nur durch auffallende, zum Nachdenken und zur Fragestellung auffordernde Satzungen, aber nicht
durch etwas unbewusst Unterlassenes wird das Andenken an ein
Ereigniss festgehalten.

Aus der eben, aus M. N., citirten Note ist auch zu ersehen,
dass zur Feststellung der Erinnerung an יציאת מצרים nicht die

---

meine, letzte Stelle ist vielleicht älter als die 32, 28 אי· מוקף· םם ימאית·
בראה·, dass man aber nach einer passenden Begründung für diese
Namensänderung gesucht und diese am geeignetsten bei der Erzählung
von dem Uebergang über den Jabokfluss und dem Ringkampfe mit dem
Manne, Engel oder göttlichen Wesen, am besten anbringen zu können
glaubte.

¹) Maim. M. N. 3, 43 אבילת מצה אלו היה יום אחד לא היי: מרגישים
בי ולא היה בתבאר· מינו, בי הרבה פעמים יאבל האדם סימן· אחד מי המאבלים
שני ימם או שלשה ואמנם יתבאר· ענין· יציאת· מצרים בהתמדי· אבילתי· הקף· שלה "be-
schränkte sich das Gebot מצה zu essen auf e i n e n Tag, so würden
wir es kaum wahrgenommen haben, seine Bedeutung wäre uns nicht
zum Bewusstsein gekommen, denn auch sonst geniesst der Mensch eine
und dieselbe Speise während zwei, drei Tage. Erst durch den Genuss
während eines vollen Zeitabschnittes (einer Woche), kommt uns die
Bedeutung der Vorschrift zum allgemeinen vollen Bewusstsein". Um
wie viel weniger wird das Andenken und die Bedeutung von jenem vermeintlichen oder räthselhaften Ereigniss festgehalten durch die blosse
Negation, durch das Nichtessen eines Nervs, der uns auch sonst nicht,
den allermeisten Menschen durch das ganze Leben überhaupt nicht
auch nur zu Gesichte kommt.

Negation allein, nur das Verbot des Genusses von חמץ, angeordnet ist, vielmehr ist für diese Erinnerung auch durch die Position, durch das Gebot des מצה-Genusses, (wie es ja auch in der Pessachliturgie lautet מצה זו שאנו אוכלים על שום מה) und zwar nicht blos für einen Abend, sondern während 7 Tage, einer vollen Woche, Sorge getragen. Die Behauptung des Talmud, dass wohl das Verbot von חמץ 7 Tage, das Gebot von מצה-Genuss aber nur für einen, den ersten Abend, gilt, steht in einem ausdrücklichen Widerspruch mit mehreren Stellen des Pentateuchs, wo das über alle Deutelei erhabene Gesetz des מצה-Genusses für 7 Tage vorgeschrieben wird 2. M. 12, 15 שבעת ימים מצות תאכלו ibid. 18. יום בארבעה עשר לחדש בערב תאכלו מצות עד יום האחד ועשרים לחדש. Zu dem Verbot 5 M. 16, 3 לא תאכל עליו חמץ wird das ausdrückliche Gebot hinzugefügt, „sieben Tage sollt Ihr Ungesäuertes essen" שבעת ימים תאכלו עליו מצות, weil erst dadurch die beabsichtigte ewige Erinnerung bewirkt werde למען תזכור את יום צאתך מארץ מצרים כל ימי חייך. Freilich wird der heutige Rabbinismus das in der obigen Note angeführte Raisonnement des Maimon, M. N. 3, 43 אכילת מצה אלו היה יום אחד וכו' nicht als eine Vorschrift des מצה-Genusses für 7 Tage, sondern auf das Verbot des חמץ-Genusses auffassen, aber ganz entschieden gegen den klaren Wortsinn. Wenn derselbe Maimonides aber in יד החזקה הלכות חמץ ומצה 6, 1 in normirt מצות עשה מן התורה לאכול מצה בליל חמשה עשר' אבל בשאר הרגל אכילת מצה רשות, so wissen wir ja aus vielen anderen Stellen, dass Maim. im יד החזקה lediglich die Meinung des Talmud wiedergiebt, während er in dem später, im reifern Alter verfassten מורה נבוכים seine eigene Ansicht aufstellt, [wie er sich dieselbe, unbeirrt von der talmudischen Dialektik, nach dem klaren Wortsinn der Bibel selber gebildet.]

Auch A. b. Esra giebt dieser Auffassung der Pentateuch'schen מצה-Vorschrift in einigen Stellen vollen Ausdruck, er äussert sich zu 2 M. 12, 15 שבעת ימים מצות תאכלו . . . . זכר לאכילתם בצאתם ממצרים כי לא צוה שיאכלו מצות רק האכלים עם הפסח לפני חצות לילה. רק ש בעת ימים צוה לאכול מצות להיות זכר לאשר קרה להם בצאתם ממצרים והשבעת ימים בצאתם מצות אכלו עד שטבע כל מחמצת Ebenso ibid V. 20 לא תאכלו בכל פרעה ביום השביעי

מישבות־כם תאכלו מצות: הזהר העונש תחילה ואח"כ האזהרה ואין בכל
משבותכם תאכלו מצות רשות . . . דק חזב למען תזכר.

Zu 2. M. 23, 25 drückt er sich noch entschiedener aus:
והנה כתוב שבעת ימים תאכל מצות כמו הג הסכות תעשה לך שבעת
ימים והנה הוא היוב ואין כמוהו ששות ימים תעשה מעשיך כי אחריו
כתיב שתתשבית ביום הז' ואין כמוהו שבעת ימים תאכל מצה. ועוד למה
לא כתב שבעת ימים לא תאכל חמץ Das ist auch die bei den
Karäern recipirte Ansicht: אכילת המצות הדהכם ר' יוסף הראה חייב
בשבעה ימים מדרך החקרה התוריית ואמר (40a) אדרת אליהו (s.
שבל לשון צוו שבא בכתב מזה לחיוב ממשמעת הלשון וכו'. (k)

Nach dieser Digression kehren wir zum vermeintlichen Verbot des ג"ה zurück. Onkelos stimmt der einfachen, nüchternen
Auffassung bei, dass hier nicht von einem Verbote, sondern von
einer Gepflogenheit die Rede ist. Er übersetzt nicht לא יאכלון,
sondern recht demonstrativ לא אכלין als blosse Sitte. Ja, noch auffallender ist, dass sogar das sog. Targum Jonathan, das doch sonst
immer, abweichend vom Wortsinn, nach der talmudischen Interpretation paraphrasirt, übersetzt בגין כן לא אכלין. Die Septuaginta
fasst die Stelle allerdings als Verbot: διά τούτο μή φάγωσιν
(während sie in der ganz korrespondirenden Stelle 1. Sam. 5 ע"כ לא
ידרכו ganz korrekt übersetzt διά τούτο ούκ έπιβαίνουσιν), worauf
aber nicht das geringste Gewicht zu legen ist. Wir haben oben
nachgewiesen, dass überhaupt על כן לא niemals prohibitiv angewendet wird, dass sich die h. Sch. in diesem Falle des לכן bedient.
Die LXX, sonst im allgemeinen ungenau, schwankend und tendenziös,
ist namentlich in der Übersetzung des על כן לא mit nachfolgendem
Futurum unsicher und willkürlich [1]).

Vulgata dagegen richtig: quam ob causam non comedunt[2])
(Präsens historicum) wie Onkelos und Pseudo-Jonathan.

---

[1]) Während die LXX unzweifelhafte Prohibitiva bisweilen mit ού
und dem indic. futurum übersetzen, geben sie das Futurum prohibitivisch,
wo es ganz zweifellos lediglich historische Bedeutung hat. So beispielsweise Hiob 17. 4. תרומם לא כן על διά τούτο ού μή ύψώσης und Jes. 27. 11.
ירחמנו לא כן על διά τούτο ού μή οίκτειρήσει αύτούς wie sie auch vor ihren
eigentlichen verneinenden Imperativ, bald ού bald μή ganz promiscue setzen.

[2]) Ich finde überhaupt Vulgata ohne Vergleich tendenzloser, correcter

Sehen wir uns bei einer so dunklen Stelle (1. M. 32, 32)
bei den Karäern um ein religiöses Motiv um; aber leider finden
wir auch hier ein Hin- und Herschwanken zwischen dem Wortsinn
des לא יאכלו, der Gepflogenheit, und der rabbinischen Interpretation, einem fortdauernden Verbote, und sie sind in fortwährendem
Widerspruche mit sich selber. So heisst es im מבחר des Ahron
b. Joseph z. St.: ומאו קבלו אבותינו לנהוג בו דוד אחר דור שידיה
ניבר החסר שעישה השם עם יעקב. Also wäre es doch kein Gebot,
sondern ein מנהג, aber „doch haben unsere Vorfahren es über-
nommen (oder als Tradition überkommen?) diesen מנהג für die
spätesten Geschlechter zu beobachten." Zu diesen Worten bemerkt
der Supercommentar: טירת בסף wie folgt: אם כן מאמר לא יאכלו
איננו אוהרה כמו לא תאכל כל תועבה אלא הוא הגדה ואסור
לדורות מן העתקה. Also die Schrift erstattet blos Bericht über
eine „Gepflogenheit", für die späteren Generationen aber sei es ein
„accessorisches Gebot". Dagegen liest man bei Ahron b.
Eliah dem Jüngeren in Dine Schechitah V. 1 (mitgetheilt von
Delitzsch L. B. d. Orients 1840 No. 30): „Von dem geschlachteten
Körper hat die Thora verboten: das Blut, das Fett, die Spannader, also doch die Thora, nicht blos die העתקה. Und doch
lesen wir daselbst K. 7: „Obgleich von dem Nichtgenuss des
Nervus ischiadicus Gen. 32, 32 nicht sowohl „gebotweise",
sondern vielmehr „erzählungsweise" (ע"ד הגדה) die Rede ist,
ist derselbe doch durch אוהרה מן החכמים (also wiederum nicht
מן התורה) verpönt, kraft einer קבלה ביד האומה. Hiezu bemerkt
Delitzsch noch: Ahron giebt zu, לא יאכלו Gen. 32, 32 verträgt
zwei Auffassungen סובל שני המענים, d. h., dass es nämlich sowohl imperative als historice verstanden werden kann . . . er
nimmt aber an, dass in בני ישראל und עד היום הוה sowohl die
eigentlichen Söhne Israels, als auch die Israeliten, sowohl die
Zeit vor Moses, als auch die Folgezeit inbegriffen sei.

Eine Ungenauigkeit bei Delitzsch finde hier noch ihre Be-
richtigung. Dieser fährt ibid. fort: Die unter den Karäern selbst

___

als die LXX. Nur ein klassisches Beispiel: Vergl. Jes. 61, 1. LXX
mit Vulgata.

streitige Frage, ob allein an vierfüssigen Thieren oder auch an Vögeln der nervus ischiadicus auszuscheiden sei, entscheidet Ahron b. Eliah, hierin mit den Rabbaniten übereinstimmend, dass auch an dem Geflügel diese Sehne verboten sei u. s. w." Der Sachverhalt ist aber dieser: die Mischnah (Chulin 7, 1) normirt: Das Verbot von ‏גיד‎ erstrecke sich auf Vierfüssler ‏בהמה וחיה‎, aber nicht auf Geflügel ‏מפני שאין לו כף‎ „denn dieses habe keine Hüftpfanne". Die Gemara (92 b) wendet aber dagegen ein, dass auch die Vögel eine Hüftpfanne haben. Hierauf wird erwidert: die Hüftpfanne der Vögel sei nicht rund. Wie aber, wird wiederum eingeworfen, wenn sich dennoch an einem Vogel eine runde Hüftpfanne finden sollte, muss alsdann der nervus ischiadicus entfernt werden? Die Frage bleibt daselbst unentschieden. Nach der rabbinischen Praxis nun, dass in zweifelhaften Fällen bei mos. Geboten nach der erschwerenden Seite hin entschieden wird, lautet die Vorschrift bei Maimon.: ‏הלכות מאכלות אסורות ח' ד' ז אם נמצא‎ ‏עוף שירבו בירך הגידו הכהמה (כלומר שהוא עגול) גיד הנשה שלו אסור.‎ Hiernach ist die Delitzsche Relation hier ungenau.

Vielleicht bringe ich hier einige Aufklärung über eine Mittheilung Steinschneiders aus einer Handschrift aus cod. Hutington (Jüd. Zeitschr, v. Geiger I. Jahrg. S. 240). Diese Mittheilung lautet: „Einer der in Sicilien lebenden Gelehrten, Namens Jirmijah, habe das Verbot der Spannader auf Vögel ausgedehnt. Dieses verrathe, nach dem Verfasser, wenig Kunde im Talmud, und es sehe den antirabbinischen Ketzern ähnlich, Neues vorzubringen, was die Geonim nicht kennen", So weit der unbekannte Vf. jener Handschrift. Nun sehen wir, dass seine Entrüstung zum Theil grundlos ist, da ja die Gemara selbst es in dubio lässt, ob nicht in gewissen Fällen auch die Vögel von dem Spannadergesetz betroffen seien, und nach der rabb. Praxis müsste ja dieses Zweifels wegen nach der erschwerenden Seite hin entschieden werden. Es möchte mich aber bedünken, dass unser unbekannte Autor, der einen Gelehrten Namens Jirmijjah das Verbot der Spannader auf Vögel ausdehnen lässt, mystificirt worden sei, da es gerade der Amora R. Jirmijjah in der oben angeführten Gemara-Stelle ist (Chul. 92 b), der jene Frage über einen Vogel, der eine

Hüftpfanne, und über einen Vierfüssler, der keine Hüftpfanne hat, aufgestellt; in deren Folge eben in der nachtalmudischen Zeit nach beiden Seiten hin erschwerend entschieden worden ist.

Antiquarischer Gesichtspunkt.

Es scheint uns geeigneter, jetzt, also vor dem historischen, den antiquarischen Gesichtspunkt zu erörtern. Bei diesem speciellen Speisegesetze, oder vielmehr dieser „Speisegepflogenheit", ist am wenigsten ein Vergleich mit denen anderer Völker des Alterthums anzustellen, es findet sich keine Analogie, wir stehen hier vor einer ganz auf Israel isolirten Institution, wenn wir nicht etwa die weiter unten bei Philostrat angeführte Sitte der Indier damit vergleichen. Aber wohl steht der Mythos (und für einen solchen, nicht für ein wirklich stattgehabtes Ereigniss, nicht einmal für einen inneren Vorgang, sondern lediglich für eine Dichtung [1]) betrachten wir die Erzählung von jenem Kampfe 1. M. 32, woraus der Referent jenes Capitels sich diesen bei seinen Zeitgenossen vorgefundenen Brauch der Enthaltung von

---

[1] Vgl. eine frühere Anmerkung. — Professor Fürst bemerkt noch zu unserer Stelle: „Fragen wir nach dem Stoff und der Fassung dieser Erzählung, so stellt sich klar heraus, dass sie aus dem Sagen- und Mythenschatze des Volkes geschöpft ist und dass sie im Volk noch erweitert ward (Hos. 12, 4—5), indem, für den an einem bestimmten Ort und in einem geschlossenen Zeitpunkt wirksamen Gott, nach altem Brauch, ein Engel Gottes gesetzt wird — dass sie den Engel Gottes weinen und flehen lässt, um die Loslassung zu erhalten, wie überhaupt die Farben stärker aufgetragen sind. Das Volk hat aber die Sage oder die Mythe in demselben Geiste gedichtet, wie andere Völker des hohen Alterthums, die Menschen mit Göttern kämpfen lassen, um irgend eine Idee zu verkörpern." Die Idee, meinen wir, ist eben das Hebräervolk als siegreiches Israel darzustellen. „Alle Erklärungen dieser Mythe," so fährt Fürst fort, „als einen innerlichen Vorgang in der Seele Jakobs oder als ein lebhaftes Traumgesicht. als einen Ringkampf mit einem Feinde, um Muth für die Zukunft zu fassen, oder als im Kampfe mit einem von Esau abgeschickten Meuchelmörder, gehen von der falschen Ansicht aus, die biblische Darstellung als geschichtliche Thatsache anzuerkennen, während es doch entschieden keine Thatsache, sondern eine Dichtung ist, der nicht ein geschichtliches Factum, sondern eine Idee zu Grunde liegt."

der Spannader erklären wollte) [1], nicht vereinzelt da, wir finden
vielmehr zahlreiche Analogien bei anderen alten Völkern, namentlich bei den Griechen. Hier lesen wir ja von dem Kampfe der
Giganten mit den Titanen, von dem Kampfe des Herakles mit
Jupiter, von des Herakles Kampf mit dem Riesen Antäus, der auf
dem Erdboden nicht, in der Luft nur besiegt werden konnte, und
ähnlicher solcher dunklen, mysteriösen Ringkämpfe der „Mächtigen‟
mit noch „Mächtigeren‟; noch mehr: Ringkämpfe, die wie hier
als im Finstern, in der Nacht stattgefunden, dargestellt werden,
die erst mit dem lichten Morgen endeten [2]). So citirt Knobel im
exegetischen Handbuch die Worte, die im Plautus (Amphitr. 1,
3, 35) dem Jupiter in den Mund gelegt werden: Cur me tenes?
Tempus est, exire ex urbe, prius quam luciscat. volo. Finden
wir hier nicht merkwürdig das biblische כִּי עָלָה הַשַּׁחַר wieder?
Bei Homer geschieht gar nicht selten der Einmischung der Götter
in die Kämpfe der Menschen Erwähnung. Aphrodite wird sogar
von Diomedes verwundet [3]) ὁ δὲ Κύπριν ἐπώχετο νηλέϊ χαλκῷ . . .
ἄκρην οὔτασε χεῖρα μετάλμενος ὀξέϊ δουρὶ ἀβληχρήν. (II. V. 330,

---

[1]) Es möchte hier noch die Motivirung dieser Observanz bie
Knobel nachgeholt werden, die sich zu Levit. 7, 23 beim Fettverbot
findet: „Jene (Fett-) Stücke wurden durch diese ständige Weihung an
Gott geheiligt und sollten nicht in den unreinen Mund des Menschen
gelangen. Aehnlich die Heiligkeit des nervus isch., den Gott bei Jakob
berührt hatte.‟ Wir hätten uns aber den Zusammenhang so vorzustellen,
dass, als man später über den Grund der Observanz nachdachte, man
die Erzählung von der Berührung der Hüftpfanne durch Gott oder einen
Engel fingirte.

[2]) Schön ist jedenfalls die allegorische Nutzanwendung von der
Darstellung dieses mythischen Kampfes und endlichen Sieges, welche
die isr. Kanzel in reichlichem Masse erbaulich verwerthet: Israel hat
mit den dunklen, finstern Mächten des nächtlichen Aberglaubens zu
kämpfen. Wenn die Morgenröthe der Aufklärung und Bildung aufgeht,
steht Israel, seine reine, lautere Lehre als geistiger Sieger da.

[3]) II. V, 330—336 (Tydeussohn) stürmte gegen die Cypris mit
unbarmherzigem Erz ein . . . auf sie losgehend, verwundete er das
schwache Handgelenk mit scharfem Stahl.
Ibid. 305. Er (Tydeussohn) warf dem Aeneas (einen Stein) an die
Hüfte, wo der Schenkel in der Hüfte sich dreht, Pfanne nennt man
dies . . . und dazu zerriss er ihm die beiden Flechsen.

336 f.) Besonders aber scheint bei den Alten der Angriff häufig gerade gegen die Hüftpfanne geführt worden zu sein, ibid. 305. Τῷ βάλεν Αἰναίαο κατ ἰσχίον ἔνθα τε μηρός ἰσχίῳ ἐνστρέφεται· κοτύλην δέ τέ μιν καλέουσιν κ. τ. λ. — Ein anderes Analogon führt uns Mowers (Phönicier S. 433—434) wie folgt an: „Hier (Gen. 32, 22) ist die Uebereinstimmung mit dem Mythos von Herakles sehr auffallend, und man möchte eine Abhängigkeit auf der einen oder anderen Seite annehmen. Herakles wurde im Kampfe mit Hippocoon gleichfalls an der Hüfte verletzt. (Pausanias III. 9, 7.) Er rang mit Jupiter in der Palästra zu Olympia, der ihn nicht überwinden konnte und zuletzt sich ihm gleichfalls zu erkennen gab. Mit unserer Etymologie (Jakob == Israel) stimmt aber besonders ein gleichfalls ähnlicher Zug in den griechischen Mythen: früher heisst Herakles Παλαίμων „Ringer" und erhielt später erst seinen Namen ‚Ἡρακλῆς‘‘, was sich auf seine beiden phönicischen Namen Israel „Gottesringer" und Archab Ar „obsiegt"[1]) beziehen könnte, aber, wie es scheint, unpassend in der griechischen Mythe mit der gewöhnlichen Etymologie von Ἡρακλῆς combinirt ist: οὐκ ἔτι Παλαίμων κληθήσεται. αὐτάρ Ἀπόλλων ‚Ἡρακλέα. δέ σε . . . ἐξ Ἥρας γάρ ’εν ἀνθρώποις κλεός ἄφθιτον ἔξεις.‘‘ Movers meint, dass die Vorstellung von Herakles als Ringer erst aus der asiatischen Mythe in die griechische Fabel übergegangen sei. Wenn der Vers, 1. M. 32, 32, was sehr viel für sich hat, erst eine spätere Interpolation ist — als Parenthese kündigt sich dieser Vers von selbst an — so ist wohl eher anzunehmen, dass dem Referenten, 1. M. 32, der griechische Mythos, als umgekehrt, dem Mythos von Herkules der Kampf Jakobs als Quelle vorlag.

Noch finde ich bei Ewald (Gesch. des Volkes Israel Bd. I., S. 406, Anm. 2): „Sehr ähnlich diesem Ringkampf Jakobs ist der Argunas' mit Civa, welchen ausdrücklich beschreibt das Maliâbhârata 3,11952 ff." Ewald bemerkt noch ibid. S. 407: „Unstreitig haben sich zur Bildung dieser Auffassung viele alte Stoffe vereinigt: die volksthümliche Sage von furchtbaren Nachtgeistern, die am

---

[1]) Vgl. באזני שׂרה את אלהים וישׂ- אל מלאך ויכל Hos. 12, 5.

Morgen wieder verschwinden müssen. (Die indischen Rakschasas.)¨
Vgl. 1 M. 19, 15: „Als die Morgenröthe aufstieg, drängten die
Engel in Lot."¹)

Im indischen Epos Ramayana 1, 2, 21 finden sich ähnliche
Kämpfe mit höheren Wesen vor. Die Worte daselbst: „Bevor sich
färbt der Osten, bevor die Dämmerung eintritt, sind die Rakschasas
gar mächtig," erinnern doch gar zu lebhaft an unsere Stelle 1 M.
32, 27: שלחני כי עלה השחר „Entlasse mich, denn die Frühröthe
ist aufgestiegen."²)

Ueber den interconfessionellen Gesichtspunkt werden wir,
wie in der Vorrede bereits erwähnt, am Schlusse aller Speisegesetze,
über den diätetischen werden wir nicht selber sprechen, sondern
nur die Schrifterklärer reden lassen. Doch mit einigen Worten
werden wir unsere eigene Ansicht über diesen Gesichtspunkt in
der folgenden Rubrik, der historischen Beziehung, gelegentlich zum
Ausdruck bringen.

Historischer Gesichtspunkt.

Hier werden die Grenzen zwischen dem biblischen, mischnischen und gemaristisch-rabbinischen Zeitalter markirt und die
Fortbildung u. s. w. nachgewiesen werden.

---

¹) Im Mythenkreis des Herakles bei Tzezes zu Lykophr. Cassandr.
(angeführt bei Winer Bibl. Reallexicon, Art. Jakob) ἐν τῷ ἀγῶνι Ἡρακλῆς
προεκαλεῖτο εἰς πάλην τὸν βουλόμενον οὐδενὸς δὲ τολμῶντος ὁ Ζεὺς παλαιστῇ
εἰκασθεὶς συνήψεν Ἡρακλεῖ καὶ μέχρι πολλοῦ τῆς πάλης ἰσοπαλοῦς γενομένης
ὁ Ζεὺς φανερὸς ἑαυτὸν τῷ παιδί. Cassel (Paulus) sagt (in „Israel das Ringer-
volk"), „darum essen die Kinder Israel nicht etc." Es ist nicht um der
Heiligkeit der Berührung, sondern um des Schmerzes willen, dass sie unrein (??) geworden ist. Also Knobel-Fürstscher Motivirung diametral
entgegengesetzt. — Eine andere Vorstellung findet sich bei Philostratos,
dass die Inder nur die Keule der Tiger essen, weil das Thier wie zur
Verehrung, die Vorderfüsse zur Sonne emporhebe. (Leben des Apolonius
2, 28.) Es ist bemerkenswerth, dass Palaimon der Ringer heisst und als
ein Sohn des Hephästus genannt wird, welcher hinkt. (Apollodor Bibl. 1,19).

²) Ibid. V. 29, und er erwiderte: „„Warum frägst du nach meinem
Namen?"" „Ein böser Geist, der nur in der Nacht Gewalt hat. In
allen Mythen und Dichtungen verweigert der Verführer seinen Namen zu
nennen; weiss ihn der Mensch, so ist er der Gefahr durch jenen ent-
ronnen."

Die Bibel, speciell das 1. B. M. 32, 32, sei es gar, dass hier
nicht von einer blossen Gepflogenheit, sondern wie der Talmud
normirt, von einem Verbot die Rede wäre, spricht blos vom Nicht-
essen des גיד הנשה, also von dem bestimmten Nerv oder der Sehne,
Flechse, Ader, nervus ischiadicus. Eine andere Bedeutung hat das
Worte גיד an keiner Stelle, wo es sich auch sonst noch in der
Bibel findet. Jes. 48, 4, Ez. 37, 6 u. 8. Iliob 10, 10. 40, 17.
Es ist an allen diesen Stellen von dem גיד, dem harten, nackten
Nerv geradezu im Gegensatze zu der weichen, milden Fleischsub-
stanz die Rede. Mithin hätten wir uns ausschliesslich nur des
Genusses dieses Nervs zu enthalten, ohne irgend eine andere Sub-
stanz in das Verbot einzuschliessen. Ausser unserer Stelle ist
überhaupt in der ganzen Bibel von dem Nichtverspeisen jenes
Nerves nirgends mehr etwas erwähnt.

Der erste nachbiblische jüdische Schriftsteller, der über
גיד הנשה spricht, ist Josephus, der allerdings auch schon eines
Verbotes, statt einer blossen Gepflogenheit, erwähnt. Wie unzu-
verlässig Josephus ist, beweist ja schon, dass er ganz gegen die
Schrift berichtet, Jakob selber habe sich dieses Genusses enthalten.
(S. die oben angeführte Stelle S. 13 Note 2.)

Wir gehen über zu Mischnah (Chul. 7a), dort heisst es: Das
Verbot von ג״ה besteht überall und für alle Zeiten, und zwar ist
sowohl der Nerv an der rechten, als auch an der linken Hüfte
verboten [1]).

---

[1]) R. Jehuda behauptet wohl mit Recht (Thossephta 7, s. auch Gem.
Chul. 90b), dass nur der Nerv an der rechten Hüfte in der Schrift gemeint ist. Denn da die heil. Schrift nur im Singular, von dem Nerv
an „der Hüftenpfanne", spricht גיד הנשה אשר על כף הירך mit dem bestimmten Artikel, so ist unbedingt nur die eine Hüftenpfanne, und zwar
die rechte, gemeint. אמר קרא הירך המיומנת שביריך, wie dies ja auch die
Gemara 91a nach der Schrift selber noch überzeugender beweisen will:
אמר קרא בהאבקו עמו כאדם. שחהבק את חברו ויד מנות לכף ימינו של חברי
Vgl. hierzu die so recht rationelle Motivirung Raschis 90b דהם האבק
עם חברו בשהוא נותן ימינו לשמאל חברו וחובקו ירו מנית מאחוריו על ירך ימיני
Auch wird Chulin 134b und Horajoth 12a auf diesen Ausspruch R. Jehudas,
den auch רבא adoptirt, nämlich "הירך המיומנת שביריך„ manche andere
Satzung gestützt, und dennoch hat die Rigorosität gesiegt und das Ver-

Ferner sehen wir daselbst Mischnah 2: nach R. Jehuda braucht nur die obere Schicht des Nervs abgeschält, nicht tief nach dem Nerve nachgegraben zu werden בדי לקיים בו מצות נטילה‎, danach hat sich auch ein gewisser Bar Piuli gerichtet, wie die Gemara das. mittheilt הוה קא גאים ליה‎ „nur auf der Oberfläche etwas vom Nerv abgelöst." Doch wird in der Gemara nach R. Meier erschwerend normirt מהטט אחרי בכל מקום שהוא‎ „man grabe nach, wo sich nur immer etwas von dem Nerv befindet."

Mischnah 4 das. statuirt ירך שנתבשל בה גיד הנשה אם יש בה‎ בנותן טעם הרי זו אסורה‎ „wenn der Nerv in Verbindung mit der Hüfte (oder anderem Fleische) gekocht ist, so ist auch dieses zum Genusse verboten, wenn darin von dem Geschmack jenes Nervs etwas zu verspüren ist [1])."

Die Gemara (91a, 93b, Pes. 83b) spricht schon von zwei Nerven oder Sehnen statt einer:

bot für Rechts und Links normirt. (Vgl. den Disput hierüber auch Midrasch Rabbah zur Sidrah) (l).

[1]) Doch die Gemara das. 99b spricht jenem Nerv überhaupt jeden Geschmack ab נותן בגידין אין בטעם‎ והלכתא‎ oder wie es an einer anderen Stelle 92b lautet היא והתורה חייבה עליו‎ „Jener Nerv ist gleichsam nur eine geschmacklose Holzefaser, die aber doch einmal als solche von der heiligen Schrift verpönt ist." Da aber, bemerkt Raschi zur Gemara 99b, die Behauptung acceptirt worden, dass der גיד‎ geschmacklos ist, so entfernt man ihn, wenn er mit einer anderen Substanz mitgekocht oder mitgebraten ist, und die andere Speise ist zum Genusse gestattet והלכתא אין בגידין בטעם ובין שנתבשל ובין שנצלה מישלכ' ומיהר‎. Raschi setzt zwar hinzu, wenn auch der Nerv selber ohne Geschmack ist, so habe doch das an dem Nerv haftende Fett einen Geschmack, man müsse also darauf achten, ob nicht dieses einen Geschmack in die andere Speise verbreitet hat. ורוקא בו אבל שמנו שבו בשיש בו שמנו לא ושל שמנו אוסר‎. Gegen diesen einschränkenden Zusatz Raschis bemerken die Thossaphisten z. St. und noch mehr S. 94a (Stichwort שאני חלב המפפש‎), da ja שמנו‎ של גיד‎ (s. unten) mosaisch durchaus nicht, nach mancher Autorität auch nicht einmal rabbinisch verboten und nur nach einer vereinzelten Ansicht rabbinisch untersagt sei, und zwar aus Vorsorge (גזרה‎), man würde sonst den Nerv selber geniessen: so haben die Rabbinen, da durch den geschmacklosen Nerv die übrige Speise nicht verpönt wird, auch durch das Fett des Nervs keine Erschwerung eintreten lassen (m)

שני גידין הן הפנימי סמוך ... לעצם אסור (רש"י: מד"ת) וחייבין עליו החיצון סמוך לבשר אסור (רש"י: מדרבנן) ואין חייבין עליו.

Wie wenig Sicherheit über die Materie herrschte, beweist, dass in der Baraitha sich eine ganz entgegengesetzte Relation findet, nämlich פנימי סמוך לבשר וחיצון סמוך לעצם. Ferner machen schon die Thossaphisten zu dieser Stelle auf die schwankende Erklärung Raschis aufmerksam, die hier von der Erklärung zu 99a abweicht. So wenig war diese Materie selbst den Altrabbinen sicher und klar.

Ganz dasselbe wie in der Gemara findet sich, nur mit einer kleinen stylistischen Abweichung, bei Maimonides (Verbotene Speisen 8, a) שני גידין הן הפנימי הסמוך לעצם אסור מה"ת והעליון כולו אסור מדבריהם „Nur die innere Sehne ist mosaisch, die obere — d. i. die äussere — ist blos rabbinisch verboten."

Ferner heisst es in der Gemara (Chul. 96a): לא אסרה תורה אלא שיש בו הבף בלבד שנא' על כף הירך. Und ebenso nach Maimonides ibid: אין אסור מה"ת אלא שיש על כף הירך אבל שאר הגיד שלמעלה מן הכף ושל מטה עד סופי אינו אסור אלא מדברי סופרים „Nur die innere Sehne an der Hüftpfanne, so weit sie den Ballen bedeckt, ist nach der heil. Schrift verboten; die Fortsetzung dieser Sehne nach oben oder nach unten hin . . . ist blos durch die Schriftgelehrten verboten."

Was nun das Fett an jener Sehne betrifft חלבו או שמני של גיד, da heisst es nun wiederum in der Gemara (Chul. 92b): Samuel behauptet, dass es einstimmig erlaubt ist אמר שמואל וחלבו מותר לדברי הבל. Im Verlauf der dortigen Discussion stellt sich aber heraus, dass nach R. Meir es wohl biblisch erlaubt, rabbinisch aber verboten sei. מותר מה"ת ואסור מדרבנן. Diese Bezeichnung ואסור מדרבנן ist nach meiner Ansicht nicht correct, es ist nach dem Talmud höchstens ein Brauch מנהג, dass es nicht genossen wird, denn die Baraitha sagt ausdrücklich שמני מותר וישראל קדושים נהגו בו איסור [1]) „Das Fett ist erlaubt, aber die Israeliten, die ja (über-) heilig, überreligiös sind, enthalten sich derselben wie

---

[1]) Im Midrasch Rabbah zu Vajischlach lautet die Stelle ר' היא אמר האי מקוקלתא הגידא שרי וישראל קדושים אסרו אותה עליהם.

einer verbotenen Sache.·' Es wird also in der Baraitha nicht als rabbinisches Verbot, sondern als blosser מנהג — selbst eingeführte Gepflogenheit und weiter nichts — bezeichnet.

Ebenso hat diese inkorrekte Wiedergabe der Baraitha Maimonides l. l. הלב שעל חגיד אינו אסור אלא מד״ם. Kann man es aber, genau genommen, als verboten מ״ד betrachten, wenn nur eine Gepflogenheit aus purer Ueberheiligkeit vorliegt [1])?

Was das „Aderngezelle·' קניקית betrifft, so will zwar Rab behaupten, sie seien von der heil. Schrift verpönt. Ulla dagegen widerspricht dem und behauptet, sie seien nicht verpönt. Und dieser Behauptung Ullas wird beigepflichtet אמר אבי בותיה דעילא מסתברא. Ob sie aber nicht doch vielleicht rabbinisch verboten, geht aus der Gemara selbst nicht hervor. Nur führen die Thossaphisten an (Chul. 92b Stichwort: בותיה דעילא), dass nach den „Scheeltot" wir die קניקית als rabbinisch verboten halten, während Ulla selber sie auch rabbinischerseits gestattet (n).

Maimonides verliert über die קניקית kein Wort. Hieraus wäre man wohl zu dem Schlusse berechtigt, dass er sie sogar für rabbinisch erlaubt hält.

Steigen wir aber herab zu R. Joseph Karo und seinem „gedeckten Tisch,·' nämlich seinem Codex שילחן ערוך, so wird der Tisch zwar erleichtert — manches bis dahin vielleicht doch selbst rabbinisch noch Erlaubte muss nämlich von unserer Tafel sich verabschieden — das Leben aber erschwert ואכל את יתר הפלטה הנשארת לי מן התלמיד ומן ר' משה בן מימין. Er rafft uns noch den letzten Rest von unserer ohnehin spärlich besetzten jüdischen Tafel hinweg (Jore deah 65, 8 und 9): „Die Aderngezelle in beiden Sehnen sind von den Schriftgelehrten verboten, man muss

<hr />

[1]) Korrecter drückt sich Raschid zur Gemara ibid. aus (Stichwort מדקתני נהני בו איסור דאילו לה״' אפי' במנהא ליכא, nämlich במאי ר' מאיר היא. Selbst nach R. Meier ist es blos als Brauch verpönt, nach R. Jehuda existirt nicht einmal ein Brauch für das Verbot des Fettes am Hüftnerv. Auffallend und sich selber untreu ist Raschi in der שיטה (abgedruckt חפץ ed. Goldberg דף א״ה) איסור בו נהני ששיעו ישראל קדשים זה דברי סיפרים היא ילכך יש להדברי שלי דברי.

sie ausmerzen. Ihr Fett betreffend, nun, so ist Israel heilig[1]; pflegt sich desselben wie einer verbotenen Substanz zu enthalten. Aderngezelle wie Fett sind nicht ohne Geschmack; wenn daher etwas in andere Speisen ausfliesst, so sind auch diese vom Genusse ausgeschlossen." (o)

Also die Fettigkeit — שמן — ist biblisch nicht verboten, eigentlich auch rabbinisch nicht, aber Israel ist „heilig" — hier doch nichts weiter als eine rein äusserliche übertriebene Werkheiligkeit — und darum, wenn von dem an und für sich nicht Verbotenen, nur aus übertriebener selbstgefälliger Werkheiligkeit zu Verbotenem Gestempelten, etwas ausfliesst, mit anderen Speisen sich vermengt, so sollen auch diese verboten sein!! Nein, das ist schon zuviel des Guten. Und die späteren wollen die Früheren noch an Skrupulosität übertreffen. Nach ihrem Wahlspruche: המחמיר תבוא עליו ברכה. „Je mehr man das Leben in dieser Hinsicht erschwert, desto würdiger sei man des himmlischen Segens," haben sie die Vorschriften in der Entfernung der äussersten Verästelung des גיד הנשה noch vervielfältigt und verschärft, so dass eine besondere, jahrelange Uebung dazu gehört, um sich die Kenntniss der Entäderung der sogenannten „Hinter-Viertheile" anzueignen; dabei werden diese durch das viele Schaben, Schälen, Durchwühlen in so kleine Stücke zertheilt und zerfetzt, dass der Genuss derselben fast ganz illusorisch wird.[2] Und dies Alles bei einer Observanz so problematischer Natur, die, wie wir überzeugend nachgewiesen zu haben glauben, nur auf einer Fiktion beruht.

---

[1] Wie leicht und doch wiederum durch wie viele erschwerende, wenn auch nur kleinliche, Opfer wird hier der Nimbus der Heiligkeit erworben! Wahrlich, auf die Observanz so weit hergeholter minutiöser Bräuche sollte der hohe Begriff „Heiligkeit" nicht verschwendet werden.

[2] A. de Modena (Bechinath Hakabbala) sagt mit Recht: הם הביאו מאחוריה כל בהמה חצי בשר שלא לאכול כמעט בשר. Reggio hält diese Klage, weil sie beim חלב-Verbot angebracht, für ganz unbegründet, da ja die Rabbinen von dem Hinter-Viertheile nur das Fett und die Spannader verboten, das ganze Fleisch aber erlaubt hätten. Aber wegen des שמן oder חלבי של גיד kommt es wirklich dahin, dass Modena's Ausspruch gerechtfertigt ist.

Diätetischer Gesichtspunkt.

Hier können wir wohl mit einigen Worten den diätetischen Gesichtspunkt berühren. Die Handhabung dieser Observanz in der angegebenen Weise übt allerdings einen grossen Einfluss auf unsere Gesundheit aus, einen nachtheiligen nämlich, wenn auch negativer Art, wir werden der besten, nahrhaftesten Fleischspeise beraubt. Wir sind doch aber keine Vegeterianer, wir sind nun einmal selbst nach der Schrift auch auf kräftigende Fleischkost angewiessen.[1]) In kleinen Communen und Dörfern, wo ohnehin nur selten und spärlich geschlachtet wird, entsteht durch Entziehung der „Hinter-Viertheile" bisweilen fühlbarer Fleischmangel. Denn, wie zumal die spätere Aengstlichkeit diese Observanz ausgesponnen hat, ist dieselbe zu einer förmlichen Technik ausgebildet worden, die ein gewisses Studium erfordert, und nur die grössten Gemeinden sind in der Lage, einen solchen Techniker anzustellen, der die Hinter-Viertheile zu zerstückeln und zu entädern versteht.

Und, um auch den volkswirthschaftlichen Gesichtspunkt nicht ganz ausser Acht zu lassen — wie schwer schädigt die minutiöse Ausdehnung dieser Observanz die Vermögensumstände des Israeliten! Schlachtet er auf eigene Rechnung, so ist er an Orten, wo nur wenige Nichtisraeliten wohnen, in Verlegenheit,

---

[1]) „Wie Jedermann bekannt, differirt die Beschaffenheit der Muskulatur auch nach den verschiedenen Theilen am Thiere: die Rücken- und besonders die Lendenmuskeln sind die saftigsten, von den Zähnen und offenbar auch vom Magen am leichtesten zu bewältigenden und am meisten „Kraft" gebenden. Die anderen Muskeln entfernen sich mehr oder weniger von diesem Ersteren" (Dr. Pappenheim, Sanitätspolizei 1868. I. S. 495). Ich glaube nicht, dass R. Elieser b. Nathan im מבשל eine medizinische Competenz ist, oder gar der Erzvater Jakob, der nach jenem Rabbi aus Gesundheitsrücksichten sich den Genuss des nervus ischiadicus versagt hat. מצירך לזה המיני יקב בם מלאכבי כי ידע בדרך הרפיאות אשר כל אבר הנאכל מזיק מאבר דמיינו בחיות בר אבר יחליני בשהא לא על בשר היני. Es ist wahrlich unfasslich, wie man bei gesunden Sinnen so etwas niederschreiben kann, da dürfte man Jakob's nervus ischiadicus nicht essen, weil dieser durch seine Verrenkung gelitten hat. Hat sich denn aber die Erkrankung Jakobs auf diesen Theil der Thiere fortgepflanzt?!

wie er jene Hinter-Viertheile verwerthen soll. er muss sie. da er
sie nur bei Nichtisraeliten an den Mann bringen kann, weit unter
dem Werth zu Schleuderpreisen verkaufen, er selbst muss dagegen
für werthloses, schlechtes Fleisch, für Haut und Knochen, theurer
zahlen, als der Nichtisraelite für gutes, kräftiges und kerniges
Fleisch der Hinter-Viertheile.

Unsere Zionswächter sollten hier Abhilfe schaffen, wir rufen
ihnen mit den Alten zu: עד מתי אתם מכלין ממונם של ישראל.
Fügen wir uns nun schon in die uns von den Rabbinen insinuirte
Auffassung, es sei hier ein wirkliches Verbot aufgestellt; aber
halten wir fest an die oben angeführten Sentenzen (Tos. Chul. 97 a):

כיון דשימן הגיד לא מתסר אלא מדרבנן וגזרו ביה אטו הגיד כשאין
גיד שלגיד אינו אלא כעין und ferner: הגיד אוסר גם בו לא החמירו
בכלמא שאין בו טעם ואע״ב אסרתו תורה לפיכך אינו אוסר תערובתו
בפליטתו „Die nach talmudischer Auffassung biblisch verbotene
Sehne — die unschwer aufzufinden und leicht zu entfernen —
ist selber ganz geschmacklos, was etwa abfliesst, ist nicht verpönt." Was aus ihr etwa an Fett ausströmt, das ja ohnehin nicht
einmal eigentlich rabbinisch, sondern als angenommener מנהג verpönt ist, befindet sich (das sei noch zum Ueberfluss zur Beruhigung
für ängstliche Gemüther hinzugefügt) gewöhnlich jedenfalls in der
grössern Quantität der übrigen Fleischtheile in entschiedener, ver-
schwindender Minderheit ואין בו כדי לתת לתת טעם בשל היתר „so dass
es der anderen mitgekochten, erlaubten Substanz keinen Geschmack
mittheilen kann."

Möge dieses Capitel mit einer Mittheilung abschliessen, die
einiges besonderes Interesse bieten dürfte. Der sel. Oberrabbiner
Löw berichtet (B. Chananjah, Jahrg. I., S. 20) aus einer Handschrift eines des Sabbathäismus verdächtigen Rabbiners, dass nach
dem Sohar zwischen dem 9. Ab und dem גיד הנשה eine geheim-
nissvolle Affinität stattfinden solle. Auch wird daselbst eine Stelle
aus Eduth be Jakob citirt, nach welcher sich die Sabbathäer wegen
der erwähnten Affinität von dem Verbot der Spannader dispensirt
haben דהא בהא תליא כל ומן שאין אוכלין בתשעה באב אין אוכלין
גיר הגשה וכשאותור תשעה באב הותר גיד הגשה. Ich theile in
Bezug auf den hier erwähnten Sohar folgendes nicht Unbemerkens-

werthes aus dem Buche Akedah, porta 26, mit: וישמתי מפי רבים

שימצא במדרש העלם מאמר זה לשונו: ע"כ לא יאכלו ב"י את גיה
את לרבות ט"ב. והמתה ממנו כי לא נדע להם טעמו, ושאלתי עליו
והשתתממתי כששנה וקפץ עלי עין נאוה. או אמרתי אם המאמר הזה
ישנו במציאות. הנה הוא מפואר מאד וזה פירושו: כי בכתוב הזה
נרמזו ארבעה צימות השנה אשר נמשבו אלינו מצד קמקיף הפך הזה
ומלה "הנשה, כמו הפך "ה ש נ ה". כלומר ע"כ לא יאכלו ב"י את
גייד השנה גיד ג תשרי' עשרה בטבת ג'"ד כלו בניסו י"ו שבעה עשר
בתמוז א'"ה לרבות תשעה באב (תשעה אב). והם עצמם אשר אמר
הביא כה אמר ד' צבאות צים הרביעי... יהיה לבת יהודה לששיו וני.

Der Verfasser des Akedah zweifelt also an der Existenz jener
Soharstelle; er sagt achselzuckend: אם המאמר הזה ישנו במציאות.
In der That ist jene Soharstelle vorhanden (zur Stelle וישלח).
Sie lautet: ואת בברש ש ה/ה גידן ולקבלהון שה/ה יומ ' שתא והא
תשעה, באב חד מנהון כך אמרה אורייתא ע"כ לא יאכלו ב"י את גיה
א'"ת לאבאה () לרבות) תשעה באב דלא אבלין ביה.. ובין כך הוא
קב/ה... ולא אשכח בר ההוא גיה מד תשש חילה דיעקב וביימ'
שתא אשבה תשעה באב... ובל מאן דאכיל בתשעה באב כאלו
אביל גיה.

Es wird nicht uninteressant sein, über unser fragliches Thema
(1. M. 32, 25 u. f.) die Aeusserung eines der gefeiertsten Anatomen, des Staatsrathes Prof. Dr. Hyrtl in Wien, hier zu erwähnen [1]). Auf eine Anfrage antwortete mir dieser hervorragende
Gelehrte in einer gefälligen Zuschrift: „Die Stelle 1. M., Cap. 32
ist einem Anatomen gänzlich unverständlich. The hollow of the
thigh (der humane Professor hatte nur eine englische Bibel vor
sich, als er an mich schrieb) stimmt mit keinem anatomischen
Begriff. Wir haben ein hollow of the leg, und das ist die Knie-
kehle, wo ein Nerv sehr oberflächlich liegt. Sinew ist Nerv.
Homer nennt die Sehne νεῦρον und τένων. Eine Verrenkung des

---

[1]) Das Andenken des Gerechten (Frommen) bleibt, gereicht zum
Segen! Welch ein Unterschied zwischen Mensch und Mensch, Professor
und Professor! Auf meine schlichten Zeilen sandte mir Hyrtl fast um-
gehend seine im Jahre 1835 herausgegebenen Antiquitates anatomicae
rariorae bereitwillig ein mit einem verbindlichen Schreiben. Auch
Prof. Dr. Sommer in Königsberg war mit einem gefälligen Nachweis
bereit. Ich wandte mich auf wissenschaft-theologischem Gebiet an
einen überfrommen Professor und erhielt — keine Antwort. Facta
loquuntur — sapienti sat.

Kniegelenks durch Berührung (he touched the hollow of the thigh), ist ebenso unmöglich, als eine solche des Hüftgelenkes, welche thigh ist." Der bescheidene gefeierte Gelehrte schliesst: da er die Verse nicht in der Ursprache gelesen, so sei er vielleicht nicht recht informirt, und können wir nur sein Befremden über die obige Relation in der Genesis wiederholen. Dieser grosse Anatom ist also ganz und gar bibelgläubig, hält also die fragliche Relation als wirklich stattgehabtes Ereigniss, nicht für ein Phantasiegebilde oder Traum. Achten wir dagegen auf die Lösung dieses räthselhaften Problems in der höchst rationellen Erklärungsweise des grossen Exegeten R. Levi ben Gerson רלב"ג.

Also R. Levi ben Gerson:

שכך יתעורד לפעמים הדמיון מדברים אשר יתפעל בהם האדם
בעת השינה והמשל שאם יע' היש' בדבר קר יחלום שהוא במים קרים
ואם יע' היש' בדבר חם יחלום שהוא באש ... ולואת הסבה הזה
כשיתחדש לאדם כאב מה בעת השינה יחלום שכבר הוכה במקום
ההוא בסבת ריב היה לו עם אדם אחד מה בחלומו ... ובהיות הענין
כן הנה היה שקרח ליעקב בסבת הגמל שעמל בהעבר' כל אשר לו
כנחל שנתחדש לו כאב בכף ירך בעת השינה ונדמה לו מפני זה
בחלומו של נבואה שנתאבק עם זה ה' האיש ושתקע כף ירכו בהאבקו
עמו לפי היהאבקות אפשר הוראה לו. (¹

Beachtenswerth wären noch die Worte des Maimonides in einem Briefe an seinen Sohn (הרמב"ם אגרת ed. Brünn, pag. 3):

וחזק השמירה יהיה לך תמיד מאד מן האנשים השובבים בין
תוג"ם ובין אלכסנדרה כי הם יותר טפשים אצל משאר בני אדם
אע"פ שהם חוקים מאוד באמונה ... ולא יאכלו מבשר הבהמה רבע"ז
האחרין.

In wiefern sind diese tunesisch-alexandrinischen Juden wegen ihrer Abstinenz von den sog. Hinter-Viertheilen stupider als die anderen Rabbiniten? Sollte er sie etwa darob tadeln, dass sie sich nicht auf das Entädern dieser Theile אחוריי"ם ניקיר einlassen?

---

¹) Es ist nicht uninteressant, dass ein tiefgelehrter Mann, eine so hervorragende Autorität, wie R. Levi, der doch, wo es den gesetzlichen Inhalt (Halachah) der heil. Schrift betrifft, der talmudischen Tradition sich anschliesst, mit dem erzählenden Theil der Bibel so rationalistisch verfährt, sich den Inhalt so rein vernunftgemäss zurechtlegt. Wie viel könnte die heutige sog. gesetzestreue Schule und auch die sog. N e u o r t h o d o x i e oder Vermittlungspartei aus dieser einzigen Interpretation des Gersonides lernen!

Bevor wir zu dem Artikel בַּהֵל כִּשֵׁר übergehen, möchten wir bei dem trotz aller bisherigen Hypothesen für jeden denkenden Bibelleser doch immer noch sehr dunkeln Motiv für die Enthaltung vom Genuss des nervus ischiadicus, zum Theil angeregt durch die Motivirung bei Aramah und Knobel, (S. oben S. 17 u. 25) doch noch eine andere Conjectur aufzustellen uns gestatten, die vielleicht das schwierige Problem aufhellen oder gar lösen dürfte. Knobel sagt nämlich: „die Fettstücke (3. M. 7,23), durch die ständige Weihe von Gott geheiligt, sollten nicht in den unreinen Mund der Menschen gelangen. Aehnlich die Heiligkeit des nervus ischiadicus, den Gott bei Jakob berührt hatte." Ich combinire diese Hypothese mit der von Paulus Cassel im Namen des Philostratus angeführten „dass die Inder nur die Keulen der Tiger ässen, weil das Thier, wie zur Verehrung, die Vorderfüsse zur Sonne emporhebe." Ich meine nun, dass die Hüfte an dem Menschen den Hebräern seit Abraham als heilig galt, denn sowohl dieser 1 M. 24, 2 und 3, als auch sein Enkel Jakob-Israel ibid. 47, 2 lässt sich einen Eid leisten, indem der Schwörende seine Hand unter die „Hüfte" יֶרֶךְ des ihm den Eid Auftragenden legt, שִׂים נָא יָדְךָ תַּחַת יְרֵכִי. Es ist nicht unwahrscheinlich, dass die Hüfte seit Abraham um desswillen als heilig galt, weil ja durch die Beschneidung[1]), die an einem Gliede in der unmittelbaren Nähe der Hüfte[2]) vollzogen wird, der heilige Bund zwischen Gott und Abraham sammt seinen Nachkommen geschlossen wurde. Nachdem aber im Laufe der Zeit der eigentliche Grund für das Verbot des Nervs an der Hüfte in Vergessenheit gerathen war, klügelte und grübelte man, bis man in späterer Zeit das Motiv in der in jenem Kampfe verrenkten Hüfte Jakob-Israels gefunden zu haben glaubte, worauf alsdann jener Vers 32, 33 als Motiv für jenes Verbot interpolirt wurde.

---

[1]) S. den Commentar Raschi z. St. 1. M. 24,2. Vielleicht aber galt das membrum virile schon als Zeugungsglied für heilig, wie wir ja den Phalluscultus bei den alten Völkern finden.

[2]) Nach einem Euphemismus wird das Zeugungsglied יָרֵךְ genannt (1 M. 46, 26 und sonst), bei den Rabbinen sogar גִּיד nervus κατ' ἐξοχήν, desto besser passt also unsere Hypothese mit גִּיד אֲשֶׁר נָשָׁה עַל כַּף הַיָּרֵךְ.

Nachdem ich diese meine Conjektur niedergeschrieben, finde ich Annäherndes, wenn auch nicht Identisches, auch im Handbuch der „ebräischen Mythologie" von Dr. M. Schulze: „Bemerkenswerth ist ferner, dass der „Mann", der mit Jakob ringt, ihm die Hüfte anrührt, jenen Körpertheil, der gleichsam als Träger der Fruchtbarkeit für die alten Semiten von solcher Wichtigkeit war, dass sie bei ihm die heiligsten Eide schwuren." Ich halte es auch für sehr wahrscheinlich, dass die Beschneidung, der Bund am Fleische, wie diese Institution in der Schrift genannt wird, welcher zwischen Gott und Abraham für ihn und seine Nachkommen geschlossen wurde, um desswillen an jenem Körpertheile vorgenommen wurde, weil er als Träger der Fruchtbarkeit, der zu erwartenden heiligen Nachkommenschaft, bei den Israeliten oder Hebräern als der vorzüglichste Bestandtheil des gesammten menschlichen Organismus galt.

Citate und Noten.

(a) Maim. M. N. 2, 42 אר׳ כ הבמראב כלו יהדבדי תמקבאהתה הזו Ebenso bei R. Levi b. Gerson ... היהשי תיב תיקבאהתהד היה, ׳בב״׳ א׳ ׳ם׳להב האובה תיה רבד םיבר המ׳קמב עטשל רברש המשה בר בר ד׳ש׳דהו .םוקמב הזב רבו אל הל׳ד ראותה הזב א׳ה האובה לבש ׳נטש׳הל הארמב

(b) Theodor Mopsvestensis sagt von dem Mann, mit welchem Jacob rang: θεὸς ἦν αὐτὸς ἄνθρωπος καὶ ἄγγελος. ἀλλὰ τὸ μὲν τῆς ἐνανθρωπήσεως, τὸ δὲ τῆς οἰκονομίας, τὸ δὲ τῆς φύσεως, Also Gott habe sich vermittelst eines Engels als Mensch vergegenwärtigt und versichtbart. Wer kann wohl über den mythischen Charakter dieser ganzen Erzählung auch nur einen Augenblick im Zweifel sein? — Bei Josephus antiq. 1,20 ist es ein Gebilde (Vision): φαντάσματι συντυχών διελάλησεν. Dieses φάντασμα giebt sich später als Engel als θεῖον ἄγγελον νενικηκέναι.

(c) αὐτὸς ἀπείσατο τῆς τούτου βρώσεως καὶ δι’ ἐκεῖνο οὐδ’ ἔστιν ἡμῖν ἐδώδιμον.

(d) Es ist auffallend, dass die Gemara die Worte der Thossephta bisweilen ganz ungenau, nur nach dem ungefähren Inhalt, wiedergiebt. Man vergleiche die Anführung Chul. 101. b. אמרן תנ׳א mit den Worten, wie sie die Thoss. giebt. בנ׳ ׳אבלו אל ןכ לע ׳מ׳א ׳נ׳א הדוה׳ ׳רל ול ׳רמא אלא ׳ב׳רה ׳מ׳נ׳מ׳ש ׳לא לבו׳ ׳לא ׳ש׳מ׳נ׳ ׳תא למ׳׳ש׳ ןבוא׳ בקע׳ .רמאנ המב ׳ע׳דרהל םש ׳בתב המל

R. Ch. Viterbo hat in seinem אמונה הבנים הבנים wahrscheinlich einen Augenblick an den Talmud vergessen, wenn er ganz naiv nach der mens sana sagt: גם היה להם (לאדם ולחם) אכילת ניר הישה ואהרו ל י ע ק ב

(e) Chaskuni מאכילה ב" ולשות ולשות הוא שיש לקנים ביל' בליבר' אבל' לא עיב נית שהוצהי את אביהם הולך ידיך יהדי והן היו נברים וההלהם לסיני אם יצטרך ד"א עיב שהוצק יעקב ביד הישה על ל' הם בד'ו בישם יילך שלא אבל' בבני.

(f) R. Elieser b. Nathan ב' נתהי"ב מלאכלו באשר קבל עליו יעקב התחגין ודי" לעשית ילוהג במצ'ותי ב:.

(g) Die Partikel לבן kommt bisweilen, wenn auch sehr selten, bei Vergangenheit und Gegenwart vor, bei weitem am meisten aber in Verbindung mit dem Futurum und imperativisch; על כ dagegen ausschliesslich nur bei Vergangenheit und Gegenwart, und wo es in Verbindung mit dem Futurum steht, ist es lediglich als Gepflogenheit, aber durchaus nicht als Befehl oder Verbot aufzufassen. So von den vielen Beispielen nur folgende: 1. M. 38, 26 על כי נתהיה לשלה, 4 M. 14, 43 על כי שבתם, 1. Sam. 20, 29 על כן לא בא, Ps. 45, 3 על כן ברכך, ibid. 8 על כן מישחך. Damit vgl. man 1. B. 4, 15 לבן — כל הרג קין: — קין יקם, 4. M. 20, 12 לבן לא תביאו. Hier ist das Futurum eigentliches Futurum oder imperativisch (prohibitivisch). So wird auch לבן direct mit dem Imperativ verbunden, 2. M. 6, 6, לבן אמר לבני ישראל, Jes. 28, 14 לבן שמעו דבר ".

Ich finde auch in einer posthumen Schrift Luzattos (וביה התורה,) dass dieser orthodoxe Bibelexeget unsere fraglichen Worte, nicht wie der Talmud als Verbot, sondern, wie es eine unbefangene Bibelforschung erfordert, lediglich als Gepflogenheit auffasst אחר וזמן התחמירו ב" על מצבה לבלר' אבול ניה.

(h) Josephus ibid. σημεῖον ἠγεῖσθαι τοῦ μηδένα τι γένος ἐκλεῖψαι, μήδ' ὑπέρτερον ἀνθρώπων τινὰ τῆς ἑαυτοῦ ἔσεσθαι τῆς ἐκείνου.

(k) Zu S. 21 dem Citate, welches beginnt ארזת אליהו und schliesst מורה לחיוב ממשמעית הלשון gehört als Zusatz folgende sehr geeignete instructive Note, nämlich: Nachdem wir hier Autoritäten für die Behauptung aufgeführt haben, dass nach der Thora nicht blos das Verbot des חמץ-Genusses urgirt, sondern auch das Gebot des מצה-Genusses auf die 7 Tage eingeschärft wird, sind wir auch berechtigt anzunehmen, dass die im Text angeführten Worte des Maimonides אבילת מצה בליל בצה היה אילי יום אהד ganz buchstäblich zu nehmen sind: „dass das Gebot, מצה zu geniessen, sich auf die sieben Tage erstreckt". So zeigt sich auch hier, wie aus andern Stellen, dass Maim. in seinem rabbinischen יד החזקה nicht seine eigene wahre Ueberzeugung ausspricht, sondern lediglich als Referent die talmudische Interpretation wiedergiebt: מצה עשה מן התהיה לאבול מצה בליל המשה שיש— . . אבל בשאר הגל אבילה רשית מצה während er in Morch seiner eigenen Ueberzeugung Ausdruck giebt מצה היה אילי יום אהד יבו.

(l) Midr. Rabbah z. St. ‏ר' יהודה אמר אחת מהן שנו ואחת מהן :אסרה.‏

‏ר' יסי אמר באחת מהן שנו ושתיהן נאסרו אית תנא תני חדות מכרית שתהא של‏
‏ימין ואית תנא תני הדעת מכרית שתהא של שמאל.‏

(m) ‏והרב רש"מ מפרש בין דשומן הניד לא מיתסר אלא מדרבנן דהזה ביה אט:‏
‏הניד בשאן הניד איסר גם בו לא התטיהו ולפיהושו למאי דקי"ל דאין בגידן בנ"ט‏
‏אפי' :הבשל לא אסור במו שאן הניד איסר.‏

(n) ‏שאלתות פ' וישלח: האנ'ץ דקאמר מסתברא בגילא אסרין קניקנית מדרבנן;‏
‏משמע דלעילא אפי' מדרבנן שרי.‏

(o) ‏ש"ע ''ד ס'' סה': וקניקות שבשניהן (שני הגידן) אסורים מדבריהם צריך‏
‏להט אחריהם ישמם ישראל קרושים הם ונהגו בו איסר הקנוקנית והשמן יש בהן‏
‏טוב לפיכך איסרין תערובתן בפליטתן.‏

Zu der Annahme oben S. 37, dass ‏ירך‏ euphemistisch für das
Zeugungsglied gebraucht wird, vgl. auch 1. M. 46, 26 und 2 M. 1, 5.
I. b, Usiel paraphrasirt die Worte ‏תחת ירבי‏ geradezu ‏בזרת מהולתה‏ Jerusal. Thargum ‏התית ירך קיימי‏ conform dem ‏את ברית‏ und ‏ברית בבשרכם‏
‏לברית עילם‏ 1. M. 17, 11 und 13. Ja, ich möchte annehmen, dass ‏ירך‏
euphemistisch auch für die weiblichen Genitalien gebraucht wird 4. M.
5, 21 und 22. Vielleicht ist auch der Ausspruch Megil. 13 a: ‏אין אשה‏
‏מתקנאת אלא בירך חברתה‏ so aufzufassen; „Eine Frau ist nur eifersüchtig
auf den Coitus mit ihrer Nebenbuhlerin."

II.

בשר בחלב

(Fleisch mit Milch).

Einleitendes.

Von גיד הנשה (1 M. 32, 32) gehen wir zu בשר בחלב über, wie der Rabbinismus das Verbot, 2. M. 23, 19, לא תבשל גדי בחלב אמו, nämlich als Speisegesetz, auffasst, dass man nicht Fleisch mit Milch vereinigt geniessen darf. Beide Schriftstellen sind in sofern mit einander verwandt, als, wie — nach unserer obigen Erörterung — dort gar kein eigentliches Verbot, so hier (2. M. 23, 19) kein eigentliches Speiseverbot[1]), wir meinen, kein Verbot vorliegt, wie es der Talmudismus aufgefasst, dass man eine Mischung von Fleisch und Milch nicht geniessen dürfe. Die Schrift meint etwa nicht, das Fleich und Milch als Substanzen heterogener, entgegengesetzter Natur, wie Nord- und Südpol, einander abstossen, dass hier etwa eine Analogie mit כלאים und שעטנז vorliege.[2])
Noch weniger liegt etwa hier, wie sonst bei vielen der bekannten Speisegesetze, der Begriff von „unrein" und „rein", von „heilig"

---

[1]) Es rechtfertigt sich also auch hier, dass wir nicht mit dem historischen, sondern mit dem religiösen Gesichtspunkte, in welchem eben die Exegese das wesentlichste Moment bildet, beginnen denn es ist noch zunächst der Sinn und Inhalt des Gesetzes zu eruiren. Es zeigt sich uns aber schon jetzt, dass wir mit einer einzigen Ausnahme, bei der Gesammtheit der Speisegesetze am richtigsten so zu verfahren haben.

[2]) S. dagegen die mystisch-cabbalistische Aeusserung in שלה und bei andern Mystikern. (a)

und „gemein" טמא und טהור vor. Auf das vorliegende Speiseverbot nach talmudischer Auffassung, zumal mit der weiten Ausspinnung und der Ueberfülle seiner Erschweruugen, sind jene Worte
(Jer. 19, 5) anzuwenden: „Ich habe es nicht befohlen, nicht davon
gesprochen, es kam mir nicht in den Sinn." Kein anderes Verbot
ist so missverstanden, durch Häufung von Satzung über Satzung
צו לצו צו לצו קו לקו קו לקו bis zum Nichtwiedererkennen entstellt
worden, wie das Verbot לא תבשל גדי בחלב אמו, welches nach
der üblichen Uebersetzung lautet: „Du sollst das Zicklein nicht
bereiten in der Milch seiner Mutter." Hier hat der Talmudismus,
wie wir weiter unten sehen werden, wie einestheils der ausschweifendsten, zügellosesten Interpretation Raum gegeben, so
anderntheils, ohne in den Geist des Gesetzes einzudringen, an den
nackten, verknöchernden, todten Buchstaben sich angeklammert. —
Bei den Exegten aber, die wirklich den Geist und die Grundidee
dieser Vorschrift eruiren wollten, herrscht die grösste Verlegenheit
und Unsicherheit, ein stetes Hin- und Herschwanken zwischen
natürlicher, einfacher, wissenschaftlicher Exegese und willkürlicher,
überschwänglicher, rabbinischer Deutelei und Anschluss an eine
vorgebliche, sinaitische Tradition. (b) Man lese nur bei Aben Esra
und Abarbanel z. St. die verschiedenen Erklärungen nach. Da
häufen sich nicht nur ganz verschiedene, sondern diametral entgegengesetzte Erklärungen, und es müssten so auch die entgegen-
gesetztesten Resultate aus dem dunklen (?), räthselhaften (?) Verse
erfliessen. Und es geht so weit, dass manche Exegeten hier gar
nicht an ein „Zicklein" und an „Milch" denken, sondern, weil
der erste Theil des Verses von Erdfrüchten handelt ראשית בכורי
אדמתך, auch im zweiten Theile desselben Verses, in den Worten
לא תבשל וגו, eine Vorschrift auf dem Gebiete der Pflanzenwelt
herauslesen: [1] אמרו הביי הדעת כי גדי מורת מגד ... וכל זה השבו
בעבור שמצאו זאת המצוה עם ראשית בכורי ארמתך.

---

[1] Ob wirklich mehrere Exegeten „אמרו" diese schrullenhafte Erklärung abgegeben, ist mir nicht bekannt worden; ich fand sie nur im
Lexikon des M. b. Saruk s. v. גד nämlich שני גדי בתרגו לפי שניי לא תבשל גדי
גדי וינבן להיות מערת מנדים. Das ist allerdings eine ganz excentrische
Interpretation, die die entschiedenste Desavouirung verdient.

Drei Mal im Pentateuch finden sich die Worte גדי תבשל לא
בחלב אמו (und zwar als zweite Hälfte eines Verses, deren erster
Theil an zwei Stellen die oben citirten Worte ראשית וגו enthält)
2. M. 23, 19; ibid. 34,26; 5. M. 14,21. An den beiden ersten
Stellen (von der 3. werden wir weiter unten sprechen) ist weder
in den vorangehenden Versen desselben Kapitels, noch in den
nachfolgenden, auch nur andeutungsweise von einem Speiseverbote
die Rede, ja, sogar in demselben Verse, wovon unser Text die
zweite Hälfte bildet, handeln die unmittelbar vorangehenden Worte
über etwas Anderes, als über Speiseverbote. Und dennoch soll
nach talmudischer Interpretation unser räthselhafter (?) Text nicht im
Zusammenhange mit den unmittelbar vorangehenden Worten erfasst
und erklärt, sondern ganz abgerissen vom Zusammenhange als ein
Speiseverbot aufgefasst werden! Der Talmud hält sich doch sonst
bei seinen Interpretationen an סמיכין, achtet darauf, einzelne Gebote in ihrer gruppirten Zusammenstellung zu erklären, führt auf
den Begriff von סמיכין ganze Gebäude auf, um wie viel mehr
wären wir in einem und demselben Verse zu der Frage berechtig?[1])
מה ענין זה אצל זה.
Wenn wir auch, da in der Regel Zweck des Kochens das
Essen ist, kein zu starkes Gewicht darauf legen wollen, dass es für
ein Speiseverbot לא תאכל und nicht לא תבשל heissen müsste[2]),
so bleibt doch, wenn hierbei ein eigentliches Speiseverbot indicirt
wäre — und damit füllen sich ja doch beinahe 34 Folioseiten des
Talmud aus — diese Verwechselung der Bezeichnung לא תאכל mit

---

1) Wie sehr sich die alten Commentare an der Zusammenhang-
losigkeit, Mangelhaftigkeit der סמיכות, bezüglich der talmudischen Interpretation dieser Worte stiessen, s. u. A. bei Elieser Aschkenasi in מעשי ד'
Abschn. 14 die Worte והיה. למין במיבה לא תבשל. Wie Raschi 5. M.
14,22 den Zusammenhang herstellen will, wird wohl Niemanden, der
nicht blindlings auf des Meisters Worte schwört, irgend wie befriedigen.

2) Wie wir aus den Worten des Nachmani zu 2. M. 34,26 ersehen,
gab es allerdings Interpreten, welche das Verbot strikte nach dem Buchstaben nahmen, als ein Verbot des „Kochens", aber nicht des „Essens".
Nachmani sagt nämlich: כי היא איסר אסר מאכל לא איסר הבשיל בלבד באשר. קמו אמרו מקובל חמשי. Es ist zu bedauern, dass Nachmani uns
jene „Kleingläubigen" nicht namhaft gemacht.

לא תבשל im höchsten Grade auffallend, ja verblüffend. Wenn gar der Talmud vollends aus der dreimaligen Wiederholung jener Worte[1]) deducirt: אחד לאיסור אכילה יאחד לאיסור בשול, ואחד לאיסור האאה so ist diese Auffassung eine mehr als ungeheuerliche, den gesunden Sinn geradezu verleugnende[2]).

Ist die Sprache, sind die Worte wirklich dazu da, um den Sinn, die Bedeutung, den Gedankeninhalt eines Satzes, eines Gesetzes zumal, anstatt zu offenbaren und klar zu legen, vielmehr zu verhüllen, unkenntlich zu machen?! Soll ein Gesetz wirklich nicht deutlich, sondern undeutlich, vieldeutig, räthselhaft, wie die alten Orakel sprechen? Dann wäre das Gesetz Gottes nicht das, wofür wir es halten, als „eine Leuchte für unsern Wandel, ein Licht für unsern Lebenspfad" (Ps. 119, 105.) Aber gerade das wird ihm nachgerühmt: „Es ist klar, erleuchtet die Augen." (Ps. 19. 9.)

Und der göttliche Gesetzgeber (5. M. 30, 11 f.) hält es für einen grossen Vorzug unserer Thora: „Es ist dir nicht unfasslich, es ist dir nicht fern (es dürfen deine Erklärungen nicht weit hergeholt sein); es ist dir sehr nahe, ist mit Mund, mit Herz und Geist zu erfassen und zu üben."

Man sollte doch glauben, wenn ein Gesetzgeber eine Verordnung mit demselben Ausdruck mehrmals wiederholt, wörtlich und buchstäblich wiederholt, so will er damit auch immer eine und dieselbe Verordnung bezeichnet haben und strikte beobachtet wissen. Hier aber soll mit der jedesmaligen wörtlichen Wiederholung jedes-

---

[1]) Wie hinfällig ist doch dieses talmudische Befremden über die dreimalige Wiederholung, worauf das ganze schwindelhafte Gebäude aufgeführt wird, durch die ebenso einfache, wie gründliche Aufklärung des Ahron b. Elijahu in כתר תורה, dass ja im Abschnitte כי תשא neben unserer auch noch andere Verordnungen sich wiederholen, das fünfte Buch Moses ja grösstentheils die früheren Verordnungen wiederholt (c).

[2]) Wird nicht in der That in der Gemara selber die Frage aufgeworfen: Woher soll der Genuss von Fleisch mit Milch verboten sein? es heisst ja nur: Du sollst nicht kochen, aber nicht, Du sollst nicht essen? Die Antwort darauf: שי לא האכל כל היכבה כל שתיעיבי לך כי ist doch wohl ein unwiderlegbarer Beweis, dass die Talmudisten keine Tradition über ihre Interpretation vorgefunden und erst zu ihrer Zeit spintisirten, wie sie jene dunklen, nur ihnen dunklen Worte, interpretiren sollen.

mal etwas anderes ausgedrückt worden sein: einmal soll es heissen:
„Du sollst nicht essen, das andere Mal: du sollst nicht
kochen, das dritte Mal: du sollst überhaupt keinen Genuss
davon haben!! Wahrlich, wären unsere jüdischen Schriftgelehrten
nicht schon im zartesten Alter, wo man alles vom Lehrer Mitgetheilte ohne Prüfung gedankenlos hinnimmt und blindlings auf des
Meisters Worte schwört, sondern erst dann, wenn ihr Verstand
gehörig entwickelt und ein exegetisches Bewusstsein bei ihnen schon
vorhanden ist, mit einer Interpretation solcher Art bekannt gemacht
worden: sie würden gegen eine solche, alle einfache, nüchterne,
einleuchtende Auffassung verleugnende, ich möchte sagen: „ver-
höhnende", Exeges den lautesten, entschiedensten Protest erhoben
haben.[1] Und in der That, selbst Maimonides, der doch sonst
immer in seinem הַחִזָּקָה יד gerade solche aus der Schrift nicht er-
fliessende, excentrische Interpretationen des Talmud mit der Phrase
zu sanctioniren pflegt[2]) מַפִּי הַשְׁמוּעָה לָמַד׃, hört hier auf die Stimme

---

[1]) Ist es nicht geradezu zum Verzweifeln, wenn, nachdem die Gemara so viel darüber debattirt hat, mit einem Male ganz naiv, als ob
noch gar nicht die Rede davon gewesen wäre, die Frage aufgeworfen
wird (Chul. 114b:) Woher ist erwiesen, „dass man בֶּחָלָב בָּשָׂר nicht essen
darf" und dazu noch die oben S. 44 befindliche, so unbefriedigende Antwort. Oder man lese die Aeusserung eines der autoritativsten Commentatoren und Decisoren, der mehr als tausend Jahre später gelebt, des
R. J. Karo, Anfang zu מַאֲכָלֹת רַמב: „die Schrift an und für sich habe
zwar nicht das Essen, sondern nur das Kochen von בָּשָׂר verboten, aber
nur in der Absicht das Kochen verboten, damit es nicht zum Essen
dieses Gemenges komme" — um zu der Ueberzeugung zu gelangen,
der Sinn und die Bedeutung des fraglichen Gebots ist den Rabbinen
ganz verschlossen geblieben und der jüdischen Küche auf diesem Gebiete ganz ungerechtfertigte, überlästige Entbehrungen und Mühselig-
keiten auferlegt worden.

[2]) Der Commentar לֶחֶם מִשְׁנֶה z. St. macht allerdings darauf aufmerksam, dass, während M. hier von der talmudischen Deduction abstrahirt und ganz rationell argumentiren will, er anderswo בָּמִן הַשְׁמוּעָה
doch wieder das bekannte מַפִּי הַשְׁמוּעָה לָמַד־ adoptirt. Und diese verschiedene Motivirung, ob מַפִּי שְׁמוּעָה לְמַד oder, wie es hier geschieht,
(s. oben im Text und umseitig) durch Syllogismus (durch קַל יחֹמֶר) hat
sogar sachlich verschiedene Folgen. Wenn das Essen הַשְׁמוּעָה מִפִּי verboten ist, so tritt die Strafe der Geisselung ein; wenn aber durch קַ־

des erwachten exegetischen Gewissens, desavouirt also wenigstens einen Augenblick den Drusch der Gemara בשׁול בלשׁון אכילה יהוציא und רק נאמר פעמים ב und demonstrirt ad hominem (Verb. Speisen 9, 2): רא שׁתק הכתיב מלאסר האכילה אלא מפני שׁאסר בשׁול כלומר ואפילו בשׁולו אסיר ואצ״ל אכילתי כמו שׁשׁתק מלאסר הבת מאחר שׁאסר בת הבת¹).

Und darf, kann ferner, wenn wir nicht den Sinn, jedes bessere, exegetische Bewusstsein verleugnen wollen, irgend wie übersehen werden, dass der ganze Schwerpunkt des Verbotes in dem Gegensatze oder gerade in der Beziehung von רך zu אמר ruht? Also deshalb in allem Ernst hätte die Schrift dreimal das Wort רך

---

vom Kochen erschlossen, so fallen nach dem bekannten Canon אין עונשׁין מן הדין die Geisselhiebe fort und kommen nur für das Kochen in Anwendung. (Vgl. auch משׁנה בסף zu 1, 2 in המר טומאת).

¹) Die Conclusion hat M. nach לחם משׁנה aus Bereschith Rabbah nach משׁנה מיד aus Vajikra Babbah entnommen. Ich konnte die Stelle weder im 1. noch im 3. Buche des Midrasch Rabbah auffinden. (Ich habe einige öffentliche Blätter um Aufschluss darüber gebeten (ואין מיד ל'). Diese Conclusion mit הכתיב שׁתק לא macht M. auch in איסור ביאה (d) ב', und in המה א', א' שׁומא (e). Es wird mir nun höchst wahrscheinlich, dass M. diesen Schluss שׁתק לא nicht dem Midrasch entnommen, sondern ganz selbständig aufgestellt hat. Bekanntlich pflegt M. jede Norm, die er nicht dem Talmud und anderen Autoren entnimmt, sondern nach eigener Schlussfolgerung aufstellt, mit der Formel ל' יראה einzuleiten. S. משׁנה בסף zu מובח איסורי 3, 7. וראה בעצמי שׁבי בנעצמי למה תלה הדבר הדבר. Solche ל' יראה וראה finden sich bei M. unzählige. Dieses ל' יראה finden wir nun in der That in der Conclusion in המר טומאת ibid., wo er auch als Analogen איסור הבת und הבת anführt. (f). — Auch רלב״נ nimmt für das Speiseverbot zu dieser Schlussfolgerung seine Zuflucht. ובשׁיש שׁמעתי זה כי התורה מנעה בבישׁולי . . . אבילתי, ohne jedoch M. oder den Midrasch anzuführen. Es befremdet uns jener Syllogismus קין bei M. איסורי ביאה um so mehr, weil es gerade ein karäischer Canon ist, bei עריות-Verboten nicht nach den sogenannten Traditionen מפי השׁמועה, sondern nach den Schlussfolgerungen vom Leichteren zum Schweren קל וחומר zu verfahren. Mose Baschiatschi in מטה אלהים angeführt bei Fürst (Gesch. des Karäerthums 1862 S. 147): ובן אמר ר' יצן ז״ל שׁוה האיץ (ק״א) אמרי מבה מבה שׁאמר הכתיב עריות בת בתך לא תנלה ואבי בת הבת אם בת הבת בת בת עצמה שׁהיא יתר המורה ממנה. Die Gemara dagegen legt wegen des אין הדי מן עונשׁין den Nachdruck weniger auf den Schluss קין und betont vielmehr den Schluss von der Analogie מנה שׁיה.

wiederholt und dreimal אמר בחלב betont, nicht damit unter גדי wirklich גדי gemeint sei, wenn auch nicht gerade גדי שים aber doch immer das junge, zarte Thier (s. Raschi אין גדי אלא לשון רך‎ ¹)ילד), sondern damit einmal גדי יאך פרה, das anderemal גדי‎ ואך רחל, das Drittemal גדי ואך איל bedeute!²) Deshalb also hätte die Schrift גדי בחלב אמו dreimal wiederholt, damit es ganz verschwinde, ganz unbeachtet bleibe, damit darunter nicht blos ausschliesslich das Fleisch eines Zickleins oder sonst jungen Thieres in der Milch seiner eigenen Mutter, sondern irgend welche Milch verbunden mit irgend welchem Fleisch verstanden werde! Glaube dies, wer es glauben kann! Dies wäre mehr als blinder, das ist verdummender Glaube. Wäre die talmudische Interpretation richtig, so müsste fast jedes Wort in dem fraglichen Satze ganz anders lauten. Der Talmud, der fast kein Wörtchen, keinen Buchstaben, kein Pünktchen als überflüssig oder an ungeeigneter Stelle darstehen lässt, ist gegen das dreimalige אמ, das hier ganz besonders hervorgehoben und betont werden muss, so ganz gleichgiltig.³) (Wir

---

¹) Rabbiner Hirsch freilich, römischer als Rom, talmudischer, als der Talmud, ging in seinem Commentar zum 2. B. M. über die Gemara hinaus. Diese fand doch wenigstens einen Haken an dem Zusatz אמו zu בחלב, sie wirft doch wenigstens die Frage auf אין לי אלא בחלב אמו‎ בחלב פרה ורחל מנין und sucht sie nach ihrer freilich für uns durchaus unbefriedigenden Weise zu beantworten, Herr Hirsch aber adoptirt in ganz anderem Sinne das talmudische ה"א חידוש ה"בב, nämlich לא מבעיא פרה ורחל‎ diese sind selbstverständlich אמו als der Milch zu fremdartig, aber selbst גדי, das doch der בחלב אמו so nahe verwandt ist, ist dennoch אמו. Herr H. kopirt hier gewissermassen Aben Ezra z. St.; doch A. E. bespricht diesen Punkt von diätetischem Gesichtskreise, da hat es etwas für sich, dass das Fleisch des Lämmchens sich besser als das des Rindes und dgl. mit der Milch amalgamire, des Herren H. Erörterung dagegen ist בע"ח reine kasuistisch-dialektisch-sophistische Klopffechterei. Dies ist ganz conträr der ganzen alten, wie neuen Halachah-Litteratur, also strikte gegen die Auffassung der nach Herrn H. sonst gewiss unfehlbaren Gemara, die nicht sagt גדי ואך, sondern ואך פרה nicht גדי ist bei ihr das חידוש, sondern פרה ורחל.

²) Da ist ohne allen Vergleich doch noch viel raisonabler die Dialektik גדי בחלב ה ל להוציא היה להוציא מיה להוציא טמאה‎ Chul. 113a und b.

³) Nicht uninteressant ist eine von einem ganz Unbekannten mir gewordene Bemerkung: Bei dem Gesetze 2. M. 23,5 und 5 M. 22,4 „seinem

können wohl nicht zugeben, dass der Talmud dem ausdrücklichen בחלב אמו schon genügend Rechnung getragen mit der Concession שיש לו חלב אם, יצא עוף שאין לו חלב אם) בחלב אמו מי'. Wäre es nach talmudischer Auffassung dieser Verordnung nicht kürzer und deutlicher — gar keinen Zweifel zulassend — wenn es kurzweg lautete: לא תבשל ולא תאכל בשר עם חלב. Ich möchte einmal diese meine Worte ganz nach talmudischem Geiste formuliren: א ס״ד כדקאמר תלמודא לכתוב רחמנא לא תבשל ולאתאכל (ולא תהנה) בשר עם חלב. לא תבשל ג' פעמים למה לי ש״מ לדברים ככתבן הוא דאתא שלא לבשל גדי בחלב אמו דוקא.

Doch so dunkel und räthselhaft auch unser Textsatz erscheint, so verschieden auch die Begründungen und Erklärungen der verschiedenen Schrifterklärer für die fragliche Satzung sind, so schwer es auch ist, sich zu entscheiden und zu behaupten, welche Erklärung und Begründung die wirklich wahre, richtige ist (was wir der subjectiven Ansicht überlassen müssen), so dass Bochart (Hieroz. 1, pag. 335) ausruft: „Vix ulla est lex in toto Pentateucho, de cuius sensu minus constet[1])," allesammt haben mehr innere Wahrschein-

Nebenmenschen das der Last unterliegende Thier aufrichten zu helfen", heisst es (wenn auch nicht orthographisch identisch, doch aber) mit unserem בחלב אמו gleichklingend עמו תעזב עזב עזב und עמו, הקם תקים. Auf עמו bezugnehmend, behauptet die Mischnah (B. Meziach 32), nur wenn der Besitzer des Viehes mithilft, darfst du deine Mithilfe nicht verweigern, sonst aber bist du dieser Pflicht enthoben, weil es heisst עמו „mit ihm sollst du aufrichten helfen." An unserer Stelle dagegen, wo es gerade recht geschehen, gerade ganz besonders betont werden sollte, wird אמו vom Talmud gar nicht berücksichtigt und vielmehr behauptet: אמו לאו דוקא. Ich füge meinerseits noch hinzu: bei עזב תעזב ist das עמו sprachlich durchaus unerlässlich. עזב ohne עמו gäbe hier gar keinen Sinn; dagegen ist ja für die rabbinische Auffassung des Gesetzes לא תבשל וגו' das Wort אמו nicht nur überflüssig, sondern geradezu störend. Wozu hat die Schrift das Wort אמו hinzugefügt, wenn sie nicht das allgemeine "לא תבשל גדי בחלב" dadurch einschränken wollte? — Schliesslich verweise ich noch auf die Behandlung des אמו als etwas sehr Wesentliches boi ויהה שבעת ימים תחת אמו (2. M. 22, 29) und ימים עם אמו (3. M. 22, 27).

[1]) Schon vor ihm bemerkt der Verfasser des Buches Chinuch (2. M. 92) von den verschiedenen Begründungen unseres Verbots איננו וכל זה שי׳ל. Man möchte fast dem Uebersetzer der „mosaischen Institu-

lichkeit, als die talmudische, die unter allen unwahrscheinlichen die unwahrscheinlichste ist, dass in der Schrift von einem Speiseverbot im gewöhnlichen Sinne (u. zw. etwa wegen der heterogenen Mischung) die Rede, und darum jedes Fleisch verbunden mit irgend welcher Milch verboten sein solle.

Viel wahrscheinlicher ist, dass hier eine Vorschrift zum Schutze des jungen, zarten Thieres enthalten, oder dass ein so junges Saugelamm noch nicht opferwürdig ist. Das ב in בחלב wäre nicht mit in, sondern an zu übersetzen, בחלב אמו ist nicht als Umstand des Ortes auf לא תבשל, sondern als Beifügung auf גדי zu beziehen: „Das Lämmchen an der Milch seiner Mutter," wenn es noch allzuzart „noch an der Mutterbrust[1]) sich befindet" (גדי בחלב אמו) würde also ganz dasselbe bedeuten, was טלה חלב (Sam. 7. 9), sollst du nicht bereiten. Da also hier nicht ein Verbot des Speisens an und für sich — es ist auch nach dem Zusammenhange sehr wahrscheinlich, dass hier vom Opfern die Rede ist — sondern vielmehr Schonung des jungen Thieres beabsichtigt und betont wird, so ist es ganz in der Ordnung, dass es nicht heisst לא האבל, sondern לא תבשל, eine vox media, allgemeiner Ausdruck, der nicht bloss kochen, sondern bereiten überhaupt bedeutet.

Jetzt, namentlich wenn hier vom Opfern die Rede ist, ist auch der Zusammenhang כמיכ mit den unmittelbar vorhergehenden Worten desselben Verses vollkommen hergestellt. ראשית בכורי אדמתך תביא בית ה' אלהיך „die Erstlinge, gerade das Frühreife, sollst du dem Boden, der es erzeugt, entziehen, dem Heiligthum weihen; aber nicht also bei belebten fühlenden Wesen, da sollst

tionen" von Salvador beistimmen, dass jene Worte eine sprichwörtliche Redensart waren, deren Sinn freilich im biblischen Zeitalter Jedermann verstand.

[1]) Es mag hier bemerkt werden, dass 5. M. 22, 6 לא תקח האם על הבנים vielleicht nicht wie üblich: „Die Mutter sammt den Kindern", wie 1. M. 32, 11 אם על בנים ויהכני, sondern „über den Kindern" zu übersetzen sei: „die Mutter, welche sich über den Kindern befindet, sie wärmend, pflegend (also congruent dem vorhergehenden על רבצת האם־בה und entsprechend unserer Auffassung des בחלב אמו), sollst du nicht hinwegnehmen." So Raschi (nach Gemara Chul. 140 b) בעודה על בניה. Ebenso Targum Jerus. לא תיסב אימא מיכל בניא.

du der Erzeugerin den Säugling, wenn er noch an der Mutterbrust ist, nicht entreissen, selbst um dem Herrn ein Opfer zu bringen.

Diese Verordnung stände dann auch in engerer Beziehung zu den Versen des unmittelbar vorhergehenden Capitels. Dort heisst es nämlich (22, 28): „Die Gaben deiner Tenne und Kelter sollst du nicht verzögern, den Erstgeborenen deiner Söhne sollst du mir geben, und so sollst du es auch mit deinen Rindern und Schafen halten." Nun wird, da diese geopfert werden sollen, die mildernde Mahnung hinzugefügt: „Doch soll das Junge sieben Tage bei der Mutter bleiben, erst am achten Tage sollst du es mir geben." Aehnlichkeit mit dieser Art von Schonung gegen junge Thiere zeigt das Gesetz 3. M. 22, 28: „Die Mutter und das Junge nicht an einem Tage zu schlachten"[1]).

Wäre aber auch die Uebersetzung von נדי בחלב אמו nicht „ein Böcklein an der Muttermilch", d. h. an der Mutterbrust, also ein noch saugendes Thier, sondern „i n der Milch seiner Mutter", die richtige, so wäre das Gesetz immer nur noch als ein humanitäres und weniger oder gar nicht als Speisegesetz nach der Auslegung des Talmud als ein Verbot, Fleisch und Milch mit einander zu mischen und zu essen, sondern immer noch als eine Art Schonung und Rücksicht gegen das Thier, oder als eine Mahnung zur Mässigung, Abmahnung von schrankenloser Essgier aufzufassen. Der ganze Nachdruck ruht dann auf dem Worte אמו „du sollst nicht bereiten das Zicklein in der Milch se iner eigenen Mutter."

Es wäre freilich methodischer und wissenschaftlich am opportunsten, die Versionen und Exegeten nach ihren verschiedenen Motivirungen dieser Satzung, der humanitären, ethischen und anti-

---

[1]) Schon der Midrasch (s. Tanchum (g) zu אמור) fasst diese Verordnung als eine zarte Schonung gegen die Thiere auf und vergleicht sie mit dem Gesetze 5. M. 22, 6. Obgleich wir oben nur von der schonenden Rücksicht gegen das Junge gesprochen, dass es, noch saugend an der Mutterbrust, nicht abgeschlachtet werde, so hat das Gesetz dabei gewiss auch dieselbe Rücksicht genommen auf die Mutter, was Maim. zu 3. M. 22, 28 richtig bemerkt (h). Auffallend ist, dass Chinuch 545 dieses Motiv dem Nachm. in den Mund legt, während Nachm. selber zu כי תצא unsern Maim. als Autor anführt.

thetischen zu gruppiren; allein es finden sich bei einem und demselben Exegeten promiscue die verschiedensten, ja einander entgegengesetzte, Motivirungen; darum wählten wir grösstentheils die chronologische Reihenfolge, eröffnen diese jedoch aus einem besonderen Grunde — statt mit den LXX — mit der Erklärung des Alexandriners Philo.

Bekannt ist, dass Philo unser Gesetz von diesem soeben bezeichneten Gesichtspunkte auffasst. Er ruft zu unserer Satzung aus (ed. Mangey II. S. 400): Πάνυ γάρ ὑπέλαβεν εἶναι δεινόν τήν τροφήν ζῶντος ἤδυσμα γενέσθαι και παράρτυσιν ἀναιρεθέντος .... Εἰ δὲ τά ἐν γάλακτι κρέα συνέψειν ἀξιοῖ. μή σύν ὠμότητι χωρίς δὲ εὐσεβείας ἐψέτω. Μυρίαι θρεμμάτων ἀγέλαι εἰσίν πανταχοῦ και καθ᾽ ἐκάστην ἡμέραν ἀμελγόμεναι κ. τ. λ. Vgl. auch Clem. Alexandr. (i) Philo fasst auch alle irgend ähnlichen Anordnungen von einem ethischen oder humanitären Gesichtspunkt auf. In Bezug auf 2. M. 22, 29 ruft er aus: Χάρισαι τῇ μητρί τό ἔγγονον. εἰ και μή τόν σύμπαντα χρόνον. ἑπτά γοῦν τάς πρώτας ἡμέρας γαλακτοτροφήσαι. „Gewähre der Mutter, die Leibesfrucht, wenn auch nicht die ganze Zeit, doch wenigstens die ersten sieben Tage mit ihrer Milch zu ernähren."

Allerdings ist die Interpretationsweise Philos oft überschwänglich und lässt viele Gebote und geschichtliche Erzählungen zu blossen Ideen verschwimmen; sie verdienen aber in manchen Fällen doch noch den Vorzug vor mancher, ebenso abenteuerlichen und gar kein sittliches Moment erschliessenden Auffassung des Talmud, die von der Hyperorthodoxie als die allein berechtigte gehalten wird[1]).

---

[1]) Selbst der sonst freisinnige Asarja de Rossi tadelt unseren Philo (Imre binah Abschn. 5, Abs. אמר כמו רוח), ob seiner humanitären, ethischen Motivirung (k). Aber gerade deswegen verdient Philo unsere vollste Beachtung und Hochachtung, weil, im Gegensatz zum Talmud, der die pentateuchischen Verordnungen oft zu blos despotischen Ukasen, willkürlichen, launischen Machtgeboten herabwürdigt — er, Philo, sie auf die Milde und das Erbarmen Gottes zurückführt, auf Motive zurückführt אהבה ילד ראה ליד אתהאדם שמביא, die den Menschen veredeln, ihn zur rechten Verehrung Gottes und zum Wohlwollen gegen seine Mitmenschen und selbst gegen die vernunftlosen Geschöpfe erziehen und heranbilden. Wie weit es übrigens dem Talmudismus und starren

Da übrigens Philo sonst bisweilen sich der Halacha anschliesst [1]),
so wäre durch ihn erwiesen, dass zu seiner Zeit die Carricatur
dieser Verordnung nach talmudischer Interpretation noch nicht gekannt oder doch nicht verbreitet war. Wir werden auch später
sehen, wie gerade unsere gefeiertesten alten Schrifterklärer (der
Midrasch nicht ausgenommen, s. Note (g) in dieser Verordnung,
wie bei vielen ähnlichen, von der starren talmudischen Auffassung,
die hier kein humanitäres Motiv und nur das Verbot von (jeglichem)
Fleisch, gemengt mit (jeglicher) Milch erkennt, in ihren Motivirungen
dissentiren und der Auffassung Philos huldigten, wenn sie auch
höchst wahrscheinlich von dem alexandrinischen Vorgänger ihrer
Auffassungsweise keine Ahnung hatten. Erst durch Asarjah de
Rossi wurden die jüdischen Forscher auf Philo aufmerksam gemacht.

Halten wir nun betreffs Erklärung und (Motivirung) Umschau
bei den ältesten Versionen und dann bei den anerkanntesten
Kommentaren.

Onkelos und Pseudojonathan berücksichtigen nach Vorgang
des Talmud, von dem sie sich ja auch sonst (und Letzterer ganz
besonders) abhängig zeigen, gerade die Schlagwörter דׇל und אמו
gar nicht und halten den Genuss der Mischung jeglichen Fleisches
mit jeglicher Milch verboten. Onkelos übersetzt an allen drei

---

Rabbinismus mit dem Ausspruch המלך נזירות אלא שאין „die biblischen
Gebote hätten keine humanen ethischen Hintergrund, seien nur starre
Machtgebote, despotische Ukase", voller Ernst ist, da er doch bisweilen
den sprödesten Satzungen ganz nach philonischer Art eine humanitäre,
wirklich ethische Unterlage vindicirt, werden wir noch später zu besprechen
Veranlassung finden.
[1]) S. Ritter, „Philo und die Halacha". Ich hätte nur gewünscht,
dass der sonst gründliche Verfasser nicht gerade über unser punctum
saliens, „das Böcklein in oder an der Mutter Milch" so leichtherzig
hinweggegangen wäre mit den paar leeren Worten: „Man fasse manches
Gesetz von einem anderen Gesichtspunkte aus auf." Ueber dieses Gesetz
gerade, wo sich eine unausfüllbare Kluft zwischen der einfachen sinn-
gemässen, wortgetreuen, philonischen und der extravaganten talmudischen
Auffassung zeigt, hätte der Verfasser sich ausführlich verbreiten, dem
exegetischen Gewissen Rechnung tragen und Farbe zeigen sollen.

53

Stellen [1] ‏בחלב בשר תיבלון לא‎. Jonathan zieht in seiner Paraphrase auch das Verbot des Kochens ausdrücklich mit hinein.
Die LXX übersetzen οὐχ ἑψήσεις ἄρνα ἐν γάλακτι μητρὸς
αὐτοῦ, also ganz text- und wortgetreu [2]).   Es kann sowohl an,

---

[1]) Der Verfasser des „Peri chadasch" wirft die Frage auf, warum
Onkelos, der sonst treue Anhänger talmudischer Interpretation, an allen
drei Stellen nur ‏לא תיבלון‎ übersetzt und dem Verbote des Kochens und
des sonstigen Niessbrauchs ‏הגאה‎ (nach dem Talmud) nicht Rechnung
trägt und insinuirt ihm die Ansicht, dass ‏בישול שאם הבשר היינו דוקא‎
‏כשאבלו‎. Das wäre ja aber etwas ganz Neues, das sich im Talmud nicht
findet und gewiss mit ihm in Widerstreit ist.

[2]) Holmes Cod. Vat. 58 bringt zu obigen Worten der LXX den
Zusatz ὅτι ὁ ποιῶν τοιαύτην θυσίαν μισος καὶ παράβασίς ἐστι τῷ (θεῷ) Ἰακωβ.
Der Autor dieses Zusatzes fasst also das fragliche Verbot als eine Opfervorschrift auf, dass man ein so junges (unreifes) Thier nicht opfern
darf, dies sei noch nicht opferwürdig. Maim. (M. N. III, 46) motivirt
die Verordnung 2. M. 22, 29 ‏אמו עם יהיה ימים‎ ‏ז‎ und 3. M. 22, 27 ‏יהיה‎
‏אמו תחת ימים‎ ‏ז‎ auch damit, dass ein junges, unreifes Thier nicht
opferfähig sei. Auch die Aegypter wählten die Opferthiere mit
grösster Sorgfalt. Herodot. 2, 38 (vergleiche noch weiter unten bei
Reggio). Aehnlich, wenn auch nicht identisch dem bei Holmes, lautet
ein Zusatz zu 5. M. 14, 21 in einem Cod. der LXX, wie ihn Knobel
(Exeg. Handbuch) anführt: ὅς γὰρ ποιεῖ τοῦτο, ὡς εἰ ἀσπάλακα θύσει ὅτι
μήγμά ἐστι τῷ θεῷ Ἰακωβ. Ich besitze drei Ausgaben der LXX, zwei
haben diesen Zusatz nicht, eine dritte bringt ihn corrumpirt und verstümmelt wie folgt: ὅς γὰρ ποιεῖ τοῦτο ὡς εἰ θυσίας καὶ (sic!) μήγμά ἐστι
τῷ θεῷ Ἰακωβ. Eine Glosse ganz desselben Inhalts findet sich zu 2. M.
23, 19 im samar. Pentateuch in der Walton'sche Polyglotte, die ich
hier in hebr. Lettern umsetze ‏כי עשה את זאת כזבח שבה וגברה היא לאלהי‎
‏יעקב‎. In der Ausgabe des samarit. Pentateuchs von Dr. A. Brüll lautet
diese Glosse etwas abweichend: ‏כלא עבד דה דך כדבח אשתי ומרגזה היא‎
‏לאלהי יעקב‎. Die dortige lateinische Uebersetzung im Walton ist hol-
perig und unbeholfen, sie lautet: Nam qui fecerit hoc, quod sacrificet,
oblitus est, et haec est indignatio deo Jacob. Bochart (Hieroz. 1, S. 634)
schlägt vor, statt des sinnlosen ‏שבה‎ oblitus est, ‏כחש‎ „macrum" „Mageres"
zu lesen, qui macrum sacrificat. (‏שבה‎ daselbst ist wohl Druckfehler
statt ‏שבחה‎.) Aber wenn schon einmal ‏שבה‎ in ‏כחש‎ transmutirt werden
soll, so werde ich ‏כחש‎ nicht als ‏כָּחֵש‎ macrum nehmen, sondern als ‏כַּחַש‎
‏שיא-שקר‎ „falsum", „fraus". „Wer als Opfer dergleichen darbringt, ist
als ob er Trügliches, ‏כחש שיא‎, opferte, was dem Gott Jakobs als sündhaft gilt." Knobel dagegen l. l. schlägt vor ‏שקץ‎ ‏שבה‎ zu lesen und

als in bedeuten, so dass es uns zweifelhaft bleibt, ob sie den Sinn auffassten: „Du sollst nicht bereiten das Lamm in der Milch seiner Mutter," und zwar ganz nach der philonischen Auffassung oder — was wir oben als die richtigere Deutung des Textes angegeben — „ein Lamm an der Milch seiner Mutter" (das noch an der Mutterbrust saugt) sollst du nicht kochen oder bereiten."

Symmachos übersetzt: „σὺ σκευάσεις ἔριφον διὰ γάλακτος μητρὸς αὐτοῦ." Der sel. Dr. Frankel meint (Vorstudien zur LXX S. 183), die Uebersetzung des Symmachos sei conform der allgemein gangbaren Erklärungsweise der Mechilta und Gemara „nicht das Kochen nur, sondern die Zubereitung überhaupt (so wie nicht minder der Genuss) sei verboten." Wir wären ganz einverstanden, wenn Frankel nur nicht etwa meint, dass durch die Uebersetzung σκευάσεις auch die volle Uebereinstimmung des Symmachos mit dem Talmudismus, „jedes Fleisch mit jeder Milch," und die frag-

weist auf Jes. 66, 3 und 17 hin. Nach seiner Meinung sei hier das Verbot einer Art von Götzenopfer enthalten, und er motivirt seine Ansicht, die ja auch schon mehrere Vorgänger hat (s. namentlich auch bei Maimon.), in folgender Weise: „Die Vergleichung der Uebertretung mit dem Opfern eines unreinen Thieres (שקץ) eines Greuels . . . und die Bezeichnung (wohl besser Beziehung) auf Gott Jakobs lehre, dass es sich um einen heidnischen Religionsgebrauch handelt, der von Jehovah fern bleiben soll. Mit בשל ist jegliche Bereitung des Böckleins auf solche Weise, folglich das Opfern, Sprengen und Geniessen zugleich mitverboten." — Aber nicht blos die LXX und der samarit. Pentateuch haben jenen Zusatz, auch Targ. Jonathan hat einige Mal Zusätze zu dieser Verordnung 2, B. 23, 19 und 34, 26, die zu Opfern und Spenden in einem Zusammenhang stehen, ein Beweis, wie — wegen des ganzen Zusammenhanges mit dem Context — die Auffassung als Speiseverbot im eigentlichen Sinne auch seine Zeit nicht befriedigen konnte. — Dass die Verfasser des fraglichen Zusatzes in den LXX den Samaritaner copirt haben, und zwar nicht nach der Lesart, wie sie Dr. Brüll (מרומה), sondern wie sie Walton bringt, ist auch daraus ganz zweifellos zu constatiren, „dass der eine Codex μήνιμα, weil er das Wort עברה als עֶבְרָה „Zorn", der andere Codex παράβασις hat, weil er עברה עֲבֵרָה „Uebertretung" las. Der lateinische Uebersetzer las ebenfalls עֶבְרָה, da er das Wort עברה mit indignatio wieder giebt. Ueber das Samareiticon und die Zusatzglosse zu LXX, s. auch bei Z. Frankel „Ueber den Einfluss u. s. w." S. 109 und Geiger „Nachgelassene Schriften" IV, S. 66 und 126.

liche Satzung als ein Speisegesetz im eigentlichen Sinne erwiesen
sei. Aehnlich der sel. Geiger (Jüdische Zeitschrift I. 1862, S.
51), weil er eben unseren Symmachos für identisch mit dem Tanaiten
סומכוס hält[1]). Geiger sagt: „Bekanntlich dehnt die jüd. Satzung
die Vorschrift לא תבשל גדי בחלב אמו weiter aus, einen jeden
Genuss der Mischung von Fleisch und Milch zu untersagen; dies
will auch Symmachos andeuten, wenn er תבשל erweiternd mit
σκευάσεις übersetzt.“ Also Frankel sowohl wie Geiger soll der
Ausdruck σκευάσεις anstatt ἑψήσεις zum Beweise dienen, dass
Symmachos der von den Rabbinen statuirten Ausdehnung dieses
Gesetzes auf den Genuss der Mischung von jeglichem Fleisch
mit jeglicher Milch beitrete. Und ich behaupte das gerade
Gegentheil: Symmachos desavouirt geradezu die talmudische Auffassung und Erweiterung: dies beweist unwiderleglich sein διὰ
γάλακτος μητρὸς αὐτοῦ. Denn, ist es etwa nicht auffallend, dass
er nicht ἐν γάλακτι. sondern διὰ γάλακτος übersetzt? Aber, wird
gefragt, warum wählte er σκευάζειν? Auch diese Wahl spricht
dafür, dass er von der talmudischen Auffassung weit entfernt war.
Σκευάζειν entspricht gerade vollkommen dem בשל, σκευάζειν heisst
„bereiten“ „fertig machen“, besonders Speise bereiten (s.
Herodot 1, 73 und 207) und בשל in der Kalform heisst: fertig,
reif sein, Joël 4, 13 und Hiphil und darum auch Piel fertig,
reif machen הבשילו אשכלותיה ענבים Gen. 40, 10: „die Kämme
brachten Trauben zur Reife.“ Dort bringt die Sonne, hier das
Feuer die Reife, das Garsein hervor, daher heisst בשל „garmachen“, einerlei ob durch Kochen, Braten oder Rösten. (Dass בשל
auch „rösten“ bedeuten kann, werde ich weiter unten gegen die
ausdrückliche Verneinung der Gemara aus der Gemara selbst beweisen.) Dass mit בשל auch „braten“ bezeichnet wird, ist überflüssig erst zu erwähnen, das beweist 5. M. 16, 7. ובשלת und
2. Chr. 35, 13[2]). Ich gebe nun die Worte des Symmachos wie

[1]) Wenn ich mich recht erinnere, findet sich diese Hypothese bereits in dem grossen Geschichtswerke von Jost.
[2]) Immer war es mir auffallend, dass die Gemara (Nedarim 49a
Jerusal. Erub. III, A) den Beweis, dass בשל auch „braten“ bedeute, aus

folgt wieder: „du sollst nicht zubereiten das Lämmchen vermittelst (διά cum. Gen. bedeutet vermittelst) der Milch seiner eigenen Mutter" und finde, dass Symmachos ohne jede Paraphrase. blos durch Wahl der Präposition διά c. gen. anstatt der Präposition ἐν gegen die „weitere Ausdehnung dieses Gebotes nach talmudischer Deutung dem strikten philonischen Gedanken Ausdruck gegeben hat. Wie oben gezeigt, findet Philo in unserem Gesetze nicht blos Schutz gegen grausame Behandlung der Thiere, sondern auch eine Warnung gegen schrankenlose Genusssucht, die eben in Grausamkeit ausartet (s. das Citat des Thomas Angelicus unter (i). Darum gerade ist in der Schrift statt לא תאכל sehr passend לא תבשל und ebenso bei Symmachos statt μή ἐψέτω oder οὐχ ἐψήσεις sehr passend οὐ σκευάσεις gewählt: „du sollst dir nicht (künstlich mit wählerischer Genusssucht, die selbst die Milch nicht schont, die dem Jungen zur Nahrung, zur Lebensunterhaltung zu dienen bestimmt), das Lämmchen in seiner Mutter Milch bereiten." Statt der obigen Unterstellung, die Geiger hier unserem Symmachos machen will, und die ich eben zurückgewiesen, unterschreibe ich vielmehr, was er über diesen im Hechaluz von Schorr V. S. 30 aussagt: איש חק כי בהיותו בעל מקרא ודייק לישנא דקרא סר כה וכה מההלכה השגורה בפי אנשי דורו ונתובח עמהם, ע"כ דחזהו ולא רצו כי ישב עמהם בבה"מ.

Es ist auch gerade nicht ganz unwahrscheinlich, dass Symmachos mit seinem auffallenden διά γάλακτος anstatt ἐν γάλακτι dem Verse die Deutung geben wollte, die wir schon oben als die richtige bezeichnet haben, nämlich: solange das Lämmchen an der Mutter Brust ist. Das Griechische unserer jüdischen Patristiker, zumal wenn sie Bibelverse übersetzen, leidet au Hebraismen. Wie nun das ב in בחלב אמו eine Zeitbestimmung ausdrücken kann (Vgl. 5 B. M. 24, 12 לא תשכב בעבטו, Raschi אצלך ועבטו ויעבטו „so lange sein Pfand noch bei dir ist): בחלב אמו „so lange das Zicklein an der Mutter Milch, Brust ist", so übersetzt der hebraisirende Symmachos das בחלב אמו mit διά γάλακτος μητρός, was ihm so

---

2 Chr. 35, 13 und nicht vielmehr aus 5 M. 16, 7 ובשלת ואכלת führt, ebenso Thosaph. Chul. 96 b.

viel als „während" (ἐώ cum gen. heisst auch „während") bedeutet: „während oder so lange das junge Thier an der Mutter Milch sich befindet."

Die Vulgata übersetzt wörtlich, ganz wie die LXX: Non coques hoedum in lacte Matris.

Luther übersetzt: „Du sollst das Böcklein nicht kochen, die-weil es an seiner Mutter Milch ist. (S. was wir hierüber in der Note bei Saruk bemerken werden.)

Von den ältesten Versionen wenden wir uns zu den ältesten Interpreten, sowohl der spanischen, wie der nord-französischen Schule.

Menachem b. Saruk (im zehnten Jahrhundert). In seinem Namen führt Geiger (Zeitschr. der D. M. G. XX. S. 556) die Erklärung an, auf die wir selbständig gekommen und die wir bereits oben als die erste hervorgehoben und als die wahrscheinlichste, einleuchtendste bezeichnet haben. „Das Lämmchen an der Mutter Milch, an der Mutter Brust, so lange das Thier noch saugt [1])."

---

[1]) Wie wir nun sehen, hat sich Luther (s. oben im Text) statt der sonst bei Juden und Christen allgemein üblichen Version: „in oder mit der Milch" mit seiner Uebersetzung: „Dieweil es an der Mutter Milch ist" der vermeintlich Saruk'schen Interpret. angeschlossen. Es ist doch kaum anzunehmen, dass er jemals von dieser Saruk'schen Interpretation gehört, es ist uns darum ganz unerfindlich, wie er, der sich sonst strikte an LXX und Vulgata anschliesst, zu der fraglichen Auffassung des Textes gelangt ist. Doch finde ich hinterher bei Bochart l. l. und einigen anderen christl. Schrifterklärern die Auslegung, wie bei der fragl. Saruk'schen, ohne dass diese jedoch als Quelle angeführt wird. „Tertia interpretatio eorum est, quibus hoedus aut agnus in lacte matris . . . quamdiu a matre lactatur." Es ist zu bedauern, dass Bochart uns nicht mittheilte, wem er diese tertia interpretatio ent-nommen, einem jüdischen oder christlichen Autor, dem sie vielleicht auch Luther verdankt. Oder hat sich Bochart diese tertia interpretatio erst aus Luthers Uebersetzung gebildet? In der Prediger-Bibel von Dr. Wohlfahrt findet sich zu 5. M. 14, 21 folgende Note: „Eine Gewohn-heit der heidnischen Völker bei ihren Erntefesten, wobei sie im Glauben, ihnen dadurch eine vermehrte Fruchtbarkeit zu geben, mit diesem Ge-misch ihre Felder besprengten. Andererseits sah man es nach den Begriffen jener Zeit (warum nur jener Zeit? — Wiener) für grausam an, ein solches Gericht zu bereiten." Hier werden zwei ganz ver-

גדי בחלב אמו also gleich טלה חלב (1. Sam. 7, 9)[1]. Ich habe in מחברת des Saruk die ihm von Geiger imputirte Interpretation nicht gefunden, sondern die bereits oben in seinem Namen von mir gebrachte, wonach es sich an der fraglichen Stelle von dem Darbringen der Erstlinge der Feldfrüchte handelt. Zuzutrauen ist aber diesem kühnen Bibelforscher seine von der talmudischen Auffassung so entschieden abweichende Interpretation, wenn wir wissen, wie er dem רש"בם zu 2. M. 13, 15 mit dessen bekannten לב' שמק בשיטו bereits vorangegangen. Sar. sagt s. v. טף Folgendes

ופתרון והי לטוטפות בין עיניך בה הוא ובה עינו . . . עמ' שית אמרי
ניכה פניך וחקותי נגד עיניך . . . הוא אשר דבר שלמה קשרם על
גרגרתיך כתבם על לוח לבך[2].

R. Salomo Jizchaki, genannt Raschi, giebt an keiner der drei Stellen unseres Textes irgend eine Begründung an für diese Verordnung, er hält sich, wiewohl er nicht in Abrede stellt, dass unter גדי nur ein Junges, vornehmlich ein Säugling zu verstehen ist, dennoch betreffs der Ausdehnung dieses Verbotes durchweg an die Halacha, die, den Schwerpunkt derselben in der Mischung (heterogener Substanzen) von Fleisch und Milch präsumirend, die Verbindung jeden Fleisches mit jeder Milch perpönt. Doch führen Brüll und Geiger (Neuzeit 1872, No. 28, Jüd. Zeitschr. X S. 274)

---

schiedene Motive — das Maimonidische von der Superstition (s. weiter unten) und das sogenannte Saruk'sche — gedankenlos mit einander vereinigt.

[1]) Ein Rabbi ·in der jerusal. Gemara, Megil. 1, 14 (auch Jalkut und Wajikre Rabbah) glaubt, der Prophet Samuel habe mit der Opferung eines טלה חלב sich dreifach vergangen, und ein Vergehen bestand darin, dass das טלה חלב ein מחוסר-זמן, noch nicht sieben Tage alt war. Wer hat dem Rabbi diese נבואה beigebracht, dass das Lamm noch nicht sieben Tage alt war? Auffallend aber ist, dass Raschi Abodah Zarah (24 b) zu I. Sam. 7, 9 unter dem dortigen טלה חלב nicht das saugende Lämmchen, sondern die säugende Mutter versteht רחל מניקה את בניה. S. einiges Zutreffende bei Gomperz מינים לב S. 13.

[2]) Es ist sehr bemerkenswerth, dass דונש in seinen תשובות diese einschneidende Abweichung von der talmudischen, der vulgären Auffassung der Worte והיו לטוטפת, die so entscheidend in die ceremonielle Praxis eingreift, ganz unangefochten lässt. Stimmt er etwa in dieser Erklärung unserem Menachem bei?

die moralische Anwendung von לא תבשל auf die Schonung des
väterlich verwaisten Kindes an, dem durch Wiederverheirathung
der Mutter während der Säugezeit die ernährende Milch entzogen
werden würde, schon im Namen Raschis' im פרד״ס (s. weiter
unten das Ausführlichere bei Çarça und R. Jakob b. Ascher.).
Nachdem ich selber im פרד״ס nachgelesen, erstaunte ich über
manche curiose Schrulle daselbst).

Abr. b. Esra bringt zunächst die Erklärung mehrerer Anonymen, die er sämmtlich verwirft, sie seien חכרי הדעה die גדי
von גמל ableiten und unsere Stelle erklären: „Du sollst die Frucht
nicht reif machen," d. h. nicht zu lange mit der Darbringung
derselben warten. A. b. E. führt auch einen andern Anonymus
an, der dieselbe Deutung auf das Thieropfer bezieht: Man soll
das Lämmchen (wohl das Erstgeborene 2. M. 22, 29) nicht länger
als sieben Tage an der Mutter Brust lassen und es am achten
Tage schon dem Herrn opfern, ויש אחד שאמר לא תבשל כמו לא
האחד שיעמוד עם אמו יתר משבעת ימים während mit unbezweifelt
vollem Recht (s. 3. M. 22, 27) nach talmudischer Normirung nur
das Opfern vor, aber nicht nach acht Tagen verboten ist. Man
erkennt aus den diametral entgegengesetzten Erklärungen der fraglichen Textworte das allseitige Streben sie als eine Opfervorschrift
aufzufassen, weil eben im Zusammenhange von Opfern, aber nicht
von einem Speisegesetz die Rede ist.

Nachdem A. b. E. sich dahin äussert, dass die Bedeutung
des fraglichen Gebotes nicht zu ergründen sei[1]) אין צידך לבקש
מה טעם איסר כי נעלם ממני מעי הרבים greift er dennoch nach einem
rationellen Motiv und zwar nach dem philonischen כי היה אולי
אכזרית לב היא לבשל הגדי עם חלב אמו כדרך שור ושה איתו ואת
בנו וגו' גם לא תקח האם על הבנים.

-

[1]) Aber gerade in der Religion, in der Gesetzgebung, in ihren
Institutionen muss alles verständlich, einleuchtend, begreiflich klar sein,
wenn sie versittlichend, veredelnd einwirken und nicht in blosse Werkheiligkeit und gar in verderbliche Superstition ausarten soll. Nach
Philos und Saruks einfacher, wort- und sinngemässer Auffassung ist
diese Satzung klar, durchsichtig und wirkt versittlichend. Und so
möchten wir hier A. b. E. zurufen הטיריה מילה ואתה הרף ממני.

Vielleicht ist A. b. E. unter den rabb. Commentat. der Erste, bei dem sich die Adoption der phil. Interpr. nachweisen liesse. Es war wohl aber kaum sein Ernst und klingt fast wie pure Ironie, wobei er, wie wir es bei ihm voraussetzen können, auf das Nachdenken denkender Leser und das Lesen zwischen den Zeilen rechnet, wenn er die הבמי תלמיד für die grosse Ausdehnung, Erweiterung und Erschwerung, die sie diesem Gesetze beigegeben, preist und ihnen grossen Lohn dafür verheisst, dass sie jedweden Genuss irgend welchen Fleisches gemengt mit irgend welcher Milch verboten, weil ja in irgend einem Falle möglicherweise es sich einmal ereignen könnte, dass irgend Jemand vom Markte Fleisch und Milch kaufte, welche beide Substanzen möglicherweise von der Mutter und ihrem Kinde herrühren könnten[1]). Wer, der A. b. E., seine aenigmatischen Andeutungen אם תבין — אם תשכיל u. s. w. nur einigermassen kennt, wird wohl die oben angeführte Aeusserung für Ernst und nicht vielmehr für bittere Ironie nehmen[2])?!

Befremdlich wäre es, dass A. b. E. seinem Versprechen nicht nachkommt, noch an den andern beiden Stellen, wo dieses Gebotes

---

[1]) Hiernach hätte es der Rabbinismus consequenterweise verbieten müssen, ein jüngeres und ein älteres Thier an einem und demselben Tage zu schlachten, weil es möglicherweise אימא ישר בני sein könnte. Und wo bleibt dann der talmudische Kanon? מילתא דלא שכיהא לא גזרו בה רבנן.

[2]) Man verzeihe uns, wenn wir, wahrlich nicht, um einen billigen Scherz zu machen, sondern um unserem tiefen Unmuth über die unnöthige Erschwerung des Lebens, das ohnehin schwer genug ist, Ausdruck zu geben, an einen Rath erinnern, den ein Witzling einmal ertheilt hat: „Aus Furcht vor möglicherweise eintretenden Zahnschmerzen solle man sich vorsorglich alle Zähne, wenn sie auch sämmtlich noch gesund sind, bei Zeiten ausreissen lassen." Ich möchte noch Alle, die mit ihrem תעי המחמיר nur Erschwerniss über Erschwerniss einführen, auf Raschi zu כהא דהתירא עדי (Bezah 2 b) anweisen. Diese gefeierteste aller nachtalmudischen Autoritäten äussert sich: „Immer nur non possumus zu sagen, Verbote über Verbote herbeizuführen sei ein Leichtes; jedes, auch das unbezweifelbar Erlaubte verpönen, das können Alle ohne Nachdenken und Studium; zum Erlauben dagegen, Erleichtern, den Bann zu heben ist Studium, Nachdenken, Forschen erforderlich oder das Aufsuchen privater Quellen."

erwähnt wird, seine Erklärung bezüglich der mehrmaligen Wiederholung dieses Gesetzes abzugeben; aber dieses spätere Schweigen
möchte gerade laut dafür sprechen, wie wenig er sich von der
rabbinischen Erklärung der beiden Wiederholungen und den
Weiterungen und Erschwernissen erbaut und befriedigt fühlte,
womit jene dieses humane Gebot bis zur gänzlichen Unkenntniss
seiner eigentlichen Bedeutung und seines wirklichen ethischen Ge-
haltes entstellt haben.

Wir kommen jetzt zu dem Enkel Raschis, dem vortrefflichen,
wort- und sinngetreuen und dabei so geistreichen Exegeten Samuel
b. Meir. „Es handelt sich bei unserm Verbot," sagt er, „um eine
Vorschrift der Mässigung im Genusse, aber wohl verbunden mit
dem Motiv des Thierschutzes; es handelt sich darum, die schrankenlose Essgier zu zügeln, der zur Befriedigung der Genüsse des
Magens und Gaumens jedes Mittel recht ist und sich nicht scheut,
in der Milch der Mutter das Fleisch ihres eigenen Kindes zu verzehren." So lauten seine Worte: גאי היא . . . וד־עבתנית לאבול
הלב האם עם הבנים ד־גמא וז באותו ואת בנו ושלה הקן ללמדך דרך
תרבה. Er schliesst zwar die Erklärung des Verbotes mit dem
rabb. Verdict: das Verbot erstrecke sich auf den Genuss jeden
Fleisches mit Milch והד״ה לבל בשר בחלב aber, wer weiss, mit
welch innerem Widerstreben gegen sein besseres, exegetisches
Bewusstsein. So mancher rationelle oder auch nur nüchterne
Exeget mag sich recht sehr gesträubt haben, in die talmudische
Posaune mit einzustossen; aber auch wir Juden haben ja unsere
Ketzerrichter gehabt, und so musste mancher alte Schriftsteller
sich selbst verleugnen oder war gezwungen, sich zweideutig aus-
zudrücken, nur anzudeuten, so dass wir, wenn wir ihn wirklich
verstehen wollen, zwischen den Zeilen lesen müssen. Man weiss
ja (Juchasin ed. Krakau 134 b), wie es einer freisinnigen Aeusserung
wegen unserem weiter unten angeführten Çarça erging הוו סב דאמא
. . . רמו על קדמית העולם . . . . . והליכותו בסראבאית ורד איתי
לשירפה. (Kanpanton hat ja den Feuertod des סב דאמא erwirkt, weil
dieser dem Glauben an die Ewigkeit der Welt Raum gab. Noch
einleuchtender und entscheidender giebt unser S. b. M. seiner
Ansicht über dieses Verbot, „es sei eine Schranke gegen über-

mässige mit Grausamseit verbundene Essgier" Ausdruck zu 5. M.
22, 6 „du sollst nicht nehmen die Mutter über (oder sammt) den
Kindern." בכר פרשתי לא תבשל גדי בחלב אמו ובן באותי ואת בני
שדיהמה לאבוריות ידעבתנית לקחת ולשהוט ולבשל ולאבול אם ובניה
יחד. Für alle drei Verbote „vom Böcklein in der Milch seiner
Mutter"; „Mutter und Junges nicht an einem Tage zu schlachten":
„die Mutter zu schonen, die über den Küchlein weilt", ist das
Motiv: Härte und lüsterne Gefrässigkeit zu vermeiden, welche
sich darin zu erkennen giebt, wenn man Mutter und Kind zusammen nimmt, schlachtet, bereitet und verzehrt.

Joseph Bechor Schor (ed. Jellinek S. 134), giebt eine von
allen anderen dissentirende, ja einigen Exegeten geradezu entgegengesetzte Erklärung unserer Schriftstelle. Es ist die oben (bei
A. b. E. mit den Worten [1]) ויש אחר שאמר anonym) angeführte
und lautet wörtlich: לפי הפשט בשל ל' גדיל וגמר כמו הבשילו
עיבים יהק לא תניחנו לגדל ולגמיל בחלב אמו שתאחרו האם בחלבה
אלא בראשית תביאנו דומא תחלת הפסיק שאמר ראשית בכורי
אדמתך. „Nach dem einfachen Sinne bedeutet בִּישׁוּל ausser „kochen":
heranwachsen, reifen"[2] (Hiphil und Pielform: reifen machen, reif-
werden lassen!) Der Sinn der Stelle ist: „Du sollst das Junge
nicht an der Mutter Brust heranwachsen, grosswerden, zur völligen
Reife kommen lassen, sondern recht früh sollst du es darbringen,
analog dem ersten Teil des Verses: Die allerersten reifen Früchte
sollst du in's Gotteshaus bringen". — Also eine Opfervorschrift

---

[1] Ob A. b. E. unter dem אחר unseren J. B. Schor meint, aus dessen
Mund er vielleicht bei seinem Aufenthalt in Frankreich diese Interpretation
gehört, wage ich nicht zu behaupten, da A. b. E. jedenfalls ein etwas
älterer Zeitgenosse war, der ja schon mit J. B. Schor's Lehrer, Jakob
Tam, in Verkehr gestanden. Doch finden wir A. b. E. bei J. B. Schor
nirgendwo angeführt. (Ueber die Zeit und den Verkehr R. Tam's S. b.
Meir's, A. b. Esra's mit einander, vgl. Kherem chemed VII S. 35 Rshm.
ed. Dr. Rosin, S. 75.)

[2] Im modernen Sinne sagen wir im Deutschen „kochen" für recht
heiss und fertig sein und das Causativum „kochen machen" zur Reife
bringen. Vgl. auch das Sprichwort: „Was Juli und August nicht kochen,
wird der September nicht braten."

und kein Speiseverbot. Doch findet sich also dort hinzugefügt:

בי אסיר לבשל בשר בחלב כי החלב כי החלב שגדלו כי ממני איך תבשלו בו
דומיא דאיתו ואת בו לא תקח האם על הבנים על הבנים שהוא דרך אכזריות

also ganz wieder die philonische Interpolation. Diese, wie die folgenden Worte: וגדי לאי דוקא ... יתיה לכל בהמה חיה ועוף אלא

שדיי הגלילי חולק בשף, wenn sie nicht, was sehr einleuchtet, eine Interpolation von späterer Hand, betrachte ich als eine Concession gegen die dominirende Ketzerrichterei [1]).

Das Haupt unter den rabbinischen Erklärern und rationellen Interpreten der mosaischen Gebote, der grosse Lehrer Mose ben Maimon, hält zwar für die ähnlichen Verordnungen, für das Verbot אותו ואת בנו und שלוח הקן den humanitären Gesichtspunkt fest: für jenes motivirt er (M. N. III, 48) להשמר ולהרחיק לשחוט

משניהם הבן לעיני האם כי צער כי זה בזה בח צער גדול מאד אין הפרש בין
צער האדם עליו ובן צער שאר בח כי אהבת האם ורחמה על הילד
אינו נמשך אחר השכל רק אחר פעל כח המדמה הנמצא ברוב בעלי
חיים כמו שנמצא באדם. Für das zweite macht er geltend:
בשישלה האם ותלך לה לא תצטער בראית לקיחת הבנים וכו. Und ebenso anerkennens- und beherzigenswerth ist die Anwendung, die er von diesem Thierschutz auf Humanität im eigentlichen Sinne, auf Menschenfreundlichkeit macht, ibid. יאם אלי הצדים
והפשיים, חסר תורה בבהמה עליהם ובשית כל שכן בבני אדם:
„Wenn die Thora auf das Wehmuthsgefühl der Thiere so zarte Rücksicht nahm, geschweige denn auf das der Menschen." Maim. fährt fort: ולא תקשה עלי באמרם על קן צפור יעיו ישעו רחמיך משתקין
איתי כי הוא לפי אחת משתי הדיעות — דעת מי שחושב שאין מעם
לתורה אלא הרצון לבד ואנחנו נמשבו אחר הדעת השני. Findet

---

[1]) Bechor Schor wollte vielleicht doch nicht in den Verruf des Karäismus kommen. Wahrscheinlich ist seine obige erste Erklärung den Tossaphisten nicht bekannt worden, sonst hätten sie ihn, statt ihn Makkoth 8 a Stichw. היינו ואמר הי יוסף בכורי שוד als Autorität anzuführen, wohl eher auf den Index gesetzt. Oder waren, was ihnen zur grössten Ehre gereichen würde, die Tossaphisten toleranter, leutseliger, als unsere heutigen heisssspornigen Hyper- oder Neu-Orthodoxen, die jedes freisinnige Wort und seinen Autor verketzern und, wenn sie es könnten, aus der Gemeinde Israels excommuniciren würden! Weiter unten bringe ich noch etwas Näheres über B. Schor.

nicht dieses starre irrationelle Dogma der Gemara nicht nur vor
der mens sana, sondern auch in der Bibel selbst die entschiedenste
Widerlegung? 5. M. 6, 24, „der Herr befahl uns alle diese
Satzungen zu üben, zu unserem Heile für alle Zeit", was doch
wahrlich nur der Fall sein kann, wenn unser sittlich-religiöser
Lebenswandel durch deren Uebung gefördert wird. Erstaunlich
aber ist es, wie ernst es die strengen Nachtreter der Gemara
mit diesem exorbitanten Paradoxon des Talmud nehmen, dass die
Gebote Gottes keinen rationellen ethischen Grund haben, sondern
(willkürliche) Machtgebote sind. Die Thosseph. zu Meg. 25 a
werfen nämlich allen Ernstes die Frage auf: קשה שאני אומרים
בקדושה של פסח צדקן איתו ואת בנו לא תשחטו ביום אחד דמשמע
שהקב״ה חס על אותו ואת בנו והוא איע אלא גזרה. Eine ganze
Legion von hyperorthodoxen, religionsphilosophischen Rabbinen
erhebt sich dagegen, so oft ein Exeget die fraglichen Gebote nach
thierfreundlichen Motiven erklären will. So auch Schem Tob zu
obiger Aeusserung Maimonis: הפלא מהרב שכבר פסק בהלכות תפלה
שהאומר על קן צפור יגיעו רחמך משתקן איתו. Hat aber denn
Schem Tob, der Commentator des Moreh, übersehen, was Maim.
das. III. 41 zum jus talionis עין תחת עין als Norm für sich aufstellt, dass er nur im Moreh sich selbst, seine wissenschaftliche Ueberzeugung, wiedergiebt, im Jad dagegen nur willenloses
Echo des Talmud ist?! Uebrigens wird ja in der Gemara selbst
dem Amoräer Lob gespendet, der unsere Frage vom thierfreundlichen Gesichtspunkte auffasst: ההוא דנחת קמיה דרבה אמר אתה
חסת על קן צפור אתה חום ורחם עלינו, worauf Rabbah zustimmend
bemerkt: כמה ידע האי מרבנן לרצויי למריה. Nun kommt noch
der Umstand hinzu, dass selbst dem משתקן אותו von einem Rabbi
ibid. ein thierfreundliches Motiv insinuirt wird: מפני שמטיל קנאה
במעשה בראשית, wie Raschi commentirt „als ob Gott nur diesen,
nicht aber auch anderen Thieren schonende Sorgfalt zuwendet."
Ich muss also ausrufen מה חרי האף הגדול הזה, mit dem die
Hyperorthodoxie diejenigen der Ketzerei beschuldigt, oder doch
schulmeisterlich behandelt, die den fraglichen Satzungen ein
ethisches Motiv zu Grunde gelegt sehen wollen (s. die Bemerkung
des פנה רזא gegen בכור שור zu 2. M. 34, 26 a, 3. M. 14, 21).

Es sei uns verstattet, als Curiosum hier anzuführen, dass der Apostel Paulus 1. Corinther 9, 9 das Verbot שׁור בדישׁו 5. M. 25, 4, nicht wie eine unbefangene und sachgemässe Schriftkunde fordert, als ausschliesslich thierfreundliche Vorschrift auffasst; er ruft, allerdings pro domo und als Prädicant, emphatisch aus: „Sorgt Gott für die Ochsen? Oder sagt er's nicht allerdings um unseretwillen?" Μὴ τῶν βοῶν μέλει τῷ θεῷ; ἢ δι’ ἡμᾶς πάντως λέγει κ. τ. λ.

Nach dieser grösseren Digression kommen wir auf unser eigentliches Thema und auf Maimon, zurück. Für die eben angeführten unstreitig verwandten Gesetze führt er zwar thierschutzfreundliche Motive an, für das Verbot לא תבשל וגי dagegen eröffnet er uns, weil er es als ein ausschliessliches Speisegesetz behandelt[1], wie für die Speiseverbote überhaupt und im Allgemeinen, einen ganz anderen Gesichtspunkt, nämlich den sanitären[2]). Zuerst erwähnt er nämlich in nur wenigen Worten, und nur wie beiläufig, eines sanitären Motivs ואמנם איסר בב״ה כם היתי מון עב מאד בלא כפק והליד מילי רב. Also zunächst meint Maim.: „Fleisch mit Milch vermischt sei zweifellos eine sehr dicke? (feste?) Speise, die eine starke Ueberfüllung erzeuge." Die heutige Arzneiwissenschaft mag wohl — wir werden dies noch näher erörtern — auf ihrem heutigen fortgeschrittenen Standpunkte ganz anderer Ansicht sein. Dann aber fährt M. (M. N. III, 48) fort: „Es ist mir nicht unwahrscheinlich, dass hier eine leise Beziehung (רמז) zum Götzendienst zu finden sei: vielleicht haben die Götzendiener dergleichen bei ihren Kulten oder Festfeiern geübt[3]). Und was mir diese Begründung höchst wahrscheinlich macht, ist der Umstand, dass die Schrift dieses Verbot zwei Mal nach der vorangehenden Verordnung erwähnt: „Drei Mal des Jahres soll alles

---

[1]) An anderer Stelle freilich hält er diese Satzung für eine Antithese gegen eine Superstition.

[2]) Nach M. (M. N. III, 48) liegt ja den biblischen Speisegesetzen im Allgemeinen Diätetik zu Grunde מן ואימר כי כל מה שאסרה התורה עלינו המאכלים מוגם מינית, ואין בכל מה שנאסר עלינו מה שיספּק שאי הק בי ובי.
Ferner: והטיב שבבשר הוא מה מה שהיתיר לי לאכלו יה מה שלא מה שפּן כי די-אבׂ.

[3]) Im arabischen Original (nach Scheyer) יובל הבראבאן „vielleicht wurde solches gegessen".

Männliche vor Gott erscheinen" (zu 2. M. 23 und 34). „Da will
die Schrift gleichsam sagen, bei euren Festen, wenn ihr vor mir
erscheint, sollt ihr (die Speisen) nicht also bereiten. Diese Begründung halte ich (dem Zusammenhange nach) für die triftigste[1].
Doch habe ich, so viel ich in den Schriften der Szabier nachgelesen, hierüber nichts gefunden." אין רחזק אצל שיש בו ריח נ׳.

אילי בן היה או בהג מהניהם ,ומה שמחק זה אצל׳ וכר התירה איתי
ב׳ פעמים תחלה מה שצותה עליו נם מצות החג נ׳ פעמים ראה כל
ובידך באלי אמר בית הכם ובאכם לפני לא תבשל מה שתבשל שם
כל דרך פלוני כמו שהיו הם עושים. והו הטעם החזק אצלי בעין.
ואמנם לא ראיתי זה כתוב במה שראיתי מספרי הצאבה(2).

R. Mose b. Nachman übergeht unser Verbot zu 2. M. 23, 19
ganz, dagegen bringt er es zu 34, 26 in Verbindung mit der in
demselben Verse gegebenen Vorschrift über die Erstlingsfrüchte; es
handle sich hier ebenfalls um einen Erstling aus dem Thierreich
כ׳ בית בכורי האדמה יביא נם כל בכור בהמה הנדרים וטלאים ובנת
ההוא ידלו הנדרים יבו׳. Zu 5. M. 14, 21 aber giebt er nach einem
anderen, dem theokratischen Gesichtspunkte, wegen der Heiligkeit
des israelit. Volkes — (indem er die Worte כ׳ עם קדוש אתה
anstatt auf das vorangehende לא תאכלו כל נבלה, sinnwidrig, auch
gegen die Accente, auf das nachfolgende לא תבשל bezieht) —
auch der Vermuthung Raum, unser Verbot habe vielleicht die rein
humanitäre Tendenz להיתי קדושים שלא נהיה עם אכזרי לא ירחמו
שנחליב את החלב מן האם שנתבשל בו הבן, also echt philonisch:
„Wir sollen unsere Heiligkeit auch darin bewähren, kein grausames
Volk zu sein, das kein Mitgefühl hat, dass wir etwa die Milch der
Mutter abmelken, worin wir ihr Junges abkochen." Wenn Nachmanides aber — um dem heiliggesprochenen, unfehlbaren Talmud
nicht zu nahe zu treten, hinzufügt: „Indess ist jedes (Essen von)
Fleisch und Milch in diesem Verbote mit inbegriffen, denn in Allem

---

1) Wäre diese Motivirung wirklich begründet, so liesse sich gewiss
gegen die Abrogirung unserer zumal so weit ausgesponnenen Satzung
keine Einwendung erheben.

2) Es wird weiter unten nachgewiesen werden, dass dieser Superstition nicht blos von den Szabiern, und dass ihr ausserdem auch noch
lange nach der Maimonidischen Zeit gehuldigt wurde.

zeigt sich Grausamkeit" וחני . . . הזה יבא בלאי יבם בב"ח שבל פ ואנ צ, בבלם אכזריות, so weiss jeder, der nicht gedankenlos auf alles Talmudische Ja und Amen spricht, was von einer so unlogischen Schlussfolgerung zu halten ist [1]). Nur wenn wir das Gebot strikte „das Junge nicht in der der eigenen Mutter abgemelkten Milch zu bereiten" beobachten, oder nach der Sarukschen Auffassung „das noch allzu junge Säugelämmchen der Mutter nicht entreissen". dann würde uns, den Frauen namentlich, die sich mit der Speisebereitung befassen, das Ethische und Humanitäre dieser Institution zum Bewusstsein kommen. In der rabbinischen Erweiterung hingegen geht ja diese humanitäre Nutzanwendung ganz verloren, die Männer und Frauen haben ja keine Ahnung davon, dass es sich hier um ein Gebot der Humanität handelt und halten es bloss wie שעטנו und בלאים als eine Mischung von zwei heterogenen Substanzen verpönt. So giebt Nachmanides durch seinen Mangel an Muth. sich von der talmudischen Interpretation zu emancipiren, die schöne Sittenlehre wieder preis, die er soeben gepredigt hat.

R. Bechai b. Ascher, etwas später als Nachmani, um 1290, führt zur Begründung unseres fraglichen Gebotes, das er zwar ganz in der talmudischen Ausdehnung acceptirt. ein Motiv an, das uns gewiss sehr befremdlich und frappant erscheinen wird, und ich glaube kaum, dass er in der vollständigen Begründung seines Motivs einen Vorgänger hat. Das Auffallendste daran ist, dass er glaubt. ganz nach dem einfachen Wortsinn zu erklären: ועל דרך הפשט טעם המצוה הזאת. Hören wir seine Worte, die wir der Befremdlichkeit wegen ganz hierher setzen: לפי שהוא מטמטם את הלב שהרי החלב נעשה מן הדם והדם מזו רע ומוליד אכזריות ואחז

<hr>

1) Nachm. eifert zugleich gegen die קטני אמנה „die Kleingläubigen" die nicht auf die volle talmudische Erweiterung dieses unseres Gebotes eingeschworen sind, und er nennt sie auch מחוסרי־ הדעת „Verstandeslose". — Welch' schreiende Ungerechtigkeit und Verkehrtheit! Wir glauben wohl mit Recht, dass nicht מחוסרי־ הדעת, sondern gerade אנשי מדע, die intelligentesten Männer ihr Bedenken gegen die talmudische Interpretation erhoben haben. Es ist zu bedauern, dass Nachm. die Gegner der talmud. Exegese nur so ganz allgemein andeutet, aber keine Namen von Büchern und Autoren nennt, die vor oder zu seiner Zeit die talmudische Interpretation desavouirten. Im Allgemeinen kennen wir sie freilich.

מטעמי האסור שבו שאני מקבל שמני והתפעלות בניף כשאר הדברים
האבלים ולבך טבעי נשאר בתיכו מבלי שני. Also: „Fleisch mit
Milch vereinigt ist nach einfacher Erklärung um deswillen zu geniessen verboten, weil es das Herz depravire (verstockt mache), denn
die Milch entsteht aus dem Blute, das Blut aber ist von schlechter
(depravirender) [1]) Beschaffenheit und erzeugt Neigung zur Grausamkeit. Einer der Gründe für sein (des Blutes) Verbot sei auch,
weil das Blut — abweichend von andern in uns aufgenommenen
Substanzen — sich ohne alle Veränderung mit unserm Körper
amalgamirt, darum bleibt auch seine schädliche Einwirkung in demselben ohne Veränderung." (Siehe dieses Motiv bezüglich des
Blutverbotes weiter unten bei Nachmani). Bechai fährt fort: ואם"ת
שנשתנה עכשיו מדם לחלב .... מ"מ כשחזר ומערבו עם הבשר הרי
הזר לאיכת הדם וטבעי הראשון כבתחלה והתערבם ביחד מטמטם
הלב ומוליד נסית ותכונה רעה בנפש האוכל. „Wenn es auch jetzt kein
Blut, sondern Milch ist, in welche sich das frühere Blut verwandelt
hat [2], so wandelt sich die Milch, wenn man sie wieder mit Fleisch

---

[1]) Das Verbot des Blutgenusses motivirt ja die Schrift selber ganz
entschieden und deutlich genug; wir sprechen darüber bei dem Artikel דם.

[2]) Die Quelle dafür חלב העשך נעכר דם, dass das Blut der Schwangeren
sich in Milch umwandelt, ist Niddah 9 a, Bechor. 6 b, „das Blut (s·
Raschi das.) stelle sich erst 24 Monate nach der Entbindung wieder
ein." Dass aber die Milch sich in Blut umwandle, verlautet dort
nicht; jedoch findet sich dies im Pardes (Abhandl. über ehel. Verhältnisse S. 21). Ich hatte dies Buch nur sehr kurze Zeit vor Augen
und nur einen flüchtigen Einblick in dasselbe nehmen können, und es
haben sich die stärksten Zweifel in mir geregt, dass dies Buch wirklich
Raschi zum Verfasser haben sollte: zum mindesten müssten starke
Interpolationen platzgegriffen haben. Ich glaube, das muss bei jedem
Kenner des Raschi-Commentars zu Bibel und Talmud der Fall sein,
wenn er Folgendes im Pardes liest. שאין רשית לבר ישראל לאכיל בב"ח
לפי שהחלב נהפך לדם והדם בחלב. ומין שהחלב נהפך לדם אלא בין שהמים
מתצברה החלב נהפך לדם. והדם לחלב מין אלא בין שהאשה מתעברת אינה
ראה דם נדוה אלא אותו נעשה חלב לתינוק. Hier ist aber nichts davon erwähnt, dass erst durch Verbindung mit Fleisch die Milch in Blut umgewandelt wird. Diese Hypothese findet sich meines Wissens zuerst bei
unserem Bechai. Später finden wir dieselbe bei Lippmann Mülhausen
und R. Maier Friedmann, worüber weiter unten.

vermengt, doch wieder in ihre frühere Natur, in Blut um, und so erzeugt denn die Verbindung von Fleisch und Milch Crassheit und (ethisch) schlechtes Naturell in der Seele (dem Wesen) des solche Mischung Verzehrenden." Er fährt fort: „Dass sich aber diese Verordnung immer bei der Institution der Feste findet? Um die Israeliten, die dreimal des Jahres Wallfahrten anstellen nach dem Orte, wo die Propheten ihre Stätte hatten, zu warnen, dass sie ihr Herz nicht durch den Genuss verbotener Speisen verstockt machen[1]. sondern ihr Naturell. lauter und subtil (ätherisch) bleibe, um die rechte Befähigung zu haben, über Gott und seine Lehre nachzudenken." Nachdem er noch das früher erwähnte maimonidische Motiv anführt. erscheinen ihm alle diese Begründungen ungenügend. und er nimmt dann zu etwas noch weniger Befriedigendem. zu einer mystisch-kabbalistischen Redewendung seine Zuflucht. Nach dem Tode erst, meint er, werden wir für das Verbot das rechte Verständniss haben. Die Engel hingegen. die über dergleichen Depravationen erhaben sind, durften diese Speise (bei Abraham) geniessen. Bechor Schor dagegen. zu der Stelle וחלב והמאה, meint. „dass in des Erzvaters Abraham Hause, wo diese Satzung streng beobachtet wurde. den himmlischen Gästen deshalb zuerst die Milch-. dann erst die Fleischspeisen zum Genuss verabreicht wurden." Der Erzvater hätte also unsere fragliche Satzung schon ganz in dem Umfange, wie R. Joseph Karo und R. Mose Isserles commentirt. Ich aber bin der Meinung, dass sehr, sehr vieles, was auch nicht mit dem Worte הזהר markirt ist, dennoch von fremder Hand in den Commentar des B. Schor eingeschwärzt worden ist.

Talis molis erat de carne cum lacte condere legem. Wahrlich, fasst man diese Verordnung nach dem reinen, einfachen Wortsinn der Schrift, so ist alles so klar, so einfach. so deutlich fasslich und diese Institution eine versittlichende. veredelnde.

R. Levi b. Gerson bietet uns in der Motivirung dieses Gesetzes gar zu viel an. Er begnügt sich nicht mit einem und noch einem Motive; er häuft sie förmlich auf einander. Zuerst

---

[1] Das ist freilich ein circulus vitiosus, wir fragen, warum diese Speise verboten ist, und die Antwort lautet hier, weil verbotene Speisen das menschliche Naturell depraviren.

bringt er eine ziemlich unklare, mystische Anschauung. Hier tritt dieser sonst so kühne philosophische Kopf ganz in die Fusstapfen des Allegorikers Bechai. לישב בנפשותינו שנשמר שלא ישתמש בהשחתת ובפשותינו בשפע השובע לנו מהשם יתעלה אשר יגדלנו ויקהו לנפשותינו מציאותה das ist gewiss sehr unklar. Noch unfasslicher aber ist es, dass er diese Worte damit begründet: כי זה ידמה למי שיבשל הגדי וישחיתהו בחלב אמו אשר היה מוכן לזונו ולגדלו לישב בנפשותינו שנשמר וכי'. Also seine früheren Worte enthielten die eigentliche Verordnung, und die Schriftworte לא תבשל גדי וכי' lieferten nur das Gleichniss dazu. Uebrigens enthalten die Worte כי זה ידמה וכי' ja ganz den philonischen Gedanken. Dunkel ist auch, was er als ein anderes Motiv hinzufügt: או צוה זה להזיר שמהר שלא תביאנו רוב הטיב שנתן למי השם יתעלה לבעוט בי'.[1] Wer kann wohl in unserem fraglichen Gebot eine Anordnung herausfinden gegen schnöde Undankbarkeit?! Früher schon hat er in diesem Verbote auch eine Präcaution gegen götzendienerische Bräuche finden wollen: התרחק מלבת בחקת שאר הגוים הרדוקים כי אילי היה מנהג האומת הקדומת לבשל בב"ח בבית צד. Dann wiederum eine sanitäre Motivirung וה בזה הסבה למצא יקשה ולא שעין בטבעית ובחכמת הרפיאה עיון מעט ובכלל הנה ערוב המזונת כי המתעכל ראשונה יפסיד האחר . . . . . Motiv also: Götzendienst und Sanitätsrücksicht, erstere besonders nach Maimonides, ohne dass der Gewährsmann genannt wird. Wer kann nur im Geringsten und auch nur einen Augenblick glauben, dass dieser Verordnung, drei Mal wiederholt und zumal in dem Zusammenhang in den beiden Stellen des Exodus, ein diätetisches Motiv zu Grunde liege? — Wie verschieden aber auch alle diese Motive unter sich sind, alle sind sie doch derart, dass wir die Ausdehnung und Erweiterung, welche der Talmud diesem Gesetze auf jedes Fleisch und jede Milch gegeben, entschieden zurückweisen müssten. — Zuletzt sagt Gersonides noch, es können recht wohl einer und derselben Verordnung mehrere Motive zu Grunde gelegen haben; ולא יקשה בעיניך איך תהיה מצוה אחת לתועלת רבית. Hinzufügen möchte ich nur noch, dass unser Gersonides zu 5. M. 14, 21 von allen anderen Motiven abstrahirt und ausschliesslich von dem Nach-

---

[1] Ausführlicher später bei Araama (Akedah).

theile spricht, den jener Genuss der Gesundheit zufügt. הםםה
באשיר בב"ה הוא מצר היתו בלתי נאות אל הבריאת. Und
doch ist auch das Kochen an und für sich und jeder Niessbrauch
האכה, womit keine Verspeisung verbunden ist, nach den Rabbinen
verboten! Wenn die Exegeten ihren hypothetischen Motiven
nicht die geringste praktische Folge geben, mit ihren Zweifeln an
der Berechtigung der rabbinischen Weiterungen hinter dem Zaune
halten, so sollten sie doch lieber gar keine hypothetischen Motive
aufstellen. ·

Samuel Çarça[1]) oder Zarza in seinem Supercommentar zu
A. b. E. führen wir an wegen seines Berichtes, dass die alten Religionslehrer von unserm Texte eine allegorische Nutzanwendung
auf dem Gebiete der Ethik und Humanität machten, die zu den
allerinteressantesten gehört, nämlich, dass eine Frau, die beim
Tode ihres Mannes mit einem Säugling zurückbleibt, sich vor Ab-

---

[1]) Dieser Çarça wurde, weil er die Erschaffung der Welt zu bezweifeln schien, auf die Denunciation des jüdischen Gerichtshofes bei
den mohamedanischen Fanatikern lebendig verbrannt. Wir schaden
dem Judenthume nicht durch dergleichen wahrheitsgetreue Berichte
von abscheulichem fluchwürdigen Fanatismus; nur die Falschmünzerei
und die Schönfärberei, die Verkleisterung und der Chauvinismus schaden,
wie überall, so auch auf diesem Gebiete. Das Judenthum, ursprünglich
lichtfreundlich, rationell und duldsam gegen abweichende, unschädliche,
gefahrlose Dogmen und Ansichten, wenn auch selbständig und ge-
sinnungstreu, hat indessen von der zahlreicheren Bevölkerung, unter der es
lebte, deren Sitten und Unsitten angenommen, den fanatischen Usancen
der mittelalterlichen Pfaffen, wie der religionswüthigen Mohammedaner
nachgeeifert. (S. u. a. Resp. Ascheri's, in welcher Weise eine Frau, die
sich vergangen, auf die Denunciation des jüdischen Gerichts abgestraft,
scil. verstümmelt wurde). Wie ging es denn dem Moreh Nebochim?
Der Fanatiker Sal. von Montpellier übte in maiorem dei gloriam!! gegen
dieses grossartige Werk strafwürdigen Verrath, suchte den Beistand
fanatischer Mönche auf, und das grossartige Geisteswerk Maimonis, ein
göttlicher Quell für Israel und dessen Religion, wurde in Gegenwart einer
darob entsetzten Versammlung dem Scheiterhaufen übergeben. Dasselbe bewirkte Jonah Gerundi in Paris, und מאחר שינהה רשית למשיית
die Mönche waren noch eifriger, noch vandalischer als ihre jüdischen
Gesinnungsgenossen und wütheten auch gegen anderes, den jüdischen
Fanatikern mit Recht heiliges Schriftthum.

lauf von zwei Jahren nicht wieder verheirathen dürfe, damit das
Kind seiner Nahrung an der Mutter Brust nicht verlustig gehe,
denn es heisst: „Du sollst nicht kochen (nicht quälen?) das
Lämmchen, d. i. das verwaiste Kind, das noch saugt an der Mutter
Brust"[1]). Man sieht also, dass, wenn dies auch nur agadisch-

---

[1]) ‏ואמרו עוד האשה שמת בעלה בזלה והיא מניקה לא תארם ולא תנשא עד ב׳ד‏
‏(mit Sin) הרשים . . . ‏ ‏ואמרו עוד ובשדה (sic!) תנוים אל תבוא אל תקרי ובשדה‏
‏(mit Schin) תנוים ל׳ שדים והם, ופירשו לא תבשל גדי שהיא‏ ‏אלא ובשדה‏
‏רתים היונק בחלב אמו כלומר אמר כל גד שהיא יינק חלב אמו שהיא ב׳ד הרשים.‏
Wer seine Vorgänger sind, denen Çarça diese frappante echt humanitäre,
allegorische Deutung verdankt, wer mit dem ‏ואמרו‏ und ‏פירשו‏ bezeichnet
wird? Keine geringere Autorität als die Thossephtha Sota 2, 2, Jerusalmi
Sota 44 (in der babyl. Gemara findet sich diese allegorische Anspielung
nicht). Im Jerusalmi heisst es nämlich: Man eheliche nicht die als
Säugende zurückgebliebene Frau seines Nebenmenschen . . . denn es
lautet in der Schrift (sic!)(*‏ובשדה ראשונים בכל אשר עילם נבי תש׳ לא‏
‏תנוים אל תבא‏. Um die Schriftworte in dem hier angeführten Sinne
zu deuten, las man statt ‏עילם‏ „Vorwelt", ‏עילים‏ „Säuglinge" (nach Jesaj.
49 und 65 **). Statt ‏ובשדי‏ mit Sin „in die Gefilde" las man zur Unterstützung (‏אסמכתא‏) ‏ובשדי‏ mit Schin „die Brust", also: „Du sollst nicht
entrücken das Gebiet der Säuglinge, in die Mutterbrust der Verwaisten
sollst du nicht eindringen." Die Wiederverheirathung einer Wittwe
soll vor zwei Jahren nicht statthaben, wodurch der verwaiste Säugling
aus seinem Gebiete, der Mutterbrust, entrückt, dieser Nahrung beraubt
werden würde. (Die letztere Umdeutung von ‏ובשדי‏ wird deutlicher hervorgehoben im Pardes l. l.; leider wimmelt dort der Text von Druck-
fehlern, so dass man den Sinn nur errathen, ahnen, aber nicht recht
feststellen kann). Diese schöne allegorische Nutzanwendung findet sich
auch bei einem etwas älteren Zeitgenossen unseres Çarça, bei dem hochorthodoxen Talmudheros J. b. Ascher ‏בעל הטורים‏ zu 5. M. 14, 21. ‏במי‏
‏בחלב אמו לשנה שנה לומר שמיניקת חביתו לא תנשא תוך שתי שנים והיה הולד‏
‏בחלב. שתי שנים‏. Pardes bemerkt noch, dass ‏תבשל‏ die Anzahl von zwei
Sonnenjahren 730 und 2 Tage der Geburt und Entwöhnung des Kindes
enthält. (S. Geiger Zeitschrift X S. 274.)

---

*) Dieser Beleg ist sonderbarerweise aus zwei verschiedenen
Schriftstellen zusammengewürfelt: die Mitte aus 5. M. 19, 14, Anfang
und Ende aus Spr. Sal. 23, 10.

**) Auch Mischnah Peah. 5, 6 und 7, 3 wird dieses allegorische
Wortspiel angewendet, die Armen als verlassene Säuglinge bezeichnet;
später freilich hat man aus Missverständniss in der Mischnah statt
‏עולים‏ das Particip ‏עוללים‏ von ‏עלה‏ gelesen (s. Bartenora u. Heller zur Stelle).

allegorische Nutzanwendung אסבבהא ע"ד ist, die „Alten" von der richtigen Ahnung geleitet wurden, es liege hier eine humanitäre Tendenz zu Grunde, dass sie vielleicht gar die Auffassung Saruks oder die von uns oben S. 55 schon dem Symmachus insinuirte, gekannt haben.

Die oben bei Levi b. Gerson angeführte Ansicht, dass in unserem Verbot eine Warnung vor Undankbarkeit gegen Gott enthalten sei, führt

R. Jizchak Aramah (Akedah, porta 46, Ende) noch näher aus; er giebt keine anderwärtige Erklärung ab, er fasst לא תבשל וגו' lediglich als Allegorie auf. Er sagt: „Der erste Theil in diesem Verse: „Die Erstlinge deiner Feldfrüchte sollst du in das Haus deines Gottes bringen", befiehlt, du sollst sie dem Herrn weihen. als dankbare Anerkennung, dass Gott sie dir gespendet. „Seid nicht dankvergessen gegen den Spender Eures Ertrages." Die folgenden Worte sind eine Allegorie: Das Lamm, das der Mutter nicht achtet, die es säugt, verdient in ihrer Milch gekocht zu werden, so der, welcher der Güte der Vorsehung nicht eingedenk, er verdient es, dass Gott ihn mit Unheil heimsucht[1])." Nach ihm

---

[1]) ראשית בכורי אדמתך תביא . . . . . להזהיר לפני שהכל שהכל משפט מאתו: . . . . ויש זה לא תעשו בכפרי טובה, יש לוה משל נאה מאד במה שטמ' לו לא תבשל גדי בחלב אמו בלומר שהגדי שהוא בועט באמו המניקה אותו ראוי לבשלו בחלב. So weit hergeholt und curios dieses Gleichniss schon an sich ist, so ist es noch curioser, dass Ar. diese seine Exegese, wie wir bald sehen werden, als eine dem Wortsinne entsprechende ע"ד הפשט bezeichnet. Dazu kommt noch das lucus a non lucendo: das Zicklein, das da verdient in der Mutter Milch gekocht zu werden, soll Sinnbild sein für das Gebot: „Das Zicklein nicht in der Milch der Mutter zu kochen!" Ar. fährt fort; יבן כל מי שאינו מחזיק טובה על השעחתה הטי' ישומ' יניו עלי לטובה. (הישא ב' ובב' בבאן) אלה השעים . . . . ונ"ד הפשט (*להישה' עלי ישעיח ואי. הם למשל הוה הטוב' ראותי שבפרישות את אבי שני באיבורי באבלה . . . הוא

---

*) Mehr als wahrscheinlich ist, dass unser Ar. hier die Worte des Gersonides ובי' להעיר זה צוה א bei seinem Gleichniss copirt; ob aber G. ebenfalls das Gleichniss von dem gegen die Mutter sich sträubenden (ungehorsamen, undankbaren) Lämmchen vorgeschwebt, das in der Milch der Mutter gekocht zu werden verdient, ist weniger zu constatiren.

hat das Verbot in beiden Stellen des Exodus dem einfachen Sinne nach diese allegorische Bedeutung, erst im Deuteronom. 14, 21 sei damit ein Speiseverbot aufgestellt. Welch eine Extravaganz! Sodann fügt er hinzu: Der eigentliche Grund scheine jedoch, die Herzenshärtigkeit zu verdrängen, wie bei den ähnlichen Verboten, und dann wiederum wegen der beharrlichen Scheu oder der Verleugnung des Intellects vor dem Talmud, der übliche Schluss, dass sich das Verbot auf jedes Fleisch und jede Milch ausdehne.

Der Zeitfolge gemäss (nach Gersonides) kommen wir jetzt zu R. Lippmann Mülhausen, Verfasser des Buches Nizzachon. Seine Motivirung (zu מׁשׁפׁטׁים 70) ist unbedingt nur Kopie von Bechai; nur dass er die Verwandtschaft der Milch mit dem Blut noch stärker betont, und wir überzeugen uns nur immer mehr, welche Rathlosigkeit und Verwirrung in der Motivirung herrscht, in welche Verlegenheit, man möchte sagen: Verzweiflung, die hyperorthodoxe Exegese gerieth, weil sie der irrationalen Normirung des Talmud und nicht der richtigen Interpretation des Saruk oder wenigstens der philonischen folgte. „Milch, meint R. Lippmann, sei eigentlich früher Blut gewesen, das sich getrübt und diese Metarmophose durchgemacht. Es sei dies erwiesen durch den Umstand, dass eine säugende[1]) Frau nicht menstruirt. Milch an und für sich ist zwar

---

נאמר לא־בׁׁׁׁׁׁׁׁׁׁׁ בׁׁׁׁׁׁׁׁׁ . . . . וׁׁׁׁׁׁׁׁׁ טׁׁׁׁׁׁ יׁׁׁׁ מׁׁׁׁ מׁׁׁׁ אׁׁׁׁׁׁׁׁ בׁׁׁׁ אׁׁׁׁ וׁׁׁׁ
בׁׁׁ אׁ שׁׁׁׁ הׁׁׁ אׁׁׁ שׁׁׁׁׁׁׁׁ הׁׁׁׁׁ**) (בׁׁׁ מׁׁ שׁׁׁׁ בׁׁׁׁׁ.

**) Der Ausdruck אׁׁׁ שׁׁׁׁׁׁ הׁׁׁׁׁ könnte einigermassen auffallen, als ob die Ausbreitung dieser Observanz keine mit Bewusstsein und Absicht herbeigeführte, sondern gleichsam eine von selbst, wie von Ungefähr eingetretene sei, die freilich später, wie manche andere ganz unbegründete Observanz, vom Volke sanctionirt wurde.

[1]) והׁׁׁׁ שׁׁׁׁׁ־ מׁׁׁ שׁׁׁ שׁׁׁׁ נׁׁׁ וׁׁׁׁׁ חׁׁׁ בׁׁׁ וׁׁׁׁׁ מׁׁׁׁׁ שׁׁׁׁׁׁ
דׁׁ רׁׁׁׁׁׁ, וׁׁׁׁׁׁ חׁׁׁ בׁׁׁ עׁׁׁׁ מׁׁׁׁ כׁ בׁׁׁׁׁׁׁׁ מׁׁ לׁׁׁ לׁׁׁ שׁׁׁׁׁ
כׁׁ הׁׁ אׁׁ־ הׁׁׁׁ מׁ בׁׁׁ אׁׁ בׁׁׁׁׁׁׁ הׁׁׁ עׁ הׁׁׁ וׁׁׁׁׁ הׁׁׁ־
כׁׁׁׁ הׁׁׁ וׁׁׁ־ בׁׁׁ שׁׁׁׁׁ בׁׁׁׁ . . . וׁׁׁ בׁׁׁ לׁׁׁ לׁׁׁׁ הׁׁׁׁ. Raschi begründet diese Metamorphose anders in Bechoroth und Niddah und anders im Pardes, und auch dies bestärkt mich in meiner Annahme, dass Pardes nicht von Raschi verfasst oder doch sehr stark interpolirt wurde.

zum Genuss erlaubt[1]), denn durch die Metamorphose sei die
Wesenheit des Blutes aufgehoben, wird sie aber mit Fleisch gekocht,
so nimmt sie durch diese Verbindung wieder ihre frühere eigentliche Wesenheit an, wird wieder Blut, und es tritt somit das Verbot des Blutgenusses ein." Diese Bechai-Lippmannsche Motivirung
ist durchaus nicht geeignet, unsere Zustimmung zu erlangen, abgesehen von allem Anderen, spricht schon der Zusammenhang mit
den Nachbarstellen gegen diese curiose Begründung, da es sonst
beim Verbote des Blutgenusses seine Stelle hätte finden müssen.
Zu meiner grossen Ueberraschung fand ich diese Bechai-Lippmannsche Auffassung auch bei Herrn M. Friedmann in seiner Ausgabe
des Siphre zu 5. M. 15, 25[2]), er scheint nicht zu ahnen, dass er
am Verfasser des Nizzachon, wie an Bechai seine Vorgänger hat.

Abravanel spricht sehr viel über unseren Text, bringt aber
nichts Neues vor; alle von ihm angeführten Motive finden sich
bereits bei den früher von uns genannten Autoren. A. aber bezeichnet seine Quellen nicht, wiewohl er bisweilen die Ansichten
anderer wörtlich wiedergiebt, so dass an ein zufälliges Ueberein-
stimmen nicht zu denken ist. So sind folgende Worte, die dem
Inhalt nach sich schon bei A. E., S. b. Meir und Nachmanides
finden: ויקך טעם המצוה הזאת להסור מדת אבזריות והוא בעני
מצות אי״בו או ש״הקן אלא שנתפשט האיסור בכל עין שיהיה בשר
בחלב Wort für Wort dem Verfasser des Buches Akedah nach-
geschrieben. Auch das diätetische Motiv führt er an, hier jedoch
bezeichnet er als seine Quelle den Morch des M. Dann führt er
fort, dass wahrscheinlicher unser Verbot als eine Antithese eines
götzendienerischen Brauchs gelten sollte, verschweigt hier aber

---

[1]) Curios genug glaubt Gem. Bechor. 6b erst durch eine weitläufige Beweisführung constatiren zu müssen, dass nicht Milch an und
für sich als היתר בן אבה zu geniessen verboten ist.

[2]) Zu בשר 5. M. 12, 24 ed. Friedmann דם חז״ל נ״ל מאיר אי״ש אמר
נעבר ונעשה חלב אלא שנתתירה התירתי ירש״י הב׳ לא האבל הנפש עם הבשר
חלב נעשה אם אף הבשר עם בשר מין האבלני, לא דם, חז״ל. Im Gegensatze
zu Bechaje und L. Mülhausen führt Herr Friedmann die frappante Erklärung correcter zu 5. M. 12, 24 und 25 bei einem Blutverbote an.
(Vgl. übrigens den sehr interessanten Artikel Neuzeit 1868 N 21).

wiederum seinen Vorgänger M. und Gersonides. Interessant aber
ist A.s Mittheilung dennoch durch das Zeugniss, dass auf der
pyrenäischen Halbinsel die Hirten zweimal des Jahres sich versammeln, und er sich selber überzeugt hat, dass ihre Mahlzeit
alsdann Fleisch gemengt mit Milch ist[1]). „Dasselbe, fügt er hinzu,
ist auch in England üblich," deshalb, glaubt er, habe die Schrift
eingeschärft, wenn die Israeliten zur Zeit des Hüttenfestes sich
versammeln, dass sie nicht, wie die Heiden, ein Böcklein in der
Milch bereiten sollen, und um sie von dem abgöttischen Cultus möglichst weit zu entfernen, habe, nach Auffassung der Rabbinen, die
Schrift das Speisen, den Niessbrauch überhaupt und das Kochen
dieser Mischung verboten. Dass unser Text hier und in 2. M. 34,
26 zum Theil sogar auch 5. M. 14. 21 in engem Zusammenhange
mit der Ernte, ganz besonders mit der des Hüttenfestes, stehe,
behauptet ja schon vor ihm sein ungefährer Zeitgenosse, der Verfasser des Akedah, nur dass dieser in dem Verbot לא תבשל zugleich eine warnende Allegorie gegen Undankbarkeit[2]), während

---

[1]) Zu 2. M. 34, 26 bemerkt Abrav. כי אבילת הבשר עם הגבינה היא
ממנהג עיז. Also auch Käse mit Fleisch assen sie als götzendienerischen
Brauch? Uebertreibt hier A. nicht? Man kocht doch aber unseres
Wissens nicht „Käse mit Fleisch." Und der Talmud behauptet ja, die
Schrift habe das Speisen von Milch und Fleisch nur verboten, wenn
sie mit einander gekocht werden. דרך בישול אסרה תורה. Man möchte
fast glauben, der Talm. habe eine Ahnung gehabt, dass hier עיז היה
vorliegt, dass der superstitiöse Brauch in der Zubereitung, in dem
Kochen und Streuen der Mischung auf die Felder culminirt, das Essen
nur eine ganz untergeordnete Rolle dabei spielte. (Vgl. was weiter
unten Bochart im Namen eines Karaiten berichtet).

[2]) Abrav. schreibt: ומאשר מצאנו ראינו שאחוז (ילקוט פ' ראה) אמר להם
הקב"ה אל תגרמו לי לבשל גדי של תבואה בחור שהן במטי אמותיהן וכי יאמר
אחר מחכמי הדור שלדעתו אפשר לפרש .... ולא היו בפי טיבה .... והוא
נאמר משל. Hier wird nun ganz wörtlich die oben angeführte Allegorie
von dem gegen die Mutter sich auflehnenden Böcklein wiedergegeben,
und es ist kein Zweifel, dass unter dem אחר מחכמי הדור der Verf. des
עקדת יצחק zu verstehen ist. A. aber ist nicht ganz genau, wenn er
apodiktisch hinstellt, dass lediglich die Stelle im Jalkut auf jene allegorische Erklärung und Nutzanwendung unseres Jsaak Arama hingeführt;
es hat vielleicht zunächst die oben citirte Aeusserung des Gersonides

Abrav. und vor ihm Maim. eine Kautele gegen den Götzendienst darin findet und annäherungsweise mit modificirter Nutzanwendung auch Nachmanides.

Dass Abrav. trotz allen Vernünftelns und Philosophirens die rabbinischen Weiterungen und Erschwernisse bis selbst auf die Beanstandung des Genusses von Milchspeisen, nachdem man Fleisch genossen, anerkennt und acceptirt, können wir bei diesem hyperorthodoxen Theologen voraussetzen. — A. schliesst mit folgenden Worten: וחכמי הקראים כתבו בטעם לא תבשל וכו' שלא יתערב הפרח עם העקרים וטעמו שלא יינק הבכור בחלב אמו אחרי עבור ז' ימים אלא מיום החי אתה חייב להביאו. ולשון בישול הוה גמול כמו הבשילו אשכלותיה. A. scheint die Worte שלא יתערב הפרח missverstanden oder zwei ganz heterogene Erklärungen in einander verschweisst oder vermengt zu haben. Die Phrase עקר ופרח ist bei karäischen Schriftstellern bezüglich verschiedener Gebote eine stehende, sie findet und wiederholt sich sehr oft im אפריון ed. Neubauer und zwar bei איתי ואת בני nämlich: ואבור לשחוט עקר ופרח ביום אחד. Ebenso Mibchar des Karäers Ahron b. Joseph zur Stelle: שלא יתערב הפרח עם העקר שהחלב בבשר אמו. Hier also im Abervanelschen Referat ויחכמי הקראים wird mit den Worten: שלא יתערב הפרח עם העקר durchaus die philonische Auffassung adoptirt „das Lämmchen nicht in der Milch der eigenen Mutter zu bereiten"; dagegen ist ja das folgende שלא יינק הבכור בחלב אמו אחרי עבור ח' ימים eine ganz andere Auffassung des Verbotes, die freilich Ahron b. Joseph ebenfalls daselbst, aber als eine andere Auffassung und Erklärung bezeichnet und zwar die oben nach B. Schor gegebene: לפי הפשט בישול ל' גדול וגמר .... יהק' לא תגדמו לגדל ולגמול בחלב אמו אלא בראשית תביאו דומיא .... ראשית בכרי אדמתך. Abr. hat also den Karäer nicht selber gelesen, die Worte vielleicht nur vom Hörensagen gekannt, sie missverstanden und beide

___

אי צוה זה זה להעיר שומר וכו' das ihrige dazu beigetragen. Gers. dagegen mag lediglich Tanchuma vorgeschwebt haben. Wie dem aber auch sei, alle diese Weitläufigkeiten beweisen uns, wie wenig die Interpreten bei dem fraglichen Gesetz von allen ihren weithergeholten Erklärungen, Allegorien und Deutungen befriedigt waren

ganz verschiedene, ja gewissermassen ganz entgegengesetzte Auffassungen dieses Verbots in Eine verschmolzen[1]).

Aber Abr. wird in sein eigenes Netz verstrickt, er der קרא,
der heftige Eiferer und Verketzerer, adoptirt an einer andern Stelle
zu ראה (ed. Hanau p. 288 Col. 1) unbewusst die philonische oder
von ihm perhorrescirte karäische Erklärung von רעק חרב, denn
dort motivirt er die Satzung apodiktisch: שבשר בחלב אסורים
מפאת חברם והדבבתם כי הנה במרהנת האם הוא אחד מהם והב׳
הוא במדרנת הבן, ואין ראוי שיתחברו במאכל אחד. Wer
erkennt in diesen, wenn auch verschleierten Worten nicht dennoch
das karäische Verdict: שלא? Abr.'s. Worte שלא ותערב הפרח שם הבקר
sind fast ein wörtlicher Widerhall aus dem קציר עין השחיטה:
מ׳ אדרת אלידו פרק כי ומזה (בלומר לאסור בשר הניכך בחלב
הפרח) יתחייב ג״כ לאסר החביר ר״ל שלא יחבר חלב האם שם בשר
הבן והלב הבן שם בשר האם אי האב)[2].

Mit Arama und Abravanel schliessen wir die mittelalterlichen
Exegeten ab und führen nur gleichsam zwei Nachzügler aus dem
13. und 16. Jahrh. an, die aber nichts Selbständiges vorgebracht.

Chiskijah b. Manoach (zu חזקני התשא) [dessen Zeitalter früher
bis an das Ende des 16. Jahrhunderts herabgesetzt, erst von Zunz
als das 13. Jahrhundert richtig angegeben ist] sagt zu 2. M. 34:
es entspreche לא תבשל ganz dem לא האחר, man solle das Junge
nicht zögernd zurückhalten, nicht vollständig reif werden lassen,
sondern analog der früheren Mahnung מלאתך ודמעך לא תאחר es
recht früh (nicht später als am achten Tage) darbringen, also kein
Speiseverbot, sondern Opfervorschrift: לא תניחנו עד שיגמר גדולו
בחלב אמו אלא בראשית דגולו תביאני) דגמא ראשית בכורי אדמתך[3]

---

[1]) Nachdem ich Obiges niedergeschrieben und von Neuem über die
scheinbare Confusion bei Abr. nachgedacht, kam ich darauf, dass anstatt
„וטמט" bei ihm zu lesen ist „ואן טמט", wodurch Alles in Ordnung ist.
Dazu sehe ich jetzt noch, dass auch A. b. Joseph ואן טמט hat.

[2]) A. kann den eigentlichen Adereth, welcher durch Afendopulo
1497 vollendet wurde, wohl gelesen haben.

[3]) Da so hochorthodoxe Exegeten und Rabbinen der Ansicht sind, dass
unser ventilirter Vers kein Speiseverbot, sondern eine Opfervorschrift
enthält, so müssten sie consequenterweise zugeben, dass nach der Zerstörung des Tempels und dem Aufhören des Opfercultus der Genuss von

תבא פ׳ משׁנה שׁמתבבר שׁמתבבר תביאני ולא תאחרני עד גמר הפירות וכו׳.

Wir wissen aus früherem (s. oben S. 62 u. 63), dass diese Erklärung
J. B. Schor[1]) angehört, dass sie von dem Karäer A. ben Joseph
im Mibchar reproducirt und dass sie auch von Abravanel als eine
karäische Erklärung angefochten wird. Und in der That ist sie
durch und durch karäisch, sie widerspricht, und zwar ganz mit
Unrecht, diametral der rabbinischen Halacha, (abgesehen davon,
dass sie abweichend von dieser statt eines Speiseverbotes — einer
Opfervorschrift Rechnung trägt), wonach es nur verboten ist, das
Junge v o r dem achten Tage, aber nicht etwa verboten ist, es erst
n a c h dem achten Tage zu opfern. Mechilta zur Stelle ביום השׁמיני
תתנו לי: אין לי אלא שׁמיני משׁמיני ולהלן מין? הרי אתה דן נאמר
כאן ח׳ ונאמר להלן ח׳ מה להלן להבשׁיר בן ח׳ להלן אף כאן להבשׁיר
בן ח׳ להלן.

Ich habe mich jetzt (s. oben S. 63) eingehender mit B. Schor
beschäftigt, ich finde ihn citirt in einigen der anerkanntesten
Responsensammlungen, ausserdem im Mordechai, Col bo und ähnlichem
competenten Schriftthum, ausserdem auch aufgeführt unter den
Thossaphisten, allermindestens — nicht wie Geiger (Zeitschrift XI,
S. 283) meint, nur e i n m a l — dreimal, ausser Makkoth 8, Stichwort הריי, noch ibid. S. 6 a Stichwort גרבצ und Jebam. S. 25 b
Stichwort היא ואחר, denn wer beide letzten Stellen mit einander
vergleicht,[2]) kann keinen Augenblick darüber zweifelhaft sein, dass
der dort angeführte הר״ר יוסף מאורלינ׳שׁ kein anderer ist als unser
B. Schor. Vielleicht aber ist die Abbreviatur ר״י מאורדלי׳שׁ öfter
statt in R. Jakob oder R. Jizchak — aufzulösen in R. Joseph, der
unser R. J. Bechor Schor ist. Da haben die hochangesehenen

---

gemischtem Fleisch und Milch durchaus gestattet sei, wie man ja unter-
schiedlos alle alljährlichen Erstlingsfrüchte, die sonst — auf den Altar —
dem Priester — gehörten, gegenwärtig geniessen darf.

1) Chaskuni hat die angeführten Worte aus dem von ihm nicht
namhaft gemachten B. Schor theils aus משׁבצים, theils aus תשׁא zusammen-
gestoppelt. (An letzerer Stelle ist bei Dr. Jellinek der sinnentstellende
Druckfehler משׁמי שׁמתבבר in שׁמתבבר משׁה zu verbessern.)

2) Makk.: אמר הר״ר יוסף בבור שׁור דפירי רבי רבצו שׁהוא קרב לרובה
יציל יבן הרג שׁהוא קרב להרוג: יציל. — Jebam. והיה יוסף מאורדלי׳שׁ
מפרשׁ דפירי מהרין ורבצו שׁיציל בשׁום קרבים להרוג ורבצו.

massgebenden Talmudheroen, die Tossaphisten, doch gegen dissentirende Ansichten auf religiösem Gebiete (es sei denn, dass man
bei seinem Leben die Erklärung B. Schor's zu לא תבשל nicht
kannte), selbst in Fällen, wo für die Praxis abweichende Resultate
daraus hervorgehen mussten oder doch konnten, grössere Toleranz
geübt, [1]) als unsere heutigen heissspornigen Wortführer der sog.
Gesetzestreuen. Geiger bemerkt zwar in Parschamdatha, dass im
Münchner Codex des B. Schor die Hagahoth zu לא תבשל (s. oben S. 69),
worin seine antitalmudische Exegese gleichsam bekämpft oder
doch abgeschwächt wird, von diesem selber herrührt und nicht
von fremder Hand interpolirt ist. Mit Recht aber hat Dr. Jellinek
in seiner Ausgabe auf diese Einschiebsel הגהות zu משפטים und
תשא, als von fremder Hand herrührend, durch Klammern [] hin-
gewiessen. Geiger liess sich durch den Verfasser des פענח רזא
irreführen [2]). Aber nicht nur hat dieser Compilator häufig „hinzu-
gethan und davongenommen," sondern es ging ihm selber mit
seinem eigenen Plagiat — ich will dies Wort hier durchaus nicht
im tadelnden Sinne gebrauchen — nicht besser. Hätte Geiger die

---

[1]) S. auch die Stellung des hochorthodoxen Tossaphisten R. J. Tam,
des Lehrers unseres B. Schor, zu Saruk, den er, obgleich dieser das
talmudisch recepirte Gebot der Phylakterien als blosse Allegorie erklärt,
dennoch gegen die Angriffe des Dunasch in Schutz nimmt.

[2]) Ich werde in meiner Annahme von den ad majorem Talmudi
gloriam zu B. Schor gemachten willkürlichen Interpolationen noch mehr
dadurch bestärkt, dass ein Mann, der so unbefangen und kühn ist, auszusprechen, dass die beiden Berichte vom Schlagen des Felsens in בשלח
und חקת, die zweifache Relation vom Eintreffen der Wachteln in בשלח
und בהעלתך nur ein einmaliges Factum oder Ereigniss im Auge haben,
ein Mann, der (s. Thoss. Makkoth 8 a) die recipirte Leseart את פס׳
הארן in וירא׳ umändert, weil ihm diese grammatisch richtiger erscheint,
der gegen die talmudische Tradition die Worte ולא ינקה (2. M. 34, 7)
in dem Sinne auffasst „er reibt nicht ganz auf" nach der Analogie von
Jerem. 46, 28. ולא אנקך (Vgl. Arama Akedah porta 54 zu 2. M. 34, 7)
— das Alles und noch manches Andere bestärkt mich in der Annahme,
dass B. Schor nicht kann geschrieben haben, dass der Erzvater den
Engeln zuerst חמאה und חלב und dann erst Fleischspeise vorgesetzt habe,
weil etwa seine Haushaltung ganz nach dem Schulchan Aruch des
R. Joseph Caro und R. Mose Isserles geführt wurde.

erste Ausgabe dieses Sammelwerkes Prag 1606 ש"פ und nicht
blos die Amsterdamer 1698 vor sich gehabt, so hätte er schon
auf dem Titelblatt, durch die Klage des Herausgebers über die unzähligen Abänderungen und Einschiebsel in der Handschrift des
פעה הוא sich überzeugt, wie vorsichtig man bei dessen Gebrauch
sein müsse; es strotzt von Entstellungen. Ich will nur einen
groben Irrthum hervorheben: der Compilator führt die Ableitung
גדי von מגד nicht im Namen Saruk's, sondern seines, des Saruk's,
Antagonisten Dunasch an. Der hyperorthodoxe Plagiator glaubt um
deswillen nicht annehmen zu können, dass B. Schor für unsere
Vorschrift ein thierschutzfreundliches Motiv anführe, weil dies dem
verhimmelten Talmud nicht recht wäre; nun, was meint er dazu,
wenn dem wohl nicht minder heiligen Munde des Midrasch (Rabbah
zu תצא) noch unheiligere dem Talmud widersprechende Worte ent-
fahren sind, nämlich die folgenden: ולמה התינוק נימול לשמונה ימים?
„Warum soll die Beschneidung des Knäbleins erst am achten Tage
statthaben?" „Weil die göttliche Barmherzigkeit das Kind erst etwas
erstarken lassen wollte. Und wie über den Menschen, so erstreckt
sich die allgütige Milde auch über die Thiere, darum dürfe das
Thier erst am achten Tage geopfert, darum solle Mutter und Junges
nicht an einem und demselben Tage geschlachtet werden. Und
wie über die Vierfüssler, so erstreckt sich die himmlische Barmherzigkeit auch über die Vögel. Darun die Vorschrift für das
Vogelnest. 5. M. 22, 6."

Obadj. Sphorno (um 1500) schliesst sich an allen drei Stellen
unseres Textes derjenigen Ansicht des Maim. an, wonach das
Motiv des fraglichen Verbotes sei: ע"ע ריח משום: Die Götzendiener
übten jenen superstitiösen Ritus פירותיהם הפצלות באלו להרבית
מקנידם וכל קנינים, um dadurch Segen für ihre Feldfrüchte oder
Heerden oder anderweitige Besitzthümer zu erwirken.

Wir gehen nun zu einigen namhaften Exegeten unseres Zeitalters über.

S. D. Luzatto, dieser keineswegs neologische, vielmehr streng
conservative, als gründlicher Grammatiker und Exeget, als Talmud-
kenner und Philosoph gleich hervorragende Theologe, neigt sich
im המשתדל zu unserem Text (gänzlich der thierschutzfreundlichen)

Motivirung zu [1]) הַמַּעֲשֶׂה הַזֶּה הַזֶּה מִקְנֶה תְבוּנָה רָעָה בְּנֶפֶשׁ הָאָדָם הַעוֹשֶׂה יְהִיאֶה הֲגִי בְּעַצְמְךָ שֶׁיְּהֶה אָדָם עוֹשֶׂה עַצְמוֹ אַכְזָרִי תְּרֻדֹּת וְגִלְגַלְתוּ קִבְּרָה וְיֹאכַל בָּהֶם. אַעַפִּישׁ שֶׁאֵין זֶה מֹיִק לְאָבִיו הַמֵּת אֵיפִּישׁ מֵתְ אֲבוֹרִיֹת הִיא, וְהַמַּעֲשֶׂה הַזֶּה מִפְּסִיר מַרַת הַחְמְלָה וְהַחֲנִינָה בּוֹ וּבְרִיאָיוֹ.

Doch meint er, es könnte vielleicht mit dem fraglichen Verbote einer alten Superstition — doch in anderer Darstellung, als die bekannte Maimonidische — entgegengetreten sein: aber als getreuer Forscher hält er immer stricte fest an גְּדִי und בְּחַלֵב אִמוֹ. Die wörtliche Wiedergabe aus הַמִּשְׁתַּדֵל findet sich auch in seinem יְסֹדֵי הַתּוֹרָה (Lemberg 1880).

J. S. Reggio (in seinen Glossen) zu L. de Modena kann sich durchaus nicht mit dem Gedanken befreunden, dass in unserem Text ein Verbot des Genusses von Fleisch mit Milch zu verstehen sei, das lasse der einfache wahre Sinn der Worte (der Zusammenhang?) absolut nicht zu. Er huldigt der von uns als erste gegebenen Ansicht, unter גְּדִי בְּחַלֵב אִמוֹ sei ein חַלֵב טָלֶה ein Lamm, das noch an der säugenden Mutter Brust sich befindet, zu verstehen. Er schwankt jedoch in der Motivirung hin und her, ist auch im Ganzen in seiner Erörterung gegen seine Gewohnheit weniger klar und bestimmt. Er hält die Anordnung theils für eine Sanitätsvorschrift, es sei ungesund, ein noch an der Mutterbrust genährtes zartes Thier zu verzehren; theils sei es ein Eingriff in die Einrichtung der Natur — wo kein dringendes Bedürfniss vorliegt, sollten solche Zerstörungen an solch' zarten Geschöpfen nicht angerichtet werden, wie ja auch ein ähnliches Gesetz für die Baumfrucht vorgeschrieben (עֶרְלָה): die in den ersten drei Jahren, da das Bäumchen noch zart, die Frucht als eine noch nicht recht gereifte zu betrachten ist und nicht genossen werden soll.

Dr. Philippson (Js. Bibel S. 596) huldigt der philonischen Interpretation: „In dem Verbote des Böckleins in der Milch der Mutter lasse sich die Vermeidung der Grausamkeit, oder noch

---

[1]) Doch so, dass diese rücksichtslose, stumpfe Gefühllosigkeit gegen die Thiere auch oder besonders von nachtheiligem Einflusse auf das menschliche Gemüth sei. (S. oben die Worte des Thomas s. v. Bochart und R. S. B. M. zu 5. M. 22, 6.)

mehr eines versteckten Spottes[1]) (??) auf Gott und seine natürlichen Verordnungen, dass dasselbe in dem Stoff verzehrt werden
solle, welcher von Gott zu dessen Ernährung bestimmt ist. nicht
verkennen, besonders wenn es mit dem Verbote. Mutter und
Junges an einem Tage zu schlachten, zusammengestellt wird."

So auch Dr. Herzfeld (in seiner Geschichte — dem grösseren
Werke — Bd. II, S. 154): „Für das pentateuchische Verbot, das
Lamm in der Milch seiner Mutter zu kochen, ist immer noch der
ansprechendste Grund, welchen schon Philo aufgestellt hat. dass
dies nämlich das Gefühl verletze." Gegen das aber. was er schon
nach einigen Vorgängern hinzugefügt: „doch muss schon bei 5. M.
14. 21 dieser Grund nicht mehr vorgeschwebt haben, da es dort
den Schluss vieler Speisegesetze bildet u. s. w." bringen wir
weiter unten unsere Erklärung.

Geiger (Jüd. Zeitschr. Bd. X. S. 275) hält nur die angeblich
Saruk'sche Erklärung: „das Junge an der Milch seiner Mutter,
d. h. so lange es an der Mutterbrust genährt wird", für die richtige.
S. noch G.'s „nachgel. Schriften" IV. S. 66, 126. 259 :לֹא,,
‏הבשל‎" etc. ist nichts als ein anderer Ausdruck für das frühere
2. M. 22. 29 ‏בַּיּוֹם הַשְּׁבִיעִי תִּתְּנוֹ לִי‎".

Dr. Julius Fürst (in seiner Bibelübersetzung zu 2. M. 23, 19)
stimmt, mit Zurückweisung aller anderen, nur der Maimonidischen
Begründung ‏מִשּׁוּם דֶּרֶךְ עֲ"ז‎ bei. da hier (dem ganzen Zusammenhange nach) nur von einer Opfervorschrift die Rede sein kann:
„Die Zabier hatten den Brauch, nach Beendigung ihrer Frucht-
und Weinlese ihren Göttern ein Böckchen in Milch gekocht darzubringen; es gehörte zum heidnischen Festcultus (Maimonides,
Abarbanel, die Karäer), und gegen diesen heidnischen Aberglauben
ist dieses Verbot gerichtet." — Gegen diese Worte Fürst's habe
ich zu bemerken, dass er jenen heidnischen Brauch als bei den
Zabiern üblich nicht so apodiktisch hätte aufstellen sollen, da ja
Maim. — den er als seinen Gewährsmann anführt und der allerdings eine Hauptquelle für die Sitten und den Kultus der Szabier

---

[1]) Ich finde in diesen Worten, wenn sie eine Bedeutung haben
sollen, theils nach Arama, theils nach Reggio Verschleiertes.

bildet — über diese Sitte bei diesen nichts Bestimmtes weiss, nur leise vermuthet, wie er ausdrücklich bemerkt וַאֲמַם לֹא רָאִיתִי זֶה כָּתוּב בְּמָה שֶׁרָאִיתִי מִסִּפְרֵי הַצָּאב'. Gersonides sagt ebenfalls, dass man in den vorhandenen Literaturen über diesen Kultus nichts findet, es könne aber so Manches, woraus sich die aufgestellte Hypothese vielleicht bestätigt hätte, untergegangen sein. אִם לֹא מְצָאנוּ זֶה כָּתוּב מִמַּנְהִיגֵיהֶם כִּי רוֹשֶׁם נִימוּסֵי הָאֻמּוֹת הֵהֶם כְּבָר אָבַד לְאֹרֶךְ הַזְּמָן.

Ich selber habe in dem sehr umfangreichen Werke Chwolsohns, „die Szabier" nichts darüber gefunden. Auch die Karäer führt Fürst als Quelle an. Aber weder im Apirion noch im לְבוּשׁ מַלְכוּת (ed. Neubauer) findet sich diese Motivirung; dagegen werden bei dem Karäer Ahron ben Joseph zwei ganz andere Erklärungen gegeben: die nach Bechor Schor und die philonische (s. oben). Auch in dem karäischen קְצוּר עֵין הַשְּׁחִיטָה מִסֵּפֶר אַדֶּרֶת אֵלִיָּהוּ פֶּרֶק כ' findet sich בְּמַאֲמָר לֹא תְבַשֵּׁל גְּדִי וַגּו' ausdrücklich gegen Fürst die Erklärung: טַעֲמוֹ יְדִיעַ שֶׁאָסוּר לְבַשֵּׁל הַפָּרָה בְּחָלָב אִמּוֹ . . . . וְזֶה הַמִּשְׁפָּט מִתְהַפֵּךְ לָאָסוּר בְּשַׂר הֵעֵקֶר בַּחֲלַב הַפָּרָה, וּמַזֶּה יִתְחַיֵּיב ג"כ לָאָסוּר הֶחָבוּר [1]) ר"ל שֶׁלֹּא יֵחוֹבַר חֲלַב הָאֵם עִם בְּשַׂר הַבֵּן וַחֲלַב הַבֵּן עִם בְּשַׂר הָאֵם אוֹ הָאָב.

Hinterher finde ich bei Bochart l. l. am Ende, dass ein anonymer karäischer Schriftsteller diesen superstitiösen Ritus bei den alten Götzendienern konstatirt und unserem mosaischen Verbote die antithetische Tendenz insinuirt: Est Karaita scriptor anonymus, qui factum id fuisse dicit דֶּרֶךְ כִּשְׁפָה magica ratione et veteres idolatras post collectionem frugum hoc lacte arbores, hortos . . . aspersisse, ut in sequentem annum fecaciores essent. Ac proinde cavisse legem ne tale quid admitterent Israelitae. Bochart sagt: Id in Anglicano libro reperi Londini edito anno 1642.

Hier, wo wir den religiösen Gesichtspunkt und die Exegese dieses Verbotes schliessen, wollen wir noch den schon einige Male citirten verdienstvollen Gelehrten, Samuel Bochartus, erwähnen. Seine Abhandlung über dieses mosaische Gebot Hierozoicon pars I,

---

[1]) Vgl. was wir oben über Abravenel bemerkt, dass er unbewusst diese karäische Erklärung des Gebotes adoptirt.

pag. 634—640 ist gründlich, es wäre zu wünschen, dass mancher
christliche Gelehrte unserer Zeit so unbefangen, so unpartheiisch,
so würdevoll über mos. Institutionen schriebe, auf Vorarbeiten
jüdischer Forscher ausgiebig Rücksicht nähme. Er führt die verschiedensten Ansichten an, aus ihm ersehen wir, wie vor ihm sich
schon viele christl. Gelehrten, unter anderen Clemens Alexandrinus,
(s. oben) Augustin, Junius Piscator mit diesem Thema befasst
haben. Er selbst neigt sich am meisten und entschiedensten der
philonischen Auffassung zu, jedoch führt er den Philo nicht namentlich an. Nachdem er mehrere andere Motivirungen als nicht
stichhältig zurückgewiesen hat, fährt er fort (pag. 637): Itaque
nihil superest, nisi ut statuatur. Legislator hoc voluisse, quod verba
sonant. nimirum ut ne coquatur hoedus in lacte matris suae. In
quam interpretationem nihil objici video, quod non facile possit
refelli.

Würdig schliesst sich in seiner Untersuchung der gelehrte
Johannes Spencer[1]) (De legibus Hebr. ritualibus) an, der jedoch
zu einem anderen Schluss gelangt; er erhebt es zur grossen Wahrscheinlichkeit, dass die maimonidische Hypothese, es sei in unserem
Verbot eine Präkaution gegen sabbäischen Aberglauben enthalten,
von allen Ansichten die zutreffendste sei. Von Spencer erfahren
wir auch (ibid. cap. VIII, p. 271), dass das von Bochart erwähnte,
im Jahre 1642 erschienene englische Buch, von Cudworth verfasst
ist. Mit diesem Buch hat es folgende Bewandtniss, wie ich jetzt
bei Rosenmüller „das alte und neue Morgenland" II. S. 85 im
Namen Sam. Burders finde: Cudworth (über das Abendmahl) giebt
aus einem alten handschriftlichen, von einem Karaiten in hebr.
Sprache verfassten Kommentar eine merkwürdige Nachricht über
den abergläubischen Gebrauch, dem, wie er vermuthet, dieses
Gebot entgegengesetzt ist. „Es war bei den alten Heiden ge-
bräuchlich etc., daher verbot Gott seinem Volke, zur Erntezeit
einen solchen abergläubischen und abgöttischen Gebrauch vorzunehmen."

---

[1]) Unter seinen Vorgängern, die über dieses Thema geschrieben,
nennt er unter andern: Guilelmus Parisiensis. Simon de Muis, Tostatus.

Wir führen noch eine Ansicht des selig. Literaten A. Weissmann an: „לא תבשל גדי" bezieht sich auf das Erntefest, dem es
seine Bestimmung gab, wann es festgesetzt werden sollte. Waren
die Zieglein noch so zart, dass sie der Muttermilch bedurften,
durfte das Erntefest noch nicht begangen, sondern musste auf
später verlegt werden. Das muss bei aufmerksamen Lesen der
Stelle im Zusammenhang jedem einleuchten. Bei Einsetzung des
Schaltmonats blieb es ja noch später Regel דגוזליא רביכין ואמרי"א
דעדקין (Synh. 11)."

Citate und Noten.

(a) של"ה משפטים: בשם בשר בחלב כ' דרק'נאמ' שהיא בשים בלא'ם שמ'רב
כוונת העל'וגים יהב'נה ב' הבשר שהוא אדום הוא מצד כח הדין והחלב מצד הרחמ'ם.

(b) Das talmudische בשר בחלב חדוש הוא findet in Wahrheit auf
die Motivirung und Interpretirung der wenigen Worte לא תבשל וג'י vollkommene Anwendung, man muss sich nämlich wundern, welch ungeheuerliche Fictionen da an's Tageslicht gefördert wurden, man kann
daraus gar nicht anders schliessen, als dass der Talmud und seine Commentatoren in dem Sinne und der Bedeutung dieses dunkeln (?), in gewissem
Sinne räthselhaften (?) Gesetzes ganz irre wurden. Daher diese, wie bei
keiner andern Satzung, so mannigfachen und von einander differirenden,
ja bisweilen diametral contrastirenden Begründungen und Erklärungen.
Man sehe auch ולבאורה נראה דרבנו בישה לחם zu dem Citat aus Maimoni
לא פסק כשום אחד מהני תנאי ואמוראי דחד מביק אסיר האכ'לה מלא תאכל ותד
מלא תאבלנו ואחר'נא אמר לא תבשל ב פעמים . . . . והוא ז"ל לא כתב כאן אלא
כמו שאמר בב"ד דשותק הבתוב . . . . . וכל זה ודא' הוא דבר תימא דא'ך שבק
גמרא דידן ופסק בבראשית רבה.
So wundert sich, so stösst sich ein Commentator über den andern.
Alles dies beweist, dass ihnen diese Satzung כדברי הספר החתום geworden.

(c) מה שאמרו כ' נאמר ב פעמים חד לאסור הבשול ובי' ב'דוש מה שנ'א' בפ'
כי תשא היא הפר'שה שנא' ב'פ משפטים כאשר היא, והאמרת במשנה תרה בבר רוב
המצות נשנו כאשר הם.

(d) מאחר שאסר בת הבת שתק מן הבת ואיסורה מן התירה ואינו מדבר' סופר'ם,

(e) שתק מטומאת משא בבת לפי שט'מא בפדר'ש אפילו טבאת אהל' כל
שבן משא'.

(f) Die Stelle lautet:
אין טומאת משא במת מד"ש אלא דין תירה. ויראה לי שותק ממה הבתוב
כדרך שתותק מאיסור הבת . . . . ושתק מאיסור אב'לת בב"ח לפי שאבר בפ'

איבי: בשילי: כך שתק בכ שתק ממומאת משא בבה ובי. Wir haben uns also zu der fraglichen Stelle bei Maim. zu בביה vor שתק לא ein וראה לי zu denken.

(g) ידע צדיק נפש בהמתו ידע צדיק זה הקביה שברים בזוהה ביוהה לא תקף

— אם על הבנים ושור אי שה איתו ואת בנ ומי.

(h) ובן אמר לשחוט אתו ואת בנ בום אהד להשמר ולהרחיק לשחוט

משניהם הבן לעיני האם כי צביה בזה גדיל מאד אין הפריש בן נצר האדם עליו

וצער שאי בית כי אהבת האם והחמלה על הילד אינו נמשך אחי השבל ובי.

(i) Fast wörtlich so wie Philo äussert sich auch Clem. Alexandr. Strom II: Μὴ γοῦν γινέσθω ἡ τοῦ ζῶντος τροφὴ ἥδυσμα τοῦ ἀναιρεθέντος φησίν. ἡ σάρξ μηδὲ τὸ τῆς ζωῆς αὐτὸν συνεργὸν τῇ τοῦ σώματος καταναλώσει γινέσθω. Es ist befremdlich, dass Clemens sich nicht auf Philo beruft.

Ganz im philonischen Geiste und auch dem schädlichen Einfluss der Gefühllosigkeit gegen Thiere auf das menschliche Gemüth Rechnung tragend, äussert sich auch Thomas Angelicus (Spencer verwechselt ihn mit Thomas Aquina): Etsi hoedus occisus id non sentiat, tamen id in decoquentium animo crudelitatis speciem habere, si lac matris, quod ei pro nutrimento datum est, adhibeatur ad carnium ipsius consumptionem. Falsum enim est, quod hi supposunt, nonnisi in vivos et sentientes crudelitatem exerceri. (cf. die gleichlautende Aeusserung in der voranstehenden Note 8 bei Maimoni.)

(k) ... ולעין לא תבשל גדי וג׳ שקבלו זיל... לאסור כל בשר בבל תלב בבה

הוא בבפי... פתר איתו בפשיטי גד בתלב אמו דוקא... לאמר אם בבה

ישב ליהב גדי מבשיל בתלב היהבר לך תלב בבמה אהרת ולהי קרת התלב

היא נצמי שהבי הטבע אל גדיל היה. יש בענין יש בנין איתי ואת בנ ובוהמה לי

עשיר מהותו של הקביה תמלה יהמים ולפי סנין רבותיני אין אלא נהרת המלך.

Ich muss gestehen, dass ich vor solchen hyperorthodoxen Aeusserungen de Rossis und anderer Forscher seinesgleichen, die ich nicht namhaft mache, stets den Eindruck habe, sie meinen es mit ihrer Hyperorthodoxie nicht ernst, sie unterdrückten ihre subjective Ueberzeugung oder den Zweifel, sie hoffen, der Leser würde schon zwischen den Zeilen zu lesen wissen, denn sie fürchteten, dass ihre Schriften sonst auf den Index kommen und sie selber in majorem Dei gloriam das Schicksal freisinniger Männer anderer Confessionen zu erwarten hätten.

(l) ציה להיית הקרבנה בולם כולם המינים על הטיב שביניהם... ילוה

השנים גם בן הזהיו מהקריב מי שלא שלמו לי ויהים להיית הטר בבין והיתו

נבאם מפני שהיא בנבל.

—

Antiquarischer Gesichtspunkt.

Da einige Exegeten, Maimonides an ihrer Spitze, unser fragliches Verbot als Antithese, als Cautele gegen eine bestimmte heidnische Superstition betrachten, so ist nach Erörterung des

religiösen Motivs es wohl am geeignetsten hier überzugehen zur
Darstellung des antiquarischen Gesichtspunktes, zur Vergleichung unserer in Rede stehenden biblischen Satzung mit ähnlich
scheinenden anderer Völker des Alterthums.

Wir haben zwar bereits bei der eben beendeten Erörterung
des religiösen Gesichtspunktes einigemal, zuletzt noch bei der Anführung Spencers, den antiquarischen Gesichtspunkt gestreift, und
zwar zeigte sich nach dieser Ansicht hier nicht eine Nachahmung,
sondern im Gegentheil eine Antithese zu den Speise- und Opferriten anderer heidnischer Völker, oder eines heidnischen Volkes des
Alterthums. Doch müssen wir uns wider unseren Willen, aber
doch unerlässlich, hier wiederholen.

Der erste also, der da meinte, es wurde bei unserem Verbote
auf heidnische Superstition in negirender, abwehrender Tendenz
Rücksicht genommen, war Maimonides (s. oben). Doch fügte er
ausdrücklich hinzu, er habe jenen Brauch in der sabbäischen
Literatur, soweit ihm ein Einblick in dieselbe gestattet war, nicht
vorgefunden. Gersonides stellt dieselbe Hypothese auf, es könne
jener abergläubische Ritus bei den abgöttischen Völkern stattgehabt
haben, er selber habe dies in ihrem Schriftthum nicht vorgefunden.
Das Buch von Cudworth, der einen Karaiten jenen superstitiösen
Brauch constatiren lässt, liegt uns nicht vor, wir wissen darum
nicht, ob nicht vielleicht jener Karaite unsern Maimonides blos
copirt hat, nur dass er, was dieser als bescheidene Vermuthung
anführt, apodiktisch als historische Thatsache hinstellt. Eine Stütze
aber erhält die Hypothese allerdings durch die Versicherung des
Abravanel zu 2. M. 23, 19, es wäre noch zu seiner Zeit auf der
pyrenäischen Halbinsel üblich, dass die Hirten sich zweimal des Jahres
versammeln, um betreff des Gedeihens ihrer Viehzucht sich zu be-
rathen, und, wie er sich überzeugt, um diese Zeit ihre Speise „in Fleisch
in Milch" besteht, dass sie aber ganz vorzugsweise das Fleisch von
Böcklein zu dieser Mahlzeit wählen[1]). Er fährt fort: „Auf sorg-

---

[1]) עיר היום הזה זה הרבם במלכיית מפריד שיתקבצו כל הרועים ב' פעמים
בשנה להתחין ולעשות תקות בענני הרועים והצאן וקוראים לקבוץ ההוא בלשונם
מישי׳שׂתא, ובזמן ההוא הנה ואת חקרינה כן הוא שׂיֶה מאכלם בשר בחלב, ובשר
הגרים הם הינתר נבחרים אצלם בתבשיל הזה.

fältige Erkundigung weiss ich genau, dass auch in England, wo
vor allen anderen Ländern die vortrefflichste Schafzucht vorhanden,
ebenfalls jener Brauch stattfindet [1]). Aber auch ein späterer Rabbi,
der um 1570 blühte, Elieser Aschkinasi, berichtet in seinem Werke
'ה מעשי zu 2. M. 34, 26, von einem anderen, aber ähnlichen
superstitiösen Brauch, der noch zu seiner Zeit in Indien stattfand, [2])
nämlich die Böcklein im eigenen Fette (Inschlitt) zuzubereiten und
Göttern zu opfern.

Wenn auch nicht ganz derselbe, so hat doch ein ähnlicher
superstitiöser Ritus zur Erntezeit behufs Erreichung desselben
Zieles bei den Römern stattgefunden. Horatii Epist. II. 1, 139
bis 143

 Agricolae prisci, fortes parvoque beati,
 condita post frumenta levantes tempore festo
 corpus et ipsum animum spe finis dura ferentem.
 cum sociis operum et pueris et coniuge fida
 Tellurem porco, Silvanum lacte piabant [3]).

Da sie die Mutter Erde mit einem porcus, so kann es wohl
sein, dass sie neben lac den Silvanus noch mit einem hoedus oder
agnus in lacte coctus sühnten.

Spencer zu unserem Verse: „In Bacchi etiam sacrificiis lac
et hoedum locum invenisse, vel pueri nörunt." Noch führt er
uns ein Ovidi'sches Distichon aus Fast. IV. 746 an, welches nach
einer Emendation des Carolus Neapolis also lautet:

 Adde dapes mulctramque . . .

 Silvicolam tepido lacte precare Palem,

---

[1]) וככה שאלתי ידעתי ידעתי ירשתי באמת באמת כי כי כ באי קצה קצה הארץ הנקראה
אינגלטיררה שם שם במות יותר מכל שאר הארציות מן הצאן יותר מופלג במות שש שם כ גם זה הארצית גם כן מנהגם
רמי.—

[2]) וכן שמעתי מפי ירי הין הוא נמצא עד עתה שכלך למרחקים בארץ הין ראה ראה יש שש עם
אנשים שושלים עד עד היום הם היום הם משבשלים הגדיים בחלב בחלב התלאים והתלאים בחלב שלהם ומקריבים
אותם. Der Autor sagt, ist ja auch das Opfer Abels gewesen מבכרות
צאן ומחלבהן und glaubt erst mit Hilfe der Grammatik nachweisen zu
müssen, dass unter letzterem Worte nicht etwa חָלָב Milch, sondern חֵלֶב
Inschlitt zu verstehen sei, dass aber manche Völker ihren Göttern allerdings
Fleisch in Milch bereitet opferten.

[3]) Vgl. eine ähnliche Superstition bei Jesaj. 65, 3—4.

und schliesst mit den Worten: Satis a scriptis Ethnicis evinci potest, lac et hoedos nunc divisim, nunc coniunctim oblata nobilem locum in Gentilium cerimoniis habuisse. Nam silvanum oblato lacte, Faunum etiam hoedo propitiare solebant. „Aus den Schriften der Heiden sei zur Genüge erwiesen, dass Böcklein und Milch, bald getrennt, bald vereinigt dargebracht, eine Hauptstelle in den heidnischen Ceremonien eingenommen hat, um sich die Gottheiten Sylvanus und Faunus geneigt zu machen.

Knobel, den ich oben citirte, führt uns an unserer Textstelle ebenfalls zu einem Vergleich mit dem heidnischen Alterthum. Seine Worte lauten: „Vermuthlich galt der hier verbotene Gebrauch den ländlichen Gottheiten und wurde besonders beim Herbstfeste geübt, wo die alte Ernteperiode ablief und die neue anhob [1]). Bei dem Herbstfeste der Dionysien weihte der Grieche alter Zeit dem Bacchus Wein, Reben, Feigen und einen Ziegenbock (Plutarch, de cup. divitiar.) — und die Römer, damit er die Weinpflanzungen gedeihen liesse, Erstlinge der Feldfrüchte und einen Ziegenbock (Varro de re rust. 1, 2. Ovid. Fast. 1, 353. Virg. Georg. 2, 394 [2]) . . . dem Faunus, einem agreste numen, opferte man Erstlinge und Früchte, ein Zicklein (Ovid. Fast. 2, 361). Nach Tibull 1, 1, 13/16 libitirte man dem Faunus neben der Ziege auch Milch, die mit Ausnahme des Mosaismus überhaupt in den alten Culten gewohnheitsmässig zur Verwendung kam.

Wenn die Saruk'sche Auffassung (die auch von Reggio adoptirt worden, wohl ohne dass er die Saruk'sche gelesen) die richtige wäre: „man solle ein noch zu junges Thier nicht verzehren", nach Anderen „nicht als Opfer darbringen" — so finden wir Analogien für diesen Speiseritus (Opferritus) bei anderen alten Völkern. Wie der Mensch, sagt Sommer (Bibl. Abhandl. S. 347), gelten auch die Thiere unmittelbar nach der Geburt für unrein; sie be-

---

[1]) Bezüglich der Zeitbestimmung irrt Knobel sehr. Die Bibel 2. M. 23, 28 und 34, 25 bringt diese Anordnung ausdrücklich mit dem Pessafest in Verbindung.

[2]) . . . lancesque et liba feremus, et ductus cornu stabit sacer hircus ad aram.

durften einer bestimmten Zeit, um rein und zu heiligen Zwecken verwendbar zu werden. Er führt die Worte Varros an (De re rust. II, 4): Porci a partu decimo die puri, ab eo appellantur ab antiquis sacres, quod tum ad sacrificium idonei dicuntur primum. Plinius II. X. VIII, 51 giebt je nach der Thiergattung ein verschiedenes Altererforderniss an, bevor es opferfähig war. Suis foetus sacrificio die quinto purus est, pecoris die octavo[1]) bovis tricesimo. Wenn hier zwar nur vom Opferritus die Rede ist, so fällt ja bei Völkern des Alterthums gemeinhin der Speise- mit dem Opferritual zusammen, wie ja auch der Talmud (Sabbath 185 b) das (nach seiner Auffassung in unserer Stelle keineswegs und auch sonst nicht ausdrücklich erwähnte, aber doch von ihm) aufgestellte Verbot, ein Thier vor dem achten Tage nach der Geburt zu geniessen, aus der Opfervorschrift 3. M. 22, 27 ableitet, wonach ein Thier erst am achten Tage nach der Geburt opferfähig wird.

Wir haben uns bei der fraglichen Satzung durch ein buntes Gemisch von jüdischen und christlichen Exegeten wie durch ein wirres Gestrüpp hindurchwinden müssen. Wie verschieden, wie einander gerade entgegengesetzt ist bisweilen die Motivirung, wie abweichend und bisweilen gerade entgegengesetzt ist dann selbst — der vermeintliche Sinn, Inhalt und religiöser oder ethischer Zweck dieses also verdunkelten Gesetzes! Nach dem einen soll man das Junge von der Mutterbrust nicht „zu früh" wegnehmen, nach einem anderen ist לא תבשל gleich לא תאחר, man soll das Junge nicht „zu lange" an der Mutterbrust lassen, sondern schon am achten Tage soll man es, wenn es ein Erstgeborenes בכור ist, (Gott) bereiten. Nach allen aber, mit Ausnahme des einen (des mystischen und kabbalistischen Bechai b. Ascher) ist גדי בחלב אמו nicht als eine unreine, verunreinigende, also als טמא, wegen des לא תטמא oder אל תשקצו את נפשותיכם und dergl. verboten, wie die unreinen Thiere oder נבלה und טרפה, auch nicht wegen der theo-

---

1) Merkwürdig genug findet sich diese auffallende, wie sollen wir sagen, Schrulle auch bei B. Schor zu 2. M. 22, 28 und 29: לא תאחר שתעשה חלק מאחר משלך .... וימ' לא תמהר להביא לפני אלא ז' ימים תהיי עם. אמו דכתיך ז' אינו ראוי לפני מפני שיצא ממקום הטנופת וכל דבר מיאוס וטימאה נטהר לו'.

kratischen Heiligkeit des jüd. Volkes (אנשי קדש תהיו לי‎[2]‎), sondern zur Abwehrung von Herzenshärte, als eine Anempfehlung des Schutzes gegen Thiere, zur Warnung gegen unbegrenzte Essgier. Aber von einem Speiseverbote an und für sich nach talmudischer Auffassung, das sich Selbstzweck ist, ist durchaus nicht die Rede. Nach manchen Exegeten vollends (wegen des Zusammenhanges mit dem Vorangehenden, beziehungsweise mit den Worten desselben Verses) ist überhaupt nicht von einer Speise-, sondern von einer Opfervorschrift die Rede: dass kein unreifes Thier geopfert werde, oder es enthält eine Abwehr gegen eine heidnische Superstition.

Aber, wird man uns einwenden, wir haben unsere Textworte bisher nur nach den beiden Stellen des Exodus in Betracht gezogen; wo aber bleibt die Stelle 5. M. 14, 21, wo doch das ganze Capitel von verbotenen Speisen handelt und die unserem לא תבשל‎ גדי‎ in demselben Verse unmittelbar vorangehenden Worte לא‎ תאכלו כל נבלה‎ auch ein ausdrückliches und ausschliesslich nur ein Speiseverbot enthalten?!

In der That bekennen mehrere und gründlichere Erklärer, dass sie eben nur mit Rücksicht auf 5. M. 14, 21 in unserem Verbote ein Speiseverbot erkennen[1]). Das bekunden eben die Worte des Nachmanides zu 2. M. 34, 26. Nachdem er nämlich unsern Text als Opfervorschrift aufgefasst, fährt er fort: „Aber im Deuteron wird dieses Gesetz bei den Speiseverboten erwähnt,

---

[1]) Nur allein Nachmanides macht, wie bereits oben angeführt, 5. M. 14, 21 den Versuch, die theokratische Heiligkeit hier als Motiv anzugeben. יאבור אותו להיותמו קדשים במאכלים‎; er bezieht nämlich das כי עם קדיש אתה‎ anstatt hinauf zu לא תאכלו כל נבלה‎, gegen die Accentuation, hinunter zu לא תבשל גדי‎. Aber bald erwacht sein exegetisches Gewissen einigermassen, und er stellt ein anderes, ein humanitäres Motiv auf, bringt aber auch dies mit der theokratischen Heiligkeit in Verbindung.

[2]) Siehe die gezwungene, auffallende Ausflucht bei Isak Arama l. l.: ועל דרך הפשט אלו השנים (שמות וכי תשא) הם למשל הזה הנזכר ואיתו שבכי ראה‎ משפטים: שנאמר באיסורי מאכלות הוא נאמר לאיסי בעצמו‎ S. auch A. B. E. zu והנה גם היא במקום אתר עם הבשר לא תאכלו כל נבלה.‎

denn es ist ein Speiseverbot[1]). Ebenso weist sein Enkel Gersonides, da die Stellen im Exodus offenbar etwas ganz anderes
anzudeuten scheinen, auf Deut. hin, weil da ausdrücklich von verbotenen Speisen die Rede sei[2]). — Doch dieser Umstand ist
durchaus nicht geeignet, unsere frühere Auffassung und Behandlung
zu alteriren oder auch nur abzuschwächen. Denn sei es, dass
wir גדי בחלב אמו auffassen als ein Lämmchen, das sich noch an
der Mutterbrust befindet, also als טלה הלב (und zwar aus humanem
oder temperentionellem Gesichtspunkt); sei es, dass es hier gilt.
einen sabäischen, superstitiösen Brauch abzuwehren, sei es, dass
wir den philonischen Gesichtspunkt. adoptiren, jedenfalls ist doch.
wie das „Kochen", „Zubereiten überhaupt", ebenso das „Essen",
aber doch nur strikte nach dem Schriftwort גדי בחלב אמו דוקא
„das Lämmchen an oder in der eigenen Mutter Milch" verboten,
und so konnte und musste in einem Capitel, das alle verbotenen
Speisen. die unreinen Säugethiere, Vögel Fische, Reptilien, Gefallenes כל תיעבה „Alles was ein Gräuel", aufzählt. in dieser
vollständigen Nomenklatur auch das Verbot גדי בחלב אמו mit aufgezählt werden[3]). Hierdurch findet auch Herzfeld's Bemerkung
Gesch. Bd. II, S. 154: „doch muss schon bei 5. M. 14, 21 dieser
Grund (der humanitäre) nicht mehr vorgeschwebt haben, da es
dort den Schluss vieler Speisegesetze bildet, welche eine durchaus
andere Grundlage haben", ihre Erledigung. Wäre die fragliche
Satzung als eigentliches Speiseverbot von dem Gesetzgeber bezeichnet worden, so hätte es unter den Speiseverboten im II, 6. M.

---

[1]) Nachm.: כי המאכלים איסור עם הוו המצוה הזכיר תורה במשנה אבל
מאכל. איסור הוא.

[2]) Gerson.: היא כי בחלב בשר אכילת מנה שיתירה לך יתבאר והנה
האסורה. מאכלות ושאר הנבלה אכילת אורחת ואחר ראה כי האזהרה זאת וברה.

[3]) Bochart l. l. bringt eine anonyme Erklärung darüber, dass
dieses Verbot auch 5. M. 14, 21, also bei den Speiseverboten, erwähnt
wird: . . . Quod Deuter. 14, 21 ideo volunt rursus interdici, „ut non
sacer solum sed privatus usus prohibeatur hoedi, qui adhuc est in lacte
matris . . . ut in privatis cibis hoedi septiduani esus tam esse vetitus
intellegatur, quam esus morticinii: „Wie nach II. M. 22, 29, III. M. 22,
27 ein Milchlamm nicht geopfert, ebensowenig darf es vor dem achten
Tage als Privatspeise verzehrt werden."

Cap. 11 seine Stelle finden müssen und noch an einer anderen
Stelle, wo von verbotener Speise die Rede ist[1]). Doch hofft
Verfasser Veranlassung zu haben, dies deutlicher zu erörtern.

Historischer Gesichtspunkt..

Wir gehen nun zum historischen Gesichtspunkt über, „die
Grenzen zwischen dem biblischen, mischnischen, gemaristi-
schen und späteren rabbinischen Zeitalter zu markiren und die
Fortbildung dieses Speisegesetzes im Verlauf dieser geschichtlichen
Phasen des Judenthums nachzuweisen."

Ueber das „Biblische" haben wir ausführlich gesprochen, es
ist hier keinesfalls ein eigentliches Speiseverbot an und für sich
und jedenfalls nur strikte. גדי בחלב אמו דוקא aufzufassen. Bevor
wir aber die ganz unbegründete weitausgesponnene Fortbildung
dieses Gesetzes im nachbiblischen Zeitalter nachweisen, ist es uns
wieder Bedürfniss, uns etwas zu expektoriren. Ich kann hier
nicht umhin, mit der Schrift auszurufen (Hiob 4, 2): הנסה דבר אליך תלאה מי יוכל!?

Was ist aus der biblischen Vorschrift, die, wie sie auch immer
von den besten Exegeten motivirt und erklärt wird, jedenfalls eine
schöne, inhaltreiche, moralische und religiöse Institution ist, in der
eigentlich rabbinischen, in der specifisch talmudischen Kasuistik
geworden?! Wie ist dieses Gesetz — für Mensch und Thier so heilsam, — eine Lehre, auch gegen das Thier nicht in unnöthiger
Weise grausam zu sein, das eigene Herz nicht zu verhärten, der Genusssucht Schranken zu setzen, oder welche Lehre und heilsamer
Zweck auch immer damit verbunden war — unter der Hand der
Kasuistik zu einer todten, versteinerten Mumie, anstatt zum Schutz
für die Thiere — zur Qual für die Menschen geworden! Wie
sind dadurch den Israeliten ganz zwecklose Entbehrungen, unnöthige

---

[1]) Zugleich beweist die Stellung unseres fraglichen Gesetzes in
5. M. 14, bei den Speiseverboten, dass zur Zeit der Abfassung dieses
Capitels das Verbot nicht als Cautele gegen Sabäismus — Besprengung
der Felder mit Fleisch und Milch zur Herbeiführung erhöhter Fruchtbarkeit — angesehen wurde.

Geldausgaben und eine Fülle von Beschwerden und Belästigungen aufgebürdet[1]) worden! מפני שישין מצותיו של הקב"ה גזרות. Nicht in das Wesen des Gebotes suchte die Kasuistik einzudringen, seinen Geist zu erforschen, nicht als rationelle, versittlichende Vorschrift, sondern als despotischer Ukas soll dieses und viele andere Gebote aufgefasst werden! Nur auf die möglichste Ausdehnung, auf die weiteste Ausspinnung der Execution derselben, war die Kasuistik beflissen. Wie aber einestheils die biblische Einschränkung גדי, das, sei nun Zicklein, Lämmchen oder Kalb gemeint, immer doch ganz zweifellos nur ein junges Thier bezeichnet, und ebenso die Einschränkung בחלב אמו „in der Milch der eigenen Mutter" talmudisch ignorirt,

---

1) Und wahrlich, nicht blos die unnöthigen, zwecklosen Entbehrungen und kleinen Quälereien bedauern und beklagen wir, es erfüllt uns noch mehr mit Unmuth, mit Schmerz, der Umstand, dass diese minutiösen Uebungen einen kleinlichen Geist erzeugen, bei dem weiblichen, ohnehin zum Kleinlichen geneigten Geschlecht einen höheren Gesichtskreis verschliessen; dieses fortwährende Rechnen mit so kleinlichen Faktoren, die für Grundpfeiler der Religion ausgegeben werden, dieses fortwährende Achten auf eine ganz unwesentliche, hier vollends ganz missverstandene Satzung, צי לצו צי לצו קי לקי קי לקי צו זעיר שם זעיר verödet das Gemüth und lässt höhere Gedanken nicht aufkommen. Unsere Grossmütter waren oft wahrhaft religiös und tugendhaft, aber nicht parceque, sondern quoique, sie waren an sich grossartig angelegte gottinnige Naturen, wovon auch das von ihnen geübte Kleinliche und ganz Unwesentliche einen Heiligenschein gewann. Die mittelmässigen Naturen hingegen leiden Einbusse an idealem und ethischem Gehalt durch diese unerquickliche, minutiöse Küchenreligiösität; sie glaubten und glauben noch heute, der gewissenhaften Ausübung mancher weit wichtigeren Riten, ja, vielleicht gar der sittlichen Pflichten weit weniger obliegen zu müssen, weil sie betreffs vieler ceremonieller Observanzen, speciell der Speisegesetze, eine peinliche Scrupulosität an den Tag legen. Den schädlichen Einfluss dieser unnützen, belästigenden, übertriebenen, minutiösen Observanzen muss auch das blödeste Auge erkennen in der Praxis unserer Frauen bezüglich des Pessachrituals; wie geht da in ihnen die ganze, grosse herrliche Idee der Befreiung von ägyptischer Knechtschaft so ganz unter! Da besuchen viele Frauen während der ganzen Passachzeit kein Gotteshaus, da wird Gebet, Andacht, Belehrung ganz hintenangesetzt, weil ja zu Haus strenge Wacht gehalten werden müsse, dass nur ja kein Atom des fingirten Chamez in die Küche komme. So machen sie denn das Nebensächliche zur Hauptsache, diese aber — kaum zur Nebensache.

bezw. desavouirt und dadurch jede rationelle Auffassung ausgeschlossen und der ausschweifendsten Kasuistik der weitgehendste
Raum gegeben wurde, so hielt der Talmudismus wiederum anderntheils nach echt karäischer Weise an dem todten Buchstaben fest.
Einerseits verbietc לא תבשל nach dem Talmud von Fleisch mit
Milch gemengt auch nur irgend einen Niessbrauch zu haben [1]) und
gestatte nicht einmal, es dem Hunde vorzuwerfen, anderntheils
buchstäblich engherzig דרך מישיל אסרה תורה. Weil es nämlich
heisst לא תבשל, was die Rabbinen in der engsten Bedeutung
„kochen" statt „bereiten" überhaupt auffassen, so sei nicht das
Zubereiten dieser Nahrung, in welcher Weise es auch immer geschehe, biblisch verboten, nein, בשול ליה בשולי אסיר דאי תרי ליה
כולו יומא בחלבא שרי (Pes. 44 b, Nasir 37 a) „wenn gekocht, ist
es zum Genuss verboten, wird aber das Lamm- oder anderes Fleisch,
wenn auch den ganzen Tag, in der Mutter Milch geweicht, wenn
nur nicht gekocht, so ist es erlaubt".[2]) Das zarte Lämmchen darf
diesem Verdikt gemäss, laut der rabbinischen Interpretation, nach
dem biblischen Sinn schonungslos von der Mutter Brust hinwegge-
rissen, abgeschlachtet und mit allen exquisiten Ingredienzen als
Leckerbissen in der eigenen Muttermilch — wenn nur nicht gekocht — zubereitet werden[3]) —: Israelit, du darfst es nach rabbini-

---

[1]) Sollte dem Talmud vielleicht doch irgend eine dunkle Ahnung
vorgeschwebt haben, dass dem biblischen Verbot eine Antithese gegen
heidnische Superstition innewohne und nur deshalb auch den Niessbrauch
verpönt haben?

[2]) Ebenso buchstäbelnd und ungerechtfertigt ist das rabbinische
Urgiren: בחלב אמי ולא בחלב זבר בחלב אמו ולא בחלב שחוטה Chul. 113 b
(Letzteres hätte nur eine Berechtigung, wenn das Gesetz als Thierschutz
aufgefasst wird).

[3]) Gerade so buchstäbelnd und geisttödtend ist das Verbot von
אותו ואת בנו לא תשחטו ביום אחד in der Mischnah Chul. 5, 3 normirt;
das Humanitäre, das so sonnenklar diesem Gesetz zu Grunde liegt, (s.
M. M. N. III, 48 כי צער ב"ח בזה גדול מאד) wird ganz ignorirt, dem
todten Buchstaben aber wird genügt. Schlachten darf man beide,
Mutter und Kind, nicht an einem Tage; ist aber das eine nicht rituell
geschlachtet, sondern in anderer Weise hingewürgt worden, dann darfst
du wohl das andere an demselben Tage schlachten. Denn leider! —
wir können es nicht oft genug wiederholen — שנישין מצותי של הקב"ה

nischer Interpretation vom biblischen Standpunkt aus[1]) mit gutem Appetit unbeanstandet verzehren; ist dagegen etwas Milch, von welcher Kuh oder Ziege auch immer, mit irgend welchem Fleisch, von welchem Ochsen oder Schaf auch immer, zusammengekocht, dann ist, so behauptet der Talmudismus, diese Speise und auch jeglicher Niessbrauch mosaisch verpönt, das sei der Sinn der Worte: לא תבשל גדי בחלב אמו. Man könnte über eine solch widersinnige, paradoxe Normirung ein mitleidiges Lächeln nicht unterdrücken, wenn nicht tiefe Wehmuth über solch schiefe Interpretationen uns überkäme. Nur wenn die Gemara das Motiv unseres Gesetzes in der heidnischen Superstition gefunden hätte, wäre eine Normirung bezüglich jeglichen Niessbrauches — und auch der Vorbedingung des Kochens eine wohlberechtigte. (s. die frühere Note S. 96).

Das ganze talmudische System von בשר בחלב beruht auf Fiktionen, die Interpretation des dreimaligen לא תבשל וגו', dass es einmal das Essen, das andere Mal die Nutzniessung, das dritte Mal das Kochen bedeute[2]), und der ganze übrige Apparat, auch wenn wir es mit den sog. הלכות למשה מסני (worüber wir in diesem — oder einem anderen Werke in der Rubrik תערובות abhandeln werden) ernster nehmen. beruhen hier zum Theil[3]) auf blossen Willkürlichkeiten. Wenn es irgend eines Beweises noch bedürfte, so liefern ihn die unzähligen, sich selber durchkreuzenden, überschwänglichen sog. Beweisführungen im Talmud (Mechilta und Gemara) selber, der ganze achte Abschnitt im Traktat Chulin und

---

זרות viele talmudische Tonangeber suchen in den Verordnungen der Schrift nicht einen versittlichenden Beweggrund, sondern stempeln sie zu irrationellen despotischen Machtgeboten.

[1]) Ich sage: vom biblischen Standpunkt, wie ihn der Talmud der Bibel imputirt; denn die Gemara ihrerseits verbietet auch nichtgekochtes Fleisch mit Milch gemischt zu geniessen und zwar als גדר Cautele.

[2]) פעמים ג', oder wie das פעמים ג' anderswo erklärt wird: כנגד ג' בריתות שכרת הקב"ה עם ישראל א' בחרב א' בערבות מאב א' בהר נרוים וכהר עיבל.

[3]) Wir sagen „zum Theil", denn wir haben ja oben (S. 96 Note 1) doch eine Art von modificirter Rechtfertigung und Begründung der talmudischen Erweiterungen vorgebracht.

die vielen durch das ganze Meer des Talmud zerstreuten und versprengten Discussionen.

Doch wir wollen nun historisch zu Werke gehen.

In der Bibel selber findet sich ausser den drei pentateuchischen Stellen in keinem andern Buche, weder in den kanonischen, noch in den sog. apokryphischen Schriften irgend eine Andeutung, ob und wie dieses Gesetz beobachtet und gehandhabt worden ist. Die älteste Uebersetzung, die LXX, übersetzt ganz wörtlich und buchstäblich, und der erste nachbiblische und auch nach Abfassung der LXX lebende Schrifterklärer, Philo, der sich über unser Verbot des Weiteren ausspricht, hat es ganz buchstäblich nach dem Schriftwort aufgefasst. Beide, LXX und Philo, müssen uns doch wohl, wo sie tendenzlos und dem Wortsinn getreu bleiben, als die frühesten, wohl auch als die glaubwürdigsten, competentesten Gewährsmänner gelten. Selbst ihre bisweiligen Extravaganzen sind lange nicht so abschweifend wie die talmudischen.

Philos jüngerer Zeitgenosse, Josephus, der sonst die mosaischen Gebote bespricht, beobachtet über unser Verbot Stillschweigen. Und ich möchte behaupten, dass die talmudische Auffassung erst nach Josephus in den Schulen des Schammai und Hillel, ihrer Schüler und Anhänger nach ihnen, noch nicht von den genannten Lehrern selber, vielleicht erst um die ersten Anfänge hadrianischer Verfolgungszeit in den Schulen des R. Akiba aufgestellt und bearbeitet wurde[1]. Wie, was ja allbekannt, zur Zeit der syrischen Verfolgung und des vespasianischen Krieges בפילמים של אספמיא von den Eiferern viele Umschreibungen und Erweiterungen der biblischen Verordnung eingeführt wurden, so glaubte man, ich stelle dies freilich nur als Vermuthung auf, gerade zu Anfang der hadrianischen Verfolgung auch noch diese unsere Satzung möglichst weit ausdehnen zu müssen. Als Beweis, dass man dem Verbote erst später diese Auffassung und Ausdehnung gegeben, dient mir jene Stelle in der Gemara Chulin 110 a רב איקלע לטטלפש שמעה

---

[1] Dass das Onkelos-Targum erst im 4. Säculum vollständig redigirt wurde, kann jetzt als bekannt vorausgesetzt werden, darum braucht uns sein לא תיבלל ביב מיר בחלב nicht zu irritiren.

לִיהֵא אָתתא דקאמרה לחברתה רבה כמה כבשרא דבשרא חלבא בעי לבשול‏
אֲמַר לא גמירי דבשר בחלב אסיר איבב כאסר לחן בהל[ו](¹‏). Die
Stelle ist für uns sehr instructiv, sie sagt uns mehr, als es im
ersten Augenblick den Anschein hat. טמטלבש wird wahrscheinlich
nicht vereinzelt dagestanden haben. Während die talmudische Auffassung von בחלב גד־ אמו in Palästina schon unter R. Akiba
octroyirt wurde, wird man in ganz Babylon wahrscheinlich vor An-
kunft des Rab daselbst die Theorie und Praxis von dem talmudischen
אסור בב"ח nicht gekannt haben, und erst Rab, dieser weniger zu
den Tanaiten, als wie zu den Amoräern gehörende Lehrer, hat wohl
die exotische Pflanze dort importirt. (Vgl. Kerem Chemed Bd. V.
Brief 17, S. 222 f.) Wäre das Verbot von בב"ח im talmudischen
Sinne ein älteres, so konnte es wahrlich nicht erst so spät (218
p. ch. oder 530 der seleucidischen Aera) in Babylon bekannt
werden.

Doch fahren wir nun fort in der historischen Erweiterung
unserer fraglichen Satzung.

Die Mischnah Chul. 8, beginnt ohne irgend welche Begründung
und Beweis, als ob es sich von selbst verstünde: „Alles Fleisch mit
Ausnahme von Fisch und Heuschreck ist in Milch zu kochen verboten.‟
Auffallend könnte es sein, dass die Mischnah nicht in demselben
Satze zugleich vom Verbote des Essens spricht und des Essens erst
später erwähnt. Doch sie hat schon mit dem Verbote des Kochens
allein bei der Inaugurirung dieses Gesetzes vollauf zu thun, sie
muss nämlich ausholen, um das כל הבשר אסור לבשל recht stark
zu betonen, damit man ja nicht an das Bibelwort, das strikte
„Zicklein in oder an der Milch der Mutter‟ zurückdenke. Und
doch wird das Verdikt gerade durch das urgirte כל „alles Fleisch‟
etwas verdächtig, es deutet darauf hin, dass die Urgirung nöthig

---

1) Auch in dem bekannten Briefe Scheriras (Juchasin) lesen wir:
ואחרחיק ר"כ / לרובאר . . . . . . והיא כורא מתא דמקרי מחויא הוה ביש ישראל
הכה. ובז־ היה רבן ביה דאפילי אבי־ ביה ה"ב לא ידעין. In der Krakauer Ausgabe
des Juchasin, die ich jetzt eben vor mir habe, lauten die letzten Worte
etwas anders: אב"י אים־ והתה לא היו ידעין. Vielleicht ist diese Aenderung
eine tendentiöse, um das zweifelhafte, nur vom Talmud so aufgestellte,
Verbot von בשר בחלב nicht bloszustellen.

7*

ist, denn die Schrift weiss nur vom „Lämmchen in der Milch seiner Mutter", oder es gilt hier „non liquet", die richtige Auffassung des Satzes ist wohl noch streitig, oder חדשים מקרוב בא, die talmudische Interpretation ist eine neuerdings erst oktroyirte.

In etwas anderer Weise fand der selige Szanto (Neuzeit 1868 N. 21) etwas Auffälliges in diesem Mischnahsatze, er sagt: „Schlagen wir die Mischnah auf": „Es ist verboten, irgend ein Fleisch in Milch zu kochen". Höchst bemerkenswerthe Erscheinung! Wo ist es je der Mischnah in den Sinn gekommen, ein wirklich biblisches Gebot zu enunciren? Die Mischnah wiederholt nie, was in der Bibel entweder ausdrücklich oder nach rabbinischer Auffassung darin steht, sondern setzt das Bibelwort als bekannt voraus und giebt nur die Vollziehungsmodalitäten. Hat die Mischnah je gesagt: „Du darfst am Pessach kein Gesäuertes geniessen"? Die betreffenden Mischnahstelle lautet: „Am Abend vor dem 14. beginne man, nach Gesäuertem zu suchen". Warum also hier eine Ausnahme[1]), wenn die Stelle „du sollst nicht kochen etc." schon von früher her die ihr insinuirte Deutung gehabt hätte?"[2])

So octroyirt uns nun die Mischnah jenes Verbot in einer weiten Allgemeinheit, ohne die excessive, mit dem Schriftwort גדי und אמו im schroffsten Widerspruch stehende Ausdehnung auch nur im Geringsten zu begründen. Aber wir müssen ihr noch dafür dankbar sein, dass sie uns mit ihren Begründungen verschont, denn alle sogenannten Begründungen und Beweisführungen, die

---

[1]) Sowohl Raschi als auch Bartenora und andere Commentare haben hieran Anstoss genommen, ohne jedoch in ihrer rabb. Befangenheit die rechte Lösung zu finden. R. Nissim zu Alfasi war der richtigen Auffassung nahe, wenn er sich äussert: דהנהי איסירי ידיע, d. h. „die andern Verbote sind als bekannte vorauszusetzen נהיע במאי חני ומשה, „darum befasst sich die Mischnah (nur) mit der Modalität אבל הבא לפרושי גיזא דאיסירא איצטריך לומר וכי' hier aber müsse das Verbot an sich dargestellt werden." Das Richtige aber, wie wir es hier oben dargestellt haben betreffs des urgirten בל, scheint er nicht ganz getroffen zu haben.

[2]) Ich führe zu Szanto ein anderes Beispiel an. Die Mischnah sagt nicht: „Man müsse Abends das Schema lesen", sondern: „Zu welcher Zeit des Abends". Die Mischnah sagt nicht, dass man sieben Tage in der סכה wohnen, sondern nur, wie diese beschaffen sein müsse.

die Gemara beibringt, befriedigen unsern schlichten Verstand ja doch nicht im Geringsten, fordern vielmehr seinen vollsten Widerspruch heraus, wie wir bald sehen werden.

In einer Mischnahstelle ibid. 4 macht sich schon eine Differenz zwischen R. Akiba und R. Jose geltend; nach dem ersteren deute das dreimalige גדי darauf hin, dass Wild חיה, Geflügel עוף und unreines Vieh בהמה טמאה biblisch vom Verbot ausgeschlossen, während nach R. Jose חיה biblisch verboten, עוף dagegen auch rabbinisch nicht verboten sei. (S. die Commentare).

Der Name Akiba führt uns darauf hin, dass die hadrianische Zeit die einfache biblische Vorschrift vom Lämmchen an oder in der Mutter Milch, gleichsam das biblische Embryo von בב״ח, zum Austrag, zur Reife brachte.

Warum zog man nicht die Erfahrung, die Praxis zu Rathe, wie und in welchem Umfange das Gesetz in der jüdischen Küche gehandhabt wurde? Ein Beweis, dass das zwar zum Theil etwas dunkle, rabbinischerseits aber ganz verdunkelte und missverstandene Gesetz keine Vergangenheit in der rabbinischen Normirung hatte und erst um diese Zeit in den verschiedenen Schulen discutirt wurde.

Eine andere Mischnah, die wohl schon einem späteren Geschlecht, nach dem Kanon סתם מתניתין ר׳ מאיר, dem R. Meir, einem Schüler des R. Akiba, angehört, hat unserem Verbote schon die vollste Ausdehnung gegeben. Hier werden wir belehrt, dass ein Tropfen Milch, der auf ein Stück Fleisch fällt טפת חלב שנפלה על התיכה dieses, falls ein Milchgeschmack in ihm zu verspüren, zum Genusse verboten macht; hat man den Fleischinhalt im Topfe umgerührt, so ist der ganze Inhalt des Gefässes unerlaubt, wenn in demselben der Milchgeschmack sich irgendwie bemerkbar macht. Ich dächte, wir brauchten gar nicht behufs der Aufsuchung noch weiterer Ausdehnungen in die Discussionen der Gemara und in das spätere rabb. Schriftthum hinabzusteigen, es ist in der Mischnah Genügendes hierin geleistet, der Höhepunkt erreicht: sie hat nicht vergessen, auch das Auftragen von Fleisch zugleich mit Milch auf denselben Tisch zu untersagen, weil man sich vielleicht absichtslos an beiden Substanzen zugleich vergreifen könnte.

Doch wir kommen zur Mechilta, um einen Einblick in das Gewebe der Auslegung und Begründung des Verbots nach talm. Auffassung zu gewinnen. Mit Uebergehung früherer, noch ferner liegender Raisonnements begegnen wir da R. Jonathan מפני מה נאמרה בג׳ מקימות? אחת לחיה אחת לבהמה ואחת לעין. Also derselben vermeintlichen Stütze von der dreimaligen Wiederholung, deren sich nach der Mischnah R. Akiba bedient, um den Aus - schluss von חיה und עוף von unserem Verbote, derselben ge- brechlichen Stütze bedient sich R. Jon., um daraus das diametral Entgegengesetzte zu beweisen, nämlich den Einschluss von חיה und עוף in das biblische Verbot. Bedarf es da noch eines über- zeugenderen Beweises von der Vagheit und Luftigkeit dieser rabbinischen Wahngebilde, dieses Schaukelsystems, mittels dessen man Alles und Jedes ebenso erlauben wie verbieten kann [1])?! Ist es aber hierdurch nicht auch klarer als das Sonnenlicht, dass um die Zeit, von welcher wir sprechen, ein anderer, dem einfachen klaren [2]) Sinn des Verbots ganz und gar fremdartiger Sinn erst hinaus- und hineininterpretirt und auf dieses so unsolide Fundament ein ganzes Gebäude von schwindelnder Höhe aufgeführt wurde!?

Aba Chanan wiederum behauptet, das Gebot sei drei Mal wiederholt, weil erstens Rindvieh, zweitens Ziege, drittens Schaf verboten werden. R. Simeon b. Eleasar: „um erstens Gross-, dann Kleinvieh, drittens Gewild in unser Verbot einzuschliessen, oder aber — und nun kommt die in der rabb. Welt zur allgemeinsten Anerkennung gelangte Behauptung — „um Essen, Nutzniessung und Kochen" zu verbieten." Wir übergehen noch viele andere Raisonnements und Deductionen von derselben Beweiskraft, die ebenso widerspruchsvoll sind und erwähnen nur noch eine Er-

---

[1]) **Uebersteigt ein solches System nicht noch das pro und contra disserere der griechischen Sophisten? In der That musste ja (Synh. 17a) nach dem Talmud jedes Synhedrialmitglied gegen das ausdrückliche Gesetz der Thora ein Reptil als reines Thier erklären können, wie einem hervorragenden Talmudjünger (Erub. 13b) gar nachgerühmt wurde, dass er für diese wunderliche Paradoxie nicht weniger als 150 Argumente anzuführen wusste.**

[2]) **Freilich zum Theil auch sehr „unklaren" (s. oben die Aeusserung Spencers).**

klärung der dreimaligen Wiederholung, die sich auch in Siphre zu 5. M. 14, 21 findet: wegen der drei Bündnisse, die Gott mit Israel geschlossen hat א׳ בחרב א׳ בערבית מאב יא׳ בהר גריים ובהר עיבל.

Die Mischnah hatte schon das Mass von Erschwerungen unseres Verbotes so erweitert, dass die Gemara nur noch eine kleine Nachlese von Lorbeeren auf dem Gebiet der Lebensbelästigungen aufzuweisen hat, die wir noch später nachholen werden. Hier wollen wir nur einen winzigen Rest von Begründungen aus der Gemara selber vorführen, welche nach ihr beweisen sollen, dass dem Bibeltext kein Zwang angethan, sondern in der Gemara der wahre Schriftsinn ermittelt und wiedergegeben sei, während der gesunde Menschenverstand eine so geartete Beweisführung als die krasseste Extravaganz, weit von sich zurückweist.

Gemara Chul. 113 b. „Woher ist es erwiesen, dass nicht blos ein Böcklein, sondern auch jede Art Fleisch in Milch verboten ist? Es heisst (1. M. 38. 17) גדי עזים, wo sich aber blos גדי ohne Zusatz עזים findet, ist auch Rind und dergl. darunter zu verstehen[1]", Wir unsererseits würden uns wohl dazu verstehen, dass גדי allein nicht durchaus, d. h. ausschliesslich, ein Zicklein, sondern auch Kalb und Lamm, also ein junges Thier überhaupt, keineswegs aber zugestehen, dass es auch Rind und dgl. bedeuten kann. In der That wird auch in der Gemara daselbst, wenn auch in ganz anderer Weise, eine Widerlegung jener Deduction versucht.

Daselbst 114 b fragt R. Aschi: „Woher ist erwiesen, dass nicht blos Kochen, sondern auch Essen von Fleisch und Milch verboten ist?" Antwort: Es heisst (5. M. 14, 3): „Ihr sollt nichts Herabwürdigendes essen;" in dem, was ich dir irgendwie als herabwürdigend bezeichnet, ist schon das Verbot des Essens involvirt[2]).

Wahrlich, so unbedingt nach unserer humanitär-ethischen Auffassung der fraglichen Vorschrift auch das Essen des Lämmchens in oder an der Mutter Milch verpönt ist, so unzutreffend

---

[1]) Es heisst aber auch in der Schrift שעיר עזים, obgleich שעיר nur bei עזים existirt.

[2]) מנין לבב"ח שאסר־ באכילה? שנ׳ לא תאכל כל תיעבה כל שתיעבתי לך הרי הוא בבל האכל.

ist diese Deduction – ganz abgesehen von der einer nüchternen,
gesunden Auffassung des Schriftsinnes ganz unmotivirt gegenüber-
stehenden Exegese — auf dem Standpunkt der Gemara selbst.
Denn Kochen ist doch am Sabbath verpönt, und dennoch, hat
Jemand aus Versehen am Sabbath gekocht, so darf es gleich-
wohl, wenigstens nach Ausgang des Sabbath, genossen werden."
In der That erhob auch die Gemara selber diesen Einwand אלא
מצתה מעשה שבת דהא ליתסרו דהא תיעבתיו לך הוא? Und wie wird
er widerlegt? Um nur den mildesten Ausdruck zu gebrauchen:
ebenso unbefriedigend, so windig wie die ganze Dialektik über
אמר קרא כי קדש היא לכם, היא קדש ואין מעשיה קדש[1] nämlich, בב ח'.
Das. S. 115b. Rabbi beweist das Verbot des Essens von
Fleisch mit Milch, da es doch in der Schrift nur lautet: „Du
sollst nicht kochen", folgendermassen: „Es heisst (5. M. 12, 15):
Du sollst es (das Blut) nicht essen"; nun ist aber des Blutverbotes
schon so oft Erwähnung geschehen, ergo -— (nun, man höre und
staune über eine solche Conclusion) ergo ist hier gemeint: „Du
sollst nicht Fleisch und Milch zusammen essen[2])." So commentirt
Raschi z. St. לא תאכלנו יתרא דכתיב . . . . . רק הדם לא תאכלו:
והדר כתיב לא תאכלנו . . . . . ודם לא אצטריך דהא כתיבי
קראי טובא ומוקי ליה בבשר בהלב
Das. 115a. R. Lakisch argumentirt also: „Es heisst (2. M.
12, 9): „Ihr sollt davon (vom Pessachlamm) nicht essen halbgar
oder gekocht יבשל מבשל; diese Verdoppelung lehrt, dass noch ein

---

[1]) Wir haben ja auch oben S. 48 gesehen, wie Maimonid., gewiss
weil er keinem der talmudischen Argumente auch nur irgendwie beistimmen konnte, zu jenem Syllogismus, dem לא שתק הבתיב וכו' seine
Zuflucht nimmt.

[2]) In der Mechilta (מכשים) wird dieselbe sogenannte Beweisführung
dem איב: בן יהודה zugeschrieben, aber aus einer anderen Schriftstelle:
לא האכל הנפש עם הבשר להב.א בב'ח שאסיר. Chul. 115 und Pess. 24b wird
vom selben Rabbi für das Verbot des Essens von Fleisch und Milch
folgende Beweisführung aufgestellt: Vor unserem fraglichen Verbot „Du
sollst nicht kochen (bereiten) das Böcklein" etc. finden sich die Worte: „Du
bist ein heiliges Volk", und beim Verbot des Essens von Zerrissenem
2. M. 22, 30 heisst es ebenfalls: „Ihr sollt mir ein heiliges Volk sein",
also ist auch dort nicht blos das Kochen, sondern auch das Essen
verboten.

anderes Gekochtes zu essen verboten ist, nämlich: „Fleisch mit Milch." Wahrlich zum Verzweifeln, zum Hände-Zusammenschlagen! Wir vermögen es nicht zu fassen, wie man solch ungereimtes Raisonnement zu Tage fördern kann. Wenn man es darauf anlegt, mit dem gesunden Menschenverstand Scherz und Spiel, um nicht zu sagen, Spott zu treiben, kann man nicht anders verfahren[1])

Um das ganze Gebäude zu krönen, möge noch folgender Streitpunkt für diese, den jüdischen Haushalt so sehr belästigende Observanz hier angeführt werden: ibid. 114a. בחלב אמו: אין לי

אלא בחלב אמו, בחלב פרה ורחל מין? אמרו ק"ז ומה אמו שלא
נאסרה עמו בהרבעה נאסרה עמו בבישולו פרה ורחל שנאסרה עמו
בהרבעה אינו דין שנאסרה עמו בבישולו Ein so waghalsiges Argumentiren findet sich vielleicht in keinem anderen Literaturgebiete[2]). Die ganze Beweisführung für das Verbot des Essens ist überflüssig: wie leicht und einfach löst sich die ganze Frage, wenn man
nur die Etymologie von בשל richtig fasst: Bedeutung: bereiten,
zubereiten, damit ist das Kochen, Braten, Opfern, Sprengen,
Geniessen und was noch immer, verboten. (S. oben S. 55) und zwar
aus humanitären Gründen oder zur Abwendung einer Superstition.

Doch eine Erörterung der Gemara verdient sowohl wegen ihrer
Naivität, als auch darum, weil der talmudische Beweis in der Schrift
selbst seine Widerlegung findet, hier noch die besondere Mittheilung.

Synhedr. 4b wird nämlich die kühne Frage aufgeworfen:
Vielleicht ist statt: בְּחָלָב „in der Milch" zu lesen בְּחֵלֶב „im Fett"
(Inschlitt), man soll das Böcklein nicht in dem Fett der Mutter bereiten? Und die Antwort lautet: Die Schrift gebraucht den Ausdruck לא תבשל „kochen", דרך בישול אסרה תורה „nur wenn

---

[1]) Und bei solchen Wahrnehmungen, bei solchen sogenannten Beweisführungen kann man noch immer von autoritativen Traditionen
reden, welche die Talmudheroen überkommen hätten?!

[2]) Die thalmud. Logik ist jüngst von jüdischer Seite (Rabbiner
Wassermann) als eine „nicht feste", „nicht beweisende" u. dergl.
bezeichnet worden. Das sind lauter Euphemismen; sie ist viel mehr
sehr oft als eine „skurrile", geradezu „widersinnige" zu bezeichnen, wie
aus unzähligen anderen, so auch aus den S. 103, 104 und hier oben
angeführten Discussionen zu ersehen ist für Jeden, der sehen kann
und sehen will.

gekocht", ist diese Mischung verboten, wozu Raschi bemerkt: חָלָב
צָלִיל כמים ואבזא בישיל אבל חלב אינו בישיל אלא שינן(¹)
„Milch" ist eine klare Flüssigkeit wie Wasser, darauf passt die
Bezeichnung „Kochen", bei Fett hingegen findet kein Kochen,
sondern „Backen". (Rösten, Braten) statt, da passt nicht die Bezeichnung תבשל „Kochen." Also nur weil בשל eigentlich „kochen"
bedeute und „kochen" nur vermittelst einer Flüssigkeit geschieht,
ist בַּחֲלָב „in Milch" zu lesen, sonst hätten wir ohne Skrupel lesen
können בְּחֵלֶב „im Fette" (Inschlitt), und wir hätten gar kein Gesetz von בַּחֲלָב בשיר nach talmudischer Auffassung vor uns gehabt
und brauchten nicht die äusserst belästigende Sonderung der Fleisch-
und Milchsubstanzen, des gesonderten Apparates der kochenden
Fleisch und Milchtöpfe in unserer Küche, sondern nur Fleisch (vielleicht auch nur ein Zieglein) im Fette der Mutter zu bereiten wäre
verboten²). Nun wissen wir aber zur Genüge (s. oben S. 54 u. 55)

---

²) טיגן v. τήγανον Tiegel, Pfanne und τηγανίζω im Tiegel oder in
der Pfanne bereiten.

¹) Ich weiss nicht, ist es Zufall oder Irrthum, oder was sonst,
wenn Winer (Realwb. Art. Speiseges.) vom Verbot eines Bockes spricht,
der in der Milch oder dem „Fett" seiner Mutter gekocht oder gebraten
war. Gewiss ist aber, dass nach der philonischen Auffassung — die
meisten und besten Exegeten sprechen ja ebenfalls von אמרית — es
ebenso verboten sein müsse, das Junge im Fett der Mutter zu bereiten.
Nur ist hier freilich der Umstand, dass beim Gebrauch des Fettes der
Mutter diese schon tot ist. Fast möchte man geneigt sein, so auffallend
es auch wäre, anzunehmen, dass der sonst orthodoxe Elieser Aschkenasi (s.
oben S. 89) in מעשי ד' zu 2. M. 34, 26 zwischen בְּחֵלֶב und בַּחֲלָב hin und
hergeschwankt hat, (seine Darstellung dort scheint mir etwas unsicher
und unklar, wenn nicht gar verworren), worauf die von ihm vorgeführte
Analogie aus 1. M. 4, 47. בבר חרבית צאן ומחלביהן hinführen könnte. — In
der That sind חֵלֶב und חָלָב nicht blos den Buchstaben, sondern auch
der Bedeutung nach eng verwandt, beide bedeuten: die Essenz, das Beste
einer Sache. 1. M. 45, 18 sind חֵלֶב und טוב geradezu synonym. 4. M
18, 12 wird das Beste des Oels, des Mostes und des Getreides auch חֵלֶב
genannt, und wenn die Bibel Palästina verherrlichen will, rühmt sie
ihm nach, es fliesse über von חָלָב und דבש 5. M. 32, 13 werden als
Köstliches zusammengestellt דבש und צאן חֵלֶב und דם ענב חֵלֶב und חָלָב

dass בשל nicht ausschliesslich „kochen", sondern im Allgemeinen „reifen", „reif-, garmachen", „bereiten" bedeutet und zwar sowohl „reif werden, reif machen" durch die Sonnenwärme Joel 4, 13 בשל קציר. 1. M. 40, 10 הבשילו אשכלתה ענבים, als auch durch kochen im Wasser 2. M. 12, 9 ובשל מבשל במים wie auch durch „braten" im Feuer, am Spiesse 5. M. 16, 7 ובשלת ואכלת 2. Chr. 35, 13 ויבשלו את הפסח wo es doch wirklich nichts anderes als צלי bedeutet. Speciell nun unsere Gemara-Stelle betreffend (S. Synh. 4b) mit der Erklärung Raschis, so belehrt uns ja die Gemara selber, dass jene Lebiboth, welche Thamar bereitete (2, Sam. 13, 8), wobei es heisst ותבשל את הלביבות ein Backen in der Pfanne oder im Tiegel gewesen sei שעשתה לו מיני טיגון, wie es ja auch früher heisst: Thamar knetete den Teig. Vom קרבן מנחה, das doch nach 3. M. 2, 1—7 theils gebacken, theils in der Pfanne geröstet wurde, heisst es Menach. 104, es waren dabei חמשה מיני טגון. So wird denn die ganze gemaristische Beweisführung rettungslos hinfällig[1].)

בלי־ת הָעָה. Parchon im Aruch, wievor ihm Saruk, bemerkt zu חָלָב geradezu מ"א, und כל חָלָב קרוב לו את חָלָב האריץ das bedeute מוטב שבר Jes. 60 16 könnte mehr analog dem היל בד und נים נוב statt des unpassenden הַלָב נוֹם eher חָלָב נוֹם gelesen werden, trotz des ויַנקת, denn auch 5. M 32, 13 findet sich zu ויַנקה auch חָלָב ברם. Und so wäre die Lesart לא תבשל גדי בַּחֲלֵב אמו gar nicht so paradox, wie sie beim ersten Anblick erscheint.

[1]) Wie es überhaupt vor Fixirung der Vokalisation mit der Sicherheit der Lesart, der Orthographie, beschaffen war, können wir an einem hierher passenden Beispiel aus Josephus ersehen, der, obgleich ein eifriger Anhänger der pharisäischen Tradition, dennoch Antiqu. 1, 2 § 1 zu 1. M. 4, 4 חָלָב statt חֵלֶב gelesen und verstanden hat, da er γάλα καὶ τὰ πρωτότοκα anstatt, wie die septuag. richtig, ἀπὸ τῶν στεάτων übersetzt*). Umgekehrt wiederum las der Samarit. 1. M. 18, 8, was gewiss höchst auffallend, וחֵלָב statt וחָלָב, denn er giebt וחֵלָב חמאה wieder mit ויַם ותהרבה. Er scheint überhaupt חֵלָב und חָלָב gar nicht zu unterscheiden (s. seine willkürliche Uebersetzung zu 5. M. 32, 14). Wenn er also auch 1. M. 49, 12 מֵחָלָב ולבן שינים מים mit מחרב wiedergiebt, so braucht das durchaus nicht aus theolog. polemischer Tendenz geschehen sein, und Geigers

---

*) Vgl. oben die Bemerkung Aschkenasis zum Opfer Abels.

Wir sehen also auch hier wiederum deutlich genug, dass, weil dem Talmudismus die Bedeutung, das Motiv dieses Schriftwortes, der eigentliche humanitär-ethische Schwerpunkt dieser Verordnung ganz und gar abhanden gekommen war, er in seiner Verlegenheit um die Handhabung dieser weisen, gänzlich missverstandenen Satzung nach jeder noch so wankenden Stütze, nach Strohhalmen griff.

Führen wir hier einige erschwerende Uebertreibungen an, die die Gemarah über die Mischnah hinaus statuirt hat.

Die Mischnah Chul. 8, 3 normirt: Das Euter des säugenden Thieres, da es viel Milch enthält, muss, wenn es mit Fleisch gekocht werden soll, zuvor durchgerissen werden, damit die Milch auslaufe[1]). Die Gem. fügt hinzu: dieses Durchreissen hat der Länge und der Breite des Euters nach stattzufinden, ausserdem muss es noch an die Wand gerieben werden.

Die Mischnah enthält nichts darüber, ob in demselben Geschirr Fleisch und Milch nach einander gekocht werden darf, die Gemara aber 97 a 111 b bringt nach der Tosephtha Therum. 8 קדרה שבשל בה בשר לא יבשל בה חלב ואם בשל בנותן טעם es darf dies nicht geschehen, eventuell ist die Speise verboten, wenn ein Geschmack der verbotenen Mischung zu verspüren ist[2]).

---

sonst scharfsinnige Conjectur (Zeitschr. d. D. M. Gesellsch. XX. S. 158) dürfte ganz hinfällig sein. Wo aber חֵלֶב wie 1. M. 45, 18 identisch ist mit טוב, übersetzt er רֶמֶץ. so auch 4. M. 18 dreimal; doch, auffallend genug, giebt er ibid. חָלָב יִצְהָר ohne Uebersetzung unverändert wieder חלב (רט"ב)

[1]) Doch giebt die Gemara die Verordnung nur als eine rabbinische an, denn biblisch sei die Milch eines todten Thieres חלב שחוטה von dem fraglichen Verbote ausgeschlossen. Die Gemara deducirt בהלב אמר ולא בחלב שחוטה. Vielleicht hatte irgend ein Amora doch irgend eine dunkle Ahnung von dem humanitären Motiv der fraglichen Satzung und daher diese Unterscheidung.

[2]) Nach der Gemara ist dieses Verbot biblisch. Ist jedoch das Geschirr nicht am selbigen Tage zn der andern Substanz benutzt worden, so ist die Speise nicht verboten, weil dieser Geschmack — nach Raschi, wenn eine Nacht darüber vergangen, nach den Tossaphisten empfehle sich 24-stündige Unterbrechung המחמיר הבא עליו ברכה — ein depravirender נותן טעם לפגם ist. לא אסריה הורה אלא קדרה בת יומא Aboda Zarah 75 und 76. (Vgl. die Abhandlungen über התערובות).

Auch darf man nach der Gemara (Pes. 30a Sebach. 95 b)
keinen Teig mit Milch kneten, weil man das Gebäck später aus
Vergessenheit mit Fleisch essen könnte. אין לשין את העיסה בחלב
(מפני הרגל עברה¹

Wenn man mit einem Messer, das zu Fleisch benutzt wurde,
Rettig, Zwiebel (eine pikante Substanz) geschnitten, so darf man
diese nach der Gemara (Chul. 111 b) nur dann mit Milchspeisen
geniessen, wenn man sich zuvor überzeugte, dass in der pikanten
Substanz kein Fleischgeschmack wahrzunehmen ist, צנון שחתכו
בסכין מותר לאכלו בכותח אי אפשר למטעמיה, wozu Raschi bemerkt :
צנין אפשר לישראל לטעמו קודם שיתנו בכותח והאי מותר דקאמר
כגין שטעמו בתחלה ולא היה בו טום שמעונית.
Endlich kommt noch R. Chisda, der uns in der Gem. (Chul.
105 a) untersagt, Milchspeise zu geniessen, nachdem man Fleisch
genossen גבינה. אכל בשר אסיר לאכול Und Mar Ukba spricht herben
Tadel über sich selber aus, dass er nicht seinem Vater nachahme,
der nach Fleischgenuss volle 24 Stunden den Genuss von Milchspeisen einstellte. sondern schon bei der nächsten Mahlzeit diese
Kost geniesse. אנא להא מלתא הלא בר המרא לגבי אבא דאלי
אבא כי הוה אכיל בשרא האידנא לא הוה אכל גבינה עד למחר עד
השתא²) ואילו אנא בהא סעודה, היא דלא אכילי' לסעודת' אחריתא
אכילנא. Die letzteren Worte kommentiren die Thossaphisten, dass
nicht erst nach einer Zwischenzeit von mehreren Stunden, sondern
gleich nach aufgehobener Fleischmahlzeit und Verrichtung des Tisch-
gebetes die Tafelfreude der Milchspeise vor sich gehen kann. לא'
בסעודתא שרגילין לשיתיות אחת שחרית ואחת ערבית אלא אפי' לאלתר
אם סילק השולחן וברך מותר.

Nachtalmudische Zeit.

Und nun noch eine kleine Nachlese aus der nachtalmudischen
Zeit. Hat man gegen das oben erwähnte Verbot dennoch einen
Teig mit Milch geknetet, so darf nach Joreh Deah 97 (aus über-
grosser Aengstlichkeit) das Gebäck auch ohne Fleisch nicht gegessen

¹) Da nach der Gemara nur דרך בשיל אסרה היה, so verstösst diese
Cautele eigentlich gegen den rabbin. Kanon, גזרה לגזרה לא גזרינן
²) Hierzu möchte man wohl mit der Gemara (Chul. 93a) ausrufen: משה! מי אמר רחמנא לא תיכיל בשרא !? ?

werden, weil es vielleicht doch dahin kommen könnte, dass man ein solches Gebäck einmal aus Versehen mit Fleisch geniesse. (¹. ‫אין לשין עיסה בחלב .... ואם לש כל הפת אסור אפילו לאכלו לבדו‬) Philo ruft aus: „Wenn du schon durchaus zur Befriedigung deiner Essgier Fleisch in Milch bereitest, muss es denn noch auch in der Milch der eigenen Mutter geschehen?!" Wir fragen umgekehrt, da nach Auffassung so vieler anerkannter, hervorragender Schrifterklärer hier ein Gesetz zum Schutz des jungen Thieres, oder zur Abmahnung von Völlerei vorliegt, oder von der rechten Art der Darbringung eines Opfers die Rede ist, warum begnügt sich der Talmudismus nicht mit der Handhabung dieser Vorschrift, wie es die Schrift so stricte präcisirt. nämlich „ein Zicklein (ein junges Thier nur), und nur in der Milch der eigenen Mutter", wenn anders jene Auffassung „ein Lämmchen an der Muttermilch oder Mutterbrust" nicht vorgezogen wird; warum soll noch jede Art Fleisch mit irgend welcher Milch verpönt sein, wodurch der Geist. das eigentliche ethische Wesen, das versittigende Moment dieses Gebotes ganz verwischt, die Vorschrift zu einer Art unverstandenem despotischen Ukase umgeprägt und herabgewürdigt wird?!²)

---

¹) Was würde der pentat. Gesetzgeber zu dieser von dem Rabbinismus bis zur Carricatur entstellten Satzung sagen?!

²) Wäre aber auch hier mit Maim. eine prohibitive Vorschrift gegen sabäische Superstition beabsichtigt — und fast könnte man vermuthen, dass der Talmud, wenn auch kein klares Bewusstsein (meint er ja ‫במה‬ ‫חידוש הוא‬), aber doch eine dunkle Ahnung hiervon hatte und eben deswegen unser Verbot so sehr ausgedehnt und umzäunt, und weil jene Opferinstitution im Kochen des Böckleins (des jungen Thieres) in der Muttermilch bestand, die Behauptung aufgestellt habe (‫דרך בישול /דוקא‬ ‫אסרה תירה‬ (siehe oben) —, so ist doch aber für unsere Zeit auch die leiseste Befürchtung dieser Art von Abgötterei geschwunden, und wäre doch unter dieser Voraussetzung zumal alle Uebertreibung vollends gegenstandslos geworden. Die heil. Schrift sagt ausdrücklich ‫ושם אלהים אחרים‬ ‫לא תזכירו‬ — wird aber diese Vorschrift in der Gegenwart von den scrupulösesten Israeliten, von den strengsten Hyperorthodoxen befolgt? Scheut man sich etwa die Namen Jupiter oder Saturn auszusprechen? Es ist nämlich für unseren religiösen Glauben nichts davon zu befürchten. Nun denn, wir und auch die heutigen Nichtisraeliten kommen nicht auf den Gedanken, ein Böcklein in der Muttermilch zu kochen, mit diesem Gemenge zur Ehre der Götter den Boden zu düngen, um hiervon und

Wir haben bereits oben angeführt, dass nach dem Mischnah-
lehrer R. Josse dem Galiläer Vogelfleisch in das fragliche bibl.
Verbot nicht mit einbegriffen ist, er behauptet sogar, dass dies nicht
einmal rabbinisch מדברי סופרים verpönt ist, und er hat dieser Ansicht in seinem Wohnort praktische Folge verschafft. Chul 116a
ר' יוסי הגלילי סבר אפי' מדרבנן נמי לא אסיר. Warum stehen doch
die heutigen akademisch gebildeten Theologen bezüglich des Muthes
einer Meinung zurück gegen einen Rabbiner des 17. Jahrhunderts,
der ihnen an talmudischer Gelehrsamkeit wahrlich nicht nachstand,
und der laute Klage führte über die so ganz und gar ungerechtfertigte, bis zur Entstellung getrübte Satzung, bis zu zweierlei Geschirr, Löffeln, Gabeln, Messern und Tischtüchern, wodurch jüdisches
Vermögen unnütz vergeudet wird. „Welche Verkehrtheit! fügt er
noch hinzu, Milchspeisen nach Fleischgenuss sind nicht, Fleisch
nach Milchspeisen ist ja gestattet[1]), und doch ist gerade Letzteres,

---

nicht von ihrer Hände Fleiss und dem שבעה — נתן נתן יורה ומלקוש בעתו נתן נשם
תקות קציר ישמר לו Fruchtbarkeit und guten Bodenertrag zu erwarten.
Niemand glaubt heute an einen Pan, Ceres und ihre sabbäischen Aequi-
valente. Wie unsere heutigen Conservativen sich längst von dem Ver=
bot des כרם כלאים losgesagt, dem doch noch eher die Befürchtung des
biblischen Bedenkens 2. M. 34, 15 und 16 näher liegt יקרא לך ואכלת
מזבחו ילקחת מבנותיו לבניך והוא את בניך וכו', um wie viel mehr wäre, wenn
Maimonides Hypothese begründet wäre, das Verbot von בשׂר in der
Gegenwart hinfällig, da jetzt in diesem Punkte kein ריח ניחח vor=
handen ist. Der Nichtisraelit bereitet und isst בשׂר, wie jede andere
Speise, lediglich und ausschliesslich als Nahrungsmittel. Hier würde
gewiss der im gesunden Menschenverstande begründete Kanon seine Anwendung finden dürfen, cessante legis ratione cessat legis dispositio.

[1]) Siehe jedoch Azariah de Rossi (אמרי בינה Abschn. 51): ונמצא
בעיון אבילת בשר אחר חלב אשר לדבר זוהר נראה האסור. Nach dem Sohar
dürfen wir also auch nicht Fleisch unmittelbar nach Milchspeisen geniessen. Auch hier könnten wir ausrufen: משה מי אמר רהמנא לא תיכיל
בשׂר!? Gewiss hatte Rossi folgende Sohar-Stelle 2. M. zu שלה אמר אנכי הנה
im Auge: תי אשבחן דכל מאן דאכיל האי מיכלא דאתחבר בחדא או בשעתא מלאך
חדא או כסעוהתא הדא ארבעין יומן אתחזיא נדא מיקלס בקלפי בלבי אינון וכי.
Hier wird also dem, der die genannte Substanz auch nur getrennt, aber
unmittelbar hintereinander geniesst, mit einer wunderbaren Schreckens-
erscheinung während der Dauer von 40 Tagen gedroht. Ferner lesen
wir in jener Sohar-Stelle, dass R. אבא (unter diesem Namen ist wohl

namentlich nach Käsegenuss, gesundheitswidrig, geradezu schädlich!"
(s. Bechinath ha-Kabbalah S. 54). Warum immer bei dem schwächlichen, freilich bequemen, non possumus beharren und nicht vielmehr an R. Jose Hagalili sich ein Beispiel nehmen?!
Man sage nicht, Aufklärungen über das Speisegesetz hätten
allenfalls eine wissenschaftliche Bedeutung, historisches, antiquarisches
Interesse, aber keinen praktischen Werth; das Volk gehe von selbst
darüber zur Tagesordnung. Aber es ist wohl zu bedenken, vielleicht
der bei Weitem grössere Theil, der mit den Speisegesetzen bereits
gebrochen, hat dies nicht mit reiflicher Ueberlegung gethan, mit
Bewusstsein und Ueberzeugung, dass einige dieser Satzungen für
unsere Zeit bedeutungslos geworden, andere von dem Talmudismus
missverstanden und viel zu weit ausgesponnen seien, sondern aus
Genusssucht, Leichtsinn, Mangel an Selbstbeherrschung. (Die Ueberzeugung, wo eine solche bisweilen sich findet, kam bei vielen erst
hinterher; sie haben sich, um sich selbst zu beruhigen, dieselbe
erst später insinuirt). Nein, es ist heilige Pflicht derjenigen Volkslehrer, die sich eine wissenschaftliche Ueberzeugung verschafft, zu
belehren, aufzuklären, wie weit eine solche Satzung auf weitere
Respectirung noch irgendwie Anspruch zu machen hat oder zu beseitigen oder doch zu modificiren ist. Wie es Pflicht der Volkslehrer ist, die von der Fortdauer der Verbindlichkeit einer Satzung
sich überzeugt halten, nicht sich in den Mautel der Klugheit oder
des Schweigens zu hüllen, sondern das Volk bisweilen an die Beobachtung dieser ihnen noch fort und fort verbindlich erscheinenden
Observanzen zu mahnen, ebenso heilige Pflicht ist es derjenigen
Volkslehrer, die sich eine ehrliche, entgegengesetzte Ueberzeugung
erworben, über diese hinfällig gewordenen Satzungen das Volk aufzuklären, damit die Zeitgenossen das, was sie sich doch einmal erlauben, mit gutem Bewusstsein, mit Gewissenhaftigkeit und männlicher Würde sich erlauben. Mag man immerhin die Aufrichtigkeit
und den sittlichen Ernst, womit diese Volkslehrer ihre Aufklärungen
geben, als unklug belächeln, mögen die Klugen unserer Zeit, „die

R. Jose der Galiläer im Talmud zu verstehen) Vogelfleisch vermengt mit
Milch zu essen für erlaubt hält.

sich selber, aber nicht ihre Heerde weiden" auf die Einfältigen,
Ehrlichen, denen die Sprache und die Worte nicht dazu gegeben
scheinen, um die Gedanken zu verstecken, mit vornehmer Spöttelei
oder mit Bedauern herabsehen — ein ehrlicher Rabbi einer ehrlicheren
Zeit hat schon das Rechte für Nachfolger und Anhänger gesprochen:

מיטב לי להקרא שוטה כל ימי ולא להעשות שעה א׳ רשע לפני המקום.

(Edujoth 5, 6): Lieber will ich mein Lebelang als ein schwärmerischer
Thor gelten, als auch nur eine Stunde untreu vor Gott befunden
werden.

Wir wären mit dem historischen Gesichtspunkte zu Ende und
wenden uns zum diätetischen.

Diätetischer Gesichtspunkt.

Wir haben bereits oben bemerkt, dass wir auf diesem Gebiete
als Nichtphysiker ganz incompetent sind und daher lediglich das
Echo der Sachverständigen sein müssen, beziehungsweise das betreffende Raisonnement der Exegeten wiedergeben können. Indessen haben wir uns doch auch in dieser Hinsicht das Urtheil
gebildet, dass das vorliegende Verbot in seiner rabbinischen Erweiterung und Erschwerung auf unsere Gesundheit nachtheilig
einwirkt.

Auch haben wir bereits oben erwähnt, dass Maim. die Mischung
von Milch und Fleisch als eine ungesunde (schwer verdauliche)
Speise bezeichnet, dass A. b. Esra hingegen (wenn M. vielleicht
bei Fleisch von grösseren, älteren Thieren in einer gewissen Quantität
Milch in seinem Rechte sein mag) ein Böcklein in der Milch der
Mutter bereitet als eine bei den Ismaeliten beliebte Speise bezeichnet[1]). Allein nach unserer Auffassung („ein Lämmchen an
der Mutter Brust") hätte das Gesetz, wenn auch die Bibel lediglich
Unterdrückung der Härte und Grausamkeit gegen Thiere damit be-
absichtigte, allerdings zugleich auch die wohlthätige Wirkung,
Gesundheitschädliches von uns abzuwenden. Denn der Genuss des

---

[1]) ע״כ יבשל (הישמעאלים) הגדי בחלב . . . . . והנה גם הישמעאלים בזרים
כי אם יבשל הגדי בחלב אמו שהתילדת שוה או יתר ערב.

Fleisches allzujunger Thiere übt anerkanntermassen einen nachtheiligen Einfluss auf die Gesundheit[1]).

Der Talmud, der zwar unsere Auffassung nicht kennt, oder
kennen will, stellt ebenfalls, angeregt durch das Verbot, ein junges
Thier in den ersten sieben Tagen seines Lebens zu opfern (3 M.
22, 27) die Behauptung auf, erst, wenn das junge Thier sich acht
Tage erhalte, sei zu erkennen, dass dasselbe keine Fehlgeburt ist[2]).
(Tosephta Sabb. Abschn. 16, mehrmals wiederholt in der Gem.).
Ebenso der sog. Jonathan b. Usiel zu 3 M. 22, 27[3]), und hierauf
wird normirt, dass ein junges Thier vor Ablauf von sieben Tagen
nicht gegessen werden darf[4]). S. Maim. מ"א 4, 4 und Joreh
deah 15. Hier hätte der Talmudismus also, wenn auch wohl ohne
Absicht, um die Hygiene sich verdient gemacht. Geschadet unserer
Gesundheit hat er aber durch seine grosse Ausdehnung des Verbotes von בב"ח, denn jemehr wir statt des Fettes uns der Milch,
der Butter bedienten, desto besser würden wir für unsere Gesundheit sorgen. Die Aerzte behaupten, dass eine gewisse Species von

---

1) Referent hat in seinem eigenen Familienkreise hierin Erfahrung
gemacht. Die Neuzeit (1868 Nr. 21) bringt Folgendes: In der Schweiz
erkrankten plötzlich mehrere Personen, namentlich in einer Familie;
Mann, Frau und Kinder und Dienstboten wurden von heftigem Erbrechen
und Durchfall ergriffen. Der Mann starb. Die Aerzte erklärten, dass
diese Krankheitserscheinung vom Genuss unreifen Kalbfleisches herrührte,
und Professor Zangger, Director der Thierarzneischule in Zürich, gab
die Erklärung ab, dass das Fleisch zu junger Thiere Erbrechen und
Durchfall erzeuge.

2) כל שתהה ח' ימים בבהמה אינו נפל הא לא שהה ספיקא שני ומ'ם השמיני
והלאה רצה לקרבן. Aber während der Talmud beim Menschen erst
den 30. Tag als den bezeichnet, an welchem sich die Lebensfähigkeit
constatirt (Sabb. 135b), bezeichnet Maim. (M. N. III, 49) auch beim
Menschen den siebenten Tag dafür: הלא תראה כי גם בבריאת שמי זה הענין
ז' ימים יהיה עם אמו באלו קודם לזה הוא נפל וכן האדם אחר שהשלים שבעה
יומל.

3) ויהי שבעתא יומן בתר אמיה מטול דישתמודע דלא נפיל.

4) ואסור לאכל מן הבהמה שנולדה עד ליל ח' שבל שלא שהה ח' ימים הרי
זה כנפל. Doch gestattet der Talmudismus, den jungen Vierfüssler schon
gleich nach der Geburt zu verzehren, wenn wir die Gewissheit haben,
dass die Geburt eine ausgetragene ist, beim Rind nach neun, beim
Kleinvieh nach acht Monaten.

Krankheiten viel häufiger bei Juden anzutreffen ist, die einen zu häufigen Gebrauch von Gänsefett bei der Bereitung ihrer Speisen machen [1]).

Der Talmud selbst schreibt uns zwar nicht vor, dass man nach dem Genuss von Fleischspeisen sechs Stunden warten müsse, bevor man Milchspeisen geniessen darf. Wir haben oben aus dem Bericht der Gem. selbst ersehen, dass zwar der Vater erst nach vollen vierundzwanzig Stunden, der Sohn aber, Mar Ukba, gleich nach aufgehobener Fleischmahlzeit sich den Genuss von Milchspeisen verstattet hat. Durch den Usus aber, welchen die nachtalmudische Zeit einführte, erst nach sechs Stunden auf genossene Fleischkost Milchspeisen zu geniessen (Jorch deah § 89, 1) ist auf die Gesundheit zum Mindesten nicht vortheilhaft eingewirkt; schwache Personen z. B., die ohnehin kein starkes Mahl zu sich nehmen. müssen, wenn sie auf den Schulchan-Aruch schwören, zu lange warten, bevor sie sich wieder restauriren, bevor sie ihren Milchkaffee, an den sie sich gewöhnt, trinken.

Bezüglich des volkswirthschaftlichen Gesichtspunktes habe ich mich zwar von dessen Behandlung dispensirt, weil er ganz von selbst in die Augen fällt, ich will aber hier nur bemerken, dass keines der anderen jüdischen Speisegesetze unsere finanziellen Verhältnisse so sehr schädigt, als wie gerade dieses durch die Vorschrift von den zweierlei, ja dreierlei Geschirren in der Küche, für Fleisch-, für Milch- und für neutrale Speisen. Diese Ausgaben kommen für die Tage des Passahfestes wiederum in dreierlei Gestalt zu einer neuen Auflage. Da muss die jüdische noch so einfache Küche ein ganzes Magazin von allerlei Geschirren bewahren und kommt nicht selten sogar wegen der Räumlichkeit in Verlegenheit. Dazu noch die oftmaligen Irrungen und Fehlgriffe, die durch Verwechslung der Geschirre vorkommen. Andere verbotene Speisen machen uns in der Küche wenig oder gar nichts zu schaffen,

---

[1]) Dieser Gebrauch von Gänsefett wird nur allzuhäufig bei dem Genuss von jungem Federvieh gemacht, anstatt das junge Hühnchen mit Butter zuzubereiten, was doch in der Heimat von R. J. Hagalili unbeanstandet geschah.

denn sie kommen nicht in dieselbe, während Fleisch und Milch, jedes für sich eine erlaubte Speise, beide in der Küche vorräthig, aus Versehen bisweilen vermengt, die Geschirre mit einander verwechselt werden, und dann heisst es anathema sit! Da aber die Gem. den Kanon aufstellt לא אסרה תורה אלא קדרה בת יומא „nur an einem und demselben Tage ist ein verbotenes Geschirr nicht zu benützen", denn der aus einem Geschirre, das nicht an demselben Tage benutzt worden, ausströmende Geschmack sei ein widriger (נותן טעם לפגם מותר) und darum nicht verpönt (siehe hierüber unseren Abschnitt über תערובות), wozu also, zumal in unserer Zeit, bei der jetzt viel allgemeiner herrschenden Sauberkeit, welche die Geschirre nach und vor dem jedesmaligen Gebrauche einer sorgfältigen Reinigung und Bespülung durch warmes und kaltes Wasser unterzieht, wozu dieser kostspielige, für manche Familie schwer erschwingliche Aufwand von zwei- oder dreierlei Küchengeschirren, Töpfen und Tellern, Löffeln und Messern, etc. etc. bis auf zwei- und dreierlei Tischdecken?! Und ist dabei irgend ein Versehen, eine Verwechselung vorgekommen, so hat dies nach der talmudischen Ausspintisirung oft die Werthlosigkeit und Unbrauchbarkeit der bereiteten Speisen und bisweilen auch der Geschirre zur Folge. Ist man da nicht mehr, als irgendwo zu dem rabbinischen Verurtheilungsspruch berechtigt: עד מתי אתם מכלין ממונם של ישראל „Wie lange noch wollt ihr israelitisches Gut und Vermögen so rücksichtslos vernichten?!

Und nun zum interconfessionellen Gesichtspunkt.

Es wurde am Eingange dieser Abhandlung bemerkt, dass dieser Gesichtspunkt am Schluss über sämmtliche Speisegesetze seine Erledigung finden soll. Bei dem vorliegenden Speisegesetze kann ich mich indessen schon hier aussprechen und muss leider constatiren, dass gerade dieses jüdische Speisegesetz mehr noch, als jedes andere den Sarkasmus, die Satire provozirt. Ein Volk wird zum Theil nach dem innern Gehalte seiner religiösen Verordnungen und Riten beurtheilt und geschätzt.

Also in der That, dieses jüdische Speisegesetz, wie es soeben mit allen den weit ausgesponnenen Minutiositäten gezeichnet wurde, wäre nach den Worten unseres grossen Gesetzgebers und Lehrers

„unsere Weisheit und unsere Vernunft vor den Augen der Völker, dass sie, wenn sie alle diese Satzungen vernehmen, ausrufen werden: „Nur dieses grosse Volk, Israel, ist eine weise und vernünftige Nation!" העמים לעיני ובינתכם חכמתכם היא כי (5 M. 4, 6). Nein, „nur", so spricht der streng orthodox-talmudische R. Sal. Jizchaki, „wenn Ihr sie nach ihrer Wahrheit (nach ihrem Wesen und Geiste) ausübt, werdet ihr als weise und vernünftig gelten; übet ihr sie hingegen in abschüssiger, verschrobener Weise, weil ihr das wesentliche Motiv, das bewegende geistige Moment der Satzung vergesset, so werdet ihr als Thoren betrachtet werden". ונבונים חכמים תחשבו אמתתם על ותעשום אותם תשכחו שלא או שוטים תחשבו שכחה מתוך אותם תעשו ואם. In ähnlicher Weise spricht sich Maimon., freilich in einem andern Zusammenhange und in anderer Richtung aus (Commentar zu Synhedrin 11. Mischnah Chelek) האלה החקים כל את ישמעון אשר התמימה בתורה אמר השי"ת שכשומעי' ...... הזאת וחבת הזה הגדול הגוי ונבון חכם עם רק אמרו. Also הזה הקטן הגוי ונבל סכל עם רק אומרים האומות שאר איתו. Maim. sagt: „Gott selber rühmt von seiner heiligen Lehre, wenn die Völker von ihr hören, werden sie ausrufen: „Wie ist doch diese grosse Nation so weise und vernünftig! Es giebt aber eine Art von Theologie, von der die Völker, wenn sie davon hören, ausrufen werden: „Wie thöricht und abgeschmackt ist doch diese kleinliche Nation!" Ich glaube, das trifft hier vollkommen ein, sapienti sat.

Ja, dahin ist es wirklich gekommen, dass Nichtisraeliten dieses ursprünglich so weise, so vernünftige, aber durch jene Fiktionen minutiöser, rabbinischer Küchenfrömmigkeit, die sich für Religion und theol. Gelehrsamkeit ausgiebt, bis zur Unkenntlichkeit entstellte Gesetz nur mitleidig bespötteln. Nicht den שטן und die העולם אומת (¹) (וכו' הזאת המצוה מה ישראל את מינין ואי"ה השטן), nicht die Schuld und vielleicht auch Paulus Fagius und die andern Judenfeinde ²,) nein, den gelehrten Spencer, der sich sonst über so

---

¹) „Der Satan (alias Antisemit) und die Heiden necken, höhnen Israel ob dieser Satzung."

²) Der rabiateste Antisemit, der es darauf anlegt, das Judenthum lächerlich und verächtlich zu machen, könnte uns keinen schlimmeren Dienst erweisen, als der Lehrer des bezüglich rabbinischer Observanzen

manche mos. Institution mit gebührender Achtung äussert, will ich über diese rabbinisch scrupulöse Küchenreligiosität und Geschirrfrömmigkeit hier sprechen lassen: „Eo stultitiae deventum est hodie (apud Judaeos), quod vasa duplicia, cultros duos, duo etiam salina, duo etiam pro utrisque mantilia comparent etc.

Schliesslich noch etwas über die Behandlung dieses Verbotes bei den Karäern.

Karäer.

Im כתר תורה sagt Ahron b. Elijahu: הנראה, מבח הפשט שהכתוב אסר לאכול הפרח בחלב אמו על צד החיסה והרחמים כדרך אותו ואת בנו ולא תקח אם על הבנים. Gegen eine andere Meinung äussert sich dieser Karaite also: ואם הכונה כן מה טעם אמו עד שנלחצי חלוף אל"ף בעין !! ואמרו שהטעם עמו So willkürlich verfährt Mancher mit Gottes Ehre, mit Gottes Wort!

Delitzsch referirt (L. B. des Orients I. Jahrg. 1840 Nr. 30) „Man vermisst bei Ahron b. Eliah dem Jüngeren in s. Dine Schechita eine Erläuterung über גדי בחלב אמו, welche er Ibid. Abschn. V, Cap. I später zu geben versprochen, dass aber in dem Werke אדרת אליהו diesem Gegenstande ein besonderes Capitel gewidmet ist". Mir ist leider dieses Hauptwerk nicht zugänglich geworden, dagegen aber der קצור עין השחיטה מספר אדרת אליהו wie er im דד מרדכי Wien 1830 abgedruckt ist. Ich finde nun, dass betreffs der praktischen Behandlung dieses Verbots bei den Karäern Verwirrung und Widersprüche im höchsten Grade herrschten, dass sie hier ganz besonders ihrem Princip, einer möglichst treuen Handhabung des Schriftwortes, untreu geworden und zuletzt hier ganz den rabb. Standpunkt einnehmen.

---

als eine der vorzüglichsten Autoritäten dastehenden מהר"ל. Jener Lehrer ertheilt einem grossen Unbekannten überschwengliches Lob, der die äussere Werkheiligkeit so weit trieb, dass er nicht in einem und demselben Zimmer (nicht einmal Hause) Milch- und Fleischspeisen verzehrte. Brachte ihm ein Nichtisraelit Wasser, so musste er sich in ein reines weisses Gewand hüllen, während er das Wasser reichte und brachte, (denn er konnte zuvor mit Fleisch und Milch sich befasst haben). Ja, wahrlich, nicht nur die Weisheit, oft ist auch die Thorheit staunenswerth! (Siehe לקיטי מהרי"ל am Ende).

Während beispielsweihe im לבוש מלבית ed. Neubauer S. 41
es echt karäisch lautet[1]) חכמינו ז"ל קיימי כפי עצם הכתיב שדוקא
בהלב אמו אסור, lesen wir im אפרין S. 24: וממאמר לא תבשל
גב"א אסור לאכול הבשר עם החמאה והלב לפי דעת חכמינו הבשר
ברא שיש לי חלב כון ג' מיעם הביתיים וחיות. Dies geht zum Theil
über den Talmud hinaus, wo doch nach R. Akiba בשר היה בהלב
biblisch nicht verboten ist. Dagegen wird auch hier consequent
בשר עוף בהלב entschieden ausgeschlossen.

In dem oben erwähnten אדרת . . . . קציר heisst es im
20. Abschnitt: במאמר לתהב"א איסור זה משפט אחד כין בבהמות
בין בחיות וטעמו ידוע שאסור לבשל הפרה בהלב אמו כי כן מנהג הכתוב
גם בשאר המצות שיוכיר דבר א' והשאר בכללן. Nach dieser Motivirung שאסיר לבשל הפרה בהלב אמו muss man aber annehmen,
dass immer noch das בהלב אמו streng beachtet wird und das
junge Wild nur in der Milch des Mutterwildes zu bereiten
verboten ist. Es wird daselbst fortgefahren: וממה שאמר הכתוב
תאסר גם האכילה דוגמת מה שנא' איתי ואת בני וגי' אשר אין הרצין
כי לאסור השחיטה לבדה אלא גם האכילה כבה אין הרצון בלא תבשל
לאסור הבישול לבדו אלא גם האכילה[2]) וזה המשפט מתהפך לאסור
בשר העקר בחלב הפרה ....והבמי הקראים מדיוק הכתוב ממה שכתוב
בחלב אמו פסקן ואמרו אסור לאכול יחד חלב עם הבשר שהוא חלב
אמו אבל בשר עם חלב שהוא ידיע בביאור שאינו חלב אמו אין צד
איסור באכילתי.

Nun aber folgt auf diese rationelle, schriftmässige Auffassung doch wieder die Schwenkung zum Rabbinismus: ואני העני
לא כן אדמה ...אמנם דעתי נוטה בלאי זה לדעת ב"ה מאכילת בשר
עם הלב בכלל, כי גם חכמינו ע"ה מודים שהדבר שישופק באסור חייב
לעמיד מאכילתו[3]) והמחמיר אשריו וטוב לי. Also acceptirt bis

---

[1]) Betreffs des Geschirres, worin אמ בהלב גד' gekocht wurde, beobachten sie jedoch dieselben Vorschriften, wie die Rabbineiten.

[2]) Ist hier nicht das Verbot des „Essens" weit einfacher, rationeller, viel einleuchtender erschlossen, als durch die verzweifelten, mehr
erzwungenen, equilibristischen Schwungschlüsse in der Gem. Chul. 114
und 115, die namentl. (s. oben) R. Aschi, R. Lakisch und R. Jehudah
produciren?!!

[3]) S. was ich über diese übertriebene ängstliche Befürchtung bemerkt habe, s. oben S. 60 in den beiden Noten. Vielleicht ist es nicht

selbst auf das rabbinische זהמחמיר תבוא עלין ברכה. So bemerkt
denn auch Geiger (Wissenschaftl. Zeitschr. Bd. II, S. 117): „Das
Verbot, das Zicklein in der Milch der Mutter zu kochen, erweitert
sich doch endlich auch unter der Hand der Karäer, ohne Hilfe der
(vorgeblichen) Tradition, zu einem völligen Verbot, Milch mit
Fleisch zusammen zu essen". Doch glaube ich, wird wohl auch
hier noch, an der alleräussersten Grenze angelangt, dennoch בשר
בחלב עוף bei ihnen von dem Verbot ausgeschlossen bleiben.

Statistik über das fragliche Verbot.

Die einfachen, klaren fünf Wörtchen der Schrift לא תבשל
גדי בחלב אמו wuchsen in der Gemara zu 27—28, sage: gegen
28 Folioseiten an, dazu rechts und links fortlaufende weitschichtige
Commentare Raschi und Tossaph. Der Schulchan aruch hat unser
schlichtes Verbot zu 11 Abschnitten und 62 Unterabtheilungen
ausgesponnen, von der Legion anderer Schriftsteller und Responsen auf diesem Gebiete zu schweigen. So wurde aus einem
Ameisenhügel eine lange Kette himmelstürmender Berge geschaffen.

Ueber den Tag, an dem ein Ueberfrommer neue ceremonielle
Schwierigkeiten häufte, äussert sich die Thoss. Sabbath 1, אות
הזום היה קשה לישראל כיום שנעשה בו העגל, denn verbietet und
erschwert man das Leben unnöthigerweise, so beachtet das Volk
auch das nicht, was wirklich verboten ist[1]).

zu gewagt, hier die Interpolation irgend eines allzueifrigen Rabbaniten
zu argwöhnen.

[1]) Hüte Dich, ruft jener Weise aus, den Gartenzaun höher als die
Bäume zu machen. Kommt einst ein Sturm, bringt er den Zaun zum
Falle, und zerschlagen und begraben liegen die Bäume neben ihm.

III

תלב ורם.

Fett[1]) und Blut.[2])

Von גיד הנשה, das kein Verbot, sondern eine Gepflogenheit enthält, von בשר בחלב, das so vieldeutig, vom Talmud aber am

---

[1]) Die Uebersetzung „Fett" ist nicht ganz correct, da unter der Substanz, über die hier verhandelt wird, lediglich Inschlitt zu verstehen ist.

[2]) Aus den beiden vorangehenden Artikeln גיד הנשה und בשר בחלב hat der Leser ersehen, dass ich den Talmud nicht verhimmele, nicht für ein unfehlbares, sondern bei Anerkennung alles Schönen, Gediegenen und Vortrefflichen in ihm, doch für ein vielköpfig-menschliches, daher mit vielen Mängeln, Fehlgriffen und Irrthümern behaftetes Werk betrachte, was jedem unparteiischen Talmudisten einleuchten muss; ein Werk, unter den eigenthümlichsten, ruhige Gedankenarbeit und massvolle Gesetzgebung oft nicht gestattenden Verhältnissen, von mehreren Hunderten von Männern verfasst, die in verschiedenen Zeitepochen, in verschiedener Herren Länder lebend und verschiedentlich beeinflusst, je nach ihren verschiedenen Fähigkeiten, Charakteren und selbst Temperamenten ihren Ansichten und Principien Geltung zu verschaffen suchten. Sie waren nicht etwa alle in der Bibel gut bewandert. So finden wir u. A., dass kein Geringerer, als R. Chija, nach Succah 20a dritter Wiederhersteller des israelitischen Gesetzes, befragt, warum die Zehngebote im fünften Buch „Moses" einen vom zweiten Buch „Moses" mehrfach abweichenden Wortlaut haben, naiv erwidern konnte: „Statt mich darnach zu fragen, frage mich vielmehr, ob ein verschiedener Wortlaut statthat, denn ich weiss das gar nicht." Ein anderer gesteht offen und freimüthig, dass er, so und so alt geworden, doch noch nicht gewusst habe, dass zunächst, statt Grübelei und Deutelei, der eigentliche, einfache, wahre Wortsinn der Schrift zu erfassen und zu beherzigen sei. Zur Befähigung eines Synhedrialmitgliedes gehörte angeblich, es durch

wenigsten richtig aufgefasst ist, von dem unbestimmt und dunkel[1]) zum bestimmt und klar in der Schrift ausgesprochenen Verbot von חלב זה[2]).

sophistische Dialektik fertig zu bringen, ein שרץ (Reptil) als im Pentateuch selbst erlaubt erscheinen zu lassen. (Synhedr. 17a vgl. das. Tham). Einem hervorragenden Talmudisten wird sogar nachgerühmt, dass er für diese equilibristische Sophistik nicht weniger als 150 Argumente in's Treffen zu führen wusste (Erubin 13b).(s. o. S. 102). So wird man es mir nicht verübeln, wenn ich den Talmud die „Schraube ohne Ende" nenne; aus ihm und nach ihm kann man alles Mögliche und Unmögliche und noch etwas mehr beweisen. Es thut mir herzlich leid, es schmerzt mich tief, dass ich mit meinen Worten den Talmud-Enthusiasten, um nicht zu sagen: Vergötterern, meinen Collegen im Amte zumal, Verdruss bereite; aber amicus Plato, sed magis amica veritas. Ich bin nicht so anmassend, mir das Erfassen der objectiven Wahrheit zu vindiciren, ich begnüge mich, von der subjectiven Wahrheit, meiner inneren Ueberzeugung, zu sprechen. Nicht nur unsere von Gott gesandten Seher, sondern selbst ein heidnischer Prophet, 4 M. 22, 38, wollte ja nur das verkünden, was der Herr in seinen Mund gelegt. Mag man mich nach bestem Wissen und Gewissen mit ehrlichen Waffen, mit der Wissenschaft cum studio, aber sine ira widerlegen, ich werde gewiss nicht auf dem קבלו דעתי beharren, aber nicht mit Kränkungen, Schelten und Verunglimpfungen kommen. Die Versicherung kann ich geben, dass, wenn ich als praktischer Theologe in meinem Amte, nicht um meine individuelle Ansicht, sondern nach der Entscheidung des recipirten Codex befragt werde, ich diesen ebenso befrage, resp. darnach entscheide, wie irgend einer der hyperorthodoxesten Rabbiner. Die pharisäischen Synhedristen vertrauten dem Hohenpriester, wenn sie auch argwöhnten, er könnte vielleicht ein Saducäer sein, dass er als gewissenhafter Mann in ihrem Sinne, nach ihrem Auftrage am Versöhnungstage fungiren wird. Ich meinerseits halte aber auch nach meiner innersten Ueberzeugung im Sinne der Schrift manches verboten, was der Talmud gestattet, wie sich's an einigen Fällen weiter unten zeigen wird. Man soll mich darum nicht nennen ein בית דין של שריא.

1) Dunkel gemacht durch die vielen gewundenen extravaganten, divergirenden Deutungen und Weiterungen der talmudisch-rabbinischen Epochen, an sich aber ist es klar: „koche nicht das Junge an oder in der Muttermilch." Denn andererseits hätte der bibl. Schriftsteller formuliren müssen: לא תאכל בשר מבשל עם חלב „Du sollst nicht essen Fleisch mit oder in Milch gekocht oder bereitet."

2) Ein kleiner Appendix zu dem von uns früher behandelten Thema von בשר בחלב mag hier noch eine Stelle finden; man höre die feine

Wir führen beide unter einer Rubrik auf, weil sie nach mehreren
Gesichtspunkten in naher Verwandtschaft mit einander stehen, sie
werden in der Schrift ausdrücklich als Speiseverbote und öfter un-

Ironie eines hervorragenden Philosophen und Theologen, eines Com-
mentators des Maimon. aus dem 13. Jahrhundert. Joseph Kaspi in seinem
Vermächtniss, Offenbarung seines letzten Willens an seinen Sohn, sagt:
„Ich will dir zuletzt noch eine Wahrheit mittheilen: „In meiner Jugend
habe ich mir wohl einen grossen Theil des Talmudinhalts angeeignet,
aber, o, ich Sündenbelasteter, habe es zur Kenntniss aller Decisoren
(פוסקים) nicht gebracht; aber jetzt bin ich alt, ein hochbetagter Greis,
und muss über rituelle Usancen bei den Rabbinen Belehrung aufsuchen,
wenn diese auch jünger sind als ich. Warum sollte ich mich dessen
schämen? Man kann doch nicht in allen Wissenschaften Meister sein!
Einstmals feierte ich ein Familienfest, ich lud meine Freunde zu reich
besetzter Tafel, da hatte aber die vermaledeite Magd den Milchlöffel in
den grossen Fleischtopf gesteckt. Ich konnte das grosse Problem (s.
Gem. Chul. 108), ob der ganze Löffel oder nur, was er jemals an Milch
eingesogen, als corpus delicti zu behandeln sei, nicht lösen; verdriesslich
und betrübt, hungrig und durstig begab ich mich zu einem der anerkanntesten Rabbinen der Gemeinde. Dieser sass gerade mit seiner
Familie, die sich allesammt bei Speise und Trank gütlich that, gemüth-
lich bei Tische, ich aber wartete an der Hausthüre, bis der Abend herein-
brach; ich war schon ganz erschöpft, dem Umfallen nahe, da bekam ich
dann ganz speciell Antwort und Bescheid. Nach Hause zurückgekehrt,
wo die verschmachtenden Gäste sehnsuchtsvoll meiner harrten, berichtete
ich ihnen von dem Vorgefallenen. Ich empfand darüber kein Schmerz-
gefühl, dass ich kein Meister der fraglichen Wissenschaft, aber in mancher
andern bewandert bin. Ich denke, das richtige Verständniss eines Bibel-
verses oder Erkenntniss und Begründung der Beweise vom Dasein Gottes,
seiner Einheit und dergl. andere Erkenntniss könnte doch wohl einigermassen der Wichtigkeit der Gelehrsamkeit bezüglich des Milchlöffels,
der mit dem Fleischtopfe in Collision gerathen, das Gleichgewicht halten.“
Vielleicht möchte auch hierher gehören, was der um das Jahr 1100
lebende, von Mit- und Nachwelt hochverehrte, mit dem auszeichnenden
Epitheton ha Chassid der „Fromme“ geschmückte, gelehrte Religionsphilosoph in seinem unsterblichen Werke חובת הלבבות mittheilt, dass
einem übereifrigen Frömmler, der über minder wichtige Ritualien Aufschluss verlangte, von dem befragten wirklich Frommen und Gelehrten
die beschämende Antwort gegeben wurde, ob er sich denn schon mit
dem wahrhaft Grossen, Herrlichen, Versittlichenden in der Religion vertraut gemacht, dass er sich bereits mit Nebensächlichem beschäftige.
Sapienti sat. Wahrlich ein Avis für Ultra- und auch Neuorthodoxie.

mittelbar neben einander aufgeführt 3. M. III.. 17: בָל חֵלֶב וְכָל דָּם לֹא תֹאכֵלוּ, beide wurden als wesentliche Opferobjekte für den Altar verwandt, bei beiden, weil sie eben für den Altar Verwendung fanden, trat eine von den anderen Speiseverboten verschiedene, verschärfte Strafe der Uebertretung ein, nämlich, כָּרֵת was nur noch bei dem Genuss von חָמֵץ am פֶּסַח angedroht wird. Beide ziehen sich, vom ersten Momente der Einsetzung eines Altars und der Begehung des öffentlichen Opferkultus bis zur visionären Verheissung eines dritten Tempels der Zukunft durch Ezechiel, unter den verschiedensten Phasen, wie ein rother Faden in unzertrennlicher Gemeinschaft durch den ganzen alten Tempelkultus. 2. M. 29, 12 und 13, 3. M. 17, 6 u. a. Siehe auch Ezech. 44, 7 u. 15· (Nur 2. M. 24, 5 ist bei einer Bundesfeier von Blutsprengen die Rede, ohne dass einer etwaigen Verwendung der Fettstücke erwähnt wird; diese Relation betrifft aber einen Akt vor der Errichtung eines eigentlichen Heiligthums.)

Wir beginnen wiederum mit dem religiösen Gesichtspunkte, um durch die Exegese die Wesenheit, die wahre Bedeutung und dadurch erst auch den Umfang des Verbotes zu finden. Da aber die Schrift selber beim Blutverbot nachdrücklicher, eindringlicher und betreffs des Umfanges, zum Theil auch der Motivirung, deutlicher ist, als beim Verbot des Fetts, so werden wir, wie wir begonnen, vom weniger Bestimmten und Klaren, vom Verbot des חֵלֶב, später zum Verbot von דָּם übergehen.

Wir sprechen also zuerst III. von חֵלֶב „Inschlitt."

Religiöser Gesichtspunkt.

Die Schrift selber scheint allerdings keinen Grund für das Verbot חֵלֶב anzugeben, sie befiehlt ganz einfach 3. M. 3, 17 כָל חֵלֶב וְכָל דָּם לֹא תֹאכֵלוּ „Ihr sollt kein Fett und kein Blut essen." Aber es scheint blos so; das Motiv ist wohl angegeben oder doch aus dem unmittelbar vorangehenden Vers gar nicht zu verkennen, wo es nach den Anordnungen für die verschiedenen Arten des Friedensopfers זֶבַח שְׁלָמִים, nach der Verwendung der verschiedenen Fettstücke heisst: וְהִקְטִירָם הַכֹּהֵן הַמִּזְבֵּחָה לֶחֶם אִשֶּׁה לְרֵיחַ נִיחֹחַ כָּל חֵלֶב לַד׳ „Der Priester lasse sie (die Fettstücke) in Rauch aufsteigen auf

dem Altar; ein Feueropfer zum angenehmen Geruch ist ja alles
Fett dem Ewigen."[1]) Ist zwischen diesen soeben citirten Worten
und dem unmittelbar nachfolgenden Verbot: „Alles Fett sollt ihr
nicht essen" nicht ein innerer Zusammenhang zu erkennen? Weil
nämlich alles Unschlitt zu einem Gott wohlgefälligen Opfer bestimmt ist, darum sollet ihr Menschen es nicht verzehren. Was
wir hier blos als sehr wahrscheinliche Erklärung annehmen, das
stellt Pseudojonathan sogar als apodiktische Gewissheit hin, denn
er paraphrasirt: כל תרב וכל אדם לא תיכלון על גבי מדבחא יתקרב
לשמא די"". Das Beste an einer Sache wird in der Schrift sehr oft
als חלב Fett bezeichnet. 4. M. 18, 12. כל חלב יצהר וכל חלב
תירוש „das Fett (d. h.) das Beste des Oels und des Mostes. 1. M.
45, 18 ואתנה לכם את טוב ארץ מצרים ואכלו את חלב הארץ. „Ich
werde Euch das Beste des Landes Egypten geben, ihr sollet das
Fett des Landes geniessen." Onkelos: טובא דארעא ותיכלון Raschi
כל חלב לשון מיטב הוא.[2]) 5. M. 32, 14. „Er liess Israel geniessen
Milch der Schafe sammt dem Fett des Mastviehs . . . und dem Nierenfett
des Weizens" Ps. 81, 17. „Er liess es geniessen Fett des Weizens
und mit Honigseim[3]) labe ich dich" lies מצוף דבש statt מצור דבש.

Weil also das Fett das Beste am Thiere, ist es des Herrn
lieblichstes Opfer.[4]) (Die Israeliten opferten es leider auch den
Götzen 5. M. 32, 38 אשר חלב זבחימו יאכלו „sie (die Götzen) ver-

---

[1]) Nach der Accentuation, die bei המזבחה, nicht bei ניחח, das
Haupttrennungszeichen (Etnach) hat, kann der Vers nur so übersetzt
werden, dass die Worte כל חלב das Subjekt und אשה ריח ניחח das
Prädikat in einem und demselben Satze bildet.

[2]) 4. M. 18, 32 חלבו übersetzt Onkelos שופריה, synonym mit טוב ibid.
V. 12.

[3]) Es sei mir gestattet auf eine Conjectur צוף statt צור aufmerksam zu machen, die sich durch den Parallelismus מחלב חטה sehr
empfiehlt. Vergl. jedoch 5 M. 32, 14. צור מחלמיש, ייקרו דבש מסלע ושמן מחלמיש צור,
wo das ם entschieden lokale Bedeutung hat. Vielleicht aber ist die
falsche Lesart מצור statt מצוף aus 5. M. 32 entstanden.

[4]) Weil an den Schafen des Orients auch der Schwanz (אליה) sehr
fett (nach Rosenmüller „Morgenland" II S. 119 wiegen die Schwänze
mancher Schafe über 50 Pfd.) und delikat ist, wird auch dieser für den
Altar bestimmt. (2 M. 20, 22. 3 M. 3, 9 und an noch drei Stellen) A.
b. E: לא הזכירה אליה אליה לא בבשש כי הכבשים באריץ ישראל יש להם אליה גדולה.

zehrten das Fett ihrer (der Israeliten) Opfer.") Darum lässt die
Schrift schon den Abel Fettstücke opfern und von Gott wohlgefällig
aufnehmen. (1. M. 4, 4). Der Mensch soll also das nicht verzehren,
was dem Altare Gottes gebührt und geweiht ist[1]).

Deutlicher noch ist dies Motiv zu erkennen an der zweiten
Stelle, wo das Verbot des Fettgenusses vorkommt, nämlich 3. M.
7, 23 und 25. כי כל אבל חלב מן הבהמה אשר יקריב ממנה אשה
לד' ונכרתה הנפש האכלת מעמיה. „Jeder, der Fett geniesst von dem
Vieh, wovon er[2]) Feueropfer dem Herrn darbringt, der werde ausgetilgt aus seinem Volke." Wird nun diese Motivirung als die
richtige anerkannt, so leuchtet von selbst ein, dass der Genuss von
חלב nur verboten ist, inwiefern es ein Object des Opfers, oder
höchstens, so lange die Opfer überhaupt in Gebrauch waren.[3]).
Noch einleuchtender wird dies durch den Umstand, dass unmittelbar nach den citirten Worten und gleichsam im Gegensatze zum
bedingten Verbot des Fettgenusses das unbedingte Verbot des
Blutgenusses gesetzt wird, ibid. V. 26 כל דם לא תאכלו בכל משבתיכם
לעוף ולבהמה. Man wende nicht ein, auch von חלב heisst es ja
früher V. 23 ganz allgemein כל חלב שור וכשב ועז לא תאבל:
denn (wie häufig in der Schrift) es folgt hier auf den — כלל der פרט,
das ist hier der einschränkende V. 25: er erklärt näher, dass das
früher allgemein lautende Verbot dahin einzuschränken ist, dass es

---

[1]) S. weiter unten. Knobel (Exeget Hdb. zu 3 M. 3) sagt: „Wollte
man Jehovah nicht alles, sondern nur einen Theil weihen, so konnte die
Wahl blos auf das Fett fallen. Als der ständige Opferantheil Gottes
hatte das Fett der Opferthiere eine besondere Heiligkeit und durfte vom
Hebräer nicht genossen werden." Wurde ja ebenso der profane Gebrauch
des heiligen Salböls mit der כרת-Strafe bedroht.

[2]) Es heisst nicht אשר יקריבו ,,woron man opfert", sondern יקריב
,,woron er opfert". Dies möchte noch mehr dafür sprechen, dass das
Fettverbot nicht einmal solange der Opferkultus bestand, auf alle opferbaren Thiere Anwendung findet, sondern nur auf die wirklich geopferten
Thiere. Irrthümlich finde ich Sifra ed. Weiss יקריבו citirt; ebenso auffallend in mehreren mir vorliegenden Ausgaben des A. b. Esra, auch im
בתר היה des A. b. Eliah.

[3]) Andernfalls durfte der deutlichere Ausdruck כי כל אבל מהם חלב
oder מהמחלבן erwartet werden, wodurch ausser der gewonnenen, unbezweifelbaren Bestimmtheit noch fünf Worte wären gespart worden.

nur bei den Thieren, die für den Altar bestimmt, Anwendung findet.
Jetzt erst wird uns auch V. 24. erklärlich, der sonst ganz unverständlich ist: וחלב נבלה וחלב טרפה יעשה לכל מלאכה ואכל לא
תאכלהו: „Fett von Gefallenem oder Zerrissenem darf für jede Beschäftigung verwendet, aber nicht genossen (gegessen) werden."
Wozu bedurfte es des Speiseverbotes für Fett von Gefallenem oder
Zerrissenem, wenn das Fett überhaupt verboten ist? Ist das Fett
aber nur משום הקרבה לגבוה, weil es für den Altar bestimmt ist,
verboten, dann beantwortet sich die Frage sehr einfach: als Fett
an sich wäre das Fett von Gefallenem oder Zerrissenem nicht verboten, da es nicht opferbar, aber es ist verboten, weil נבלה וטרפה
nicht gegessen werden darf.[1])

Einen anderen durchschlagenden Beweis für unsere Auffassung
finden wir im 5. M. 12, 20, wo nicht vom Opferfleisch קדשים,
sondern vom Fleisch zum profanen Gebrauch חלין, dort בשר תאוה
genannt, die Rede ist. Dort wird nämlich für den Fleischgenuss
keine andere Einschränkung aufgestellt, V. 15 und 23, als das
Blut nicht zu essen, רק חזק לבלתי אכל הדם, sonst kann es gegessen werden כצבי וכאיל (V. 15 und 23) wie Hirsch und Reh,
die, weil sie überhaupt nicht opferfähig sind, stets mit sammt dem
Fett verzehrt werden[2]). Ja, während in diesem Capitel das Blut-

---

[1]) So viele Schwierigkeiten übrigens V. 24 immer noch hat, so bietet
obige Lösung mir immer noch die meiste Befriedigung. A. b. Esra's Erklärung
ist zwar so ziemlich dieselbe, aber doch nicht so acceptabel dargestellt.
Auch die Paraphrase des sogen. Jonathan stiess sich an V. 24, suchte aber
die Schwierigkeit durch Trübung des einfachen Sinnes zu heben, nämlich
durch den Zusatz בזמן דחיא חיא מדברא תהכ על מדבחא ומיכל לא תיכלוניה. Der Glossator des Jonathan am Rande hat diesen nicht verstanden.
Vielleicht hebt sich auch die ganze Schwierigkeit, wenn der ganze Nach-
druck auf יעשה לכל מלאכה gelegt, das ואכל לא תאכלהו nur als neben-
sächlicher unnöthiger Beisatz, Parenthese, genommen wird. Denn ich
möchte behaupten, dass das Fett eines Opferthieres auch לבלאה verboten war. Verschweigen will ich auch nicht, dass der Karäer A. b.
Elijah von seinem Standpunkte aus die Schwierigkeit damit befriedigt
löst: „es trete hier zu dem gewöhnlichen Verbot von Nebelah und Trefah
noch die Kareth-Strafe hinzu."

[2]) Und führen wir doch den Beweis etwas directer. Die Rabbinen
selbst gestatten das Fett des erlaubten Wildes, freilich weil die Schrift

verbot beim profanen Fleisch vier Mal eingeschärft wird, zuletzt noch V. 25 mit der Verheissung למען ייטב לך ולבניך אחריך עד עולם, geschieht daselbst des Fettverbotes keine Erwähnung. Es musste, wenn חלב auch von חולין verboten wäre, zur Vermeidung eines, wenn es anders ein solches wäre, doch so nahe liegenden, Missverständnisses hier ausdrücklich heissen רק החלב והדם לא תאכלו.

Ich hatte dies Alles niedergeschrieben nach eigener ausschliesslich selbstständiger Auffassung; ich nahm blos die Bibel zur Hand und liess mich nach dem Grundsatze אין מקרא יוצא מידי פשוטו lediglich vom einfachen Wortsinn und dem inneren Zusammenhange der Verse leiten, ohne mein Urtheil vorweg durch irgendwelche Autorität beeinflussen zu lassen, und so verfahre ich betreffs des exegetischen Gesichtspunktes bei sämmtlichen Speisegesetzen. Ich lasse vor Allem ohne jede Voreingenommenheit meinerseits durch irgend einen Schriftausleger die Schrift selber sprechen. Hinterher erst schlug ich die Exegeten nach, und ich wurde in meiner Auffassung nicht wenig bestärkt, als ich bei A. b. Esra nicht blos dieselbe Auffassung, sondern sogar ganz dieselbe Beweisführung, ganz dieselbe Begründungsweise vorfand [1]). Aber auch schon

___

[1]) nur חלב שור וכשב ועז verbietet. Aus welchem anderen Grunde aber verbietet sie das Fett des Gewildes nicht, als weil dieses nicht geopfert wurde?

כל חלב לד' : זה הכלל ואחר שהחלב והדם לגבוה הם אסורים לכם) Und zu seiner Controverse mit einem צדוקי bemerkt er 3. M. 7, 24 wie folgt: כל חלב יגי' גם זה הפסיק דבק עם זבח השלמים והעד כי כל אבל חלב מן הבהמה אשר קריבו (muss heissen יקריב) ממנה להוציא חלב כל בשר שאינני קרב לשלמים הכלל בשר חולין ע''ב הזכיר בפרשה הזאת וחלב נבלה וחלב טרפה יעשה לכל מלאכה. יאכל לא תאכלהו ידוע כי בשר הנבלה והטרפה אסורות תאסור היא הבשר ובעבור שאין החלב קרב לגבי המזבח שמא יחשוב אדם שהוא מותר ע''ב הזהיר ואכל לא תאכלהו ובעבור זה לא הזכיר הדם ובאה זאת הפרשה לבאר עונש האוכל חלב בשר קודש וכן כל רם הוסיף למוך ע''כ חלב העוף מותר והראיה הגמירה בס' אלה הדברים בבשר תאה שהוא חול שאבלנו בלי ולא הוציא רק את דמו לבדו בנ' מקומות ואין זב' להלב כלל. Ich denke, mein Gewährsmann ist diesmal überaus klar und entschieden. Der ganze Disput findet sich wiederholt im Mibchar des Ahron b. Joseph zum Wochenabschnitt ויקרא, von karäischer Seite sehr geschickt geführt.

vor diesem, bei R. J. Halevi (Cusari III. 11), findet sich diese Auffassung[1]), dass חלב darum verboten ist, weil es Opferobject ist. Ich denke, Jeder, der den Pentateuch mit Nachdenken und unbefangen liest, muss von selber auf diese Erwägungen hingeführt werden.

Vergleichen wir zu verdoppelter Verstärkung des Vorgebrachten noch, was A. b. E. zu וכאבי כצבי 5. M. 12, 15 bemerkt: שאינו קרב על מזבח וחלב הצבי גם חלב האיל מותר והגה חוק לדברי Er meint mit diesen letzten etwas räthselhaften Worten, da hier der profane Fleischgenuss ohne jede Einschränkung — Blut ausgenommen — freigegeben wird, wie das Fett des Wildes, das nicht opferfähig ist, so ist damit ein überzeugender Beweis für seine Behauptung zu den beiden Stellen im Leviticus gegeben, dass biblisch auch das Unschlitt der Hausthiere, wenn sie nicht geopfert werden, erlaubt ist[2]). Was er hinzufügt: רק סמכו על קבלת אבותינו wissen wir bei A. b. E. schon richtig zu würdigen; genug, er bleibt sich an allen drei Stellen treu, „nach der unbezweifelbaren Darstellung der Schrift ist der Fettgenuss nur zur Zeit von Opferungen verboten."

Hiegegen könnte man zwar einwenden, dass es 3. M. 3, 17 ausdrücklich heisst: חקת עולם לדרתיכם ,,es sei euch ein ewiges Gesetz." Allein das Wort עולם wird ja, wie allbekannt, in der Schrift nicht buchstäblich, nicht im eigentlichen Sinn gebraucht, sondern sehr oft hyperbolisch 1. Sam. 1, 22 וישב שם עד עולם damit können doch höchstens 50 Jahre gemeint sein, denn so lange

---

1) ויהושמר מדרם והחלב מבני שהם חלק אשי די. Betreffs דם ist hier eine Ungenauigkeit, דם ist ja auch aus einem andern, mit dem Opferwesen nicht zusammenhängenden, Grunde verboten. S. die spätere Note zu Gem. Kid. 37 b. Die Gemara selber macht sich in dem betreffenden Raisonnement derselben auffallenden Incorrectheit schuldig.

2) Wie nichtig ist dagegen das Raisonnement der Gem. Bechor. 15a für das Verbot von חלב bei מיקדשין בעלי ,,mit Leibesfehlern behafteten Thieren" חיל אך הולין חלבן מותר אף מה צבי ואיל חלבן מותה, Wie wird hier nach einem Strohhalm gegriffen, um die gesunde nüchterne Exegese umzustossen. Aber nein! und abermals nein! es wird nicht gelingen, das klar deutliche Wort der Schrift zu Gunsten des bevorzugten Talmud zu verdunkeln und zu entstellen.

9

dauerte die Tempeldienstzeit der Leviten. Der Talmud selber erklärt ועבדו לעולם .2. M. 21, 6, und 5. M. 15, 7 והיה לך עבד עלם
„bis zum Jobeljahr". S. Mechilta zu משפטים und Gem. Kid. 15 a).
והיתה לכם לחקת עולם steht eben sowohl 3. M. 16, 33 und 34
für die Sühne durch den Hohenpriester, welche doch nur während
der Tempelperiode stattfand, wie ibid. V. 29 für das Fasten am
Versöhnungstage. Zu 2. M. 12, 14 וחגתם אתו חג לדרתיכם חקת
עולם תחגהו[1] welche Vorschrift sich auf das eigentliche חג הפסח,
das Verzehren des Lammes, bezieht, bemerkt A. b. E.: ואמר חקת
עולם לדרתיכם ולא אמר בכל משבותיכם כי זו המצוה תלויה
בארץ[2]). Nun aber heisst es bei unserem חלב-Verbot 3. M. 3, 17
allerdings ausdrücklich: חקת עולם לדרתיכם בכל משבותיכם כר
חלב וכל דם לא תאכלו. Und in der That will die Gem. Kid. 37b
lediglich diesen Ausdruck, nämlich בכל משבתיכם, als Beweis dafür
gelten lassen, dass das Fettverbot von Opfer und Tempel ganz unabhängig sei: מושב דכתב רחמנא גבי חלב ודם למה לי? אצטריך
סד"א הואיל ובעינא דקרבנות כתיבי בזמן דאיכא קרבן נתסר חלב ודם[3])
בזמן דליכא קרבן לא קמילן[4]). A. b. E. jedoch hält sich in s.

[1]) Siehe Jalk. Schim. zu Spr. Sal. 9, 2 שבל המועדים עתידין ליבטל —
also auch בסח — שבל הפורים לא בטלים לעולם. Rabbi Elieser nimmt wegen des
חקת עולם auch für יום בפור die Dauer für Ewigkeit in Anspruch, aber
nicht für בסח. Vgl. Sal. Adereth Resp. 93, zwischen אוהרה und הבטחה
unterscheidend.)

[2]) Ebenso befindet sich 3. M. 17, 7 חקת עולם תהיה זאת להם
לדרהם, was sich doch wahrlich nicht auf das unmittelbar vorangehende
ולא יזבחו עוד את זבחיהם לשעירם, sondern auf das etwas frühere
למען אשר יביא . . . את זבחיהם . . . אל פתה אהל מועד וני" bezieht, und
doch ist diese Vorschrift trotz des Ausdrucks חקת עלם לדרהם
von der Schrift selber, veränderter Verhältnisse halber, im 5. B. M.
aufgehoben.

[3]) Aber für das Blutverbot war ja die Cautele durch מושב gar nicht
nöthig, da doch das Verbot von דם, weil ganz anders motivirt, ausdrücklich auch bei בשר חולין hervorgehoben wird. 5. M. 12 (einige Mal) und
3. M. 7, 21 ganz allgemein für דם, während ibid. V. 25 für חלב Einschränkung auf Opfer. Es ist darum das von der Gemara geäusserte
Bedenken für דם ganz unbegreiflich.

[4]) Eine überaus merkwürdige Erörterung über das fragliche Thema
bei R. J. Albo bringen wir weiter unten.

oben angeführten Disput mit dem צדוק׳ן durch diesen Einwurf nicht widerlegt, auch die Worte בכל משבתיכם können ihn von seiner Behauptung nicht abbringen; „denn. sagt er, auch 3. M. 23, 14 bei dem Gebot, vom neuen Getreide nicht zu essen vor Darbringung des עמר, der neuen Gerste als Opferspende, findet sich derselbe Zusatz חקת עולם בכל לדרתיכם בכל משבתיכם, und doch nehmen wir das חקת עולם und das בכל משבתיכם nicht strikte, wir geniessen ja jene Frucht ohne das Opfer zu bringen, weil eben im Exil kein עומר von der Gerste stattfindet; also wäre auch unter unseren Verhältnissen nach der Schrift הלב-Genuss verstattet, weil wir eben keine Opfer darbringen. Ich möchte zur Hyperbel von חקת עולם auch ein Beispiel aus 4. M. 35, 20 beibringen. wo es von dem Gesetz bezüglich des unfreiwilligen Mörders, der bis zum Tode des Hohenpriesters sich im Asyl aufhalten soll, heisst: יהיו אלה לכם לחקת משפט לדרתיכם בכל משבתיכם. Und doch findet ja diese Institution und Alles, was damit in Verbindung steht, nur innerhalb Palästinas und nicht בכל משבתיכם statt, und die Schrift selber bemerkt ja ibid. V. 34 ausdrücklich: ולא תטמא את הארץ אשר אני שוכן בתוכה, und so finden sich auch mehrere Stellen, wo das עולם — ja einmal sogar כל ימי עולם — als eine Hyperbel sich zeigt und die Schrift selber das עולם paralysirt.

Nachmanides sagt freilich von A. b. E. bezüglich unserer fraglichen Materie (דצדיקים) טעית גדולה טעה ר"א בטעותו עמהם הרע לומר מהם und sucht (Abschn. צו Stehw. כי כל איכל חלב) den Beweis unseres A. b. E. von ולחם וקלי וכרמל sophistisch zu widerlegen: es heisse ja nicht in der Schrift ולחם וקלי וכרמל לא תאכלו עד הביאכם את קרבן אלהי אבל האיסור הוא עד עצם היום הזה בלבד ... שתביאו הקרבן כשתוכלו להביא איתי Jedenfalls aber ist doch der vermeintlich stärkste Beweis, nämlich der von בכל משבתיכם, durch das Beispiel von עומר völlig erschüttert und als Hyperbel nachgewiesen, und was A. b. E. als Beweis von בשר האדם 5. M. 12 anführt, ist durchaus nicht widerlegt[1]). Auch lässt

---

[1]) Wir zollen gewiss diesem Heros (Nachmanides) unsere grösste Hochachtung und beugen ehrfurchtsvoll unser Haupt vor dieser Säule

9*

sich einmal 3. M. 7, 25 der zwischen חלב und דם festgehaltene Unterschied nicht verkennen: während das Verbot von חלב dort mit Opfer in Verbindung gebracht wird, spricht die Schrift über Blut das. V. 26 und 27 das Verbot ganz bedingungslos aus.

Fügen wir unsererseits noch einen Beweis für A. b. E.'s Behauptung hinzu: Bei פסולי מוקדשים 5. M. 15, 22 und 23 wiederholt sich das בשעריך תאכלנו . . . רק את דמו לא תאבל aber vom Verbot des Unschlitt wird geschwiegen, weil Unschlitt von פסולי מוקדשים eben nicht geopfert wurde. Wer wird, um die vermeintliche, durchaus nichtssagende Beweisführung des Sifra: אין לי אלא חלב תמימים שכשר ליקרב חלב בעלי מומין מין ת"ל מן הבהמה als Widerlegung dieses unseres Arguments zurückzuweisen, auch nur ein Wort verlieren wollen?

Bleiben wir bei unserem Beweise etwas länger stehen. ich halte ihn für unwiderlegbar. Warum wiederholt die Schrift so oft

des rabbinischen Judenthums, aber in seinem Eifer, die talmudische Theorie des vom Palästina-Opfer unabhängigen חלב-Verbots aus der Schrift selber zu beweisen, hat er bisweilen oberflächliche, durchaus nicht stichhaltige Beweise beigebracht. So wenn er Abschnitt צו zur Stelle כי כל אכל חלב sagt: „Wäre nur das Fett eines Opfers zu essen verboten, wozu bedurfte es im Abschnitt ויקרא des Verbots כל חלב לא תאבלו, da schon unmittelbar vorher geboten ist, das Fett auf den Altar zu bringen, wie sollte man wohl, was dem Herrn gebührt, verspeisen?“ Diese beiden Verse verhalten sich ja aber zu einander. wie bereits bewiesen, wie Grund und Folge: weil das Fett für den Tisch des Herrn bestimmt ist, darum soll es der Mensch nicht verzehren. Ebenso hinfällig ist der Einwand ibid. „למה היצרך להזכיר שיר כשב ושו בי בדיש שלא יבא קרבן אלא מהן. Wenn Nachmanides auf diesen Umstand so grosses Gewicht legt, so halte ich ihm entgegen: Wozu bemerkt die Schrift 3. M. 17, 3 und 4 אשר ישחט שור או כשב או עו להקריב קרבן לה', da man ja überhaupt kein anderes Thier opferte? Nein, das Fettverbot befindet sich an den beiden Stellen, wo es überhaupt nur vorkommt, im engsten Zusammenhange, mit seiner Opferung, es findet hier der engste Causal-Nexus statt. Aber so ruft unerbittlich die logisch-exegetische Stimme, wenn auch das Fett zum Genusse verboten wäre, auch wenn das Thier n i c h t geopfert würde — so doch aber nur während der Opfercultus bestand —, damit die Thiertheile, welche für den Altar bestimmt waren, nicht dem profanen Genuss dienen; aber doch nicht, wenn gar kein Opfercultus mehr besteht!

das Verbot von „Blut" bei חוֹלִין? warum hebt sie nach so oft-
maliger Wiederholung desselben zum scheinbaren Ueberfluss noch
(5. M. 15, 21—23) hervor, dass fehlerhafte Thiere nicht geopfert,
sonst aber, mit alleiniger Ausnahme des Blutes, genossen werden
dürfen? Offenbar, damit man nicht dem Gedanken Raum gebe, dass
das Blut von Thieren, die nicht geopfert werden, zum Genuss erlaubt sei. Müsste nun nicht zur Vermeidung dieses Irrthums auch
beim Unschlitt dieses Verbot hervorgehoben werden, wenn wirklich das Unschlitt der Nichtopferthiere verboten wäre?! Deutlich
und unzweideutig hätte die Schrift, wie beim Blut, auch beim Fett
sagen müssen, dass auch das Fett des mit Leibesfehler behafteten,
also nur zum Profangebrauch geschlachteten, Thieres verboten sei.

Wir recapituliren nun: die Schrift selber motivirt das Verbot
vom Unschlitt mit den Worten 3. M. 3, 16: „Ein Feueropfer zum
Wohlgeruch ist alles Fett dem Herrn," es ist das Beste (wie das
Blut — wovon weiter unten — das Wesentliche, das Lebenselement)
des Thieres. darum כל חלב (וכל דם) לא האכלו, darum gehört es
nicht zum profanen Gebrauch, es ist dem Altar des Herrn geweiht.

Nachdem wir dieselbe Anschauung und Begründung bei A.
b. E. gefunden: כל חלב להי: זה הכלל ואחר שתחלב (והדם) לגבוה
(1 הם אסורים לכם, wenden wir uns an die hervorragendste rabbinische Autorität in der nachtalmudischen Zeit, an den Mann
mit dem Janus-, dem doppelten Kopfe[2]), der in dem einen Werke,

---

[1]) Es verdient hier eine sehr dunkle Stelle bei Saadja אמו׳ ורעות
III, 2 angeführt zu werden: ומתועלת איסר אבילת קצת בעי חים שלא ידמוה
לבורא כי לא יתבן שתחתיב לאבול מה שהוא הומה לו ובי Dr. Fürst sagt in seiner
Uebersetzung S. 203: „Der Zweck, dass Manches von den zum Essen erlaubten Thieren, wie „gewisse Fettstücke", verboten wurde, — liegt
darin, damit der Mensch Gott nicht gleich sein solle und das geniesse,
was ihm geopfert wurde. Denn Gott kann nicht gestatten, das zu geniessen, was nur ihm auf dem Altar gehört." Diese in dem hebräischen
Text höchst dunkle Stelle könnte wohl nur durch Untersuchung des
arabischen Originals, das mir aber nicht erreichbar war, ihre richtige
Erklärung finden. Fürst hat weder der Form, noch dem Inhalte nach
das Richtige getroffen. Wir hoffen, das einleuchtend Richtige in dem
Artikel „Reine und unreine Thiere" zu bringen.

[2]) Maimoni huldigte, wie alle Scholastiker oder Religionsphilosophen
seiner Zeit, der Lehre von der zweifelhaften Wahrheit. Die Philosophie

יד חזקה, strenger Anhänger (vielleicht aber auch, ohne in seinem Innern überall beizustimmen, nur gewissenhafter Epitomator) des Talmud, in dem andern, im spätern, gereiften Alter verfassten מורה נבכים Philosoph, Religionsphilosoph und liberaler Denker ist, also an Maimonides[1]).

Dieser Doctor subtilis, venerabiles geht M. N. III, 48 von der Ansicht aus, alle biblisch verbotenen Speisen seien der Gesundheit schädlich: (?כל מה שאסרה התורה עלינו מן המאכלים מונם מגונה) und behauptet, dass unter den verbotenen Speisen nur die Schädlichkeit des Schweines und des Unschlittes angezweifelt werde: ואין בכל מה שנאסר עלינו מה שיסֻפק בו רק החזיר והחלב.[3]

ist vernünftig, aber die Theologie ist übervernünftig. Der Philosophie wurde nur die Rolle einer Magd zu Theil (naturalis ratio subvenit fidei)· Vgl. hierüber die vorzügl. Schrift, Maywald, die Lehre von der zweifachen Wahrheit (Berlin 1871). Bemerk. des sel. Weissmann.

[1] M. hat seinen Doppelgänger an L. da Modena gefunden, der in seinem שלחן ערוך „Riti" strenger Talmudist, in בחינת הקבלה selbstständiger, unbefangener Denker ist.

[2] מגונה eigentlich „unglimpflich", „widrig". Aber er betont auch bald darauf ausdrücklich das הזק „der Gesundheit schädlich".

[3] Sein wörtlicher Nachbeter ist Eliezer b. Nathan in באמר השכל Ed. Heidenh. 26 b; nur beschränkt Letzterer die Behauptung auf הזיר. Ausserdem giebt er neben dem physisch-sanitären auch ein psychisch-sanitäres Motiv an: דע כי כל דבר המאסר לנו שאין בהם נזק מצד הרפואים שלא היה מזון מגונה ישבש ישבש מזג האדם והבמת מזני יבהישרבש דבר ישתבש שבל ישבע ימי שלא תמצא כלה על מבינה ולבן היה רצוי לאסר ולתו התזיר אשר יש התתפקן על האיסרי. An einer anderen Stelle (S. 21 b) spricht dieser unselbständige, hin- und herschwankende Compilator bald von einem schädlichen Einfluss des Fettes auf die sittlichen, beziehungsweise intellectuellen menschlichen Eigenschaften; bald nach Art der Theosophen und Kabbalisten dunkel, phantastisch, orakel- und sybillenartig in Versen, den Fettgenuss mit der Idolatrie in Verbindung bringend; bald wieder davon, dass das Unschlitt vor allen anderen Opferstücken ausschliesslich dem Altar gehört: מן הידיע שהוא (התלב) מטמטם הלב מהניע אל מעלות האנושיות . . . ילבולי הקבלה סיר באיסר חלב (דם) להתגיג המשך הנפשים בהתבודדם אל עבודת אלהים את'ם מלא דם יש מן נבירהם מאדם דיש בהם (Welch krause Anspielung auf Nahum 2, 4 und Hosea 6 4!) בקר הבדש יהודה המיבה . . . לא העשין אתי אלהי בסף, יאלי דרך קבלה זו נב יבשר באיסד חלב דם ובשר (?) יתן עוד בבסת איבורי חלב דם בעבר היים מוזהרת למובה בכל מבל הקרבנות. Der Sinn des Schlusssatzes ist zweifelhaft, zwei-

Aber er widerlegt diese Zweifel, und speciell vom Fett behauptet
er: „Es überfüllt, schadet der Verdauung, erzeugt kaltes, dickes
Blut, ist darum eher zum Verbrennen (auf dem Altar?) als zum
Verspeisen geeignet. חלב הקרב משביע ומפסיר העבול ומוליד דם קר
(¹מאכילתי ראי יתר היתה ושרפתו מדובק. Also hätte man das
Schlechteste geopfert? Gewiss ist unsere, die entgegengesetzte Ansicht, die richtigere. „Wie? Ruft doch der Prophet aus (Maleachi
1, 7—8): — מגישים על מובחי . . . הקריבהו נא לפהתך הירצך וג׳

Maimon, ist auch in der That mit sich selber im Widerspruch:
anderswo behauptet er das Gegentheil; wenigstens vindicirt er dem
Fett besondere Schmackhaftigkeit und stimmt mit unserer Ansicht
(mit A. b. E.) ganz überein, sie nur noch dahin ergänzend: „Weil die
Begierde, Fett zu geniessen, so stark ist, darum ist der Genuss
mit so schwerer Strafe, mit כרת bedroht. damit nicht durch Ver-
zehrung des Fettes von Seiten des Menschen der Altar seiner Auszeichnung verlustig gehe." M. N. III, 41: ובקצת המאכלות כרת
בדם לרוב האותם האכל לאכיל יען בחלב יש בו כרת למה שיהנו בו בני אדם
(²וכו׳ להגדילו הקרבן בו בבד וכבר (Vgl. unten bei דם unter Maimonides).

deutig, er lautet: לבן. היה יבן להאסר רק בבהמה. Bedeuten diese Worte
„es war darum — wegen der Bestimmung für den Altar — recht das
Verbot חלב nur bei Hausthieren zu statuiren?" Oder ist, wie es die
Consequenz des Zusammenhanges in der Motivirung allerdings erfordert,
der Sinn: „es wäre darum recht gewesen, das Verbot auch für דם nur
auf בהמה zu beschränken? תיק.

1) Ebenso Saalschütz („Mos. Recht" S. 260): „Es ist also offenbar
wiederum die allgemeine Ungeniessbarkeit und „Widrigkeit" des Gegenstandes, die dem Verbote zu Grunde liegt." Also, was für den profanen
Brauch zu schlecht, das sollte für den Altar des Herrn gut genug sein?
Welch widersinnige Conjecturerei, welch' diametraler Widerspruch gegen
die klare Motivirung der Schrift!

2) Nach Nathan b. Jechiel hatte auch der Talmud die Vorstellung!
dass חלב das Beste am Thier und deshalb vorzugsweise für das Opfer
geeignet sei. (s. Aruch unter מר „die talmudische Bezeichnung für
die zu opfernden Fettstücke אימורים stamme von מר Herrscher, dieser
Stücke sind die herrlichsten von allen thierischen Substanzen und auch
am geeignesten auf den Altar des Weltherrschers". למה קראי החלבים
אימורים? שין מירים וארונים על כל האברים ועלים על גב המזבח לחלק אדון

Nachmanides, das Erkennungs- und Unterscheidungszeichen
zwischen verbotenem und erlaubtem Fett, zwischen חלב (Unschlitt)
und שומן (Fetten, Flachse) aufstellend[1]), giebt zugleich das Motiv
für das Verbot des Ersteren an, und das ist ein sanitäres —
(also nicht die klare Motivirung der Schrift selber). — Er sagt:
שומן haftet untrennbar an den übrigen Fleischtheilen, ist warm und
feucht; dagegen ist חלב von den übrigen Fleischtheilen leicht trenn-
bar, ist klar, schwer verdaulich, erzeugt krankhafte Erscheinungen[2]).

R' Ahron Halevi (Chinuch § 47) huldigt dem anderen maimonidischen Motiv, dem diätetischen, von dem er auch bei allen
anderen Speisegesetzen ausgeht: „die Religion wollte bei allen Speisevorschriften unsere Gesundheit vor Schädigung bewahren[3]), das
Fett sei starr, erzeuge verdorbene Säfte"[4]). Doch erinnert er schon
einige Zeilen vorher, dass bei dem Zusammenhang, in welchem
die Seele mit dem Körper steht, — welcher deren Organ ist, auch
diese von den Speisen, je nach deren Beschaffenheit, mittelbar durch
den Körper beeinflusst werde. Neben dem physisch-sanitären
also auch ein psychisch-sanitäres Motiv.[5])

המולה. Rappoport dagegen leitet אימורים aus dem Griechischen ab ἱμερος
oder ἱμερόεις = desiderabilis, also wiederum das Beste (E. Milin 56).

[1]) Unterscheidungszeichen zwischen חלב „Unschlitt" und שומן
„Fett" führt schon die Gemara an (s. weiter unten).

[2]) והנפרד מן הבשר כמו אשר על הכליות קר וגם גם יובה יקשה להתעכל
באסטומבא וממהר לכליות יולד לתה לבנה.

[3]) Wie kann nur ein so ernster gewissenhafter Schriftforscher
einen so vagen Ausspruch thun? Wie verschieden sind doch die Motive
für die verschiedenen Speiseverbote! (S. oben Vorwort S. 6 und 7). Bei
Fettverbot zumal ist doch das cultuelle Moment הקרבה לגבית in der
Schrift selber angegeben. Und warum haben die Rabbinen, wenn nicht
dies das Motiv des Fettverbots, das חלב des Embryo שליל nicht verboten? Und gegen Alle, sowohl jüdische, wie nichtjüdische, Exegeten,
die nur immer von physisch-sanitären Motiven ausgehen, wiederhole ich
hier die Frage, warum nach ihnen der Gesetzgeber über den Genuss
von Giftpflanzen gänzlich schweigt?

[4]) וידוע הדבר ומפורסם בין בני אדם כי לפי המאכלים יתפעל הגוף בבריאית
ע״ב היה מחסדי האל הגדולים עלינו אתנו נמי אשר בחר והרחיק ממני כל מאכל
מזיק אל הגוף ומוליד בו לחות רעות.

[5]) מהות הנף כלי לנפש ובו הפעל כושר פעילותיה . . . מפני זה צריך
האדם להשתדל עכ״פ במהות גופו וכו'.

R. Levi ben Gerson reproducirt zu Leviticus zum Theil nur
das, was wir bereits bei Maimonides gehört, dann fügt er manches
hinzu, was von durchgängigem Hin- und Herschwanken zeugt, wobei Grund und Folge miteinander verwechselt werden. Zuerst führt
er das Motiv des Maimonides im M. N. III 41 an, das Fett sei
im Interesse der Opfer verboten, und ohne Furcht vor der schweren
Kareth-Strafe würde man wegen der Annehmlichkeit des Fettgenusses das Verbot weniger beachten; ja deshalb sei den Israeliten
in der Wüste der Fleischgenuss nur als שלמים gestattet gewesen,
damit sie die Fettstücke (wie auch das Blut) opfern und sie nicht
verzehren. In צו fügt er hinzu: „damit die Israeliten noch mehr
im Glauben bestärkt werden, dass mit der Opferung von (דם) חלב
die Sühne vollendet werde, mussten diese Substanzen von jedem
profanen Gebrauch ausgeschlossen sein, sonst würden sie in diesen
Opferobjecten keinen ausschliessenden Vorzug erkennen"[1]). Dann
führt er als etwas „Neues" einen sanitären Grund an: והנה במציעת
החלב אצלי תיעלת תיעלה אחר (und doch hat lange vor ihm schon M.
auch ein sanitäres Motiv angeführt): „Es sei auf physikalischem
Standpunkte längst nachgewiesen, dass, so wie das Blut, wenn es
vom lebenden Thiere sich sondert, seine Luft- und Feuersubstanzen
ausscheidet und nur den erdigen Stoff in sich zurückbehält, weshalb
es auch gerinne —, es mit dem Fett sich ebenso verhalte, wodurch
es eine für den Menschen am wenigsten geniessbare Speise sei,
darum stehe das Verbot bei den שלמים, um anzudeuten, dass eine
der Absichten bei diesem Opfer war, uns von (ודם) חלב fern zu
halten. Hier sehen wir also die Umkehrung der Begründung:
nach dem früheren Motiv soll das Fettverbot den Opfern zu Lieb
und Ehre, nach letzterem die Verordnung der Friedensopfer dem
Fettverbot zu Liebe promulgirt sein. In solche Widersprüche verwickelt man sich, wenn man entweder in aller Aufrichtigkeit von
der oft so schiefen Deutungsweise des Talmud sich beherrschen
lässt, oder nicht den Muth hat, einfach nach dem Wortsinn zu
interpretiren und die Consequenzen zu ziehen, wohin diese auch
immerhin gegen die talmudischen Traditionen verstossen.

_____

[1]) Consequenterweise musste er hiernach nach Beseitigung der
Opfer das Verspeisen von חלב gestatten.

R. Samuel Zarzah Mekor Chajim zu Anfang (תורי״ע) sagt:
והאמת כי החלב (וחדם) מטמטמין את הלב.

Das נצחין ס' des R. L. Jom tob Mühlhausen, Abschnitt צ׳
bringt nichts Neues vor: er schliesst sich in seinem Angriff gegen
A. b. E. lediglich dem Nachmanides an und legt für die absolute
Verbindlichkeit des חלב-Verbotes den ganzen Nachdruck auf חקת
עולם בכל מושבתיכם. Auch seine folgenden Worte zu der Kon-
troverse des צדוק mit A. b. E. [1]): והנה הקשיא חבון הדיעה
התירהין מיתת וידעתי שרׁ״א בן עזרא חכם גדול ובעל סברא היה
חלילה וחם שיצאו דברים הללו מפיו להקל באיסור כרת כבד משממית
פשט הכתיב שכתוב על חלב חקת עולם לדהותיכם אלא אחד מן
התלמדים הטיעים כתב משמו מה שלא עלה על לבו finden sich schon
anderswo. Der selige Reggio führt diese Aeusserung in seinem
בהינת הקבלה wörtlich an aus dem הנצחין ס' des R. Joseph Kimchi.
Es hätte also der Verfasser des Nizzachon, Mühlhausen, einen
anderen früheren Verfasser eines Sefer Hanizzachon, den Rabb.
Kimchi, bewusst oder unbewusst compilirt oder copirt.

---

[1]) Im Grunde hat רמב״ן (und umsomehr Mühlhausen) unsern A. E.,
nicht richtig verstanden. A. b. E. will nur sagen und dem צדוק׳ gegenüber behaupten, dass das חקת עילם und בכל מושבתכם die ewige Verbindlichkeit des חלב-Verbots aus der Schrift selber nicht beweist, da
noch immer behauptet werden kann, die Schrift habe es nur auf die
Opfer bezogen, und dass nur die rabbinische Tradition die Verbindlichkeit auch auf Profanthiere der Schrift imputirt. Ob es A. b. E.
aufrichtig, ohne Hintergedanken glaubt, dass man sich dieser rabbinischen Auffassung gefangen geben müsse, ist eine andere Frage; ein
Zweifel ist uns jedenfalls gestattet. Nachm. aber hat nicht das geringste
Recht, ihn anzugreifen, denn den Worten nach huldigt A. b. E. der
rabbinischen Legislation, und Nachm. schreibt daher mit Unrecht מטה
וילה טעה רׁ״א בטעיתין עמהם (הצריקים) הכי לומר מהם. In noch grösserem Unrecht befindet sich sein Nachtreter, der בעל הנצחין, welcher sagt: דבר זה
נר תירה שבבתב ותירה שבעׁ״פ Im Gegentheil habe ja, wie A. b. E. zu צ׳
berichtet, der Zaduki endlich eingestanden, dass nur durch die (talmudische)
Tradition die heil. Schrift verstanden werden kann. אז בקם הצדוק ייני
ועצה בשפתי שבונה שבונה שלא יבונה על רעתו בפירש הבצוה רק ישען על הנתקה
הפירושׁים. Eben so lautet ja A. b. Esra's Ausführung zum Abschnit ראה,
dass nach dem Wortlaut der Schrift חלב כל חלבי gestattet sei, נצב׳
כאיל שאיני קרב על המזבח וחלב הצבי יב הלב האיל מיתה רק בזמני על ק ל ל
א ב י ת נ׳.

Abravanel weist den diätetischen Grund Gersoni's zurück[1])
womit wir übereinstimmen — und führt Mystisch-Theosofisches an,
das weder vernunft- und sachgemäss erscheint, noch auf wissenschaftlichen Werth Anspruch machen kann.

Tantae molis erat etc. So schwer und unlohnend ist es, etwas
Befriedigendes aufzusuchen und zu finden, sobald man den einfachen
Sinn und den Zusammenhang verlässt, in welchem eine einzelne
Satzung mit der ganzen Institution steht. Was man auch immer
hie und da ergrübeln und ertüfteln mag, um Satzungen aufrecht
zu erhalten, die nur in den früheren Agrar-, politischen und Opfer-
institutionen wurzeln, sie entbehren doch jedes versittlichenden
Moments auf uns und unsere heutigen Verhältnisse. Wir sind aus
den Kinderschuhen herausgetreten, die alte Symbolik ist für uns
grossentheils etwas Abgestorbenes, hat keine Wurzeln mehr im
Leben, im Denken und in der Bildung gereifter Völker. Die Symbolik hat ihre Wurzeln in der unreifen Zeit des kindlichen, ja kindischen israelitischen und heidnischen Alterthums, sie fand ihren Ausdruck in Opfern, das Beste wurde bei den Heiden theils den Besten
theils den Gefürchtetsten, den Göttern, bei den Israeliten Gott dargebracht und dem profanen Genuss des menschlichen Tisches entzogen.

Dr. Philippson ist auch nur ein Echo schon genannter Exegeten,[2])
er spricht von einer „Depravation des besseren menschlichen Naturells",
wie durch das Blut, so durch das Fett des Thieres. (Bibelwerk
S. 596). „Wie aber das Blut das Lebensprincip des Thieres, so
ist das Fett die Intensivität seines Stoffes, und wie daher beide
gerade deshalb bei den Opfern am tauglichsten waren, das ganze
Thier zu repräsentiren, so mussten sie deshalb vom Genusse des
Menschen ausgeschlossen bleiben." Hier sind zwei verschiedene,
ja entgegengesetzte Motive: Depravation (also weil zu schlecht) und
Altar-Rücksicht (also weil für den Menschen zu gut) mit einander
verquickt und confundirt. Ausserdem führt Philippson, wie viele

---

[1]) Was Abr. und einige andere hochorthodoxe Exegeten vom diätetischen Motiv überhaupt halten, werden wir später sehen.
[2]) S. oben S. E. b. Nathan.

der früher erwähnten Commentatoren, für Blut ganz dasselbe Motiv
an, wie für Fett; wir aber, wie wir weiter unten zeigen werden,
unterscheiden in der Schrift strenger zwischen den beiden Motiven
für das Verbot dieser beiden Substanzen, zwischen Blut[1]) und Fett,
und während Philippson das Gebot der Opferung des Fettes mit dem
Verbot des Genusses, coordinirt, halten wir (wie oben angezeigt)
jenes für das Motiv des letzteren.

Dr. Herxheimer will (Bibelcommentar 3. M, 7, 23) die Un-
beschränktheit des Fettverbots selbst für nicht geopfertes Vieh auch
daraus erweisen, dass V. 23: „alles Fett von Rind, Schaf und
Ziege sollt ihr nicht essen", von den vorangehenden Opfervorschriften
durch Vers 22 „der Ewige redete zu Moses" getrennt ist. Aber
dieser Vers, das muss je der Unbefangene zugeben, bringt wahrlich
keine Trennung in dem Ganzen hervor. Herxheimer ist hier rigoroser
als der Talmud, der ja nicht glaubt, dass der Inhalt des 23. Verses
— Fett-Verbot — durch Vers 22 von dem Zusammenhang mit
dem vorangehenden Opfergebote getrennt werde. Beweis: Der
Talmud wirft die Frage auf: Wozu erst das dortige בכל מושבתיכם
nöthig sei, und bemerkt, weil das Fettverbot daselbst im Zusammenhang mit dem Text von den Opfergeboten sich befindet, so würde
man das Blut- und Fettverbot blos auf die Opfer beschränken.

So wird denn auch von diesem sonst so nüchternen, klaren
und gründlichen Bibelforscher in einer weitläufigen Diatribe dem
unbegründeten talmudischen Verdict kniegebeugt, ihm zu Liebe
und Ehre ein Opfer des Intellekts gebracht.

Mir aber gereicht es zu hoher Befriedigung, bevor ich den
„religiösen Gesichtspunkt", die Motive des Gesetzgebers für das
fragliche Verbot, verlasse, eine hervorragende Autorität aus dem
Ende des 14. Jahrhunderts, den gefeierten Theologen und Religionsphilosophen R. Joseph Albo, anführen zu können, der, weil er eben
vorurtheilslos, lediglich von dem Wortsinn und dem Zusammenhang,
in welchem das fragliche Gesetz sich befindet, sich leiten liess,
bereits vor ungefähr 500 Jahren zu demselben Resultate gelangt

---

[1]) Für das **Blutverbot** wird ja von der Schrift selbst sehr oft ein
anderes und nur einmal (3 M. 17, 11) das Motiv vom Altar hergenommen.

war, wie wir oben, bevor wir seine Erörterung gelesen hatten.
Es ist gewiss von Interesse, seine Begründung, wenn auch etwas
abgekürzt, aber in wortgetreuer Uebersetzung, hier wiederzugeben.
Sie lautet: (Abschn. III. Cap. 16) wie folgt: „So mancher glaubte,
einen Beweis für die Ewigkeit des gesammten mosaischen Gesetzes-
Codex zu erbringen, weil bei einigen Geboten der Ausdruck „ein
ewiges Gesetz" חקת עולם, bei einigen wiederum für eure Nachkommen לדורותיכם und bei noch anderen „ein Zeichen ist es für
ewig" sich findet, so beim Versöhnungstage und beim Verbot der
neuen Frucht, bei denen es heisst „ein ewiges Gesetz für eure Nachkommen in all euern Wohnsitzen." Beim Sabbath heisst es:
„Zwischen mir und den Kindern Israel ist er ein Zeichen für
ewig." ביני ובין בני ישראל אות היא לעולם. Dies ist aber kein
Beweis. Denn umgekehrt, könnte man ja einwenden, dies wäre
gerade ein Beweis, dass die anderen Gebote einst aufhören werden,
da gerade die Schrift nur bei einigen sich jener Ausdrücke bedient. Ferner lesen wir ja ausdrücklich im Tractat „Kidduschin"
37 b: Wozu soll die Bezeichnung in der Thora bei Fett und Blut
„in allen euren Wohnsitzen"? Und die Antwort lautet daselbst:
„Weil jene Verbote im Zusammenhange mit den Opfern sich finden,
so könnte man glauben, jene Substanzen seien nur verboten zur Zeit,
da die Opfer stattfanden, wenn aber keine Opfer stattfinden, so
würde man sie nicht mehr für verboten halten; darum sei der
Ausdruck: „in allen euren Wohnsitzen" hinzugefügt . . . Aber der
Ausdruck עד עולם, חקת עולם — עד עולם — sei auch kein Beweis
für die Ewigkeit des Gesetzes. Diese und ähnliche Ausdrücke
werden auch für eine begrenzte und nicht unendliche Zeit gebraucht.
So, statt vieler anderer Stellen, Maleachi III. 4: „Das Opfer Jehudas
wird dem Herrn angenehm sein wie in ewigen Zeiten."[1]) 2 M.
21, 6 heisst es: „Er soll ihm dienen לעולם „und doch sollte ja
der Dienst nur bis zum Jobeljahr dauern. Auch die Vorschrift
חקת עולם לדרתיכם die sich 3 M. 24, 3 bei der מנורה findet,
gilt ja nicht für ewig, wir entbehren ja jener Beleuchtung seit der

---

1) Dies Beispiel gerade ist nicht glücklich gewählt, כימי עולם bedeutet nichts anderes als ובשנים קדמוניות „Tage der Vorzeit."

Zerstörung des Heiligthums bis zum heutigen Tage. Beim Pessach-
und Hüttenfeste heisst es auch עולם לדרתיכם, ja sogar בכל
משבתיכם, und dennoch behaupten unsere Weisen in ויקרא רבה dass
(mit Ausnahme von פורים und dem Versöhnungstage) alle anderen
Feiertage einst aufhören werden." . . . . „Warum sollen wir also.
spricht Albo weiter, nicht annehmen dürfen, dass einige Verbote,
wie חלב, Blut und das Schlachten der Thiere ausserhalb des Stiftzeltes[1], die anfangs, als die Israeliten aus Aegypten zogen, verboten waren, weil sie dem Dienste der Dämonen ergeben waren
und Mahlzeiten beim Blute hielten und dabei Fett und Blut assen
(Vgl. 3 M. 17, 7 „sie sollen nicht fernerhin den Dämonen opfern,
denen sie nachbuhlen"), nachdem aber dieser Götzendienst geschwunden, und die Israeliten nur den Herrn gottesdienstlich verehrten, der Grund des Verbotes also geschwunden, könnten wir
ebenso annehmen, dass das früher Verbotene wieder erlaubt wäre.
Das ist auch die Ansicht einiger unserer Lehrer im Midrasch Jelamdenu
ה מתיר אסורים מתיר אסורין „Gott erlaubt einst früher Verbotenes"[2]). Freilich wurde der furchtlos nach Wahrheit strebende Albo
darob heftig angegriffen, so von dem Compilator Jakob Chabib zu
Megilla C I. und besonders von dem Eiferer Abravanel im Jeschuoth
Meschicho. Dieser, sonst gewiss hochverdiente, gelehrte Forscher,
aber auch fanatische Ketzerrichter nennt das Buch עקרים „von den
Hauptglaubenssätzen" — das Buch עוקרים der „Glaubensleugner".
Vielleicht hätten diese Autoren weniger fanatisch-verketzernd sich
geäussert, wenn nicht gerade zur Zeit der blutigen Verfolgungen
auf der pyrenäischen Halbinsel jede freisinnige Aeusserung auf
religiösem Gebiete sie mit bitterem Hasse erfüllt hätte. Uebrigens
stellt es ja Albo, sei es aus Scheu vor actueller Consequenz, sei
es aus Furcht vor den Eiferern, nur Gott anheim, manche Verbote

---

[1] Hier möchte man unserm Albo zurufen: תלי תניא בדלא תניא,
warum wirft er die projectirte oder problematische Abrogation von חלב
ודם promiscue mit שחוטי חוץ zusammen, welches frühere Verbot doch in
der Schrift selber 5. M. abolirt ist? Vielleicht sind Albos Worte im
Hebräischen nicht ganz correct wiedergegeben.

[2] Wir besprechen diesen Punkt ausführlich unten (Art. „Verbotene Thiere").

aufzuheben, er sagt: וְאַף אָנוּ נֹאמַר כִּי מַה הִמְעַנ שֶׁלֹּא נֹאמַר יַתְבָּא .דַת אֱלֹהִית מִתֶרֶת קְצֶת אֱמֹרִים Mendelssohn (in seinem Jerusal.) räumt diese Facultas nur ein, wenn Gott unter Donner und Blitz, wie am Sinai, seinen Willen darüber zu erkennen gebe; Albos heissspornige Gegner räumen also, wie es scheint, auch Gott selber und sogar unter Donner und Blitz diese Facultas nicht ein, und doch hat Gott, die göttliche Vorsehung, bereits vor 2000 Jahren, ohne Donner und Blitz, durch Herbeiführung veränderter Zeitver- hältnisse „Opfer-Agrar -und levitische Reinheitsgesetze aufgehoben.

Antiquarischer Gesichtspunkt.

In antiquarischer Beziehung können wir allerdings einige Parallelen aus dem heidnischen Alterthum herbeiziehen. Wie im Mosaismus, war dort ebenfalls das Fett ein ganz bevorzugter Theil der Opferobjecte. Auch andere alte Völker glaubten, den Göttern müsse das Allerbeste des Thieres gespendet, nur das Uebrige dürfe von den Menschen genossen werden.

Knobel zu Levit. 3: Die Perser legten bei ihren Opfern etwas vom Netze auf das Feuer und behielten das Uebrige für sich (Strabo 15). Zur Zeit des Vollmonds brachten die Aegypter dem Dionysos und der Selene ein Schweinsopfer dar (den anderen Göttern opferten sie keine Schweine), von welchem sie Schwanz, Milz, Netz und allen Schmeer der Gottheit anzündeten, nur das Fleisch assen sie selber (Herod. 2, 47)[1]). Bei den griechischen Schriftstellern wird am häufigsten der Rückgrat oder der untere Theil desselben sammt dem Schwanze erwähnt[2]). Alles wurde mit der Fetthaut um- wunden, auf dem Altar verbrannt, somit war es jedem menschlichen Genusse entzogen. S. Ilias XI, 773. Odyssee III 156 ff.

[1]) Es findet aber dieses Opfer also statt: . . . „man legt die Spitze des Schwanzes, die Milz und das Netz zusammen, umhüllt es nun mit all dem Fette des Thieres, das am Unterleib sich befindet und wirft es dann ins Feuer; das andere Fleisch verzehrt man." Finden wir da nicht die Opferstücke כְּלָיֹת und יֹתֶרֶת und אַלְיָה und הֶקֶב כָּל חֵלֶב אֲשֶׁר (2, M., 29, 22), wieder?

[2]) Wer denkt nicht hierbei an Lev. 3, 9 הַחֵלֶב וְהָאַלְיָה תְמִימָה לְעֻמַּת יְבֶרֶגְ הַעֶצֶה ?

Ebenso fehlte bei den Römern zur Versöhnung der Götter neben anderen Stücken die κνίσσα nicht[1]).

In nachbiblischer Zeit finden wir das Verbot des Fettes auch bei den Mohammedanern. Koran, Sure VI (s. unten). Die Stelle lautet: „Den Juden haben wir verboten . . . . und von Rindvieh und den Schafen das Fett, ausser demjenigen, was auf ihrem Rücken, oder in den Eingeweiden, oder zwischen den Beinen sitzt." Bezüglich dieser Einschränkung des Verbotes schliesst sich also Mohammed ganz der talmudischen Exegese (Chul. 117 a) an, die diese Stücke zum Genuss verstattet (s. unten Gemara).

Historischer Gesichtspunkt.

Schon oben bei Erörterung des religiösen Gesichtspunktes ersahen wir, dass nach rabbinischer Exegese das Fettverbot biblisch nicht blos auf מֻקְדָּשִׁים, sondern auch auf חֻלִּין, und zwar nicht blos בִּפְנֵי הַבַּיִת, sondern auch שֶׁלֹּא בִּפְנֵי הַבַּיִת, sowohl בָּאָרֶץ als בְּחוּצָה לָאָרֶץ sich erstrecke[2]).

Die Mischnah lässt sich, wie bei den meisten anderen Satzungen, so auch hier, auf keinen weiteren Beweis ein und normirt nur ganz einfach und apodiktisch: „Auf das Essen von חֵלֶב erfolgt, wenn es mit Muthwillen (Absicht) geschehen, כָּרֵת-Strafe, ist es aus Versehen geschehen, so ist ein Sündenopfer zu bringen." Kerithot 1, 1 הָאוֹכֵל חֵלֶב . . . עַל זְדוֹנוֹ כָּרֵת, וְעַל שִׁגְגָתוֹ חַטָּאת.

---

[1]) Vergl. Vergil, Georg II, 396: Pinguiaque in verubus torrebimus exta colurnis.

[2]) Zur Zeit des Josephus scheint man allerdings das Fettverbot schon ganz allgemein (ohne Rücksicht auf Opfer) genommen zu haben. Er sagt Antiquit. III. 11, 2: „ἐπίπλοός τε καὶ στέατος αἰγείου καὶ προβατείου καὶ τοῦ τῶν βοῶν ἀπέχεσθαι προσέταξεν." Indes wurde wohl zu seiner Zeit noch geopfert. Ob ἐπίπλοος bei Joseph. dem יֹתֶרֶת der Bibel entspricht? Dieses ist doch aber rabbinisch erlaubt, und Josephus giebt sich doch als strenges Mitglied der Pharisäer aus. Was versteht Joseph. aber sonst unter ἐπίπλοος? στέαρ itt allgemeine Bezeichnung für חֵלֶב. Ich bemerke im Namen des sel. A. Weissmann, dass (Chalah 4, 11) Josephus, dort יוֹסֵף הַכֹּהֵן genannt, als Unwissender hingestellt wird. Auch dort streift sein frommer Eifer an Heuchelei.

Die Beweisführung für die Bedingungslosigkeit und Unabänder-
lichkeit des חלב-Gebotes findet sich in der Baraitha Siphra zu
Wajikra(Cap. 20). חקת עולם לבית הזולמים. לדורת־כם שיעהג In צו zu
הדבר לדורות. בכל מ־שבתי־כם באין ובהזצה לארין. אין לי אלא חלב התמים כי כל אבל חלב normirt Siphra wie folgt: שכשר ליקרב. ח־ב בעל־ מומין מנין? ת״ל מן הבהמה. חלב חולין מנין? ת״ל כי. כל אבל חלב. א״ב למה נאמר אשר יקריב ממנה חלב שבמיתו בשר ליקרב אמרתי יצא חלב דפוות שאין בשר ליקרב⁾

Die Gemara dagegen setzt wiederum stillschweigend voraus,
dass חלב bedingungslos immer und überall verboten ist und stellt
im Gegensatz zu Sifra die Frage auf, wozu es erst in der Schrift
der Hinzufügung von בכל משבתיכם bedarf. Ganz rationell wird
aber Kidduschin 37 b bemerkt, dass damit der Annahme, das חלב-
Verbot beziehe sich nur auf Opfer, begegnet werden soll (S. oben
an mehreren Stellen des religiösen Gesichtspunktes).

Den Umfang des Fettverbotes betreffend, beginnen wir an
dem historischen Faden mit der Schrift. Hier heisst es: כל
חלב . . . לא תאבלו (3. Mos, III, 17), ebenso VII, 23: „כל חלב
שור ויו יבשב לא תאבלו". Also gar kein Fett (Talgfett) darf gegessen werden. Die Tradition aber hat das Verbot bezüglich seines
Umfangs wenigstens insofern mit den Opfern in Verbindung gebracht, als sie nicht alles חלב für verboten hält, sondern nur das,
welches geopfert wurde, und wie die Schrift 3. Mos. III. die
einzelnen Fettstücke aufführt: nämlich von Rind und Ziege wurde
geopfert: „Das Fett welches das Eingeweide bedeckt, und alles
Fett, welches am Eingeweide ist, und die beiden Nieren und das
Fett an denselben, das an den Lenden und das Netz an der Leber."
Ausser diesen Stücken wurde vom Schafe noch der ganze „Fettschwanz" geopfert, der nahe am Rückgrat abgetrennt wurde 3. Mos.
III, 3: והקריב . . . את החלב המבסה את הקרב ואת כל החלב אשר

---

¹) Es bedarf keines Wortes darüber, dass, wer nicht mit absichtlich geschlossenen Augen dem Rabbinismus folgt, wer sich nicht
muthwillig seines Intellekts entschlägt, diese Abart von exegetischen
Beweisen für die von den Opfern unabhängige Verbindlichkeit des Fettverbotes zu widerlegen nicht der Mühe werth halten wird.

על הַקְרֵב וְאֵת שְׁתֵּי הַכְּלָיֹת וְאֵת הַחֵלֶב אֲשֶׁר עֲלֵהֶן אֲשֶׁר עַל הַכְּסָלִים

Dazu ibid. וְאֵת הַיֹּתֶרֶת עַל הַכָּבֵד עַל הַכְּלָיֹת יְסִירֶנָּה וְהִקְטִירוּ אוֹתוֹ

וְהִקְטִיר . . . חֶלְבּוֹ הָאַלְיָה תְּמִימָה לְעֻמַּת הֶעָצֶה יְסִירֶנָּה. von Schafen:
Doch sind nach der Tradition nicht alle diese Stücke, die opfer-
fähig sind, auch wenn nicht geopfert wird, also als חוּלִּין, verboten.
Von den hier aufgeführten Opferobjecten sind erstlich das Netz und
die beiden Nieren nach der Gemara (Chulin 117 a) nicht verboten,
weil sie nicht חלב heissen, ferner ist der Fettschwanz אליה, obgleich er חלב heisst (חלב האליה), dennoch nicht verboten, nach
der einen Ansicht daselbst, weil es heisst כל חלב שור וכשב ועז
לא תאכלו also nur das Fett, das bei allen 3 Thiergattungen geopfert worden, was also den Fettschwanz, der nur beim Schaf geopfert wurde, ausschliesst[1]). Nach einer anderen Ansicht daselbst
ist אליה nicht verboten, weil dieses Opferobject nicht חלב schlechtweg, sondern חלבו האליה genannt wird. חלב, חלבו האליה אקרא,
סתמא לא אקרא.

Nachmani, zu 3 M. 3, 9, giebt einen befriedigenderen Grund
an: אליה besteht nicht aus חלב, dessen Kriterium תיתב קרום
ונקלף vgl. Chulin 49b —, sondern aus שומן, wie auch andere
Sprachen für diese beiden fettigen thierischen Substanzen verschiedene Bezeichnungen haben. Wenn aber die Schrift dennoch
חלבו האליה sagt, so ist hier חלב im allgemeinen Sinn: „Das
Beste, Vortrefflichste", zu fassen (wie ja auch wir oben zahlreiche
Beweise dafür anführen). Die gezwungene Auskunft der Gemara
bezeichnet Nachmani als דרוש, als etwas weit her Geholtes.

Hier nun bezüglich יתרת und כליות, und bei Schafen betreffs אליה ist der strittige Punkt zwischen Karäern und Rabba-

---

[1]) אמר קרא כל חלב שור וכשב ועז דבר השוה בשור וכשב ועז, wozu
Raschi commentirt: לא אסרה תורה אלא הניתב בכולן, ואליה אינה נוהגת לא
בשור ולא בעז. Zu derselben Stelle Kherit. 4a commentirt Raschi auffallenderweise anders: כל חלב שור וכשב ועז דבר השוה בשלשתן שיקרא חלב
בשלשתן, ואליה לא איקרי חלב אלא בכשב. Da haben wir eine ganz andere
und unbedingt zutreffende Begründung, als die gemaristische; ich fasse
sie so auf: אליה wurde bei Ochs und Ziege nicht geopfert, weil es hier
nur ein sehr erbärmliches Object ist הקריבהו נא לפחתך, bei כשב dagegen
ist der Fettschwanz in der That חלב, d. i. das Beste, heisst in der
Schrift חלבו האליה und wird daher auch geopfert.

niten [1]), wie es bei A. b. E. bezüglich אליה sich zeigt in seiner Contro-
versemit dem Zaduki (s. Apirion ed. Neubauer 24) עוד יש תנאים אחרים
שהחלבים חמשה שהם החלב המכסה את הקרב ואשר על הקרב
ואשר על הכליות והכליות ויתרת הכבד והאליה בכבש נאסר
לאכילה מפני שהיו נעשים על המזבח. Ferner לבוש מלכות S. 42
נראה ימפורסם לכל כי הכתוב קורא בשם חלב אליתן של מין הכשבים
וכן קורא בשם חלב יתרת הכבד והכליות... והם (וחכמי
התלמיד) התירו האליה מן הכשבים וגם היתרה מן הכבד והכליות

---

[1]) Der Streit über das Verbot des Genusses des Fettschwanzes,
der Netzhaut und des Leberlappens zwischen Karäern und Rabbaniten
ist schon ein viel älterer. Er zeigt sich bereits zwischen Pharisäern
und Saduzäern und findet in den alten Uebersetzungen, in der 70 und
bei dem Samaritaner, seinen Vorgang, die, je nachdem sie die אליה mit
zum חלב rechneten oder nicht, also ihn für den profanen Genuss verboten oder gestatteten, nach dem Wort חלב vor אליה in der Schrift
ein ו (Waw) setzten oder nicht. Dasselbe Verfahren finden wir bezüglich der Interpunktation. So hat unsere Massora III M. 9, 19 nach den
Worten ואת-החלבים מן-הקשרים das Haupttrennungszeichen Ethnach, und
verbindet die Worte ומן-האליה zu האליה, um anzudeuten, dass אליה nicht
zu החלבים gehört. Und so ist auch die Auffassung der LXX: Καὶ τὸ
στέαρ τὸ ἀπὸ τοῦ μόσχου καὶ τοῦ κριοῦ τὴν ὀσφύν. So übersetzt denn auch
Mendelssohn diesen Vers nach talmudischer Auffassung, dass אליה nicht
als Fettstück zu betrachten (also nicht zum profanen Genuss verboten)
sei: „Auch die Unschlittstücke vom Ochsen, und vom Widder das Schwanz-
stück"; während Zunz und Salomo übersetzen: „Und das Unschlitt vom
Stier und vom Widder: (nämlich) den Fettschwanz . . . die Nieren und
das Fett der Leber." (S. Geiger, „Urschrift", S. 467 und folg. und „Zeitschrift der D.-M. Gesellschaft", Band XX, „Differenzen zwischen
Samaritanern und Juden", Artikel Speiseges.) Ausserdem ist es bemerkenswerth, dass die LXX in der Stelle II. M. 29, 22 das Wort ὀσφύν,
die Uebersetzung von אליה, ganz weglassen. Dasselbe Verfahren beim
Samaritaner, ausserdem übersetzt er zweimal את האליה, nicht ית אליהא,
sondern אליהא עם, das את also nicht als Zeichen des Accus., sondern als
Präposition, und recht tendenziös. III. M. 3, 9 übersetzen die LXX חלבו
האליה τὸ στέαρ καὶ τὴν ὀσφύν, wodurch, nämlich durch das καὶ, sie osten-
tativ אליה von der Bezeichnung חלב ausschliessen. Ebenso das sog. Targum
Jerus.: תרבא וייטב, schliesst also אליה von חלב aus und übersetzt übrigens
אליה mit אליתא, welches Wort er aber auch Cap. 8, 30 für ההיה wiedergiebt.
Vgl. dazu auch den Samaritaner. Noch verdient Erwähnung, dass T.
Jonathan חלבו האליה wiedergiebt mit אליתא ובשמינה טיב statt תרבא.

מכל המינין וההטיאי את :פשיט המנם בכרת‎. So auch Dine Schechita bei Ahron b. Eliah dem Jüngeren (Lbl. des Orients 1840
N. 30), der die Rabbaniten bekämpft. Daselbst behauptet aber auch
der Karäer Mel wi ha Akbari gegen Rabbaniten und auch gegen
Karäer, dass die Schrift nur das חלב von קדשים, nicht von חולין
verb ten.

Auch sonst schliesst der Talmud manches, was den Namen
חלב führt, vom Verbot aus. So die Mischnah Chul. 7, 1. Gemara
92b das Fett eines im Mutterleib gefundenen Ungeborenen והלב‎
של שריל מיתה: nur bei einem Ungeborenen. das neun Monate alt,
erhebt R. Meir Widerspruch. Ferner ersehen wir in der Baraitha
Sifra zu צ‎, dass das חלב, welches sich an den Wänden oder
Rippen des Thieres befindet, zu essen gestattet ist. weil es nicht
opferfähig ist. אשר יקריב ממנה אשה לה חלב שבמיתי בשר יקרב‎
יצא חלב דפנות שאין בשר לקרב.‎

Ueber das חלב ניד הנשה‎, das aber in der Gemara שומן genannt wird, haben wir bereits oben bei גיד הנשה gesprochen.

Nach Tosephta Chul. פ'ט will R. Jismael aus ואת כל החלב‎
אשר על הקרב לי שר auch das Verbot des חלב am Magen ableiten.
R. Akiba dagegen bezieht das כל nur auf das Fett an den dünnen
Därmen [1]) ואת כל החלב אשר על הקרב זה חלב שעל הדקין דר"ע‎
ר' ישמאל אומר חלב שעל הקבה ([2].

Die Gemara ibid. 49a neigt sich der erleichternden Seite zu‎
חלב שעל גבי קבה בהנים ([3] נחנו בי הותה.‎

Als Kriterium für חלב טמא wird daselbst angegeben תיתב‎
קרום ונקרף, die Haut über dem Fett ist nicht fest anschliessend.
lässt sich leicht ablösen und ist ausserdem wie ein Gewand zu-

---

[1]) Darunter ist der Anfang des Darmes zu verstehen, der an den
Magen grenzt, Gem. ibid. 93a ריש מעא באמתא בני ני־דא וחוי חלב שעל‎
הדקן.‎

[2]) Abgesehen davon, dass die G. Chulin 49b beide Tanaiten die
Rollen wechseln lässt, ist auch sonst der Text der Tosephta an unseren
Stellen uncorrect, sich widersprechend. S. das. Ende des 9. Perek und
vergl. damit Sifra zu ויקרא ed. Weiss, S. 14a.

[3]) Thoss. das.: נתנה להם‎ H קבה שיקרבם לפי הנקט ובהנים ישראל'ב, היה.‎

sammenhängend darüber ausgebreitet, was wohl bei dem חרב שעל, הדקין, aber nicht bei dem חלב שעל הקבה der Fall ist, weshalb dies kein חלב טמא ist. Hier ist jedoch nach Gemara 50 a zu ergänzen, dass wegen des dortigen Disputs zweifelhaft ist, ob nicht der Fetttheil am Magen, der bogenartig gestaltet, durchaus verboten ist. Da dort zwei Relationen sind, so habe man sich, wie Raschi z. St. bemerkt, der erschwerenden anzuschliessen. Ferner ist nach der Tos. das. die Haut an den Nieren verboten und zwar bei כרת-Strafe, קרום שעל הכיליא אסיר וחיבים עליי. Nach der Gem. Chul. 92 b dagegen nur rabbinisch שבכיליא אסירין חיטין ואין חיבן עליהם. Dasselbe gilt von allen Fettfäden an den Lenden und ebenso von den dünnen Fettfäden an dem Eingeweide, nach dem das. aufgestellten Kanon: „Fett, welches nicht das Fleisch bedeckt, sondern von Fleisch bedeckt wird, ist erlaubt; das חלב an der Lende hat die Schrift verboten, aber nicht innerhalb derselben, das Fett an den Nieren, aber nicht das innerhalb derselben." חלב שהבשר חיפה אותו מותר שעל הכסלים אמר רחמנא ולא שבתוך הכסלים . . . שעל הכליית אמר רחמנא ולא שבתוך הכליות.

Ueber ליבן כיליא, einen Talgfetzen, der sich in der Ritze der Nieren befindet, erhebt sich in der Gem. das. Streit, ob man wegradiren müsse oder nicht; es wird zwar daselbst nicht entschieden, aber doch Hinneigung zur erleichternden Seite gezeigt אמר אביי כותיה דר׳ אסי מסתברא. So bemerkt denn Raschi z. St. 93 a דלא וכליבן כיליא הלך אחד המחמיר לשריש אחריו כיין דלא אידוקמא הלכתא כר׳ אסי והמחמיר יחמר והמיקל לא הפסיד.

Der angeführte Ausspruch חלב שהבשר חיפה אותו מותר leidet eine Ausnahme, wenn das Fett zwar nach dem Tode, aber beim Leben durch die Bewegung des Thieres nicht ganz von Fleisch bedeckt ist! Dies ist beim Fett an der Lendenwurzel der Fall das daher verboten ist האי תרבא דתותי מתני אסיר בהמה בחייה פרוק מפרקא.

Eben das. wird als verboten erklärt das חלב über המסס (omasum Rindsdarm, בית הכיסית vulgo Haube) חלב, ובית הכוסות שעל המסס וב׳ הכים אסירין ועניש כרת. Ebenso das Fett an einem kleinen Knochen, der sich am Hüftbein (Raschi הנקא hanche) befindet תרבא דקליבוסת׳ Raschi דקליבוסת׳ אבוד ועיש בהת הא׳ תרבא דקליבוסת׳

עצם קטן הוא ומונח על עצם שקורין הקפ״א.

Fünf Fäden sind verboten an der Flanke, drei an der rechten,
zwei an der linken, jene verästeln sich zu zweien, diese zu dreien

חוטן שבכיקן אסורין חמשי חיטי אית בה בכפל תלתא מימינא ותרתי
משמאלא תלתא מפצלי להדי תרי. תרי מפצלי לתלתא תלתא. Zu
שבעוקן bemerkt Raschi: היינו ה' חיטי דבכפ׳ פליעקטש״ה, zu עוקן
interpretirt Raschi הה:ק״א. Ferner giebt es fünf Häutchen, wovon
3 wegen חלב verboten sind, nämlich das an der Milz, am Darm
und an den Nieren חמשי קרמי הוו תלתא תרבא (ותרי משום משום
דמא) דטחל׳ ורבפל׳ ודכוליה׳ משום תרבא (ורבע״ ודמוקרא משום
(דמא. Was nun diese Häutchen betrifft, so ist der Genuss der
Haut an der dicken, erhöhten Stelle der Milz mit Kareth belegt,
der übrige Theil nicht. Ebenso ist der Genuss der Haut an den
Nieren unten blos rabbinisch, die nach oben dagegen biblisch verboten und daher mit Kareth bedroht.

Noch ist aus Gem. 49 b zu schliessen (לא׳ בפידיש אתמר׳
(אלא מבללא אתמר׳, dass das Fett am Herzen טרפשא דליבא erlaubt ist. Dort wird nämlich gesagt, weil dies Fett helmartig gestaltet ist חלב חעישי בבבב schliesse es eine kleine Oeffnung נקב
am Herzen oder an der Lunge nicht. Wäre es nun an und für
sich חלב טמא, so würde es nicht lauten: ... חלב החיטי שבבבע
טרפשא דליבא אינו מית הם, denn für חלב טמא gilt ja der bekannte
Kanon schon an und für sich: חלב טמא אינו מית הם, Beweis also
dass חלב טרפשא דלבא zu טהור gehört und nur deshalb ein נקב
nicht schliesst, weil es helmartig ist.

Bevor wir diesen Punkt, der die Normen für חלב in der
Gemara betrifft, endgiltig verlassen. wollen wir nur noch auf die
Mahnung des R. Jeh. Chul. 8 b hinweisen, der zufolge man mit
einem Messer, womit man חלב schneidet, nicht Fleisch schneiden,
in dem Geschirr, worin man Fett abspült. nicht Fleisch abspülen
darf. הטבח צריך שלשה כבעין ... יא׳ שמחתך בה בשר וא׳
שמחתך בה חלבים וצריך שני כלים של מים א׳ שמריח בו בשר וא׳
שמריח בו חלבים. Schliesslich soll man חלב nicht über Fleisch
ausbreiten. denn das Fett fliesse aus und werde vom Fleisch auf-

gesogen עילוי בשרא דראיב הדאיב תרבא ובלע (¹בפלי) לא ליסחוק איגש
כל הכסלים שחלב הכליות דביק שם לא יהא :wozu Raschi כשרא,
כופה אותם על גבי בשר אחר — Alles dies hier aus der Gem.
Excerpirte findet sich, nur mit manchen andern Ausdrücken, im
Codex des Maim. מ"א Abschn. 7 ganz so wiedergegeben. Doch
eruirt der Comment. למשנה aus Maim. etwas verändertem Ausdruck, dass nur, wenn die Substanzen noch warm sind, diese nicht
übereinander gelegt werden dürfen, sind sie aber bereits abgekühlt,
so ist diese Vorsicht nicht nöthig[2]).

Diätetischer Gesichtspunkt.

Wir wären nun beim diätetischen Gesichtspunkt angelangt.
Wir haben zwar bei Erörterung des religiösen Moments bereits
einige Schriftsteller aufgeführt, die im Fettgenuss einen Nachtheil
für die Gesundheit erkennen wollen; doch insofern sie dieses
Motiv dem Gesetzgeber zuschreiben, gehört dasselbe der strengbe-

[1]) בפלל ist bei Jonathan identisch mit בכלים, während Onkelos
dafür כליבא hat.

[2]) Wir könnten den historischen Gesichtspunkt noch weiter verfolgen durch die Erörterungen bei den Commentatoren des Talmuds und
den Responsen der Casuisten; wir glauben aber, uns und den Leser
schon viel zu viel durch Gestrüpp und Verhau der Häutchen und Fäserchen und sonstigen Atome des Inschlittverbotes gewunden zu haben.
Wir fragen alle Welt, ob durch diese anatomisch-veterinärisch-kulinari-
schen Lucubrationen des Rabbinismus die Menschheit, das Judenthum,
wirklich sittlich-religiös gefördert werden, ob die Gottheit wirklich in
ihrer Verehrung gefördert oder gekürzt wäre, wenn dies und jenes
Häutchen und Fäserchen dem Altare geweiht, oder dem menschlichen
Genuss verstattet wäre. Wenn die Talmudisten, bei ihrer zu bewundernden
Bedürfnisslosigkeit und Ausdauer, ihren staunenswerthen Fleiss und
Scharfsinn, ihre geistige Begabung auf wissenschaftlichem Gebiete,
speciell anstatt auf Thiere, lieber auf die Pathologie und Therapie der
Menschen verwendet hätten, wie viel Heil und Segen wäre daraus für
die menschliche Gesellschaft erwachsen! Aber die Wissenschaft war
ja oft nur die fremdländische Magd, im Dienste der einheimischen
Werkheiligkeit stehend! ja bei vielen Rabbinen (s. unten unter טרפות)
noch weniger als eine Magd: eine völlig werthlose, unverstandene
Quantität.

grenzten theologischen Auffassung an. Wir jedoch wollen ja, abgesehen von der letzteren, die gesundheitliche Seite des Speisegesetzes, so weit wir es als völlige Laien auf dem fraglichen Gebiete vermögen, einer objectiven Untersuchung unterziehen. Hier also speciell die Frage: Uebt die Enthaltung vom Genusse des verbotenen Fettes wohlthätig oder nachtheilig auf die Gesundheit ein?

Dass in einem warmen Klima Talg schnell zersetzt und depravirt wird und der Genuss einer solchen Substanz der Gesundheit nachtheilig sein müsse, dürfte wohl Niemand in Zweifel ziehen und sich vielmehr mit Michaelis[1]) (M. R. IV. § 206) einverstanden erklären (ohne indessen mit demselben dieses Motiv dem Gesetzgeber zu vindiciren). Für unser Klima möchten wir nach unserer unmassgeblichen Ansicht dem Ausspruch Maim. beipflichten (Sendschreiben an den Sultan, abgedruckt im 3. Bd. des חמד כרם 1838): „dass mässig genossen, auch manches sonst Schädliche unschädlich bleibt, durch unmässigen Genuss auch sonst unschädliche Substanzen der Gesundheit nachtheilig werden. Speciell auf הלב angewendet, schädigt häufiger Genuss desselben auch in unserem Klima; seltener und sparsamer genossen ist es gewiss ohne Nachtheile. Aber durch das חלב-Verbot wird in jüdischen Haushaltungen dem allzu häufigen Gebrauch von Gänsefett Vorschub geleistet und dadurch, nach dem Ausspruch von Aerzten, eine bei den Juden intensiver auftretende Krankheitsform (Skropheln? Hämorrhoiden?) zum Theil veranlasst und gefördert, wie bereits oben bei כב"ה bemerkt worden. Das Verbot des Fettes der Vierfüssler ist daher als ein auf die Gesundheit indirect nachtheilig einwirkendes zu betrachten.

Volkswirthschaftlicher Gesichtspunkt.

Daran schliesst sich auch ein grosser Nachtheil in volkswirthschaftlicher Beziehung an, denn die peinliche Befolgung

---

1) Michaelis giebt noch anderen Motiven Raum, doch sagt er: „Vielleicht war die vornehmste Ursache, dass das Essen dieser Fettstücke für ein Volk, unter dem Hautkrankheiten heimisch sind, nachtheilig war." Für unser Klima würde gerade diese Befürchtung hinfällig sein.

dieser Satzung vertheuert den ohnehin bereits kostspieligen jüdischen Haushalt, weil Gänsefett in viel höherem Preise steht, als das fragliche Verbotene. Vollends die peinliche Ausdehnung des Verbots von Seiten der Kasuistik auf so viele Häutchen und Fäserchen bringt um den Genuss eines grossen Theils auch der übrigen Fleischsubstanzen. Mit vollem Rechte betont daher R. Arieh oder Leon da Modena in הקבלה בחינת ed. Reggio S. 53 Art. וֹהֵם קָלֵב: מאחורית בהמה כל חי׳ כמעט לאכול שלא הביאונו „sie haben es dahingebracht, dass wir fast die Hälfte der Viehhintertheile nicht geniessen können".

Welches Unheil aus der skrupulösen Anwendung dieser Observanz — ganz abgesehen von der materiellen Seite — sonst erwächst in Bezug auf marktschreierische Werkheiligkeit und die Begünstigung von Hypokrisie, wird an anderer Stelle gezeigt werden.

In interconfessioneller Beziehung übt dieses Verbot, wie die übrigen jüdischen Speisegesetze — worüber am Schluss ausführlich — auf den socialen Verkehr zwischen Juden und Nichtjuden immerhin einen, wenn auch nur geringen, störenden Einfluss.

IV.

דם = Blut.

1. M. 9, 4: אַךְ בָּשָׂר בְּנַפְשׁוֹ דָמוֹ לֹא תֹאכֵלוּ. Wir lassen den
Vers vorläufig noch unübersetzt, fügen aber absichtlich die Accente
hinzu. Ich habe über diesen Vers nicht nur zu verschiedenen
Stunden und Tagen, sondern auch in verschiedenen Jahren nachgedacht, um über den wahren Sinn, die wirkliche Bedeutung, zu
Gewissheit zu gelangen. Man sieht es den ältesten, wie manchen
neueren Uebersetzungen und Interpretationen an, dass ihnen die
Fixirung des Schriftsinnes Schwierigkeiten bereitete. Man sehe
zunächst, wie einer der ältesten und gefeiertesten Commentatoren,
wie Raschi die Wörter des Verses hin- und herzerrt, die einzelnen
Worte bald hinauf-, bald herunterzieht. Er nimmt zuerst zusammen
אבר מן החי דהי כלומר כל זמן אשר לחם (¹ בשר בנפשו
und commentirt שנפשו בי (² לא תאכלו הבשר: dann verbindet er wieder בנפשו mit
דמו und commentirt בעוד נפשו בו, endlich fasst er wiederum zusammen: ואף בנפשו (³ החי מן אבר הרי לא תאכלו (דמו) בשר בנפשו

---

¹) Der unbefangene Bibelforscher wird zwar auf die Accentuation
nicht schwören, wir wissen, wie oft diese den wirklichen Wortsinn
alterirt, bisweilen tendentiös, bisweilen aus unrichtigem Verständniss.
Bliebe sich Raschi consequent, so konnte er wohl, wie er that, בנפשו
דמו verbinden (Mercha und Tipcha), aber nicht בשר בנפשו (Sakef und
Mercha); und ausserdem deducirt ja R. höchst auffallend das Verbot
von אבר מן החי zweimal aus unsern Textworten.

²) Andere Lesart בדם statt בו.

³) Es ist so recht bezeichnend, dass Nachmanides, der sonst so
strenge Anhänger des Talm., gegen diesen und Raschi unseren Text

דמו לא תאכלו הרי דם מן החי. Nun vergl. man noch die verschiedenen Lesarten in dem Biur zu Raschi ed. Dr. Berliner, um
die Unsicherheit und Verlegenheit der Exegeten zu erkennen.
Vergl. auch Misrachi z. Stelle. Aber selbst ein neuerer Exeget
(hebr. Comment. zur Mendelsohn'schen Uebersetzung) liest zwei
ganz verschiedene Verbote in unserem Verse heraus, nämlich Verbot von דם und מן החי אבר; er commentirt אך בשר עם נפש:
שהוא דמו לא תאכלו, das erklärt doch unsern Text lediglich als
Verbot des Blutgenusses, und dazu fügt dieser selbe Commentator
hinzu חי עדיין שהוא בו נפשו בעוד ור"ל. Ist dies nicht ein ganz
anderes Verbot, nämlich אבר מן החי, „Fleisch von einem Thiere
nicht zu essen, so lange das Thier noch lebt?" Und dies ganz
neue Verbot wird von dem Commentator noch eingeleitet mit der
geläufigen Formel ור"ל, das immer nur eine Erklärung des früher
Gesagten, aber nicht etwas Anderes, Neues einleitend ist, unserem
„das heisst" oder „will sagen" entsprechend. Im Folgenden
werden wir erkennen, woher diese Unsicherheit und Verlegenheit
bei den Erklärern unseres Textes in der Gemara und bei den
Commentatoren. Gehen wir also jetzt zur Erörterung unseres
Themas über.

Das Blutverbot wird von den Commentatoren meist gemein-
schaftlich mit dem Fettverbot behandelt. Sie haben, wie bereits
oben erwähnt, in der That einige Berührungspunkte, sie finden
sich in der Schrift nebeneinander und lassen sich wie ein Ge-
schwisterpaar betrachten. Wurden ja beide Substanzen als Opferobjecte verwendet[1]) und der Genuss beider mit Karethstrafe bedroht. Aber doch giebt es auch zwischen beiden Verboten viel
des Unterscheidenden: Das Fettverbot findet nur bei Vierfüsslern
und zwar nur bei den zahmen (Hausthieren), bei Rind, Schaf und
Ziege, statt, das Blutverbot hingegen ist allgemeiner und erstreckt

ganz rationell nach dem Wortsinn erklärt und gewissermassen aggressiv
vorgeht: ב' רש"י . . . . וזה כף הפשט איננו נכון ולפי המדרש איננו אמת, er
erklärt ganz sinn- und wortgetreu: אבל פירשו אך בשר בנפשו שהוא דמי,
לא תאכלו כי נפש בל בשר דמו הוא.

1) Freilich war nicht alles Blut altarfähig, so namentlich vom Wild,
welche Thiergattung aber überhaupt nicht opferfähig war.

sich auf Wild und selbst auf Vögel; jenes wird blos auf den Einheimischen, d. h. Israeliten, beschränkt, dieses auch auf den Fremdling גר ausgedehnt. 3. M. 17, 10 [1]). Das Fettverbot findet sich
nur in 2 Schriftstellen, 3. M. 3, 17 und 7, 23, das des Blutes
an diesen beiden und überdies noch an vielen anderen Stellen der
Bibel. In einem Capitel d. 5. B. M. ist es vier Mal wiederholt,
Capitel 12, Vers 16, 23, 24 u. 25; auch ibid. 16, 23. Dazu
wird die Strafe für Uebertretung des Blutverbotes viel feierlicher
verkündigt 3. M. 17, 10: „Ich werde meinen Zornblick richten
auf die Person, welche Blut geniesst und sie ausrotten aus ihrem
Volke," eine Strafandrohung, die sich nur noch bei dem findet,
der seine Kinder dem Moloch übergiebt oder den Oboth und Ji-
donim nachbuhlt, 3. M. 20, 3 und 6. Auch wurde nach vielen
hervorragenden Autoritäten das Blutverbot schon vor der sinaitischen
Gesetzgebung, schon den sogen. Noachiden, promulgirt, nämlich an
unserer Stelle (1. M. 9, 11). Während nun nach unserer und
früher schon nach A. b. Esras Auffassung das Fettverbot, nach dem
Wortlaut der Schrift, von Zeit- und Ortsverhältnissen, d. i. von der
Opferung abhängig ist und der ganze Schwerpunkt in dem כל
הלב לד' „Die Fettstücke gehören auf den Altar" liegt, tritt anderntheils beim Blutverbot die frappante Erscheinung zu Tage, dass die
h. Sch., obgleich sie es an manchen Stellen so absolut einschärft
und in den meisten als so selbstständig, von andern Umständen völlig
unabhängig hinstellt, dennoch in der Motivirung [2]) des Gesetzes etwas
schwankt, und, wie wir unten sehen werden, namentlich zwei verschiedene Gesichtspunkte durchblicken lässt. Derselben Unsicherheit, beiläufig bemerkt, begegnen wir auch bei den Commentatoren,
so dass wir ungewiss sind, was hier Grund, was Folge ist. Nach

---

[1]) Die Deduction des Siphra zu צו, dass חלב auch Fremdlingen
verboten מנין לרבות הגרים ת"ל כי כל אבל הלב ist schwerlich richtig begründet; man vergleiche dagegen die Ausdrücklichkeit und Feierlichkeit
des Blutverbotes auch für den גר.

[2]) Pseudo-Jonathan motivirt an einer Stelle, wo die Schrift von
der Begründung des Blutverbotes ganz absieht, dies dennoch geradezu
mit der Darbringung des Blutes auf den Altar (3. M. 3, 17) כל תרב וכל
אדם לא תיכלון על גבי מדבחא יתקריב לשמא דיי, wenn anders der Schluss-
satz sich auch auf Blut und nicht blos auf Fett bezieht.

dem einen ist das Verzehren des Blutes dem Menschen verboten, damit es auf dem Altar nicht fehle, nach dem anderen ist es für den Altar geboten, damit es der Mensch nicht verzehre. Was ist hier, wenn anders mehrere Gründe obwalten sollten, primär, was secundär?

Religiöser Gesichtspunkt.

Es wird sich auch hier empfehlen, nicht zuerst die Commentare zu befragen, sondern gleichsam Alles zu vergessen, was wir jemals hierüber gelesen, die diesbezüglichen Schriftstellen der Reihe nach durchzugehen und sich aus diesen selbst ein selbständiges, unabhängiges Urtheil zu bilden, dann erst die Erklärer sprechen zu lassen. Sehen wir uns also nochmals die erste Stelle an 1. M. 9. 3. Nachdem dort gesagt ist: „Furcht und Schrecken vor euch sei über alle Thiere der Erde, über alle Vögel des Himmels, über alle Fische des Meeres, in eure Hand sind sie gegeben, Alles sei euch zur Speise," lautet V. 4 אַךְ בָּשָׂר בְּנַפְשׁוֹ דָמוֹ לֹא תֹאכֵלוּ. Wir lassen diese Worte, wie gesagt, jetzt absichtlich noch unübersetzt; ihr Sinn ist nicht über jeden Zweifel sicher und klar. Es hätte einfach heissen können: Blut, das Blut der Thiere, oder wie es 3. 17—7, 26 lautet: „Alles Blut sollt ihr nicht essen." Die scheinbar überflüssigen Worte אַךְ בָּשָׂר בְּנַפְשׁוֹ enthalten aber wohl die Begründung für die unmittelbar darauf folgenden Worte דָמוֹ לֹא תֹאכֵלוּ. „Jedoch Fleisch mit seiner Seele (s. Wesen) s. Blut sollt ihr nicht essen", weil das Blut Fleisch mit seinem, des Thieres, Wesen ist, darum sollt ihr es nicht essen. Das Wort בָּשָׂר wäre dann vielleicht gar besser mit „Geschöpf" zu übersetzen, welche Bedeutung ja בָּשָׂר namentlich in den vorangehenden Capiteln der Genesis oft genug hat. Also: „Jedoch ein Geschöpf mit seinem Wesen", nämlich „sein Blut", sollt ihr nicht essen". So wäre hier ausschliesslich nur vom Blute, dem reinen Blute, nicht aber vom Fleisch mit oder worin Blut, die Rede. Ganz so A. b. Esra [1]).

---

[1]) בְּנַפְשׁוֹ דָמוֹ לֹא תֹאכֵלוּ : שירא דמ׳ בשר זה בם נפשו : אך בשר בם. Es kann nämlich דמ׳ aufgefasst werden als Apposition zu בָּשָׂר בְּנַפְשׁוֹ zusammen, und der Sinn wäre: דמ׳ ist gleich בָּשָׂר בְּנַפְשׁוֹ, und wir würden übersetzen: „Das Geschöpf mit seinem Wesen, d. i. nämlich: „sein Blut", oder דָמוֹ bezöge

Eine andere Auffassung wäre: „Fleisch mit s. Seele (vielleicht
s. v. a. mit seinem Leben) mit seinem (noch warmen) Lebens-
blute", vor דמו wäre das ב von בנפשו zu suppliren[1]). So aufgefasst, können diese Worte schon eher mit der thalm. Interpretation in Einklang gebracht werden, dass hier von אבר מן החי die
Rede ist, vom Verzehren eines Stück Fleisches von einem lebenden
Thiere. Tosephta Aboda sarah 9. Baraitha Synh. 57a, 59a,
Chul. 102a. Es wäre hier also gegen eine von wilden Völkern
wider die Thiere geübte Grausamkeit[2]) gewarnt[3]). Diese Erklärung

sich ausschliesslich auf בנפשו, wäre nur Apposition zu בנפש allein, und
das ב von בנפשו wäre zu דמו zu suppliren בנפשו; id est בדמו „mit seinem
Wesen", nämlich „mit seinem Blute", nach dem bekannten: מוש עצמו
ואחר עמו I. M. 2. 20: עץ קיף = ולבל עליונף לבל הבהמה 5 M. 18, 1: לבהים
בל שבט לוי לבל שבט לוי.

[1]) S. die vorige Note.

[2]) Mit der Erklärung, welche die Tos. von אבר מן החי giebt: בצד
אבר המדולדל בבהמה אין בו להעלות ארובה אסורה ואם יש בו להעלות ארובה
מותר können wir uns allerdings nicht einverstanden erklären. Hiernach
wäre hier nicht von Grausamkeit die Rede, sondern von einer Art Speiseverbots, das doch für die Noachiden, denen noch viel wichtigere Gebote
fehlten, ganz verfrüht.

[3]) Für die Noachiden leitet der Talm. das Verbot von אמהח von
dieser Stelle ab, für die Israeliten aus zwei anderen Stellen ובשר בשדה
טרפה 2. M. 22, 30 und ולא האבל הנפש עם הבשר 5. M. 12, 23. Wie kam
aber der Talm. darauf, in dem Verse, der nach dem klaren, einfachen
Sinn nur ein Verbot des Blutgenusses enthält, ein Verbot von אמהח
zu statuiren? Religiöse Satzungen werden im Grossen und Ganzen vom
Volksbewusstsein, vom Gewissen der Gesammtheit, der Volksseele oder
doch der grossen Mehrheit eines Volkes aufgestellt, und nachdem sie
sich eingelebt, codificirt. Bemerkt aber eine spätere Zeit, dass sich
etwas Wesentliches, Nothwendiges in dem Codex nicht findet, so wird
irgend einer Textstelle Zwang angethan, es wird gezwängt und verrenkt,
um die gewünschte Verordnung darin zu finden, der Sinn wird aus-
und hineingelegt. Anfangs war man sich aber wohl noch bewusst,
dass dies nur eine willkürliche Anlehnung an den Text אסמכתא בעלמא
sei. So ward denn auch das im Codex vermisste, aber als nothwendig
erachtete Verbot אבר מן החי von dem einen Rabbi hier, von dem anderen
dort aus der Schrift künstlich zu eruiren gesucht. Und dies — dass
der Talmud den Zeitverhältnissen Rechnung trägt — wollen wir ihm
zum Verdienst anrechnen. Denn durch derlei künstliche Interpretationen

stimmt zum Zusammenhang: Obgleich Schrecken vor euch die Thierwelt beherrschen soll, obgleich volles Schalten und Walten über
sie in eure Hand gegeben, dürft ihr doch nur das Fleisch eines
todten, nicht aber eines lebenden Thieres geniessen. Der Talmud,
die Gemara ging auch von dem richtigen Gesichtspunkt aus, den
Noachiden sind doch wohl nur die allerwichtigsten Gebote ertheilt,
warum sollte also bei ihnen statt anderer wichtigerer Verordnungen
vom Verbote des Blutgenusses die Rede[1]) sein, das schon einer
höheren Culturstufe entspricht!? Der Blutgenuss an und für sich
zeugt, zumal bei Uebermass, wohl von bestialischer Gier und Gefrässigkeit, aber wenn nicht an dem noch lebenden Thier verzehrt,
doch von keiner Grausamkeit. Deshalb kamen sie darauf, in unserer
Stelle das Verbot des Genusses eines Stückes eines lebenden Thieres
zu erblicken.

Während aber Onkelos unseren Vers ganz wörtlich übersetzt
בְּרַם בִּשְׂרָא בְנַפְשֵׁיהּ דְּמֵיהּ לָא תֵיכְלוּן, ebenso der Samaritaner בְּרַ
בְּכַר בְּנַפְשֵׁיהּ אַרְמֵהּ לָא תֵיכְלוּן, giebt Jonathan, den Wortlaut völlig
ausser Acht lassend, ganz die talm. Auffassung wieder בְּרַם בִּשְׂרָא
דִּתְלִישׁ מִן חֵיוְתָא חַיָּא בּוֹמֵן דִּבְנַפְשֵׁיהּ (2) בֵּיהּ אוֹ דִתְלִישׁ מִן הֵיוְתָא
נְכִיסְתָא וְעַד דְּלָא נָפְקָא כֻּלָּא נִשְׁמָתָא לָא תֵיכְלוּן. Der zweite Theil

---

hat er nicht blos Erschwernisse, sondern oft auch durch die Zeitverhältnisse nothwendig gewordene Erleichterungen herbeigeführt und sanctionirt, da die Religion um der Menschen, nicht der Mensch um der Religion willen da sei. So haben sie am Sabbath die Waffen zur Vertheidigung zu ergreifen gestattet, lehnten diese Licenz aber künstlich
an die Deutelei וּבוֹ לְבַב מְכֵרַה הַשִּׁבֶת: die Erlaubniss, ja die Pflicht am
Versöhnungstage das Fasten bei Gefahr für Leben und Gesundheit zu
unterbrechen, knüpften sie an die gesuchte Deutung (3. M. 18, 5) וְחַי
בָּהֶם וְלֹא שֶׁיָּמוּת בָּהֶם. So hat R. J. b. Saccai eine ausdrücklich biblische
Satzung aufgehoben, weil sie mit dem Leben contrastirte. Nur das
spätere, das heutige Judenthum kommt immer mit seinem schwächlichen
non possumus, sich nicht für competent haltend, eine jetzt unberechtigte
talmudische Satzung, auch nur eine rabbinische, drückende, das Leben
hemmende Gepflogenheit, בַּמֶה, zu abrogiren.

[1]) Da jedoch von dem ganzen Complex der Speisevorschrift auch
dem גֵּר gerade nur Blut verboten war, so wird das obige Raisonnement
etwas abgeschwächt.

[2]) Meine Ausgabe hat (wohl fälschlich?) דִּבְנַפְשֵׁיהּ.

in dieser Paraphrase deutet auf eine andere rabbinische Vorschrift Synh. 63, 1, dass man von einem Thiere, wenn auch rituell geschlachtet, nicht essen soll, bevor es verendet ist. Maim. (M. N. III, 48) giebt als Grund für das Verbot von ואמנם טעם אבר מן החי הוא היותו מקנה ומלמד an: אבר מן החי אכזריות, „diese Art gegen die Thiere zu verfahren gewöhne an Grausamkeit". Diese Begründung ist mir nicht correct genug; nicht deshalb blos ist אמ״ה verboten, damit der Mensch sich nicht an Grausamkeit (wohl gegen Menschen) gewöhne, sondern als Grausamkeit an und für sich משום צער בעלי חיים als Thierquälerei [1]. Ferner sagt er, ehemals hätten die heidnischen Könige dies Verfahren beliebt ויעד שכן היו עושים או מלכי הגוים. M. führt dies nicht, wie sonst, auf den Brauch der Zabier zurück, vielleicht dachte er an das talm. עיקרין על המלכים (Abodah sarah 11 a), wozu Raschi bemerkt עיקרין בהמה הגידין לבד שיאל פרסותיה ווקך וחותך, ein Zergliedern der Sehne an der Fussplatte lebender Thiere. Dann giebt er noch (als Motiv für das Verbot von אמ״ה eine Kautele gegen Götzendienst) [2] an וגם לע״ז היו עושים כן: ר״ל שהיו חותכים מן בהמה אבר ידוע ואוכלים אותו) [3] Wir halten dies letztere für sehr weit hergeholt und sehen in dem Verbot lediglich ein Thierschutz-Gesetz. Vorgeschwebt hat wohl M., da er auch dafür keine Gepflogenheit der Zabier anführt, das עירות לבובן, jene heidnische Superstition in der Mischnah Abodah sarah 29 b, wozu

[1] Ist doch nach der Gem. B. Mozia 32 צער בעלי חיים דאוריית׳. S. auch צב״ה הילכתא דאוריית und andere קיצור אבקת רוכל הרא״ש, ב״ט, ב״ש Kasuisten. Maim. macht ja auch dieses Motiv bei dem Verbot von אותו ואת בנו geltend.

[2] Ich gab diese Worte in Klammern, weil nicht mit Gewissheit zu erkennen ist, ob M. blos referirt, sie haben ehemals diese Unsitte als religiösen Cultus betrieben, oder ob er auch präsumirt, das Verbot אמ״ה sei eben zur Verhütung eines heidnischen Cultus gegeben.

[3] Diese thierquälerische Gefrässigkeit bestätigen neuere Reisende. Bei den Abyssiniern ist dies Verfahren gar nicht selten. So berichtete (1874) der berühmte Afrikareisende Gerhard Rohlfs: Sie schneiden den lebendigen Thieren Stücke aus dem Fleisch, um sie in halbrohem Zustande zu geniessen und überlassen die Opfer dieser kannibalischen Ernährungsweise ihrem ferneren Schicksal.

שקורעין כנגד הלב הרכן לעשות כן לעבודת אלילים
ומוציאין את הלב הרך דרך הנקב ומתסר משום ובחי מתים
Doch so wichtig das Verbot von אמה"ח ist, unser Text, wenn
man ihm nicht Zwang anthun will, enthält nichts anderes, als ein
Verbot des Blutes, da sich dieses Verbot mit fast ganz denselben
Worten 3. M. 17, 11 כי נפש הבשר בדם היא und ibid. 14 כי נפש
כל בשר דמו בנפשו הוא und ebenso ibid. היא כי נפש כל בשר דמו
5. M. 12, 23 (¹ כי הדם הוא הנפש wiederfindet, wo doch lediglich
und ausschliesslich vom Blutgenuss die Rede ist. Auch ist ja an
unserer Textstelle unmittelbar darauf in folgendem Verse von Blut
die Rede (² ואך את דמכם לנפשתיכם אדרש. Unser so oft venti-

¹) Nach dieser Anschauung ist bald „die Seele des Fleisches (Geschöpfes) im Blut", bald die „Seele alles Fleisches (Geschöpfes) sein Blut
in der Seele", bald, wie in unserem Text, und 5. M. 12, 13, „die Seele
alles Fleisches (Geschöpf) das Blut selber." Ueber diese Art von
Variirung im Ausdruck dieses Verbotes gestehen wir, nichts Befriedigendes
vorbringen zu können; es müsste denn sein, dass von verschiedenen
Verfassern, in verschiedenen Zeiten und Culturepochen lebend, derselbe
Gedanke: „Die animalische Seele habe ihren Sitz im Blute", verschiedentlich, umschreibend oder knapp, ausgedrückt wurde. So liebt ja der
Deuteronomiker namentlich eine figürliche und epigrammatische Sprach-
weise; so „der Mensch ist ein Baum des Feldes" (oder umgekehrt?) 5 M.
XX, 19, wie hier: „das Blut ist die Seele, das Wesen der animalischen
Geschöpfe" (Menschen oder Thiere).

²) Der Verf. des Akedah z. St. erklärt sich den Gegensatz ואך את
דמכם לנפשתיכם wie folgt: „Bei den Thieren habe ich die Entfernung
der Seele gestattet, aber ihr Blut verboten, bei euch Menschen werde
ich euer Blut um der Seele, nicht um des Blutes willen, fordern*). Auch
Mendelssohn fand in dem לנפשתיכם einige Schwierigkeit und übersetzt
darum: „Auch (ואך — auch!?) werde ich euer Blut, woran euer Leben
hängt etc." Nach unsrer Meinung ist לנפשתיכם das nachdrückliche
Pronomen zu dem Suffixum an דמכם, den Gegensatz zwischen dem Vergiessen von Thier- und Menschenblut stärker hervorzuheben. דמכם
לנפשתכם heisst: euer, ja euer Blut, wie Richter 16, 30 תמת נפשי עם
פלשתים „ich will sterben", wenn nur die Philister mitsterben, vgl. auch
1. M. 49, 8 ידך בערף איביך.

*) כי. רצה הנה יהיה הרבה הוה בכם בהבך ממה שהיא בל חי.)
בהם התרתי לכם הוצאת הנפש ואסרתי את דמם אבל אדם את דמכם לסבת
נפשתיכם אדרש לא בעבור הדם כי הנפש הוא היקר.

lirter Vers ist also nicht anders zu übersetzen als: „Jedoch Fleisch mit seiner Seele, nämlich „sein Blut", sollet ihr nicht essen", und דמו ist, wie oben bemerkt, Apposition entweder zu בשר בנפשו oder zu dem Worte בנפשו allein, mit Supplirung des Buchstaben ב. Ebenso wenig lässt es der Zusammenhang zu, mit der Gemara Chul. 102 b das Verbot אמ״ה aus 5. M. 12, 23 ולא תאכל הנפש עם הבשר abzuleiten. Aber nach dem ganzen Geist der mos. Gesetzgebung, der vielen anderen Vorschriften zum Schutz der Thiere, war das Verbot von אמ״ה selbstverständlich. Dass aber das Blutverbot den Noachiden gegeben, erklärt sich daraus, dass hier, bei den Noachiden, nicht vom Blut überhaupt, sondern vom Blut der lebendigen Thiere die Rede ist, welches uncultivirte Völker denselben abzapften und verzehrten[1]). Es ist somit in der That an dieser Stelle das Verbot von צער בעלי חיים zu finden.

Zu Josephus' Zeit wurde unser Verbot 1. M. 9, 4 vom Blutgenuss, nicht von אמ״ה verstanden. Nachdem er (Ant. I, 3, 8) die Noachiden vor Menschenmord gewarnt sein lässt, spricht er im Namen des bibl. Gesetzgebers, dass sie sich die Thiere hingegen in jeder Weise nutzbar machen können, denn Gott habe die Menschen zu deren Herren eingesetzt δεσπότας γὰρ ἁπάντων ὑμᾶς εἶναι πεποίηκα; die Worte אך בשר בנפשו ונ' übersetzend, fügt er aber hinzu: Χωρὶς αἵματος ἐν τούτῳ γάρ ἐστιν ἡ ψυχή. Die Version der Sept., die diesen Ausspruch mit πλὴν κρέας ἐν αἵματι ψυχῆς οὐ φάγεσθε tradirt, ist, beiläufig bemerkt, sehr auffallend, denn sie fasst erstlich die beiden Wörter בנפשו דמו zusammen in ein Genitiv-Verhältniss und kehrt sodann die Stellung um, wie wenn der hebräische Text: בדם נפש lautete.

Antiquit. III, 11, 2, wo Josephus verspricht, an einer geeigneten Stelle über die erlaubten und unerlaubten Thierarten abzuhandeln, fährt er fort: Ἅιματος μέντοι παντὸς εἰς τροφὴν ἀπηγόρευσε τὴν χρῆσιν. ψυχὴν αὐτὸ καὶ πνεῦμα νομίζων. „Moses habe den

---

[1]) Dies meint wohl auch ר' ח' ב' נמליאל (Chul. 59 a) אך הרם מן החי „auch das Blut sei den Noachiden verboten, aber nicht Blut überhaupt, sondern nur מן החי von einem lebenden Thiere (und zwar משום אבוריות oder משום צער בעלי חיים).

Genuss des Blutes deshalb verboten, weil er es für die Seele und
den Geist (Odem?) der Thiere hielt."

In zweiter Stelle findet sich das Blutverbot in Verbindung
mit dem Fettverbot 3. M. 3, 17 כל דם וכל חלב לא תאבלו. Da
dort unmittelbar vorher vom Sprengen des Bluts der Opfer auf
den Altar, wie von dem Verdampfen der Fettstücke auf dem
Altar die Rede ist und hinzugefügt wird: כל חלב לה' „alles
Fett gehört dem Herrn", so könnte hier wohl der leise Zweifel
aufsteigen, ob nicht Blut, wie Fett, hier deshalb verboten werde,
weil es Gott gehöre. Sehr beachtenswerth ist Jonathan's Zusatz
z. St.; seiner Uebersetzung וכל תריב וכל אדם לא תיכלון fügt er
hinzu: כל גבי מדבחא יתקריב לשמא דה'.

An dritter Stelle findet sich das Blutverbot, 3. M. 7, 26, wieder
in Verbindung mit dem Fettverbot, mit dem Zusatz, dass der Blutgenuss mit כרת bestraft wird, und dass das Verbot für Vierfüssler und Geflügel gilt, ליוף ולבהמה. Während jedoch auch
hier das Fettverbot mit den Opfern in Beziehung gesetzt wird, ist
das Blutverbot ganz allgemein gehalten. Von den Vögeln waren
ja nur die Tauben opferfähig, deren Köpfe auch nicht abgeschlachtet,
sondern abgekneipt wurden, wovon die (wenigen?) Tropfen Bluts
an der Wand des Altars ausgedrückt wurden.

Ganz anders verhält es sich mit einer andern Stelle, die auch
über Blutgenuss handelt, 3. M. 17. Dieses Kapitel bietet grosse
Schwierigkeiten, es werden daselbst mit dem Verbot des Blutgenusses und dem Gebot der Verwendung desselben für den Altar
zwei augenscheinlich verschiedene Momente in Verbindung gebracht,
deren enge und innige Beziehung zu einander dennoch handgreif-
lich ist. Dadurch ist in der Darstellung eine gewisse Art von
Unsicherheit und Unbestimmtheit vorherrschend, es macht den
Eindruck, als ob der Referent selbst schwankte, was Grund, was
Folge, was primär, was sekundär sei.

Dieses Capitel bedarf viel Nachdenkens, wir müssen dabei
weit ausholen.

Also: III. M. cap. 17.

In den ersten 9 Versen wird den Israeliten (beziehungsweise
auch dem Fremdling) angeordnet, „ja nicht ausserhalb, sondern

11*

durchaus am Eingang des Stiftzeltes zu schlachten und das Geschlachtete als Opfer darzubringen, eine andere Art der Handhabung
wird ihnen als Blutvergiessen (Blutschuld) angerechnet und mit
כרת geahndet; sie sollten die Thiere, die sie sonst auf dem Felde
zu schlachten pflegten, — das Gesetz setzt den Wüstenaufenthalt
voraus —, an den Eingang des Stiftzeltes bringen. Der Priester
soll das Blut sprengen und das Fett verdampfen lassen. Die
Israeliten sollen nicht ferner den שעירים (Böcken, Waldteufeln)
opfern, denen sie nachbuhlen!!" Hinzugefügt wird noch, dass das
Zuwiderhandeln am Einheimischen und Fremdling mit כרת bestraft
wird. Selbst diese Verdoppelung und Häufung hat etwas Be-
fremdendes. In den folgenden fünf Versen wird wiederum Jedermann aus dem Hause Israel und der Fremdling in ihrer Mitte, der
Blut geniesst, mit כרת bedroht: „Gott werde seinen Zornblick auf
ihn richten und ihn austilgen aus der Mitte seines Volkes. denn
die Seele (das Lebenselement) des Fleisches (Geschöpfes) ist im
Blut, und Gott hat es zur Sühnung für den Altar bestimmt, denn
Blut versöhnt die Seele, darum habe ich den Kindern Israel
gesagt: „Keiner von euch. auch nicht der Fremdling unter euch,
soll Blut essen":

ואיש איש מבית ישראל ומן הגר הגר בתוכם אשר יאכל כל דם
ונתתי פני בנפש האכלת את הדם והכרתי אתה מקרב עמה: כי נפש
הבשר בדם היא ואני נתתיו לכם על המזבח לכפר על נפשתיכם כי
הדם הוא בנפש יכפר: על כן אמרתי לבני ישראל כל נפש מכם לא
תאכל דם והגר הגר בתוככם לא יאכל דם.

Wahrlich, diese Verse athmen eine besondere Feierlichkeit,
wiederholen sich mehrmals und documentiren einen eigenthümlichen
Ernst. Hinzugefügt wird dann V. 13 und 14: „dass aber das
Blut von Wildpret und Vögeln (welche Thiergattungen nicht geopfert werden) ausgegossen, mit Erde bedeckt, aber bei כרת-Strafe
nicht gegessen werde".

Ich rufe hier mit unseren Alten aus: אין המקרא הזה הוה אומר
אלא דרשיני. Es giebt in diesem Capitel viel zum Nachdenken,
dem Nachdenkenden aber eröffnen sich alsbald mancherlei Gesichtspunkte. Zuerst, wer möchte sich der Auffassung verschliessen
dass diese unmittelbar aufeinander folgenden Verse, die ersten 9,

in welchen das Vergiessen des Blutes ausserhalb des Eingangs
zum Stiftzelte als Blutschuld angerechnet wird, so wie die Warnung,
das Schlachtvieh nicht fernerhin noch den Böcken zu opfern, (V.
7) mit den nachfolgenden 5 Versen, worin so ausdrücklich und
selbst der Fremdling vor dem Blutgenuss verwarnt wird, in einem
nothwendigen innern Gedankenzusammenhang stehen?! Wir ersehen
aus unserm Capitel zunächst und brauchen es nicht erst, wie
Maimonides, aus Vergleich mit sabäischen Riten zu schliessen, dass
die Israeliten zu jener Zeit den Dämonen geopfert[1]). Aber auch
das lässt der Zusammenhang erkennen, dass das Blut ihnen ein
Medium, ein Vehikel ihres Communizierens mit den Dämonen war,
weshalb einestheils auf's Allerstrengste verboten war, irgend
welches Blut zu essen, anderntheils, um jenen Missbrauch zu verhindern, geboten war, das Blut der opferfähigen Thiere auf den
Altar zu verwenden, der nicht opferbaren mit Staub zu bedecken[2]).
Deutlicher noch zu erkennen ist der missbräuchliche Blutgenuss bei
den Israeliten in diesem Sinne 3. M. 19, 26. לא תאכלו על הדם
לא תנחשו ולא תעוננ‎ „Ihr sollt nicht am (beim[3]) Blute essen[4]),

---

[1]) Moses macht ihnen ja noch in seinem Schwanengesang 5. M.
32, 17 diesen Vorwurf יזבחו לשדים לא אלוה‎ (d. folg. לא שערום‎ kann eine
anspielende Paronomasie auf שעירים‎ in unserer Stelle sein), 2 Chr, 11, 15
berichtet von Jerobeam) ויעמד כהנים לשעירים‎.

[2]) Dass auch mit Fettstücken ein solcher Dämonencultus getrieben
wurde, wie manche Erklärer konjekturiren, lassen wir dahingestellt·
(Vgl. übrigens „Antiquarisches" bei Fett).

[3]) על הדם‎, nicht: mit, sondern an oder bei dem Blute.

[4]) Die Gem. Sanhedrin 63a hat aus den Worten לא תאכלו על
הדם‎ vielerlei, nur nicht das dem Wortsinn und Zusammenhang Entsprechende abgeleitet, z. B. פשה: שתצא שתהא קודם הבהמה מן לאכול אזהרה‎ oder:
לא תיכלון‎ Dies giebt Jonathan wieder: — לא תאכלו בשר ועדין דם במורק‎
מבשר כל כל ובסיחתא עד ראדמא קיים במורקיא‎, was wiederum der Erklärer am
Rande ganz missverstanden, denn er sagt: פי" שלא לאכל מבשר שחוטה‎
ועוד הדם קיים בגידין‎. Wir nehmen gern Notiz von dem Bemerken des
sel. Dr. Frankel „Ueber den Einfluss" S. 157: „Die Halacha schwebte
über diesen Vers in Ungewissheit, dessen Sinn lag ihrer Gegenwart
schon ganz fern". Dies könnten wir aber mit noch grösserem Rechte
von anderen Satzungen, namentlich von בשר בחלב‎ und ניר הנשה‎ behaupten. Warum uns also auch sonst gegen den klaren Wortsinn an
die willkürliche talmudische Deutelei binden?!

sollt nicht abergläubischer Vordeutelei huldigen, keine Zeitenwähler
sein". Aehnliche abergläubische Observanzen werden in letzterem
Cap. V. 31 verboten: „Wendet euch nicht zu den Todtenbeschwörern und
den Zukunftsdeutelcien, suchet nicht euch durch sie zu verunreinigen"
und 20, 6 mit nachdrücklicher Verschärfung der Strafandrohung,
ganz wörtlich, wie gegen den Blutgenuss ההיא בנפש פני את ונתתי
Steht .(אשר תפנה אל האבת ואל הידענים) והכרתי אתו מקרב עמו
in unserem Verse nicht das Verbot der Blutmahlzeiten in räumlich
und darum auch ursächlich engstem Zusammenhange mit superstitiösen Observanzen? Durch Blutgenuss glaubten sie nämlich, in
näheren Verkehr und Umgang mit Dämonen zu treten, durch die
sie die Zukunft erfahren könnten [1]).

Wie tief diese Superstition der Blutmahlzeiten eingewurzelt,
war, erhellt daraus, dass sie zu Saul's Zeit noch in voller Blüthe
war, 1. Sam. 14, 32 „das Volk stürzte sich über die Beute,
schlachtete Schafe und ass הדם על am (beim) Blute [2]) — also

---

[1]) Auch R. Sam. b. Meir erklärt in diesem Sinne לא האכל: על
הדם: לפי פשוטו דבר למד מענינו, אף זאת יעשו בחקת הגוים שאיכלים על קבר
הרוג לשם מכשפות, wenn er seine Worte auch nicht gerade speciell auf
Blutmahlzeit bezieht.

[2]) Ebenso bemerkt Sifre zu 5. M. 12, 23, dass die Israeliten
leidenschaftlich lüstern nach Blutgenuss waren, מניד שהיו ישראל שטופים
בדם. Wie schwer aber irrt die darauf folgende Behauptung von der
Wahrheit ab, dass dies Erpichtsein auf Blutgenuss nur von der Zeit
vor der Gesetzgebung קודם מתן תורה gilt. Das Verbot des Blutgenusses
ist ja gerade nach der Gesetzgebung und im Deuteronom so wiederholt
und nachdrücklich verschärft worden, und der eben mitgetheilte Auftritt
zur Zeit Sauls zeugt ja vom Gegentheil. Wenn nun aber die Mischnah
ihrerseits spricht, dass man sich vor dem Blutgenuss aversirte אם ומה
הדם שנפשו של אדם קצה ממנו (Makkoth 23b), so beweist dies wiederum,
dass der Reiz nicht im Genuss selber, sondern im Dämonenkult, der
damit verbunden war, lag. Von einem ähnlichen superstitiösen Cult
lesen wir Jes. 65, 3: העם המכעסים אתי . . . הישבים בקברים ובנצורים ילינו.
Sie sassen und assen in einsamen Grabgewölben, sie opferten, räucherten,
wobei sie gewisse Fleischsubstanzen und Brühen von garstigen Thieren
בשר החזיר ומרק פגלים verzehrten, um sich von dunkeln Mächten die Zukunft enthüllen su lassen. (Vgl. ähnliche Superstition bei den Römern oben
ב"הב antiquar. Gesichtspunkt). Gegen derartige Missbräuche wird schon

gerade wie 3. M. 19, 26 der Ausdruck עַל הַדָּם —, und Saul sprach, schlachtet hier und esset, aber sündigt nicht gegen Gott לֶאֱכֹל אֶל הַדָּם beim Blute zu essen[1]).

Bestätigt fand ich meine Ansicht, dass dem Verbot des Blutgenusses 3. M., 17b eine Cautele gegen Dämonencult zu Grunde liege, bei Abr. b. Esra, der die Vorschrift daselbst, das Blut nicht opferfähiger Thiere mit Erde zu bedecken, damit motivirt, dass man auch den Schein vermeiden müsse, als wäre das Blut den Dämonen geweiht[2]).

Weit deutlicher und ausführlicher motivirt A. b. E. die verschiedenen Verbote über das Blut als Cautelen gegen Götzendienst zu 3. M. 19, 26 und weist ebenso, wie wir, auf 1. Sam. 14, 32 hin, wenn er auch das עַל mit während interpretirt: „vom Fleisch nicht zu essen, während oder bevor nicht das Blut auf den Altar gesprengt ist", also nach einer der verschiedenen Erklärungen in Sanh. 63a, aber jedenfalls betrachtet er die Vorschrift als eine antigötzendienerische. Seine Worte lauten: לֹא תֹאכְלוּ עַל הַדָּם

דָּבִיק עִם הַכָּתוּב לְמֵעֲלָה . . . ג"כ כָּל בָּשָׂר טָהוֹר לֹא יֹאכַל עַד שֶׁיִּזְרֹק
דָּמוֹ עַל מִזְבֵּחַ הַשֵּׁם אִם הָיָה קָרֵב אֶל מְקוֹם הַקֹּדֶשׁ. וְהֵעִיד הָאֱמָן דִּבְרֵי
שָׁאוּל כִּי הָאָרֶץ הָיָה עִמִּי כִּי כֵן כָּתִיב הִנֵּה אוֹכְלִים עַל הַדָּם בָּאֵלוּ

5. M. 18, 10—14 gewarnt וְשָׁאַל אוֹב וְיִדְּעֹנִי דֹרֵשׁ אֶל הַמֵּתִים . . . לֹא יִמָּצֵא בָךְ und lediglich auf Gott hingewiesen, dem wir ungetheilten Herzens anhangen und vertrauen sollen תָּמִים תִּהְיֶה עִם ד' אֱלֹהֶיךָ, wozu Raschi: הִתְהַלֵּךְ עִמּוֹ בְּתְמִימוּת וּתְצַפֶּה לוֹ וְלֹא תַחְקֹר אַחַר הָעֲתִידוֹת.

[1]) Die LXX übersetzt III. M. 19, 26 לֹא תֹאכְלוּ עַל הַדָּם Μὴ ἔσθετε ἐπὶ τῶν ὀρέων (Frankel und schon vor ihm „Vater" vermuthet, sie haben הָרִים statt הַדָּם gelesen), wie in Ezech. 18, 6 אֶל הֶהָרִים לֹא אָכַל, wo das folgende וְעֵינָיו בֵּית יִשְׂרָאֵל deutlich auf götzendienerische Superstition hinweist und ibid. 22, 9 וְאֶל הֶהָרִים אָכְלוּ ἐπὶ τῶν ὀρέων ἤσθίοσαν. Doch übersetzt sie ibid. 33, 25 עַל הַדָּם תֹאכֵלוּ richtig ἐπὶ τῷ αἵματι*): dagegen ganz inconsequent I. Sam. 14 עַל הַדָּם und אֶל הַדָּם σὺν τῷ αἵματι.

[2]) וַיִּתֵּן בַּעֲבוּר שֶׁצִּוָּה שֶׁלֹּא יֹאכַל דָּם וְלֹא יִרְאֶה דָּם נִשְׁפָּךְ הִין מֵהַמִּזְבֵּחַ הַשֵּׁם לְכַסּוֹת כָּל דָּם שֶׁיָּשִׂימוּ קָרֵב לְלִבִּי הַמִּזְבֵּחַ שֶׁלֹּא יַחְשׁוּב הָרוֹאֶה בְּרֹאוֹתִי וְהוּא דָם אַיָּל אוֹ צְבִי אוֹ עֵיִן כִּי כִי וְבַת זֶבַח לַעֲ"ז. Wir würden sonst annehmen, die Vorschrift der Bedeckung des Blutes mit Erde soll die Gelegenheit, dasselbe zu geniessen, vermindern.

*) Dieser Vers fehlt in Codd., ist aber nach dem Alex. ergänzt.

אובלים ובהים לשעירים שהיה בן מנהגם במצרים לזבוח בשם השדים.
בי אחר שלא נזרק דם על המזבח לשם השם הנה הדבר ברור ע״כ
דבק עמי לא תנחשו בי במצרים היו אוכלים על הדם זונים אחרי
השדים ובארן בנן מנחשים ימעוננים. A. b. E. kann also als der
Erste gelten, der das Verbot 3. M. 19, 26 mit dem Blutverbot
3. M. 17, mit der dort vorgeschriebenen Verwendung des Blutes
und mit dem Dämonencult in den rechten Zusammenhang brachte[1]).

Maimonides (M. N. III. 46) hat nur das Verdienst grösserer
Ausführlichkeit und verdient allerdings nachgelesen zu werden,
besonders wegen Zurückführung jenes Cults auf die Zabier, denen
zwar das Blut als unrein galt, die es aber dennoch (oder vielleicht
gerade deshalb) assen, um dadurch mit den unreinen Dämonen in
Connex zu treten. Ferner meint M., dass vom israelitischen Gesetzgeber (wohl als Gegensatz zu den Zabiern) das Blut als rein,
ja als reinigend und heiligend erklärt wurde, wie es 2. M. 29, 21
heisst: „Sprenge auf Ahron, auf seine Kleider und auf seine
Söhne . . ., so soll er und sie heilig sein". (Von dieser sühnend
reinigenden Kraft des Opferblutes spricht auch Paulus im Hebräerbrief, 8, 22 καὶ σχεδὸν ἐν αἵματι πάντα καθαρίζεται κατὰ τὸν
νόμον κ. τ. λ.) Ueber die antigötzendienerische Tendenz des Blutverbotes spricht sich M. noch M. N. III. 41 aus: „Der Blutgenuss
sei deshalb mit כרת bedroht, weil sie behufs des Götzencults besonders lüstern darnach waren ([2] כדם לרוב) בקצת המאכלות כרת
תאיתם וזריזותם לאכלו בומן ההוא למין ממיני ע״ז כמו שהתבאר
בטמטם ומפני זה בא בו זה החיזוק הגדול.

Nach alledem dürfte man sich wohl zu der Ueberzeugung berechtigt halten, dass in unserem Cap. 3 M. 17 mit dem Blutverbot

---

[1]) Auch Nachmanid. zur Stelle erklärt und motivirt in dieser
Weise (und fasst ganz wie Sam. b. Meier s. oben): על דרך הפשט הוא
מן ממיני הבשוף. כי היא דבר למד מענינו. והיי שופבים הדם ומאספים אותו
בנ׳מא והשדים מתקבצים שם כפי ריתם ואיבלין על שולחנם להגיד להם
העתידות. Also auch dieser hochorthodoxe Rabbi häit die Erklärung
der Gem. für unrichtig und sieht sie im Gegensatz zu seinen ע״ד הפשט
lediglich als eine durch den Zusammenhang ganz ungerechtfertigte an.

[2]) Wir haben übrigens schon oben bemerkt, dass jede Profanation
des der Gottheit Geweihten, beispielsweise die Imitirung des heiligen
Salböls, mit der Carethstrafe bedroht wurde. (2 M. 30, 33).

die Abwendung des Götzendienstes, des Dämonencultus beabsichtigt
wurde, wofür ja auch die nachdrücklichste Wiederholung und Verschärfung spricht, die, mit Ausnahme des Götzendienstes selber,
nur noch bei dem wichtigen Gebot der Sabbathfeier sich findet —.
Doch ist zu erwägen: die Schrift selber giebt hier und an anderen
Stellen einen anderen Grund an: „die Seele jedes Geschöpfes [1])
sei sein Blut". Ebenso 5. M. 12, 23 von Profanmahlzeiten:
„Nur sei standhaft darin, kein Blut zu essen, denn das Blut ist
die Seele (das thierische Leben), und du sollst nicht essen die
Seele mit dem Fleische (Geschöpfe"). Wie dem auch sei, welcher
Grund für das Blutverbot seitens der Schrift als der vorwiegende
und leitende angegeben und angesehen wurde, ist es nicht höchst
auffallend, fordert es nicht das Befremden jedes Denkers heraus,
dass Maimon. [2]), trotz dieser wiederholten und nachdrücklichsten
Motivirung der pentateuchischen Gesetzgebung, seinerseits ganz
andere Gesichtspunkte und Beweggründe für das Verbot so ungenirt
anführt? [3]) Es braucht uns daher durchaus nicht zu befremden,
dass sein Moreh schon wegen seiner von der Schrift so wesentlich
dissentirenden Begründung eines fundamentalen Gesetzes von zeitgenössischen und späteren Orthodoxen auf den Index gesetzt
wurde. [4])

---

[1]) Wörtl. „Fleisches". Die LXX übersetzen hier nicht κρέας,
sondern σαρξ,

[2]) Die meisten anderen Erklärer sind ja grossentheils nur sein Echo.

[3]) Maim. führt noch andere Gründe an, die wir weiter unten
bringen! Hier dissentirt er so entschieden von der Motivirung der
Schrift, während er für גיד הנשה, dem gewiss eine ganz andere Veranlassung, als die in der Bibel vorgebrachte zu Grunde liegt, lediglich
und ausschliesslich auf die Schrift zurückweist (M. N, III 48) וטעם
גיד הנשה בתורה.

[4]) Ein helldenkender Theologe, der Obiges im Manuscript gelesen, schrieb mir: „Was Maimon. betrifft, so war er auch Arzt, und
ein Arzt kann es nicht unterlassen, auch wenn er sonst biblisch-fest,
überall Gründe der Hygiene zu wittern." (Verf. würde sagen: der
Mediciner sieht Alles durch die medicinische Brille.) „Zudem war er,
obgleich streng gläubig, (Verf. möchte dieses Urtheil doch etwas modificiren), doch seinem innersten Wesen nach ein Grübler und Zweifler,
somit konnte ihn ein so allgemeines, apodictisches, metaphysisch-ver-

Indessen bekennen wir freimüthig, dass uns das logische und
causale Verständniss des Cap. 17 mit einer Art Verzweiflung erfüllt; trotz allen Nachdenkens und Forschens sind wir zu einer
ganz befriedigenden Aufklärung des Dunklen, Räthselhaften und
Widerspruchsvollen, das es enthält, seither noch nicht gelangt.
Man sehe nur! Die Schrift giebt hier in einem Athem, in unmittelbar auf einander folgenden Worten, wie sich selber dessen
unbewusst, eine doppelte Begründung an. Nachdem sie vom Zornblick Gottes und der Ausrottung der Person gesprochen, die Blut
geniesst, fügt sie V. 11 und 12 hinzu: „denn die Seele des
Fleisches (Geschöpfes) ist im Blute, und ich habe es euch auf den
Altar bestimmt zu sühnen über euere Seelen, denn das Blut ist
es, das für (oder in) die Seele sühnt [1]). **Deshalb** sagte ich,
keiner von euch soll Blut essen". Wir fragen auf dieses „deshalb", ein „weshalb?" Ist der Blutgenuss verboten, weil die Seele
des Fleisches im Blute ist, oder weil das Blut auf dem Altar für
euere Seele sühnen soll, oder weil, wie es an anderer Stelle heisst,
Unschlitt und Blut der Gottheit gehört? Diese Schwierigkeit wird
jedoch zum Theil gehoben, oder der Dissens in der mehrfachen
Motivirung doch abgeschwächt, wenn wir die Worte ואני נתתי
לכם על המזבח לכפר על נפשתיכם כי הדם הוא בנפש יכפר als
blosse Paranthese betrachten und den Vers על כן אמרתי לבני ישראל
wieder an die Worte des früheren Verses כי נפש הבשר בדם הוא
anknüpfen, wie folgt: „denn die Seele des Fleisches ist im Blut",
(man denke nur die Paranthese weg und lese dann wiederum)
„deshalb habe ich den Kindern Israel gesagt, Blut nicht zu essen".

Nach reiflichem Hin- und Herdenken scheide ich, soweit meine
eigene Forschung reicht, von diesem schwierigen Kapitel mit der
Ueberzeugung, dass hier folgende Gesichtspunkte die annehmbarsten
und die scheinbaren Widersprüche der Schrift am besten aus-

---

schwommenes Epigramm: „das Blut ist die Seele" nicht befriedigen.
Er suchte daher zu materialisiren: „hygienisch nicht rathsam".

[1]) A. b. E. fasst das ב in בנפש nicht auf als in oder für,
sondern durch. „Der Mensch wird durch die thierische Seele — das
Blut — gesühnt נפש תחת נפש והנפשם בכבר כי בו שיש נפשב." Das klingt ja
christologisch. Vgl. übrigens Bähr „Symbolik des mos. Cultus".

gleichenden sind, nämlich: die Schrift selber motivirt das Blutverbot nicht etwa, wie wir später bei einigen Exegeten sehen werden,
mit einer Depravation des menschlichen Organismus durch den
Genuss des thierischen Blutes, denn das Verbot ergeht schon an
die Noachiden, und diesen gegenüber, denen viel wichtigere Gebote
noch nicht promulgirt worden, ist ein Verbot in diesem Sinne
ziemlich verfrüht [1]). Vielmehr wird der Blutgenuss untersagt, weil,
obschon den Menschen die Tödtung der Thiere zum Zweck der
Selbsterhaltung erlaubt wurde, ihnen doch nicht gestattet ist, auch
das eigentliche Lebenselement des Thieres, das Fundamentalste und
Causale in der thierischen Substanz und Existenz, die eigentliche Re-
präsentanz des physischen Lebens, das Blut, zu verzehren und so
den Thiermord in der intensivsten Weise auszuüben. Das Blut
gehört darum gleichsam als Sühne für den Thiermord und als Dank
für die Gestattung desselben zum Zwecke unserer Ernährung auf
den Altar Gottes [2]), des Schöpfers, Erhalters und Herrn der Natur
und ihrer Geschöpfe [3]). Bei den nicht opferfähigen Thieren aber
darf dieses Lebenselement dennoch nicht verzehrt werden [4]).

Was nun die mehrfache Motivirung anbetrifft, so dürfte sie
sich wohl noch in folgender Weise aufhellen: das erste Dictum:
„das Blut ist die Seele“ begründet das Blutverbot im Allgemeinen,

---

[1]) Wohl aber (s. oben) war den Noachiden verboten einem lebenden
Thier das Blut abzuzapfen und zu geniessen.

[2]) Der bereits citirte Theologe schrieb mir, nachdem er im Manuscript meine Lucubration über das schwierige Cap. III. M. 17 gelesen:
„Diese Studie scheint mir äusserst folgerichtig und verdienstlich; denn
bekanntlich beruht auf jenem: „das Blut sühnt die Seele“ nicht allein
die orthodoxe Anschauung von der Göttlichkeit (soll wohl heissen: von
der hohen Wichtigkeit?) der blutigen Thieropfer, sondern auch die
Fundamentallehre des Christenthums: „dass Christi Opfertod, nach der
Zerstörung des Tempels, in seinem vergossenen Blute das Mittel der
Sühne für die sündhafte Menschheit geboten und bietet.“ — Wir hoffen
mit unserer Diatribe beide Anschauungen redressirt zu haben.

[3]) Für unser unmassgebliches kritisches Gefühl ist es übrigens
sehr wahrscheinlich, dass an unserem Cap. zwei verschiedene Relationen
mit einander verarbeitet und verquickt sind.

[4]) Ueber die Bedeckung des Blutes dieser Thiere mit Erde s.
weiter unten.

das zweite: „es gehört auf den Altar, um die Seele des Menschen zu sühnen)," fasst vornehmlich die Strafe der Extermination in's Auge.

Das Verbot der Blutmahlzeiten hingegen, das Essen הדם אל 3. M. 19, 26. womit wohl der erste Theil unseres Kap. 17 im Zusammenhang stehen mag, לשעירם ובהיה את עד יובחו ילא ist nicht adaequat mit dem eigentlichen Verbot des Blutgenusses, sondern geht neben diesem her, und jene Mahlzeiten sind als Dämonencultus verpönt.

Wir glauben hiermit eine nach Möglichkeit befriedigende Lösung des verwickelten Themas und schwierigen Kapitels gegeben zu haben und wenden uns nun zu den anerkanntesten Kommentatoren.

Als einen der ältesten Exegeten können wir Josephus bezeichnen, dessen Worte wir bereits oben angeführt haben. Er hält sich zu 1 M. 9, 4 schlicht an die eigentlichen Schriftworte: „Das Blut ist die Seele und der Geist (Odem) des Thieres". ψυχὴν ἀυτὸ καὶ πνεῦμα νομίζων. Doch bedarf ja dieser Lehrsatz der Schrift doch noch immer eines Motivs. Wenn auch das Blut die Seele des Thieres ist, warum soll es deshalb nicht gegessen werden? Wir haben das Motiv, auf welchem jener Lehrsatz beruht, bereits angegeben.

A. b. E. hat wohl zu 3 M. 19, 26 (הדם על Blutmahlzeiten s. oben) seinen Forschergeist bewährt, suchte aber doch nicht ganz in den Geist dieser Institution einzudringen und die verschiedenen Schriftstellen und ihre Motivirung durch einen einheitlichen oder doch umfassenden Gedanken zu vermitteln. Wir haben oben gesehen, dass er das Blutverbot als Cautele gegen Götzendienst ansieht, dennoch giebt er zu 3 M. 3, 17 für הם dasselbe Motiv an wie für חלב: es gehöre dem Altar[1]). Indessen will er doch nicht etwa mit seinen Worten אסורה הם לגבוה ודם שהחלב ואחר לכם andeuten, dass bei profanem Fleisch nach der Schrift das Blutverbot nicht statthabe, da er doch selbst in seiner Controverse

---

[1]) Vielleicht unterscheidet auch A. b. E. in den Motiven, wie wir, zwischen dem eigentlichen Blutgenuss und den sogenannten Blutmahlzeiten על הדם, wenn er es auch nicht so deutlich ausdrückt.

mit dem Zaduki den Unterschied zwischen חלב und דם nach
diesem Gesichtspunkte mit vollem Rechte betont, nämlich dass Blut
nicht, wie Inschlitt, nur bei Opfern verpönt sei. Sonst schweigt
A. b. E. fast ganz bei diesem Gebot. Zu 1 M. 9, 4 bemerkt er
blos כטעם לא האכל הנפש עם הבשר כי נפש כל בשר דמו בנפשו הוא.
Zu den wenigen Zeilen, die er dem Blutverbot 3 M. 17 widmet,
fügt er hinzu, er werde noch Näheres darüber im Abschnitt ראה
bringen, was er aber unterlässt.

Ueberrascht hat uns, dass auch der etwas ältere Zeitgenosse
unseres A. b. E., der sonst durch und durch rabbinisch gesinnte
R. Jehudah Halevi, beim Blut-, wie beim Inschlittverbot, ausdrücklich die Verwendung auf den Altar als Motiv geltend macht
(Cusari III, 11) ולהשמר מדם והחלב מפני שהם הלק אשי ה', da
ja hieraus so leicht die Consequenz einer Licenz für unsere Zeit
und Verhältnisse gezogen werden könnte.

Maimonides giebt ausser dem antigötzendienerischen noch
einen diätetischen Grund an (M. N. III, 48): הדם יהגבלה קשים
להתעכל ומזונם רע ,,Blut ist, ebenso, wie Gefallenes, Cadaver,
schwer zu verdauen, ungesunde Speise!" (Siehe oben S. 65, Note 2
und S. 134, Note 3.)

Nachmanides spricht über das Verbot sehr ausführlich, entwickelt, theils sich an Maim. anschliessend, theils selbstständig, sehr
schöne Gedanken, bleibt sich aber in der consequenten Durchführung nicht treu und schwächt selber seine Begründung dadurch
ab, dass er in der Schlussfolgerung zu einem anderen Motiv über-
springt. Er beginnt zu 3 M. 17, 11: ,,Aus diesem Verbot geht
hervor, dass Blut verboten, weil es für den Altar bestimmt sei,
unsere Seele zu sühnen, da es Gott gehöre, wie חלב[1]). Das Blut

---

[1]) Wir bezeichneten diese Motivirung schon bei R. Juda Halevi als
überraschend. Bei dem streng orthodoxen N. markiren wir sie mit um
so grösserer Genugthuung, da es hiernach gar nicht so heterodox wäre, die
Frage aufzuwerfen, ob nicht auch Blut, ebenso wie Inschlitt, in unseren
Verhältnissen, wo nicht geopfert wird, als erlaubt anzusehen sei.
Wenigstens dürfte doch dieses Thema als diskutirbar betrachtet werden,
nachdem solche Heroen der Schriftauslegung dieses Motiv betonen.
Doch ist nicht zu vergessen, dass Nachmanides bei demselben nicht
stehen bleibt.

des Wildes und der Vögel, das nicht auf den Altar kommt, sei
verboten, weil sonst erlaubtes Blut leicht mit unerlaubtem verwechselt werden könne [1]), eine Befürchtung, die bei dem leichter
unterscheidbaren חלב wegfalle [2]).'' Nachmani führt dann die Worte
des Maim. M. N. III 46 an, „dass Chaldäer (M. sagt Zabier) das
Blut verabscheuten und für unrein hielten, dass aber die, welche
sich den Dämonen beigesellen und durch die Gemeinschaft mit
ihnen die Zukunft prophezeihen wollten, es dennoch assen. Die
Thora aber habe bei den Israeliten diese thörichte Superstition von
Grund aus zerstören wollen und ihnen darum den Blutgenuss verboten, zu welchem Zwecke das Blut nachdrücklich zur Sühnung und
Reinigung [3]) von ihr besonders ausgezeichnet worden sei. Darum
bedroht die Schrift den Blutgenuss wie den Molochcultus mit dem
göttlichen Zornblick.'' Doch beanstandet Nachm. diese zwar text-
entsprechende Auffassung deshalb, weil die Schrift wiederum, besonders im 5. B. M., nur den Grund geltend macht: das Blut sei
die Seele, und diese dürfe man nicht mit dem Fleische essen.
„Darum,'' fährt Nachm. fort, „scheint uns das Verbot auf folgenden
Momenten zu beruhen: Gott hat alle Geschöpfe auf Erden zum Bedarf des Menschen geschaffen, der allein seinen Schöpfer erkannt.
Doch hat er den Menschen anfangs nur die Pflanzenkost, nicht die
belebten Geschöpfe zu essen verstattet (s. 1 M. 1, 29). Nach der
Sündfluth aber, als die Thiere nur durch Noahs Verdienst gerettet
wurden und dieser Gott gefällige Opfer aus der Thierwelt brachte,

---

[1]) Unsere Ultra- und auch die Neuorthodoxie würden über ein
solch kühnes Raisonnement anathema sit! ausrufen.

[2]) המשמט מן הבתים הוה השאמר שאבר לני הרם מפני שתהני כנו להיות על
המובח לכפר לני על נפשותיני :היא חלק השם בטעם החלב. יאם יקשה למה אבר
רם החיה והעוף אשר לא יקרב? נרחתה את השיאל לאמר לו שרצה להרחיקנו מכל
רם שלא נשנה בו אנטים שלא עשה כן בחלב כי ניבר היא.

[3]) Maim. betont diese Antithese ibid. noch stärker: „Weil die Zabier
das Blut für unrein halten, hat die Thorah dasselbe zur Sühne bestimmt,
ja sogar angeordnet, dass es den weihe, der damit in Berührung kommt.''
יטהרה הרם וטׂמֵׇה אותו מטהר מה שיעינו בי, wie es 2 M. 29, 21 heisst:
:ולקחת מן הרם . . . והיה על אהרן ועל בגריו וקרש היא :בגריו. Bei den
Griechen wurde jedoch Blut besonders zu Lustrationen bei Mord angewendet. Eustath. zu Odyss. XXII: καὶ δ' αἵματος ἡ κάθαρσις, ὁποία καὶ ἡ
τῶν φονέων κ. τ. λ.

gestattete er den Menschen das Schlachten ‏כל רמש אשר הוא חי‎
‏לכם יהיה לאכלה כירק עשב נתתי לכם את כל‎; denn die Thiere
sind nur des Menschen wegen da. Gott aber hat nur ihren Leib,
der um des Menschen willen lebt, zu dessen Genuss und Gebrauch
freigegeben, die Seele der Thiere aber diene den Menschen zur
Sühne, wenn man sie Gott zum Opfer bringe, aber nicht, dass man sie
esse. Es ziemt sich nicht, dass der Beseelte die Seele esse, denn
die Seelen sind alle Gottes, des Menschen, wie des Thieres Seele[1])
gehört ihm, einerlei Begegniss trifft sie, das eine stirbt, wie das
andere, ein Geist für Alle[2]).

Hätte Nachm. hier abgebrochen, so wären wir befriedigt; aber
er begnügt sich nicht damit, sondern führt weiter einen ethisch-
sanitären, oder sanitär-ethischen Grund an: „Es ist ferner bekannt,
dass die verzehrte Substanz in die des Verzehrenden sich verwandelt und sie so zu einem Wesen werden[3]). Wenn nun der

---

[1]) Auch die griechischen Weisen schreiben den Thieren eine Seele
zu. Diogen. Laert. VIII berichtet die Worte des Empedokl. — ich citire
nur fragmentarisch ungenau — τὰ ζῶα κοινόν δίκαιον ἡμῖν ἔχουσι ψυχήν.
Was es mit der Psyche der Thiere auf sich hat? Auch wir werden dem
Thiere ein Maass von Verständniss und Gefühl nicht absprechen, es denkt
und calculirt, hat Gedächtniss und Combinationsgabe, die Thiermutter
versorgt, vertheidigt ihre hilflosen, unerfahrenen, jungen Geschöpfe. (S.
auch oben S. 63 bei Maim.)

[2]) ‏כי אין לבעל נפש ראי ושיאבל נפש כי הנפשות כלן לאל הנה בנפש‎
‏האדם וכמו נפש הבהמה לו הנה ומקרה אחד להם במות זה כן מות זה וריח אחד‎
‏לכלם‎. Dies klingt allerdings überaus skeptisch, pessimistisch und
materialistisch. Von einem andern Exegeten, und nicht von Nachm. gesprochen, würden diese Worte gewiss auf den Index kommen; aber ganz
und gar dem Skeptiker Koheleth nachgesprochen, blieben sie verschont.
Ganz entgegengesetzt raisonirt Albo (Jkar. III, 15) bei Erklärung des
göttlichen Wohlgefallens an Abels und des Missfallens an Kains
Opfer, und im Verfolge seiner Erklärung sagt ja auch Nachm. das
Entgegengesetzte.

[3]) ‏ומן הידוע כי האוכל ישוב בונף האוכל יהיו לבשר אחד וכו׳ וכו׳‎.
Diese Worte sind übrigens das pure Echo des A. B. E., der hiermit
das Verbot des Genusses der unreinen Thiere motivirt. 3. M. 11, 43:
‏אל תשקצו כי ידוע כי הונף האכל ישוב בשר האכל בונף האוכל‎. Auch der Karäer
Ahron b. Joseph d. A. hat dieselben Worte adoptirt 3. M. 17, 11 ‏ואין‎
‏ראוי לבעל נפש שיאבל נפש וכל דבר שנוון מדבר ישובי שניהם באחד והיו‎

Mensch die Seele eines jeden Geschöpfes (Thieres) verzehrt, diese
sich mit ihm verbindet und im Herzen vereinigt, so entsteht eine
Verstockung und Verdumpfung in der Seele des Menschen, und so
gewinnt diese eine nahe Verwandtschaft mit der thierischen Seele[1]),
denn das Blut bedarf nicht einer solchen Verdauung, wie andere
Speise[2]). Darum sagt die Schrift: „die Seele alles Fleisches ist
im Blut", es gezieme sich aber nicht die vergängliche Seele (des
Thieres) mit der unvergänglichen (des Menschen) zu vermengen.
Gott aber hat Mitleid mit der menschlichen Seele, darum hat er
das Blut, die Thierseele, für den Altar bestimmt, dass sie für die
Menschenseele sühne[3]). Das sind an und für sich schöne, sehr
annehmbare Worte, ein ziemlich einleuchtendes Motiv, das spätere,
neuere Schrifterklärer adoptirt haben, von der Depravirung des
menschlichen Blutes durch Vereinigung mit dem thierischen. Nur
hätte Nachm. es als ein besonderes, nicht in einem Athem mit dem
früher Vorgetragenen vorbringen und es nicht der Schrift imputiren
sollen, da diese das Verbot des Blutgenusses schon für die
Noachiden, die auf noch niedriger Culturstufe standen, sanctionirt.

R. Levi b. Gerson giebt zu 3. M. 17, für das Blutverbot fast
dasselbe Motiv an, wie für das Fettverbot: „Damit der Altar in
seiner Opferwürde nicht verkürzt werde. Wäre das Verbot nicht
so nachdrücklich eingeschärft worden, so wäre das Blut wegen
der grossen Befriedigung, die sein Genuss gewährt, gar nicht oder
nicht genügend dem Altar gespendet worden, was doch wegen der
Sühne so überaus nöthig sei." Dann fügt er seinerseits einen
sanitären Grund hinzu: „Sobald das Blut von lebenden Wesen
ausscheidet, verflüchtigt sich das ätherische und feurige Element,

---

לבשר אחר אחר. (Dieselbe Ansicht im Hindugesetz bei Manu. S. unten Cap.
„unreine Thiere").

[1]) Im ersten Theile war das Motiv zum Vortheile, im zweiten z u m
N a c h t h e i l e der Thierseele aufgestellt. (S. oben die von uns als
skeptisch-pessimistisch bezeichneten Worte Nachmanis.)

[2]) Hier ist Nachm. in diametralem Gegensatz zu Maim., der, wie
oben angeführt, das Blut für schwer verdaulich hält.

[3]) Man sieht, wie auch Nachm., gleich uns oben S. 164 u. f.
um die Motivirung der betreffenden Stelle in 3. M. 17 herumtastet.

es bleibt nur die erdige Substanz zurück, darum stellt sich das Gerinnen ein. והנה במעית החלב אצל תיעלת הדם היא אהר יהיא שכבר התבאר בטבעית שהדם יפרד ממנו החלק האירי יהאיש בקלות בשנפרד מרבגל הי יישוב ארצי ולוה ימצאו בי הקרש(1)

Für das Fettverbot lassen wir uns diese Motivirung allenfalls gefallen, weil die Schrift ausser dem כל חלב לד keine anderweitige Begründung angiebt; für das Blutverbot aber muss sie (wie oben gegen M. bemerkt) abgewiesen werden, da sie die ausdrückliche Motivirung der Schrift desavouirt.

R. Ahron Halevi (Chinuch §. 148) hält den Genuss der verbotenen Speisen im Allgemeinen als nachtheilig für Leib und Seele. Speciell Blutgenuss sei auch deshalb zu vermeiden, weil es an Grausamkeit gewöhne, wenn man in seinen Leib diejenige Substanz aufnimmt, wovon das eigentliche Leben und Wesen eines Mitgeschöpfes abhängt. Das sind zum Theil Nachmani's Anschauungen. — Aus demselben humanen Gesichtspunkt, nämlich dem der zarten Rücksicht gegen die Geschöpfe, oder damit wir selbst nicht in Stumpfsinn und Gefühllosigkeit verfallen, wenn wir das Fleisch des Thieres verzehren und sein Lebenselement, das Blut, vor unsern und anderer Augen ausgegossen sehen, begründet R. Ahron §. 187 auch das Gebot des Zudeckens des Blutes nichtopferbarer Thiere, wie von Wildpret und Vögeln. לפי שהנפש תלויה בדם ולוה ראי לני לבסת הנפש ולהסתירו מעני ראים שדם נאבל הבשר בי גם בדם נקה קצת אבוריות בנפשני, לאביל הבשר יהנפש ישפך לפניי. והבהמה לא נצטיני כן לפי שדם הבהמה נתן לבפרה על נפשיתי ואי אפשר לבסות ואהר שכן לא רצתה התירה להלק לני בין מיקדשין להלין. ואם גם במין עיפית יש מהן קרב לבי מזבה מיעט היא ילדבר מיעש לא תחיש התירה ומפני בן חיבתנו בבשי העיפית בבלין.

Das Blut des Rindes, meint er, sei deshalb nicht zu bedecken, weil das nicht möglich ist, indem es auf den Altar verwendet werden müsse[2]. Nach denjenigen, die mit Maim. das antigötzen-

---

[1] Wie reimen sich so ganz heterogene Motivirungen zusammen?

[2] Diese Begründung ist übrigens ganz überflüssig, denn wenn Blut auf den Altar gesprengt wird, kann Grausamkeit nicht in Betracht kommen;

dienerische Motiv geltend machen, hat das Bedecken des Blutes
des Wildes seinen Grund in der Vermeidung selbst des Scheins,
als ob es den Dämonen geweiht wäre, wie schon vor Maim. A. E.
bemerkt: הַשֵׁם צִוָּה לְכַסּוֹת כָּל דָם שֶׁאֵינִי קָרֵב לְגַבֵּי מִזְבֵּחַ שֶׁלֹּא יֵחָשֵׁב
הָרוֹאֶה כִּי וֹבֵחַ זוֹבֵחַ לַע"ז

Es sind noch zwei ältere Autoren, als die letztgenannten, hier
aufzuführen: R. Samuel b. Meir, der so nüchterne Commentator,
der sich die Aufgabe gestellt, den einfachen Wortsinn zu eruiren,
motivirt an einer abgelegenen Stelle (2 M. 23, 19), es sei inhuman,
oder zeuge vielmehr von Gefrässigkeit, selbst das Blut eines
Thieres zu verzehren וְגֻנַּאי הוּא דָּם וְהַבְלִיעָה (soll wohl heissen:
וְגֻנַּאי בְּלִיעַת הַדָּם הוּא[1]).

R. Elieser b. Nathan im הַשֵּׂכֶל מְאַמָּר ed. Heidenheim wirft
דָם und חֵלֶב in seiner Motivirung, wie manch anderer Exeget,
trotz der prononcirten Unterscheidung der Schrift, unterscheidungslos
promiscue zusammen, spricht, wie oben S. 134 N 3 zu ersehen, theo-
sophisch-kabbalistisch, räthselhaft, phantastisch-dichterisch und ist
als Verf. des Pijut דִבֵּר ד' אֱלֹהִים אֵל zu erkennen; am Schlusse
dagegen eignet er sich inconsequent genug mit den Worten: וְיִתֵּן
עֵד בְּבַתֵּת אִסּוּר חֵלֶב דָם בַּעֲבוּר הֱיוֹתָם מִיֻחָדוֹת לַמִּזְבֵּחַ מִכָּל הַקָּרְבָּנוֹת
ganz den rationalistischen Standpunkt des A. b. Esra an: מֵאַחֲרֵי
שֶׁהַחֵלֶב וְהַדָם לְגָבֹהַּ הֵם אֲסוּרִים לָכֶם.

Hier ist der Ort, eine erhebliche chronologische Schwierigkeit
zu berühren. Wir finden in der Begründung des Blutverbotes bei
El. b. N. ausser dem schon 1. c. angeführten Citat noch einen
ziemlich grossen Passus S. 21 a unter dem Stichwort בָּל נֶפֶשׁ,
מִכֶּם לֹא יֹאכַל דָּם, der mit einer Stelle in Nachmani wörtlich, ja,
fast buchstäblich, gleich lautet, so dass ein Zweifel an einer vollständigen Benutzung und Abhängigkeit von einander ausgeschlossen
ist. Man vergleiche:

---

wohl aber bedurfte es dieser Begründung wegen der nicht geopferten
Vierfüssler (s. hier oben im Text).

[1]) Statt הַדָם הוּא, wie es in einem Amsterd.-Pentateuch v. J. 1729
lautet, ist bei Dr. Rosin die richtigere Lesart statt הַדָם das Wort הוּא
הַדָבָר, nämlich וְגֻנַּאי הוּא הַדָבָר וּבְלִיעָה, aber ganz correct scheint auch
diese Lesart nicht zu sein.

<table>
<tr><th>El. b. Nathan</th><th>Nachmani</th></tr>
</table>

El. b. Nathan	Nachmani
ידוע כי הנאבל ישוב לגוף	מן הידוע עוד כי הנאבל
האיכל והיו לבשר אחד. ואם יאכל	ישוב בגוף האוכל והיו לבשר אחד.
אדם דם הבהמה שהוא נפשה	ואם יאכל אדם נפש כל בשר והוא
כמבואר יתערב בדמו והיו לאחדים	יתחבר והיו לאחדים בלב תהיה
להיותו בלתו צריך עבול (לא	נסית ועיבי בנפש האדם ותשוב
כבשר אשר טרם תערב ישתנה	קריב לטובע הנפש הבהמית אשר
בעכלו מתולדות הבהמה אבל	בנאבל כי הדם לא נצטרך עבול (
הדם תכף בדכנסו יערב בנפש	כשאר הנאכלים שישתנו בעיכולים
השכלית ויוליד כלבו עובי וגסות	ויתלה בו נפש האדם בדם בהמה
וישוב שכלו האנושית להיות	וכתוב אומר מי ידע רוח בני
בהמית ויעדר מלהשיג האמתיות	האדם העילה היא למעלה ורוח
אשר השגתו אותם תכלית הכוונה	הב־מה היורדת היא למטה לארץ
הודע (הידוע?) בהיותו ולכן	ולכך אמר כי נפש כל בשר דם
נאמר כי נפש כל בשר דם	היא. כי לכל בשר באדם ובבהמה
היא ואין ראוי שתאכל נפש את	נפש בדם ואין ראי לערב הנפש
הנפש ותערב כה הנפש הנכרתת	הנכרתת בנפש הקימת ואין ראו'
ונפש הקימת.	שתאכל הנפש את הנפש וכו'.

Heidenheim erklärt den Verfasser des Ebenhaeser auch als den
des מאמר השכל, findet aber in dieser vereinten Autorschaft darin
eine Schwierigkeit, dass der R. El. b. Nathan des Ebenhaeser, der
schon um 1145 geblüht habe, in מאמר השכל auf R. Moses' (aus
Coucy) סמ"ג Bezug nimmt, welches Werk erst um 1240 veröffentlicht sein konnte. Doch beruhigt Heidenheim seine Scrupel damit,
dass R. El. b. Nathan bekanntlich ein sehr hohes Alter erreicht
hat, so dass er 1247 noch gelebt und den סמ"ג benutzt habe. In
dem von uns soeben gebrachten grösseren Citat sehen wir aber,
dass R. El. b. Nathan auch schon Nachmanis erst in Jerusalem
beendigten Pentateuch-Commentar vor sich gehabt. Da nun Nachm.,
wie er selbst am Ende dieses Commentars in den sogen. דברי
הרמב"ן schreibt, am 9. Elul 5027—1267 in der heiligen Stadt
anlangte, kann seine Pentateucherklärung doch nicht vor dem J. 28
des 6. Jahrtausends 1268 beendet gewesen sein. Um diese

---

1) Dass bezüglich der Verdauung des Blutes Maim. das gerade
Gegentheil behauptet, s. oben S. 173.

Zeit hat aber der הנשיא האבן בעל sicher nicht mehr gelebt; mithin kann dieser mit dem El. b. N., der den הישבל מאמר verfasst und den הרמב"ן באור vor sich gehabt, nicht identisch sein. Zum Ueberfluss, wie ich nachträglich ersehe, giebt der מאמר בעל הישבל in seiner Vorrede selbst an, dass er ausser Maim., Saadjah und A. b. Esra auch unseren Nachm. vor sich gehabt, ohne dass er diesen, wo er ihn fast wörtlich copirt, als seine directe Quelle bezeichnet —, was doch sicherlich zu erwarten gewesen wäre. Jenes beachtenswerthe Moment verstärkt aber das historische Bedenken, das wir gegen Heidenheims Annahme von der Identität der Verfasser geltend gemacht, und bleibt dieses somit noch zu erledigen.

R. Sam. Zarza (Mekor Chajim) Anf. התור"ה bemerkt: והאמת כ': הדם מטמטמין את הלב. Auch R. Lippmann Mühlhausen im Nizzachon zu אחרי מות giebt lediglich ein ethisches Motiv an כי נפש הבשר בדם היא : נמצא טעמי מביאי לאכל משים שאין תקבל נפשי האוכלי כי בה תלויה הבהמית שפש השכלית טבו הבהמית.

Abravanel führt dreierlei Begründungen an. Die erste ist symbolischer Natur, mit den Opfern überhaupt zusammenhängend, welche eine Art Stellvertretung für den Menschen bilden nach 3. M. 17 כי נפש הבשר בדם היא ואני נתתיו לכם על המזבה לכפר על נפשותיכם. „Die physische Seele des Thieres statt der Seele des Menschen" נפש. תחת נפש. Man könnte ja auch nichts Materielles opfern, das mehr Verwandtschaft mit der Seele hätte, als das Blut. Wie nun der Mensch seine Seele vor Gott ausschütten müsste (ob blos der Sünder oder jeder Mensch gemeint, ist zweifelhaft), so schüttet er die Seele des Opfers anstatt seiner eigenen Seele vor dem Altar Gottes aus. In Bezug auf sie heisst es [1]) כי נפש הבשר בדם היא ואני נתתי ... כי הדם הוא בנפש יכפר. Unter נפש ist hier nicht die höhere intellectuelle Seele נפש המשכלת sondern die niedere, physische נפש החיונית zu ver

---

[1]) A. E. fasst die letzten Worte anders, als die meisten Commentatoren, nicht „das Blut sühnt für die Seele", was eine müssige Wiederholung wäre, sondern „mit der Seele", welche im Blut enthalten: בדם יכפר נפש כי ש"ש כמו כי א"א וי"א בכם נפשותיכם: ואין י' ל' טוב אחר.

stehen[1]). Das ist die sogenannte Stellvertretungs- oder Satis-
factionstheorie, wir möchten sie fast eine christologische nennen,
(vgl. Hebräerbrief 9. 22), nach welcher die Gnade Gottes das Thier
für die Sünde des Menschen die Todesstrafe übernehmen lässt.
Abravanel ist hier nur das Echo, aber ziemlich abgedämpft, von
Nachmani zu 3 M. 1 (sub voce עולה)• ויודק הדם על המובח כנגד
דמי בנפשי כדי שיחשוב אדם בעשותי כל אלה בי דטא לאלהיו בגופו
יבנפשי וראוי לי שישפך דמי וישרף גופי לילא חסד הבורא שלקח ממני
תמירה וכפר הקרבן הזה שיהא דמי תחת דמי נפש תחת נפש[2])

שאמר לבפ־ על נפשותיבם. Aus dem ziemlich dunkeln Schlussworte merke
ich noch, A. b. E. meint: בנפש בפר müsse heissen: mit der Seele
(nämlich des Thieres) und nicht f ü r die Seele (nämlich des Menschen)
weil es dann על הנפש. nicht בנפש lauten müsste.

[1]) Dass die Opfersymbolik, speciell des Blutes, noch ganz anders
gedeutet wird, ist bekannt genug. R. David Kimchi z. B. zu Jerem. 7
sagt: יצוה בשרפת האיברין להשיב החוטא אל לבו לבוף התאוות הרהמית
ולב: שתילרותם מהלב ודם. So auch der Verfasser des ויצו:, Mühlhausen,
zu ויקרא § 80 und 81, der in der Opfersymbolik mit Nachm.'s Auffassung
beginnt und mit der Kimchischen schliesst: לפי שמחמת החטא הבא נתחייב:
נפשתיבם שיאריע לבם במעשה הקרבן . . . . . ויתי: נפש הקרבן תחת נפשתיבם
dann aber z. Schluss: ומכל הקרבנות מקריבים דם והלב לפי שהם אדם ולב:
(Wahrlich, die alexandrinische Schule Philos hat es mit ihrem willkürlichen Allegorisiren nicht ärger getrieben). Seine letzten Worte
sind mystisch-theosophisch und unklar: מפני שנתחייב האדם בחטאו במדות
הרחנית ב: כלומר בדן ובהמים?? Unseren Mystikern möchte man zurufen:
מצות ד:ברה מאירת עינים. Es heisst התורה מעלה ואתם מכסים, sie aber verdunkeln Gottes Wort, sie suchen immer fremde mystische Theologie
auf. Sapienti sat.

[2]) Schon bei Raschi findet sich: נתתי לבפר על נפש הארם. כי הבוא
נפש והכפר על הנפש, Beiden — Raschi und Nachm. — ist bezüglich
dieser Motivirung (der Schlussworte) der heidnische Philosoph Porphyrius (im 3. Jahrhundert) vorangegangen. „Das Opferthier wurde bei
den Syrern dargebracht, weil man Seele um Seele verlangte". Wenn
die Opfer, und namentlich die des Blutes, wirklich diese inhaltsvolle, so
tiefinnig eingreifende Bedeutung hätten, wie sie hier die jüdischen
Exegeten angeben, wäre es ganz unverzeihlich, dass wir Israeliten uns
dieses Lustrations- und Sühnemittels nicht mehr bedienen. Wir müssten
auch heut Thieropfer bringen und den Altar erhalten; es ist dies, wie
schon rabbinische Autoritäten nachgewiesen, auch in unserer Zeit nach
talmudischem Princip nicht verwehrt. Aber, wir haben die blutigen
Opfer nicht deshalb beseitigt, weil wir keinen Opfertempel mehr haben,

Aber hier haben wir ja nur eine Erklärung für die Spende des
Blutes auf den Altar, aber keinen eigentlichen Grund für das Verbot des Blutessens. Oder meint eben Abravanel, dass das Blut
verboten sei, weil es als Sühne für den Menschen auf den Altar
gehört? Aber wie laut würde er protestiren, wenn wir die praktische Consequenz hieraus ziehen und das Blut der nicht opferbaren Thiere, beziehungsweise das Blut aller Thiere nach Aufhebung des Opferdienstes, gestatten würden? — Zweitens führt
A. einen ethischen Grund an: das gemeine, thierische Blut amalgamire sich leichter mit dem Blut des Menschen, es degenerire
und erzeuge thierische Leidenschaften. Also Nachklänge des
Nachmanischen Raisonements. — Drittens erwähnt er einen humanitären Grund, denselben, den wir bei Nachmanides gefunden.
וֵהִנֵּה הָתִיר נֵיפֶשׁ בַּעֲבוּר הָאָדָם שֶׁיִּהְיֶה לִרְאוֹת יֶלְצַרְכִּי לֹא שֶׁיֹּאכְלֵהוּ
נֶפֶשׁ (הדם) weil nämlich דם identisch ist
mit נפש. Da Abr. nicht originell, sondern nur Echo und Compilator ist, darum sind Motive verschiedener Art, von ihm nur zu-
sammengeschweisst, nicht klar auseinandergehalten.

Um aber jedem sein Verdienst ungeschmälert zu lassen,
bemerken wir, dass A. im 3. M. 17, Maim. gegenüber die zwei
Momente streng geschieden hat; in dem Gebot, nur am Eingange
des Stiftzeltes zu schlachten, und dem Verbot לֹא תֹאכְלוּ עַל הַדָּם
erkennt er Abwehr gegen heidnischen Cultus; wogegen er das
Blutgenussverbot als ein selbstständiges auffasst und behandelt.

Hören wir noch den fast jüngsten jüdischen Commentator
Dr. Fürst (Bibelwerk zu 3. M. 7, 26): „Bei den Opfern galt das
Blut als Gott geweiht, heilige Zwecke erfüllend, als Mittel zur
Sühnung, und wegen dieser innerlichen Heiligkeit desselben soll
der unreine Mund des Menschen es nicht geniessen"[1]. Also ganz
wie חֵלֶב.[2] Hiergegen aber spricht allzulaut der Umstand, dass das
Blut auch den Noachiden verboten war, denen noch keine Opferung

---

sondern wir opfern nicht mehr, weil dies ein überwundener Standpunkt, weil
unsere jetzige Cultusform und Cultur höhere, geistigere geworden sind.

[1] Anklänge an Knobels Worte über רִיחַ הַנִּיחֹחַ.

[2] Wir haben oben S. 127, Note 1 behauptet, dass auf biblischem
Standpunkte חֵלֶב, weil Gott geweiht, nicht nur nicht zum Essen, sondern

vorgeschrieben, ferner der ganze Zusammenhang in 1. M. 9[1]); endlich aber und besonders, dass hiernach das Blut nicht opferbarer Thiere erlaubt sein müsste, wie dies beim Fett der Fall ist.[2]) Wäre Fürst's Motivirung die richtige, wäre es wirklich die Meinung der Schrift, wegen der Heiligkeit soll der unreine Mund des Menschen Blut nicht geniessen, so würden wir, wie bei הלב, ohne Anstand für Abrogation des Verbots plaidiren können. Aber Nein, entschieden Nein! Die Schrift deutet mit ihrem כי דם הוא הנפש und den ähnlichen Wendungen auf etwas anderes hin, und wir müssen uns vom Standpunkt der Schrift aus entschieden für die Aufrechterhaltung dieses Verbotes erklären. Doch vorenthalten wollen wir nicht, dass selbst eine ganz unanfechtbare orthodoxe Autorität, kein geringerer Mann, als R. Joseph Albo, Ikarim III, 16 die Möglichkeit von der Hinfälligkeit des Verbots — nicht blos, wie wir oben S. 142 gesehen, für Unschlitt, sondern auch für Blut unter unseren veränderten Zeitverhältnissen mindestens für discutirbar hält. Wir führen seine sehr bemerkenswerthen Worte hier originaliter wörtlich an:

אף אני אומר כי מה המניע שלא נאמר שתבא דת אלהית מדרית
קצת אסורים כמו חלב ודם כי שתיטו הין שנאסר מתחלה כששיא
ממצרים לפי שהיו שטיפים בעבודת השדים והיו אוכלים על הדם
ואוכלין חלב ודם כמו שנאמר הכתוב לא זובחו עוד לשעירים ... יאת
שישתבה עין אותה בביה ... בטל טעם האסור אפשר לימר
שיחזור יתירנו.

zweifellos noch viel weniger zur Verwendung für andere profane Zwecke verstattet sei. Wie kann nun derselbe Rabbinismus, der das Essen von הלב, weil einst zur Tempelzeit Heiligkeit beanspruchend, noch für unsere jetzigen Verhältnisse verbietet, die Verwendung desselben zu viel tiefer stehender Profanation, zu Licht-, Seife- und welchen Fabricationen immer gestatten?!

[1]) Der Zusammenhang mit dem Vorhergehenden und namentlich mit dem Nachfolgenden אך את דמכם לנפשתיכם führt uns doch immer darauf zurück, dass der Genuss des Blutes zunächst deshalb verboten und schon den Noachiden verboten war, weil durch den Genuss dieses Lebenselementes der Thiermord gleichsam erst in seiner ganzen Intensivität erscheint.

[2]) Und doch verpönt ja die Schrift ausdrücklich auch das Blut des Wildes und der nicht opferfähigen fehlerhaften Thiere.

Freilich haben Albos Worte (s. oben S. 142) einen heftigen Sturm von Seiten der Hyperorthodoxen hervorgerufen. In der That kann sich bezüglich des Blutverbotes Albos Raisonnement der Schrift gegenüber nicht halten, und wir zweifeln keinen Augenblick, dass er weit entfernt war, seiner rationellen Hypothese practische Folgen zu vindiciren. Aber schon der Muth, eine Meinung zu haben, eignet ihm vor der Menge der blos nachbetenden Commentatoren hohe Anerkennung zu. Und nicht minder gebührt ihm dieselbe wegen seiner, freilich auch von Anderen, seitens dieser aber nur kleinlaut, vertretenen Maxime: בטל הטעם בטל הדבר cessante legis ratione cessat legis dispositio, wie er ja in demselben Cap. die Schrift selber als Beweis dafür anführt, dass unter veränderten Zeitverhältnissen frühere Verbote aufgehoben wurden. Neu und auffallend ist, dass er auch im Verbot des Genusses von Unschlitt eine Abwehr gegen die Gepflogenheit zum Verkehr mit Dämonen vermuthet. Ueber seine Schlussworte: ובן דעת קצת מרבותי 'ל שאמרי ד' מתיר אסורים = מתיר אסורין sprechen wir weiter unten bei den verbotenen Thieren (הויר).

Auch ein christlicher Gelehrter (Bened. Winer, Realwörterbuch) neigt sich zur Motivirung unseres Verbotes als in antigötzendienerischer Tendenz zu. Auch die Phönicier, behauptet er, hätten Blut in dieser Weise als Götzencult genossen und zwar mit Wein vermengt, was Ps. 16, 4 andeute: „Nicht spende ich ihre blutigen Trankopfer."

Wir kommen nun zum historischen Gesichtspunkt, die Grenzen zwischen dem biblischen, mischnischen, gemarischen und nachtalmudischen Zeitalter markirend.

Historischer Gesichtspunkt.

Die erste Stelle im Pentateuch, wie bereits oben angegeben, lautet: 1. M. IX, 4: „Jedoch Fleisch mit seiner Seele, s. Blut sollt ihr nicht essen." Es ist weder gesagt, von welchen Thieren, noch welches Blut, ob auch das dem Fleische inhärirende, oder das warme herausströmende. Da aber dieses Verbot mit seinem einleitenden אך „Jedoch" im Gegensatz zu der Erlaubniss steht, das Fleisch aller Thiere essen zu dürfen, so ist es wohl auch allgemein zu

verstehen: vom Blute aller Thiere. Suppliren wir zu דמו das ב
von בנפשו und übersetzen wir: „Fleisch mit seiner Seele, mit
seinem Blut", so wäre auch das Blut untersagt, das sich im
Fleische gesammelt, innerlich verbleibend, befindet, also auch das
nicht herausfliessende. Fassen wir dagegen דמו als Apposition
oder vielmehr als Erklärung zu בשר בנפשו auf „Fleisch mit seiner
Seele, nämlich: „sein Blut", so wäre ausschliesslich nur das
herausfliessende Blut gemeint und verboten. Da bald darauf vom
Vergiessen des Menschenblutes die Rede ist, שפך דם האדם, so
möchte sich unbedingt die letztere Auffassung empfehlen. Das
Motiv wäre alsdann, wie oben beim religiösen Gesichtspunkte bemerkt, um nicht den intensivsten Thiermord zu sanctioniren, und
nebenher vielleicht auch prophylaktisch als Cautele gegen Vergiessen von Menschenblut.

Die zweite Stelle ist 3. M. III, 17. Nachdem vorher von
Opfern und zwar unmittelbar von Rind, Schaf oder Ziege die Rede,
schliesst das Capitel mit den Worten: „Alles Fett und alles Blut
sollt ihr nicht essen."

Die dritte Stelle ist 3. M. VII, 26 und 27. Nachdem dort
verboten wird, das Fett von opferfähigen Vierfüsslern, also von
Rind, Schaf und Ziege, zu essen, heisst es: „Und alles Blut sollt
ihr nicht essen, in allen euren Wohnsitzen, weder von Vögeln noch
von Vieh. Jeder, der irgend welches Blut isst, diese Seele (Person)
werde ausgetilgt aus ihrem Volk."

Die vierte Stelle ist 3. M. XVII, 10: „Jedermann aus dem
Hause Israel oder von den Fremdlingen¹), die sich unter ihnen
aufhalten, der irgend Blut isst, so werde ich meinen Zornesblick
richten auf die Person, welche das Blut isst und werde sie austilgen
aus der Mitte ihres Volkes."

Ibid. 13: „Jedermann von den Kindern Israel oder von den
Fremdlingen, die sich unter ihnen aufhalten, der Wildpret oder
Geflügel erjagt, das gegessen wird, der giesse das Blut aus (allen-

---

¹) Uebrigens ist schon 1. M. IX, 4, weil den Noachiden überhaupt
implicite auch dem גר der Blutgenuss untersagt; hier wird das Verbot
verschärft und mit כרת bedroht.

falls könnte man וּשְׁפֵךְ אֶת דָּמוֹ zum Vordersatz ziehen: und giesset sein Blut aus — der) bedecke es mit Erde."

Endlich wiederholt sich das Blutverbot ganz allgemein 5. M. XII nochmals, und V. 14 heisst es: „Du sollst es nicht essen; auf die Erde sollst Du es schütten wie Wasser." Dieselben Worte finden sich auch ibid XV, 23, woraus zu schliessen, dass nur das ausströmende, das ausgiessbare Blut verboten ist. Dieser Ansicht ist auch A. de Modena l. l.: אָמַר בְּשֵׁרָא שְׁרַת כָּל שֶׁאֵין בּוֹ שְׁתִיָּה לִשְׁפֹּךְ כַּמַּיִם אָבוֹד.

Aus 3. M. VII, 26 וְכָל דָּם לֹא תֹאכְלוּ לִעֹף וְלִבְהֵמָה wird mit Recht geschlossen, dass sich das Verbot auf das Blut der Fische und Heuschrecken nicht erstreckt.

Die Mischnah, die, im Gegensatz zur späteren Gemara, die Kenntniss der Schriftstellen voraussetzend, auf dieselben nur selten recurrirt, sondern selbstständig und apodiktisch auftritt, sagt Kerith. V. 1: Blut, das durch Schlachten, Abstechen oder Aderlass Vierfüsslern oder Vögeln entfliesst, vorausgesetzt, dass damit das Leben ausströmt, ist mit Karethstrafe belegt: דַּם שְׁחִיטָה .... דָּם נְחִירָה, דַּם עִקּוּר דָּם הַקָּזָה שֶׁהַנֶּפֶשׁ יוֹצֵאת בּוֹ [1]) חַיָּבִים עָלָיו.

Ferner: Der Genuss des Blutes, der Milz, des Herzens, der Ovarien (nach Einigen: der männlichen Ovarien) ist nicht mit Kareth bedroht, aber doch wie jede andere verbotene Speise verpönt, d. h. die Rabbinen verurtheilen deshalb zu Geisselhieben. Aber gegen Mischnah und Tossefta normirt die Gemara nach Rab: Der Genuss dieses Blutes vom Quantum einer Olive wird mit Kareth bestraft. Die Gemarah statuirt ibid: Wenn das Blut sich bei dem Schlachtmoment aus den Schlachtorganen im Herzen versammelt, so tritt Kareth ein, jedoch nicht für dessen eigenes Blut; wie Raschi erklärt: das mit dem Fleische des Herzens verbundene, nicht aber das von Aussen eingeströmte Blut, ist karethfrei.

Bemerkenswerth ist, dass bei Alfasi (Chul. Abschn. 8) die Lesart gerade umgekehrt ist und demnach das Entgegengesetzte normirt wird. Maim. מ"א 6, 3 scheint entweder die doppelte Lesart

---

[1]) Diese drei Worte beziehen sich auch auf דַּם שְׁחִיטָה.

unserer Stelle (s. Magid Mischnah) nicht gekannt, oder sein Talmud-
exemplar die Lesart Alfasis gehabt zu haben[1]).

Die Mischnah sagt, dass man durch den Genuss des Blutes
von Fischen und Heuschrecken die Karethstrafe nicht verwirkt;
ibid.: דם דגים דם. דם חגבים אין חייבין עליהן, woraus zu schliessen ist,
dass aber jedenfalls ein Verbot darauf haftet (ergo Geisselhiebe).
Die Tossefta bemerkt hingegen ausdrücklich: דם דגים ודם חגבים
מיתר וה׳, also nicht einmal rabbinisch, מדברי סופרים, verboten,
wie ja auch diese Thiergattungen dem Schlachtritus nicht unter-
worfen sind.

Ebenso Sifra zur Stelle 3. M. VII, 26: כל דם לא תאכלו ...
יכול אף דם חגבים ודם דגים הכל בכלל ת״ל לעוף ולבהמה und
weist noch ausserdem durch einen Syllogismus nach, dass hier das
Blutverbot nicht stattfindet: Blut von Fischen und Heuschrecken
sei eximirt[2]) שיכלי מותר, wozu ראב״ד commentirt; משום דאין בהם
טומאה כלל, weil bei diesen der Begriff טומאה gar nicht statt hat. Viel
zutreffender erklärt indessen die Gem. Kerith. 21b: אלא מאי כלי היתר
דלא בעי שחיטה. „Der Genuss des Blutes dieser Thiere sei erlaubt, da sie ja vom Schlachtritus dispensirt sind". Auch die Gem.
erlaubt Blut von Fischen und Heuschrecken anstandslos: nur ist
in einem Gefässe gesammeltes Fischblut des Scheines halber verboten[3]), משום מראית עין, es sei denn, dass sich Schuppen darin
finden, wodurch es als Fischblut kenntlich ist, כי קאמר רב דם דגים
שכנסו אשר דלית ביה קשקשין l. l.

---

[1]) Würde die Karethstrafe vom irdischen Gericht vollzogen, so
erlitte Mancher durch die unrichtige Lesart ungerechterweise eine zu
harte Bestrafung. Die fragliche falsche Lesart würde zu einem sogen.
Justizmorde führen.

[2]) Selbstverständlich nur von solchen Fischen und Heuschrecken,
die an sich erlaubt sind.

[3]) Der auffallende Zusatz bei Pseudo-Jonathan zu 3. M. VII, 27
דכל מן soll wahrscheinlich דם דגים וחגבים einschliessen, und muss
man dabei wohl auch des משום מראית עין präsumiren, da er sonst in
einen so entschiedenen Gegensatz zur Gemara treten würde, deren
buchstäblicher Anhänger und sclavisches Sprachrohr er doch sonst ist.
Strengste Rüge aber verdient es, dass er das nachfolgende וישרש כל
שלא יהא nicht ausdrücklich auf בהמה und עוף einschränkt.

Maimon., sonst so rigorös, sieht auffallender Weise davon ab, was sein Glossator A. b. D. monirt.

Die Karäer halten das Blut von Fischen und Heuschrecken für verboten. Zu 3. M. VII, 26 bemerkte Ahron b. Joseph in Mibchar: Die heil. Schr. wollte mit לבהמה: לליך nicht das Blut anderer Thiere ausschliessen; sie hebt aber, wie auch sonst oft, das Hauptsächliche und Gewöhnliche hervor. Im Gegentheil schliessen י"א פרט דם דגים וחגבים והלשון auch jene ein כל דם תפש העקר יהבל בכלל והבא אחרי לאות אשר תאכל כל דם אך בשר בנפשו לא תאכל והדג בכלל בשר — Ebenso A. b. Elijah der Jüngere in seinem Kether Thora (s. Literatbl. des Orients 1846 No. 30): וכל דם לא תאכלו ... לליף ולבהמה אין הטעם בעבור שהבדיל בהמות ועופות מכלל הים וחגבים בחתר כדינת בעלי הקבלה שהרי אמר כל נפש אשר תאכל כל דם וכי' ואמר במקים אחר דם כל בשר לא תאכלו והדג נקרא בשר במקרא מאין לי בשר ... אם ... את כל דני הים. Obgleich an und für sich ganz unwesentlich, bemerken wir noch, dass zur Ergänzung der Mischnah die Tossefta auch „Reptilien" hinzufügt: דם שרצים אסיר ואין חייבין עלי; nach dem Sifra hingegen findet nicht nur keine Karethstrafe, sondern überhaupt gar kein Verbot statt, — also keine Geisselhiebe. In der Gemara wird dieser Widerspruch in der Art gelöst, dass diese Strafe nicht wegen דם sondern wegen שרצין an und für sich stattfindet.

Die Mischnah drückt sich nur ganz allgemein aus, dass man sich durch den Genuss von Blut, mit dem das Leben hinschwindet, die Karethstrafe zuziehe, Kerith. 20 b. דם שהנשמה יוצאה בו חייבין עליו, ohne genauer zu bezeichnen, welches Blut dies sei. Die Tossefta zu ח' קרבנות bemerkt: איזהו דם הנפש? כל זמן שמקלה, „das eigentliche Lebensblut sei das in Strahlen ausströmende"; ebenso Gem. l. l. 22 a. Hingegen ist das, welches dem in Strahlen aufsteigenden vorangeht und nachfolgt, kein Lebensblut: יצא ראשון ואהרון מפני שהוא שותת.

Die Mischnah l. l. normirt, dass man wegen, דם התמצית die Karethstrafe nicht verwirkt, bezeichnet aber nicht, was unter דם התמצית zu verstehen sei. Die Tossefta l. l. holt dies nach: איזהו דם התמצית שאיני מכלה. Die Gem. ändert diese Negation in eine

Position um: שׁהוא שׁותת, es fliesst tropfenweise aus[1]). Bekanntlich verwirkt aber nach R. Jehuda, dem Mischnah-Redacteur, דם התמצית allerdings die Karethstrafe[2]).

Blut in den Gliedmassen, das nicht ausgetreten, דם האיברים übergeht die Mischnah mit Stillschweigen; die Tossefta und die Gem. füllen diese Lücke aus: dass es nicht mit Kareth belegt, aber biblisch verboten ist.

Auch die Karäer nach A. b. Elijah l. l. huldigen hier der strengeren Ansicht. Nach ihnen ist nicht blos das durch Schlachten auslaufende, sondern auch das in den Gliedern des animalischen Körpers befindliche (דם האיברים), wie sogar das durch das Waschen entfernte Blut (דם הרחיצה) verboten, und zwar, dem Zusammenhange nach zu urtheillen, selbst bei כרת. „Denn Gott habe das Blutverbot, damit Niemand es leicht nehme, mit mehrmaliger Strafandrohung eingeschärft, sowie durch die Verheissung von למען ייטב לך ausgezeichnet, wodurch es von den übrigen לאוין unterschieden ist. Und weil es schon ein noachidisches Verbot ist, so sei es auch untersagt, einem Nichtisraeliten Blut zu essen zu geben.‘‘ Genau genommen, ist der letzte Zusatz überflüssig, da ja, wie bereits bemerkt, der Blutgenuss auch dem Fremdling ausdrücklich streng verboten ist, 3. M. XVII, 12.

Lediglich um der Vollständigkeit der Untersuchung willen sei hier gelegentlich auch ein kurzes Wort über

Menschenblut,

das bei den Talmudisten unter der Bezeichnung דם מהלכי שתים vorkommt, gesagt.

Die heilige Schrift handelt selbstverständlich nicht von dem

---

[1]) Bartenora giebt dafür folgende Erklärung: שׁיתמצה יכשחט ושׁותת בלצא, das nicht strahlenförmig ausschiessende, sondern ausgepresst nachtröpfelnde Blut.

[2]) Nach unserem Dafürhalten ist R. Jehuda im vollsten Rechte. Aus 3. M. XVII, 14 כי נפשׁ כל בשׂר דמו היא בל אכליו יברת soll erwiesen sein שׁהיא כרת אלא בדם שׁיש; aber schon früher, 3. M. VII, 27, heisst es ohne jede Einschränkung: כל נפשׁ אשׁר תאכל כל דם ונברתה הנפשׁ ההיא היא

Verbote, Menschenblut zu geniessen. Ganz natürlich, denn da der Mensch überhaupt nicht zu denjenigen Lebewesen gehört, deren Genuss (Genesis 9, 3) dem Menschen gestattet wurde, so erscheint eine besondere Erwähnung des Verbotes von Menschenblut unnöthig. Das Verbot des Menschenblutes ist offenbar vielmehr implicite in dem allgemeinen Verbote des Blutgenusses enthalten. In diesem Sinne äussert sich auch ein Lehrer des 10. Jahrh. in dem Midrasch תנא דבי אליהו c. 15 [1]): ואמר לי רבי

אין דם אדם אסור מן התורה אמרתי לו בני מה ראית לומר כך אמר
לי רבי דכתיב לא תאכלו על הדם הא אין כאן דם אדם אמרתי לו
בני והלא דברים ק"ו ומה אם בהמה היה ועוף שדרכן לאכיל אותן
דם שלהם אסור בני אדם שאין דרכן לאכיל אותן לא כל שכן שדמו
אסור. עליו הכתוב אומר רק חזק לבלתי אכול הדם כי הדם הוא הנפש ולא
תאכל הנפש עם הבשר וגו'. יאמר כי נפש כל בשר דמו בנפשו הוא
ואימ' לבני ישראל דם כל בשר לא תאכלו כי נפש כל בשר דמי הוא
דם כל בשר לא תאכלו להביא דם אדם שהוא אסור באכילה משום
כי נפש כל בשר דמו הוא. Und er sagte mir ferner: Ist der Genuss des Menschenblutes nicht biblisch verboten? Darauf sagte ich: Mein Sohn, was veranlasst Dich dies zu sagen? Da sagte er zu mir: Rabbi, weil geschrieben steht: „Ihr sollt nichts sammt dem Blute essen [2])“, da steht doch nichts vom Blute des Menschen. Darauf sagte ich: das ist doch ein Schluss a minori: wenn schon das Blut vom Rind, Wild und Geflügel, deren Genuss üblich ist, verboten ist, um wie viel mehr das Blut vom Menschen, dessen Genuss nicht üblich ist. In diesem Sinne sagt auch die Schrift (Deuter. 12, 23): „Nur sei fest, dass Du kein Blut geniessest; denn das Blut ist das Leben,

---

[1]) S. Zunz Gottesdienstl. Vorträge p. 112 ff. Graetz Gesch. der Juden V, p. 354 Bacher in Graetz, Monatschrift p. 266 und Weiss דור ודור III, p. 289 ff.

[2]) Lev. 19, 26. Die Wahl dieses Verses scheint darauf zu beruhen dass derselbe von Anbeginn wohl auf das Verbot des Menschenblutes bezogen wurde, weil an dieser Stelle allein keinerlei Zusammenhang dazu zwingt, bloss an das Blut von Thieren zu denken. Der Fragende will aber deshalb nicht Menschenblut darunter subsumiren, weil dies ausdrücklich hätte bezeichnet sein müssen.

und Du darfst nicht mit dem Fleische das Leben verzehren." Und
ferner wird gesagt (Levit. 17, 14): „Denn das Leben eines Fleisches
besteht in seinem das Leben enthaltenden Blute. Daher gebot ich den
Kindern Israel: Von keinem Fleische dürft ihr das Blut geniessen:
denn das Leben eines jeden Fleisches besteht in seine Blute."

Mit Bezug auf diesen Schluss a minori könnte man den
maimonidischen Syllogismus zu בשר בחלב (מ"א 9, 2) לא יתק
הכתיב מלאסור דם האדם אלא מפני שאסר דם בהמה וצוף כלומר
אפי"ד דם בהמה וצוף אסור ואצ"ל דם האדם כמו שיתק מלאסור הבת
מאחר שאסר בת הבת. Wie der griechische Gesetzgeber Solon es für
überflüssig hielt, von dem entsetzlichen Verbrechen des Vatermordes
zu sprechen und eine Strafe darauf zu setzen, so war es auch für
den mosaischen Gesetzgeber unnöthig, den Genuss von Menschenblut
zu verbieten, nachdem er so oft den des Thierblutes mit so schweren
Strafen bedroht hat. Von diesem Standpunkte müsste aber der vor-
sätzliche Genuss des Menschenblutes mit der schweren Karethstrafe
belegt werden; und wenn jemand aus Versehen etwas von dieser
Flüssigkeit in sich aufgenommen hätte, so wäre er הטב ב"ה. Das
hätte jedoch in der Zeit der peinlichen Gesetzlichkeit des Talmuds
zu schweren Bedenken geführt. Wie, wenn jemand sich den Finger
geschnitten hatte, musste er nicht das heilsame Aussaugen des Blutes
unterlassen, um sich nicht der Gefahr auszusetzen, etwas davon in
sich aufzunehmen? Hätte man nicht überhaupt den Genuss massiver
Speisen unterlassen müssen, um nicht in die Gefahr zu kommen,
eine Blutung des Zahnfleisches zu veranlassen und mit der Aufnahme
dieses Blutes sich eines schweren Vergehens gegen ein biblisches
Verbot schuldig zu machen. Von dem gesetzlichen Standpunkte
des Talmuds aus giebt es hier nur ein Entweder oder: entweder
das Blut des Menschen ist als sündhafter Genuss dem Blute der
Thiere gleichzustellen, dann müssten gegen die Möglichkeit der
Aufnahme desselben alle möglichen Cautelen angewandt werden:
oder aber die Verhütungsmassregeln sind nicht in dem Masse
nöthig, weil das Verbot vom gesetzlichen Standpunkte ein geringeres

sei. Das Letztere wurde nun die talmudische Maxime, wobei man entsprechend dem zeitlichen Fortschritte in der endlich bis in die kleinsten Einzelheiten peinlich eingehenden Scrupulosität der Gesetzlichkeit noch eine geschichtliche Wandlung in der Anschauung über das Verbot des Blutes von Menschen wahrnimmt.

Nach den älteren halachischen Quellen ist das Blut von Menschen nicht באיסור כרת, aber dennoch biblisch verboten. So nach der Mischna Bikkurim 2, 7, wo es nach der richtigen Lesart heisst: דם מהלכי שתים שוה לדם בהמה להכשיר את הזרעים דם השרץ (ולדם השרץ שאין חיבים עליו¹). Diese Gleichstellung mit בם אדם beweist, dass דם אדם zwar von Kareth ausgeschlossen, dass es aber gleich דם השרץ doch biblisch verboten sei²). Derselben Meinung entspricht auch der Wortlaut der Tossefta Kerit. II, wo es heisst דם מהלכי שתים אסור ואין חייכים עליו. Damit stimmt auch der Wortlaut des Sifra zu Lev. VII, 26 überein, wo es heisst:

כל דם לא תאכלו יכול אף דם מהלכי שתים וכי' בכלל ת"ל לעוף ולבהמה מה עוף ובהמה מיוחדים וכו' יצא דם מהלכי שתים שאין בו טומאה קלה דם שרצים שאין בו טומאה חמורה. Auch hier zeigt die Zusammenstellung von מהלכי שתים und שרצים eine Uebereinstimmung mit der Mischna. So scheint רא"בד in seinem Commentar zur Stelle die Worte des Sifra aufzufassen, indem es bei ihm heisst יכול אף דם מהלכי שתים פי' יכול האוכלי יהא בכרת וכו'.

War es aber für das religiöse Gewissen einigermassen entlastend, wenn man glaubte, dass man mit der zufälligen Aufnahme von seinem eigenen Blute aus dem Zahnfleisch nicht mit einem איסור כרת in Berührung komme, so fühlte man namentlich bei der gesteigerten Aengstlichkeit und Peinlichkeit des amoräischen

---

¹) So die richtige Lesart des R. Elia Wilna. Dieser Lesart oder doch der gleichen Auffassung folgen die Commentare Ascheri und Bertinoros, während Maimuni und R. Isak b. Malkizedek offenbar stricte der uns vorliegenden Lesart der Mischna folgen: ודם השרץ אין חיבין עליו. Diese Lesart scheint aber bereits eine Correctur zu Gunsten der späteren milderen Auffassung der Gemara zu sein.

²) Siehe Jeruschalmi daselbst und c. Kerithot p. 21 b

Zeitalters sich noch immer nicht beruhigt, so lange man dabei auch nur an einen אסור denken musste. Dieser Bedenklichkeit wurde durch die Lehre des R. Schesche abgeholfen, dass es kein Gebot sei, sich von der Aufnahme des Menschenblutes fern zu halten, so lange dieses sich nicht vom Körper abgesondert habe אפילו מצות פירוש אין בו. Diese sei nicht sündhaft. Das Verbot des Genusses sei überhaupt nicht biblisch, sondern blos מדרבנן verboten, und zwar, wie Raschi Kethubot 60a richtig bemerkt, דמדפריש אסור מדרבנן דמיחלף בדם בהמה ואתו למימר דם בהמה אכלי. Dem entsprechend normirt auch Joreh Deah 66, 10 פירש אם אדם דם ממנו אסור משום מראית עין.

So in der Theorie.

Was aber die Praxis anbetrifft, so konnten und können wir Alle, ob verhimmelnde Anhänger oder unparteiische Kritiker des Talmud, mit allerstrengster Wahrheitsliebe das Zeugniss ablegen, dass, welcher Jude auch immer er sei, selbst ultraorthodox verknöchert, sei er gebildet oder ungebildet, und wäre es selbst der rabiateste Fanatiker, tausendmal eher Thierblut als Menschenblut geniessen würde, obgleich jenes biblisch mit den härtesten Strafen bedroht ist. Und nun gar einen Mord begehen, um dieses Menschenblut zu erlangen! Man schaudert in der Seele ob solcher wahnwitzigen, fluchwürdigen, teuflischen Beschuldigung. Und dieses durch Menschenmord gewonnene Blut zur Vermischung mit dem Pessahbrode, den מצית, zu verwenden! Fürwahr, nur der blödsinnigen Verruchtheit, gepaart mit bestialischer Gemüthsverrohung kann es in den Sinn kommen, eine solche widersinnige Anklage gegen rituell-strenge Juden zu erheben. Alles dieses, einleuchtend und sichtbar wie das Sonnenlicht für nicht absichtlich oder unabsichtlich Blinde, bedürfte gewiss nicht eines Wortes ausdrücklicher Widerlegung, wenn wir es nicht wiederum an der Neige des 19. Jahrhunderts erlebt hätten, dass das scheussliche Ammenmärchen von den Ritualmorden der Juden aus der Folterkammer der Uncultur und des Religionshasses herausgeholt und zum Deckmantel niedrigsten

Neides, gemeinster Habsucht, brutalsten Fanatismus und rohester
Lust an Menschenquälerei gemacht wurde und wird. Vernunft-
gründe, handgreifliche Belegstellen, sachliche Darstellungen und
unparteiische Betheuerungen selbst seitens der competentesten und
gewissenhaftesten, charaktervollsten christlichen Gelehrten und
Forscher scheinen leider auf die abscheulichen Gesinnungen und pöbel-
haften Agitationen Derer, die jene lächerlichen Gespenstermärchen
wiederbeleben, glauben machen und verbreiten, jeder Wirkung zu
entbehren; nur die äusserste Strenge des Gesetzes und die Verachtung aller Gutgesinnten vermag solche hirnverbrannte Geister
und gifterfüllte Gemüther in Schach zu halten und deren Drachensaat zu vertilgen. Haben nicht zur Zeit der Damascus-Blutan-
klage zwei der anerkanntesten, gefeiertesten Theologen, die aus
dem Judenthum zum Christenthum sich bekehrt hatten, nämlich
der evangelische Prof. und Dr. der Theologie Aug. Neander und
der katholische Priester und Oberhofprediger in der Wiener Sanct
Stephanskirche Dr. Veith, der Letztere mit der Monstranz in der
Hand, es bei ihrer Ehre und ewigen Seligkeit betheuert, dass die
Beschuldigung, die Juden bedienten sich zu rituellen Usancen des
Christenblutes, eitel Lug und Trug, eine Ausgeburt der Hölle ist?
Haben nicht ferner infolge der infamen Tisza-Eslar-Affaire die be-
rühmtesten christlichen Gottesgelehrten und ganze Facultäten in
Gutachten (gesammelt herausg. Berlin 1882 und Wien 1883) jene
Teufelsmären, die bekanntlich in den ersten Jahrhunderten christl.
Zeiten und sogar jetzt noch (in China) von heidnischen Fanatikern
gegen die Christen selbst ausgesprengt und geglaubt wurden und
werden, in ihrer ganzen bodenlosen Unwahrheit Lächerlichkeit
und Jämmerlichkeit blossgelegt? Dennoch sahen wir jüngstens,
namentlich in Xanten, das infernale Hirngespinnst von Neuem seine
gottlose Rolle spielen und Schrecken und Verwüstung bewirken
und verbreiten. Dennoch sahen wir zwei solche Ehrenmänner, die
sich sonst auf's Feindseligste gegenüberstehen, sich gegenseitig be-
fehden, verketzern und den Bannstrahl zuschleudern, Rohling und

Stöcker — fürwahr par nobile fratrum! – Hand in Hand gehen,
wenn es gilt, diejenige Religion, aus deren Mutterschooss ihre
eigene Kirche hervorgegangen, zu verunglimpfen und die Juden
zu schmähen und zu gefährden, die Juden, zu denen Christus
selbst und die hervorragendsten Häupter der Urkirche gezählt.
Würden Christus und die Apostel nicht solchen Jüngern zurufen:
Ich kenne euch nicht, ihr Lieblosen? Rohling und Stöcker, jener
Katholik und Professor, dieser Protestant und vordem Hofprediger,
Beide „mit dem Munde Gottesfurcht und Menschenliebe predigend"
(wie sie solche Brüder verstehen!), „doch zweischneidige Schwerter
in ihren Händen tragend" und in ihrem Busen das Drachengift des
Religionshasses und der Verfolgungswuth bergend! Biedere Seelen
beide. Rohlings flagrante Unwahrhaftigkeit und sogar Falschschwur,
um nicht zu sagen Meineid, ist durch Dr. Kopp, Reichsrath etc.,
vor aller Welt bekundet und constatirt worden. Und ein Individuum, das sich also gekennzeichnet, hat den traurigen Muth,
den Juden Mangel an Moral und Humanität vorzuwerfen und dem
Judenthume fromme Mordsuchtspläne in die Schuhe zu schieben!
Wie sprach sich einst 1875 in einer Schrift der erleuchtete und
menschenfreundliche Rohling über den Protestantismus aus? Jeder
wahrhaft fromme Katholik, deren es G. s. D. noch viele, während es
zum Heil der Menschheit und des Katholicismus nur wenige Rohlings
giebt, perhorrescirt die Rohling'sche pöbelhafte Gemeinheit. Man
höre: „Wohin der Protestantismus seinen Fuss setzt, verdorrt das
Gras; geistige Leere, Verwilderung der Sitten, schauerliche Trost-
losigkeit der Herzen sind seine Früchte; ein Protestant, der nach
Luthers Recepten lebt, ist ein Ungeheuer; Vandalismus und Protestantismus sind identische Begriffe. Jene Personen, die sich
Reformatoren nannten, haben keine persönliche Sittlichkeit be-
sessen. Was für Schufte jene waren, die den Protestantismus in's
Leben riefen!" Und dennoch vereinigt sich mit ihm, wie wir sahen,
Herr Stöcker, der gleichfalls wie Rohling Integrität der Lippen und
überwallende christliche Liebe in Pacht genommen, um gegen Juden-

thum und Juden die schmachvollsten Hebel und die verwüstenden Leidenschaften des niedrigsten Pöbels in Bewegung zu setzen! Und dennoch hat dieser Herr Stöcker den Muth, das Zeugniss jenes Rohling, Schüler des verkommenen, bald katholisch, bald evangelisch getauften, wegen Urkundenfälschung bestraften und aus Wien ausgewiesenen rumänischen Juden Aron Brimann, der dem harten Kopf Rohlings kaum das Lesen des Hebräisch-rabbinischen beibringen konnte, gegen das eines weltberühmten und weltverehrten, eines der charaktervollsten evangelischen Gelehrten, eines Franz Delitzsch, auszuspielen! Bei Delitzsch allein unter allen christlichen Gelehrten fand ich eine Bezugnahme auf das in Rede stehende Thema: Menschenblut im Talmud. Und wie äussert sich Delitzsch? Ich führe aus seinem Gutachten einige seiner Aussprüche hier an: „Die Juden sollen, wie man sagt, Menschenblut und zwar Christenblut zu ihrem ungesäuerten Opferbrote und ihrem Opferwein mischen — ich kann versichern, dass auch der extremste Talmudjude noch Mensch genug ist, um schon den Gedanken an die Wirklichkeit des Vorgeworfenen schaudererregend zu finden, und dass er ihn eben auf Grund des traditionellen Gesetzes perhorresciren muss . . . Die Verwendung feindlichen Blutes zu religiösem Genusse ist eine Erfindung judenfressenden Hasses . . Feindesblut in Wein zu trinken — ein Jude musste zu einem Karaiben verwildert sein und zugleich sich mehr als ein Fidschi-Insulaner gegen Civilisation verstockt haben, um einen solchen Gedanken zu fassen und auszuführen . . . Was aber die ungesäuerten Brote des Opferfestes betrifft . . . so würde der Genuss eines mit Blut eines Todten gemischten Teiges eine die Ausrottung verwirkende Sünde sein."

Der Vollständigkeit wegen mag zu dem Vorstehenden, das ja auch bereits Gesammteigenthum der interessirten Lesewelt geworden, nach folgende Controverse über unseren Gegenstand, die einst zwischen Alfons von Portugal und dem Philosophen Thomas stattgehabt, hier angeführt werden, wie sie in Schebet Jehudah von Sal. Verga, ed. M. Wiener S. 7 u. ff., gegeben ist. Alfons fragte

den Philosophen und Historiker: „Wie verhält es sich mit der Anklage eines hochgestellten Geistlichen und einer zahlreichen Versammlung, dass die Juden zur Feier ihres Passah Christenblutes
nicht entbehren können? Du Thomas nun bist, wie bekannt, in
den Satzungen der Juden mit allen ihren Gebräuchen bewandert.
Du weisst, ob in ihrem Gesetzbuch oder in ihrem Talmud, mit
dessen ganzen Inhalt, wie aller Welt bekannt und ich selber auch
überzeugt, Du vertraut bist, ein Anhaltspunkt für diese Anklage zu
finden ist". Thomas giebt seinem Erstaunen darüber Ausdruck,
wie ein so überaus weiser Mann, wie Alfons, auch nur einen Augenblick ein solches Märchen glauben könne und es für werth halte,
eine solche Frage, wenn auch mit Zweifeln verclausulirt, zu stellen.
Nachdem Thomas die Absurdität dieser Beschuldigung besprochen,
führt er also fort: „Wir alle wissen ja, dass die Juden kein Blut
irgend einer Creatur geniessen, nicht einmal der Fische (??), das
doch den Talmudisten nicht als Blut gilt[1]). Blut ist ihnen einmal
widerlich . . . obgleich sie doch so viele Völker Blut geniessen
sehen. Geschweige denn, dass sie Menschenblut anwidert, das sie
doch kein Volk geniessen sehen.

Verga ist freilich, wie aus unseren oben gegebenen Citaten
ersichtlich, in Betreff des talmudisch-rabbinischen Verhältnisses zum
Verbot des Genusses von Menschenblut ein wenig ungenau, ebenso
wie die diesbezüglichen gutachtlichen Aeusserungen der beiden
hervorragenden christlichen Theologen Delitzsch und Strack, welcher
Letztere indessen in seinem Gutachten diesen Punkt nur streifte[2]).
Jedoch ist der Irrthum practisch und in Bezug auf die vorliegende
Frage von keinem Belange. Denn, wo der Talmud von Menschenblut abhandelt und dessen minimellen Genuss gestattet, hat er nur
das im Auge, welches einer zufälligen Verwundung oder einem
Aderlass und dergleichen entströmt, und das Verschlucken solchen
Blutes kann für unser ventilirtes Thema wahrlich nicht in Frage
kommen. Fern lag und liegt aber der schauerliche Gedanke, dass

---

1) Nur die Karäer halten dies für verboten.

2) Seine neueste über das fragliche Thema so ausführlich ab-
handelnde und so allgemein günstig beurtheilte Schrift habe ich bis
jetzt noch nicht gelesen.

darum der Israelit Jemanden absichtlich verwunden (an Abschlachten von Seiten eines Israeliten konnte nur ein Wahnsinniger glauben), dürfe oder werde, um das Blut zu geniessen, oder vollends zu rituellen Zwecken zu verwenden.

Ich komme noch bei einem anderen Artikel „Menschenfleisch" weiter unten auf unser Thema zurück, kann aber nicht umhin, diese Erörterung mit dem Bemerken zu schliessen, dass, wenn ich auch die talmudische Buchstäbelei und Dialektik in Bezug auf den Genuss des Menschenbluts als dem Bibel-Geiste und Wortlaut durchaus widersprechend finde und darum auf's Entschiedenste bekämpfte, ich deshalb doch auf Ehre und Gewissen erklären muss, dass jene auch nicht entferntest im Sinne der judenfressenden Ankläger gedeutet werden kann. Ich habe an vielen Stellen des vorliegenden Buches und in anderen meiner rituellen und liturgischen Arbeiten meinen von aller confessionellen Parteilichkeit unabhängigen Standpunkt und meine rigoröse Sachlichkeit genügsam bekundet, um annehmen zu dürfen, dass meine Betheuerungen auch zu Gunsten des Talmuds und der Rabbinen Glauben verdienen. Ich konnte und kann zwar meinen Unmuth und meinen Verdruss darüber nicht verhehlen, dass die spintisirende und wortklaubende Interpretation und Normirung, die wir discutirten, vorhanden ist und so den übelwollenden versessenen Judenfeinden Anhalt geben könnte, ihren gottlosen Anklagen trotz der klaren Widerlegungen der gründlichsten Kenner der rabbinischen Literatur aufrecht zu erhalten. Doch andrerseits kann der Wunsch nicht oft genug wiederholt werden, dass unsere Religionsgesetze von Allen, die sehen wollen, in den Religionsbüchern, die in der Landessprache verfasst sind [1]), nachgelesen werden möchten; man wird in denselben nichts finden, was gegen die Gerechtigkeit, Moral und die gute Sitte verstösst; man wird finden, dass Heil und Segen für die ganze Menschheit erblühen würde, wenn alle Welt diese Lehren zur Richtschnur für ihr Leben nähme.

Da ich wünsche und hoffe, dass dies Buch auch von christl. Theologen gelesen werde, so halte ich es für opportun, zu den zwei bereits angeführten noch ein drittes Zeugniss eines ebenfalls

---

[1]) Namentlich die in den Schulen eingeführten noch so verschiedenen Religionsbücher, Katechismen und biblischen Geschichten.

dem Judenthum entstammenden, hochgestellten, christlichen Theologen in der „Ritual-Blut-Affaire" hier anzuführen. Möge es denn gewiss noch vielen braven christlichen Geistlichen, die würdige, wirkliche Nachfolger Christi sind, gelingen, ihre Pfarrkinder darüber aufzuklären und zu belehren.

Der hochberühmte, hochgelehrte Professor an der Wiener Universität, A. von Sonnenfels, schrieb 1753 in seinem Buche „Jüdischer Blutekel" S. 21: „Ich, der ich unter Anführung meines Vaters, des Oberlandrabbiners zu Berlin und der ganzen Churbrandenburgischen Mark, sogar in meiner zartesten Jugend die genauesten und verborgensten Heimlichkeiten des gesammten Judenthums haarklein kennen gelernt, weil er einstens einen Mann seines Gewerbes aus mir zu machen verlangte, kann vor Gott auf meine Seel und Gewissen bezeugen, dass dieses (die Ritual-Blut-Beschuldigung) eine aus denen höchste Unwahrheiten seie, welche in der Welt jemalen erhöret worden."

Nach dieser längeren Digression fahren wir in Erörterung des Artikels (Thier-)Blut fort.

Bei gekochtem Blut findet nach Gem. Menach. 21 a die Karethstrafe nicht statt: דם שבשלו אינו עובר עליו, wozu Raschi bemerkt: כין דחולין בין דקדשים אינו עובר עליו דהא לא חייבה תורה אלא על הדם הראוי לכפרה ודם קדשים שבשלי לא חוי למלתיה ונפק מתורת דם. Man erkennt auch hier das Schwanken in der Motivirung des Blutverbotes, wie in 3. M. XVII. Welch ein schreiender Widerspruch mit Mischnah Kher. 20, die auch für דם טמאין Kharet normirt.

Maimon. übergeht diesen Fall, nämlich, wie gekochtes Blut zu betrachten sei, mit Stillschweigen, worauf schon Maggid Mischneh hinweist.

Die Leber, da sie vor allem anderen Fleische eine grosse Fülle des Blutes enthält, muss, bevor sie gekocht wird, entweder in Essig zum Zusammenschrumpfen gebracht oder in kochendem Wasser abgebrüht werden, wodurch das Ausströmen des Blutes verhindert wird, Gem. Chul. 111 a: כבדא חלטי ליה בחלא חלטי ליה ברותחין. Doch haben sich die Geonim hiermit nicht begnügt, sondern angeordnet, dass eine Leber, bevor sie gekocht wird, ge-

braten werden müsse. Alfasi sagt nämlich, Chul. Abschn. 8: אלא
מיהו שרי ממתיבתא דהאידנא לא בקיאן בחליטה „wir in unserer
Zeit verstehen uns nicht mehr auf's Brühen." Dies ist ein sonder-
bares Armuthszeugniss, (אין שני אלא ברשת), das der alltäglichsten
Einsicht und Fertigkeit des lebenden Geschlechtes ausgestellt wird.
Wir armen Generationen, in deren Zeit im Vergleich zu den
früheren, so viele Entdeckungen und Erfindungen, so zahlreiche und
gewaltige Fortschritte auf den mannigfachsten Gebieten der Künste
und Wissenschaften etc. gemacht wurden und werden, haben jedoch
für das tiefe Problem des echten Brühens, wie für manche andere
Fragen im Bereiche der culinarischen und Veterinärkunde keine
theoretische Erkenntniss und keine practische Befähigung; das
grosse Problem befriedigend zu lösen, waren nur die Alten, nicht
aber wir, im Stande. Daher: ולא שרי למיכל כבדא שליקא אלא
היכי דטוו ליה מעיקרא ושלקי ליה בתר הכי. Und so auch Maim.
(verb. Speisen 6, 7) וזכר נתנו כל ישראל להבהבה על האור ואח"כ
מבשלין אותה וכו׳.
Fleisch darf man nach der G. Chul. 111a an einem Spiesse
braten, wenn die Leber unterhalb, nicht aber, wenn sie oberhalb
des Fleisches ist, da alsdann dieses letztere das ganze Blut der
Leber aufnimmt: הלכתא כבדא תותי בשרא שרי עלוי בשרא דיעבד אין
לכתחילה לא. Die Späteren jedoch gestatten das Zusammenbraten
von Fleisch und Leber an einem Spiesse nicht, weil nach dessen
jetziger Einrichtung die Leber doch auch oberhalb des Fleisches zu
liegen kommen könnte; so Raschi ibid.: ולדידן אסור לגמרי לבתחילה
לפי שהשפודים שלנו שובבית . . . . ופעמים התחתון עליו הלך בין
אסור. . . . .
Talmudisch wird das Gehirn betreffs des Blutes ebenso behandelt wie alles andere Fleisch. Maim. ibid. 7 will das Gehirn
weder kochen, noch rösten lassen, wenn es nicht zuvor über Feuer
gesengt wird, — ebenfalls wegen der Blutfülle. Diese Maimonische
Erschwerung wird aber von Anderen für zu rigorös gehalten [1]).

[1]) Maim. ibid.: מנהג פשוט שאין מבשלין המח של ראש ולא קולין אותו
המנהג הזה לא פשט בכל ישראל wozu Magg. Mischn.: עד שמהבהבין אותו באור
ובקומותינו מוציאים המח מקדרת הראש ומלחו ורתי הוא מותר ואפילו לקדרה
וזו דין הגמרא.

Die oben angeführten Erschwerungen betreffs der Bereitung
der Leber — unter Anderen ja auch das Durchreissen derselben
der Länge und Quere nach, mit dem Riss nach unten קורעו שתי
וערב וחיתיכא לתחת — werden nach Gem. Chul. 111 nicht auf die
Milz ausgedehnt: diese haben nur eine Ausfüllung an Fett: הני
מלי בכבדא אבל טחלא שומנא בעלמא הוא. Doch muss die Milz trotzdem gesalzen werden; so schon Maggid Mischneh zu Maim.: ומ"מ
צריך מליחה כשאר בשר וכן דעת המפרשים ובפי' אמר רבי
למעלה בדם האיברים כגון הטחול. So auch Tossaph. Chul. 111a
היינו דיקא גופ הטחול הוא שומן אבל דם היוצא ממנו אסור. Wie
aber stimmt damit das Raisonnement des R. Eleasar Hakalir im
Siluk des Sabbath Parah: מתיר מאסורות מותרות .... מן הדם
טחול הדם? S. auch Tossaph. Chul. 109b.

Wenn dem Vieh nach dem Schlachten, aber bevor es verendet,
das Genick gebrochen wird, so ist es in der Gem. ibid. 113a
zweifelhaft, ob das in dieser Weise in die Gliedmassen eindringende
Blut später durch die übliche Salzung entfernt werden kann[1]).
Da wir nun in zweifelhaften Fällen erschwerend entscheiden קמ"ל
כל תיקן דאיסורא לחומרא, so dürfte solches Fleisch auch nach der
üblichen Salzung nicht genossen werden. Dagegen hat Alfasi
wiederum eine andere Lesart[2]), nach welcher durch Salzen das
Blut entfernt wird. Fraglich ist es dann nur noch, ob es in diesem Falle (wie sonst) roh auch ohne Salzung genossen werden
darf, was ebenfalls erschwerend entschieden wird. So lautet das
Verdict bei Maim., und so normirt auch Schulch. Ar. J. Deah 67.

---

[1]) השיבר מפרקתה של בהמה קודם שתצא נפשה הרי זה גוזל את הברית
ומבליע דם באברים איבעיא להי היכי קאמר מכביד את הבשר יגזל את הברית
משום דמבליע דם באברים הא לרדיה דמי אי רלמא לרדיה נמי אסור תיקו.
Wozu Raschi: לרדיה שרי לפי שהוא חוזר ויצא ע"י מלח אי רלמא לרדיה
נמי אסור .... דמבליע דם ושוב אינו יוצא ואוכל דם. Wie verträgt sich aber
damit das (Joreh Deah, c. 23, § 4): אם שהה הבהמה או הענף למות יבטו על
ראשו? Wir kommen aber auf diesen Punkt später bei שחיטה zurück.

[2]) איבעיא לך היאיל דאבליע דם באברים מי שרי למיכל מנה באומצא או
לא יסלקא בתיקי וקי"ל דתיקו דאיסורא לחומרא. Dieselbe Lesart, dem Inhalte
nach, hatte wohl Aruch s. v. אמץ vor sich. Ist eine solche Verschiedenheit der Lesarten, die auf die halachische Praxis Einfluss übt, nicht
recht auffallend, und doch finde ich sonst nirgends als bei רבי נסים zur

Die Institution des Salzens,

das, wie bereits aus obigen wenigen Citaten ersichtlich ist, im Zusammenhange mit dem Blute, resp. dessen Entfernung, eine wichtige Rolle spielt, erheischt an dieser Stelle eine besondere Besprechung, bei welcher wir selbstverständlich die h. Schr. wiederum in erster Linie zu befragen haben.

Weniger als beim חֵלֶב haben wir beim דם in der Bibel selbst einen Anhalt zur Unterscheidung zwischen dem verbotenen und erlaubten Blute. Das Verbot ist zwar (3 M. III. 17 für beide Substanzen gleichlautend: „Alles Fett und alles Blut sollt ihr nicht essen." Da aber die Schrift ibid. V. 16 motivirte: „Alles Fett gehört dem Herrn" und diejenigen Fettstücke aufführt, die für den Altar bestimmt waren, so hat sie von selber, gleichsam stillschweigend, den Genuss jedes anderen Fettes freigegeben — was auch die talmudische Auffassung ist. Anders ist es mit dem Blute. Da findet sich in dem angeführten Verse nicht jene Motivirung, wie beim Fette und auch nicht die Detaillirung. Doch ohne jeden Anhalt betreffs der Unterscheidung lässt uns die Schrift nicht; es ist einige Male vom Sprengen des Blutes und 3 M. 17, 3 auch von dessen Ausgiessen die Rede. Dies weist doch deutlich genug auf das den Augen sichtbare, ja fliessende Blut hin und schliesst dasjenige aus, was in den Fleischtheilen haftet. Es wäre somit unwiderleglich erwiesen, dass die Schrift keineswegs Salzung derselben verlangt, um das in ihnen haftende Blut vermittelst einer künstlichen und forcirten Procedur zu entfernen. Noch entschiedener sprechen zwei andere Stellen dafür, dass die Schrift nur das durch das Schlachten von selbst herausströmende Blut im Sinne hat: „Auf die Erde sollst Du es ausgiessen wie Wasser" (5 M. VII, 24 und XV, 23.) Und in der That haben wir bereits oben gesehen, dass die Mischnah und die Tossefta immer nur von sichtbarem, gleichsam greifbarem.

Stelle eine Erörterung darüber. In allen mir zugänglichen Ausgaben des Aruch finde ich s. v. אמי die Worte: אי בני למיכל באימא שפיר דמי und dazu verzeichnet Chul. 113. Ich finde diese Worte weder in der Lesart unserer Gemara, noch in der des Alfasi.

fliessenden Blut spricht, wobei sie für einen Theil desselben, wovon
das Leben abhängt, Kareth normirt, einen anderen Theil hingegen,
wenn auch sichtbar und sogar ausströmend, wovon aber das Leben
nicht abhängt, zwar für unerlaubt, aber nicht der Karethstrafe unter-
worfen hält. Dagegen lautet der Kanon für דם איברים שלא פירש
מותר: „Das in den Gliedmassen vorhandene Blut, das nicht herausgetreten, ist anstandslos erlaubt“. Es darf daher rohes Fleisch,
das von dem anhaftenden ausgeflossenen Blute durch Auswaschen befreit ist, ohne dass das innen verbliebene etwa durch Salzen entzogen worden, unbedenklich genossen werden [1]).

In der Mischnah ist vom Salzen überhaupt noch gar nicht die
Rede; diese Institution behufs ritueller Blutentziehung ist ihr durchaus unbekannt.

Dagegen lesen wir in der Gemara Chul. 113: Gänzlich wird
das Blut aus dem Fleische nicht anders entfernt, als durch tüchtiges
Besalzen und häufiges Abspülen mit Wasser: אין הבשר יוצא מידי

---

[1]) Ganz unrichtig, ungerechtfertigt, irrthümlich und gegen die
Gemara glaubt Reggio, dass in jedem Falle vor dem Genusse des
Fleisches das Blut durch Salzen entfernt werden müsse. und er hält dies
sogar für eine biblische Vorschrift, während nach der Gemara bei rohem
Genusse das Salzen nicht einmal rabbinisch angeordnet ist. Bech. Hakkab.
S. 204 äussert er sich: es heisst in der Schrift ausdrücklich: „Du sollst
nicht essen הבשר עם הנפש, d. h. das Blut mit dem Fleisch“, und er
spricht noch dazu von Kareth, während nach dem Talmud selbst bei
greifbarem, fliessendem Blut, wovon aber nicht das Leben abhängig,
Kareth nicht statt hat. Reggio urgirt das עם הבשר „Blut mit dem
Fleisch“, darum müsse in jedem Falle zur Entfernung des inneren
Blutes das Salzen statt haben Nachdem ich gefunden, dass sich in den
24 Büchern der Bibel einige vierzig mal und im Abschnitt נח, wo das
Blutverbot zum ersten mal vorkommt, dreizehn mal das Wort בשר nicht
als κρεας Fleisch, nach dem gewöhnlichen Sprachgebrauch ein Theil
der thierischen Substanz, sondern ganz unmöglich anders als wie: σαρξ
„Geschöpf, creatura“ anfzufassen ist, so ist im Abschnitt נח auch
vierzehnte Mal das Wort בשר in dem oft ventilirten Verse: בשר בנפשו דמו
nicht anders aufzufassen, als wie: „ein Geschöpf (Creatur) mit seinem
Lebenselement, „nämlich sein Blut“ sollt ihr nicht essen. Und so ist
denn auch die von Reggio urgirte Stelle nicht anders zu übersetzen als:
„das Lebenselement mit dem Geschöpf.“

רמו אא"כ מילתו יפה יפה יפה ומדיחי יפה יפה. Der Autor dieser Anordnung ist Samuel;[1]) vor ihm scheint man diesen Brauch nicht
gekannt zu haben.[2]) Auch muss nach der Gemara das Abspülen
des Fleisches mit Wasser dem Salzen sowohl vorangehen wie nach-
folgen מדיח ומולח ומדיח.

Doch ist das Salzen nur nöthig, wenn das Fleisch gekocht
werden soll, weil durch das Kochen das noch innerlich befindliche
Blut (דם איברים) heraustritt und dann vom Fleische wieder eingesogen werden würde. Zum Braten bedarf es hingegen nach dem
Talmud des Salzens nicht. Unmotivirt ist daher die gegentheilige
Bestimmung des Maim. (S. Tossafoth Chul. 14a Stichw. ונסבין)
הבשר לצלי לא בעי מליחה כלל דם איברים שלא פירש שרי והא
דאמר' בפ"ק דביצה (י"א) ושוין שמולחין עלי' בשר לצלי לא משום
דליתסר בלא מליחה אלא מנתן הוא למלוח בשר לצלי. Dieser Minhag sei, wie Tossafoth zu ביצה bemerken, nicht aus rituellem Grunde
eingeführt, sondern um dem Fleische einen besseren Geschmack
zu geben. Maim. ist hier wiederum über die Maassen rigorös,
wie er es auch beim Genuss rohen Fleisches ist, worüber ihn der
Glossator Abr. b. David mit Recht monirt[3]). Ebenso verlangt
Maim. ungerechtfertigter Weise nach allen diesen Vorbereitungen
(also nach dem Abspülen, nach dem Salzen מניחו במלחו כדי הילוך
מיל und nach abermaligem Abspülen) noch, dass, wenn das Fleisch
gekocht wird, es in siedendes Wasser gethan werden müsse[4]).

Maim. kann auf die Extravaganz nur verfallen sein, weil er
in der Gem. gefunden, dass Manche das Fleisch vor dem Kochen
in siedendes Wasser getaucht; Chul IIIa. ר' נחמן חלטי ליה ברתחין

---

[1]) Nach Samuel ist es אבר, der vom Salzen der Opfer Anwendung
macht auf profane Mahlzeiten behufs des Blutentziehens, Menach. 21a
מניחן עליו מלח וחוזר והופכו ונותן עליו מלח אמר אבי ובן לקדרה.

[2]) Doch haben auch die Karäer, die gerade im Schlachtritus noch weit
rigoröser sind, als die Rabbaniten, auch den Usus des Salzens. Möglicherweise ist dies erst von den späteren Karaiten eingeführt. A. b. Elijah
im Kether Torah sagt: יעבדה אכילת דם לאסור הבשר שלא ימלח.

[3]) לבשר חי אינו צריך מליחה דם איברים דלא פירש מותר וכן כתב ר'
אבא ז"ל.

[4]) Auch dagegen wiederum protestirt Abraham ben David mit
vollem Rechte: זה לא שמענו ולא ראינו איננו מימיו.

Allein diese haben dann auch das Fleisch gar nicht gesalzen, sondern durch jene Manipulation das Salzen für entbehrlich gehalten. „Das Salzen", meint Dr. Herzfeld (Geschichte des Volkes Israel, II. Bd., S. 154) „sei von dem Opferritus auf den Privatgebrauch übertragen worden (und vermuthlich schon vor der sopherischen Zeit). Von dem Salzen ist in Bezug auf Opferthiere schon Ezech. XLIII, 24 die Rede, und hierzu wurde wohl auch das viele Salz gebraucht . . . Die Uebertragung des Salzens auf profanes Vieh schien um so mehr gerechtfertigt, als man seine Einführung sich bald daraus erklärte, dass hierdurch dem Fleische das zu geniessen verbotene Blut entzogen werden sollte"[1]). Es ist mir sehr befremdlich, dass sich Herzfeld hierbei erst auf Ezech. beruft, als ob es nicht eine ausdrückliche mosaische Vorschrift wäre: 3 M. II, 13. Denn wenn auch hier Anfangs nur bei Speiseopfern diese Vorschrift hervorgehoben wird[2]): יכל קרבן מנחתך במלח תמלח so schliesst doch aber jener Vers mit der allgemeinen Vorschrift: על כל קרבנך תקריב מלח.

Wessely in seinem Commentar z. St. hebt überhaupt hervor, dass מנחה oft jedes Opfer, nicht blos Speiseopfer bezeichnet: (1 M. IV, 4. Richter 6, 18). Im Talmud, wo die Opferriten so ausführlich besprochen werden, ist allerdings vom Salzen der Thieropfer weniger die Rede, aber er schweigt keineswegs ganz darüber[3]). Was Geiger, Jüd. Zeitschr. VII, S. 125 ff. darüber vorbringt, ist gewiss sehr interessant, aber das einfache Schriftwort lautet: על כל קרבנך תקריב מלח. Auch in der Mischnah Sebach. 64[b] finden

---

[1]) Wir aber glaubeu, dass, wie schon oben bemerkt, zum Zwecke des Blutentziehens dieser Brauch erst um die Zeit des Amoräers Samuel üblich wurde, während vor ihm die Rigorösen das Fleisch vor dem Kochen in siedendes Wasser getaucht.

[2]) Mir scheint, dass die Schrift desbalb beim Speiseopfer das Salzen besonders hervorhebt, weil sie bei thierischen Opfern es als selbstverständlich voraussetzt. Denn auch bei anderen alten Völkern bestand dieser Gebrauch. S. Rosenmüller M. l. II, S. 150.

[3]) Josephus, noch zur Zeit des zweiten Tempels lebend, kann doch hier gewiss als Gewährsmann für den Usus des Salzens der Thieropfer gelten. Antiqu. III, 9, 1: τὸν κύκλον τῷ αἵματι δεύουσι τοῦ βωμοῦ οἱ ἱερεῖς εἶτα καθαρὰ ποιήσαντες διαμελίζουσι καὶ πάσαντες ἁλσὶν ἐπὶ τὸν βωμὸν ἀνατιθεῖσι.

wir ausdrücklich עולת העוף סיפון סיפגו במלה und Sifra zu St. [1]). Consequent heisst es bei Maim.: אי' טוב') מצות עשה למלוח כל הקרבנות 5, 11)
קודם שיעלו למזבח שני' על כל קרבנך וכו' und ebenso M. Neb. III. 46.

Während aber Geiger ingeniös combinirt, dass bereits früher,
während die Opfer noch bestanden, die Pharisäer, um den sadu-
cäischen Priestern den Rang streitig zu machen, das Salzen des
Fleisches auch zum Privatgebrauch eingeführt, beharren wir bei
unserer Ansicht, dass dieser Ritus des Salzens behufs der Befreiung
von Blut seine Entstehung erst dem Amoräer Samuel [2]) (c. 220 bis
224) verdankt, welcher als der Vater der meist erschwerenden
Erweiterungen betreffs des Bluts und des Salzens genannt wird.
Vgl. Chul 112a: אמר ר' נחמן אמר שמואל כבר שחתך עליה בשר
אין מניחין כלי תחת בשר. וכו. Ferner das.: אסור לאכלה Ueberall
figurirt hier Samuel. Auch der Ausspruch ibid. 112b: דגים ועופות
שמלחן ועי'ז אסור', welchen unsere Gem. dem R. Nachman zuschreibt, wird von Alfasi auf Samuel als früheren Autor zurückgeführt.

Noch ist eine dem Talmud unbekannte, erst von den Geonim
eingeführte Erschwerung nachzuholen, die nämlich, dass Fleisch,
das drei Tage lang ungesalzen blieb, nicht gekocht, sondern nur
gebraten werden darf. Selbst Maim. erwähnt diese noch nicht;
aber Mord. b. Hillel [3]) führt sie an, und so normirt auch Karo in
Joreh Deah [1]) 69.

Dies wäre so ziemlich das Meiste, aber doch noch nicht Alles,
was über den Ritus des Salzens zur Entfernung des Blutes vom

---

[1]) Auffallend ist es, dass Sifra als Schriftbeweis den Anfang des
Verses וכל קרבן anführt, der sich hier ja doch nur auf מנחה bezieht
und es nicht vorzog, das Ende des Verses על כל קרבנך תקריב מלח anzuführen. S. indess oben bei Wessely.

[2]) Auch beim Fette hat derselbe viele Erweiterungen eingeführt,
s. Chul. 93.

[3]) Mordechai: רבינו יואל הלוי קבל מן הראשונים כל בשר ששהה שלשה
ימים מעת לעת בלא ניקור ולא 'מלח ששוב אינו פליט דמו שנתקשה מאיסור חלב
ודם שבתוכו ומהר"ם נדב להתיר בצליה.

[1]) Es ist befremdend, dass J. Deah nur betreffs מליחה. also nur von
Blut, nicht aber, wie bei Mordechai, auch von Fett die Rede ist, d. h.
bezüglich ניקור:

Fleische in der späteren rabbinischen Literatur vorgebracht wird, und ist es nun der

Antiquarische Gesichtspunkt

des Blutverbots an sich, den wir in's Auge zu fassen haben.

Wir brachten schon oben beim religiösen Gesichtspunkte die Ansicht des Talmud und Anderer, dass in 1 M. IX, 4 anstatt speciell vom Blutgenuss vielmehr vom Genuss blutiger Fleischstücke bei lebendigem Leibe der Thiere die Rede sei. In letzterem Sinne fasst es auch Fürst in seinem Bibelcommenter auf. [1] Rosenmüller, Altes und neues Morgenland I, S. 38, übersetzt mit Luther: „Esset das Fleisch nicht, das noch lebt in seinem Blute." Es handelt sich also um eine thierquälerische Grausamkeit. Den abscheulichen Brauch, lebenden Thieren Stücke aus dem Leibe zu schneiden, bestätigt Rosenm. l. l. u. S. 309 nach Bruce bei den Abyssinern. Dasselbe berichtet der berühmte Afrikareisende G. Rohlfs (1874): „Sie schneiden dem lebendigen Thiere Stücke aus dem Fleisch, um sich damit in halbrohem Zustande zu sättigen und überlassen die Opfer dieser kannibalischen Ernährungsweise ruhig ihrem ferneren Schicksale." [2] Oben beim religiösen Gesichtspunkte S. 160 u. f., unter dem Stichwort Maim. M. N. brachten wir nach der Gem. manches Antiquarische aus heidnischen Gebräuchen, wonach dem lebendigen Thier das Herz herausgerissen wird und andere grausame Manipulationen. Vgl. auch Abodah Sarah 32a, Raschi. Wir erkannten dort eine heidnische Superstition. gegen welche vielleicht unsere biblische Verordnung reagiren wollte.

---

[1] So auch der Karäer Ahron 6. Eliah in Kether Torah: אסור
לאכיל אבר מה"ח כאמר אך בשר בנפשו וני הטום בעיד שהופשו עם הבשר.
[2] Bochart Hieroz, lib. II, Cap. LII in der Abhandl. „De hoedo non coquendo in lacte matris suae" führt im Namen des Clem. Alexander. eine ähnliche Art von Brutalität an, die vielleicht mehr auf Aberglauben als auf Essgier basiren mag: „In aliquorum animantium ventres ante partum calces injungunt, ut contemperata carne lacte vescantur, matricem faciunt sepulcrum foetus, qui gestatur in utero." Arnobius ruft aus: „Caprorum reclamantium viscera cruentatis oribus dissipatis"! Firmius (ein Freund des Porphyr): „Vivum laniant dentibus taurum."

So weit über das Verbot אברמה"ח, das vermeintlich in
1 M. IX. 4 enthalten wäre.

Wir haben oben S. 166—168 ferner eine Verordnung betreffs
des Blutes in Verbindung mit dem Verbot des Bock-Cultus gesehen,
3 M. XVII, 7. Maim. fand diesen Cultus bei den Sabiern, und
war derselbe auch bei den Bewohnern des Nildelta, wo sich ja
die Israeliten aufhielten, zu Hause. So berichtet Herodet, II,
46 und 42, von den Mendesiern, dass sie deshalb nicht Ziegen
und namentlich nicht Böcke opfern, weil sie den Bock unter dem
Bilde des Pan verehren, den sie sich mit einem Ziegengesicht und
mit (behaarten) Bocksfüssen vorstellen. שעיר, das wir mit „Bock"
übersetzen, heisst ja bekanntlich auch „haarig", „struppig." Die
Phantasie der Alten bevölkerte mit diesen Satyrn die Wälder und
besonders die öden Orte. Man vgl. Jes XIII, 21 u. XXXIV 14.
Die Septuag. übersetzen dieses Wort mit δαιμονια. Herodot's Worte
lauten: Τὰς δὲ δὴ αἴγας καὶ τοὺς τράγους τῶνδε εἵνεκα οὐ θύουσιν
Αἰγύπτίων οἱ εἰρημένοι (näml. ὅσοι τοῦ Μένδητος ἔκτηνται ἱρόν, c. 42)
τὸν Πᾶνα τῶν ὀκτὼ θεῶν λογίζονται εἶναι οἱ Μενδήσιοι . . γράφουσι . . .
τὠγαλμα κατά περ Ἕλληνες. αἰγοπρόσωπον καὶ τραγοσκελέα . . .
σέβονται δὲ . . . μᾶλλον τοὺς ἔρσενας [1]) τῶν θηλέων ἐκ δὲ τούτων
(τῶν ἐρσένων αἰγῶν εἰς (τράγεος) μάλλιστα κ. τ. λ.

Die Vermuthung ferner, dass die Warnung 3. M. XIX, 26
לא תאכלו על הדם, „am Blute nicht zu essen", mit einer anderen
Art heidnischer Superstition zusammenhängt, mit der Gepflogenheit
nämlich, zur Erforschung der Zukunft durch Blutmahlzeiten sich
mit den Dämonen oder den Seelen der Verstorbenen in Verbindung
zu setzen, wird, abgesehen von den unmittelbar nachfolgenden
Worten auch durch einen Brauch bei den Sabiern bestätigt; Maim.
M. N. III, 46: הצא'כה היו אוכלים את הדם מפני שהיו חושבים
שהוא מזון מזון השדים וכשאכל אותו מי שאכלו כבר השתתף עם השדים
ויבאוהו ויודיעוהו העתידות. Ferner begründet Maim. dieses Verbot
mit Hinweis auf die heidnische Superstition in folgender Weise,
ibid.: והזהיר מלהתקבץ סביבו ולאכול שם אמר ולא תאכלו על הדם
וכאשר התמיד מריים ונמשכו אחרי המפורסם אשר גדלו עליו

<hr />

[1]) Ebenso in der Bibel Vorzug der männlichen vor den weiblichen
Opferthieren.

וההתחבר אל השדים באבלם סביב הדם . . . . וצוה יתצלה אחר זה
שכל חיה ועוף שמותר לאכלם כשישחט יכסה דמו בעפר עד שלא
יתקבצו עליו לאכול סביבין ונשלמה הכינה להפר האחוה בין מי
שאחום שד באמת ובין שדיהם. Anstössig erscheint in diesem Satze
nur, dass der im Moreh Neb. sonst so rationelle Maim. hier an
die Existenz von שדים „Dämonen“, geglaubt zu haben scheint.
Sollte wider unser Erwarten dem wirklich so sein? Freilich verfallen oft auch die vorurtheillosesten und sonst freisinnigsten Männer
dem herrschenden Volksaberglauben. Nil Mirari. Homo sum,
humani nihil a me alienum puto. Doch ist vielleicht die im Talmud
stark ausgebildete Dämonen- und Gespensterlehre, die exotische
Pflanze Babylons und Persiens, auch für Maim. in mancher Rücksicht bestimmend gewesen. Da raisonnirt zu unserem leitenden
Thema der sonst hochorthodoxe kabbalistische Nachmanides ganz
rationell: „Dämonen versammeln sich an den Blutbehältnissen nach
den Begriffen der Heiden, כפי דעתם.“

Diesen Aberglauben findet man auch bei Homer, Odyss. XI,
25—34 und ff. Es werden Thiere geschlachtet und Todtenopfer
dargebracht; alsbald versammeln sich um's Blut die Schatten zahl-
reicher Abgeschiedener: Βόθρον [1]) ὀρυξ . . . . ἀμφ᾽ αὐτῷ δὲ χοήν
χεομην πᾶσιν νεκύεσσιν . . . τοὺς δ᾽ ἐπεὶ εὐχωλῇσι. λιτῇσίτε. ἔθνεα
νεκρῶν, ἐλλισάμην. . . . ἐς βόθρον ῥέε ῦ᾽αίμα μελαννεφές αἱ
δ᾽ἀγέροντο ψυχαὶ ὑπὲξ Ἐρέβευς νεκύων κατατεθνηκώτων. Ibid. V. 48:
ἤμην, οὐδ᾽ εἴων νεκύων ἀμενηνὰ κάρηνα αἵματος ἄσσον ἴμεν.

Dieselbe Superstition erwähnt Horaz Sat. 1, 8, 28: Cruor in
fossam confusus, ut inde Manes elicerent animas responsa daturas,
S. auch über Necromatic mittels des Blutes bei Cicero Tusc. I, 16,
37: Unde animae excitantur obscura umbra . . . salso sanguine
mortuorum imagines. Tacitus Annal. II, 28: Junius quidam
temptatus ut infernas umbras carminibus eliceret. Vgl. ferner
Porphyr, II, 48 de Abstin.: Οἱ χοῦ ζώων μαντικῶν ψυχὰς κ. τ. λ.
„wer also (als mantisches Mittel) die Seelen weissagender Thiere

[1]) Man denke an das Maimonidische דמה בחפירה ומקבלין. Als
Antithese gegen diesen Brauch das Blut in Gruben zu sammeln, wurde
eben das Verbot aufgestellt: אין שיחטו לגומא Chul. 2, 9.

in sich aufnehmen wollte, der verschlang deren wesentliche Körpertheile," also hauptsächlich das Blut.

Auch die Heilighaltung des Blutes als Opferobject, welches
wohl, wie wir erwähnten, besonders nach 3 M. XVII, 11, ein
Grund des biblischen Blutverbotes sein kann, auf welche Stelle auch
der Hebräerbrief IX, 22 Bezug nimmt: „Καὶ σχεδὸν ἐν αἵματι
πάντα καθαρίζεται κατὰ τὸν νόμον, καὶ χωρὶς αἱματεκχυσίας οὐ
γίνεται ἄφεσις" findet sich gleichfalls bei den Griechen.[1]) Nachdem sie nämlich das Opfer zu Boden geschlagen, schnitten sie ihm
mit dem Messer die Kehle ab, um das Blut zu gewinnen und
damit den Altar zu benetzen. Ebenso wurde bei den Römern das
Blut in der patera aufgefangen. Servius zu Aeneis II, 140: Nisi
per sanguinem diis accepta hostia non est. Ja, es galt das Blut,
wie in unserer Bibelstelle, den Griechen in späterer Zeit als Mittel
der Reinigung; eben darum war es die Hauptsache; es wurde in
Gruben zum förmlichen Genusse für die Unterirdischen ausgegossen. In diesem Cultus sollen die Gruben als Altäre gegolten
haben.

Nicht minder war das Taurobolium der Römer eine Ceremonie,
durch welche der Hohepriester der Ceres geweiht wurde. Es war
eine Art von Bluttaufe, durch welche nach ihrem Bedünken der
Mensch geistig wiedergeboren wurde. Fortunatus Scacchus meint
jedoch, dass diese, später aber durch abscheuliche Gebräuche und
Formen entstellten, Taurobolia von den Heiden dem Judenthum entlehnt worden seien; s. Rosenm. M. L. II, S. 116 zu 2 M. XXIX.
Vgl. dazu ibid. V. 20 u. 21: ‏ושחטת את האיל ולקחת מדמו והית‎
‏על אהרן ועל בניו וקדש הוא ובניו.‎

---

[1]) In der Bibel finden wir die Bevorzugung der blutigen Opfer
vor denen aus der Pflanzenwelt schon in der Erzählung von den Opfern
Kains und Abels. Bei den Griechen und Römern waren anfangs Opfer nur
dem Pflanzenreiche entnommen. Der Altar der Astarte der Syrer, Paphiae
Veneris, durfte nicht mit Blut befleckt werden; Tacit. Histor. II, 3:
Sanguinem arac obfundere vetitum. Erst später kamen bei ihnen die
blutigen Thieropfer in Gebrauch. Als Antithese gegen diese anfänglich
vorherrschende Scheu des ältesten Heidenthums mag vielleicht die
biblische Bevorzugung des thierischen blutigen Opfers beabsichtigt sein.
Vgl. Albo, Ikkarim III, 14.

Hier dürfte es am Platze sein, auch die Institution des
Salzens, dessen innige Verbindung mit unserem Gegenstande wir
ja ersehen haben, vom antiquarischen Gesichtspunkte aus zu
beleuchten.

Das Salzen. Antiquarischer Gesichtspunkt.

Nach Maim., M. N. 46, hatte das Salzen des Opfers bei den
Israeliten eine antithetische Bestimmung: weil nämlich die Heiden
bei ihren Opfern auch Honig spendeten und das Salz vermieden,
darum verpönte der Mosaismus beim Opfer den Honig und ver-
ordnete die Bestreuung mit Salz — להקריב הגוים בוחרים והיי
בדבר תמצא לא יכן ... בדבש קרבניהם ומלכלכים המתוקים העצינים
וצוה דבש כל . . . מהקריב השם הזהיר זה מפני, מלח מקרבנותם
מלח תקריב קרבנך כל צל המלח בהתמרת. Dasselbe Raisonnement
findet sich als wörtliches Echo bei A. b. Eliah im Kether Thora,
der auf Hesek. 43, 24, hinweist. Maim. nebst seinen Nachtretern
ist in Bezug auf die Opfer der Heiden im Irrthum. Denn schon
Homer berichtet, dass die Griechen ihre Opfer mit Salz bestreuten,
Ilias IX 214: πάσσε δ'ἁλὸς θείοιο. Und ebenso im römischen
Alterthum war der ähnliche Brauch im Schwange, s. Ovid.
Fasti I, 337: Ante deos homini quod conciliaret valeret, far erat
et puri lucida mica salis¹); ibid. II, 535 u. 538: Parva petunt

---

1) Die mola salsa der Römer ist ja genugsam bekannt. Plinius
XXXI, 41: Maxime tamen in sacris intelligitur ejus auctoritas, quando
nulla sacrificia conficiuntur sine mole salsa. Plutarch berichtet, dass
bei Plato (Timaeus?) das Salz das den Göttern Angenehmste sei: Πλάτωνος
δὲ τῶν ἁλῶν σῶμα κατὰ νόμον ἀνθρώπων θεοφιλέστατα εἶναι φάσκοντος.
Dagegen ist Maim. mit seinem מלח מקרבותיהם דבר תמצא לא im Recht,
wenn er dabei etwa an die Egypter dachte. Wenn nämlich Plutarch de
Iside c. 32 wahrheitsgemäss berichtet, so verabscheuten die egyptischen
Priester wie das Meer so auch das Salz, welches sie „Schaum des Ty=
phon" nannten, und unter den von ihnen verbotenen Gegenständen findet
sich auch der, das Salz auf den Tisch zu setzen, da es zum Genusse
reize (ibid. Cap- 5). Hinterher finde ich auch zur Widerlegung der Behauptung des Maim. bei Munk in seinem Guide, III. pag. 365 note I:
Nous ne saurions dire, si l'auteur a puisé ce renseignement dans l'un

14*

Manos ... sparsae fruges parcaque mica salis; Horaz, Od. III, 23, 20: Mollivit aversos Penates farre pio et saliente mica.

Abr. b. Esras Ansicht, dass durch Salz das Opfer schmackhafter werden sollte, hat viel Gewinnendes für sich: er sagt zu 3 M. II, 13 הבנסתיך בברית והשבעתיך שלא תקריב תפל ולא יאכל כי הוא דרך בזין Doch liegt die Vermuthung näher, dass dem Bunde Gottes mit Israel das Symbol der Unvergänglichkeit, als welches ja das Salz galt, aufgedrückt werden sollte, welcher Gedanke auch den Griechen (und resp. den Römern) vorgeschwebt zu haben scheint, wenn sie das Salz θεῖον und θεοφιλέστατον nannten und auf das Salzen der Opfer einen so hohen Werth legten. Bald ist das Salz nach der Schrift 3 M. II. 13 מלח ברית אלהיך. bald 4 M. XVIII, 19 ברית מלח עולם היא לפני ד׳ und 2 Chron. XIII, 5 wird die ewige Herrschaft der Davidischen Dynastie ein Bund des Salzes genannt. ד׳ אלהי ישראל נתן ממלכה לדוד על ישראל לעולם ברית מלח...

Bekannt ist, dass die Araber ihre Bündnisse unter Salzgenuss schliessen, und dass so geschlossene Bündnisse ihnen als unverbrüchlich gelten; s. Rosenm. Morgenl. II, S. 150—152: „Salz war der Alten Sinnbild der Freundschaft und Treue, daher bedienten sie sich desselben bei all ihren Opfern und Vorträgen.‟

Damit dürfte erschöpft sein, was sich über das Blutsalzen vom historischen Gesichtspunkte sagen lässt: verfolgen wir nun den des Blutverbotes an sich, von wo wir ihn behufs jener nothwendigen Seitenblicke fallen liessen.

Das Blutverbot wurde auch von den Christen des ersten Jahrhunderts noch beobachtet. Im Concil zu Jerusalem untersagt der Apostel Jacobus den Genuss des Blutes in ausdrücklichster Weise, ja, er stellt es in dreimaliger Wiederholung (Apostelgesch. XV, 20 u. 29, XXI, 25) mit den schwersten Capitalsünden (Abgötterei

des livres Sabiens ou païens, qu'il a mentionnés au chap. 29; mais s'il a voulu parler des anciens païens au général, il n'était pas bien informé car il est certain, que l'usage du sel était très-commun dans les sacrifices des Grecs et des Romains. Pline dit etc. (s. unser Citat S. 211.)

und Unzucht) zusammen. Sogar den Heidenchristen schärft er es ein, obgleich er ihnen, wie er in derselben Rede sich äussert (V. 10), „kein schweres Joch auferlegen" und (V. 19) „keine Unruhe verursachen wollte". Wahrscheinlich gipfelte auch für die Apostel das Motiv in den heidnischen Blutmahlzeiten und sonstigen εἰδωλόθυτα.

In der morgenländischen Kirche besonders hat die Enthaltsamkeit vom Blutgenuss bis in sehr späte Zeit fortgedauert. Grotius zu Act. Apost. XV, 20, giebt die Nachweisungen und hätte nichts dawider, wenn die Kirche das Blutverbot „apostolorum et antiquitatis reverentia in usum revocare velit". Gleicher Ansicht im 17. Jahrhundert waren auch Salmasius und G. Vossius, worüber Calmet, Bib. Wörterb. III, Art. Speisen, Näheres berichtet. Tertullian, Athenasius, Minucius Felix und Just. Martyr sagen den Heiden, die sie beschuldigen, dass die Christen in ihren Versammlungen Kinder erwürgen und deren Blut trinken: Die christliche Religion verbiete ihnen sogar den Gebrauch des Blutes auch irgend welchen Thieres. — In der Kirchenversammlung zu Cangrena und anderen, noch der zu Worms 868 abgehaltenen, in Kaiser Leo's 58. Constitution, welche nämlich Diejenigen mit Strafe belegte, „qui intestinis-tanquam tunicis sanguinem infartum ventri praebent" und in dem Schreiben des Papstes Zacharias an den heiligen Bonifacius wird von dem Verbote des Blutes nicht anders als von einer noch zu ihrer Zeit gültigen Verordnung geredet. [1]) Die „Tägliche Rundschau" (März 1889?) berichtet: Kaiser Leo IV. von Byzanz verbot den Genuss der Blutwurst. Er führte bei diesem Erlass das ältere Verbot des Blutessens im A. und N. Testamente an und klagte, dass die Menschen so tollkühn wären, theils des Gewinnes, theils der Leckerei wegen, Blut in eine essbare Speise zu verwandeln.

Führen wir noch Delitzsch's Worte zu 3 M. XVII, 11 an: Dieses Motiv des Blutverbots (als Sühnemittel) fällt für den Christen natürlich weg, aber das andere, von dem die natürliche Scheu (nicht blos Abscheu) des noch nicht verwilderten oder verbildeten

---

[1]) Was August. c. Faust dagegen sagt, ist mir nicht unbekannt.

Menschen vor dem Genuss des Blutes Zeugniss giebt, dauert fort,
obgleich es uns nicht mit alttestamentarischer Gesetzkraft verpflichtet". Beiläufig bemerkt, gegen diese letzten Worte, die ein
wenig orakelhaft klingen, wäre Manches zu erinnern; namentlich
muss man verwundert fragen, wo denn die neutestamentliche Gesetzkraft in den oben citirten Stellen der Apostelgeschichte bleibt?
und auf wessen Auctorität hin die Christenheit sich dieser ausdrücklichen Vorschrift des Evangeliums entzogen, so ganz und gar
von einem Verbote losgesagt, das einen moralischen Hintergrund
hat und manchen Keim civilisirender Momente in sich birgt? War
es ja, nach der vulgären Auffassung der Worte in 1 M. IX, 4,
schon den Noachiden verboten, Blut zu geniessen!

Mohammed, der manches Speisegesetz seiner Stammesgenossen
aufgehoben (Sure II), verbietet seinen Anhängern dennoch das Blut.
Gewiss hat er die Gepflogenheit der Enthaltung von demselben bei
seinem Volke bereits vorgefunden und nur, als Gesetz, erneuert
und mehr sanctionirt. Die Stelle lautet: „Ihr Gläubigen . . . .
euch ist verboten, Gefallenes, Blut u. s. w." Auch Sure V und
VI: „In dem, was mir geoffenbart wurde, finde ich weiter nichts
verboten, als . . . und das entströmte Blut.

Diätetischer Gesichtspunkt.

Es unterliegt keinem Zweifel, und sprechen wir es mit
innigster Ueberzeugung aus, dass das eigentliche Blutverbot, wie
es die Bibel normirt und im Auge hat, selbst von diesem, dem
gesundheitlichen, Gesichtspunkte aus strenge Befolgung verdient.
Blut, in Menge und warm genossen, soll tödtlich wirken, wie
Michaelis, Mos. Recht, IV, § 206, nach Andern behauptet; und
die Alten sollten manchen zum Tode Verurtheilten statt des Giftes
Blut zum Trinken gegeben haben. Wir enthalten uns jedes Urtheils über diese von Michaelis beigebrachten Thatsachen, glauben
aber, dass die Natur dem Genuss warmen Blutes in grosser Menge
gleichsam instinctiv widerstrebt. Es ist selbst nicht unwahrscheinlich, dass reichlicher Genuss auch von angesammeltem oder nach-
fliessendem Blute manche Krankheiten in nichtisraelitischen häufiger

und intensiver, als in israelitischen Kreisen auftreten lässt, da es
sich schnell zersetzt und in Fäulniss übergeht. [1])

So unumwunden Alles dies einerseits anerkannt und berücksichtigt werden muss, so sind doch andererseits auch die erheblichen Nachtheile zu betonen, die in negativer Weise für die Gesundheit aus der allzuweiten Ausdehnung dieser Satzung, nämlich
dem vielen Salzen und Wässern des Fleisches, augenscheinlich und
nachweislich erwachsen; denn offenbar und erfahrungsmässig wird
diesem durch jene Procedur ein grosser Theil seiner Kraft und
seines Saftes entzogen. Ich theile hier das competente Gutachten
eines intelligenten, erfahrenen Arztes mit, der auf diesem Gebiete
jahrelange Beobachtungen angestellt hatte; es ist in der Wiener
„Neuzeit", Jahrg. 1872, abgedruckt und lautet in seinem präg-
nantesten Abschnitte, wie folgt: „Unterleibskrankheiten sind beim
Juden (beiderlei Geschlechts) äusserst häufig, was einer Schwäche
der Muskelkraft zuzuschreiben ist. Auffallend ist die grössere Zahl
der Skrophelkrankheiten unter den Juden. Ausser einem anderen
Grunde tragen die Schuld die rituellen Speisegesetze. Diese erschweren den ärmeren Klassen den Genuss des Fleisches, und
selbst jene animalische Nahrung, welche den unbemittelten Juden
nach Abzug aller verbotenen Thiergattungen, aller nicht rituell getödteten Thiere — Wildpret ist ihnen ohnehin wegen der Unthun-
lichkeit des rituellen Schlachtens unzugänglich — übrig bleibt,
wird durch Aussalzen und Waschungen jeder Blutsub-
stanz beraubt, so dass kaum mehr, als das faserige Gewebe dem Magen zugeführt werden kann." — Nur insofern
hat das Salzen anderentheils einen Werth, als es das Fleisch vor
Fäulniss schützt.

Man höre indessen über den diätetischen (und volkswirthschaftlichen) Gesichtspunkt auch die Ansicht Dr. Niemann's in

---

[1] Doch las ich jüngst, dass die Aerzte manchen Patienten nach
dem Schlachten ausströmendes Blut zu trinken verordnen. Auch von
Blut-Transfusionen (freilich etwas Aeusserliches) machen die Aerzte
bisweilen Gebrauch. Mögen Mediciner, die diese Schrift lesen, über
diesen Punkt sich äussern.

Casper's Medic Vierteljahrschr., Band 9, S. 73: „In praktischer Beziehung — dies trifft sowohl bei der Diätetik, wie bei der Volkswirthschaft zu — ist besonders die Vorschrift des Einsalzens zu tadeln. Es lässt sich nicht leugnen, dass im Orient dies Verfahren nützlich war, da das Kochsalz das Wasser anzieht, welches vorzüglich die Fäulniss begünstigte . . . Höchst unzweckmässig aber ist die Verordnung, da das Fleisch durch das Wässern mit Salz (soll wohl heissen: durch das Wässern und Bestreuen mit Salz), in dem es eine Stunde[1] lang liegt, einen Theil seiner kräftigsten Naturstoffe einbüsst. Mit dem Wasser des Fleisches werden Eiweiss und Fleischstoff, die Milchsäure und Salze vom Kochsalze ausgezogen. Die ausfliessende Salzlake wird entfernt und mit ihr ein Theil der löslichsten und wesentlichsten Stoffe des Fleisches. Ein nach Vorschrift des Talmud gesalzenes Fleisch muss deshalb kraftlos und weniger schmackhaft sein, als ein Fleisch, das frisch gekocht oder gebraten wird."

Ueber das Salzen äussert sich auch Medicinalrath Dr. Pappenheim in dem Werke „Sanitätspolizei", S. 491: „Das Salzen setzt den Nahrungsstoff des Fleisches erheblich herab, indem das Salz das Wasser aus demselben entzieht, mit diesem aber die grosse Menge der Phosphorsäure und des Kalis, beinahe alle Extractivstoffe, das lösliche Eiweiss und einen grossen Theil des Fleisches extrahirt. Auch der Speisewerth des Fleisches wird durch dieses Verfahren vermindert: man kann Salzfleisch nicht so gut, wie frisches Fleisch zum Bereiten von Fleischbrühe u. s. w. verwenden,

---

[1] Vorgeschrieben, und zwar nicht im Talmud, sondern von den Geonim, ist nur die Zeitdauer von בדי הילוך מיל, also 15 bis 18 Minuten. Unsere Frauen aber, die des Guten nicht zu viel thun zu können glauben — im Widerspruch zu der Mahnung des Koheleth: Sei nicht zu fromm! oder der ähnlichen agadischen: כל המוסיף גורע „wer ceremonielle Satzungen häuft, verringert den Gehalt und das Ansehn der Religion!" — ich sage, unsere religiösen Hausfrauen begnügen sich bei Weitem nicht mit jener kurzen Frist und bespülen obendrein noch, nachdem durch das verlängerte Salzen das letzte Bischen Saft bereits vom Fleische ausgeflossen, dasselbe nochmals reichlich mit Wasser, was allerdings markloses und fades Fleisch, dem durch übermässiges Schmalz und Fett nachträglich nachgeholfen wird, zur jüdischen Tafel liefert.

nicht so häufig mit Genuss verzehren, wie frisches, nicht so gut
für Kranke verwenden etc."

Gegen diese weitgehende Ausdehnung des biblischen Blutverbots möchte ich noch ein ethisch-religiöses Motiv vorbringen: schon
dieses sollte den Uebereifrigen das Wort in's Gedächtniss rufen:
ne quid nimis! „allzuviel ist ungesund!" Denn gerade durch die
Uebertreibungen, das lange Salzen und entnervende Abwaschen des
Fleisches wird die humane und humanisirende Idee der mosaischen
Vorschrift gleichsam verwässert und fadenscheinig gemacht. Der
Gedanke verblasst und verschwindet, dass dem Verbote die Absicht
innewohnt, einerseits jede Art von Grausamkeit gegen das Thier
zu vermeiden, andrerseits die Menschen über die Gier der Raubthiere zu erheben, die sich an dem warmströmenden Blute ihrer
Opfer sättigen. Die ganze Verordnung enthält durch das wieder-
holte mit sacerdotaler Wichtigthuerei vollzogene Salzen und Bespülen etwas Unheimliches, Mystisches und Transscendentales, ich
möchte fast sagen: etwas Fratzenhaftes und Kindisches. — Man
denke an die oben citirten Worte Raschis, Maimonis und Spencers
über בכלי בשר: „Eo stultitiae deventum est hodie etc!" Ueberhaupt führt Mikrologie in vermeintlich religiösen Formen und
Gebräuchen zu Oberflächlichkeit, bei vielen Menschen gar zu Schein-
heiligkeit und Unduldsamkeit, zur Verleidung des eigenen Lebens
und des Lebens Anderer, Nahe- oder Fernstehender. Das Leben
ist so kurz und überbürdet mit anderweitigen schweren Mühen
und Kämpfen und hat viele wichtige und edle Aufgaben zu lösen!
Warum müssen denn diese durch geistesleere Verrichtungen oft
in den Schatten gestellt und verkümmert werden und jene durch
eine Anzahl unnützer Arbeiten und selbstgeschaffener oder willkürlich auferlegter Beschwerlichkeiten noch einen erheblichen Zu-
wachs erhalten? Wie oft hört man seitens unserer Hausfrauen bittere
und starkgefärbte Klagen über die Fleischer und selbst Schächter!
Wie werden diese bisweilen fälschlich beschuldigt, dieses oder jenes
Tüpfelchen oder Aederchen, worin oder woran irgend ein Atom
von Blut oder Fett zurückgeblieben, übersehen zu haben! Gerade
dem Rabbiner fehlt es nicht an Gelegenheiten, sich von den oft
unbegründeten Denunciationen zu überzeugen, denen das Gebahren

der Ueberfrommen, die weithergeholten und weitausholenden rabbinischen Entgliederungen und Umgestaltungen der biblischen Vorschriften nur Vorschub leisten. Gar häufig wird die diesen letzteren
als Motiv zu Grunde liegende Milde und Schonung gegen die Thierwelt durch jene in Strenge, Härte, Rücksichts- und Lieblosigkeit
gegen Menschen, gegen Dienstboten umgekehrt. Nicht selten
werden diese scharf getadelt und schnöde angesehen — ihr Blut
wird gleichsam vergossen, nach dem schönen rabbinischen Spruche:
wer irgend Jemanden (öffentlich) beleidigt oder beschämt, vergiesst
dessen Blut, denn dies weicht in den Wangen des Geschmähten
und Verletzten zurück —, weil sie ein Tropfen zu wenig Wasser,
ein Körnchen zu wenig Salz auf das ohnehin von seinem Blute
schon hinreichend befreite Fleisch geschüttet haben. Auf solche
gedanken- und gemüthlose Ceremonialobservanzen dürfen wir wohl
vollberechtigt jenes geflügelte Wort anwenden: „Sie seihen Mücken
und verschlucken Kameele!" oder den noch kräftigeren Ausspruch
Jesaj 66, 3: שׁוֹחֵט הַשּׁוֹר מַכֵּה אִישׁ „wer mit peinlich-minutiöser
Beobachtung des Schlachtritus dem Thiere jeden Schmerz möglichst
zu ersparen beflissen ist, zeigt sich bisweilen gerade dadurch und
darin weniger scrupulös in Bezug auf die Verwundung (Beschämung
und Niedergeschlagenheit) eines Menschen."

Mögen hier noch die beherzigenswerthen Worte des R. Leon
da Modena, Bech. Hakkab. S. 53. eine Stelle finden: דַּם אָדָם
כְּשֶׁהִיא שׁוֹתֵת שֶׁכֵּן נֶאֱמַר עַל הָאָרֶץ תִּשְׁפְּכֶנּוּ כַּמַּיִם, כִּי שֶׁאֶפְשָׁר לְהַשְׁפָּךְ
כַּמַּיִם אָסוּר בַּאֲכִילָה, לֹא הַקָּשׁוּי וְרָבוּק בַּחוּטִין יֵרְדוּ יָבֵשׁ נִשְׁאָר
בְּבָשָׂר שֶׁיַּצְטָרֵךְ מְלִיחָה וְשֶׁהָיָה בִּמְלָה לְהָסִירוֹ לְהַרְבוֹת
עָלָיו בְּדִינִים שֶׁכֵּן כָּתוּב כִּי דַם הוּא הַנֶּפֶשׁ זֶה נִשְׁאָר בְּתוֹךְ
הַבָּשָׂר אֵינוֹ נֶפֶשׁ וְחַיּוּת (הבי"ח) שֶׁאִם יֵתָּךְ וְיֵצֵא מִמֶּנּוּ לֹא בִּשְׁבִיל זֶה
יָמֻת. Wir stimmen fast mit jedem der gesperrt gedruckten Worte
in dem vorstehenden Citate vollkommen überein.

Zum Schlusse noch ein Curiosum.

In der A. Z. des Judenthums, 1879, No. 16 S. 261 begegnete
ich folgender Mittheilung: „Die mittelalterlichen Aerzte waren für
den Aderlass sehr eingenommen und wandten ihn übermässig an.
Als sie aber auf 5 M. XII, 23 aufmerksam gemacht wurden, wo
es heisst, dass das Blut die Seele sei, fürchteten sie, dem Menschen

mit dem Blute zu viel Seele zu entziehen und liessen deshalb ihre
Patienten das abgelassene Blut, nachdem es etwas erkaltet, wieder
trinken." Können diese mittelalterlichen Aerzte namhaft gemacht
werden?

Der Nationalökonomische Gesichtspunkt
kann füglich von uns übergangen werden, da unmittelbar vorher
und zwar oben S. 215 u. f. in den citirten Besprechungen der beiden
namhaften medicinischen Sachverständigen kurz und bündig auf
ihn hingewiesen ist.

טרפה und נבלה.

Zerrissenes und Aas.

נבלה und טרפה sind, wie דם und חלב, ein treues Geschwister-
paar, in der heil. Schrift oft nebeneinander angeführt. Sind aber
דם und חלב nach vielen Exegeten den Israeliten deshalb zum Genusse verpönt, weil sie für den Menschen zu gut, dem Altare für
Gott angehören (לריח ניחח כל הלב ל"ד), so sind נבלה und טרפה
umgekehrt aus dem Grunde dem Israeliten zum Genusse entzogen,
weil sie seiner theokratischen Heiligkeit zuwider (תועבה), demnach
für ihn zu schlecht sind. Beiden (נבלה und טרפה) gemeinsam ist,
dass sie nicht durch Menschenhand getödtet sind; נבלה ist Cadaver,
„Gefallenes", טרפה von einem Thiere Getödtetes, „Zerrissenes".
Dieser fundamentalen Thatsache und Definition, näml. dass נבלה
und טרפה nicht von Menschenhand getödtete Thiere sind, würde
mit logischer Handgreiflichkeit die Schlussfolgerung entspringen:
wenn das Thier zwar noch nicht ganz gefallen, aber doch bereits
so hingesiecht, seine Krankheit oder sein Gebrechen schon so weit
vorgeschritten ist, dass es aufgehört hat, lebensfähig zu sein und
bald darauf gefallen wäre, so ist und bleibt es doch נבלה, ein
„Gräuel" und genusswidrig, selbst wenn seinem natürlichen Tode
durch Menschenhand vorgegriffen wird oder worden ist. Ebenso
logisch folgerichtig wäre es: Wenn dass Vieh von einem (reissenden)
Thiere so übel zugerichtet worden ist, dass es, obwohl noch nicht
verendet, doch nicht mehr lebensfähig und ohnehin bald verreckt

wäre, so ist es dennoch als טרפה zu betrachten und zu behandeln, selbst wenn durch Schlachten der natürlichen Verreckung des Thieres zuvorgekommen wird oder worden ist. Der Talmudismus hingegen hat diese beiden Kategorien, diese Grenzgebiete durcheinander gewürfelt, resp. verrückt und bezeichnet mit erstaunlicher Nonchalance und sprachlicher Willkür in der Sprache des Jargons, die man höchstens im Kreise von Analphabeten [1]) voraussetzen würde, als טרפה auch jedes Vieh, das mit einem nach rabbinischem Dafürhalten tödtlichen individuellen Siechthum oder Gebrechen behaftet war, (was doch nach der mens sana unbedingt zur Kategorie נבלה gehört) und nicht etwa ausschliesslich das von (wilden) Thieren zerrissene oder übelzugerichtete Diese talmudische Begriffs- und Sprachverwirrung ist, wie wir schon jetzt, gleichsam an der Schwelle unserer Beleuchtungen zu verzeichnen uns genöthigt sehen, der Quell und die Genesis des ebenso riesenhaften, wie unverfechtbaren rabbinischen Ritual-Codex über טרפה — von dem Verfahren, das Wort טרפה, der Bibel zum Trotz, seines wahren Sinnes und Wesens völlig entkleidet zu haben, ganz zu schweigen. Und hiermit ist über die Stellung unseres Gegenstandes (נבלה und טרפה) in der Reihenfolge der Dinge und der Resultate einer unparteiischen Forschung bereits andeutungsweise gegeben. Die Enthaltung von גיד הנשה, sahen wir, war gar kein Verbot, sondern nur eine Gepflogenheit, die jeder rationellen oder sittlich-religiösen Grundlagen und Absicht entbehrte, eine mythische oder historische Reminiscenz oder tiefsinnige Allegorie mit nationalisirender Färbung. בשר בחלב erkannten wir als ein vom Talmudismus von Haus aus missverstandenes Verbot, wie oben aus unserer Abhandlung darüber überzeugend zu ersehen. Bei חלב und דם schwankten wir, wenn auch nicht darüber, dass die talmudischen Anwendungen und Erweiterungen dieser Verbote Maass und Ziel weit überschreiten, so doch in Bezug auf den Punkt, ob die Verbote von חלב und דם seitens der Bibel im Zusammenhange mit dem Opferritus, bezw. zur Abwendung eines abgöttischen Cultus, oder primär als selbst-

---

1) Den Grund für diese sprach- und sinnwidrige tendentiöse Bezeichnung werden wir weiter unten nachweisen.

ständige Speise-Inserdicte zu betrachten sind. Und was den Gegenstand dieses V. und VI. Abschnittes anbetrifft, so bemerken wir bereits im Talmudismus die Wörter נבלה und טרפה zuerst ihres wahren biblischen Sinnes beraubt und dann nach eigenster Willkürlichkeit und in dialectischer und ritueller Maasslosigkeit mit neuen Bedeutungen und überschwänglichem Inhalte bekleidet.

Fassen wir nun unseren Gegenstand specieller in's Auge! Einleitend sei bemerkt: טרפה zu essen, ist schon 2. M. XXII, 30 ausdrücklich und allgemein verboten; von נבלה hingegen ist vor 5. M. XIV, 21 nicht die Rede. 3. M. V, 2 wird ein Opfer vorgeschrieben für den, welcher נבלת חיה טמאה oder נבלת בהמה טמאה berührt[1]). 3. M. VII, 24 ist allerdings von Gefallenen und Zerrissenen gesprochen, nicht aber von deren Fleische schlechthin, sondern ausschliesslich von deren zum Genuss untersagten Fette וחלב נבלה וחלב טרפה .... לא תאכלהו. Später 3. M. XVII, 15 und in gleichem Sinne auch 3. M. XI, 24—28 und 39—40, ist wiederum nur טמאה erwähnt, und 3. M XXII, 8 vollends einzig und allein vor der durch diesen Genuss für den „Ahroniden" entstehenden Verunreinigung gewarnt נבלה וטרפה לא יאכל לטמאה בה. Erst 5. M. XIV, 21, wie bereits bemerkt, heisst es ausdrücklich: לא תאכלו כל נבלה: somit erst an dieser Stelle ist bei נבלה von einem eigentlichen Speiseverbote die Rede[2]). Die eigentlichen und bestimmten Verbote des Genusses als solche finden sich demnach für טרפה und נבלה im Pentateuch nicht beisammen, sondern in verschiedenen Büchern gesondert aufgeführt; sonst aber sind auch נבלה und טרפה, wie חלב und דם, in der Schrift immer nur verbunden genannt, als wären sie, nach unserem bereits benutzten Bilde, ein treu zusammenhängendes Zwillingspaar; so 3. M. VII, 24 והמפש אשר תאכל נבלה וטרפה: das. XVII, 15 והלב נבלה והלב טרפה und das. XXII, 8 Ezech. IV, 14 נבלה וטרפה לא אכלתי; das. XLIV, 31 כל נבלה וטרפה לא יאכלו הכהנים.

---

[1]) Nach rabb. Erklärung: wenn er im Zustande der Unreinheit das Heiligthum betreten.

[2]) Auffallend ist, dass Josephus Ant. III, 11, 2 nur das Verbot von נבלה, nicht aber von טרפה erwähnt: καὶ κρέως τοῦ τεθνηκότος αὐτομάτως ξῴου τὴν βρῶσιν διεκώλυσεν.

Je mehr sich nun der Rabbinismus bei diesem Gebote vom
einfachen und nüchternen Wortsinn entfernt hat, desto mehr liegt
es uns ob, die eigentliche und einzig-wahre Bedeutung der beiden
Begriffe, sowohl vom Gesichtspunkte der Etymologie, wie des
biblischen Sprachgebrauchs, des höchsten Tribunals auf diesem Gebiete, zu ergründen und festzustellen. Und hiermit, wenn auch
nicht in den eingeschlagenen Wegen und den erzielten Ergebnissen,
befinden wir uns mit einem der hervorragendsten Sachwalter und
Führer der modernen jüdischen Orthodoxie und rabbinischer Bibelexegese, Herrn Rabb. S. R. Hirsch, weiland Rabbiner in Frankfurt,
in völliger Seelenharmonie. Derselbe sagte nämlich in seinem
Vorworte zu seinem Thora-Commentar: „Den bibl. Text aus sich
selber zu erklären, diese Erklärung aus dem Wortausdruck in allen
seinen Nüancen zu schöpfen, die Bedeutung der Worte aus dem in
dem überlieferten Schriftthum vorliegenden Sprachschatz zu ergründen,
an der Hand dieser linguistischen Forschungen die Wahrheiten zu
schöpfen, aus welchen sich die jüdische Welt- und Lebensanschauung
erbaut . . . . . dies war das angestrebte Ziel." Absicht und
Verwirklichung, Programm und thatsächliche Leistung decken sich
leider nicht immer, sind oft himmelweit von einander geschieden·
Auch ist die obige Phrase des Rabb. Hirsch „aus dem in dem
überlieferten Schriftthum" u. s. w. etwas dunkel und allgemein, daher irreführend und anderntheils engherzig. Das „über-
lieferte Schriftthum" kann ja auch die nachbiblische, die rabbinische
Literatur sein und bedeuten. Und da wissen wir ja, dass manche
Wörter und Redewendungen einen ganz anderen Sinn erhalten
haben und bewahrten, als der von der Bibel gemeinte und bekundete. So ist es ja, wie wir kaum hinzuzufügen brauchen, in
jeder Sprache und Literatur: die ursprüngliche Bedeutung so
mancher Ausdrücke und Phrasen verlieren und verloren im Laufe
der Jahrhunderte und Mundarten ihr wahres Gepräge und ihren
eigentlichen Inhalt, sodass sie später nur entfernt mit ihrem früheren
Selbst formell und sachlich verwandt sind. Das mag nun für profane
Gegenstände und Zwecke unerheblich sein· Wo und wann es sich
um Religion handelt und die Bestimmung und Absicht des Gesetzgebers in der Wagschaale liegen, ist ein Wort in seiner ursprüng-

lichen Bedeutung und nicht in der, welche es in nachheriger Entwickelung gewonnen, in's Auge zu fassen. Für eine richtige,
wahrheitsgetreue und segensvolle Exegese war, ist und bleibt darum
das allbekannte: אין המקרא יוצא מידי פשוטו „der Wortsinn
darf nicht ignorirt werden", der erste und der letzte Kanon, und
wir müssen darum und werden auch in den folgenden Ausführungen,
um dem Worte und dem Sinne der Schrift treu zu bleiben, die
mancherlei überlieferten Erklärungen und Sprachgebräuche der
Halacha und Hagada zurückweisen, wenn die Achtung vor dem
Texte und die ungefärbte Erkenntniss dessen, was der eigentliche
Gesetzgeber wirklich gemeint und gewollt, es erheischen. Der
historische Gesichtspunkt, mit dem hier zu beginnen uns am
opportunsten scheint, wird uns in den Stand setzen, sowohl jene
Maximen über eine wort- und sinngetreue Bibelexegese zu be-
thätigen, wie auch speciell die Grenzen zwischen dem biblischen,
dem mischnischen und dem gemaristischen Zeitalter u. s. w. zu
markiren.

Historischer Gesichtspunkt.
Bibel.

Der einfache und wahre Wortsinn der Schrift ist gerade bei
den Begriffen נבלה und טרפה über jeden Zweifel erhaben und
klar wie unbewölktes Sonnenlicht. An dieser Thatsache ändert
durchaus nichts, dass der Talmudismus selbst da, wo in den
mosaischen Urkunden das Wort טרפה nicht einmal erwähnt wird,
die ח"י טרפות 18 Kategorien von Trefot an den Haaren herbeizu-
ziehen und auf Seitenwegen einzuschwärzen sich nicht gescheut hat.
Oder sollte es wirklich einen mit nüchternen Sinnen begabten
Bibelleser geben, der sich nicht mit Unwillen von einer Exegese,
wie der folgenden abwendet: את זה לא תאכלו ממעלי הגרה יש
Oder der לך ממעלי הגרה שאי אתה אוכל ואלו הן הטרפות‏(1)?!
ähnlichen Chul. 42a: זאת החיה אשר תאכלו חיה אכול שאינה
חיה לא תאכל!‏? Pseudo-Jonathan freilich, der römischer als
Rom, talmudischer als der Talmud ist, geht gar noch einen Schritt

---

1) Sifra zu Schemini; vgl. dazu פירוש הרא"בד.

weiter und schwärzt gleichsam selbst diesen talmudischen Kanon in
die Schrift kühn hinein: וַיִּתְפָּרְשׁוּן מֵסָאֲבוּת הַמֵּי סָרֵי טְרֵיפָה (3. M.
XI, 1; und dasselbe fromme Werk übt unser Paraphrast zu 4. M.
XIX, 3: יְשֻׁחַט אֹתָה לְפָנָיו giebt er umschreibend wieder mit:
וְיִבְדְּקָה בְּתַמֵּי סָרֵי טְרֵיפוּת! Und alles dieses Angesichts nicht
weniger Bibelstellen, in denen das Wort טְרֵפָה so gebraucht ist,
dass auch nicht das geringste Dunkel und der leiseste Zweifel
über dessen Bedeutung aufkommen kann. So lesen wir 1. M.
XXXI, 39: טְרֵפָה לֹא הֵבֵאתִי אֵלֶיךָ ..ein von einem (wilden) Thiere
zerrissenes Schaf etc. — sagt Jacob zu Laban — habe ich Dir
nicht gebracht," Targum Jonathan: דְּתַבִירָא מִן חֵיוַת בְּרָא: Jerusal.
דִּקְטִילָה; Raschi: עַל יְדֵי אֲרִי וְזֵאב. Beim Anblicke von Josephs
blutigem Gewande ruft Jacob aus: חַיָה רָעָה אֲכָלָתְהוּ טָרֹף טֹרַף יוֹסֵף
„ein wildes Thier hat ihn verzehrt; zerrissen, ja zerrissen ist
Joseph!" 2. M. XXII, 12, אִם טָרֹף יִטָּרֵף יְבִאֵהוּ עֵד הַטְּרֵפָה לֹא יְשַׁלֵּם
wo das Wort הַטְּרֵפָה ersichtlich und ausschliesslich nur ein durch
Zerreissung Getödtetes bedeutet; Onkelos: אִם אִתְבָּרָא יִתָּבַר: Jonathan:
אִין אִיתְּבְרָא יִתָּבַר מִן חֵיוַת בְּרָא: Jerus: אִם יִתְקַטְלָא קְטֹל: Raschi:
ע"י חַיָה רָעָה. In der Uebersetzung und Erklärung dieser Citate
herrscht selbst unter den ältesten Autoren keinerlei Abweichung,
noch das allerkleinste Schwanken und Bedenken, und da sie dem
Alltags- oder legalen Leben entnommen sind, d. h. keinerlei rituelles
oder dogmatisches Ereigniss oder Gesetz auch nur im Entferntesten
· berühren, so sind sie unwidersprechlich für den Sinn des Wortes
טְרֵפָה grundlegend, maassgebend, entscheidend.

Ebenso wenig kann es einem Zweifel unterliegen, dass unser
Text 2. M. XXII, 30 וּבָשָׂר בַּשָּׂדֶה טְרֵפָה לֹא תֹאכֵלוּ zu übersetzen
ist: „Fleisch (oder eine Creatur), das auf dem Felde zerrissen
worden, sollt ihr nicht essen," und ist natürlich von einem Vieh
die Rede, das von einem Raubthier zerfleischt und getödtet worden
ist. Die Sept. übersetzen: κρέας θηριάλωτον. Die Mischnah lässt
sich auf eine Erklärung des Begriffes טְרֵפָה nicht ein: ihr הֵי
הַכְּלָל כָּל שֶׁאֵין כְּמוֹהָ חַיָה טְרֵפָה ist nicht eine solche, sondern eine
willkürliche Generalisirung, ein apodictisches Urtheil, welches als
Verdict für die talmudische טְרֵפָה-Erläuterungen und Erweiterungen
zu dienen bestimmt ist. Die Gemara Chul, 102 b sagt zu unserer

Stelle nüchtern und zutreffend: וּבָשָׂר בַּשָּׂדֶה טְרֵפָה זֶה בָּשָׂר מִן
הַטְּרֵפָה, die Gem. Makkoth 18a u. a. a. O. hingegen benutzt
eben dieselben Worte als Beleg für die diesen fernliegende Behauptung: כֵּיוָן שֶׁיָּצָא בָּשָׂר חוּץ מִמְּחִצָּתוֹ נֶאֱסַר; und Rashi basirt
auf sie die sicherlich nicht handgreiflichere Lehre: לָמְדוּ מִכָּאן
קׇדְשֵׁי קׇדָשִׁים חוּץ לִקְלָעִים וְעוּבָּר שֶׁהוֹצִיא אֶת יָדוֹ בִּשְׁעַת שְׁחִיטַת אִמּוֹ;
aus dem Wort בַּשָּׂדֶה ziehen wir die Lehre: „heiliges" (geweihtes)
Fleisch ausserhalb des Tempelzeltes und ein Embryo, das während
des Schlachtens den Vorderfuss hinausgestreckt, ist zu essen verboten"!!¹) Onkelos übersetzt nach den besten Ausgaben ª): וּבָשָׂר
תְּלִישׁ מִן חֵיוַת בְּרָא, worauf bezugnehmend Raschi zur Stelle erklärt:
בָּשָׂר שֶׁנִּתְלַשׁ ע"י טוֹרֵף יָפֵת זְאֵב אוֹ אֲרִי und derselbe Commentator bemerkt auch zu Gem. Chul. 42a דִּילְפִינַן אַ"ג טְרֵפָה בַּשָּׂדֶה וּבָשָׂר.
מֵחַיָּה בְּעַלְמָא ... מִ"מ טְרֵפָה מִשְּׁמַע דְּטְרֵפָה מַטֵּי. Und Maimonides?
Auch ihm ist der klare Wortsinn nicht zweifelhaft (Verbotene
Speisen 4, 7): הָא לָמַדְתָּ שֶׁהַטְּרֵפָה הָאֲמוּרָה בַּתּוֹרָה הִיא שֶׁטְּרֵפָה אוֹתוֹ
חַיַּת הַיַּעַר. Er fügt allerdings הַשְּׁחִיטָה hinzu: וְעוֹטָה לָמוּת וַעֲדַיִין
לֹא מֵתָה weil, wenn wirklich todt, sie zu נְבֵלָה gehört מֵתָה
הֲרֵי הִיא נְבֵלָה; wir aber machen an anderer Stelle auf diese unrichtige Auffassung und auf den Unterschied zwischen diesen beiden
Kategorien נְבֵלָה und טְרֵפָה aufmerksam. Die Ungenauigkeit und
Uebertreibung des Maim. zeigt sich aber auch darin, dass er, an
letzter Stelle sagt: לֹא נֶאֱמַר טְרֵפָה אֶלָּא שֶׁדֶּרֶךְ הַכָּתוּב בַּהֹוֶה כְּגוֹן
שֶׁטְּרֵפָה אוֹתוֹ חַיַּת הַיַּעַר, während seine Quelle, doch wohl die
Mechiltha, nicht טְרֵפָה an sich, sondern טְרֵפָה בַּשָּׂדֶה als דָּבָר
הַכָּתוּב בַּהֹוֶה bezeichnet, nämlich: אֵין לִי אֶלָּא בַּשָּׂדֶה, בַּבַּיִת מִנַּיִן
5. M 22, 27 דָּבָר הַכָּתוּב בַּהֹוֶה כְּיוֹצֵא בוֹ בַּשָּׂדֶה מְצָאָהּ, eine Auffassung, wie sie wohl nicht sachgemässer und einleuchtender gedacht werden kann. Im Uebrigen ist der ursprüngliche Sinn
des Wortlautes וּבָשָׂר בַּשָּׂדֶה טְרֵפָה לֹא תֹאכֵלוּ auch von Talmud,
Maim., wie von allen andern Schrifterklärern und Uebersetzern,
erkannt und anerkannt. Nur einer der jüngsten jüdischen Commentatoren, der bereits genannte selige Rabb. S. R. Hirsch, ist

---

¹) Giebt es für eine solche willkürliche, extravagante Schriftdeutung
noch eine geeignete Bezeichnung?!

a) S. Note a) am Schlusse des Artikels.

wirklich überraschend, doch überraschend in einer Weise, dass wir in Bezug darauf nur mit Ironie die Jesaian. Worte (LIII, 1) מִי הֶאֱמִין לִשְׁמֻעָתֵנוּ „wer hätte so was wohl gedacht"! citiren können. Obgleich streng rabbinisch, verlässt er doch Talmud und Maim. mit leichtestem Herzen, und trotz seiner vorwortlichen Willens-äusserung, sich überall streng an die eigentliche Wortbedeutung zu halten, verschmäht er dieselbe und leistet in der Interpretation und Etymologie unseres Textes und Wortes wörtlich folgendes: „Dass טְרֵפָה nicht ein zerrissenes Thier bedeutet, ist schon durch die Zusammenstellung וְחֵלֶב נְבֵלָה וְחֵלֶב טְרֵפָה 3. M. VII, 24 klar[1]), da das Zerrissene unter נְבֵלָה begriffen ist". Diese Beweisführung ist schon darum fundamental verfehlt und irreführend, weil ja vor 3 M. VII, 24 von einem Verbote des „Genusses" von נְבֵלָה noch gar nicht oder nur von „Berührung" einer נְבֵלָה in Verbindung mit der Berührung von sonst Unreinem 3. M. 5, 2 die Rede ist. Wie hätte also das Verbot des „Genusses" von טְרֵפָה schon unter dem von נְבֵלָה begriffen sein können? Doch hören wir seine philosophi-schen und logischen Erörterungen: „Die Bedeutung von טֶרֶף als Nahrung[2]) und der rabbinische Gebrauch der Wurzel טוּרָף für das Nehmen verpfändeter Güter . . . „beweist", es heisst nicht so-wohl „zerreissen", als „an sich reissen", zur Nahrung nehmen; טְרֵפָה ist daher „das schon als Nahrungsstoff von einem andern Reiche (der sich physisch und chemisch nährenden Natur) ergriffene Thier". Das „beweist" ist köstlich; nur schade, dass der ge-wöhnliche Menschenverstand nicht mit solchen Sprungfedern aus-gerüstet ist, um Herrn Hirsch in den gewaltigen Gedankensprüngen seiner logischen Schlüsse zu folgen. Fürwahr, wenn man noch in unserer Zeit so exegesirt und interpretirt, wie es Rabb. Hirsch in vorstehender Notiz gethan, so müssen wir freilich den Ausdruck unseres Erstaunens über manche talmudische Deutung und Satzung erheblich abschwächen und können ihm und Seinesgleichen nur die oft citirten Worte zurufen: עַד מָתַי אַתָּה מְצַוֶּה עָלֵינוּ אֶת הַכְּתוּבִים?

---

[1]) Es ist ganz unklar, was Rabb. H. durch diese Worte zu be-weisen glaubt.

[2]) Die Bedeutung von טֶרֶף als „Nahrung" gehört wahrscheinlich einem ganz anderen Wortstamm an, gleich τρέφειν.

Auch in Bezug auf die Etymologie und den Begriff des Wortes
נבלה, Aas, kann wohl keine Unklarheit obwalten; es stammt vom
Worte נבל, verwandt mit נפל, fallen; נבלה bedeutet somit „Gefallenes", gerade so wie das lat. cadaver von cadere, fallen. נבל
ist, wenn auch nicht ganz identisch, so doch dem נפל äusserst nahe
stehend, נבל wird gebraucht vom „Hinwelken" der Blätter und
Früchte, welches Phänomen dem Abfallen derselben vorangeht; auch
vom Zusammenbrechen und Hinsinken der menschlichen Kraft, wie
2. M. XVIII, 18 נבל תבל. Aber auch נפל wird vom Verenden,
dem tödtlichen Hinfallen belebter Wesen gebraucht: so 5. M. XXI, 1
נפל בשדה . . . . חלל; Richter V, 27 כרע נפל שכב: 2 Sam. 1,
28 איך נפלו גברים. So bedeutet Ps. LVIII. 9, Hiob. III, 16
נפל das dem Mutterschoos entfallene, todtgeborene Kind. Zu
Jerem. XIV, 21 אל תנבל כסא כבדך bemerkt Kimchi אל תפילהו
לארץ, und Richter XIV, 8 haben wir es so unzweideutig wie
möglich: מפלת האריה, Cadaver des Löwen. Zu meiner grossen
Befriedigung finde ich diese meine Hypothesen über die Verwandtschaft von נבל und נפל, sowie über die schlagende Beweiskraft
des letzten Citates — Hypothesen, die ich vor Jahren bereits niedergeschrieben, jetzt zu meiner Ueberraschung im Parchon bestätigt.
Derselbe sagt nämlich: תדע, נבלה משום שהיא נפילה נקרית ומה
הה"א ויסד לראת את מפלת האריה.

So wird denn also mit נבלה ein Cadaver, hingesiechtes, ver-
storbenes Thier bezeichnet: 3 M. XI, 29 lesen wir וכי ימות מן
הבהמה . . . הנגע בנבלתה, also wenn es gestorben oder doch das
Siechthum so weit vorgeschritten ist, dass das Thier doch bald
hingesunken, verreckt wäre, ist es נבלה, nicht im Entferntesten
aber, wenn es etwa nicht rituell geschlachtet ist. Und von dieser
eben citirten Stelle dürfen wir wohl sagen: וזה אב לכולן. Das ist
auch die Auffassung der rabbinischen Autoritäten, wo sie sich
nüchtern, unbefangen von rabbinischen Fictionen, äussern: Chinuch,
§ 451: דודאי נבלה סתם תקרא בהמה שמתה מאליה מחמת חולי
או באיזה ענין שתמות. So lässt sich aber auch wohl mit vollster
Berechtigung der Schluss ziehen: טרפה דומיא דנבלה, da נבלה unzweifelhaft ein todtes Thier und mit ihm טרפה gewöhnlich zusammengestellt ist, so bedeutet nach der Schrift das letztere ein

„Zerrissenes" und wirklich „Todtes" oder doch von einem wilden
Thier so übel Zugerichtetes, dass es bald verreckt wäre, aber
nicht etwa Schadhaftes, nach rabbinischer Interpretation und Legislation.

Mit נבלה ist dann auch der Begriff des Anwidernden, Ekelhaften verbunden; das Thier ist hingesiecht, und wenn auch noch
nicht verwest, so doch in der Verwesung begriffen oder derselben
nahe. Es kann daher in der Schrift, wie 1. Kön. XIII, 24, נבלה
für טרפה vorkommen, nicht aber, wie kaum gesagt zu werden
braucht, umgekehrt טרפה für נבלה, denn das erstere ist eine
speciellere, engere Kategorie, נבלה die weitere, allgemeinere Classe
von todten Wesen; das weitere und allgemeinere kann wohl unter
gewissen Umständen die speciellere, engere, aber nicht umgekehrt,
decken und in sich schliessen. Ich glaube auch nicht fehlzugehen,
wenn ich behaupte, dass jedes, wenn auch geschlachtete Thier,
wenn es später im Zustande der Verwesung sich befindet, von der
Schrift als נבלה betrachtet, denselben levitischen Vorschriften
unterliege und das מיד מטהרת שיטתי in Bezug auf dasselbe völlig gegenstandslos und hinfällig sein würde.

Da nun dem Begriff von נבלה die Vorstellung des Anwidernden, Ekelerregenden anhaftet, so scheute man sich, die Bezeichnung
נבלה für den menschlichen Leichnam zu gebrauchen. Selbst, wo
es sich um Verunreinigung an der menschlichen Leiche, — nach
der Schrift die intensivste Unreinheit und bei den Rabbinen אב
הטומאה — und um die dagegen vorgeschriebene Lustration handelt,
wird der menschliche Leichnam nicht נבלה genannt. Es heisst
immer הנגע בחלל oder הנגע במת לכל נפש אדם (4. M. XIX. 11
und 18), nicht aber נבלת אדם. Nur da, wo der Mensch durch
todeswürdiges Verbrechen sein göttliches Ebenbild verleugnet hat,
wird diese abschreckende Bezeichnung נבלה auch auf ihn angewendet. Von Verbrechern heisst es 5 M. XXI, 23 לא תלין נבלתו
על העץ; von Isebel 2. Kön. IX, 37 והיתה נבלת איזבל כדמן.
Von dem dem ausdrücklichen Verbote Gottes zuwiderhandelnden
Propheten ist 1. Kön. XIII, 24 und dem in Abgötterei versunkenen
Israel wird mehrmals die Bezeichnung נבלה angewendet. Es giebt
nur zwei Ausnahmen in der ganzen hl. Schr., wie Jes. XXVI, 19, —

worauf schon Elias Levita im תשבי aufmerksam macht — und Ps. LXXIX. 1 נתנו את נבלת עבדיך מאכל לעוף השמים, was aber, im Sinne der Feinde gesprochen, die die Leichname Israels wie thierische Aeser behandelten.

Es bedarf hierbei kaum der Bemerkung, dass wie רע und טוב und so viele andere Wörter, so auch נבל und נבלה alsbald auch von der rein-physischen und materiellen Bedeutung auf's sittliche übertragen wurden. Daher נבל der moralisch Verwelkte, Gesunkene, Niederträchtige; נְבָלָה sittliches Verdorrtsein, Gesunkenheit, Schandthat; Jerem. XVI, 18 wird es auch von Götzen gebraucht, die für abscheulich und verunreinigend gehalten werden! בְגבלת שקוציהם ותועבות, und Hosea II, 12 אגלה את נבלתה ist נבלות auf pars obscoena angewendet, wenn auch als ἅπαξ λεγ. und mit Anspielung auf den buhlerischen Götzendienst des Volkes.

Aus alledem geht nun unumstösslich hervor, dass in der Schrift נְבֵלָה nur ein natürlich, nicht durch Menschenhände verendetes Thier, und טרפה nichts anderes als ein durch ein Thier zerzissenes Vieh bedeutet, und nicht etwa solches, welches erkrankt oder irgendwie — ohne von einem Thiere — organisch geschädigt ist, denn dies gehört, wie schon eben festgestellt, zur Kategorie נבלה. Das Letztere wird sogar von Is. Aramah in Akedah, porta 46, offen eingestanden, und setzt er sich hierdurch mit dem Talmudismus geradezu in directen Widerspruch, während er für die Düfteleien und Phantasmen des Rabb. Hirsch, wenn er sie gekannt, nur vornehmes Lächeln gehabt hätte. Auffallender Weise denkt Aramah aber nur an ein Wild, das auf der Jagd von Hunden zerrissen wurde: בשר בשדה טרפה לא תאכלו כאשר הם אוכלים כי יצודו ציד חיה או עוף ע״י הכלבים — Auch die Karäer gehen in der Erklärung unseres Gegenstandes rationell zu Werke; so לבוש המלכות,מצוות מספר ג׳ בסדר י״א: כתיב ואת החיה אשר תאכלו וגו׳ מזה המובן כי הבהמה הטהורה שהיא ר״ל בריאה שהליכתה כראוי ואכילתה כאכילת שאר הבהמות הבריאות שאינן חולות מותרות להשחט ולהאבל שלא אסרו לאבל אלא המוכה והפצועה . . . שכל אלו אינן יכולין להקרא חיה . . . והתלמודיים הוסיפו מצות בדיקה . . . או תדא סירכא מכנף אל כנף . . . והמציאו י״ח טריפות מה שלא עלה על לב נותן התורה. Man sieht, diese karäische Erklärung ist äusserst vernünftig, sachgemäss und innerhalb der natürlichen und gebotenen Grenzen. Insofern sie aber ihr Axiom an das Wort חיה knüpft, als ob dasselbe in der Schrift exclusiv gesund bedeute und nicht vielmehr allgemein „lebend, lebendes Wesen", „Thier oder Wild", so ist sie allerdings ganz nach rabbinischem Zuschnitt, wie ja die jüngeren Karäer so oft Nachahmer rabbinischer Deuteleien sind, anstatt ihrem Princip gemäss sich an den stricten Wortlaut der Schrift zu halten. Ein älterer Karäer, nämlich Ahron b. Joseph, spricht sich daher gegen jenes Axiom und jene Schrifterklärung des jüngeren Karäerthums unumwunden aus; s. seinen מבחר zur Stelle:

ואת החיה אשר תאכלו ואין הכונה שהובּיר שם חיה היה שיורה על הוות הבהמה בראה כי כן נזכרה במצוה בראשית, er denkt nämlich an 1 M. 1 und sonst, wo חיה nichts anders, denn als „Thier" bedeutet. Und der Karäer Ahron ben Eliah der Jüngere, wie Delitzsch, L. Bl. des „Orients" 1840, S. 275 mittheilt, definirt, טרפה als הדרוסה מתיה וטוף und verwirft die rabbinische Ausdehnung auf 18 Terefah-Arten, hält es zwar für richtig, dass die Schrift nur das Gesunde (חי־ב־אי) zu schlachten erlaubt, behauptet hingegen, dass das Krankhafte vor der Schlachtung erkennbar sein muss — und nicht erst nach dem Tode durch בדיקה zu eruiren ist.

Wenn wir nun auch die von uns gegebene und beleuchtete Bedeutung des נבלה und טרפה in der Schrift für unwiderlegbar halten, so sind wir doch, wie wir schon mehrmals zu urgiren für nöthig hielten, sehr weit entfernt, am todten Buchstaben haften zu bleiben. Wir erkennen es vielmehr an, dass nicht nur ein bereits verendetes Thier, sondern auch ein solches, welches durch Krankheit oder Siechthum dem Verenden nahe ist, unter נבלה[1]) sub-

---

[1]) Hätte der Talmudismus den biblischen Begriff von נבלה nicht so total entstellt, wäre er einer nüchternen treuen Exegese gefolgt, so durfte er nur durch äussere Vergewaltigung oder allenfalls äusseren Mechanismus entstandene Schäden und Gebrechen mit der Bezeichnung טרפה, dagegen alle anderen, ohne solche extremen Angriffe entstandenen Krankheiten, wie sie sich namentlich durch סירכות דקות „dünne Fäden", בוית „manche Art Tuberkeln", מראית „manche Art Farben an der Lunge" bekunden, wenn sie anders tödtlich wären, mit der Benennung נבלה belegen.

sumirt werden muss, und das nicht nur ein durch Zerfleischung
getödtetes, sondern auch ein durch Zerfleischung lebensunfähig gemachtes Vieh unter טרפה zu bezeichnen ist. Darüber aber zu
befinden, die grössere oder geringere Lebensgefahr zu constatiren,
ob der Krankeitsheerd ein localbegrenzter, nur das eine oder
andere kranke Organ, theilweise oder ganz, das gesammte Fleisch
und System und den ganzen Organismus afficirender ist, darüber
zu befinden müsste — nicht der Theologie, dem Rabbinismus —
sondern der Veterinärkunde auf der Höhe ihres dermaligen Stand-
punktes überlassen bleiben; dieser, nicht der incompetente Schächter,
müsste das Forum der Visitation bilden und ihren auf Erfahrung
und Sachkenntniss beruhenden Entscheidungen hätten wir uns zu
fügen. Das gerade wäre so ganz im Sinne der Schrift 5 M. 17,
8 und 9. Auch die Gemara erkennt ja in vielen recht streng
religiösen und ceremoniellen Fragen die Superiorität und Autorität
der profanen Wissenschaft des Specialisten an. Ist ja dem Er-
messen des Arztes anheimgestellt, ob ein Schwächling das Fasten
am Versöhnungstage beachten oder unterlassen müsse; ob die Beschneidung an einem Kinde — wie es pentateuchische Vorschrift
ist — am achten Tage nach der Geburt vollzogen oder länger
hinausgeschoben und unter Umständen ganz unterlassen werden
solle. S. auch Niddah 22 b: מישה באשה שהיתה מפלת במין
קליפית ישאלו ושאלו (חכמים) לרופאים. וישוב מעשה ושאלו לרופאים.

Gehen wir nun von der Bibel zum Standpunkte der Mischnah
über, der sich in wenigen Zeilen constatiren lässt.

Die Mischnah.

Sie stellt Chul. III, 1 achtzehn Kategorien von Krankheiten,
bei Weitem grösstentheils Verletzungen auf, die sie für tödtlich
hält, und erklärt danach das von einer derselben befallene Vieh
für טרפה. Jene 18 werden i. d. Gem. in 8 zusammengezogen,
enthalten in der vox memorialis: נפ״ש חנ״ק ד״ן, näml. דרוסה
von einem Raubthier oder Raubvogel mit den Klauen gepackt:
נטולה, eines Gliedes beraubt; חסרה, (von der Geburt an) eines
Gliedes ermangelnd; נקובה, wenn manches Organ durchlöchert;
קרועה, in einem gewissen Körpertheil aufgerissen; נפולה, von

einer gewissen Höhe heruntergefallen: בְּסִיקָה auseinandergetrennt, z. B. in der Kehle; שְׁבִירָה mit zerbrochenen Gliedmassen behaftet. — Als oberster Grundsatz äussert aber die Mischnah noch ganz rationell: כל שאין במה חיה טרפה, was unter ähnlichen Umständen nicht leben kann, gilt als טרפה. Mit den aufgestellten Kategorien hat also die Mischnah tödtliche Pathologien im Auge. Es ergiebt sich hieraus mit schlagender Consequenz, dass die Mischnah selbst es aufgegeben hätte, irgend eine Kategorie für טרפה oder נבלה zu erklären, wenn deren tödtlicher Charakter von der competenten Wissenschaft bestritten worden wäre. Man wird daher einräumen müssen, dass unser Verlangen, die Veterinärkunde und nicht den Ritualcodex das entscheidende Wort sprechen zu lassen, ganz im Geiste der Mischnah ist: denn wer kann mehr als der auf der Höhe der derzeitigen Wissenschaft stehende, durch Specialstudien und concentrirte Praxis geschulte Thierarzt geeignet sein, Krankheits- und Todes-Ursachen und Symptome im Viehe zu erkennen und bestimmt zu umschreiben? Und dies tritt um so entschiedener hervor, wenn wir mit dem genannten leitenden Grundsatz der Mischnah כל שאין במה חיה טרפה, dass nämlich die Lebensunfähigkeit als Requisit für טרפה gilt, die bereits oben citirte Auseinandersetzung des Maimonides in Verbindung bringen:

תל טרפה לכלב תשליכין אתו עד שיעשה אותה בשר הראוי לכלב

הא למדת שהטרפה האמורה בתורה היא שטרפה אותו חית היער

ונטה למות היאיל ואי אפשר שתתחיה ממכה זו הבאה עליה. Wohl gemerkt: um als טרפה zu gelten, muss das Thier entweder dem Tode nahe sein, נטה למות oder nicht mehr von der Wunde gesunden können. Nun, wer sollte darüber, ob das Vieh dem Verenden nahe ist oder nicht, und über das אפשר und א׳ אפשר, ob es gesunden kann oder unfehlbar crepiren muss, zutreffender, gründlicher und verlässlicher entscheiden können, als der geschulte Fachmann, der erfahrene Specialist: der Veterinärarzt?

Gemara.

Während wir uns, wie wir zeigten, mit der Mischnah und den 8 oder 18 Kategorien, sofern dieselben durch äussere mechanische Gewalt verursachte Verletzungen in sich fassen, immerhin noch

einverstanden erklären können, ist es mit der Gemara anders be-
stellt. In dieser wird der Gesichtspunkt, dass das entscheidende
Merkmal des טרפה, wie es der biblische Begriff ist, tödtliche
externe Gewalt-Einwirkung sei, vollständig verlassen. Sie hat,
wovon ich aber gegenwärtig abstrahire, zu jenen י"ח טרפות ihr
und שב שמעתתא/ כס"גר hinzugefügt, d.i. a) קולית הירך שקפץ ממקומו
b) ; נחול שנקבה נקב מפולש במקום עבה שבו (c לקתה בכוליא
d) גלגלת שנתרוצצ (f נשקרה צל"ע מעקרה (e סימנים שנדלדלו ברובן
g) שב שמעתתא). — בשר החופה את רוב הכרס אם נקרע ברבו
a) חסרון b) בהמה שנחתבו רגליה האחרונים מן הארכובה ולמעלה
c) :גלודה d) חרותה בידי אדם (כס"גר). Wie gesagt, von
dieser Vermehrung der Kategorien sehen wir ab. Sie bezeichnet
aber auch unbedeutende Anomalien als טרפה, die nicht gewaltsam
von aussen, sondern durch Krankheit und sonstige Erschlaffung
entstanden sind und daher nicht unter טרפה sondern unter נבלה
„von selbst Verendetes oder Hinsiechendes", zu subsumiren sind.
Dahin gehört namentlich das weite Gebiet der sogenannten סירכות
Fädenanhängsel an der Lunge, die für die Lebensfähigkeit des
Thieres meist ganz irrelevant sind, welche und ähnliche Weiterungen,
nach Maimonides' Zählung, in dessen Nomenclatur ה' שחיטה, 10, 9,
zu nicht weniger als 70—72 sich entwickeln.

Maimonides, der, auf seine eigene veterinäre und medicinische
Wissenschaftlichkeit gestützt, einen der Schäden entschieden gegen
den Talmud als טרפה erklärt[1]), spricht an anderer Stelle wieder

---

[1]) Maim. ist, wie sonst oft, hier mit sich im Widerspruch. Hilch.
Schech. 10, 12 erinnert er: dass dem von den Altrabbinen oder israel.
Gerichtshöfen aufgestellten Speiseverboten keine andere hinzuzufügen seien,
selbst wenn die medicinische Wissenschaft überzeugt, dass in manchem
Falle das Thier nicht mehr lebensfähig sei, sondern hinsiechen würde,
und trotzdem erklärt er ibid. 23, 8 den Fall ניטל לחי העליון „wenn dem
Thier die obere Kinnlade fehlt" für טרפה gegen die Mischnah Chul. 3, 2,
die sogar ניטל לחי התחתון „wenn dem Thiere die untere Kinnlade fehlt,"
für בשר hält, geschweige denn ניטל לחי העליון zum Genuss gestattet, wie
schon die Gelehrten in Lunell mit Recht bemerkten. (S. Kes. Mischneh
z. St.) Ich sage mit Recht, — aber nicht aus medicinischen Gründen
— darüber, ob dieses oder jenes lebensgefährlicher, hätte die heutige
Veterinärkunde zu entscheiden. Aber wenn ניטל לחי העליון im Sinne des

mit einem Federstrich dem Talmud gegenüber der Wissenschaft der Aerzte auf dem fraglichen Gebiete alle und jede Competenz ab. Das ist so seine Art, Unbequemlichkeiten zu schaffen und Erschwerungen herbeizuführen.

In Hilch. Schech. 10, 13 sagt er: „Wenn auch einige der von den Alten als Trefah erklärten Fälle nach dem Standpunkte unserer Wissenschaft nicht tödtliche sind, das Thier wohl am Leben erhalten werden kann, so haben wir uns doch nur nach dem Verdict der alten Weisen zu richten." Aber die Chachamim haben eben manche Verletzung nur deshalb für טרפה erklärt, weil sie nach dem damaligen Standpunkte der Veterinärkunde glaubten, „dass das Thier nicht mehr lebensfähig sei." שאי אפשר שתחיה ממכה זו. Wenn aber Queseph Mischneh unseren Maim. mit Gem. Chul. 54a rechtfertigen will, welche bei ihrem כשר-Verdikt beharrte bei Krankheitsfällen, die sich durch die Erfahrung als tödtlich erwiesen und dem Einwurf „wir sehen doch, dass dergleichen tödtlich ist" והא קא חזינן דמתא mit der Behauptung begegnet: die Erfahrung lehrt, dass durch Anwendung eines ärztlichen Medicaments das Thier am Leben erhalten würde" גמיר דאי בדרי לה סמא חיה so sind wir wiederum gegentheils zu dem Schlusse berechtigt, dass die Gemaristen, wo sie das טרפה aussprechen, bei ihrem non possumus nicht beharren, sondern von den Fortschritten der Wissenschaft und den Ergebnissen der Erfahrung sich bestimmen lassen und unserm Maim. ihr וכי להוסיף על הטרפית יש „Sollen wir etwa zu den aufgezählten Trefah-Erklärungen noch andere hinzufügen?!" zurufen würden [1]).

Talmud טרפה wäre, durften Mischnah und Gemara nicht darüber schweigen und zu einem Irrthum, zu Uebertretung eines Speiseverbotes, Veranlassung geben, So Adereth im Thorath habaj.: מפני מה מפני לא שא"כ אמר עשינת טרפיתי במשנתנו ולא תובר בגמרא גם כן. Derselbe Schluss ist aus Siphra zu Schemini zu ziehen (In der ed. Weiss ist das. III, 8 S- 48b ein grober Druckfehler; es muss dort heissen: ולא לבית חלל הלב הלב יקב.

[1]) Der nichts weniger als philosophirende oder rationalisirende, hochorthodoxe, aber gründliche R. A. b. D. ist mit dem übereifrigen Erschwerer Maim. oft ganz und gar nicht einverstanden. So l. l. אמר אברהם: ברי"ב דברים לא יחרל בשיר ואם יקב סמן התחיו מה בבב. An einer anderen Stelle: אין בכאן לאתכלין ולא מלח המבין יב und noch anders

Noch weniger kann uns R. Sal. Adereth (Resp. 98) durch sein
Anathem über die Wissenschaft auf diesem Gebiete in unserem
Urtheil wankend machen. Adereth, wie alle zelotischen Rabbinen des
Mittelalters, das auf dem Gebiete der jüdischen Theologie leider
noch in unsere Zeit hineinragt, betrachten es in ihrer Einseitigkeit
und Kurzsichtigkeit als ihre höchste heiligste Aufgabe, sämmtliche
Aussprüche des Talmud auf allen Gebieten für unfehlbar zu erklären und den späteren Geschlechtern eine gleichberechtigte Intelligenz, genaueres Quellenstudium und wissenschaftlichen Fortschritt abzusprechen. So äussert sich R. Sal. b. Ad. 1. 1. וֹאם

יתחזק בטענתי ויאמר לא כי אהבתי ודרים והם אשר ראו עיניהם ואהריהם
אלך נאמר אליו: להוציא לטו זה זה דברי חכמים אי אפשר, ויבטל המעיד
ואלף כיוצא בו זאל תבטל נקודה אחת מזה שהסכימו חכמי ישראל
הקדושים הנביאום ובני הנביאים· „Tausend Aussprüche der profanen
Weisen und ihrer Erfahrungen sind für nichts; nicht ein Tüpfelchen,
nicht ein Pünktlein der heiligen Weisen in Israel darf schwinden, die
als Propheten und Söhne der Propheten zu betrachten sind." Dies —
„auch nicht ein Pünktlein" — beiläufig bemerkt, erinnert unwillkürlich an den Ausspruch Jesus': „Himmel und Erde werden vergehen,
aber nicht ein Titelchen vom Gesetze Moses", nur dass Adereth
dies auf die gigantische talmudische Auslegung und Gesetzgebung
ausdehnt — und der ganze Tenor der Adereth'schen Mahnung an
das geflügelte Wort eines bekannten modernen Staats- und Kirchen-
rechtslehrers und Führers des preussischen Obscurantismus, eines
jüdischen Apostaten: „Die Wissenschaft muss umkehren!" Und
dennoch glauben wir kaum, dass die Talmudisten selbst, oder
wenigstens die hervorragendsten und lichtvollsten unter ihnen, sich
für alle Zeiten und auf jedem Gebiete als unfehlbar gestempelt
sehen wollten. Aeussern sie ja den schönen Wahlspruch: „Wer
ist weise? Derjenige, der von Jedermann lernt," und אם יאמר
לך: יש אדם יש חכמה בגים תאמן: „Nimm die Wahrheit an, von wem
sie auch, selbst wenn sie von Heiden kommt!" Und dass sie dies
nicht blos theoretisch gemeint, sondern auch als Norm für die

wo: מששש, ריש, הר. Hätte doch die heutige Ultra- oder Neuorthodoxie
den Muth so vielen längst als durchaus unbegründet erkannten, ganz
ungerechtfertigten Erschwernissen frei und offen entgegen zu treten!!

religionsgeschichtliche Praxis befolgten und befolgt sehen wollten, ist durch die Thatsachen erhärtet, dass sie medicinische Experten häufig zu Rathe gezogen und nach deren Gutachten oft sogar ihre eigenen Bestimmungen abgeändert, resp. in erleichterndem Sinne umgestaltet. So, was wir bereits citirt, Midda 22 b: מעשה באשה שהיתה מפלת במין קליפת ישאלו לרופאים, ושוב מעשה ושאלו לרופאים ואמרי להם אם נמוחו טמאה. Und in Bechor. 28 b und Synhedr. 33 a finden wir, dass sie auf Grund eines ärztlichen Ausspruches sogar etwas früher von ihnen Verbotenes oder allgemein für verboten Gehaltenes hinterher erlaubten: מעשה בפרה שניטלה האם שלה... והתירוה שאמר תורום הרופא אין פרה יצאת מאלכבטמר' נקרר כמין טבעת מהו? 77 a: שאין חותכין האם שלה. Auch Chul. ופשטנא מהא דאמר ר' יהודה דבר זה שאלתי לחכמים ולרופאים. Wo also die Talmudisten selber ein solch leuchtendes Vorbild geben, der Superiorität externer Wissenschaft rückhaltlos Rechnung trugen, ist es da nicht entmuthigend und betrübend, wenn die Epigonen des Talmuds die fortgeschrittene Wissenschaft desavouiren, ja verhöhnen? Ist es zu rechtfertigen, wenn ein sonst hervorragender Rabbi, wie Is. b. Schescheth (resp. 447), wie ein unfehlbarer Pabst dekretirt:

שאין לנו לדון בדיני תורתי על פי חכמי הטבע והרופאים „Auch auf hygienischem Gebiete seien nicht Aerzte und Physiker, sondern die Talmudisten die massgebenden Competenzen?"

Unbedingte blinde Unterwerfung unter den Talmud wird verlangt, selbst wenn dessen Behauptungen als schnurstracks dem genauer geprüften Sachbestande und dem wissenschaftlich besser erkannten Wesen der Dinge zuwiderlaufend sich erweisen. אי תדון בדיני הטרפות ע"פ חכמי הרפואה שכבר הרבה תטיל מן הקצבים וכמה וכמה אהרים שאנו איסרים כמו כל הסרכות וכל המראית הפוסלים בריאה וכן בדיני הדריסה ואחרים שאין שפך שהם מלעיגים בני עליהם, יצק והב רותח לתוך פיהם ... אתחו על חכמי ז"ל נסמוך אפי' אפי' אמרו (¹

¹) Eine wohl dem Nachmani entlehnte Verwünschungsformel, beiläufig bemerkt, welche gleich der von dem sonst toleranten wissenschaftlich gebildeten hochbegabten Dichter Bedarschi Penini in seinem berühmten התנצלות כתב gegen Galen ausgesprochenen ישקון צמצמתי es zur Genüge darthut, dass leider auch manche jüdische Theologen das

לנו על ימין שהיא שמאל שהם קבלו האמת ופירושי המלות איש מפי
איש עד משה רבי' ע"ה. לא נאמין אל חכמי הזמן והישמאל'ם שלא
אפי' יאמרו לנו על כל ימין ‏‫‏‫‏‫‏‫‫‫ Dies דברו רק מסברתם וע"פ איזה ‏‫‫‫‫‫‫‫‫‫‫‫‫‫‫‫‫‫‫‫‫‫‫‫‫‫‫‫‫‫‫סון

שהוא שמאל ist natürlich ein Anklang an das Wort: „Selbst wenn
das Synhedrnm Rechts für Links und Links für Rechts erklärt,
hast du dich ihm zu fügen." Diese Forderung, die unter Umständen und in begrenzter Einschränkung an sich eine vollkommene
Berechtigung hat — denn ohne die Anerkennung eines staatlichen
höchsten Gerichtshofes würde das Civil- und sociale Leben jeder
Grundlage und jedes Bestandes entbehren! — ich sage, jene
Fluchen und Verdammen gründlich verstanden haben. Nur wenige
grosse Geister erhoben sich über die Vorurtheile ihres Zeitalters; wir
erleben dies noch in unsern, wie vor 900 oder 1000 Jahren, in jüdischen,
wie in christlichen Gelehrtenkreisen. Dünkelhaft, pfäffisch hochmüthig,
— um nicht ein noch strengeres Urtheil über sie zu fällen — lauten,
wie mehrere oben citirte, Adereths Worte: אפילו יצאו כמה ויאמרו בן ראינו
אני מכחישין אותן כדי שירא דברי חכמים קימין „und betheuern selbst Mehrere
als Augenzeugen einen dem Talmud widersprechenden Verlauf (einer
Krankheit), wir weisen sie zurück, damit nur die Autorität der
alten Weisen erhalten bleibe". Wie wohlthuend und belebend
diesen engherzigen, chauvinistischen Aussprüchen des zelotischen, einseitig nur talmudisch gelehrten Adereth gegenüber, der, wie viele
Andere, ohne eine Ahnung von ihnen zu haben, über die exakten Wissenschaften den Stab bricht, klingen die anmuthenden, die volle Bedeutung und Autorität der Wissenschaft anerkennenden Worte des
eben so gründlich rabbinisch gelehrten, wie allseitig, auch mathematisch
gebildeten R. J. Heller, der sich in seinen Additamenten zur Mischnah
gegen den Talmud auf Euklid beruft, den er den Mathematiker der
weisen Stadt Athen nennt. Dieser Zeitgenosse Galilaeis ruft diesbezüglich einer hochorthodoxen talmudischen Autorität des Mittelalters,
die sich auf die Mischnah beruft, zu: Gerathen wir mit unserer Behauptung auch in Widerspruch mit der Mischnah, so werden wir doch
um deswillen nicht desavouiren, was wir mit den Sinnen wahrnehmen
oder die exakten Wissenschaften als objective Wahrheit hinstellen, die
doch wahrlich unwiderlegbar sind (Mischnah Kilajim 3, 1). Auch
Maim. zu dieser Stelle weist zum besseren Verständniss der dort aufgestellten Sätze auf die geometrische Wissenschaft hin. Möge durch
Handschriften oder alte Drucke festgestellt werden, ob Maim. Worte daselbst lauten או שיתבאר לו במופת oder לא שיתבאר. In mehreren Misch-
naoth-, wie in den verschiedenen Talmuden-Ausgaben, die ich vor mir
habe, finden sich diese beiden sich widersprechenden Lesarten vor.

Forderung hat aber mit der nichts gemein, dass auch jedem talmudischen Ausspruche ein gleiches Mass blinden Gehorsams auf
allen Gebieten und für alle Zeiten zukomme. Und was rabbinische
Kurzsichtigkeit und verblendeter Chauvinismus an extravaganten
Behauptungen leisten können, beweisen u. A. Chagis Leket hake-
mach J. D. 15b: אפילו תימא שבציר נסיין היו מוכיחים היפך מדבר׳
החכמים לא תאבה להם ולא תשמע בקלם כי חכמ׳ ישראל האמתים
ידע׳ והשיגו בכל המושכל׳ מה שלא השיגו ולא ישיגו כל חכמ׳ העולם
und R. Eleas. Fleckeles Resp. Jor. D. N. 325: גם בחכמת
הרפיאות נסינו אחור בני ישראל מדורת הראשונים Während der
erstere also meint, dass die Talmudisten in der Wissenschaft, in
jeder Wissenschaft das Höchste erreicht haben und unübertreffbar
sind und bleiben werden, proclamirt der letztere, dass auch auf
dem Gebiete der Medicin unsere Zeit im Vergleich zur talmudischen
Rückschritte gemacht habe! Ob es demnach nicht auch Sünde
wäre, Sünde gegen unser eigenes Körper- und Seelenleben, uns in
Krankheitsfällen von modern geschulten Aerzten und mit gegenwärtig approbirten Medicamenten und chirurgischen Mitteln, anstatt
mit den Methoden und nach den Recepten des Mittelalters behandeln zu lassen?

Also viel mehr, als die Tannaiten und Amoräer stellen deren
spätere Epigonen unserem beschränkten Unterthanenverstand ein so
klägliches Armuthszeugniss aus.

Wir kommen nun auf unser früheres engeres Thema zurück.
Wir sehen, dass durch die talmudische Exegese das einfache und klare
biblische טרפה-Gebot und noch weit mehr נבלה, wie sich w. u.
ergeben wird, ungeheuerlich erweitert und erschwert wurde. Ver-
mittels der gleichen wort- und sinnwidrigen Interpretation wurden
aber auch, wie dies nur ganz natürlich ist, der Schrift zuwider-
laufende und sonst ungerechtfertigte Erleichterungen eingeführt, die
einer Besprechung bedürfen. Nach der mosaischen Satzung 3 M.
XXII 30 טרפה darf nur dem Hunde vorgeworfen, (nicht aber einem
Nichtisraeliten) verabreicht werden, zum Unterschiede von נבלה,
das nur dem Israeliten selbst zum Genusse verboten ist, dem
Fremdling und Nichtisraeliten dagegen geschenkt oder verkauft
werden mag: 5. M. XIV, 21. Wir sehen hier von dem Wider-

spruch[1]) ab, dass nach 3 M. XVII. 15 auch der רב nach dem Genusse von נבלה וטרפה sich reinigen muss, während nach 5 M. XIV, 21 einem רב unbedenklich נבלה zum Essen gegeben werden darf, und wir enthalten uns an dieser Stelle der Untersuchung[2]), ob sich die Schwierigkeit durch eine Unterscheidung zwischen רב צדק und גר תושב heben, sowie ob überhaupt diese talmudische Unterscheidung sich biblisch rechtfertigen lässt. Wir constatiren nur die Thatsachen und fügen zur näheren Erörterung hinzu: bei נבלה ist levitische Reinheit das ausschliessliche oder doch vorherrschende Motiv; bei טרפה hingegen, obgleich 3 M. XVII, 15 und XXII, 8 auch dieses Moment hervorgehoben wird, ist neben diesem zugleich die Gefahr für Leben und Gesundheit massgebend. Es ist zwar richtig, dass die Schrift den Schwerpunkt ausdrücklich in die theokratische Reinheit legte: „heilige Männer sollt ihr mir sein!" Doch sind damit Gesundheitsrücksichten keineswegs ausgeschlossen, wie wir w. u. zeigen werden. Diese Ansicht wird auch von ʼA. b. Esra im Namen des R. Mose Hakohen ausgesprochen: הטרפה קשה מנבלה כי יש בטרפה כדמות סם רע שיזיק תולדת האדם ע"כ לא התיר לתתה לגר או למכר לגכרי כמו הגבלה. Es ist wohl aus dieser Stelle nicht ersichtlich, ob A. b. Esra selbst dieser Ansicht beipflichtet; doch adoptirt er sie in seinem באור הקן zum 2 B. M., ed. Reggio: והבשר שנטרפה יש בו כדמות סם ע"כ התיר לתת נבלה לגר או למכרה לגכרי אבל לא הטרפה. Auch R. A. M. Porto in מנחה בלולה huldigte der gleichen Anschauung, ohne einen Gewährsmann zu nennen, und die Annahme einer Vergiftung seitens der Raubthiere findet sich im Ikkarim IV, 11 des R. J. Albo begründet: ובבעלי הטרף והטורפה שדורסים . . . הכון להם (הטבע) כצפרנים ארם יטילו אותה בעת הדריסה כדי לבשל המין ולדקדקו שבח האדם והומי יעמד לדם במקום האש לכשל הבשר. Desgleichen betonen die Karäer die Gefährlichkeit des Genusses von טרפה. Milchar zur Stelle ללבל שאינה ראויה לאביכת אדם כי תזיק sagt: תשליבון אותי und der

---

[1]) Dieser Widerspruch fiel auch dem Samaritaner auf, weshalb er 5 M. XIV, 21 in abweichendem Sinne übersetzt; s. Geiger im Hachaluz, Bd. VI, S. 21.

[2]) S. Note b, am Schlusse der Abhandl.

Supercommentar תורת כהן bemerkt: לכן החמיר בה הכתיב יותר מן
הנבילה ¹) ולא אמר לנו אשר בשעריך תתננה. Wir legen zwar auf
diese Angaben kein grosses Gewicht; aber ihre sachgemässe und
vernünftige Begründung erhellt doch für Jedermann, und hätte der
Talmud in ähnlicher Weise den wirklichen Sinn der Schrift und den
gesunden Menschenverstand sprechen lassen und den angeführten
Unterschied zwischen נבלה und טריפה auch nur irgendwie berücksichtigt, so hätte er sich viele Folioseiten der Discussion und uns
viele materielle Opfer und empfindliche Entbehrungen erspart.
Andererseits hätte er aber auch nicht Erleichterungen befürwortet
und eingeführt, für welche die Bibel nicht den geringsten Anhalt,
ja vielmehr nur Motive für das Gegentheil darbietet. Der Talmudismus weicht aber vom Schriftsinn ab und versteht unter טריפה
auch ganz unbedeutende innere Defecte; er konnte daher seine
fingirten טריפה-Species mosaisch nicht strenger behandelt betrachten,
als נבלה und gelangte in seiner motivirenden Commentirung con-
sequenter Weise dazu, dem Schriftworte אותו תשליכון לכלב eine
unser besseres Bewusstsein und sittliches Gefühl verletzende
Deutung zu geben: אף הוא היא ככלב . . . ללמד שהחלב נבבד ממנו,
eine Deutung, die wir Alle desavouiren, gegen welche wir im
Namen der heil. Schrift, im Namen der Humanität protestiren und
die wir am liebsten der Vergessenheit anheimgegeben hätten.

Ebenso wenig befreunden wir uns mit der Verstattung zum
Genuss der מסכנה, eines gefährlich erkrankten Thieres, dem der
Tod unmittelbar bevorsteht, wie sie in Mischnah Chul. 2, 6 und
auch in der Gemara 37a ausdrücklich normirt ist. Vgl. Kidduseh.
21b: מישב שיאכלי ישראל בשר תמותת שחיטות ואל יאכלו
תמותת נבלה בשר und ganz ebenso Semach. cap. 7. Eine
מסכנה wird also als im Sterben begriffen betrachtet. und doch hält
der Talmud den Genuss für gestattet. Die Gemara bemerkt dazu:
לא רבתה תורה אלא בשר יצתר. Ist denn aber die Lüsternheit
nach dem Fleische eines hinsiechenden, im Absterben begriffenen
Thieres wirklich so vorherrschend? Auch Maim. מ"א 4,11 normirt:

<hr />

1) Theologus „Speisegesetze" S. 20 meint, unsere Stelle setzt den
Wüstenzug voraus, wo kein Fremdling und Ausländer vorhanden.

בהמה שהיא חולה מחמת שתשש כחה יכולה למית היא־ל ולא
אירעה מכה באבר מאיבריה הממיתין אותה הרי זי מיתרת. Und
ferner ibid. 4,12: אני פ׳ שהיא (הטבכת) מיתרת גדולי החכמים לא
היו אוכלין מבהמה שנמטרין ושוחטין אותה כדי שלא תמית. Es wird
also hier ein todtkrankes Thier zu essen erlaubt und nur für die
besonders Auserwählten zum Genuss nicht für geeignet erklärt.
Er fügt aber nochmals ausdrücklich hinzu: ידבר זה אין בו איסור
„von einem Verbot sei durchaus nicht die Rede." Und so geht
diese auffallende Erleichterung herab[1]) bis auf den Codex des
R. Joseph Karo, 116,7: מסבנת המדקדקים מחמירים על עצמם שלא
לאבלה: also nur die מדקדקים, die ganz Scrupulosen, die Ueberfrommen essen nicht die מסבנת, das gefährlich, tödtlich erkrankte
Thier, während so Vieles, das die Veterinärkunde als eine ganz
unbedeutende, ganz unwesentliche Krankheitserscheinung erklärt,
von den Rabbinen als טרפה zum Genuss verboten wird[2]).

Woher nun diese auffallende Erscheinung, diese anomale Erleichterung bei der sonst so eifervollen Erschwerungssucht? Dass
dieselbe nicht erst von uns erkannt, sondern schon früher beanstandet, doch in majorem Talmudi gloriam in der üblichen apologetischen Weise zurechtgestutzt und planirt wurde, beweist Cusari
III, 49: ולמצית גבולים מדקדקים עליהם בחכמה יאם לא יראו
במעשים נאים הורי ירחק מים מבלי שיאסור אותם כמו בשר כים
כים אשד הוא מותר בעבור שאיני בטוח ממית הבהמה הדיא ולאומד
שיאמר כי תרפא והותרה והטריפה שנראית בריאה אסורה מפני שיש
לה חולי ממית מבלי ספק ולא יתבן שתהיה ממנה ולא שתרפא
"נאסרה ועם הסברות והדתהבמות ישובו הדיים האלו להיפך. Doch
brauchen wir Talmudkennern gegenüber nicht erst zu sagen, dass

---

[1]) So kennt auch weder die Mischnah, noch die Gemara ein Verbot venerisch afficirter Thiere (die Perlsucht). Erst R. Salom. Lurja
im 16. Jahrh., angeführt in Ture Sahab 116,6, hat des Ausschlusses derselben vom Genusse, aber nicht eigentlich als eines Verbotes, sondern
nur als einer Gepflogenheit Erwähnung gethan. נהי לאסר הבבשים
שנדרל בהן מן שחן של נע שרגילין למות בהן.

[2]) Philippson, Religionsl. III, S. 34, sagt: Die von der Tradition
angegebenen Kennzeichen von „gesund" und „krank" sind nach dem
Standpunkt der jetzigen Wissenschaft nicht mehr zutreffend, gehen
theils unnöthigerweise zu weit, theils nicht weit genug.

diese und ähnliche apologetische Ausgleichsversuche durchaus unbefriedigend und sogar mit der Gemara selber in Widerspruch sind und somit keiner ernsthaften Widerlegung bedürfen.

Das Folgende dürfte uns indessen über jene phänomenalen Erleichterungen seitens des Talmud aufklären: Unter dem Begriff טרפה konnte der Rabbinismus מסכנת nicht rubriciren, da hierzu ein wesentliches Moment fehlt; denn לא אמרה תורה אלא כמין טרפה חיית היד, was doch selbst nach Maim. nicht in Abrede gestellt werden kann, nämlich, dass der Begriff טרפה einen Angriff, eine Schädigung von aussen her, am eigentlichsten freilich durch ein reissendes Thier, allenfalls aber, nach Mischnah Chul. 3, 1, durch einen Stoss, Fall oder Aehnliches voraussetzt. Aber auch in die Kategorie von נבלה, wohin מסכנת als krankes, gefährlich krankes, dem Verenden nahes Thier offenbar gehört, konnte dasselbe vom Talmudismus nicht eingereiht werden, weil dieser, wie wir bald sehen werden, den Begriff נבלה zu etwas ganz Anderem gestempelt hat, als er in der Schrift wirklich bedeutet. So war denn für מסכנת weder bei טרפה, noch bei נבלה ein Unterkommen zu finden, und es musste daher rabbinisch (wenn auch von der Veterinärkunde und dem gesunden Menschenverstand verurtheilt) für erlaubt erklärt werden[1]).

Wir sagten, dass נבלה vom Rabbinismus einen Begriff erhalten hat, welcher mit dem der Schrift nicht die allergeringste Gemeinschaft hat. Und das war nur eine natürliche Folge seiner, der rabbinischen, טרפה-Definition. Denn da er den einfachen wahren Sinn von טרפה, wie derselbe in der Schrift gegeben, ignorirte und 18 Species von טרפה als angebliche הלמ"ס aufstellte, so konnte er mit נבלה nichts mehr anfangen; dies war für ihn ein überflüssiges Glied in dem ganzen Organismus dieser Gattung von Speisevorschriften. Denn wozu bedurfte es erst des Verbotes von נבלה Gefallenem oder doch dem Verenden Verfallenem, wenn schon die geringste pathologische Unregelmässigkeit es zu טרפה macht? So wurde denn für נבלה etwas ganz Neues, etwas höchst Willkürliches ersonnen, Mischnah Chul. 2,4: כל

---

[1]) Vgl. das Raisonnement über מסכנת Chul. 37a.

שנפסלה בשהיטה נבלה וכל שנשהטה כראוי רבד אחד
נרמה לה ליפסל מרפה; es darf nämlich nur im Geringsten von
den in der Schrift gar nicht erwähnten Schlachtregeln, die erst
von den Rabbinen fingirt wurden, abgewichen werden, so belegen
sie das Thier mit der abschreckenden Bezeichnung נבלה, Cadaver,
Aas; es ist für den Israeliten verwerflich.

Der Schlachtritus, den wir an sich und noch mehr gegenüber
der sich jetzt namentlich breitmachenden Empfindelei der Thierschützler für eine aus vielen Gründen höchst empfehlenswerthe
Institution halten [1]. — ist so wenig biblisch, dass der Gesetzgeber
auch in Bezug auf ihn ausgerufen haben würde: אשר לא צויתי ולא
דברתי ולא עלתה על לבי Die Schrift kennt nichts weiter als die
Bezeichnung „schlachten", שהט, und zwar nicht für den Genuss
profanen Fleisches, sondern nur für den Opferritus. Wie, wo und
womit das Schlachten zu geschehen habe, darüber äussert sie sich
nirgends auch nur im Geringsten. Doch haben die Rabbinen
mehrere Schlachtregeln aufgestellt und diese sehr weit ausgesponnen.
Welche Fülle von Observanzen gruppiren sich nicht bei ihnen um
die von ihnen aufgestellten Normen: שהיה דרסה הלדה, הגרמה
ועקור! [2] Kann aber auch nur im Geringsten ernstlich behauptet

---

1) So ist auch, beiläufig bemerkt, von den Koryphäen der medicinischen Facultäten aller Länder und speciell von den massgebendsten
Autoritäten auf dem Gebiete der Veterinärkunde die Humanität der
jüdischen Schlachtweise anerkannt, und ich als rabbinischer Experte
und in meiner kaltblütigen Unparteilichkeit muss dem aus vollem Herzen
zustimmen (wenn ich auch, wie oben zu ersehen. gegen das rabbinische
Bestreben, die Schlachtregeln aus der Schrift herauszudeuten, Einspruch
zu erheben habe). Wer die nachdrücklichen Anweisungen der Rabbinen
über צער בעלי היים kennt und weiss, wie sie, freilich dies auf Grund
der biblischen Satzung, die Gefühle des Thieres zu schonen und Alles
zu vermeiden, eingeschärft haben, was demselben unnöthigen Schmerz
verursachen kann, wird jene Ueberzeugung theilen und sich weder von
dem antisemitischen wüsten Geschrei, noch von der schlechtplacirten
Sentimentalität gewisser Thierschutzvereinler irre leiten lassen.

2) Die drei mittleren Kategorien interessiren uns nicht, machen
uns fast nichts zu schaffen; etwas, aber doch nur ein verschwindend
Winziges: שהיה „Unterbrechung des Schächtaktes." Die grösste Schwierigkeit bereitet uns עקור „Reissen", das Schlachtmesser darf nicht die ge-

werden, dass im Sinne der Schrift jedes Thier ein נבלה Cadaver.
Aas ist, bei dessen Schlachtung gegen eine dieser fünf Kategorien
gefehlt wurde? Gesteht ja der Rabbinismus selbst ein: נבלה,
סתם תקרא בזמה שמתה מאליה מחמת חלי אי באיזה שיני
שיהמות „Nebelah, Cadaver in der wirklichen wahren Bedeutung
bezeichnet ein Thier, das von selbst oder sonst wie hingesiecht.‟
Es kann somit höchstens nur im Lichte einer Schreckenstheorie
(damit nämlich die minutiösen Schlachtregeln peinliche Beobachtung
finden) angesehen werden, wenn sie als Cadaver, Gefallenes, als
genusswidrig und levitisch verunreinigend, מטמא במגע ובמשא,
jedes Vieh hinstellen, das nicht genau so geschlachtet ist, wie
es von ihnen bestimmt wurde; denn die jüdische, wie alle Hier-
archien der Welt huldigen dem Princip: Pereat mundus, vivat
auctoritas!

Der gerade ehrliche Onkelos übersetzt noch wortgetreu לא
האכל כל נבלה mit לא תיכלון כל נבלה „esset kein Aas‟; Pseudo-
jonathan dagegen schon, nach der rabbinischen Verrenkung:
כל דמיקלקלא בניכסת „wenn irgendwie gegen den Schlachtritus
gefehlt.‟ Diese pia fraus oder rabbinische Paraphrase findet sich
schon zu 3 M. XVII, 15: אשר תאכל נבלה דייכל ביכרא דמיטלטק
בקלקיל נבילא In ähnlicher Weise schiebt derselbe talmudische
Fahnenträger in das einfache Bibelwort 4 M. XIX, ישחט אתה לפניו
die Worte ein: (ויכסא אוחרן יכום קדמו יתה יכום בתרין כדם יכסא)
nur widerfährt ihm hierbei durch seinen Uebereifer, die Discussion
des Talmud in das einfache Bibelwort zu verpflanzen, das Malheur,
dass er gerade gegen den Talmud verstösst, der ja bekanntlich
normirte: שחיטתה בזר כשרה כו „es kann jener Schlachtakt bei der
rothen Kuh auch von einem Nichtpriester vollzogen werden‟. Und
nun gar seine Einschwärzung der rabbinischen achtzehn Trefoth-
Kategorien (¹ויבדקינה בתמני סר סימני טריפין. Welch schwerer Lapsus
wiederum durch seinen rabbinischen Uebereifer! Da die Kuh
im Ganzen, mit Haut und Haaren verbrannt wurde, wie kann

ringste Scharte zeigen, auf welche Fühlung und Technik die Schächter
viele Monate einexerziert werden müssen. (S. Note f S. 201)
¹) Bereits o. S. 225 citirt.

hier von בד"ק die Rede sein? (S. Chul. 11a שהפשיט בה אשה
שלישה.)

Ueber die Beschaffenheit des Schlachtinstruments enthält schon
die Mischnah Vorschriften, wonach wir schliessen, es liege ihnen
die Absicht zu Grunde, dass dem Thiere ein möglichst leichter
Tod bereitet, in der Tödtung jeder unnöthige Schmerz erspart
werde. Das finden wir ganz in der Ordnung und empfehlenswerth, obgleich es nicht in der heiligen Schrift erwähnt ist; denn
diese Usance zählt zu denjenigen, von denen man mit vollstem
Rechte sagen kann: דברים שאלי לא נכתבו ראיין הן לכתבן.
Sagt ja schon der Psalmist: „Gottes Barmherzigkeit erstreckt
sich über alle seine Geschöpfe" und Spr. Sal.: „der Fromme empfindet, wie seinem Vieh zu Muthe ist." Und sehen wir ja, wie
in unserer fortgeschrittenen Zeit Thierschutzvereine sich bilden,
die auch auf eine möglichst schmerzlose Tödtung der Thiere bedacht sind, — in erfreulichem Gegensatz zu den in früheren
Culturepochen und leider jetzt auch noch in manchen Ländern angestellten Stiergefechten. [1]) Trotz ihrer humanen und intelligenten
Grundvorschriften sagte die Mischnah ja aber auch: השוחט במגל
יד, בצור, בקנה, שחיטתו כשרה, „Schlachtung mit der Handsichel,
Stein und dem Rohre", obgleich diese Werkzeuge dem ad hoc bestimmten Schlachtmesser an schnell und gründlich wirkender
Leichtigkeit der Handhabung keineswegs gleichkommen, abgesehen davon, „dass sie kaum ganz schartenlos sein können," gilt
als rituell".

Jedoch zum Erdrücken erschwerend sind die später gehäuften
minutiösen Verordnungen, so beispielsweise, dass die שחיטה un-
giltig, das Thier נבלה ist, wenn das Schlachten auch nur eine
im eigentlichsten Sinne augenblickliche Unterbrechung
erlitten hat, שהייה במשהו, wie dies die Gemara aufstellt. Und
wie dieselbe, die das Schlachten für ein mosaisches Gebot hält,
den Ausspruch thun konnte: כן פקעיה הותר בשחיטת אמ ..der

---

lebende foetus braucht nicht geschlachtet zu werden" ist vollends
für uns unerfindlich. [1])

Da, wie aus Alledem ersichtlich, das Schlachten auch für
unseren eigentlichen Gegenstand טרפה und נבלה von so erheblicher

[1]) Zudem, wo bleibt hier die vom Talmud selbst so oft und nachdrücklichst eingeprägte Rücksicht für צער בעלי חיים Thierquälerei?! Auch
anderweitig hat der Rabbinismus, nur um seine Schlachtregeln consequent
aufrecht zu erhalten, deren Humanität zum Theil wieder paralysirt.
So schreibt er vor, dass man ein Thier, das durch das rituelle Schlachten
noch nicht todt ist, nicht durch das scharf und schartenlos geschliffene
Schlachtinstrument vollends tödten darf; es müsse entweder durch einen
starken Schlag oder festen Tritt getödtet werden oder dem allmäligen
Verenden überlassen bleiben und zwar lediglich aus hierarchischen
Motiven (s. Gem. Chul. 32 a, Raschi Stichwort תיקן): ראב דהשותם רוב
סימנים והשליך מידו והנוף שוהה למות למות אסיר לחזור ילהחתיך דמעשיו בתורה
שחיטה דמוטב שיבה על הצואר או ימתן עד שימות. Und in der That haben
meine Augen es einigemal geschen, dass ein Hahn, namentlich Put-
hahn, nach dem rituellen Schlachten noch lebt, herumläuft, frisst; der
Schächter schlägt das noch lebende Thier an die Wand, bis es wirklich
todt ist. (Und dies wird, beiläufig bemerkt, für rituell geschlachtet erklärt!) Wäre es aber nicht sowohl für das Thier, wie für den Anblick
der Menschen, deren Gefühl durch solche Operationen verletzt oder abgestumpft wird, bedeutend humaner, wenn statt des Zertretens oder
Schlagens oder des langsamen qualvollen Verendens das feingeschliffene
Schlachtmesser nochmals angewendet würde? Das fragliche Verdict
Raschis und des Sch. Ar. 23, 5 ist um so ungerechtfertigter und un-
richtiger, als ja nach der Gem. Jebam. 120 b und Gitt. 70 b der Mensch, wenn
selbst seine Speise- und Luftröhre ganz durchschnitten sind, deshalb doch
noch in allen Rücksichten als Lebender zu betrachten ist: שרטנ בו שנים ואמר
שרטנ ב' שנים הרי זה אינו und wiederum: שחטו גם לאשתי הרי אלו יכתבו ויתנו
נבלה. Ich glaube daher, dass R. Jehuda in der Mischnah Chul. 27 a nur deshalb dekretirte עד שישחט את הורידים, nicht, wie die Gem. annimmt, damit
das Blut besser ausfliesse, sondern weil er wusste, dass mit dem Durchschneiden (oder gar nur der grösseren Hälfte) der Luft- und Speise-
röhre der Tod des Thieres sich noch nicht einzustellen braucht, und
dass nur durch das Zerschneiden der ורידים der Halsschlagadern der
Tod zu constatiren ist. Trotz Raschi und Sch. auch sollte sonach
ein wenn auch geschlachtetes, aber noch lebendes Thier nicht als rituell
geschlachtet zu betrachten sein. Ich in meiner rabbinischen Praxis in-
struire die Schächter im fraglichen Falle, das Thier (den Vogel) nicht
mit dem Fuss zu zertreten, nicht an die Wand zu schlagen, es auch
nicht sich langsam zu Tode quälen zu lassen, sondern ihm mit dem

Bedeutung ist, so scheint es uns zweckmässig, an dieser Stelle auch die Institution der Schechitah, des rituellen Schächtens, eingehend zu erörtern.

Schechitah.

In der heil. Schrift ist von einer ausdrücklichen Vorschrift des Schlachtens überhaupt, wie von der Art, in welcher ein zum Verspeisen bestimmtes Thier getödtet werden müsse, nirgends die Rede. Nur das Verbot von einem lebenden Thiere Fleisch zu essen, können wir bei nüchterner Exegese wohl in 1 M. IX, 4 finden.[1]) Bei den Opfern hingegen, wo um eines höheren Zweckes willen — wie ja auch das Passah-Lamm zum Theil als Opfer zu betrachten ist — die Tödtung vollzogen wird, findet sich schon 2 M. XII, 6 die Bezeichnung ושחטו, was ohne Zweifel „schlachten" bedeutet; doch das wie? und womit? ist auch nicht am leisesten angedeutet. Gehen wir daher, um zu sehen, ob sich hierfür irgendwo und irgendwie ein deutlicher Fingerzeig entdecken lässt, alle Schriftstellen, die sich für diesen Zweck uns instruirend erweisen können, der Reihe nach durch.

Abel brachte dem Herrn ein Thieropfer, 1 M. IV, 4;[2]) wie er sein Opferthier tödtete, ist nicht weiter angegeben, eben so wenig, wie dies später von dem Opfer, das Noah nach der Fluth darbrachte, berichtet ist. Auf diese freiwilligen Opfer folgt 1 M. XXII der göttliche Befehl eines solchen, und zwar eines Menschenopfers. Dem Abraham wird geboten, seinen Sohn Isaak zu „opfern", ohne dass ihm die Art und Weise der vorangegangenen Tödtung[3]) näher

---

scharf und schartenlos geschliffenen Messer den Gradenstoss zu geben. um aber gegen den unfehlbaren Codex nicht zu verstossen, das so nicht mit einer Art Roheit, sondern sanft und milde getödtete Thier als rituell ungeniessbar zu erklären.

[1]) S. ob. S. 158 u. f.

[2]) „Von den Erstlingen seiner Schafe und ihren Fettstücken" ist, beiläufig bemerkt, wohl ein ἐν διὰ δυοῖν = von den Fettstücken seiner Erstlingsschafe.

[3]) Die Agadah zeigt damit, dass Gott, als er den Isaak verschonen hiess, sich nicht widersprach; er habe ja nicht gesagt: „Schlachte ihn," sondern: „Bringe ihn herauf zum Opfer." Kein sehr geistreiches Sophisma;

249

bezeichnet wurde. Abraham nahm ein Messer, — wie מַאֲכֶלֶת gewöhnlich übersetzt wird — nach der Etymologie wahrscheinlich
ein Instrument, das zum Essen gebraucht wird — um seinen Sohn
zu „schlachten‟ לִשְׁחֹט אֶת בְּנוֹ. Dann finden wir beim Passah-
Lamm 2 M. XII, 6, wie bereits citirt, die Bezeichung שְׁחַט, die
später oft mit זֶבַח abwechselt; beide Ausdrücke waren also promiscue
gebraucht; doch wie die שְׁחִיטָה oder זְבִיחָה vollzogen werden müsse
oder worden sei, ist nicht im Geringsten angedeutet. [1]) Und so
oft auch später noch so ausführlich über die Art der Zubereitung,
Ausweidung und Verräucherung der Opfer gesprochen wird, ist die
Art und Weise der Thiertödtung selbst in der Schrift vollständig
mit Stillschweigen [2]) übergangen.

Doch der Talmudismus ist anderer Ansicht. Nach ihm weist
die Schrift sowohl auf das Schlachten an sich, sowie auf dessen
Methode hin. Er behauptet: Gott hat dem Moses die erwähnten
fünf Schlachtregeln mündlich überliefert — הֲלָכָה לְמשֶׁה מִסִּינַי [3])

aber jedenfalls konnte doch nach dem Midrasch die Tödtung und Opferung
in anderer Weise, als durch Schächten vor sich gehen.

[1]) Wie wenig die Schrift mit dem Wort שׁחט unser (und vollends
rituelles!) „Schächten‟ ausdrücklich bezeichnen will, ersehen wir, dass
4 M. XIV, 12, 40, wo vom Sterben der Israeliten durch eine Seuche die
Rede ist, es ibid V. 16 heisst: וישׁחטם. Und hat Eliah, 1 Kön. XVIII, 40
die Baalspriester durchaus (und gar rituell!) geschlachtet und nicht
vielleicht irgend eine andere Todesart angewandt? (s. auch Jes. 22, 13
zu שׁחט צאן das Synonym בקר הרג.

[2]) Die Israeliten bedurften hierzu ebensowenig einer Anweisung,
wie alle die alten und ältesten Völker, bei denen das „iugulaɪe‟ (franz.
égorger) — bei den Römern stehender Ausdruck — „die Kehle durch-
schneiden‟ zur Anwendung kam. Bei den Opfern war dies schon darum
die geeignetste Art der Tödtung, weil das Blut gesprengt werden musste.
Auch die Griechen beugten den Hals der Thiere zurück und schnitten
in den Hals, Ilias I, 4, 447: II, 421. Es war also kein so schweres
Problem, bedurfte durchaus nicht des Fingerzeiges und der Unterweisung
Gottes, wie die Mechiltha glaubt אֵת אֲשֶׁר נִזְכָּרִים מַהוּ אשׁר שׁוֹר וּמִי יָדַע
אֵת אֲשֶׁר מְשׁוֹר אֶת הַבָּקָר.

[3]) Aus 3 M XVII, 13 kann aber gerade das Gegentheil geschlossen
werden: וְאִישׁ אֲשֶׁר יָצוּד צֵיד חַיָּה אוֹ עוֹף אֲשֶׁר יֵאָכֵל אֶת דָּמוֹ בֶּעָפָר. Hier ist
doch offenbar von einem auf der Jagd erlegten Wild die Rede, wobei an
Schlachten nicht gedacht werden kann. Auch sub 5. M. XII, 23 מַאֲכֶל

(Was es mit den dunkeln, sogenannten הל״מ auf sich hat, wird unten Art. תרדיבה. ausführlich gezeigt.) Sifre zu 5 M. XII, 21 וזבחת באשר צויתך¹) „Du sollst (besser: wirst) schlachten, wie ich Dir befohlen habe,“ — aus diesen Worten erhelle, dass etwas über das Schlachten angeordnet worden ist. Doch begnügt sich Sifre damit, dass in diesen Worten das Schlachten nur allgemein befohlen sei. Es wird daselbst aber noch eine jüngere Ansicht angeführt, welche sogar die speciellen Schlachtregeln dem Moses tradirt sein lässt und dies in dem angeführten Ausdruck angedeutet findet: דכ׳ אחר רבי אומר באשר צויתך מלמד שנצטוה משה על השיטט על הקנה ועל הריב ואחד בעוף וריב שנים בבהמה. Dasselbe findet sich in Gem. Chul. 28a.

Von den Commentaren, die sich an diese Begründung anklammern, führen wir nur zwei an: Raschi und Bachje b. Ascher. Dieser hochorthodoxe Rabbinist und Mystiker führt zunächst die erste Erklärung als die einfache, sinnentsprechende an: hernach erwähnt er auch die andere, bezeichnet sie aber als künstliche, nicht sinngemässe, Deutung. Seine Worte lauten: וזבחת באשר צויתך ע״ד הפשט באשר צויתך בקרבנות שהרי לא מצינו בכל התורה כי שחיטה כ״א בקרבנות שבתם שם ושחטו את הבקר ועד מדרש רז״ל באשר צויתך בעיני על פה מהל״מ היא שאמרו מלמד שנצטוה משה על השיטט ועל הקנה „wie ich Dir befohlen“: nach dem einfachen Sinn bedeuten diese Worte, wie ich Dir befohlen bezüglich der Opfer; denn ausser bei den Opfern finden wir ja in der ganzen Thora keine Vorschrift des Schlachtens. Nach rabbinischer Deutung (Deutelei) aber sei gemeint: wie ich Dir als הל״מ bezüglich der

¹) Aber da hätte es doch mindestens ישחט und nicht זבח heissen sollen; das Letztere bedeutet ja blos „ein Thier zum Mahl zubereiten, herrichten,“ wobei die Form der Tödtung des Thieres ganz gleichgiltig ist. Uebersetzt oder paraphrasirte doch Pseudo-Jonathan 4 M. XXII, 4: אכל את הצבי ואת האיל בן האילת האכלי, wonach man also Hausthiere ganz wie Hirsch und Reh geniessen darf, lässt sich das Gegentheil schliessen, dass nämlich bei Hausthieren die Tödtung durch Schlachten, ebensowenig wie diese beim Wild die übliche ist, vorgeschrieben sei.

Balak „stach ab“, aber nicht „schlachtete“. Uebersetzt oder paraphrasirte doch Pseudo-Jonathan 4 M. XXII, 4: ויזבח בלק בקר וצאן mit וזבח בלק Balak „stach ab“, aber nicht „schlachtete“. Man sieht also, welches Gewicht das weiter oben erwähnte: ממקם שנה oder שם שבת ה ירצה hat!

Speise- und Luftröhre befohlen. Raschi dagegen verschweigt zur Stelle
im Pentat., wie auch in der Gem. die erste einfache Auffassung und
erwähnt nur die zweite: לַמְדֵי שֵׁשׁ צִוָּה בּוֹבִיחָה הָאֵיךְ יְשַׁחֵט שְׁתֵּי
הַלָּבוֹת שְׁחִיטָה שֶׁנֶּאֶמְרוּ לְמֹשֶׁה בְּסִינַי. Zu Gem. Chul. 28a sagte er:
לַמָּה שֶׁנִתְפָּרְשָׁה לוֹ מִצְוַת שְׁחִיטָה בְּפֶה דְהָכֵן צִוָּה וְכוּ בִּכְתָב? [1]
Wie wenig befriedigt von dieser Beweisführung aber der
Talmud selber ist, ergiebt sich ja daraus, dass anderswo (Chul. 27a)
die Frage aufgeworfen wird: מְנַיִן לִשְׁחִיטָה שֶׁהִיא מִן הַצַּוָּאר? nach
einer anderen Lesart (Jalkut Rech): מְנַיִן לִשְׁחִיטָה מִן הַגָּרֹן? Wer
wird sich jedoch mit der Erklärung: שֶׁנֶּאֱמַר יְשַׁעְ מָקוֹם מִשָּׁם שֵׁיר חַטֵּה וְכוּ
auch nur im Entferntesten befreunden können? Und als ob die
Lorbeeren, welche diese geistreiche Exegese errungen, einen anderen
Rabbi nicht schlafen liessen, sehen wir alsbald einen edlen Wett-
eifer in der Nachahmung ähnlicher Beweisführungen entbrennen
וּבְהֵתָה מִמָּקוֹם שֵׁיר הַתַּה. [2] Wie vage, ich möchte fast sagen, wie
vexirend diese Art von Begründung ist, wie wenig ernst es der
Gem. damit sein kann, erhellt, wenn es noch eines Beweises bedürfte, dass dies lediglich zeitkürzende, literarische Spielereien sind,
auch aus dem Umstande, dass Chul. 30b dem יִשְׁחֵט wieder eine
ganz andere Deutung gegeben wird: אֵין יִשְׁחֵט אֶלָּא וְמַשּׁוּךְ וְכוּ
וְהַב שָׁחוֹט [3] יֹאמַר חֵן שֶׁהוּ לְשַׁיִם מַאי וְאָמַר וְכֵי תֵּימָא וְכֵי שְׁמִישָׁהוּ
בְּמָשׁוּט לְשָׁיִם [4] שָׁחוֹט חֵן תַּלִ הִיא. Dasselbe יִשְׁחֵט, das oben מִמָּקוֹם
שֵׁיר חַטֵּה הַטַּה gedeutet wurde, wird hier von demselben Rabbi wieder
in ganz anderer Weise gepresst. [5]). Man muss nur erstaunen, mit
welchem Schein von Ernst alle diese Interpretationen vorgetragen

---

[1] S. Note c) am Schlusse des. Art.

[2] S. auch, wenn es noch eines Urtheils über diese Art von Exegese
und Beweisführung bedürfen sollte, daselbst das, man möchte sagen,
possenhafte Frage- und Antwortspiel, — anders kann man diese Discussion
nicht bezeichnen. מִבֵּי אֵימָא, — מַאי וְאִימָא, — מֵחֵטֶם אֵימָא, „vielleicht
soll man von dem Schwanze, dem Ohre, von der Nase aus schlachten?"

[3] Ebenso Sifra zu וְכֵי: שָׁחוֹט שָׁם זֶה שֶׁו מִשְׁמַעֲבָה אֶלָּא שְׁחִיטָה לְשָׁיִם אֵין
4) Nach dem Kethib fiele auch diese Spielerei von Beweis-
führung weg.

[5] Dies haben schon die Tossaphisten zu St. nicht unbemerkt gelassen. Doch ist die letztere Deutung von בְּמָשׁוּט gegen die früher angeführte noch die am wenigsten irrationelle.

werden, und ich würde es stets bezweifeln, dass die Talmudisten
zu ihren eigenen Erklärungen Vertrauen hatten, wenn sie hier nicht
mit Repliken und Dupliken, mit הוא אימר ויבן, und ת"ל מאי יאימר
und תימא יבי die Sache so eingehend behandelt hätten.

Sehen wir uns aber die ventillirte Stelle unbefangen an, so
werden wir sie ganz anders, als der Talmud auffassen müssen.
Das וזבחת באשר צויתך bedeutet: הילין brauchst Du nicht wie
קדשים in Jerusalem zu schlachten, הילין können überall geschlachtet
werden, wie dies in dem kurz vorher ausgeführten Gesetz über
קדשים schon enthalten ist. Das באשר צויתך weist auf V. 15
zurück: רק בכל אות נפשך תזבח ואכלת בשר. Der Zusammenhang
mit dem Vorigen rechtfertigt diese Erklärung vollauf. Ungefähr
ebenso interpretirte A. b. Eliah in Keter Thora.[1])

Vielleicht bezieht sich auch das באשר צויתך insofern zum
Früheren, als damit betont werden soll, dass auch bei הילין das
Blut nicht genossen werden darf, obgleich es nicht wie bei קדשים
an den Altar gesprengt wird. So auch Luzzato in המשתדל z. St.
 לדעתי מושב לאסור הדם האמור למעלה פביק"ו, näml.: באשר צויתך.

Es ist auch gar nicht so unwahrscheinlich, dass צויתך hier nicht
„befehlen", sondern „verheissen" bedeutet, wie צוה in diesem
Sinne ja nicht selten verkommt. So Ps. XLIII, 9 יצוה ד' ביום
חסדו (entbietet, verheisst); ibid. LXVIII, 29 צוה אלהים עוך; CV. 8
אשר צוה מימי (²דבר צוה לאלף דר; Klagl. II. 17 צוה לעולם בריתי
קדם. Unbedingt bedeutet צוה „verheissen" im Ps. LXXI, 3 לבא
תמיד צית להושיעני; ebenso ibid. CXXXIII, 3 כי שם צוה ד' את
הברבה, und 2 Sam. XVII 14 וד' צוה להפר את עצת אחיתפל.

Unser באשר צויתך würde sich alsdann zu dem אשר יצאנך מבקרך
נתן לך ד' אלהיך beziehen: wie ich Dir verheissen, nämlich Dich
mit Heerden zu segnen, und die Stellung des באשר צויתך neben

---

¹) או יהיה מושב רצוי לראבל בשנים ולא בבית הבחירה: אך באשר יאבל
את הצבי האיל ובשונריך ראבלנו אין להזהר מן הטמאה.

²) Diesem יבי לעולם ברית entspricht ברית לעולם ציה (im Ps. CXI, 9),
welchen Worten פדות שלח לעמו unmittelbar vorangeht. Der Parallelismus der beiden Hemistiche lässt doch keinen Zweifel darüber, dass ציה
hier nur „verheissen" bedeuten kann.

אשר נתן לך würde diese Auffassung empfehlen.[1]) Jede einzelne
der hier gegebenen Erklärungen des כאשר צויתך, mehr oder minder
entsprechend, hat grössere Wahrscheinlichkeit und eine solidere
Begründung, als die talmudische von den nirgendwo befohlenen fünf
Schlachtregeln (s. Ende des Art. Note m).

Ehe wir von unserem Gegenstande scheiden, wollen wir noch
zeigen, wie wenig es mit den sogen. הלכ׳ למשה מסיני, worauf ja
die ganze Institution des Schlachtens zurückgeführt wird, auf sich
hat, und darf die Beleuchtung dieses einen Punktes als אב לבול ן
dienen. Bekanntlich konnte nach dem Kanon des Maimonides,
Vorr. zu Seraim. bei הל׳׳מ weder Streit, noch Vergessenheit stattfinden:[2]) מה אלו ההלכות היחידות שנאמר בהם הל׳׳מ? וזה טיקך

---

[1]) Die beste, die wahrheitsgemässeste unter allen Erklärungen des
ובהה אשר צויתך ist vielleicht die einer auf rabbinischem Gebiete unanfechtbaren Autorität, näml. die des Verfassers des דרישה ופרישה zu
Joreh Deah C. I: פשוטו של קרא יבחה בפרשת ראה משמע לסי׳ שמעיא
כשרוצה לאכיל בשר תאוה שלא אפל רק מן הבהמית הטהורה ולא מן הטמאה
ולבן פרט בקר וצאן שין כלל כל הבהמות הטהורות יש׳ נאמר באשר צויתך Es ist
gewiss höchst beachtenswerth, wenn der Verf. des הדרישה ופרישה und ומ׳׳ע
unumwunden erklärt, dass der einfache, also wahre Sinn und Inhalt dieser
Schriftworte ein ganz anderer ist als der, welchen der Talmud dafür ausgiebt und zur Grundlage seines שחיטה = Lehrgebäudes macht. Wie viele
graduirte Rabbiner unserer Zeit führen doch noch immer jene Worte
der Gemara wie eine Offenbarung an! Freilich ist auch von jenem Rabbi
nichts anderes zu erwarten, als womit er schliesst: אמנם אף שאין המקרא
יוצא מידי פשוטו פ׳ רז׳׳ל נ׳׳ב מהתורא מלת צייתך. Auffallend sind nur die
letzteren drei Worte, da doch der Talmud nicht מהתורא מלת צויתך,
sondern mit dem ובהה בבה דהיים ציוו seinen Beweis führt. Ich habe R. Falk
Cohen's Aeusserungen nur hinzuzufügen, dass, wenn der Talmud bei seinem
häufigen Citiren des ובהה und באשר צויתך die dazwischen liegenden
Worte מבקר ומצאנך אשר נתן לך nicht jedesmal weggelassen hätte, der
talmudische דרוש noch weniger Anklang oder gar Zustimmung finden
müsste. Jedenfalls würde man dann aber, selbst wenn man demselben
zustimmte, doch zu schliessen berechtigt sein: אין שחיטה לסיף מן התורה,
da in dem bibl. Verse nur בקר und צאן, nicht aber ציו erwähnt ist.

[2]) Vgl. R. Jair Bacharach, R. G. A. N. 192 ב׳׳ח אני תמה מאיד על כל
שהתב והרמב׳׳ס) בדבבל תלמ׳׳מ לא שייך מהלוקה ושבחה —, והלא אלי שנים ובי׳
— S. auch w. u. in unserer Abhandlung über דרבנן, was es mit den
sogen. ה׳׳מ auf sich hat.

יש לך לעמיד על סידו') והוא שהפרישים המקובלים מפי משה אין
בהם בשום פנים. Nun behauptet aber ר"א הקפ"ר Chul. 28a:
כוף אין לי לשחיטה מדברי תורה אלא מדברי סופרים während
R. Jehuda dies bestreitet. Woher aber der Streit, wenn wir über
שחיטה, sogar speciell über בבהמה שנים und רוב אחד בשוף, eine
הלי"מ haben? Ich kann auf diesen meinen Einwurf hin wahrlich
ausrufen לית נגר ובר נגר דיפרקוניה

Wir wollen noch eins über diesen Gegenstand herbeibringen.
Bekanntlich steht unsere Stelle וזבחת .... כאשר צויתך in
folgendem Zusammenhange in 5. M. XII, 21: „Wenn der Ort,
welchen der Ewige, Dein Gott, erwählen wird, von Dir entfernt
sein wird, so sollst (kannst, wirst) Du schlachten . . . wie ich
Dir befohlen habe." Nach R. Akiba (Chul. 16—17) wird hier das
Schlachten als mit dem Einzug in Palästina in Geltung tretend
geboten, während bis dahin durch die ganze Wüstenwanderung
die נחירה, das „Abstechen" des Thieres gestattet war.[2]) לא
בא הכתוב אלא לאסור להן בשר נחירה, שבתחילה הותר נחירה משנכנסו
לארץ נאסר להן בשר נחירה.[3]) Aus den Worten „wie ich Dir

---

[1]) Es ist dies durchaus kein Geheimniss (oder sollte סיתר zu lesen
sein?). Der einfache Sachverhalt ist: wenn die Rabbinen einen ein-
gebürgerten Brauch vorfanden, für den die Schrift keinen Anhalt darbot,
so prägten sie ihn als הלמ"ם (s. u. d. Art. תירובה). So auch Chwolsohn,
Szabier: „Die Talmudisten, die für jeden jüdischen Brauch einen Anknüpfungspunkt in der Schrift suchen, bemühen sich auch dafür —
für's Schächten — einen solchen zu finden, was ihnen aber nicht recht
(wir sagen: ganz und gar nicht) gelingen will. Der Gebrauch auf die
hier vorgeschriebene — wenn auch nicht so minutiöse — Weise zu
schlachten, scheint bei den Juden uralt gewesen zu sein, so dass seine
Bekanntschaft vorausgesetzt und sein Ursprung vergeblich gesucht wird."
Dieser Meinung war bekanntlich der Thana R. Akiba Chul. 17 nicht.
[2]) Nach Maim., שחיטה ה' IV, 17 u. 18, war während des Wüstenzuges (bei חילק) die נחירה das „Abstechen" durchaus nicht verboten,
ganz nach R. Akiba. Wie naiv klingt doch die Anticipation des Rabbinismus diesen so feierlichen Aussprüchen gegenüber, wenn an anderen
Stellen, z. B. Chul. 91a, behauptet wird, dass schon Joseph und seine
Brüder in Egypten den vorgeschriebenen Schlachtritus beobachtet hätten.
[3]) Interessant ist noch der naive Zusatz das.: ובכשו שללו יביל יחיר
להתירן הראשן לכך שנ'י לעיים לעולם שירטו, „da sie aber aus Canaan ausgewandert,
könnte man glauben, das „Abstechen" sei ihnen wieder gestattet",

befohlen" wird also gefolgert, das Schlachten — vom Eintritt in Palästina an — sei הזהיר מ״ד, weil sich dieser Befehl sonst nirgends finde. Wie könnte nun R. Ischmael gegen diese הלכ״ם daselbst behaupten, das Schlachten sei von jeher, auch während des Wüstenzuges schon, geboten und die מחויה, das „Abstechen" damals bereits untersagt gewesen? ר׳ ישמעאל סבר בשר נחירה לא אישתרי כלל. Wie luftig aber das ganze Gebäude der Schlachtinstitution [1]) ist, ergiebt ein Blick in die weitläufige Debatte über die Akiba'sche und Ischmael'sche Hypothese am angeführten Orte.

Nach dieser Digression kommen wir zur mischnischen Interpretation von

$$\text{נבלה} \quad \text{und} \quad \text{טרפה}$$

wieder zurück.

Also bereits die Mischnah fasst, wie wir sahen, נבלה nicht als ein gefallenes Thier auf, sondern als ein solches, bei dessen Tödtung gegen die rabbinischen Schlachtregeln verstossen ward. Um kurz zu recapituliren: ihr Kanon נבלה שנשחטה שבפסלה כל ist eine Erfindung, von der die Schrift sagen würde אשר לא צויתי ולא דברתי ולא עלתה על לבי. Etwas rationeller ist die Mischnah bei dem Begriff טרפה geblieben; denn הזק ד ין נג״ש liegt einigermassen noch die טרפה-Idee dunkel zu Grunde, sofern dabei, wenn

---

darum dekretirt die Mischnah לביטול שימוש. Der Talmud hielt, beiläufig bemerkt, solche Fragen für diskutirbar: unsere heutigen Zeloten rufen uns aber ihr Anathema sit! zu, wenn wir die Bindekraft oder den Werth der geringfügigsten Observanz, ja einer blossen Geflogenheit auch nur anzuzweifeln! — Wie sollte man aber auf den Gedanken kommen, dass mit dem Exile die Schächinstitution wieder aufhören könne? Sei deren Motiv Schonung des Thieres oder dessen leichterer und vollerer Blutabfluss, so ist doch nicht abzusehen, in wie fern שימוש an den Aufenthalt in Palästina geknüpft sein kann? Weit eher erschienen uns Institutionen wie מב״ם, א־ב׳מים und vielleicht noch einige andere als מצ״ר התלו״ין בארץ. Wird aber betreffs der שימוש das Bedenken רבי י־ירי wirklich erhoben, wie kann es durch das blosse kategorische לב ד שוי׳ ליטול ביטול beseitigt werden?

[1]) Wie verzwickt und ungesichtet erscheint doch überhaupt das ganze Fleischgenuss-System in 5 M. XII, 11—27! Zunz, gesamm. Schrift. I S. 240, sagt: Dieses Capitel enthält von dem Gesetze über Fleischgenuss eine dreifache Recension.

auch nicht ein Zerreissen, so doch ein äusserlicher Angriff auf den Organismus des Thieres vorausgesetzt wird. Auf diesem Momente mag in der Mischnah auch der Unterschied zwischen חרותה בידי אדם und חרותה בידי שמים „ob die Lunge durch mechanischen Eingriff oder durch Einwirkung der Natur vertrocknet ist", beruhen, indessen nicht weil in letzterem Falle das Thier wieder gesundet, sondern weil hier kein gewaltsamer äusserer Eingriff stattgefunden.[1]) S. u. nach S. 293 Note 1 bei Dr. Bergel). Die Gemara dagegen hat den Begriff טרפה ganz und gar ignorirt. So hat sie z. B. sogar körperliche Anomalien, die dem Thiere angeboren מתחילת ברייתו, in den Begriff von טַרפה gezogen und ebenso den Kanon aufgestellt כל יתר כנטול דמי „ein überflüssiges Organ an einem Thiere ist zu betrachten, als ob dasselbe zerstört worden", und Chul. 58 b., Bechor. 40 a הסיר ויתיר ברגל טרפה נמי הוי was wohl als מַּים beim Opferritus[2]) שאין ראוי לגבוה, vernünftigerweise aber nicht auf אבילת הולין Anwendung finden sollte. — Lässt sich das ניקבה הריאה der Mischnah allenfalls als טַרפה, als äusserer Angriff hinnehmen, wenn nämlich die Lunge durch מחט Nagel, Nadel oder קוץ Dorn durchlöchert ist, wie lässt es sich rechtfertigen, dass die Gem. eine סירכא „ein Fadenanhängsel an der Lunge", zumal wenn solche nur durch Krankheit entstanden משום סופי

---

[1]) Auch der spätere Rabbinismus will dem Schriftsinn, ich weiss nicht, ob mit vollem Bewusstsein oder nur in dunkler Ahnung, noch insofern gerecht werden, dass er nur bei דרוסה סבַּ, weil דרוסה wirklich ein Angriff durch ein Raubthier ist, erschwerend, sonst aber immer erleichternd entscheidet. So Maim.: א"י ישבילן הל"מ הן האיל ואין לך בפירוש בתריה אלא הדרוסה החמיר: בה ובל סבַּ שיסתפק בדרוסה אסיר ושאר טרפות אם יש בהן ספקות מיתרין.

[2]) Wir sollten hier meinen: חולין מקדשים לא ילפינן, und dass man bei חולין weniger skrupulös zu sein brauche. Statt dessen verhält es sich aber umgekehrt. Erwägt man, dass beim Opferritus, dem das 3. M. so specielle, so detaillirte Behandlung widmet, alle Fehler bezeichnet wurden, die das Thier altarunfähig machen, während Pathologien, wie sie der Talmud als טַרפה für חולין bezeichnet, ganz unerwähnt bleiben, so sollten wir doch beherzigen: דין לבא מן הדין להיות בדין, und wir rufen dem Rabbinismus jenes Wort der Mischnah zu! (nach 4, 3 כלים) כליבם ראיה ללמד שבל המחמיר עליו ראיה ללמד.

לינקב „weil die Lunge. wenn auch nur später minimal, durchlöchert werden könnte", als טרפה verpönt? Ist schon die Bezeichung טרפה für einen solchen Fall — vorgefundener Fädchen (סרכות an der Lunge — eine grundfalsche, so ist das Verbot des Genusses ein unverantwortliches, denn nach dem entschiedenen Urtheil erfahrener Veterinärärzte ist das Zusammenwachsen der Lungenlappen (אונית), wie der Lungenflügel (אומות) durchaus nicht lebensgefährlich und die sogen. סרכות-Fädchen eine ganz harmlose Erscheinung.

Nachtalmudische Zeit.

Sehen wir aber, wie der spätere Rabbinismus über die Scrupulosität der Gem. noch weit hinausgeht! Diese behauptet: רוב בהמות בחזקת כשרית, Maim. ג', א', ה' שחיטה hat sogar כל בהמה „für alles Vieh darf man voraussetzen, dass es normal beschaffen, also rituell geniessbar". Seine Worte lauten: „Erst wenn sich an dem Thiere eine Anomalie vorzeigt, ist es auf diese Anomalie zu untersuchen". Und doch fährt Maim. fort: ואע"פ שאלו הן הדברים הראין מדברי חכמי הגמרא המנהג פשוטה בישראל . . . בודקין את הריאה „Trotzdem, dass dies die Ansicht der Gem. ist, die allgemeine Usance ist dennoch die Lunge jedenfalls auf möglichst vorhandene Fehler zu untersuchen". Dies ist aber ein ganz unberechtigtes Erschwerniss, ein durchaus unmotivirter מנהג gegen die ausdrückliche Normirung der Gem. Schon der hochorthodoxe ראב"ד machte auf diesen Widerspruch des Maim. mit sich selbst aufmerksam: אינן נראין והרי היא חזור ממה שאמר למעלה. Ebenso tadelt er, wie wir bereits ob. S. 235 gesehen, ein anderes Erschwerniss Maim.'s. in harten Ausdrücken.

Das scheint aber dem Erschwerungseifer des späteren Rabbinismus noch immer nicht genug; der über die Rigorosität der Gem. hinausgehende, die Untersuchung der Lunge empfehlende Maim. verwahrt sich doch ausdrücklich gegen das Aufblasen derselben, wodurch die Casuistik gleichsam bei den Haaren herbeigezogen wird. Er sagt ibid 11, 11: ומעילם לא נפחו הריאה בספר ובמערב אלא אם נילד לנו דבר שחוששין לו Isserles aber glossirt zu Schulch. Ar. Jor. D. § 39: ונהגו גם כן לנפיח כל ריאה

אפילו לית בה ריעותא „Die Lunge werde zur Untersuchung aufge-
blasen, wenn auch keine Anomalie an derselben wahrzunehmen".
Und dabei verbleibt's in der heutigen Praxis trotz des obigen
Verdicts des Maim. O Israel, du hast gar viele unfehlbare Autori-
täten! כי מספר עריך היו אלהיך יהודה, die dir durch dergleichen
Veterinärheiligkeit die ewige Seligkeit verschaffen wollen!

Und somit ist auch hier aus einem Sandkörnchen ein mächtiges
Gebirge erwachsen, wie folgende Statistik über טרפית erweist:

Die drei Wörtchen der Schrift: טרפה לא תאכלו schwollen in
der Gem. zu 50. sage fünfzig Folioseiten an.

Aus den 8, bezw. 18 טרפות des Talmud, die angeblich הלמ"מ
sind, hat Maim. 70 Species von טרפות aufzustellen gewusst, wobei
jedoch fünf besondere Gattungen beim Geflügel nicht mitgezählt
sind. Auch die Kategorien, die nach rabbinischer Auffassung zu
den נבלות gehören, sind nicht miteinbegriffen. [1]

Der Verfasser des תביאת שור hat allein an sog. תרתי לריעותא
„doppelgebrochen" 80 Fälle aufzubringen gewusst. Eine spätere
Literatur hat ausschliesslich an dieser Species nicht weniger als
120 aufzuweisen. Die Schriftsteller auf diesem Gebiete sind
Legion; eine fruchtbare, man kann wohl sagen furchtbare,
Productivität hat sich, wie auf dem Boden der Speisegesetze im
Allgemeinen, so auf dem der טרפה und נבלה im Besonderen entwickelt. Doch dürfen wir uns über unsere Codices und Decisoren
nicht beklagen, wenn schon die Gem. Chul. 95 b weiss, dass
R. Jochanan seinem Lehrer Samuel 12 גמל[2]) Kameele, beladen
mit schriftlichen Anfragen über zweifelhafte טרפה-Fälle, zugesandt!

B. Religiöser Gesichtspunkt.

Wie wir bereits oben S. 220 im Vorbeigehen bemerkten, sind
in dieser Hinsicht נבלה und טרפה von den vorher beleuchteten

---

[1]) Maim. נמצאו כל הטרפות בחכמה בהכמה ותח שבנים ותהב ר' יוסף בבסף: הי' שחיטה.
משנה ח"ל: והיה רבינו לא מנה כאן בשבנים טרפה אלא כי אם טרפות של
ר': שלא נמי כאן אלא Ferner: בהמה. וחיה כלבד וה' טרפות הם בעוף
הטרפה. אבל ששה נבלות מהים נהבב רבינו בפרק ד'

[2]) Raschi fasst diese Zahl hyperbolisch auf, wogegen R. Chananel
statt גמל (Kamele) גיל (Pergamentrollen) lesen will.

Speisegesetzen vielfach verschieden. Bei der Spannader erwies es
sich uns, dass die Enthaltung von ihrem Genusse nicht ein eigentliches Verbot, sondern nur eine mythisch begründete Gepflogenheit
war. Das Verbot von ‏ה'בב‎, in der Schrift ohne jede Motivirung
belassen, blieb uns inhaltlich ungewiss und unklar, doch klar und
gewiss insofern, dass die talmudische Auslegung vom Verbote des
Genusses von Fleisch- und Milchmischung durchaus haltlos und
werthlos ist. In Bezug auf die Untersagung des Blutgenusses ist
die Begründung der Schrift eine schwankende: „Das Blut ist die
Seele" und „es gehört auf den Altar", — zwei Axiome, die sich erst
durch tiefere, zum Theil mystische Begründung decken. Bei dem
Fettverbote ist die Schrift bestimmt: „Das Fett gehört Gott," dem
Altar; die Schriftforscher hätten somit über dessen Motivirung erst
kein Wort zu verlieren brauchen.

Ein anderer Gesichtskreis eröffnet sich indessen bei der Verordnung über ‏נבלה‎ und ‏טרפה‎. 3 M. XI. 40 heisst es: „Wer Gefallenes isst oder trägt," 3. M. XVII, 15: „Wer Gefallenes oder
Zerrissenes geniesst, ist unrein bis zum Abend und soll Waschungen
vornehmen." Ein directes Verbot des Essens findet sich in den
citirten Stellen nicht. Dagegen lesen wir 3. M. 22, 8: „Der
Priester soll Gefallenes und Zerrissenes nicht essen, wodurch er
sich verunreinige"; und ferner Ezech. XLIV, 31: „Alles Gefallene
und Zerrissene sollen die Priester nicht essen." Liegt da nicht
der Gedanke sehr nahe und zwingt derselbe nicht zu dem Schlusse:
es handle sich bei diesem Gesetze lediglich um Verhütung und Beseitigung levitischer Unreinheit, weshalb an die Priester, als die
eigentlichen Träger der levitischen Reinheit, diese Heiligen κατ'
ἐξοχήν. die Warnung mit besonderem Nachdruck herantritt? Levitische Reinheit oder Unreinheit umfasst ja auf biblischem Standpunkte
ein so weites Gebiet! Die letztere wird nicht blos durch den Genuss der sog. unreinen Speisen. sondern auch sonst mannigfach erzeugt, wie wir bald sehen werden. Theokratisch werden manche
„unreine" Vorgänge am menschlichen Körper gleichsam als moralische Unvollkommenheiten betrachtet, als würde durch sie die
Seele befleckt; und je nach der verschiedenen Abstufung oder In-
tensität werden Waschungen und andere Lustrationen vorgeschrieben,

17*

wodurch die levitische Reinheit wieder hergestellt wird. Nur an zwei Stellen wird ein directes Verbot des Essens von נבלה und טרפה auch für Nichtpriester vorgeschrieben: 2. M. XXII, 30, „Zerrissenes", 5. M. XIV, 21 „Gefallenes". Was hindert uns aber anzunehmen, dass immer nur der Grund Verhütung levitischer Unreinheit sei, die ja auch durch blosse Berührung — und am Intensivsten an einer menschlichen Leiche — bewirkt wird? Zwar finden wir in diesen letzten Stellen als Motiv „Heiligung" (theokratische) angegeben; doch ist dieselbe mit levitischer Reinheit grossentheils identisch, wie folgende Erörterungen leicht ergeben werden:

Der biblische Begriff der Heiligkeit קדושה ist ein weit verzweigter, umfangreicher und dehnbarer. Er schliesst mannigfache, weite Gebiete in sich; es werden damit gar viele und verschiedene Institutionen, Gebote und Verbote in Verbindung gebracht[1]). Im Allgemeinen und ursprünglich bedeutet dieser Begriff blos: sich aussondern, sich abwenden vom Gewöhnlichen, also: auszeichnen, — auch zum Schlechten und Verwerflichen, wie קדש (cinaedus) und קדשה, jedoch unvergleichlich öfter ein Erheben vom Schlechteren zum Bessern, vom Gemeinen zum Edleren, vom Niedrigen zum Höheren, bis zum Höchsten, dem Streben nach göttlicher Vollkommenheit, worin der Begriff gipfelt, wie dies die oft sich wiederholende Mahnung ausdrückt: „Ihr sollt euch heiligen. heilig sollt ihr sein, denn. heilig bin ich, der Ewige, euer Gott." Parallel mit קדוש, „heilig", und seinem Gegensatz „חל," „gemein", läuft bisweilen der Begriff טהור, rein, und sein Gegensatz טמא, „unrein". So 3. M. X, 10: ולהבדיל בין הקדש ובין החל ובין הטמא ובין הטהור Ezech.

---

[1]) Wie umfassend der Begriff „heilig" ist, kann schon daraus erkannt werden, dass er ungefähr 1000 Mal in der Schrift vorkommt. Er wird von Gott gebraucht, als dem Inbegriff der Reinheit und sittlichen Vollkommenheit, von den Menschen, d h. im Pentateuch von Israel, das nach dieser Vollkommenheit streben, dieselbe sich relativ zu eigen machen soll; vom Gottesdienst und was damit zusammenhängt. Israel im Ganzen soll ein heiliges Volk sein, sich von Allem, was die sittliche Reinheit trübt oder trüben kann, fernhalten, und innerhalb Israels sollen die Priester sich eines noch höheren Grades der Heiligkeit befleissigen.

XLIV, 23¹) אֵת עַמִּי יוֹרוּ בֵּין קֹדֶשׁ לְחֹל וּבֵין טָמֵא לְטָהוֹר יוֹדִעֵם
„mein Volk sollen sie belehren über Heilig und Gemein, über Unrein und rein unterrichten." Auch der Begriff des „Reinen" und
des „Unreinen" wiederholt sich unzählige Male; auch er ist ein
sehr weit reichender und mannigfach abgestufter; er spielt eine
Rolle im Speisegesetz (reine und unreine Thiere), im geschlecht-
lichen Umgang, der, wenn gegen das Sittengesetz oder eine religiöse
Vorschrift verstossend, als unrein²) gilt, wie in Betreff dieses
letzteren Punktes beispielsweise die folgenden Stellen es erhärten:
1. M. XXXIV, 5 כִּי טִמֵּא אֵת דִּינָה; 3. M. XVIII, 19 יֵאֵל אִשָּׁה בְּנִדַּת
יֵאֵל אֵשֶׁת עֲמִיתְךָ לֹא תִתֵּן שְׁכָבְתְּךָ לְזָרַע: ibid. 20 טֻמְאָתָהּ לֹא תִקְרָב
— וּבְכָל בְּהֵמָה לֹא תִתֵּן שְׁכָבְתְּךָ לְטָמְאָה בָהּ: ibid. 23 לְטָמְאָה בָהּ;
in welchem Satze der Begriff טָמֵא in seiner intensivsten Bedeutung
erscheint. Ebenso gilt der Götzendienst als verunreinigend, 3. M.
XIX, 31: אַל תִּפְנוּ אֶל הָאֹבֹת וְאֶל הַיִּדְּעֹנִים אַל תְּבַקְשׁוּ לְטָמְאָה בָהֶם
Jes. LII, 11. טָמֵא אַל תִּגָּעוּ; Esra VI. 21. וַיִּבָּדֵל; וְצֵאוּ מִשָּׁם טָמֵא

לְטֻמְאַת גּוֹיֵ הָאָרֶץ: Als verunreinigend galt alles³) Ekelerregende
und Gesundheits-schädliche und Ansteckung verursachende, wie der
Aussatz, sexuelle Krankheits-erscheinungen. Die levitischen Reinheitsgesetze spielten im Leben und in den Institutionen der Priester eine
Hauptrolle. Diese sollen sich mannigfach auszeichnen, 3. M. XXI, 6
כִּי קֹדֶשׁ הוּא לֵאלֹהָיו: 7. ibid ;קֹדֶשׁ יִהְיוּ. ibid ;קְדֹשִׁים יִהְיוּ לֵאלֹהֵיהֶם:

---

¹) Was nicht „heilig" ist, ist nur „profan" חֹל, „nicht geweiht",
aber doch nicht „entweiht" oder „entweihend", „verwerflich" טָמֵא.
Zuweilen jedoch wird טָמֵא dem קֹדֶשׁ gegenübergestellt: 3. M. XI, 34:
הִתְקַדִּשְׁתֶּם וִהְיִיתֶם קְדֹשִׁים יִלֹא תְטַמְּאוּ אֶת נַפְשֹׁתֵיכֶם, und wie hier in ethischer,
so in physischer Hinsicht, körperliche Reinigung יְרַחַץ מִקְדָשְׁתֻם מִטֻּמְאָתָם
2. Sam. XI, 4. Man vgl. auch 5. M. XXIII, 15 וְהָיָה מַחֲנֶיךָ קָדֹשׁ, womit
den Israeliten selbst im Kriegslager nicht allein persönliche Reinlich-
keit und die Wahrung des Anstandsgefühls, sondern auch die Beseitigung
und Verbergung alles dessen, das für das Auge ekelhaft und in seiner
Anhäufung (Excremente) gesundheitnachtheilig ist, mit grösserem Nachdruck, als dies andere Worte vermöchten, befohlen werden. S. auch
zweitnächstfolg. Fussnote.

²) Auch an sich, und wenn sonst statthaft, war ja der geschlechtliche Umgang untersagt, als der unmittelbaren Annäherung Gottes wegen
eine grössere Heiligkeit vom Volk verlangt wurde: 2. M. XIX, 14, 15.

³) Chinnch, § 178 zu בֹּי : הֲבֵימֹאת שֵׁם בִּלֵל כָּל דָּבָר נִמְאָס : אָלָה יִמְאַס דְּבַר.

ib. 8. ‏קדש יהיה לך‎. Für die Priester, als Träger der Idee der Heiligkeit und Reinheit ist eine quantitativ und qualitativ grössere Summe von der Kategorie der Reinheitsgesetze aufgestellt [1]); wie ein rother Faden zieht sich diese Idee durch alle Priesterverordnungen des Leviticus. Aber auch für das übrige Volk, das annähernd als Priester leben soll, nach 2. M. XIX, 6, „ihr sollt mir ein Reich von Priestern und ein heiliges Volk sein" [2]) ist eine Reihe von Vorschriften über „rein" und „unrein" ertheilt.

Sehen wir uns nun die Verordnungen über ‏טרפה‎ und ‏נבלה‎ genauer an, so wird es höchst wahrscheinlich, dass der Begriff der theokratischen Heiligkeit, welcher bei ihnen hervorgehoben wird, mit dem Begriff der levitischen Reinheit identisch ist [3]). Durch den Genuss von ‏טרפה‎ und ‏נבלה‎ wurde man levitisch unrein. Bei ‏נבלה‎ verunreinigt ja schon die blosse Berührung (über die Berührung von ‏טרפה‎ schweigt die Schrift). [4]) Das Essen aber er-

---

[1]) Auch die Berührung einer menschlichen Leiche galt als „verunreinigend" und zwar viel intensiver, als eines thierischen Cadavers und der Berührende 7 Tage lang für unrein, nach deren Ablauf er gewisse Lustrationen vorzunehmen hatte, 4. M. XIX, 11 u. 12. Dem Priester wurde die Berührung eines Leichnams, mit Ausnahme der nächsten Verwandten, dem Hohenpriester die Berührung auch dieser verboten.

[2]) Im Gegensatz zu jenen Völkern, besonders den Aegyptern, bei welchen zwischen Priestern und Laien eine so weite, oft unausfüllbare Kluft war.

[3]) Zu unserer Ueberraschung finden wir noch in einer apokryphischen talmudischen Schrift ‏אבית רבי נתן‎, Abschn 8, nach dem Genusse von unreinen Speisen ein Reinigungsbad angeordnet: ‏משנה ברכות‎ ‏שוטבת וחלבי אחריה שני חזירים לפזותה . . . א"ל לטבילה של דיכה ו: במה‎ ‏חשרתיה? אמרי לי שכל אין הן הימם שיהתה שהריה בין הכזרים היתה איכלה‎ ‏שתטהר‎ ‏משלהם אמרת ישרה משלש כשש' אמרת הטבילוה בד' שתטהר‎. Zur Zeit der Evang. scheint man bei Auffassung des Speisegesetzes lediglich vom Gesichtspunkte levitischer Reinheit ausgegangen zu sein; Matth. XV, 11: „Nicht durch das, was in den Mund hineingeht, sondern u. s. w., verunreinigt man sich, — οὐ τὸ εἰσερχόμενον εἰς τὸ στόμα κοινοῖ, ἀλλά etc.

[4]) Durch seine schriftwidrige Erklärung von ‏טרפה‎ kommt der Talmud hiermit namentlich auf dem Gebiete ‏טריאה‎ in hundert Verlegenheiten. Alles, was die Gem. Zebach. 69 u. 70 und an so vielen anderen Stellen zur Ausgleichung der durch ihre schriftwidrige Interpretation ent-

zeugt einen höheren Grad von Unreinheit, weshalb dies je ein mal bei טריפה und נבלה besonders bemerkt ist. Wer נבלה berührte, war unrein bis zum Abend; wer aber טריפה oder נבלה ass, wer נבלה trug, musste, um die Reinheit wieder zu erlangen, die Kleider waschen und baden 3. M. XI, 39, 40; XVII, 15. Nach dem Wortlaut von 3. M. XVII, 15: וכל נפש אשר תאכל נבלה וטריפה באזרח יכם יכבס בגדיו ורחץ במים וטמא עד הערב וטהר. אם לא יכבס ובשרו לא ירחץ ונשא עונו hätte der, welcher נבלה וטריפה gegessen, nur darin gefehlt, dass er sich levitisch verunreinigt habe; nach vollzogener Lustration ist er, wie nach solcher bei jeder sonstigen unwillkürlichen Verunreinigung (Aussatz 3. M. XIV, 1—20 und Flusssucht ibid. XV, 1—15), wieder rein und jeder Schuld und Sühne ledig, etwa gerade so wie der, der nach seiner Verunreinigung an einer menschlichen Leiche der vorgeschriebenen Ablution sich unterzogen. Das Essen an und für sich — ausser den Momenten der Verunreinigung, so lässt eine nüchterne Exegese[1]) uns schliessen — zieht ihm keine Strafe zu. Und nach talmudischer Auffassung trifft ihn wegen der Verunreinigung keine Strafe, wenn er nicht während seiner Unreinheit die geweihte Stätte betrat und dgl. Eine besondere Stütze erhält diese unsere Ansicht in 3. M. XXII, 8, wo den Priestern das Essen von נבלה וטריפה untersagt wird, um sich nicht zu verunreinigen: נבלה וטריפה לא יאכל לטמאה בה. Muss es nicht ohnehin auf den ersten Blick auffallen, dass dieses Verbot an die Priester gerichtet ist, nachdem 3. M. XVII, 15 gemäss jeder Israelit und selbst der Fremde durch

stehenden Schwierigkeiten vorbringt, sind verzweifelte Schritte. Wer mir in dieses rabbinische Chaos Ordnung und Licht brächte אנא איבעלא מאיה לבי מסיא.

1) Diese unsere Ansicht wird dadurch stark unterstützt, dass es von unreinen Thieren nur heisst: „wer ihr Aas berührt oder trägt, soll unrein sein" (3. M. XI, 24—25), niemals aber: wer davon isst, weil eben bei den unreinen Thieren das Essen an sich, als Speise, verboten, ist. Beim Aase reiner Thiere ist dagegen ibid. 39 und 40 vom Essen wie vom Tragen die Rede, weil beim Essen, wie beim Tragen nur levitische Reinheit in Betracht kommt. Das Verbot des נבלה- und טריפה- -Genusses hätte also, um es zu wiederholen, nur die Tendenz, geflissentliche levitische Verunreinigung zu verpönen.

den Genuss von נבלה וטרפה sich verunreinigt? Ist aber, wie wir
behaupten, lediglich levitische Unreinheit das Motiv, so musste das
Verbot den Priestern, die als Tempelfunctionäre sich noch mehr,
als der Laie jeder Verunreinigung zu enthalten haben, mit besonderem Nachdruck eingeschärft werden.

Vielleicht wäre der Mund eines Ahroniden, eines Priesters im
pentateuchischen Sinne, selber um so mehr geeignet, uns über diesen
Punkt massgebenden Aufschluss zu ertheilen. Der Prophet, der
zugleich Priester war, Ezechiel, rühmt sich IV, 14 נבלה וטרפה
לא אכלתי מנעורי. Nun, wie kommt der Priester-Prophet dazu, sich
einer Enthaltsamkeit zu rühmen, die dem einfachsten Israeliten, ja
selbst dem גר, anbefohlen war? Die talmudische Antwort auf
diese naheliegende Frage: Der Prophet habe lediglich im Sinne gehabt שלא אכלתי בשר כים כים, „er habe nicht von dem Fleische
eines im Verenden begriffenen Thieres gegessen, das man noch
im letzten Augenblick abschlachtet", ist nur eine leere Ausflucht
(aus Verlegenheit ob seiner falschen Nebelah- und Trefa-Theorie), mit
der sich gewiss Niemand, der Bibelworte ernst nimmt, befreunden
kann. Mit unserer Ansicht und Begründung aber schwindet jede
Schwierigkeit des Verständnisses jenes Ausspruchs des Ezechiel.
Denn da der Genuss von נבלה וטרפה ausschliesslich der levitischen
Unreinheit wegen verboten worden, so rühmt sich der Priester-
Prophet mit Recht seiner Berufstreue, da Wachsamkeit über leviti-
sche Reinheit ihm, dem Ahroniden, vorzugsweise aufgetragen war.
Im vollsten Einklange damit stehen die unmittelbar vorangehenden
Worte: הנה נפשי לא מטמאה, was in den folgenden נבלה וטרפה
לא אכלתי specialisirt ist.

Eine weitere dritte Stelle erhebt unsere Ansicht vollends zur
Gewissheit, und von diesem dreifachen Beweise mag der Spruch
des Koheleth IV, 12 gelten: והחוט המשלש לא במהרה ינתק! Derselbe Ez. ruft XLIV, 31 aus: כל נבלה וטרפה לא יאכלו הכהנים
„die Priester sollen Gefallenes und Zerrissenes nicht essen."
Mit Recht wirft man, und auch der Talmud, dagegen ein: כהנים
דא דלא אכלי הא ישראל אכלי „nur Priestern ist Gefallenes und
Zerrissenes zu essen verboten, den anderen Israeliten aber erlaubt?!"
Wen, der noch für nüchterne Auffassung des Bibeltextes Sinn hat,

wird aber irgendwie der naive Ausgleichsversuch befriedigen, den die Gem. Menach. 45a macht: בהיא איצטריך ליה סד"א היאיל קמ"ל נאשתרי לגבוה מליקה נבלה נמי השותר. Denn ist es denkbar, dass die Ahroniden ungefähr 900 oder 1000 Jahre nach der ersten Promulgation dieses Verbotes durch Moses und während der ganzen Blüthezeit des Priesterthums und des Opfercultus im Heimatslande in Ungewissheit und Unwissenheit darüber gelebt haben, ob das Verbot von וטרפה נבלה auch für sie existire, עד האר, יחזקאל אמרה, bis endlich Ezech. sie im Auslande über diesen Zweifel und diese Ignoranz eines Besseren belehrte? Also wirklich דבר זה מתורת משה רבנו לא למדנו עד שבא יחזקאל בן בוזי ולמדנו? rufen wir mit der Gem. Zebach. 22, verwundert und ungläubig aus.

Nein! die ganze Schwierigkeit findet ihre einfache Lösung in unserer Ansicht, dass nämlich nach dem Verfasser des 3. M.[1]) und des Ezechiel der wahre Schwerpunkt des Verbotes in der levitischen Reinheit[2]) liegt, die dem Ahroniden ganz besonders eingeschärft wird, und dass der eifrige Priester-Prophet seinen im Auslande und fern vom Tempeldienste lau und schwachgläubig gewordenen Mitpriestern die Verordnung von Neuem an's Herz gelegt hat[3]).

---

[1]) Der Verf. des 2. M. betont allerdings für das Verbot von טרפה, wie 5. M. für נבלה, nicht buchstäblich levitische Reinheit, sondern theokratische Heiligkeit und spricht von ganz Israel, nicht blos von Priestern. Siehe indess oben, dass theokratische Heiligkeit und levitische Reinheit sich meist decken. Ueberdies weist der Umstand, dass im Gegensatz zu Leviticus XVII an jenen beiden Stellen von keiner Lustration die Rede ist, sowie auch der, dass nach 5. M. נבלה dem גר anstandslos verabreicht werden darf, während nach 3. M. auch dieser nach dem fraglichen Genusse eine Lustration vornehmen muss, augenfällig auf verschiedene Verfasser hin.

[2]) Den etwaigen Einwurf, weshalb nach dieser Auffassung vom Essen die Rede ist, da doch schon die Berührung verunreinigt, haben wir oben bereits damit zurückgewiesen, dass das Essen eine intensivere Verunreinigung erzeugt, weshalb es auch eine intensivere Lustration, Waschen auch der Kleider neben dem Baden des Leibes erheischt (3. M. XVII, 15). Auf das המנ לו בבר המ המבלה, und was die Gem. sonst des Unwahrscheinlichen auf dem Gebiete von טרפה der Bibel insinuirt, wollen wir uns nicht einlassen.

[3]) Raschi zu Gem. Menachoth schweigt; doch im Commentar zu Ezechiel führt er ganz dem Sinne nach die talmudische Apologetik an:

Wir haben uns hier bezüglich der Theorie über Verunreinigung an den Wortsinn der Bibel gehalten, wonach die Berührung von נבלה¹) schon an sich ein Vergehen ist. Nach dem Talmud dagegen ist, wie wir sahen, das Berühren an sich nicht verboten, sondern nur das ist als Vergehen zu betrachten, wenn Jemand,

כך פירש׳ רבותינו setzt aber hinzu: סה״א הזאיל ואשתי מליקה יבי, „so erklären es unsere Lehrer." Dieser etwas auffallende Zusatz lässt errathen, dass Raschi von jener vermeintlichen Apologie nicht sehr erbaut und befriedigt war*), und vielleicht eher mit R. Jochanan ibid. hoffte פרש״ו אליהו מלאך הברית. Ja, וו אליהו עתיד לדורשה wirst gar manches Räthsel zu lösen, manchen Aufschluss zu geben haben! Doch in der naiven Mittheilung der Gem. Menach. 45a שאלמלא הוא (הניא) נגנו ס׳ יחזקאל שהיו דברי דברים סותרין רבדי תורה liegt einestheils das Zugeständniss des Unbefriedigenden jener Apologie, anderentheils vielleicht der Schlüssel zur Lösung so manchen Räthsels, zur Aufhellung mancher dunklen Schriftstelle. Anfangs von den Rabbinen zur Beseitigung verurtheilt, wurde dieses Buch noch gerettet. Aber wie manche andere Schrift mag von ihnen confiscirt, wie manche andere Aeusserung, welche geeignet wäre, uns über vieles Dunkle und Räthselhafte aufzuklären, mag von ihnen unterdrückt worden sein!

¹) Nach der Analogie von 3. M. XVII, 15 u. XXII, 8, wo טרפה immer mit נבלה correspondirt, möchte man auf dem Standpunkte der Schrift, auch für טרפה die Verunreinigung durch blosse Berührung vindiciren. Dass 3. M. V, 2 und XI, 39—40 immer nur von נבלה spricht, beweist nichts dagegen, da ja V. 40 vom Essen die Rede ist und doch auch hier stets נבלה und nicht טרפה vorkommt, obgleich nach XVII, 15 ausdrücklich das Essen von טרפה Verunreinigung bewirkt. Es scheinen aber vom Verf. des 3. M. beide Begriffe bisweilen promiscue gebraucht zu sein, während 2. M. und 5. M. in diesem Punkte eine andere Stellung einnehmen. S. oben S. 240 u. f.

*) Die gelehrtesten, gründlichsten Schriftforscher machen ja kein Hehl daraus, dass die Talmudisten den wahren Schriftsinn oft nicht erfassten. So die bekannten Worte des רשב״ם zu Anfang 1. M. 37: הראשונים מתוך חסדותם נתעסקו לישות הדרשית שהן עיקר ומתוך בך לא הורגלו בעומק פשוטו של מקרא. Ob diese Worte sein voller Ernst waren und man nicht vielmehr zwischen den Zeilen lesen muss, da ja sein Grossvater Raschi selber behauptet: רש״בם? אין המקרא יוצא מידי פשוטו erzählt ibid. ferner von demselben Commentator, seinem Ahnen: והודה לי שאלי: היה לו פנאי היה צריך לעשות פירושים אחרים לפי הפשטות המתחדשים בבל יום. Sapienti sat. Möchten doch unsere heutigen (nicht orthodoxen, sondern) hyper- und neuorthodoxen Rabbiner sich diese Worte zu Herzen nehmen und nicht dem paradoxen אם ראשונים בני אנשים אנו בחמורים huldigen!

der נבלה berührt hat, das Heiligthum betritt, wenn der Priester nach Berührung eines Aases heilige Speisen geniesst und Aehnliches. Die Worte 3. M. XVIII, 8 תיעבו לא ובבלתם gelten in der Gem.[1]) Rosch. Hasch. 17 b nur für die Festzeiten: חייב אדם לטהר א"ש ברגל שנאמר ובנבלתם לא תגעו יכיל יהי ישראל מיזהרין כל מני נבלה ת"ל וכ' "Glaube durchaus nicht, bemerkt die Gem. daselbst, "den Israeliten sei die Berührung des Aases verboten, denn es heisst 3. M. XXI, 1.: "Sprich zu den Priestern, sie sollen sich nicht an einer Leiche verunreinigen, wohl aber dürfen sich Nichtpriester daran verunreinigen". — Ebenso Maim. טומאת אוכלין, XVI, 9—10. Gewiss aber ist diese Behauptung schriftwidrig. Nur durch Aussprüche wie בטמאם את משכני (3. M. XV, 31) oder את טמא ד' משבן (4. M. XIX, 13) konnte man auf den Gedanken kommen, dass die Berührung von טומאה blos des Tempels wegen verboten sei. Aber unter משבן und selbst מקדש ist nicht immer das Centralheiligthum zu verstehen; es wird oft im Allgemeinen vom Wohnen Gottes in der Mitte Israels gebraucht. Dies beweist ganz unzweifelhaft 3. M. XX, 3: טמא את למען למלך נתן מורי מקדשי, wozu Raschi: מקדשת שהיא ישראל כנסת את. Ferner 4. M. XXXV, 34, wo von Mord die Rede ist: ולא תטמא את הארץ אשר אני שובן בתוכה; vgl. noch ähnliche Ausdrücke wie 3. M. XXVI, 11 ונתתי משכני בתובבם; 5. M. XXIII, 15 כי ד' אלהיך מתהלך בקרב מתנך והיה מחנך קדוש. Auf dem biblischen Standpunkte ist טמאה, die Verunreinigung, an sich schon dem theo-

---

[1]) Auch schon Sifra zu Schemini יכיל יהו ישראל מיזהרין על מני נבלית. הא מה אני מקיים ובנבלתם לא תגעו? בליל ... Der Syllogismus an beiden Stellen ist nun folgender: "Wenn der Nichtpriester die intensivere Unreinheit einer menschlichen Leiche sich zuziehen darf, geschweige denn die leichtere des Aases!" Wie falsch und geistlos ist dieser Syllogismus! Die Berührung menschlicher Leichen musste ja den Nichtpriestern erlaubt, ja, ganz selbstverständlich, eine Pflicht sein; wie sollten denn die Leichen bestattet werden? Ebenso unsinnig, possenhaft, möchte man sagen, ist die darauf folgende Bemerkung: "Der Ausspruch ולאלה תטמאו ,an diesen (Reptilien) würdet ihr euch verunreinigen, oder verunreinigt man sich" — hätte so aufgefasst werden können, dass es Pflicht sei, sich an den dort bezeichneten Aesern zu verunreinigen." Auch nicht ein Schulbube wird sich solche Faselei als Exegese bieten lassen.

kratischen Volke unangemessen und derlei körperliche Unreinheit,
gleichsam vor- und sinnbildlich, ebenso sündhaft, wie die moralische
der Seele. Was an einer Stelle heisst (5. M. XXI, 23): לֹא,
תְּטַמֵּא אֶת אַדְמָתֶךְ, das lautet ibid. XXIV. 4: אַדְמָתֶךְ אֶת תִּיא תַחֲ וְלֹא
Also טֻמְאָה ist חֵטְא; man könnte fast sagen, sie sind identisch.
Beide bezeichnen den Zustand des Ungeziemenden, Defecten,
Herabwürdigenden. Bei dem exacten Sprachkenner und Schrifterklärer Abr. b. Esra fanden wir unsere Ansicht bestätigt; zu 3. M.
XI. 8 תִּגָּעוּ לֹא וּבְנִבְלָתָם bemerkt er מַלְקוּת עָלָיו יֵשׁ בּוֹדֵן הַנּוֹגֵעַ וְהִנֵּה
תַעֲשֶׂה לֹא עַל עוֹבֵר הוּא כִּי, mit welcher Erklärung er also die
Gemara desavouirt, ihr geradezu widerspricht. Ebenso der Karäer
A. b. Eliah: כְּמוֹ לַחַיִּב כְּדִי אֶלָּא הַכָּתוּב הֻזְהַר לֹא תִגָּעוּ לֹא וּבְנִבְלָתָם
הַלָּאוִין כִּשְׁאָר שֶׁהוּא הַכָּתוּב מִפְּשַׁט יֵרָאֶה (יטו שֵׁמוֹת) יָד בּוֹ תִגַּע לֹא
מַלְקוּת חַיָּב בָּהֶם הָעוֹבֵד שֶׁכָּל. Aber nicht allein der freisinnige
A. b. Esra und der Karäer, sondern auch der streng talmudisch
gesinnte R. Jehudah Halewi spricht sich, wie es scheint, unbewusst
gegen den Talmud aus; Cusari III, 11: הַטֻּמְאַים חַיִּים מִבַּעֲלֵי לְהִשָּׁמֵר
וּבְמַגָּעוֹ. וּבְמַאֲכָלוֹ [1]
Nach unserer Auffassung des Verbotes von וּטְרֵפָה נְבֵלָה läge
gerade auf talmudischem Standpunkte der Schluss nahe, dass dasselbe
für unsere Zeit hinfällig wäre. Wir haben keinen Tempel mehr
im Sinne der Alten und haben uns ja, im Gegensatze zum Karäer-
thume, von der ganzen Institution der levitischen Reinheit losgesagt.
Wir betrachten ja die ganze Reihe von Gesetzen über levitische
Reinheit für aufgehoben, und es wäre somit das Verbot von
טְרֵפָה נְבֵלָה für uns ganz gegenstandslos[2]). Dieser Schluss wäre

---

[1]) Verleitet von 3. M. V, 2 und VII, 21 hält R. Jehudah Halewi
nur die Berührung von טָמֵאם für verboten. Aber die Schrift spricht
ja später, ibid. XI, 39 und XVII, 15, von der Verunreinigung am Aase
reiner Thiere: folglich erstreckt sich das Verbot auch auf diese. Die
talmudischen Distinctionen über Verunreinigung an Aesern sind nichts
weniger als stichhaltig.

[2]) Die Karäer tadeln ja deshalb uns rabbinische Juden sehr heftig,
dass wir wohl die sogen. Speise-, aber nicht mehr die Reinheitsgesetze
beobachten; s. u. A. Apirjon, ed. Neubeuer, p. 21: מֵאָד מְקִילִין הָרַבִּים
וכ׳ וּמַשְׁקִין בַּמַּאֲכָלִים טָמֵא שֶׁרֶץ וּבְהִיפּוּל בָּאֵלּוּ. Ebenso im מִלְחֶבֶת לֶב״ש p. 44:

nicht neu; wir würden damit im Grunde nur den so eben alle-
girten R. Jehudah Halewi reproduciren; s. Cusari III, 49.[1]). Wäre
dieses Thema nicht unvergleichlich mehr discutirbar, als die Aufhebung des Blutverbots bei Albo I. I.?

Doch, wie bereits bemerkt, wir sind weit entfernt, eine Aufhebung des Speiseverbotes von נבלה וטרפה zu befürworten. Denn
abgesehen davon, dass neben „levitischer Reinheit‘‘ auch „Heiligung‘‘
urgirt wird — doch schon mehr ein ethisches Moment indicirend —
finden wir das Verbot von נבלה וטרפה für uns Alle ohne Ausnahme als דברים שאלו לא נכתבו ראיין הן להצטוות; wir würden,
auch wenn kein Verbot darüber existirte, schon nach unserem
ästhetischen Gefühl von selbst uns des Genusses von Zerrissenem
und Aas enthalten. Nur können wir nach unserem besten
Wissen und Gewissen nicht Alles für נבלה וטרפה erklären, was
der Talmud und vollends gar die nachfolgende rabbinische Literatur
bis auf den heutigen Tag als solche bezeichnet. Zu welcher
Carrikatur wird doch unser herrliches Judenthum durch die spätere
Form- und seliggesprochene ausgedehnteste Küchen-Frömmigkeit
und -Heiligkeit!![2])

התלמידים התירו כל הטומאית הדלי יאים הישישין אם ישי אחר מכל אלי למאכלם
יעל זה די ילטי למי . . . .

[1]) S. Note d) am Ende des Art. S. 289.

[2]) Der Talmud, an das mosaische וחי בהם die Lehre anknüpfend
זלא שימת בהם, gestattet vernünftiger- und humaner Weise z. B. für
einen Kranken am Sabbath zu schlachten, obgleich es sonst lautet
השוחט בשבה מתחיב בנפשו „wer am Sabbath schlachtet, hat sein Leben
verwirkt‘‘. R. Moses Sopher hingegen will, wie ich anderswo anführe,
nicht erlauben, dass ein elendes, krankes Kind behufs Wiedererlangung
seiner geistigen, wie physischen Gesundheit in ein Staatsinstitut unter-
gebracht werde, da es מאכלות אסורית geniessen müsste!! עמי מאשריך
מתעים בלעי ארחתיך דרך „Mein Volk! die Dich leiten sollen, führen
Dich irre‘‘ Jes. III, 12: (s. Maim. Einl. zu זרעים über dergl. Verkehrt-
heiten). Die neuere Hyperorthodoxie geht leider noch weiter; (s. Zeit.
des Judenthumes, Jahrg. 44, No. 15, Conferenzverhandl. in Budapest.)
Nach dem Ausspruche der jüdisch-pietistischen Wortführer daselbst sollen
taubstumme Kinder von einer Anstalt, die ihre Erlangung menschlicher
Fähigkeiten, der mens sana in corpore sano, bewirken soll, nicht Gebrauch
machen dürfen, wenn die betreff. Rabbiner und Schächter nicht im Ge-

Die Motivirung von נבלה und טריפה betreffend. schliessen wir uns eng an die Schrift (2 M. XXII, 30 und 5. M. XIV, 21) an. welche theokratische Heiligkeit[1]) betont.

Wenden wir uns aber nun zur Motivirung seitens der einzelnen Exegeten!

Auf talmudischem Standpunkte, mindestens nach einigen Talmudisten, sollte eigentlich gar nicht nach einem Motiv für eine mosaische Verordnung gefragt werden (s. ob. S. 64.). Die Gebote seien nur gegeben לצרף את הן את הבריות. Hiernach hätte das von der Schrift selber gegebene Motiv כי עם קדוש אתה nur den Sinn: „Weil ihr ein heiliges Volk seid, darum müsst ihr meine Satzungen blindlings befolgen". Denn, so lautet das Paradoxon, מה איכפת ליה להקב"ה למי ששוחט מן הצואר או מי ששוחט מן העורף ,,was liegt dem Heiligen, g. s. E. daran, ob das Schlachten am Halse oder am Genick stattfindet?" מה הקפה מן הצואר ואיבל או מן הונב? Ber. Rab. 44 Sch. Tob Ps. 18. Aehnlich lautet der Ausspruch der Mischnah Makk. 23b: רצה הקב"ה לזכות את ישראל לפיכך הרבה להם תורה ומצות; das לזכות, wie das obige לצרף bedeutet hier nicht, „moralisch läutern", „versittlichen", „veredeln", sondern „Belohnung zuwenden", Raschi: שלא היה צריך לצוות כמה מצות ובמה אזהרות על שקצים וכבלה. שאין לך אדם שאינו קץ בהן אלא שיקבל שכר על שפירשין מהן.

ruche der strengsten „Orthodoxie" stehen! S. 227 sagt Herr Ignaz Reich: „Wir können die Function Ihrer Rabbiner und Schächter nicht in Anspruch nehmen, dürfen an die (unter deren Leitung hergerichtete) Speisen nicht anrühren, das ist uns verboten." Worauf Abg. Molnar (S. 229): „Ist Herr Reich dessen gewiss, dass es Eltern giebt, die ihr Kind lieber taubstumm belassen, ehe sie es nach Budapest oder Waitzen in Erziehung geben?" Also das wäre „unsere Weisheit und Vernunft vor den Augen der Völker", die Religion Israels dem Hohn und Spott der gesitteten und humanen Mitwelt preiszugeben!!

[1]) Die theokratische „Heiligkeit", die ganz Israel auszeichnen soll, ist doch nicht ganz identisch mit der „levitischen Reinheit": diese ist etwas mehr Aeusserliches, gleichsam ein Ordensgewand, mit dem sich namentlich der Priester umhüllen und schmücken soll; jene aber hat einen mehr ethischen Inhalt. Dies ist so in die Augen springend, dass man sich darüber wundern muss, wie das von der Schrift selbst gegebene Kriterium von manchen Exegeten theilweise ignorirt und verschoben wird.

Doch wissen wir ja, dass trotz dieser Anschauung selbst die orthodoxesten Exegeten nach speciellen Motiven der einzelnen mosaischen
Verordnungen forschten.

Ganz ungesucht, einfach, wert- und sinngetreu den theokratischen Standpunkt hervorhebend, motivirt A. b. Esra 5. M. 14:
ואם אתה עם קדוש אין ראוי שתאכל טמא ותטמא הנפש. כל תועבת
האריך. כלל דבר שהוא גתעב לנפש הטהורה כמו שריך האריך. Diese Motivirung ist ja ganz ebenso zutreffend für: (ואיש קדש תהיון לי)
לא האכל כל נבלה wie für ובשר בשדה טרפה לא תאכלו.

Anders Maim., der überall diätetische Absichten wittert(s. ob. S. 65
u. a.) Speciell von Gefallenem, das levitisch-theokr. Heiligungsmotiv der
Schrift hier so ganz ignorirend, sagt er: (הרר' וה נבלה קשים)

---

[1] Der Begriff „Heiligkeit" in der Schrift schliesst, wie wir schon
oben angeführt, das diätetische Moment, das A. b. Esra bei טפ-טפ im Namen
des R. M. Hakohen angeführt, nicht geradezu aus. Die Sorge für mens
sana in corpore sano, die Entfernung untauglicher Nahrungsstoffe und
infectirender Krankheitserscheinungen, die Verhütung der Ansammlung
verdorbener Säfte und schädlicher Substanzen im menschlichen Organismus und in der Commune ist nach mosaischen Anschauungen ein
unerlässliches Erforderniss der Heiligung. So auch im aussermosaischen
Alterthum. Die Körper- und Seelendiätetik war ein integrirender Theil
der Religion, des Cultus. Die Priester waren zugleich Aerzte oder —
in Egypten — „Therapeuten". Der נרב musste auch die צרעת, lepris,
behandeln. Das Alterthum und namentlich der Mosaismus kannte noch
keine gesonderte theologische, juristische und medicinische Facultät,
Alles wird auf den göttlichen Gesetzgeber zurückgeführt. Wie wir
jetzt jedes Urtheil „im Namen des Königs", so publicirt die Bibel nicht
bloss ein cultuelles, sondern jedes Decret „im Namen Gottes". כי
המשפט לאלהים הוא, 5 M. 1, 17. (Vgl. II Chron. 19, 6). So ist es in der
Theokratie; und nur so aufgefasst, wird manches schiefe Urtheil über
die Theokratien des Alterthums rectificirt werden. Z. B. יעשית מעקה
לגך „Du sollst an dein Dach ein Geländer anbringen" ist bei uns
Polizeigesetz, in der mosaischen Urkunde ist es aber Gottes-, Religionsgesetz. So urgirt auch M. A. Porto im בללי מיה den Begriff der
Heiligung für jenes Speisegesetz; und doch behauptet er unmittelbar
darauf, dass im Zerrissenen ein Gift zurückbleibe. Indessen betonen
wir unsererseits wiederholt, dass theokratische Heiligkeit, bezw. levitische
Reinheit, den Schwerpunkt unseres Verbotes bildet, und die Rücksicht
auf das physisch Unzuträgliche höchstens nur ein nebensächliches oder
dunkel vorschwebendes, keineswegs aber das primäre Motiv ist.

ר"י יסייעם בל להתבל „es sei schwer zu verdauen und schädlich [1]) als
Nahrung [2]) א'ה נבלה תחלת שהטרפה וידוע, und das mit dem
Namen טרפה „Zerrissenes" Bezeichnete sei Vorbote, vorbereitendes
Stadium von נבלה." Hier finden wir Maim. in Fassung des Be-
griffes נבלה wiederum ganz auf biblischem Standpunkt, dass nämlich
נבלה lediglich „Gefallenes" bedeutet.

Da aber Maim., der Mann mit dem doppelten, dem Janus-
Kopfe, hier auch zu den Rabbinen hinschielt und ein nicht rituell
geschlachtetes Thier als נבלה bezeichnet, so musste er für dessen
Verbot, wie für die Observanz des „Schächtens" einen ganz anderen,
ein eigentliches Speisegesetz gar nicht motivirenden Grund aufsuchen, nämlich: Schonung [3]) der Thiere. Das Schächten mitsammt

---

[1]) Doch giebt Maim. auch noch als allgemeinen Grund der Speisegesetze die Gewöhnung an Enthaltsamkeit und Asketik an; M. N. III, 35:
והכונה בכל זה לפסוק רוב התאוה והשלוח הגרב ולשום האית המאכל
In den ד' פרקים sagt er: אלא שאהרה מה אהרה לא התורה ומשתה תבלית
מפני זאת הכבה ר"ל כדי שנתרחק מקצה התאוה רהק גריל; doch bei unserem
Verbot ist dieses Motiv am wenigsten zutreffend, da es sich um unappetitliche
Speisen handelt, welche gerade nicht die Lüsternheit reizen. — Maim.
hat hierin übrigens seinen christlichen Vorgänger in Tertullian contra
Marcionem II, 18: Si lex aliquis cibis detrahit et immunda pronunciat
animalia, quao aliquando benedicta sunt, consilium exercendae conti-
nentiae intellige et frenos impositos agnosce. Freilich ist bei Tertullian
dies Motiv viel zutreffender für die verbotenen Thiere, als bei Maim. für
das Verbot der anwidernden נבלות וטרפיה angebracht. — Die Egypter
gingen ja, nach Plutarch de Iside c. S. noch weiter: sie verboten, Salz
auf den Tisch zu setzen, weil es zum Genuss reize.
Ich finde überhaupt, dass unsere jüdischen Exegeten bei Motivirung
der biblischen Speisegesetze an einigen Kirchenlehrern ihre Vorgänger
hatten. Aber was jene, die Erde als ein Jammerthal betrachtend, in
ihrem Pessimismus aufstellen, ist für unsere Bibel mit ihrem Optimismus,
der uns zum Genuss und zur freudigen Stimmung auffordert, durchaus
nicht zutreffend.
[2]) In einem allgemein anerkannten, jüngst erschienen Werke der
Sanitätspolizei heisst es: „Dass faulgewordene Thiersubstanz die Gesundheit beschädigen könne, bedarf keiner Erörterung".
[3]) Wo aber bleibt die Schonung, wenn die Casuistik gestattet,
den ganzen Tag, wenn nur nicht einen Augenblick unterbrochen, mit
der Schlachtung eines Thieres zuzubringen? אפילו הוליך והביא כל היום

dem ganzen נבלה-Gesetz ist alsdann eine Thierschutzverordnung;[1]) es sei die leichteste Tödtungsart, die, welche dem Thiere am wenigsten Schmerz bereitet: וכאשר הביא הברח טוב המזון להרינת ב"ח כונה התורה לקלה שבמיתות ואהרה שיענה אותם בשחיטה רעה ולא בנחירה. Nun gut; wir sollen dem Thiere keinen unnöthigen Schmerz bereiten. Warum aber darf ich selbst dann, wenn gegen meinen Willen von einem anderen Schlächter dem Thiere Schmerz bereitet wurde, das Fleisch dieses Thieres nicht essen? Die Rabbinen freilich stellen den Kanon auf: כל שתעבתי לך ה"ה בכל תאכל „sie verpönen den Genuss jeder Speise, mit der etwas Verbotenes vorgenommen worden", daher auch des Fleisches von אותו ואת בנו, wenn gegen die Vorschrift verstossen ward: „die Thiermutter und ihr Junges nicht an Einem Tage zu schlachten". Dieser Kanon widerspricht indessen der Mischnah Chul. 14 a: השוחט בשבת ובי"ה אע"פ שמתחייב בנפשו שחיטתו כשרה ([2] „wenn Jemand am Sabbath oder Versöhnungstage geschlachtet, obgleich er eine Todsünde begeht, gilt die Schlachtung dennoch als eine rituelle." Warum sollte also nach Maim., der als Grund des

כל: שחיטתו כשרה. Ferner ist nach den Rabbinen jedes im Mutterleib sich findende Junge von שחיטה befreit; man darf also dasselbe auf talmudischem Standpunkt, ohne es zu schlachten, ganz nach Belieben zum Genusse bereiten, wenn nur die Mutter rituell geschlachtet ist, שחיטת אמו מטהרתו! — (Und warum ist anstatt des schmerzloseren Schlachtens das peinvollere Abkneipen מליקה bei Opferung des sanftesten unter allen Thieren, der Taube, anzuwenden?) Hiernach scheint also nicht Schonung der Thiere, sondern Ausströmung des · Blutes dem Talmudismus Motiv für den Schlachtritus gewesen zu sein.

[1]) Die starre Orthodoxie perhorrescirt, wie ob. erwähnt, die rationelle Begründung der Satzungen und herrscht jedem „Warum"? ihr crede! entgegen; so auch bezüglich des Schlachtens. S. Alex. Schor im. § 23: אין לישאול טוב על הלכות אלו רבילה הלמ"מ הם שמלה חדשה; dazu in seinem ש"ך ibid: וראיתי בקצה הגהות שחיטות מתחבמים תבואות dieses starre Verdict noch nachdrücklicher, R. Abraham Danzig in seinem ה' דברים פוסלין את השחיטה והם הלמ"מ והמיסיף רעה לידע sagt: חבמת אדם טעם יוסף מבאוב כי מרבה מלתא למלתא ושי"ן מבטיל רבים אלא הם מן החוקים שאין לידע טעמם (כלל ו').

[2]) Vgl. übrigens das ob. bei כב"ח darüber Vermerkte.

Schlachtens חיים בעל צער annimmt, das Fleisch eines Thieres, bei dessen Schlachtung nun einmal gegen die Schächtregeln verstossen wurde, für uns verpönt sein? — Anders verhält es sich, wenn als Motiv des Schächtens der genügende Blutabfluss angenommen wird; dann hinge die שחיטה allerdings mit einem Speiseverbote, dem Verbote des Blutgenusses, zusammen. In diesem Falle aber gehörte das Verbot von נבלה in die Categorie des Blutverbotes. [1])

Nachmanides motivirt das Verbot von טריפה im Sinne A. b. Esras ganz correct und lichtvoll mit der Heiligkeit Israels: ואנשי קדש ... שראי הוא שיאכל האדם [2]) דברים נקיים שלא יזיקו שובי וגמות בנפש ע"כ אמר ואנשי קדש וגו' כלומר אני חפץ שתהיו אנשי

---

[1]) Es wurde schon oben S. 247 erwähnt, dass Raschi und nach ihm der Codex verordnet, einem Thier, das durch die rituelle Schlachtung nicht verendet, solle man nicht mit dem fein, scharf und schartenlos geschliffenen Schlachtmesser sanft den Gnadenstoss geben, sondern dasselbe lieber todtschlagen, denn es könnte sonst scheinen, — des blossen Scheines wegen soll man also schmerzvollere Gewalt anwenden, oder es sich zu Tode quälen lassen —, als ob man gleichsam zweimal schlachte, was doch rabbinisch verpönt sei. Erst spätere Casuisten, Ture Sahab § 67, machen darauf aufmerksam, nicht etwa, dass ein solches Verfahren, nämlich das Todschlagen, dem Thiere grössere Qual verursache und darum zu unterlassen wäre, sondern dass durch eine derartige Procedur das Blut, das noch nicht ausgeflossen, in den Organismus zurückgedrängt werde und dann kaum mehr zu entfernen sei. Interessant ist, dass hiermit ein christl. Arzt übereinstimmt.

Medicinalrath Dr. Niemann sagt nämlich in Caspars Vierteljahrschrift Band 9 S. 72: „Es muss eine Anhäufung des Blutes in anderen Organen erfolgen, wenn das Thier, wie es der Talmud verordnet (im Talmud findet sich eine Vorschrift dieser Procedur nicht, erst in späterer Zeit, zuerst bei Raschi Chul. 32a, finden wir sie), sobald es nach dem Einschneiden der Kehle oder des Schlundes nicht stirbt, todtgeschlagen wird. Nothwendigerweise müssen hier Blutungen in inneren Organen, Anhäufung von Blut im Gehirn und dessen Gefässen entstehen " Man könnte also sagen, Ture Sahab hat in Dr. Niemann einen Anhänger für sich, einen Gegner gegen Raschi gefunden.

[2]) Das האדם, wenn anders Nachmanides wirklich dies Wort geschrieben, würde seinem Humanismus zu grosser Ehre gereichen, dass er nämlich nicht engherzig ausschliesslich an den Israeliten denkt.

קדש בעבור שתהיי ראויים לי לדבקה בי שאני קדוש לפיכך לא תגעלו
נפשתיכם באכילתכם הדברים המתועבים וכך אמר אל תשקצו את
נפשתיכם בכל שרץ .... והתקדשתם. Nur der Ausdruck וגות עובי
„Ueberfüllung" und „Crassheit" scheinen uns hier durchaus nicht
zutreffend. Aehnlich, wie über טרפה, äussert er sich über נבלה
welches er zu 5. M. XIV, 3 לא האבל כל תיעבה hineinzieht.[1]).
Er hält also auch in diesem Punkte das theokratische Motiv fest,
obgleich er die Worte כי עם קדוש אתה לד' אלהיך (fälschlich) zu
לא תבשל גדי בחלב אמו zieht. Um so auffallender ist sein Widerspruch mit sich selber, wenn er in 5. M. XIV dem טרפה-Verbot
lediglich und ausschliesslich einen diätetischen Beweggrund unter-
legt und meint, טרפה sei hier, 5. M., darum nicht angeführt,
weil es keine תיעבה, kein Geräuel, sei. Es sei nur verboten, weil
das in טרפה enthaltene Gift und dgl. Gefahr für die Gesundheit
mit sich bringen. Seine Worte lauten: ולא הוכיר הטדפה שאינה
תיעבה[2]) אבל נאסרה מפני הארם או החולי הממית שלא יזיק מאכליו
Ist dies aber der Sinn der Schrift: „Ihr sollt heilige Leute sein?"

R. M. Hakohen, in dessen Namen A. b. E. dieses Motiv mittheilt, hält den theokratischen Standpunkt aufrecht und führt den
diätetischen Grund nur wegen des לבלב תשליכון אותו an, näml.
um zu erklären, weshalb es nicht dem נכרי oder גר gegeben
werden darf.

R. Ahron Halevi, im Chinuch begründet das Verbot von טרפה
unumwunden als eine sanitäre Institution. Alles, so sagt er, uns
als טרפה Verpönte ist der Gesundheit nachtheilig, § 73: יודע
הדבר מדרכי הרפואה שבשר כל הטרפות האסורות לנו מוליד הפסד

---

[1]) Passen seine wohlbegründeten Worte aber auch nur im Geringsten
auf das rabbinische נבלה, auf einen Verstoss gegen die 5 rabbinischen Schlachtregeln? Wird der Mensch wirklich „sittlich und
leiblich depravirt", wenn er Fleisch von einem Thiere geniesst,
welches, da es nicht streng rituell geschlachtet, brevi manu von den
Rabbinen für נבלה erklärt wird?

[2]) Da sind wir doch orthodoxer als Nachmanides; wir halten טרפה
allerdings für תיעבה, für etwas, das den civilisirten Menschen anwidert,
und darum nur dem Hunde vorgeworfen werden soll, freilich nur טרפה
nach dem Sinne der Schrift, nicht nach der Fiction des Talmud.

אל גזף אוכלו שהטרפה מיתה חל־ בבהמה. Man muss sich wundern, dass der streng orthodoxe Rabbi das ואישי קדש תהיון ל־ der Schrift so schlechtweg und gänzlich ignorirt. Die entschlossenste Neologie und Kritik würde kaum so weit gehen. Zwar bringt er auch einen ethischen Grund mit dem sanitären in Verbindung. Er schreibt: was dem Leibe, der Hülle, dem Gefässe der Seele nachtheilig ist, schädigt gewissermassen auch die Seele לפי שהגוף כל־ לנפש ובי תעשה פעולתה ...וכמי כן בהיות בגוף שום הפסד מאיזה ענין שיהיה תתבטל פעולת השכל כפי איתי הפסד וע"ב הרחיקתנו התורה השלמה.
Aber R. Ahron hätte besser gethan, die eben citirten ansprechenden Worte auf die hier oben angeführten folgen zu lassen, anstatt es umgekehrt zu machen. Wäre aber sein sanitäres Motiv an und für sich das unzweifelhaft schriftgemässe, so bedürfte es wahrlich keiner anderweitigen Begründung mit „der Verpflanzung der Leibes-krankheiten auf die Psyche". Die Rücksicht auf die leibliche Ge-sundheit wäre an sich schon wichtig und entscheidend genug. Absolut aber müssen wir vollends die folgende Bemerkung zurück-weisen, die nämlich, dass bei „allen" verbotenen Speisen das Motiv vom schädlichen Einfluss auf Leib und Geist vorwalte: ועל הדרך הזה לפי הפשט נאמר שבא לנו האיסור בתורה בכל מאכלות האסורות ואם יש מהן נידע שאין נידע לנו ולא לחכמי הרפואה נוקן. Wie, fragen wir, bei allen verbotenen Speisen ist dieser körperlich-seelische Gesundheitsgrund vorwaltend? Heben wir nur 3 Speise-verbote hervor: גיד הנשה soll ja lediglich an Jakobs Ringkampf er-innern. Bei בשר בחלב oder vielmehr גדי בחלב אמו ist auch das Zubereiten, nach den Rabbinen sogar die Nutzniessung, wobei gewiss kein sanitäres Motiv vorliegen kann, untersagt. Bei חֵלֶב giebt die Schrift als Grund an: כל חלב לד': „es ist verboten, weil es Gott gehöre, מוכן לגבוה." Nein, wir können es nicht oft genug wiederholen: die Speisegesetze sind nicht summarisch nach der Schablone zu behandeln. Der deutliche Ausspruch der Bibel selber oder der Zusammenhang mit anderen Gesetzen, in denen sich ein Speisegesetz befindet, lässt bei dem einen dies, bei dem anderen ein anderes Motiv erkennen. — Für איסור נבלה macht A. Halewi sein oben angeführtes טרפה-Motiv geltend. Sofern darin auch, auf talmudischem Standpunkte, das Verbot nicht rituell geschlachteter

Thiere einbegriffen ist, was wir auf biblischem Standpunkte oben
entschieden in Abrede gestellt, verweist er auf § 451, wo er das
Schächten damit motivirt, dass dadurch das Blut besser ausfliessen
kann [1]). Da aber natürlich dieser Grund nicht für alle minutiösen
Schlachtvorschriften ausreichen würde, so giebt er auch als solchen
die möglichste Schonung des Thieres an [2]). Was gegen dieses
letztere zu erinnern ist, wurde schon oben vielfach erörtert. Und
wie wäre es denn, wenn die heutige Veterinärkunde und vervoll-
kommnete Mechanik eine leichtere Tödtungsart ausfindig gemacht?
Wie würde sich dazu der Talmudismus verhalten? Aber nein!
Lediglich ausschliesslich Schonung für die Thiere war nicht das
Schlachtmotiv, sondern vorherrschend das bessere Ausströmen des
Blutes und nicht durch den Anblick clownartig ausgeholter Hiebe
das menschliche Herz zu verhärten.

Ganz unbefriedigend ist, was R. Levi ben Gerson [3]) vorbringt:

יאמר קדש הדין לי . . . בשר שיצא חוץ למחיצתו כמו הבכור שיצא
חוץ לחומת ירושלים וכמו הפסח שיצא חוץ מהחבורה ומה שידמה
להם([4]. Dies ist ihm, wie der Gem., der Sinn von טרפה בשדה ובשר!!
Er fügt hinzu: Nachdem uns der Genuss dessen untersagt ist, was
nicht dem Leibe, sondern der Seele schädlich ist, wird uns ein
Genuss verboten, nämlich טרפה der dem Körper nachtheilig ist:

---

[1]) Das scheint mir im Sinne der Schrift allerdings zutreffend.
Warum ist aber alsdann nach der Mischnah Chul. 33a, wenn beim
Schlachten gar kein Blut ausgeflossen, der Genuss des Fleisches dennoch
gestattet? השוחט בהמה היה ושף ולא יצא מהם דם בשר'. Freilich wissen
sich die Commentare nach ihrer Weise zu helfen; cf. שך י"ד ס"ק ב"ם
nach Raschba. Vgl. die interessante Abhandlung Prof. Sommers „über
das Aposteldecret (Apostelgesch. XV.) bezügl. des πνικτός „Ersticktes" in
„Theol. Studien aus Ostpreussen" 1887 Band 1.)

[2]) § 451 יאמר ג"כ עלצד הפשט כי מצות השחיטה היא לפי שידוש בי
מהצואר יצא דם תוך יותר .יעוד נאמר בטעם השחיטה מן הצואר יבטבין בדוק
כדי שלא נעשה בעלי חחיים יותר מראי בי התירה התירן לאדם למעלתו ליון
מהם ולכל צרכיו ולא לצערם הם.

[3]) Nach Gem. Chul. 68, Zebach 82, Mack. 18.

[4]) Solche Schrift-Verdrehung (nicht Erklärung), wie sie im Talmud
nur zu häufig, empört wahrlich unser exegetisches Gewissen, oder wir
müssen manchen rabbinischen Autoren jedes Verständniss und Erfassen
des einfachen Schriftsinnes gänzlich absprechen.

וחוזר בראשונה במה שאין שאין בי נזק לגוף כי אם לנפש והיא אכילה
הבשר שיצא חיק י החפעלת המעיי מהם היא מצד . . . כי החפעלת המעיי למחיצתו
הנפש ואח״כ החוזר במה שיש בו נזק לגוף והיא אכילת הטרפה. Wie
wird hier der einfache, klare Wortsinn verdunkelt, verrenkt und entstellt! עד מתי אתם מעותים וכו׳ — Richtig dagegen, schrift- und
sachgemäss äussert sich unser Autor zu 5. M. XIV, 21 bezüglich נבלה:
nämlich: כי עם קדוש אתה ולזה ראוי שתתקדש עצמך בעניני המאכלים
לא תתגאל במאכלים הרעים ומגנים. Und doch verfällt er wieder in
seinen תוצליות, wie sein Vorgänger, auf ein sanitäres Motiv: הזהרתני
התורה מאכיל הבהמה המתה שהיא בלתי שחוטה לפי שבבר קרה
על הריב במתה שהיה תלה ודיו מיק לאובל. Sodann aber
wird angegeben, נבלה sei verboten. um das Gebot von שחיטה auszuführen, וחטני היא לקים מצות שחיטה, — was gewiss die Sache
auf den Kopf stellen heisst. Denn נבלה ist nicht verboten, damit
man das Gebot des Schlachtens erfüllen kann, sondern, nach talmudischer Auffassung, das Schlachten ist geboten, weil jede andere
Tödtungsart das Thier zu נבלה machen würde. So werden also
in einem Athem drei Motive angegeben, von denen aber nur eins
richtig und im Sinne der Schrift ist.

Abravanel ist fast nur das Echo des oben citirten R. A. Halewi[1]),
verfällt ebenso in dessen Irrthum und widerspricht sich ausserdem
selber, wie wir dies auch seeben bei R. L. b. Gerson nachgewiesen.
Er sagt zu 2 M. XXII, 30: Die verbotenen Speisen im Allgemeinen[2])
sind der Seele nachtheilig: לפי שהמאכלים הרעים שאסרה התורה
אותם מולידים בנפש משגים נשחתים ומדות פחותות Dann wieder

---

[1]) Auf keinem anderen Literaturgebiete mögen Plagiate so häufig,
wie auf dem unsrigen sein, was ja gerade an theologischen Schriftstellern sehr auffallen muss. Wahrscheinlich haben sich Manche, was
ihnen besonders zusagte, excerpirt, ohne sich den Autor zu notiren,
oder es hat sich ihrem ausgezeichnet beanlagten Gedächtnisse dauernd
eingeprägt; sie vergassen später den Ursprung und hielten das Excerpirte
oder Memorirte für ihr geistiges Eigenthum. Bekanntlich ist das Gedächtniss für Sachen, Namen, Daten u. s. w. in verschiedenen Personen
verschieden. Manche, die oft ganze Seiten eines Schriftstellers wörtlich
citiren können, haben für Namen und Zeitepochen und vice versa häufig
nur sehr schwache Erinnerungen.

[2]) S. ob 276 unsere Gegenbemerkung.

das hygienische Motiv von Gift: כי הטרפה השליכה הבהמה הטורפת
וזכר הכלב. . . ואיל' לא מצא In seiner Aeusserung: בה סם המות
כותי או גר למברה לו dass man nur in Ermanglung eines גר oder
נכרי das Zerrissene dem Hunde vorwerfen solle, zeigte er sich aber
weniger human, als der schon oft citirte R. M. Hakohen, der ge-
sundheitsschädliche Speise auch dem Heiden zu verabreichen für
verboten hält.

Zum Schlusse dieser Erörterung wollen wir bezüglich des
talmudisch definirten Begriffs von נבלה nämlich בשחיטה כל שנפסלה
נבלה ein Curiosum aus ילקוט שמעי N. 535 anführen: בהמות
ולייתן . . . לעתיד לבוא . . . כיצד הן נשחטין בהמות נתן (צ'ל נתק)
הלייתן בן קרני וניחרו ולייתן נתן (צ'ל נתק) לבהמות בסנפירו וקרעו
והצדיקים אומרים שחיטה זו כשרה היא ולא בן תנין הכל שוחטין
ובכל שוחטין דין . . . מפני שהן חנקין? אמר הקב'ה תורה חדשה
מאתי תצא תורה חידוש תצא מאתי — Vgl. die Variation im Midrasch
Jelamdenu zu Schemini: תדע שלא נצטוה השחיטה הזו אלא בד'
לצרוף את ישראל כי לעתיד לבוא עושה סעודה לצדיקים מן הבהמה
ולייתן ואין שם שחיטה. תדע לך לייתן בריה משונה היא ואם הם זורקן
עליו כמה רחמים (צ'ל רמחים) של ברזל כתבן הוא חושבן וכן בהמות
שדה קשה . . . וכיבן הן נשחטין אלא זה וזה לזה מודווגין שניהם . . .
בהמות יש בלייתן ואוהו בקרניו ובוקע לייתן והפך והיה מתתי
שמכה אותו בזנבו והורגו והצדיקים הולכים ונוטלין מניות מכאן שחיטה
אלא בשביל לבדוק ולצרוף את ישראל Dasselbe in etwas ab-
weichender Form findet sich in demselben Midrasch zu Reeh: א'ל
הקב'ה לישראל חייכם ליעו'ב אתם איכלים מאותם שאין נשחטין
מבהמות ולייתן שכתוב בהן אחר באחד דבוקן (צ'ל יגשו Muss man
nicht über solche Auslassungen, ich möchte sagen Ausgelassenheit,
possenhafte Causerien der sogenannten Säulen und Fundamente des
rabbinisch-traditionellen Judenthums erstaunt, verblüfft, entsetzt da-
stehen?! Waren diese Aeusserungen ernst gemeint, während der
Talmudismus über die Schächtvorschriften Himmel und Erde in Bewegung setzt, über dieselben Schächtvorschriften, die in diesen Citaten
von ihm für spätere Zeiten ausser Cours, auf den Aussterbeetat
gesetzt, förmlich durchgehechelt werden? Und wie kommt es, dass
unsere Talmudheroen älterer und späterer Zeit sich damit begnügen,
jene Phantasmagorien vielleicht im Stillen zu belächeln, anstatt vielmehr

über derartige idiotische Narreteien die ganze Schale ihres Zornes auszugiessen, mit dem sie doch für die geringste Reform, die unwesentlichste מ״צ-Abrogirung so schnell bei der Hand sind?

Wir gehen nun zur Erörterung der anderen Gesichtspunkte über und können auch sie, wie dies ebenfalls bei den früher untersuchten Speisegesetzen der Fall war, um so kürzer fassen, als die bisher namhaft gemachten Seiten des טרפה- und נבלה-Verbotes eine ziemlich eingehende und umfassende Besprechung von uns erfahren haben.

C. Antiquarischer Gesichtspunkt.

In dieser Hinsicht darf wohl unbedingt vorausgesetzt werden, dass jedes civilisirte Volk des Alterthums sich des Genusses „gefallener" oder „von Raubthieren zerfleischter" Animalien enthalten habe, wenn auch darüber kein ausdrückliches Verbot oder keine bestimmte Nachricht in seinem Schriftthum oder Codex sich finden sollte. Jeder nur einigermassen gesittete Mensch empfindet vor solcher Speise Abscheu und Ekel [1]). Es kann jedoch nicht auffallen, dass der Mosaismus sich trotzdem veranlasst sah, נבלה und טרפה (in unserem, d. h. im eigentlichen Sinne) speciell und mit Nachdruck zu untersagen. Muss doch jedes umsichtige Gesetzbuch auf so manches grobe unqualificirbare und unnatürliche Verbrechen, vor dem jeder Culturmensch instinctiv zurückschaudert und sich entsetzt, verbreiten und mit Strafe belegen, schon der brutaleren Minorität wegen, und auch wohl, weil von spitzfindigen Casuisten oder dem elastischen Gewissen von dem Nichterwähntsein eines Gesetzes leicht auf dessen Erlaubtsein oder Straflosigkeit geschlossen werden könnte. Zudem kann es ja kommen, dass humanere Individuen oder ein cultivirtes Volk vorübergehend oder für längere Dauer in eine uncivilisirte Mitte versetzt werden, in welcher gewisse Geschmacks- oder nobele Vergehen gar nicht als solche angesehen und demgemäss ohne Scheu begangen werden. [2]) So war es denn keineswegs überflüssig, dass der Mosaismus נבלה und טרפה

---

[1]) S. Note e) am Schluss des Art. S. 290.

[2]) Gerechte, humane Menschen mögen auch an die Orgien denken, die jetzt die nobele Passion des modernen Antisemitismus feiern.

verpönt, obgleich auch andere ästhetisch und intellectuell vorgeschrittene Völker einen Horror davor hatten. Was relativ überflüssig
scheint, muss darum noch nicht positiv sein. Promulgtrt ja die
biblische Urkunde den Israeliten auch noch ganz besonders die sogenannten שבע מצות, obgleich diese, nach dem Talmud, bereits
von den בני נח gekannt waren.

Was wir nun hier über den gedachten Gegenstand generell
als wahrscheinlich vermuthen, ist für die Zeit des Phokylides[1] als
allgemeine Volkssitte, namentlich in Rom und Griechenland, thatsächlich erwiesen. Bernays in seiner Schrift „Ueber das phoky-
lidische Gedicht" schliesst mit vollem Recht, dass Phokylides sich
in demselben, welches er für Griechen und Römer schrieb, durch
seine Mahnung gegen den Genuss von gefallenem und von Raubthieren zerfleischtem Vieh „als Juden" verrathen und so seinen
Zweck verfehlt haben würde, wenn die Volkssitte für diese Abmahnung nicht bereits vorgearbeitet hätte. Nur dadurch erkläre
es sich, dass er dieselbe wagen konnte, obgleich er es sonst in
seinem Gedichte strengstens vermied, sich als Juden erkennen zu
lassen und aus demselben Grunde die Fülle der mosaischen Cere-
monialverbote darin ignorirte. Phokylides Worte lauten, V. 145—149:

Ἐγκρατὲς ἦτορ ἔχειν. τῶν λωβητῶν δ' ἀπέχεσθαι
μὴ κτήνους θνητοῖο βορὴν κατὰ λίτραν ἕλῃαι
μηδέτι θηρόβορον ὁσίῃ κρέας. ἀργίποσιν δὲ
Λείψανα λεῖπε κυσίν[2]) θηρῶν ἄπο θῆρες ἔδονται.

Hören wir die äusserst lehrreiche Erörterung des Bernays
(S. XXIX): „Diese zwei Speiseverbote haben freilich so unein-
geschränkt, wie sie Phok. nach dem Pentateuch aufstellt, nie bei
einem anderen als dem jüdischen Volke dauernde Beobachtung gefunden; aber auch hier wieder bot die griechisch-römische und die
allgemeine Völkersitte doch Anhaltspunkte genug dar. Spuren
eines gewissen Abscheues vor von verendetem Vieh Herrührendem
(κενέβρια) finden sich vielfach bei den Klassikern, in einer römischen

---

[1]) Sein Zeitalter wird von den früheren Alterthumsforschern verschieden angegeben. Bernays machte es probabel, dass der terminus
a quo Ptolemaeus Philometor (181a C.), der ad quem Nero (54p. C·) ist.

[2]) Also das biblische לבלב השלכון אתי

Priesterregel wird verboten: Schuhe und Sohlen aus der Haut gefallenen Viehes zu tragen, wie Alles, was eines natürlichen Todes
verendet, etwas Unheimliches an sich hat. Festus (s. v. Mortuae):
mortuae pecudis corio calceos aut soleas fieri flaminicis nefas habetur,
sed aut occisae alioquin aut immolatae, quoniam sua morte exstincta
omnia funesta sunt. Vgl. Chul. 94a לא יםבוד אדם לחבירו סנדל. wozu

Raschi שמא מחמת ישיבת נחש) מתה והישאר נבלץ בבטר׳ שׁל מתה בכלל שׁל היה שחיטה מפני שמתעהו ומפני הסכנה. In dem
apostolischen Kanon (p. 26, ed. Buns [2]) wird Degradation darauf
gesetzt, wenn ein Bischof, Presbyter oder sonst einer aus der
Priestermatrikel θηριάλωτον ἤ θνησιμαῖον esse." [3]

Und dass man, führt Bernays fort, sich dessen enthalten solle,
worin schon die Klauen eines Raubthieres gewühlt haben, durfte
Phokylides um so unbedenklicher zumuthen, je seltener derartige
Fälle in Frage kommen, und je mehr ein feineres menschliches
Gefühl auch ohne ausdrückliches Gebot vor solcher Tischgemeinschaft mit den Carnivoren von selbst sich sträubt. Dieser ethische
oder ästhetische Gesichtspunkt wird denn auch zum Schlusse noch
hervorgehoben. Man sollte, heisst es bei Phokylides, dergleichen

---

[1]) Es ist doch sehr auffallend, dass unsere Exegeten der סכנה
immer nur als Motiv fürs שרפה-, nie aber für's נבלה:-Verbot erwäbnen,
obgleich sie doch gerade hier am Talmud eine Stütze haben.

[2]) Es wundert mich, dass Buns nicht das Neue Testament selbst
anführt. Apostelgesch. XV, 20 u. 29 und XXI, 25 heisst es ja: ἐπιστείλαι
αὐτοὺς τοῦ ἀπέχεσθαι ἀπὸ τοῦ πνικτοῦ. — Calmet (Bibl. Wörterb., Th. III,
Art. Speisen, S. 1026) berichtet: Noch im 11. Jahrhundert unter Papst
Leo IX. bezeugt Cardinal Humbert, dass man sich in der Kirche des
Fleisches solcher Thiere enthalte, die durch Nachlässigkeit des Menschen
erstickt oder von selbst gestorben sind. Augustinus hatte zwar lange
vor diesem den Unterschied betreffs der Fleischspeisen weit milder betrachtet. Doch selbst im 17. Jahrhundert waren Salmasius, G. Vossius
und Grotius der Ansicht, dass das Verbot des Blutes (und darum wohl
auch der erstickten Thiere) noch fortdauert, und Gieseler, Kirchenge-
schichte, citirt von Delitzsch: Der Genuss von Ersticktem ist einer der
Hauptvorwürfe der griechischen Kirche gegen die lateinische

[3]) Bemerkenswerthe Uebereinstimmung mit 3. M. XXII, 8; Ezechiel.
XLIV, 31; s. ob.

Abhub (λείψανα) von der Tafel der Raubthiere den Hunden geben; denn nur Thiere essen, was Thiere übrig gelassen (θηρῶν ἄπο θῆρες ἔδονται).

Genügsam bekannt ist auch, dass Mohammed bei seinen Landsleuten Speiseverbote vorgefunden hat, die er aufhebt; doch verbietet er ihnen u. A. den Genuss des Erstickten, durch einen Schlag oder Fall oder durch die Hörner eines anderen Thieres Getödteten und des von wilden Thieren Zerissenen. „In dem, was mir geoffenbart wurde, finde ich weiter nichts verboten zu essen, als das von selbst Gestorbene" . . . (Koran, Sure VI; vgl. Sure V). Ob Mohammed, der ja aus dem Judenthum schöpfte, dieses Verbot erst einführte oder als vorgefunden beibehielt, ist fraglich. Für letzteres spricht der Wortlaut von Sure III: „Ihr Gläubigen, geniesset des Guten, das wir euch zur Nahrung gegeben, und danket Gott dafür; euch ist nur verboten, Gestorbenes u. s. w."

Aber auch für die Vorschrift des Schlachtens findet sich, wenigstens bezüglich der Opferthiere[1]), eine Analogie bei alten Völkern. Von den Griechen ist dies ausdrücklich berichtet; sie schlachteten ihre Opferthiere schon deshalb, um das Blut aufzufangen und zu sprengen. Und dass auch bei den Römern die Schlachtweise üblich war, beweist der lateinische Ausdruck für dieselbe: iugulare, abkehlen, die Kehle durchschneiden.

Das Gleiche war, nach Chwolsohn (Szabier II) bei den Sabiern der Fall; bei ihren Opferthieren mussten Kehle und Halsadern (s. ob.) durchschnitten werden.

Noch eine andere Analogie. Wie im ehemaligen Israel, so untersuchten auch die Priester der Griechen und namentlich der Römer ob eximia, egregia[2]) sacrificia minus fausta. Aemilius Paulus musste 20, Caesar 100 Thiere schlachten, ehe sie ein vollkommen fehlerfreies fanden. Auch durfte die Opferhandlung durch keinen

---

[1]) Unsere Meinung darüber haben wir bereits oben ausgesprochen: Wahrscheinlich war ein Schlachtritus für Opfer schon sehr früh vorherrschend; für profane Speisen wurde er erst später eingeführt.

[2]) Also = מום בו אין המים der mosaischen Gesetzgebung.

störenden Auftritt unterbrochen werden (שׁחרית?), weshalb die Opferthiere ganz locker zum Altar geleitet werden mussten.

Es mag hier noch erwähnt werden, dass die Karäer bei den
Fischen zwar nicht die rituelle Vieh- oder Geflügel-Schlachtweise
vorschreiben, aber doch mit unserer Art, jene zu tödten, nicht durchweg übereinstimmen. Sie äussern sich darüber wie folgt: ובהיות
שׁאבלים הדגים נ״י אסיפה שׁהיא הצדייה ברשת במכמר או בחכה
נ״כ הדגים המוכים במלוג (וצ״ל במולג) וכל כייצא בהם אסורים להאכל

D. Dietätischer Gesichtspunkt.

Es ist unzweifelhaft, dass nach dieser, der dietätischen, Seite
hin das in Rede stehende Speisegesetz von טרפה und נבלה im
Allgemeinen von überaus wohlthätiger Einwirkung ist. Denn die
divergirendsten Meinungen müssen darin übereinstimmen, dass nur
die Nahrung von gesundem Vieh dem Menschen zuträglich sei.
In dieser Hinsicht ist nun zwar in allen modernen Staaten von der
Gesundheitspolizei bereits so manche löbliche Anordnung getroffen
worden. Indessen lassen die behördlicherseits ergehenden oder er-
gangenen Bestimmungen und Massnahmen zum Schutze des Fleisch
verzehrenden Publikums noch Vieles zu wünschen übrig. Und so
lange wir einer staatsgesetzlichen strengen polizeilichen Ueberwachung aller feilgebotenen Fleischnahrung, der sogen. Fleischschau,
entbehren, ist das rituelle Schlachten der Vierfüssler schon um
dessentwillen zu empfehlen, damit wir wenigstens die Ueberzeugung
haben, dass nicht gefallenes Vieh in den Verschleiss kommt[1]).
Doch ist es mit der rabbinischen Uebertreibung, den vielen werth-
losen Erweiterungen und unmotivirten Erschwerungen[2]) des Ritual-

[1]) Inzwischen ist im deutschen Reichstage ein Antrag eingebracht
worden, der zum Theil schon zum Gesetz erhoben ist: „Verbot des Ver-
kaufs und Feilhaltens von kranken Thieren zum Zwecke des Schlachtens;
Anordnung der Untersuchung des Schlachtviehes und des Fleisches."

[2]) Steinschneider in Geiger's Zeitsch. I, S. 232 (Jahrg. 1862)
sagt: „Wer aus dem halben Hundert und darüber der Bearbeitungen des
Compendiums von Jakob Weil über das Schlachten der Thiere das erste
beste herausgreift und durchliest, der wird leicht zu der Frage gedrängt:
Wie ist es nur möglich, dass ein einfaches, der Empfindung des Menschen

codex ein Anderes. Durch diese wird nicht allein die Alltagsroutine
des israelitischen Lebens nutzlos erschwert, sondern auch den
weniger bemittelten Familien, namentlich in den diesbezüglich
hilfsloseren Dörfern, der Fleischgenuss erheblich verringert und
dadurch indirect Gesundheitsnachtheil zugefügt.

Doch, wie wir bereits oben gezeigt, berühren sich im Talmud
auch auf diesem Gebiete die schärfsten Gegensätze, und wir müssen
gegen seine gefahrdrohende Suffisance oder Indulgenz in manchen
Fällen entschiedenen Protest erheben. Er ist gar nicht penibel in
der Erlaubnis des Genusses todtkranken Viehs (מסוכנת) und betrachtet die Enthaltsamkeit davon nur als überfrommes Gebahren,
מנהג חסידות. Und da fernerhin die Talmudisten von venerischen
Krankheiten nichts wussten, so findet sich das Verbot des Genusses
der mit solchen behafteten Thiere (Joreh Dea § 116, 6, angeführt
bei Ture sahab) erst später bei S. Lurja (im Jahre 1573). Daher
kommt es denn, dass nicht veterinärkundige Schächter auch in
unserer Zeit solche Fälle nicht so genau und strenge behandeln,
wie dieselben es erfordern, so dass bisweilen erst die Polizei derartig
inficirtes Fleisch mit Beschlag belegt.

E. Volkswirthschaftlicher Gesichtspunkt.

Wäre der biblische Standpunkt von טרפה und נבלה in seinen
eng gezogenen und rationellen Grenzen auch in der Gegenwart
rabbinischerseits festgehalten, so würde der pecuniäre Schaden, der
sich aus diesem Verbote ergäbe, thatsächlich ein sehr geringer,
kaum bemerkenswerther sein. Denn Vieh wird, in unseren Gegenden

so naheliegendes Gesetz sich zuletzt in eine geistige Einöde verwandle,
in welcher nur noch die spärlichen Oasen des Scharfsinns in Distinctionen
und Subdistinctionen die unverwüstliche Macht des Gedankens bekunden?
Die Antwort liegt freilich ebenso nahe, dass jede einseitge Ausspinnung
des Gesetzes ohne sichtbaren Zusammenhang mit den innersten Triebfedern des Geistes und ohne den belebenden Hauch allgemeiner Cultur
zu solchen Erscheinungen führe, wie sie die jüdische Halacha nicht
allein, wenn auch in ziemlichem Umfange, aufzuweisen hat, entsprechend
der durch äussere Schicksale verkümmerten Bildung und dem inneren
Drang nach geistiger Thätigkeit."

zumal, selten von wilden Thieren zerrissen; und wenn nicht Epidemien ausbrechen, so bleibt es in der Regel gesund und frisch, bis es rechtzeitig, ohne dass sein natürliches Verenden abgewartet wird, den für die menschliche Nahrung vorbereitenden Todesstreich erhält. Anders stellt sich aber die Sache, wie nicht ausdrücklich bemerkt zu werden braucht, durch die rabbinische Auffassung von טרפה und נבלה. Da werden denn, wie unsere obige Statistik (S. 258) gezeigt, die טרפה- und נבלה-Fälle minutiös und hundertfach vermehrt, und somit auch der financielle Verlust für den Einzelnen, den Haushalt und die Gesammtheit erheblich gesteigert. Ausserdem kann nicht ignorirt werden, dass namentlich durch die Unterhaltung eines eigenen Schächterinstituts jedem jüdischen Gemeindewesen grosse Ausgaben erwachsen, die für wichtige, edlere, versittlichende, erziehende und wohlthätige Zwecke Verwendung finden könnten. Wäre die weitausgesponnene rabbinische Gesetzgebung auf diesem Gebiete biblisch correct oder für das leibliche oder geistige Wohlbefinden auch nur irgendwie erspriesslich, so würden natürlich keine Geldopfer als zu gross befunden werden dürfen, wenn es gilt, die Autorität der Bibel oder die menschliche Gesundheit aufrechtzuerhalten und zu fördern. Beides ist aber erwiesenermassen nicht der Fall; darum ist es doppelt volkswirthschaftlich gesündigt, wenn in dieser Richtung Geldverluste auferlegt und getragen werden.

F. Interconfessioneller Gesichtspunkt.

Hier könnten wir eigentlich, um unnöthige Wiederholungen zu ersparen, auf dasjenige verweisen, was wir oben unter der gleichen Rubrik am Schlusse der Abhandlung über חלב anführten. Doch müssen wir es der Wichtigkeit des Gegenstandes wegen besonders betonen, obgleich es ganz und gar selbstverständlich ist für Jeden, der Augen hat zu sehen, Ohren zu hören und einen nüchternen, von Sophistik und hohler Schwärmerei freien Menschenverstand, um die Dinge in ihrem wahren Bestande, ·Werthe und Einflusse zu erfassen; — ich sage, um der tiefgreifenden Bedeutung unseres Gegenstandes willen sei speciell bemerkt, dass keines der anderen

Speisegesetze eine grössere (nachtheiligere) Wirkung auf den socialen Verkehr zwischen Israeliten und Nichtisraeliten ausgeübt hat und immer noch ausübt als gerade dieses, wie es die Extravaganzen des Rabbinismus gestaltet haben. Denken wir beispielsweise an die verbotenen **Thiere**, so kommen doch auf die nichtjüdische Tafel grösstentheils Speisen von erlaubten Thieren, an denen der Israelit Theil nehmen kann. Ebenso was den streng-biblischen Begriff von טרפה und נבלה anbetrifft, dürfen wir auch, zumal in unserer Zeit, dessen sicher sein, dass in anständigen geselligen Kreisen keine Fleischspeise verabreicht wird, welche von gefallenem oder wild-zerrissenem Viehe herrührt. Durch die gesetzliche Observanz des rabbinischen Schlachtritus hingegen ist uns aber leider jeder Fleischgenuss, auch die Taube, an nichtjüdischer Tafel verpönt und so das gemeinsame Mahl gestört, welches eines der bequemsten und oft sogar das geeignetste und einzige Mittel geselligen und communalen Umgangs und Verkehrs bildet. Nicht durch das Schächten an sich, sondern durch die rituelle Schlachtart mit all den minutiösen peinlichen Observanzen ist die stärkste Scheidewand in unserem socialen Verkehr mit Andersgläubigen aufgestellt. Wäre dieselbe nun ein wohlbegründetes Religionsgesetz des Judenthums oder von sanitärem Werthe, so könnte und dürfte dieses Moment, die gesellige Absonderung, uns nicht im Entferntesten beeinflussen. Da es aber keins von beiden ist, sondern nur das Ergebniss rabbinischer Kantschukinterpretation und Trieb nach Gesetzesausspinnungen, so müssen wir alles aufbieten, um diese so kostspielige Institution, die zugleich die schroffe Scheidewand des geselligen interconfessionellen Verkehrs bildet, zu beseitigen. Darin liegt der Schwerpunkt unseres Speisegesetzes und hierin ist es an der Zeit, Remedur eintreten zu lassen.

Freilich wissen wir sehr wohl, dass sich ohne diese Tausende und aber Tausende Israeliten sehr wohl zu helfen wissen. Sie setzen sich einfach über diese Speiseverbote hinweg, und selbst solche, die in ihrer Behausung in diesem Punkte noch skrupulös sind, scheuen sich doch nicht, wenn sie an patriotischen Festtafeln oder sonst in christlicher Gesellschaft sich befinden, an den allgemeinen Festessen theilzunehmen, weil es sie genirt, Aller Augen auf sie, die Nichtessenden, gerichtet zu haben. Doch die Willkür des Einzelnen und das Verfahren selbst einer grösseren Zahl von Israeliten ist keine befriedigende Lösung einer hochwichtigen Frage, welche die Stellung der Gesammtheit und die Auctorität des Religionsgesetzes betrifft. Nur eine auctoritative Erklärung, dass dieses lediglich von rabbinischer Fiction ausgedeutete Religionsgesetz jeder berechtigten Grundlage oder fortdauernden Verbindlichkeit entbehrt, kann Werth haben und Abhilfe schaffen, die Einzelnen rehabilitiren und die Gesammtheit auf einen correcten und festen Boden stellen (Das wäre eine verdienstliche That einer jüdischen Synode!!! worüber Näheres im Nachwort); ganz abgesehen davon, dass von jenen, die sich aus blosser Bequemlichkeit oder wegen finanzieller Vortheile leichten oder schweren Herzens über das Speisegesetz hinwegsetzen, das Kind mit dem Bade ausgeschüttelt wird und auch wirkliche biblische Speise- und auch andere Gesetze im Allgemeinen übertreten werden. Schon in Rücksicht auf dieses wichtige religiöse Moment sollten daher unsere heutigen Rabbinen das Wort eines uralten jüdischen Weisen beherzigen: „Man hüte sich, den Zaun um einen Garten höher als dessen Bäume aufzuführen, denn wenn heftige Stürme jenen niederwerfen, so werden auch diese, die des Gartens eigentlichen Werth ausmachen, durch den einstürzenden Zaun geschädigt und zerstört." Für die Erhaltung der wirklichen und segensvollen Speiseverbote sollten daher gewissenhafte und wissensklare jüdische Theologen eine energische und vernünftige Remedur schaffen. Es genügte vollauf und nach allen Richtungen, dass vermittelst eines guten feingeschliffenen Instruments[1]) von einer verständigen Person geführt, in die Kehle des Thieres derart geschnitten werde, dass einerseits das Blut zum Ausfliessen gebracht und andererseits dem Thiere nach Möglichkeit Schmerz erspart werde.[2]) Eines eigens zu diesem Behufe angestellten Schächters und sonstiger weitläufiger Apparate und rabbinisch-casuistischer Wissensschätze bedürfte es wahrlich nicht.

---

[1]) S. N. f) am Schlusse des Artikels, S. 291.

[2]) Siehe Note g) am Schlusse des Artikels, S. 291.

Noten zu Art. V. und VI.

a) zu S. 226. Zu unserer Stelle im Onkelos וּבשׂר טלִיש מן היתה בִּרָא bemerkt Luzzato im Oheb Ger: בְּי: כְּתִיב: בְּרָפִים שְׁשׂ – וּבּפָּרִיש תיא וּבשׂר טלִיש מן חיה בִּא יְבְּריב בְּסָפִים מן חיה חיא יְאֵינֵי נְבּוֹן, בְּי זֵה יְיחֵה אֵר מְיָּפֵב עַל לא הֵחִי מִן בְּ אֵבּ בְּסְבּיא עַל (Auch der Syrer fasst, beiläufig bemerkt, unsere Stelle fälschlich als הֵחִי מִ בּשׂר auf; er übersetzt רחִתִי (מן היוחא היתא Der Vorf. des 17. Briefes in חמֵד בְּרם בְּבֵם 5 (Rapoport?) will jene von Raschi controversirte Lesart rechtfertigen: בְּב אֵינְקלִיש בִּין לִימֵד רק לאשׂי בּשׂר מן הֵחִי לבֵב ולא לאשׂי, טָבְּה עֵי אֵרי כּלל, והְוֵר שֵׁעַל בל בְּסְבֵם בִּתִיה היבֵם תֵרם בְּתַיְיה בּשׂ. Es wäre dies aber um so auffallender, als weder nach R. Jochanan, noch nach R. Lakish (Chul. 102b) hier ausschliesslich מן הֵחִי בּשׂר, sondern jedenfalls auch הַטְרֵבֵ מִ בּשׂר involvirt ist. Es ist mir nicht zweifelhaft, dass die ursprüngliche und richtige Lesart in Onkelos die von Luzzato citirte ist, die sich auch in einigen von dem Letzteren gebrachten correcten Handschriften und Druckexemplaren wiederfindet. In der uns vorliegenden Raschi-Ausgabe herrscht ja eine so heillose Verwirrung, so viel Unverständliches, dass sich Irrthümer eingeschlichen haben müssen. Wie aber kam es, dass auch die falschen Lesarten einen breiten Platz gewonnen? Ich glaube den Schlüssel gefunden zu haben. Bekanntlich hat es sich Pseudo-Jonathan (gerade so wie R. S. R. Hirsch trotz seiner gegentheiligen Versicherung) zur Aufgabe gestellt und es als verdienstlich betrachtet, von dem einfachen Wortsinn der Schrift zu abstrahiren und alle talmudischen Meinungen und selbst Bizarrerien wiederzugeben, (und wie weit er darin geht, beweist auch seine famose Leistung zu 1. M. 37, 2 יְבָא יוסף אֵת רבֵם רבָם רעֵה, wo er die bekannte talmudische Legende wiedergiebt בּשׂרא דאבֵלי: תהמֵן בִּשׂרא יֵת אידיא יֵת רבִּא (דִיחלִיש מן היוא הֵיא יִת הֵיא). Man hat nun dieses Jonathansche בְּשׂר, דתלִיש (בּשׂ), womit er auch 1. M. IX, 4 וּנֵי – בּשׂ wiedergiebt, in unseren Onkelos eingeschwärzt, und Raschi, hierin ein כּסֵ עַל שׂרֵי הַסֵפֵם, commentirte bald nach der ursprünglichen Lesart des Onkelos, bald nach der eingeschwärzten des Jonathan.

b) zu Seite 240. Ueberhaupt sind noch manche schwierige Punkte, die wir bereits früher theilweise angedeutet, auf dem Grenzgebiete zwischen טֵרֵפֵ und נְבֵלה nicht geklärt. 2. M. kennt nicht נְבֵלה, 5. M. nicht טֵרֵפֵ; in Leviticus fehlt ein directes נְבֵלה-Verbot und ist immer nur von der hierdurch bewirkten levitischen Unreinheit die Rede. Dies, sowie dass 3. M. XXII, 8 und Ezech. IV, 14 u. XLIV, 31 das Verbot nur auf Priester eingeschränkt erscheint, drängen u. A. stark dahin, die Integrität der verschiedenen Pentateuchbücher in Frage zu stellen und die Autorschaft mancher Theile mit denen einer nachexilischen Epoche zu identificiren.

c) zu S. 251. Geiger, Jüd. Zeitschrift B. VII, S. 129 u. IX. S. 38 verfolgt im Anschluss an Mechilta, Sifre u. Gem. Menach. 29a seine

Ansicht über den Kampf der Pharisäer gegen die Sadducäer, der sich auch in den verschiedenen Versionen der jüngeren und älteren Halacha bezügl. des Schlachtritus abspiegele. Nach dieser habe die Schrift die קְדָשִׁים anfänglich nur für קֵדָשִׁים statuirt, und erst das Deuteron. übertrage sie auch auf חֻלִּין. Die jüngere Halacha vindicirt, im Sinne des Pharisäismus, der שְׁחִיטָה bei חֻלִּין denselben Ursprung wie bei קֵדָשִׁים und deutet das זְבַחְתָּ כַּאֲשֶׁר צִוִּיתִךָ auf die הִלְכוֹת שְׁחִיטָה ה s. dagegen o. S. 248—55

d) zu S. 269 הַטֻּמְאָה וְהַקְּדֻשָּׁה שֶׁנֵּי עִנְיָנִים הֵם בְּתוֹךְ זֶה לֹא יִמָּצֵא אֶחָד

אֶלָּא בְּהִמָּצֵא הֲרֵי וּמָקוֹם שֶׁאֵין קְדוּשָׁה אֵין טֻמְאָה כִּי עִנְיָן הַטֻּמְאָה אֵינוֹ בָּא דָּבָר

שֶׁאָמַר עַל בְּעָלָיו לִנְגֹעַ בְּדָבָר מְדֻבָּר עִנְיָן . . . הַקְּדוּשָׁה הַקְּדוּשָׁה יֵכֹר שֶׁאָמַר

עַל בְּעָלָיו בִּדְבָרִים הֵם שֶׁם דֵּעִים מִפְּרִישָׁם יֵשׁ מַה שֵׁם (וְרַב מֵהֶם?) תְּלוּם

אוֹתָם חֲבֵרֵי וְכָל הַשְּׁבִיעָה מֵעִנְיַן Der Commentator R. J. Muscato ist über die natürliche Consequenz dieser Worte sehr besorgt und erhebt dagegen entschiedenen Protest. Sicher hätte, wie wir dies ja auch bei so vielen anderen Schriftstellern wahrnehmen, R. J. Halewi selber Protest erhoben, wenn man aus seinen rationellen Erörterungen praktische Folgen hätte ziehen wollen. Er erinnert sich ja schnell auf sich selber und schränkt die natürliche Schlussfolge aus seinem vernünftigen Raisonnement mit dem Zusatz wieder ein מַה, שֶׁאָמַרְנוּ וְכֵי, und so namentlich in Bezug auf בְּלַע: — von שֶׁרֶץ schweigt er — mit den Worten: אָמְרָה וְכֵן

עָלֵינוּ הַבְלָע וְלֹא מִפְּנֵי טֻמְאָתָה וְהָרַא בָּאִישׁוֹ אֲבָל מִצְוָה הַבְלָע וְתָכֵי וְהַטֻּמְאָה

תֵּעָשֶׂה.

e) zu S. 280. Dass auch die Gemara bisweilen בֶּלַע und שֶׁרֶץ im richtigen, d. i. im eigentlichen Bibelsinne erfasst, ersieht man Bechor. 37 a : אֵלּוּ הֵ דְּבָרִים שֶׁהַגַּבָּאי קְצָה בָּהֶן כְּגוֹן בֶּלַע וְשֶׁרֶץ שְׁקָצִים יְמָשִׁים. Da es sich dort um ein Rechtsobject handelt, nämlich um die Erstattung des Kaufpreises für den Fall, dass man dem Käufer nicht angezeigt, man habe ihm שֶׁרֶץ בָּלַע verkauft, so könnte doch auf diese letzteren jener Ausspruch: אֶת לְהוֹ קָצָה בֵּין זְהוֹר שֶׁהַגַּבָּאי דְּבָרִים keine Anwendung haben, wenn hier unter בָּלַע und שֶׁרֶץ das zu verstehen wäre, was der Talmud sonst damit zu bezeichnen pflegt. Denn an den Substanzen, welche die talmudische Weiterung mit diesem Namen belegt, findet der Mensch keinen Widerwillen oder Ekel.

Ein Gleiches ergiebt sich aus Horioth 11a: הֲרֵי לְתֵיאָבֵי חֵלֶב אֲבָל

זֶה מֵהֶם, לְהַבְעִיס הֲרֵי זֶה צָדִיק וְאֵיּרוּ מִפְּנֵי דְּבַהֲתֵמָא צָדִיק הֲרֵי אִיסּוּר אִיכַל בֶּלַע

שְׁקָצִים יְמָשִׁים וְשֶׁרֶץ, weil hier vorauszusetzen ist, dass, da an diesen Speisen Ekel empfunden wird, man sie ja nicht aus Lüsternheit geniesse. Auch an dieser Stelle kann somit בֶּלַע וְשֶׁרֶץ nur im correcten Bibelbegriffe gemeint sein. Vgl. hierzu noch Tossaphoth Abod. Sara 26b:

נַבְלָה שֶׁמַּתָּה מֵחֲמַת חֻלִּי, וְטֶרֶפָה שֶׁנִּשְׁבְּרָה מִפִּרְקָתָה שְׁמָתָה הִלְכָבָה יַשְׁנָה רְאוּיָה

לַאֲכִילָה וְאִם לֹא אֲבָל אֶלָּא לִכְבוֹשׁ אֲבָל לֹא מִייְרֵי בִּשְׁעִשְׂתָּה בְּלֹא כֵּב (*) Welch

---

*) S. die Glosse des R. Jes. Berlin.

aufklärende Lection wird hier der Mischnah Chul. gegeben: שבת שבבלה
נבלה! כי שחיטה Dass das Meiste, was die Mischnah mit dem Namen
שחיטה belegte, wissenschaftlich oder doch sachlich und begrifflich correct
נבלה genannt werden müsste, haben wir bereits oben S. 221 erörtert.

f) zu S. 288. Man könnte fast glauben, dass der Rabbinismus,
wie mancher überspannte Sentimentalist, für das liebe Vieh mehr Mitgefühl hege, als wie für ein menschliches Wesen. Zum Schlachten eines
Thieres verlangt er, um demselben jeden unnöthigen Schmerz zu ersparen, die Anwendung eines Messers, das auf's feinste und scharten-
loseste geschliffen sein muss, ohne auch nur ein Atom einer Scharte
צצמית, die unter Tausenden nicht darauf Einexercirten auch nicht ein
Einziger herausfinden würde. Doch für die Beschneidung eines Kindes
stellt er den Gebrauch eines solchen möglichst vollkommenen Operations-
instruments keineswegs als unbedingte Vorschrift auf, obgleich grössere
Schmerzen und länger dauernde Wunden durch die Benutzung eines
weniger als zum Viehschlachten geprüften Instrumentes verursacht
werden.

g) zu S. 288.*) Da wir uns in dieser Abhandlung auch über den
Schlachtritus zu äussern hatten, so können wir nicht umhin, von
den Angriffen Notiz zu nehmen, die in den letzten Jahren von den sogenannten Thierschutzvereinen sowohl, wie von den Antisemiten gegen die
jüdische Viehschlachtweise gerichtet werden. 1) Was die antisemitischen
Wühlereien gegen das Schächten anbetrifft, so bedürfen sie keiner wissenschaftlichen Widerlegung. „Man merkt die Absicht und wird verstimmt."
Sie sehen Splitter in Anderer Augen, doch nicht die Balken in ihren
eigenen. Antisemiten meinen ja gar nicht das Vieh, sondern die Juden,
gegen welche die lächerlichsten Anklagen zu erheben, vergiftete Pfeile
zu schleudern ihrer wohlbekannten Tactik recht scheint. Die warm-
sprudelnde Humanität und unbegrenzte Nächstenliebe der rabiaten Judenfeinde sind ja klar und erkenntlich für jeden Rechtschaffenen und
Menschenfreund, wie das Sonnenlicht am heiteren Horizonte. Ein
Anderes ist es mit den Anklagen derjenigen Thierschutzvereinler, von
denen wir annehmen können, dass sie es wirklich, ohne jeden Hintergedanken, mit dem Vorwurf der Thierquälerei gegen den rabbinischen
Schlachtritus ernst meinen und eine schonendere Behandlung des Thieres
im Auge haben. Doch müssen wir es offen und ehrlich aussprechen,
dass ihre Philippiken, wenn auch wohlmeinend, so doch völlig ungerechtfertigt sind und nur ihrer mangelhaften Sachkenntniss entspringen
können. Denn der jüdische Schlachtritus nimmt ja in vieler Hinsicht
sogar eine ganz unnöthige, übertrieben zarte Rücksicht auf die Schlacht-
thiere, wie selbst ein oberflächliches Quellenstudium und flüchtigste Beobachtung der täglichen Praxis leicht erweisen. Auf eine andere

) Vgl. o. S. 246 die Note.

Species von Thierschützlern lässt sich sicherlich das Wort anwenden:
„Sie seigen Mücken und verschlingen Kameele." Warum erheben sie
nicht ihre Stimme gegen den noblen Jagdsport und nicht dagegen, dass
oft unschädliche, zahme Thiere stundenlang in Angst versetzt und kalt-
blütig zu Tode gehetzt werden, dass selbst gegen das sanfte Tauben-
geschlecht mit echter Waidmannslust grausames Spiel getrieben wird,
dass man für die raffinirte Gourmandie lebende Krebse qualvoll in
siedendem Waser absterben lässt? — Die rituelle Schlachtweise der Juden
ist dagegen, wie bereits hervorgehoben, auch von den massgebendsten
Korpyhäen auf dem Gebiete der Veterinärkunde und der allgemeinen Physiologie und Pathologie sehr günstig beurtheilt und als durchaus nicht
thierquälerisch befunden.

Obgleich solche competente und unparteiische Begutachtung die
ganze Antischlachtritus-Agitation als vollkommen grund- und zwecklos
erweist und daher als genügende Antwort auf diese brennende Frage
gelten darf, möchten wir doch

2) noch bemerken: Zugegeben selbst, dass durch das rituelle
Schlachten das Thier einen etwas grösseren und um wenige Secunden
längeren Schmerz erleidet, was dann? Steht der Mensch nicht höher,
als das Thier, und verdient die Schonung und Pflege seines sittlichen
und humanen Gefühls nicht grössere Beachtung, als der augenblickliche Schmerz, den das Thier empfinden mag? Man denke an die entsetzlichen, Anfangs erschütternden, später nach und nach abstumpfenden
und verhärtenden Wirkungen auf das menschliche Gemüth, welche die
dem Thiere versetzten heftigen und wiederholten Kopfschläge haben
müssen und haben! Man vergegenwärtige sich das seitens der Magd
beim Federvieh geübte brutale und brutalisirende Um- und Abdrehen
des Kopfes des armen Thierchens! Ist solchen Praktiken nicht eine
sanfte und doch sichere Anwendung des feingeschliffenen lückenlosen
Schlachtmessers in Rücksicht auf das Gefühl des Menschen bei Weitem
vorzuziehen? Was ruft der Apostel Paulus als Commentar zu 5 M. XXV, 4
(„Du sollst dem Ochsen beim Dreschen nicht den Mund verschliessen!")
in 1. Cor. IX, 9 u. 10 aus? „Ist das Gesetz etwa des Ochsen und nicht
vielmehr des Menschen wegen gegeben"? Der Staat gestattet ja auch,
und mit vollstem Rechte, die Vivisection, die doch unstreitig Thierquälerei à outrance ist. Warum? Der höheren Interessen und der be-
vorzugteren Ansprüche des Menschen wegen. Durch die Vivisection
wird die Heilkunde gefördert und in den Stand gesetzt, menschliches
Leben sicherer erhalten, menschlichen Schmerz besser stillen und ver-
kürzen zu können. Es ist also die Rücksicht für den Menschen, die in
den Augen eines erleuchteten und humanen Staates höher steht, als die
für das Thier. Und dieser Gesichtspunkt sollte auch vernünftigerweise
dazu leiten, die rituelle Schlachtmethode für unschädlicher und ge-

eigneter anzusehen, als die formidablen und barbarisirenden An- und
Eingriffe auf das thierische Leben, wie sie sonst, in einer Gegend
mehr, in anderer weniger, in Uebung sind.

3) Und dies führt uns endlich noch zu einem dritten Punkte. Der
Staat hat die Pflicht, Seelenpein seinen Angehörigen zu ersparen. Nun,
unzählige Israeliten würden sich in ihrem Gewissen tief verletzt und
beunruhigt fühlen, falls sie sich genöthigt sähen, Fleisch von Thieren
zu geniessen, die nicht nach rabbinisch ritueller Weise geschlachtet
sind. Die Mahnung der Glaubens- und Gewissensfreiheit und die Be-
schützung des Staatsangehörigen in seinen religiösen Scrupeln sollten
sicherlich höher stehen, als der vermeintliche etwas grössere, jedoch
unter allen Umständen schnell endende Schmerz des Thieres, der demselben aus dem jüdischen Schlachtritus möglicherweise erwachsen dürfte.
Dass viele freisinnige jüdische Theologen, ebenso wie intelligente Laien,
die rituelle Schlachtweise für nicht biblisch begründet, sondern nur
als rabbinische Vorschrift betrachten, ändert an der Sache nichts.
Eine grosse und wohl die bei weitem überwiegende Zahl der Israeliten
hält sich nun einmal an die rabbinische Satzung gebunden, und Gewissenszwang bleibt Gewissenswang. Für mich aber, nachdem ich die antisemitischen Thierschützler von meinen Rockschössen abgeschüttelt, ist,
wie ich kaum zu bemerken brauche, nach bestem Wissen und Gewissen,
die unparteiische Wahrheit an der Hand der wissenschaftlichen Untersuchung unseres Gegenstandes das leitende Princip, und der unmittelbare Erfolg für die rituelle Praxis steht für mich in zweiter Linie.
Unser leitender Gedanke, unser ceterum censeo war und ist Raschi zu
Chul. 17a: שצריכין אנו לעמוד על האמת ואיש שבבה עבד, „Die Wahrheit über
Alles!", wenn auch daraus kein unbedingtes oder kein sofortiges Resultat
für die Praxis sich ergeben sollte. Wir halten uns schon durch das
blosse Forschen nach Wahrheit belohnt und gehen über Raschis: „דריש
וקבל שכר" hinaus.

h) zu Seite 240. Betreffs der vermeintlichen Vergiftung von Seiten
der reissenden Thiere bemerkt der gewiegte Kenner der rabbinischen
Literatur, Herr Dr. med. J. Bergel: „Unter den sogenannten Raubthieren
befindet sich nicht ein einziges, dessen Krallen mit einem Gifte versehen wären. Jene Thiere, deren Biss lebensgefährlich wird, haben
hinter den Zähnen eine Giftdrüse, welche während des Bisses ausgedrückt
wird. Aber die genaueste Untersuchung konnte keinen ähnlichen Gift-
behälter in den Krallen entdecken. Die Talmudisten bezeichnen aber
dennoch ein von Raubthieren zerrissenes Thier דרוסה deswegen als
טרפה, weil beim Herausziehen der Krallen aus der eingeschlagenen Wunde
das tödtliche Gift in dieselbe eingespritzt wird*)." Ferner sagt Dr. B.:

---

*) Zu dem von uns oben gerügten — wie soll ich es nur benennen —

„Die Talmudisten wollen durchaus einen gleichartigen Krankheitsverlauf bei Menschen und Thieren nicht anerkennen und entschuldigen sich mit der Phrase: אדם אין רי ליה מזליה. Die tägliche Erfahrung widerspricht aber einem solchen Argumente. Die Organisation beider ist, bis auf einzelne der Gattung und Bestimmung entsprechende Modificationen, dieselbe!" i) Hören wir Dr. B. über einige Trefapunkte der Mischnah: נקב בית הקרום של מוח „die durchlöcherte Gehirnhaut" — soll ohne Weiteres zur טרפה machen, weil eine derartige Verletzung unbedingt lebensunfähig mache. „Die Folgen und die Tödtlichkeit bei Verletzungen des Gehirns werden aber meistens in hohem Grade überschätzt," bemerkt Brücke (Physiologie). Nur ein Beispiel: Ein junger Mann, dessen Gehirn nach einer Schädelverletzung öfters hervorquoll und abgetragen werden musste, heilte dennoch vollkommen, obwohl hier sämmtliche Gehirnhäute ebenfalls verletzt waren.

j) Ebenso verhält es sich nach Dr. Bergel gegen die Mischnah bezüglich ניקבו הדקין „Durchlöcherung der Dünndärme." Grössere, umfangreichere Verletzungen sind wohl unbedingt lebensgefährlich, theils der dadurch aufgehobenen vitalen Functionen wegen . . .; kleine Durchlöcherungen hingegen, besonders nach dem beliebten talmudischen במשהו — „Winzigkeit" — können nicht so leicht letal werden. Die Natur hat eine heilsame Vorkehrung getroffen, dass jede derartige Verletzung mittelst einer Auflage von Bindgewebe an irgend ein Nachbarorgan angeklebt und so für das ganze Leben unschuldig gemacht wird. Freilich sagen die Talmudisten קרום שעלה מחמת מכה אינה קרום „eine

———

Chauvinismus der mittelalterlichen und späteren Rabbinen auf dem Gebiete der Veterinairkunde füge ich noch die Worte unseres competenten Talmudisten und Medicus an: „. . . Da wir bereits gesehen, auf wie schwachen Füssen die zwei Wissenschaften „Physiologie und Anatomie" im Alterthum überhaupt, folglich auch bei den Talmudisten, gestanden haben, so können wir uns leicht denken, in welchem Zustande sich die damalige Pathologie, wenn sie einen solchen Namen verdient, befunden hat. Im Allgemeinen waren den Talmudisten grösstentheils nur solche krankhafte Zustände etwas näher bekannt, die durch irgend eine mechanische Verletzung oder durch fehlerhafte Entwickelung einzelner Körpertheile entstanden und auch dem unbewaffneten Auge sichtbar sind. Von den inneren Krankheiten hingegen hatten die Talmudisten die sonderbarsten Begriffe. Die hippokratische Krankheitslehre mit ihrer genauen Auffassung und Unterscheidung der Symptome scheint ihnen ganz fremd gewesen zu sein. Sie wussten wohl, dass jedes einzelne Organ erkranken kann, aber die Art und Verschiedenheit dieser Erkrankungen war ihnen unbekannt, daher ihre Krankheitsbenennungen gewöhnlich bloss generell sind.

Auflage von Bindgeweben sei nicht für die Dauer." Hier vermengt unser Dr. B. jedoch zwei verschiedene Fälle, den Fall, dass sich eine Oeffnung mit einer Haut überzieht und den Fall, dass irgend eine Oeffnung durch Anlehnung an ein angrenzendes Organ sich schliesst.

k) Dr B. führt fort: „In naher Verbindung mit der eben besprochenen Verletzung steht die in irgend einem Eingeweide vorgefundene Nadel, welche nach der Gem. oft das betreffende Thier zur Trefa macht. Auf welchem Wege immer die Nadel dahingelangt ist, sie musste vorher mehrere Organe durchlöchern, ohne irgend eine Lebensgefahr verursacht zu haben, und ebenso könnte sie lebenslänglich ohne Schaden auch dort verbleiben, wo sie ihren bleibenden Sitz aufgeschlagen hatte, was eine unbefangene Erfahrung vielfach nachweisen kann."

l) Dass הכליות ניטלו, bei einem „Defect der Nieren", nach dem Talmud, das Thier nicht zur Trefa macht, findet Dr. B. unbegreiflich. „Die Nieren," sagt er, „als die wichtigsten unentbehrlichen Reinigungsorgane des thierischen Organismus, können, ohne das Leben zu gefährden, nicht fehlen, und wirklich haben die Experimente von Prevost und Dumas gelehrt, dass nach Exstirpation beider Nieren der Tod schon nach einigen Tagen eintrat. Beim Abgange der einen Niere übernimmt die andere deren Function, und das Leben bleibt erhalten; aber der Verlust beider Nieren macht absolut letal, weil die Harnsecretion gänzlich unterbrochen ist!" Wir haben allerdings zu der heutigen Physiologie, Anatomie und Pathologie mehr Vertrauen, als zu der in der talmudischen Zeit und würden in diesem Punkt unbedingt noch jener entscheiden. Dagegen ist B. in dem vermeintlichen Widerspruch des R. Rachisch b. Papa ganz entschieden im Irrthum. S. Raschi zu Chul. 55a. Homo sum, nihil humani u. s. w. Ebenso dürfte der Einwand Dr. B's. gegen den Unterschied zwischen היבשה „Lungenschwund" oder „Vertrocknung יבש אם" durch menschlichen „mechanischen" Eingriff und יבש שמים durch „Einwirkung der Natur" nach unserer Motivirung, S. 256, seine Erledigung finden.

Der Schluss des Art. Dr. B.'s (Studien über die naturw. Kenntnisse des Talm. S. 41) lautet: „Es giebt im thierischen Organismus gewisse innere patholog. Vorgänge, welche sämmtlich, im Sinne des Talmuds, mit voller Berechtigung zu den טרפות gezählt werden könnten. Unsere Weisen hatten aber von derlei Vorgängen keine Ahnung, und dies zu unserem Glück; wir müssten sonst auf jeden Fleischgenuss verzichten." Ich glaube aber, die Talmudisten hätten sich bei ihren elastischen Maximen auf diesem Gebiete aus der Verlegenheit zu helfen gewusst: „man brauche nicht nach jenen inneren patholog. Vorgängen zu inquiriren", רוב בהמות כשרות „Die Mehrheit unter den Thieren bestehe aus gesunden, also zum Genusse erlaubten Thieren", wir entscheiden nach der Mehrheit, darum brauche man nicht nach jenen inneren pathologischen Vorgängen

zu inquiriren, Wer wollte, die Talmudisten wären dieser Maxime immer
treu geblieben! m). Zu S. 252 u. 253. Noch eine Erklärung zu dem viel ventilirten באשר צוך: Beim Sabbathsgesetz heisst es 5. M. V. 12 באשר
צוך ד' אלהיך, dies wird Gem. Sabb., 87ᵇ u. Synh. 56² erklärt: „wie Dir
bereits vor der sinaitischen Gesetzgebung, (zu Marah) befohlen worden.‟
So brauchen wir unser באשר צויתך weder mit der älteren Halachah zu erklären, באשר צויתך בקרבני, nämlich ושחטת את בן הבקר, noch weniger mit
der jüngeren מלמד שנצטוה משה בעל פה, sondern „wie Dir schon vor der
sinaitischen Gesetzgebung in den 7 noachischen Geboten befohlen worden,
kein אבר מן החי zu essen", und zwar in den Worten 1. M., 9, 4 אך בשר
בנפשו ... לא תאכלו, vgl. Ture Sahab gleich den Anfang zu Joreh Deah.
Das wäre also keine ketzerische Hypothese.

Corrigenda und Zusätze.

S. 127 zum Schluss der Note: „Da Levit. und Jechesk. das Verbot
des Genusses von נבלה וטרפה nur für Priester kennt, so kann unser
so sehr verzweifeltes fragliches Verbot nur den Sinn haben: obgleich
חלב נבלה וטרפה nicht opferfähig ראוי לגבוה ist, ist das Verspeisen
dennoch auf dem Nichtpriester verboten, weil es früher, bevor es נבלה
וטרפה geworden, מוכן לגבוה war und in diesem Betracht בקדושתו עומד:
dies Motiv für das fragliche Verbot ist doch aber ganz hinfällig, wenn
die Opfer überhaupt nicht mehr existiren.

S. 142 Soll eine Note 3 Folgendes sagen: Abr. glaubt (Jesch.
Mesch, Abschn. 3 den gründlichen Forscher, den die Wahrheit über alles
liebenden Albo mit den zelotischen Worten: לשנות בטיל באלהי ... יטב־ פ
דובר שקר widerlegt zu haben. Wäre Albo zur Zeit dieser Angriffe noch
am Leben gewesen, so wäre er seinen Gegnern die Antwort nicht schuldig
geblieben, aber אי משיבין את הארי לאחר מיתה das hätten die Zeloten sich
merken sollen. Wie unserem Albo erging es noch jedem Forscher, der aus
dem breitgetretenen Gleise heraustrat, der, unbeirrt und unbekümmert um
das Vorurtheil der Menschen, der Wahrheit, seiner Ueberzeugung und
damit auch Gott, dem Quell aller Wahrheit, die Ehre gab. Seine Angreifer
waren die spanischen Exulanten, und es liegt ja zum Theil in der menschlichen Natur, in der Schwäche des Menschen, dass er sich in Zeiten der
Religionsverfolgung an die vermeintliche heilige Satzung desto krampf-
hafter anklammernd, על ירקתא דמבאא sein Leben preis giebt, so bei
Israeliten, so bei Nichtisraeliten. Auch in unserer Zeit hat der leidige
Antisemitismus auch dies schwere Unheil zur Folge, dass jede fortschrittliche Bewegung, Synoden und fortschrittliche Rabbinenversamm-
lungen in Stagnation gerathen, jede noch so dringende Reform auf

religiösem Gebiete perhorrescirt wird. Wenn, wie wir hoffen dürfen, bessere
sociale Verhältnisse einkehren werden, müssen wir leider darauf gefasst
sein, dass diese mehrjährige Stagnation si·h furchtbar rächen, ein zu
beklagender Indifferentismus auf religiösem Gebiete eintreten wird, darum
יקים: אמת קנה ואל המכיר darum vor Allem יקים דין קנה את הדר,
„die Wahrheit über Alles"!

S. 186: Zu Zeile 5 v. u. gehört eine Note²) lautend: Gem. Kher. 22, 1
הגבלת בבשר הלב כיאר, wozu Raschi: כי קתני אין חייבין עליו על דם דיליה
כי קאמר רב (חייבן) ראתי ליה מעלמא; die Gem. fährt fort: דם דגבלת באברים,
u. auf die Frage: Wie denn anderes Blut ins Herz komme, wird erwidert:
מישך הדם מבית השחיטה, wozu Raschi: בשרה שהנשמה יוצאה מיטרף שרי
בכנישמתו וכנישו בלבו. Alfasis der Gemara entgegengesetzte Lesart hat
auch Rosch zu Mischnah Chul. 109.

S. 190. Die Note²) soll also lauten: Die beiden älteren Commentatoren zur fragl. Mischnah, Maim. u. R. Jizchak Zedek, haben die richtige Lesart nicht gekannt; dies zeigt ihre Interpretation der fragl. Stelle,
die eine ganz verfehlte ist.

S. 198 Z. 8 v. u. soll es heissen: gegen die gute Sitte, Vaterlands-
liebe, Treue gegen den Landesfürsten u. dgl. verstösst; wohl aber wird
jeder Wahrheitsliebende erkennen, dass Heil u. s. w. In der Note¹):
„Auszüge aus den bibl. Geschichten".

Das. soll eine Note²) lauten: Niedergeschrieben von mir waren
obige Worte, lange bevor der preuss. Cultusminister die jüdischen
Religionsbücher zur Enquete eingefordert hat und gesprochen, wenn
auch nicht dem Wortlaut, aber doch dem Inhalt und Sinne nach bereits
in den Jahren 1869 und 71 in den Commissionssitzungen der Synoden
zu Leipzig u. Augsburg.

S. 240 soll eine Note ³) bemerken: S. u. S. 293 Note h) bei Dr. Bergel.

VII

Unreine Thiere, Vögel etc.

בהמות חיות ועופות וכו׳

Wir schliessen die biblisch-rabbinischen Speisegesetze — da
ja der Artikel תערובות gewissermassen eine eigene Rubrik bildet
— mit dem Verbote[1]) der unreinen Thiere, theils weil dasselbe auch im Pentateuch später als die übrigen erscheint, nämlich
3. M. XI und 5. M. XIV[2]), theils und — bekennen wir es offen —

[1]) Es steht dies insofern in einem gewissen Zusammenhange mit
dem unmittelbar vorher behandelten, als auch bei ihm, und noch nachdrücklicher, das Motiv der levitischen Reinheit in der Schrift hervorgehoben wird.

[2]) Ausser einer Anzahl anderer kleiner Abweichungen der beiden
Stellen fällt es namentlich auf, das im Levit. das Verbot von שרץ האין
genannt ist, doch im Deuter. fehlt, und dass in dem letzteren wiederum
שרץ העוף verpönt wird, dagegen im ersteren die Heuschrecken eine Ausnahme machen. Und nebenbei sei hier auf einen unverzeihlichen, ja
schülerhaften Irrthum des Talmud aufmerksam gemacht, den aber doch
keiner unserer modernen Exegeten und Talmudheroen, wahrscheinlich in
majorem Talmudi gloriam, zu moniren den Muth hat: das Wort התנשמת
im Deuter. XIV, 7 fasst der Talmud als ein besonderes Thier auf;
Chul. 60b u. Niddah 24a: התנשמת ברי׳ בפ׳׳ע עצמה היא שיש לה שני עינים
שירדות עיני.*) Die alten Versionen hingegen sind correct; Septuag.:
ὀνοχάζοντων ὀνοχεντήρας. Der Samar. giebt in einer mir vorliegenden Ausgabe התנשמת mit התנשמת wieder, dieses letztere aber in Klammern und
daneben das Wort האבעה; eine andere Ausgabe nimmt von dem fraglichen Worte gar keine Notiz und übersetzt blos das vorangehende

*) S. Note 1 am Ende des Art.

hauptsächlich, weil uns von Anfang an der Gedanke vorschwebte, vom Unbestimmten und Unklaren zum deutlich Gegebenen und lichtvoll Erkennbaren vorwärts zu schreiten. Das Gesetz nun, welches wir in diesem Abschnitte erörtern wollen. ist das bestimmteste und deutlichste unter allen bisher von uns untersuchten. Ja, es ist dies in einem solchen Grade. dass es einer Klar- und Feststellung auf dem Wege der Interpretation fast völlig entbehren kann. Aus diesem Grunde können wir uns ohne Weiteres zu seinem

Historischen Gesichtspunkte

wenden.

Wir führten soeben 3 M. XI als die erste Stelle an, die von unserem Gegenstande handelt. Indessen eine Unterscheidung zwischen reinen und unreinen Thieren findet sich bereits in der vormosaischen Zeit. Schon auf den ersten Blättern der Genesis (1 M. VII, 2), nämlich bei den Thieren. welche in die Arche Noahs gebracht werden sollten. spricht die Schrift von reinem und unreinem Vieh. Dies ist einerseits eine naive Anticipation [1]), wie eine solche im Pentateuch öfters vorkommt [2]) und andererseits eine

ויצמרים הבהמה Wie der Samar. in dieser letzteren Ausgabe, so verfährt auch die Vulgata, nur hat Hieronymus den Sinn des Verses nicht verstanden, wenn anders das „nou" in: „et ungulam non findunt", wie meine Ausgabe liest, kein Druckfehler ist.. Auch Onkelos giebt מפרסת correct wieder: מטלפא טילבא. Pseudo-Jonathan freilich, der treue Schildträger der Gemara, stimmt dieser natürlich bei und ist obendrein noch abenteuerlicher, als sie, denn er paraphrasirt: שלחלא דליה תרין רישין ותרתין שדראן.

[1]) Bemerkenswerth ist, dass Gen. VII, 2, 3 und ibid. 8, wo von jenem Befehl und dessen Ausführung die Rede ist, wohl von reinem und unreinem Vieh gesprochen wird, die Vögel aber ohne solches unterscheidendes Epithet gelassen worden: dagegen tritt das reine Geflügel in VIII, 20 auf. Naiv ist dieser Bericht, dass nämlich Noah von allen reinen Vögeln Opfer dargebracht habe, zumal gegenüber der Behauptung des Talmud Chul. 63, 2, dass es von den reinen Vögeln eine zahllose Menge giebt! Auch vom biblischen Standpunkte des Opfercultus aus betrachtet, klingt die Mittheilung überraschend, wenn nicht hyperbolisch, denn von den Vögeln war ja nur die Taube opferfähig. S. übrigens Nachman. zu VI, 20.

[2]) Anticipationen in Bezug auf reine und unreine Thiere, deren Charakteristik und Classification ja nicht vor 3. M. XI gegeben sind,

Rechtfertigung der Hypothese, dass wohl manches Speisegesetz, besonders soweit es, wie das vorliegende, auf „Rein" und „Unrein" basirt ist, nicht erst dem Mosaismus sein Dasein verdankt, sondern eine alte, auch bei anderen orientalischen Völkern [1] eingebürgerte Usance war, die der Mosaismus nur mit seinen anderweitigen gottesbegrifflichen Institutionen in stricteren Einklang brachte oder bald einschränkend, bald erweiternd modificirte. [2]

sind auch die Stellen 3. M. V, 2: בזבלת היה טמאה הוא או בזבלת בהמה טמאה
und ibid. VII, 21: בבהמה טמאה או בכל שקץ טמא. Freilich werden unsere, um ein fadenscheiniges Auskunftsmittel nie verlegenen rabbinischen Exegeten dieser Schwierigkeit mit dem Satze begegnen: אין מוקדם
ומאוחר בתורה.

[1] Wir begehen mit dieser Bemerkung, die eigentlich zum antiquarischen Gesichtspunkt gehört, gleichsam auch eine Anticipation; doch war sie ebenso unvermeidlich, wie sie sicherlich höchst harmlos ist. Zu ihrer Unterstützung diene folgende Auslassung Munks in seinen „Réflexions, cinquième livre des lois de Manou, p. 60: „Cependant, ce qui paraît certain, c'est que les lois renfermées dans ce code (de Moïse) étaient en vigueur du temps de Moïse dans une grande partie de l'Asie et qu'elles pouvaient être connues à ce législateur par l'intermédiaire des prêtres égyptiens qui probablement avaient reçu de l'Inde une grande partie de leurs institutions . . . . Ce fragment (sc. le code de Manou) mettra le lecteur à même d'apprécier les assertions de ceux qui n'ont trouvé dans le code de Moïse qu'une pâle copie des lois indiennes et égyptiennes*); le rapprochement ne sera certainement pas à l'avantage de ces dernières." Wenn noch die heutige Hyperorthodoxie vor solchen Erörterungen, wie die von Munk hier, zurückschreckt, so könnten wir zu ihrer Beruhigung ähnliche Beleuchtungen seitens mehrerer anerkannter älterer Autoritäten anführen. Wir begnügen uns aber mit der Aeusserung des hochorthodoxen R. A. Ch. Viterbo in seinem אמונת חכמים (ed. Aschkenasi): ודע כי אפילו ממצות האלהיות מקצת מהן כבר היו נהיגית אצל האומית. Von den שש רוות בני נח ist dies ja selbstverständlich; er weist mit jener Behauptung vielmehr auf einige mosaische Ceremonialgesetze hin.

[2] Dass aber aus der fraglichen Stelle nicht auf ein Verbot der unreinen Thiere für die Noachiden geschlossen werden kann, ist aus 1 M. IX, 3 ersichtlich, wo gerade das כל betont („alles Gethier dürft

*) Ebenso Winer, Realwörtb. Art. Gesetz S. 488: „In vielen (mosaischen) Institutionen begegnen uns überraschende Parallelen; dabei lassen sich aber manche scharfe Gegensätze nicht verkennen. Moses erscheint überhaupt viel zu selbständig, als dass man die hebr. Legislation etwa eine Copie der altegyptischen nennen dürfte." (S. u. S. 327 u. 328).

Was nun die Unterscheidung zwischen den reinen und unreinen Thieren betrifft, so enthält bekanntlich die Schrift selber in
3. M. XI und 5. M. XIV, für die Säugethiere, Fische und Insecten
(Heuschrecken) distinctive Erkennungszeichen, die etwa nicht, allegorisch gedeutet, als Motive für die Reinheit oder Unreinheit der
Thiere anzusehen sind, wie einige jüdische und christliche Symbo-
liker und Mystiker, z. B. Philo und seine Adepten, zum Theil
auch die Midraschim, in ihrer Gedankenschwärmerei vermeinen,
sondern einzig und allein als nüchterne und prosaische, gleichsam
populär-naturwissenschaftliche Merkmale der reinen und unreinen
Thiere, d. h. derer, die für den Genuss erlaubt oder verboten sind.

ihr essen·) und nur das Blut und Fleisch von einem noch lebenden Thier
verboten wird: תאכלו לא דמו בנפשו בשר אך. — Es darf nicht übersehen
werden, dass wir in der Sintfluthfrage zwei verschiedene Relationen
haben: eine, welche von allen Thieren nur 1 Paar (VI. 19 und 20) und
eine andere, die von reinen 7 Paare in die Arche bringen lässt (VII, 2);
vielleicht ist auch VIII, 20, wo plötzlich reine Vögel auftauchen, eine
spätere tendenziöse Relation, wie Cap. VII höchst wahrscheinlich als
eine solche angesehen werden darf. Doch kann selbst schon lange vor
den Speiseverboten der Usus, nur von gewissen, als rein geltenden,
Thieren zu opfern, obgewaltet haben. Ist ja auch sonst manche Observanz von den Opfern später auf die Speisegesetze übertragen worden.
Raschi übrigens bemerkt: לישראל תורה להיות העתידה הטהורה מהבהמה
התורה מן שלמד לפי, wie ja auch bei anderen Anticipationen alle
noch nicht zum vollen kritischen Bewusstsein gekommenen Exegeten
durch derlei naive Auskunftsmittel die Schwierigkeit zu lösen wähnen.
Nachmani bemerkt ähnlich zu VI, 20: כמו לו פ' ה"בב הקדמה התורה ועמו
התירה פ' על הטהור לימר קצר הכתיב אבל הטהורה. Befremdend ist, dass
Beide die Gem. Sebach. 116a ignoriren; hier wird nämlich die Frage
aufgeworfen: שעתא בהאי וטהור וטמאין הי מי ,,gab es denn damals schon
den Unterschied zwischen ,,Rein'' und ,,Unrein''? und die Antwort gegeben: עבירה בהן עברה שלא מאין. Da wäre ja das noachidische ,,Rein''
und ,,Unrein'' mit einem Schlage und gründlich der landläufigen Bedeutung
dieser Worte beraubt und mit einer höchst fernliegenden ausgestattet:
nämlich als unrein hatte Noah diejenigen Thiere zu betrachten, mit
denen naturwidrige Geschlechtsverbindungen stattgefunden. Wie aber
konnte Noah, wenn er anders nicht mit der Divinationsgabe versehen
war, dies bei jedem einzelnen Thiere erkennen? Doch soll nach Samuel
Edeles in der aus Sebach. 116a citirten Stelle eine andere Lesart existiren, die conform mit Raschi lautet: ליטהר שעתידה מאין.

Doch giebt die Schrift classificirende Kennzeichen blos für jene, d. i. Säugethiere, Fische und Insecten, nicht aber für Vögel; von diesen letzteren führt sie nur die Namen der unreinen an, so dass wir alle übrigen nicht namentlich aufgezählten zu den reinen zu rechnen haben, wenn wir die ersteren an ihren Namen erkennen können.

Indess giebt die Mischnah Chul. 3, 6, worauf wir noch zurückkommen werden, im Namen der „Weisen" einige allgemeine Unterscheidungsmerkmale an. Es klingt daher mehr als sonderbar, wenn wir in der Gem. Chul. 42a lesen, dass Gott dem Mose jede Thiergattung, sowohl die zum Genusse gestattete, wie die zur Nahrung verbotene, mit den Händen gezeigt, und in der Mechiltha zu Schemini, dass Mose in dieser Weise den Israeliten gegenüber verfahren habe [1]).

In fernerer Beleuchtung des historischen Gesichtspunktes haben wir es anzuerkennen, dass gerade bei dieser Species von Speisegesetzen ausnahmsweise keine Erweiterungen von Seiten des Talmudismus eingetreten; dass zwischen dem biblischen, dem mischnischen und dem gemarischen Zeitalter keine irgendwie erhebliche Differenz stattfindet; und dass die späteren Gesetzeslehrer nur hier und da ein anderes Kennzeichen der Reinheit und Unreinheit aufstellen, ohne dadurch die Zahl der zum Genuss verbotenen Thiere zu vermehren. Die Talmudisten gingen hier rationell zu Werke, recurrirten zur Wissenschaft, nahmen die Erfahrung zu Hilfe. Indem sie, wie wir weiter unten sehen werden, andere Merkmale, die die Schrift gar nicht kennt oder nennt, angeben, räumen sie, wie dies nur recht und billig, der theoretisch und praktisch fortschreitenden Einsicht der Jahrhunderte die Machtvollkommenheit ein, auch auf diesem Gebiete Rath zu ertheilen und Urtheile zu fällen, Irrthümer zu berichtigen und Maassnahmen zu verbessern. So verlassen sie erfreulicherweise, wenigstens in Bezug auf unseren Gegenstand [2]), den todten Buchstaben, den sie durch den Geist beleben.

---

[1]) S. Note 1a am Schlusse dieses Art. Eine noch kindischere und abgeschmacktere Erörterung, als Note 1a, s. Note 2, ibid.

[2]) Leider nicht auch in Bezug auf andere Speisegesetze, und namentlich auf ‏חרטם‎, wie wir in dem vorangehenden Artikel bereits

Verfolgen wir nun nach Bibel und Talmud die Merkmale der Reinheit und Unreinheit bei den verschiedenen Thiergattungen.

Vierfüssler.

Die Schrift selber kennt für die Reinheit der Vierfüssler nur die Merkzeichen des Wiederkauens und der gespaltenen Klauen. Der Lehrgehalt der Mischnah geht darüber nicht hinaus: Chul. 3, 6: ‏בהמה והיה: נאמרו מן התירה‏. Als Charakteristikum der Wiederkäuer an sich giebt die Thossefta Chul. 3 an, dass sie der Zähne in der oberen Kinnlade entbehren: ‏כל מעלת גרה אין לה‏ ‏שנים של מעלה‏. Diese Unterweisung verdient schon darum eine besondere Aufmerksamkeit, als auch sie unsere obige Behauptung bestätigt, dass nämlich die Talmudisten der älteren Zeit nicht Anstand nahmen, in zweifelhaften oder allgemeine Interessen berührenden Fällen sich von auf religiösem Gebiete zwar nur Laien, sonst aber kompetenten Männern, selbst Heiden, für Zwecke der Halacha unterrichten zu lassen [1]). Denn die zuletzt gebrachte Kennzeichnung der Wiederkäuer seitens der Tossefta ist dem Aristoteles (Naturgesch. IX, 50) entlehnt: Μηρυκάζει δὲ τὰ μὴ ἀμφόδοντα οἷον βόες καὶ πρόβατα καὶ αἴγες: „Wiederkäuer sind, die nicht zwei Zahnreihen besitzen, wie Rind, Schaf und Ziege.“

Die Gem. Chul. 59a formulirt diesen Ausspruch etwas erweiternd: ‏כל בהמה שאין לה שנים למעלה בידוע שהיא מעלת גרה‏

---

ausführlich nachgewiesen. Da stellt, wie wir sahen, die Mischnah als Haupteanon den Satz auf: „Was nicht mehr lebensfähig ist, gilt als ‏טריפה‏. ‏כל שאין כמוה חיה טריפה‏“. Warum, fragten wir und fragen wir wiederum, soll über den wichtigen Punkt, ob die eine oder die andere Krankheitserscheinung in einem Thiere lebensgefährlich sei oder nicht, die competentere Stimme der Veterinärkunde und gereifter Erfahrung nicht consultirt und befolgt werden? Warum überdies „zweierlei Maass und zweierlei Gewicht“? Für die Fixirung der Merkmale der zum Genusse gestatteten oder verbotenen Thiere greift der Talmud zu den Belehrungen externer Wissenschaft und praktischer Wahrnehmung, und dasselbe rationelle und erspriessliche Verfahren soll nicht gestattet sein, wenn es sich um Einzelerscheinungen im gesunden oder kranken Thiere handelt?

[1]) Wir haben manche andere Belege im vorigen Artikel gebracht. S. auch Note 3) am Ende des Art

ומפיסת פרסה וטהורה „an dem Fehlen der Zähne in der oberen Kinnlade ist zu erkennen, dass das Thier ein Wiederkäuer und Vielhufer, folglich rein ist"; nur das Kameel, das nicht diese Zähne, aber doch ניב [1]), „Hauzähne" hat, und das junge Kameel, dem diese ניב später nachwachsen, sind unrein. [2]) Danach ist hinsichtlich der Auffindung der Reinheitszeichen der talmudisch-rabbinische Standpunkt weniger rigorös als die Bibel. [3])

Und ebenso erleichternd ist derselbe für die Constatirung der Reinheit in dem anderen Fall, wenn nämlich das Merkmal des Wiederkäuens, der Mangel der oberen Zahnreihe, nicht zu ermitteln ist: dann genügt die Wahrnehmung der gespaltenen Klauen, selbstverständlich freilich, wenn das Thier erwiesenermassen kein Schwein ist, das allein trotz seiner gespaltenen Klauen nicht zu den Wiederkäuern zählt (3. M. XI, 4). Der talmudisch-rabbinische Ausspruch lautet (Gem. ibid. und Jorch Deah c. 79): מצאבהמה שפיה גמים בודק בפרסותיה אם הן סרוקות בידוע שהיא טהורה ובלבד שיכיר חזיר.

Ein noch leichteres Erkennungszeichen giebt die Mischnah Niddah 51b: „Hat dss Thier Hörner, so ist es auch Vielhufer und rein", כל שיש לי קרנים יש לו טלפים, wozu Raschi commentirt:
שאין קרנים אלא לבהמה ולחיה טהורה.

So wird bis auf den Codex Joreh Deah herab normirt: [4]) l. c.
יש לה קרנים יצא מספק חזיר וטהורה.

---

[1]) S. zu diesem Worte Chul. 59a Raschi und Tossafoth, ausserdem Tossafoth 59b Stichw. נתני Maim. 1. l. 1, 2, Maggid Mischn. und Karo c. 79. Im Aruch Art. גב scheint über die Bedeutung dieses Wortes keine Sicherheit und Klarheit zu herrschen. S. auch bei Kohut.

[2]) Die ניב, oder das Nachwachsen derselben sind eben Beweis, dass das Kameel kein vollständiger Wiederkäuer ist; wäre es dies, so würden sich auch gespaltene Klauen bei ihm vorfinden.

[3]) S. Note[4]) am Schlusse dieses Art.

[4]) Wir finden doch eine dissentirende Stimme, R. Nissim zu Alfasi, Rosch Haschanah, Abschn. 2: כל השופרות כשרין חוץ משל פרה ומיהו אע"ג דמסקין כשרין. משל פרה אפשר דרוקא בטהורה אבל לא בטמאין. Nach R. Nissim gäbe es also auch unreine Thiere, die mit Hörnern versehen sind. Und doch behauptet Raschi nach unserer Mischnah: שאין קרנים אלא לבהמה ולחיה טהורה. Ich recurrire auf das oben Bemerkte in Bezug auf den incorrecten Text in der Tossefta und Gemara und verweise im Uebrigen auf Tossa-

Es befremdet mich, dass in den talmudischen Debatten unsere
Mischnah Niddah, die allein correct vorhanden, weniger citirt wird,
als die Tossefta, die doch an unserer Stelle in dem Maasse corrumpirt ist, dass sie, um verständlich zu sein, von der Gemara
bedeutend geändert und ergänzt werden musste. Ebenso müssen
die Tossafisten an unserer Stelle eine andere Lesart gehabt haben:
dsgl. R. Sal. Adereth in seinem Torath Habajith. Die Polemik
unter den Commentatoren ist auch darum eine unklare, weil dort
zwei Momente: „Merkmal der Reinheit" und „Unterschied zwischen
Haus- und Waldthier", wegen des Fettgenusses, in Folge des incorrecten Textes mit einander vermischt und dadurch verwischt
werden.

Nicht zu fassen ist das Targ. Jerusal. (3. M. XI und 5. M.
XIV), das seinerseits zu den von der Schrift geforderten zwei
Zeichen der Reinheit noch als ein drittes das Vorhandensein von
Hörnern verlangt: דראית לה קרנין, während der Talmud das blosse
Vorhandensein von Hörnern schon als genügend für die Reinheits-
erklärung des Thieres hält. Wurde von ihm der Talmud miss-
verstanden? Wir wollen doch nicht an eine pia fraus denken.

Der zweite Theil unserer obigen Mischnah lautet: ויש שיש לו
טלפים ואין לו קרנים „es giebt Vielhufer, die aber nicht gehörnt",
also unrein sind, und als Beispiel wird von Raschi und Bartenora
das Schwein angeführt. Dazu bemerkt R. Jom tob Heller [1]: Das
Nichtvorhandensein der Hörner am Schwein sei irrelevant, da es,
weil kein Wiederkäuer, ja ohnehin nach der Schrift unrein ist.
Aber wenn das Schwein Hörner hätte, so würde es eben ein
Wiederkäuer sein, denn es würden ihm in jenem Falle die Zähne

foth, wo nicht weniger als 3 bis 4 verschiedene Ansichten über den
strittigen Punkt sich kundgeben. Nach einer derselben vertritt die
Mischnah Niddah mit obigem Ausspruch nur die Meinung des R. Dossa,
während die Chachamim dissentiren. Eine der jüngsten Decisionen ist
die des R. J. Asulai in seinem Birke Joseph zu Orach Chajim § 586,
wonach zwei Hörner unbedingt als Zeichen der Reinheit gelten; dagegen finden sich Thiere mit nur einem Horn auch unter den unreinen.

[1] Heller scheint übrigens eine von den unserigen abweichende
Talmudausgabe vor sich gehabt zu haben; denn auf unsere Editionen
finden seine Worte: שלא יבמקרי מבמ keine Anwendung.

der oberen Kinnlade fehlen, was wir im Folgenden noch weiter
erörtern.

Die Bibel stellt als Merkmale der Reinheit der Säugethiere
„Wiederkäuer" und „Vielhufigkeit" auf und wiederholt dies
mehrere Male. Dennoch gestattet sich der Talmud, wie wir sahen,
andere Kennzeichen aufzuführen, von denen die Schrift nichts weiss
oder doch wenigstens nicht spricht. Wir können hier wiederum
den Gedanken nicht unterdrücken, um wie viel freier, rationeller
sich oft die Talmudisten dem ihnen doch gewiss als geoffenbart
geltenden pentateuchischen Gesetz gegenüber benahmen, als dies
seitens der nachtalmudischen, mittelalterlichen und besonders der
jetzigen Orthodoxie in ihrer Behandlung des Talmuds und der
späteren Codices der Fall ist. Diese, Talmud und Codices, werden
auf dem Gebiete der Ceremonialgesetze [1]) vom starren Rabbinismus
der Folgezeit und der Hyperorthodoxie der Gegenwart schlechtweg
für unfehlbar, unantastbar und unveränderlich erklärt [2]). Doch der
talmudische Canon: „An dem Fehlen der Zähne der oberen Kinnlade ist ein Wiederkäuer erkenntlich," ist das Resultat naturwissen-
schaftlicher Forschung und Beobachtung, das somit von den Talmudisten [3]) unter Umständen für sicherer und zutreffender und zweck-
entsprechender angesehen wurde, als die primitiven Merkzeichen
des Pentateuch. Die der oberen Zähne entbehrenden Thiere sind
nämlich darauf angewiesen, sich von Pflanzenkost zu nähren und
das sind gewöhnlich die Wiederkäuer. Wollen wir weitergehen
und einen physiologisch-theodicirenden Versuch wagen, so dürfen

---

[1]) Ich betone: auf dem Gebiete der Ceremonialgesetze; denn auf
ethischem Gebiete verhält es sich ganz anders (wie ich anderswo gezeigt).

[2]) S. o. bei מַטְבֵּחַ, S. 236—39, die Worte des Adereth und Fleckeles
und Anderer.

[3]) Oft haben dieselben freisinniger, sagen wir: unparteiischer, als
die moderne Orthodoxie dem Grundsatze gehuldigt: קַבֵּל הָאֱמֶת מִמִּי שֶׁיֹּאמְרוֹ.
In Bezug auf den vorliegenden Gegenstand fragen wir mit der Gemara:
שִׁינַּיִם מִי כְּתִיב בְּאוֹרַיְתָא „sind denn die Zähne als Erkennungszeichen in
der Schrift angegeben?" Gewiss nicht. Dessen Urheber ist vielmehr,
wie bereits bemerkt, der heidnische Naturforscher Aristoteles. Warum
sollte in der That nicht selbst ein Bileam gehört werden, wenn er vernünftige, nützliche Belehrung giebt?

wir es wohl als unzweifelhaft aussprechen, weil die fraglichen Thiere durch die mangelnden Oberzähne ihre Nahrung nicht so gut wie die anderen Thiere zermalmen und verdauen können, hat die Vorsehung ihre Verdauungswerkzeuge derart eingerichtet, dass sie die Speise wieder in den Mund zurückbringen und von Neuem zu bearbeiten im Stande sind[1]). Ebenso fand man zwischen dem Besitz von Hörnern und der Eigenschaft des Wiederkauens einen bestimmenden Causalnexus, הא בהא תליא. Die haushälterische und doch Monotonie hassende Natur hat einen Theil der festen Knochensubstanz, woraus die Zähne sich bilden, bei vielen Thieren für deren Schutzwaffen zur Erzeugung von Hörnern verbraucht. Darum fehlen ihnen die Oberzähne, und deren Mangel hatte die Entwickelung der fraglichen Thiere zu Wiederkäuern als nothwendige Folge.

Im „Jüdischen Literaturblatt", Jahrg. VII, No. 13, findet sich folgendes Excerpt aus Darwins „Abstammung des Menschen": „Die Eckzähne" (darunter sind hier wohl die oben erwähnten ניב zu verstehen) „vieler männlicher Wiederkäuer werden zu blossen Rudimenten reducirt oder verschwinden ganz und zwar allem Anscheine nach in Folge der Entwickelung der Hörner." Und ferner: „Bei Wiederkäuern steht die Entwickelung von Hörnern allgemein in umgekehrtem Verhältniss zu den selbst nur mässig entwickelten Zähnen." 400 Jahre vor Darwin hat bereits R. J. Albo (Ikkarim IV, 11) Aehnliches, ja fast ganz dasselbe ausgesprochen[2]).

Noch ein Reinheitszeichen wird von der Gemara angegeben: Kreuzen sich die Fleischfasern unter dem Steissbein der Länge und Breite nach, so ist das Thier rein. Auch diese Hinzufügung ist keine Erschwerung, sondern eine Erleichterung. Falls nämlich nach Zähnen und Klauen nicht untersucht werden kann, ist dieses Zeichen massgebend; nur muss man wissen, dass das Thier kein Waldesel ist, der, obgleich unrein, dennoch jenes Merkmal besitzt. Ebenso Maim. und Karo l. l. (s. Note 6 am Schlusse des Artikels).

---

[1]) Siehe Note 5 am Schlusse dieses Art.

[2]) Vrgl. das äusserst interessante Citat in derselben Note 5 am Schlusse des Art.

Der jüdische Arzt und rabbinisch gelehrte Benj. Mussaphia, der als spanischer Exulant in Hamburg lebte, belehrt uns in seinen Zusätzen zum Aruch Art. כסם, „dass die reinen Vierfüssler im Gegensatz zu den unreinen drei Mägen oder Bäuche und deren Lunge, Nieren und Leber eine andere Beschaffenheit haben.

Vor Mussaphia berichtet bereits der hervorragende Bibelexeget R. L. b. Gerson im Namen des Aristoteles: je bevorzugter (entwickelter?) ein Thier, desto mehr Mägen (Bäuche) hat, behufs leichterer Verdauung, die Natur ihm bereitet[1].

Für die gefiederten Thiere, עוף, giebt die Bibel kein Reinheitszeichen an; sie nennt aber die unreinen mit Namen, folglich sind alle nicht namentlich aufgezählten rein. Selbstverständlich müssen wir über die Namen selbst volle Klarheit haben (siehe Dr. Bergel l. l. S. 63). Die bereits citirte Mischnah lehrt jedoch im Namen der Weisen: ein Vogel, der seine Beute niederstösst, d. h., nach Raschis Erklärung[2], mit seinen Krallen in jene einhaut oder, nach der des R. Tam[3], die noch lebende Beute verschlingt, also jeder reissende Vogel, ist unrein. Hat er aber eine abwärts hervorstehende Zehe (Sporn) einen Kropf und einen schälbaren Magenbeutel, so ist der Vogel rein[4].

Das Targ. Jerus. 3. M. 11, 13 drückt das Verdict der Mischnah negativ aus וית אלין מיניא תשקצון מן עיפא דלית לזון ציבעא יתירא וֹדלית ליה זפקתא והקרקבניה ליתי מקלייף. Das Hauptmerkmal der Mischnah, nämlich הדריסה, wird hier ignorirt, doch 5. M. XIV, 11, nachgeholt; zu dieser letzteren Stelle ist seine Aeusserung positiv, wie die Mischnah: כל צפור דכי ראית ליה זפק ואית ליה וקרקבניה קליף ואית ליה צבעא יתירא ולא דרים תיכלון.

Wir haben auch hier keine Veranlassung, uns über Erschwerung zu beklagen; denn wenn ein Vogel unzweifelhaft nicht zu den

---

[1] S. Note 7 am Schlusse dieses Art.

[2] אוהו בצפרינו ומכבה מה הקרקע שאיבל.

[3] דורס ראובל מיקי מאיני ממתין לה עד שתמות. Aber nach diesem Merkmal müsste auch das Huhn unrein sein, da es ja manche Würmer lebendig verschlingt. Vielleicht aber schränkt R. Tam sein Verdict auf das Verschlingen von Warmblütlern ein; s. R. L. Heller z. St.

[4] S. Note 8 am Schlusse des Art.

von der Schrift aufgeführten unreinen gehört, so ist er auch ohne Untersuchung nach den bezeichneten Merkmalen erlaubt. Ausserdem genügt nach der Gem.. in Fällen der Ungewissheit. eines der genannten Zeichen[1]), wenn es nur feststeht, dass der Vogel kein הוֹדֵם ist: Chul. 62a: הלכתא ניף הבא בסימן אחר טהור והיא דלא הדרים — Maim. l. l. 1, 16. Die Geonim aber hatten die Tradition, dass bei einem Reinheitsmerkmal nur קרקבנו נקלף massgebend sei, wenn also der Magenbeutel sich mit der Hand, ohne Instrument, abschälen lässt; Maim. ibid. 19.

Noch giebt es nach Raschi Chul. 62b eine Sicherheit für die Reinheit eines Vogels: die im Volke lebende Tradition, dass nämlich der fragliche Vogel zu den reinen gehört, oder die Aussage eines sachverständigen und glaubwürdigen Mannes: denn unser blosses Dafürhalten, dass der Vogel kein הוֹדֵם sei, könne, nach bereits gemachter und angeführter Erfahrung, auf einem Irrthum beruhen und es sich hinterher herausstellen, dass der Vogel dennoch mit den Krallen bisweilen seine Beute erfasst[2]).

Der oben genannte Mussaphia bemerkt: בְּנֵד הַשְׁלִשֶׁה כַּרְסִים שֶׁיֵשׁ לְבֵהֵמָה הַטְּהוֹרוֹת יֵשׁ גַם כַּרְסִים שְׁלִשָׁה לְעוֹפוֹת הַטְּהוֹרוֹת וּפֵן וְקַרְקְבָן וְכָרֵם אֶחָד קָטָן. Was unter dem כֵּרֵם אֶחָד קָטָן zu verstehen sei, ist weiter nicht angegeben; doch ist es קָרְקְבָן נִקְלָף: die schälbare dünne Haut bildet gleichsam noch einen (kleinen) Magen.

Schliesslich über die Vögel noch eine Mittheilung. הַדּוּכִיפַת תַּרְגֵּל הֶבֵר וְהַרְבִּלָתִי כְּפוּלָה וְכל״שׁ (3. M. XI, 19) ist nach Raschi: Huppe, nach Onkelos נֵר טַוּרָא (und hiernach Mendelssohn: Auerhahn), nach der Septuag. ἔποψ, Wiedehopf; nach dem Karäer Anan Huhn (was gewiss unrichtig) und nach Michaelis, Mos. Recht IV, § 203, Gans, was ebenso wenig begründet ist. Vrgl. indessen oben S. 308 bei Heller und Tossafoth Chul. 61a, Stichwort הַדּוּרֵם.

---

[1]) Als vereinzelte Meinung führt noch die Mischnah an: Wenn der Vogel, auf einen Faden gestellt, zwei Zehen nach der einen und zwei nach der anderen Seite bringt, ist er unrein. Vrgl. Tossefta Chul. III: כָּל הַחוֹלֵק אֶת רַגְלָיו עַל גַבֵּי מִשִׁיחָה חוֹלֵק שְׁתַּיִם לְבָאִן וּשְׁתַּיִם לְאַחֵר טָמֵא.

[2]) S. Note 9 am Schlusse des Artikels.

Vogeleier zeigen nach Chul. 64, 1, wenn der Dotter das Aeussere, das Eiweiss das Innere bildet, auf einen unreinen Vogel. Nach Burdach Physiol. Bd. II, tritt dieser Fall nie ein.

icten etc. Wir kommen nun zu den Insecten [1].

Die Schrift erklärt alle Reptilien etc. für unrein, mit alleiniger Ausnahme des geflügelten Gewürms, das neben den vier gewöhnlichen Füssen oberhalb derselben noch (zwei) Springfüsse hat. Es sind dies vier Heuschreckenarten [2].

Die Mischnah Chul. stellt noch eine Bedingung zur Constatirung der Reinheit auf: vier Flügel, die den grössten Theil des Körpers bedecken, weil, wie die Gemara erklärt, die vier von der Bibel genannten Heuschreckenarten so beschaffen sind. Dass Heuschrecken 5. M XIV, ganz übergangen werden, wurde bereits oben (S. 208, Note 2) hervorgehoben. Es mag hinzugefügt werden, dass eine Heuschreckenart, nämlich קמצא איל, als verboten gegolten haben muss, oder doch beanstandet wurde; denn die Mischnah Edujoth 8, 4 sieht sich veranlasst zu berichten, dass Jose ben Joëser sie für rein erklärte und deshalb יום שריא genannt wurde.

Fische. Bezüglich der Fische wird zu den von der Schrift angeführten Reinheitszeichen, Flossfedern und Schuppen, in der Mischnah l. l. der Ausspruch des R. Jehuda erwähnt, wonach als Zeichen der Reinheit zwei Schuppen und eine Flossfeder genügen. Und auch hier ist der Talmud betreffs der Reinheitszeichen mehr erleichternd, als die Schrift; denn nach Mischnah Niddah l. l. bedarf es der Untersuchung nach Flossfedern gar nicht, die Wahrnehmung der Schuppen allein genügt, da Alles, was diese habe, auch jene be-

---

[1] In den beiden Pentateuch-Stellen ist die Ordnung der Thiere folgende: 1. Vierfüssler, 2. Fische, 3. Vögel, 4. Reptilien-Amphibien, Insecten, Würmer. Auffallend ist allerdings, dass die Fische vor den Vögeln aufgeführt werden; s. jedoch Abravanel z. St. Die Schöpfungsgeschichte beginnt mit Fischen und sonstigen Wasserthieren. lässt nach diesen die Vögel und dann erst die grossen Landthiere in's Dasein treten; 1. M. J, 20, 21, 24, 26. Die Mischnah beginnt mit den Landthieren (Vierfüsslern), behandelt dann die Vögel, hierauf die Reptilien-Amphibien und Insecten und schliesst mit den Fischen.

[2] Nach Gem. Chul. 65a (Maim. l. l. 1, 21) erweitern sich die in der Schrift aufgeführten vier mit ihren Unterarten in acht Species.

sitze [1]). כל שיש לו קשקשת יש לו סנפיר, wozu commentirt wird: כל שיש לו קשקשת יש לו סנפיר ויש צריך לבדוק אחריו [2]) בידוע שיש לו סנפיר שד: טהורה הוא. Und die Gemara selbst wirft die Frage auf, wozu die Schrift unnöthigerweise das andere Reinheitszeichen aufstelle? Es gelang mir nicht, ausfindig zu machen, welche rabbinische Autorität den Karäern zu der Klage Veranlassung gab, dass die Rabbaniten als Reinheitszeichen eine bestimmte Beschaffenheit des

---

[1]) Gegen diesen Ausspruch werfen die Tossafoth Chul. 66 b folgende curiose Fragen auf: „Woher wussten dies die Weisen, sowie auch die Existenz von nur 700 Arten unreiner Fische, so dass sie alle übrigen für rein erklärten? Hatten sie die Tradition von Adam her, der den Fischen Namen gegeben? Aber aus der Schrift ist ja nur zu ersehen, dass er den Vierfüsslern und Vögeln, nicht aber, dass er auch den Fischen Namen gegeben." Ich will hier nicht die auf diese wunderlichen Fragen und Einwürfe gegebene ebenso abenteuerliche, curiose Antwort der Tossafoth bringen, sondern nur die von Calmet angeführte des Kirchenvaters Augustin citiren, die ganz in derselben Weise an Curiosität und Scurrilität nichts zu wünschen übrig lässt: „ Da es unmöglich ist, dass diejenigen Fische, die nur im Meere leben, sich dem ersten Menschen im Eden und in den dieses durchströmenden Flüssen vorstellen.konnten, so hat der erste Mensch, oder auch seine Nachkommen, den Fischen, so wie sie sich nach und nach ihnen gezeigt, die Namen beigelegt." Man sieht, der Rabbi und der Kirchenvater sind sich ebenbürtig in naiver Gläubigkeit und selbstbefriedigter Kunstfertigkeit, grosse Probleme zu erdenken und zu lösen: „C'est tout comme chez nous" kann man auch auf die exegetischen Triebe und Proceduren zweier sonst entgegengesetzter Glaubenslager wohl mit vollstem Rechte anwenden. Würde man nicht andererseits einen tiefen Ernst und die würdevollste Haltung bei den Talmudisten (Rabbinen) und den Kirchenvätern wahrnehmen, so müsste man zuweilen wahrlich glauben, dass sie mit manchen Fragen und Antworten nichts weiter beabsichtigen, als sich Kurzweile zu verschaffen oder ihren Scherz mit uns zu treiben.

[2]) Mussaphia l. l. giebt noch ein anderes Zeichen für reine Fische: לדגים הטהורים כרס כרס „die reinen Fische haben Bäuche (Mägen?)". S. noch Talm. Aboda Sara 40a und Bechor 7b ein anderes Unterscheidungszeichen in Bezug auf Fische und deren Eier: der unreine Fisch pflanzt sich durch lebendige Junge fort, der reine dagegen legt Eier טמא כל: דג מטיל בצים. Doch wird dieser Ausspruch dahin abgeändert, dass beide Eier legen: מ שדיים הי מטיל בצים nur מבחוץ פרה ה משריץ מבפנים „bei dem einen geht die Fortpflanzung, das Brüten, von Aussen, bei dem andern von Innen aus". S. bei Dr. Bergel l. l. S. 60.

Fischschwanzes angeben: „dieser Fisch an sich müsse so gross sein, wie seine beiden Enden zusammengenommen [1]". Dagegen findet sich im ‎סכ״פ‎ im Namen des R. Jeh. Hachassid eine andere Art von Reinheitsmerkmal in Verbindung mit der Beschaffenheit des Fischschwanzes: bei einem reinen Fische ist derselbe in zwei Theile gespalten ‎ה: זנב הדג רמוז יש לו זנב סדוקה לשנים‎.

In neuerer Zeit haben sich noch bei den Rabbinen Streitigkeiten über den Caviar erhoben, da man nicht weiss, ob er von reinen oder unreinen Fischen kommt. Fischeier, die an beiden Enden abgerundet oder spitz sind, gelten als unrein, die aber an einem Ende rund und am andren spitz sind, für rein. So die Gem. Chul. 64a nach Tosefta III[2]. Karo (Joreh Deah § 83) lässt blos die Farbe als Erkennungszeichen gelten: „die rothen Eier kommen von reinen, die schwarzen von unreinen Fischen. In ‎שו״ת‎ des Ezechiel Landau (J. D. Frage 28) wird eine Untersuchung über einen zweifelhaften Fisch angestellt, aller Wahrscheinlichkeit nach den Stör, von dem bekanntlich auch oft Caviar in den Handel kommt. Landau liess den Fisch einige Stunden lang in Lauge weichen; da sonderten sich denn kleine Schuppen ab, und er erlaubte den Fisch[3].

Während wir sonst im Talmud, mit Ausnahme der Erkennungszeichen bei den Thieren, nur Erschwerungen der Speisegesetze begegnen, gewährt er auf dem gegenwärtig besprochenen Gebiete eine Erleichterung und eine Licenz, aber eine solche, die wir so-

---

[1] S. Note 9a am Schlusse dieses Art.

[2] S. Note 10 am Schlusse dieses Art.

[3] Bevor wir hier von den biblisch und talmudisch-rabbinisch classificirten reinen und unreinen Hauptthiergattungen scheiden, sei eines Berichtes Steinschneiders über eine arabische Schrift aus dem 12. Jahrhundert gedacht, der in Geigers Zeitschr., Jahrg. I, 1862, S. 336, veröffentlicht ist. St. sagt daselbst in einer Anmerkung: „Es sind (nach Bl. 11 jener Schrift) 10 Gattungen der Vierfüssler, 24 der Vögel, 700 der Fische und 800 der Springthiere verboten." Was nun die Vögel anbetrifft, so ist ja die Zahl der unreinen, 24, in der Schrift selber gegeben; 700 für unreine Fische und 800 für Springthiere führt schon Gem. Chul. 63b an: ‎ר' מאית מיני דגים הן ח' מאית מיני חגבים‎. Dagegen weiss ich nicht, ob jener Irrthum betreffs der unreinen Vierfüssler sich in der qu. arabischen Schrift selber vorfindet, oder auf einem Missverständnisse Steinschneiders beruht, oder ein Druckfehler vorliegt, denn die Schrift

wohl nach dem Geiste der Schrift, als auch nach unserer natürlichen Geschmaksrichtung perhorresciren. An Buchstäbelei den
Karäismus weit hinter sich lassend, deutet nämlich der Talmud die
Worte (3. M. XI, 41) הֹרֵשׁ עַל הָאָרֶץ „was auf der Erde kriecht"
dahin, dass Würmer, die in Früchten, in Käse u. s. w. sich finden.
zum Genusse erlaubt sind, da und so lange sie nicht die Erde berührt haben [1]).

Desgleichen behauptet der Talmud, dass alle in stehenden
Gewässern lebenden Animalien ohne jedes Reinheitszeichen gegessen
werden dürfen, denn — urgirt er — die Schrift 3. M. XI, 10
befiehlt nur: „was keine Flossen und Schuppen in Meeren und
Flüssen hat, sei euch ein Abscheu, ihr sollt es nicht essen," nicht
aber was ohne Flossen und Schuppen in stagnirenden Gewässern
oder Wasserbehältnissen sich findet; dies ist somit erlaubt [2]). So
wird vom Talmud der lebendige und belebende Geist fast erstickt,
und der Gesammteindruck verwischt, um einem todten Buchstaben Alleinexistenz und Gewicht zu verleihen! Denn sagt die
Schrift (3. M. XI, 9, 10, 12) nicht ausdrücklich auch schlechtweg
und allgemein בַּמַּיִם „im Wasser", ohne jede einschränkende Bestimmung? Ferner: bezeichnet sie nicht daselbst wiederholt und
deutlich alles Wasserthier, das keine Flossfedern und Schuppen
hat, als Reptil, שֶׁרֶץ und als Gräuel, שֶׁקֶץ? Und spricht sie es nicht
(3. XI, 43) mit allem Nachdruck aus, dass wir durch den Genuss

---

(5 M. XIV, 4—5) nennt ja gerade von den reinen Vierfüsslern 10
Gattungen, während derer der unreinen eine grössere Menge ist. Gem.
l. l.; s. Note 10a am Schlusse dieses Art.
Ein ähnliches qui pro quo, wie in dem von Steinschneider gebrachten
Citate, findet sich in der Gemara ibid. selber hinsichtlich der Vögel.
Der Zusammenhang dort könnte zu der Annahme verleiten, dass der
Ausspruch לְמֵינָהּ אֵין כָּתוּב für die unreinen Vögel gelte, so dass da-
selbst der Einwurf erhoben wird מַה שֶּׁאֵין und jener Ausspruch recti-
ficirt werden musste.
Noch sprach Chul. 63b R. Jssi das grosse Wort gelassen aus, dass
es im Osten 100 unreine Vögel giebt, die alle zur Gattung אַיָּה gehören.
So ähnliche übertreibende Aeusserungen נֶאֶמְרוּ über reine Thiere in
Pessikta des R. Kahana (S. 115), ed. Buber.

[1]) S. Note 11 am Schlusse dieses Art.
[2]) S. Note 12 am Schlusse dieses Art.

jedes Thieres, das sie als שרץ und שקץ hinstellt, unsere Seele zum Ekel machen und verunreinigend herabwürdigen? — Was würden wohl die Rabbaniten an Spötteleien und Verunglimpfungen gegen die Karaiten vorgebracht haben, wenn diese in der Auslegung unseres Gesetzes auch ähnliche einseitig-buchstäbelnde Schlussfolgerungen gezogen hätten! — Freilich fügte die Schrift auch hinzu „in den Meeren und in den Strömen", aber abgesehen von allen andern Erwägungen, anerkennen ja die Talmudisten selbst, z. B. bei ובשר בשדה טרפה und vielen anderen Fällen, den gesunden und richtigen Grundsatz von דבר הכתוב בהוה „das biblische Gesetz führt gerne und vorzugsweise Umstände und Fälle des gewöhnlichen Lebens an, ohne darum diese allein im Auge zu haben."

Mir sind jene Licenzen der Talmudisten um so unerfindlicher, als sie ja sonst, und mit vollem Recht, auf die Fernhaltung von allem Widrigen und Ekelhaften, als des „heiligen Volkes" unwürdig, dringen, es unter אל תשקצו subsumirend. Wie vertragen sich denn die qu. „Erleichterungen" mit der correcten und so einleuchtenden Maxime, dass äussere Unsauberkeit auch innere, und umgekehrt, physische Reinheit auch die der Seele fördere? Ist es nicht darum beispielsweise sogar geboten, weder mit unreinen Händen noch aus unreinen Gefässen irgend etwas zu geniessen (Chinnuch § 111 und andere Autoren[1])? Ja, nach einer gewichtigen Autorität[2] soll derjenige, welcher Ekelhaftes geniesst, sogar körperlich gezüchtigt werden!

Die Karäer halten ebenfalls den Genuss alles Ekelhaften für verpönt[3]. Dass sie somit trotz ihres sonstigen Festhaltens am Schriftbuchstaben von jenen talmudischen Licenzen keinen Gebrauch machen, sie vielmehr perhorresciren, ist selbstverständlich. S. noch לבוש מלכות, מ"ד, ט' ed. Neubauer. Und wir pflichten dem Karäer vollkommen bei, wenn er von den Rabbiniten, die solche Erleichterungen gestatten, tadelnd und entrüstet ausruft: התליעים הנמצאים בביצה אינם איסרים אפילו לאכילה ממש וממרידים צלהגביעה ואיכלים וזה מרד והתנגרות כנגר רצון התורה!!

[1]) S. Note 13 am Schlusse dieses Art.
[2]) S. Note 14 am Schlusse dieses Art.
[3]) S. Note 15 am Schluss des Art.

Antiquarischer Gesichtspunkt.

Hier tritt sofort ein fundamentaler Unterschied zwischen den früher beleuchteten Speisegesetzen und dem gegenwärtig erörterten zu Tage. Jene, wie wir sahen, stehen ziemlich oder ganz isolirt da, finden in den Institutionen und Riten der alten Völker keinen, oder oft doch nur einen leisen Anhall oder Nachhall, und wurden in einigen Fällen direct zur Warnung und als Antithesen den Ceremonien und Einrichtungen mancher heidnischer Völker gegenüber gegeben und motivirt. Ganz anders hingegen verhält es sich mit den Anordnungen über die reinen und unreinen Thiere: da erkennen wir zwischen den pentateuchischen und denen anderer Völker des Alterthums, namentlich des Orients, nicht nur Analogie, eine gewisse Aehnlichkeit, sondern geradezu fast Gleichheit, mit nur manchen Modificationen. Hat sie ein Gesetzgeber, ein Volk dem andern entlehnt? Wer wem? Wem gebührt die Priorität? Oder war die Unterscheidung von reinen und unreinen Thieren ursprünglich bei allen oder doch den meisten Völkern des Alterthums, Orients, vorhanden? Letzteres ist wahrscheinlicher. Die biblische Urkunde ist naiv oder aufrichtig genug, schon bei Noah von reinen und unreinen Thieren zu reden. Gewiss, die Unterscheidung ist hier instinctiv.[1] In Bezug auf manche Thiergattungen war es wohl die Wahrnehmung, dass sie ihre Mitgeschöpfe zerfleischen und fressen, was den Menschen mit Abscheu gegen sie erfüllte und in seinen Augen als widerwärtig und unrein erscheinen liess. Eine andere Gattung mochte die Menschen ästhetisch abstossen; so sehen wir ja auch in der Gegenwart, dass

---

[1] Es lässt sich über unser Thema dasselbe sagen, was Julius Braun in seiner nachgelassenen „Naturgeschichte der Sagen" von der Mythologie behauptet: „Dass die Mythologien und religiösen Vorstellungen der durch Raum und Zeit getrenntesten Völker doch eine gemeinsame Wurzel im Busen der Menschheit zu haben scheinen, indem die Götterlehre, wie sehr sie auch nach dem Charakter des Volkes und der Epoche der Entstehung in Einzelheiten von einander abweichen, doch in ihrem Inhalt, in ihren Gestaltungen sich fortwährend wiederholen, im Wesentlichen identisch sind; Egypten hat sich in dieser Beziehung in Griechenland, der Buddhismus im Christenthum wiederholt".

viele civilisirte Völker und sonst vorurtheilsfreie Personen vor manchen Thieren, wie Katzen, Mäusen, Hunden u. s. w. eine unüberwindliche, von religiösen Beweggründen nicht im Entferntesten beeinflusste Aversion haben. Dass die Gesetzbücher der alten Völker dergleichen Speisegesetze als Religionsvorschriften aufstellten, liegt ganz im Wesen und Geiste der antiken Staats- und Glaubenssysteme, im Genius der Theokratie.

Parsismus. Die Unterscheidung von reinen und unreinen Thieren findet sich bei den Parsen. Bei ihnen hatte sie noch eine besonders wichtige Bedeutung. Denn die reinen Thiere sind, der Zendlehre zufolge, Geschöpfe des Ormuzd, des Gottes des Guten, des Lichts; die unreinen hingegen stehen im Dienste des Ahriman, des Gottes des Bösen und der Finsterniss. Dieses Motiv des parsischen Dualismus [1]) kann natürlich im strengen Monotheismus der mosaischen Urkunde durchaus nicht vorhanden gewesen sein, wiewohl der Begriff und die Unterscheidung von reinen und unreinen Thieren dennoch in beiden, von einander so abweichenden Religionssystemen, existirt. Ein- und derselbe Gegenstand oder Umstand kann bei zwei verschiedenen Individuen oder Völkerschaften im Endresultate gleiche Urtheile und Empfindungen erwecken und festigen, obgleich ihre Gesichtspunkte und Motive auseinandergehen mögen. Der Krieg ist manchen Völkern verhasst; dem einen, weil es den Künsten und Wissenschaften, dem Handel und der Industrie ungestört obliegen will; dem andern, weil es Kampf, Blutvergiessen, Eigenthumsschädigung im grossartigsten Maassstabe für unmoralisch und sündhaft hält u. s. w. So auch in Bezug auf unseren Gegenstand. Obgleich im Parsismus und im Mosaismus die Fundamentalglaubenslehren und leitenden Gründe verschieden sind, begegnen sie sich doch in der Unterscheidung zwischen reinen und unreinen Thieren.

[1]) Gegen diesen Dualismus, mit dem die Juden in der babylonischen Gefangenschaft familiär wurden, ist ja bekanntlich der Ausspruch des Deutero-Jesaias XIV, 7 gerichtet: „Finsterniss und Licht, Heil und Uebel, — ich, Jihveh, schaffe all' Dieses." — Beiläufig bemerkt, nicht Jehovah und nicht Jahveh, sondern nur Jihveh ist die richtige Bezeichnung der Tetragrammaton; vgl. S. b. Mêir, 2. M. III, 14.

Dieselbe Unterscheidung herrscht im Religionssysteme der
Hindus, im Gesetzbuche des Mann (Menu); sogar dieselben Erkennungszeichen, wie wir bald schon werden, sind in beiden sonst
so verschiedenen Lehrgebäuden und Lebensrichtungen vorhanden. ¹)
Wenn aber eine Entlehnung sattgefunden — und es ist dies theilweise wenigstens unzweifelhaft — so wollen wir uns darüber nicht
täuschen, sondern unbedenklich zugeben, dass sie in einer sehr
gelungenen Auswahl, bei welcher höchstwahrscheinlich die Geheim-
weisheit der egyptischen Priesterkaste als Vermittelungsglied diente,
vom pentateuchischen Gesetzgeber aus dem Hindu-Gesetz adoptirt
wurde.

Wer wird so befangen sein, behaupten zu wollen, dass die
Egypter ihre Riten und Einrichtungen von den Hebräern angenommen? Diese waren ja in Egypten nur ein verachteter (und
speciell wegen ihrer Viehzucht verabscheuter und gemiedener)
Volksstamm ²) und auch bei ihrem Auszuge ohne staatliche Organisation und Cultur, dem ausser dem dunklen Glauben an Gott
(1. M. 3. 13) und der Beschneidung (?) charakteristische Wissenschaft, Institutionen und Leistungen fehlten, während die Egypter
bereits lange im Vollbesitz eines nach allen Richtungen hin mächtig
ausgebildeten nationalen, socialen und sacerdotalen Lebens waren.
Aber jedes Volk, und so auch das hebräische, dessen grundlegendes
und leitendes Genie der pentateuchische Gesetzgeber war, hat,
wenn auch die meisten Wurzeln der Speisegesetze vielen Völkern
gemeinsam waren, doch nach seinem individuellen Temperament
und Bedürfniss, nach seiner ihm eigenthümlichen Naturauffassung
und Religionsanschauung diese Speisegesetze motivirt und modificirt,

¹) J. D. Michaelis scheint dies noch nicht geahnt zu haben. Er sagt
(Mos. Rechte, Speiseges. § 204 Anf.): „Man muss sich wirklich wundern,
in einem so frühen Zeitalter eine so systematische und gute Eintheilung
der Thiere anzutreffen, die doch jetzt nach so vielen Ausarbeitungen der
Naturgeschichte nicht aufgehört hat, von Kennern als brauchbar angesehen zu werden." Er kannte freilich bei Herausgabe seines Werkes
nicht das Hindu-Gesetz, übersetzt aus dem Sanskrit in's Englische von
William Jones, Calcutta 1794.

²) 1. M. 43,32; 46,34.

vermehrt oder vermindert. Und wahrlich, ohne chauvinistisch-par-
teiisch zu sein, können wir sagen: Der biblische Gesetzgeber war
ein vortrefflicher Eclectiker, und was uns sonst in seiner Gesetzgebung im Allgemeinen und bezüglich des Speisegesetzes im Besonderen heute vielleicht weniger nützlich oder nothwendig erscheint,
war für die damaligen Verhältnisse, für den Bildungsgrad jener
Zeit, für Gegend und Klima des israelitischen Staates Bedürfniss
und Wohlthat, opportun und rationell. Ich habe hierüber nirgends
Einleuchtenderes gefunden als bei Munk, den ich bereits oben
S. 300 citirt habe, den, wie auch (ibid.) die Aeusserung B. Winers,
nochmals nachzulesen ich bitte, wie auch u. S. 321.

Sehr befremden muss es, dass Hengstenberg (Bücher Moses
und Egypten, S. 190—193) nur immer von der Gemeinsamkeit
der israelitischen Speisegesetze mit den egyptischen spricht, „die
auch darin besteht, dass diese Speisegesetze bei ihnen religiös-
ethische Bedeutung haben", — als ob dies bei den Hindu-Speise-
gesetzen des Manu nicht ebenso und noch bei Weitem mehr zu-
träfe! Er verschweigt es ganz, dass die Egypter nur die Vermittler
waren, dass ihre Priester viele Riten, freilich modificirt, von den
Indern acceptirt haben. Wenn aber ein so ausgesprochen orthodoxer Theologe, wie Hengstenberg, nicht im Geringsten ansteht, die
biblischen Speisegesetze mit den egyptischen in Verbindung zu
setzen, so haben wir gewiss kein Bedenken zu tragen, uns unumwunden zu der Ueberzeugung zu bekennen, dass namentlich dieses
mosaische Speisegesetz nicht im Judenthum als solchem, sondern
im Orientalismus seine Wurzeln hat.

Wir gehen nun bezüglich der mosaischen Reinheitszeichen zu
deren Quelle, für welche wir das Gesetzbuch des Menu oder Manu [1])

---

[1]) Bekanntlich finden sich auch in der Lehre des Zoroaster derartige Unterscheidungen zur Genüge. Zendavesta (übers. von Kleuker,
Parsismus. III, 4): Die Thiere wurden in fünf Gattungen getheilt; die erste, mit
gespaltenen Klauen sei ganz zum Nutzen der Reinen (Menschen) geschaffen, die zweite habe ungespaltene Klauen, die dritte fünf Zehen,
die vierte umfasse alle Vögel, die fünfte alle Wasserthiere. Die fünf
Gattungen zusammen enthielten 282 besondere Arten reiner Thiere,
alle übrigen seien unrein." Dies stimmt nicht ganz mit Munks Bericht

halten, zurück und wollen diese letztere [1]) bei jedem Paragraphen
mit den biblisch-rabbinischen Speisegesetzen vergleichen.

Cap. V, § 11: „Jeder wiedergeborene Mann (so werden die
drei ersten Klassen genannt) muss sich von fleischfressenden Vögeln   Hindu.
. . . und von vierfüssigen Thieren, deren Huf nicht gespalten ist.
enthalten, wovon die ausgenommen, welche der Veda erlaubt."
Munk: „Qu'ils s'abstiennent de tous les oiseaux carnivores, des
quadrupèdes, qui n'ont pas le sabot divisé."

Manu giebt also hier für Vögel kein weiteres Zeichen für
rein und unrein, wie ja auch die Bibel, von der die Mischnah darin
abweicht, keines anführt; er nennt aber auch die unreinen hier
nicht mit Namen, erklärt jedoch für solche die fleischfressenden, als
welche sich auch die von der Schrift verbotenen charakterisiren [2]).
Für die Vierfüssler giebt er als Merkmal der Reinheit nur die
gespaltenen Hufe, nicht auch das biblisch normirte Wiederkauen an,
welches letztere, ausgenommen beim Schwein, wie wir jetzt bereits
wissen, mit der ersteren gewöhnlich verbunden ist (s. oben S. 304
das Analoge im Talmud).

§ 13: „Vögel, die mit ihren Schnäbeln schlagen, webfüssige
Vögel, diejenigen, die mit ihren starken Klauen verwunden, und
die, welche in's Wasser tauchen, um Fische zu fressen, sind verboten!" Munk: „Des oiseaux de proie, des palmipèdes, du vanneau [3]) (Kibitz), des oiseaux qui blessent avec leurs ongles, de
ceux qui plongent et qui devorent les poissons."

überein: „Dans les livres de Zeroaster (Bundehesch, chap. 14) on trouve
également la division des animaux en purs et impurs et la condition
principale des premiers c'est d'avoir les sabots divisés." (Les lois de
Manon ont encore plus d'analogie avec celles de Moïse.)

[1]) Ich citire nach Hüttners deutscher Uebersetzung des Manu und
füge auch, mancher Abweichungen und der grösseren Unparteilichkeit
wegen, Munks französische in seinen Reflexions sur le culte des anciens
Hebr. bei, wenn diese letztere aus irgend welchem Grunde eine besondere
Beachtung verdient.

[2]) Munk bemerkt l. l.: „Pour les oiseaux Moïse n'indique pas de
condition générale de pureté; mais il paraît résulter de l'énumeration
des oiseaux impurs que Moïse avait en horreur tous les oiseaux de proie."

[3]) Auffallend ist die Namhaftmachung dieses einzelnen Vogels,
der aber in der deutschen Uebersetzung Hüttners nicht figurirt. Ob-

Zunächst wollen wir bemerken, dass § 13 zu § 11 sich wie Erkennungszeichen zum Grund verhält. Grund für das Verbot ist, dass diese Vögel fleischfressende, also Raubvögel sind: die Merkmale der Raubvögel giebt § 13 an. Auch die Mischnah stellt, wie oben S. 308 bemerkt, den Hauptcanon auf: „Jeder die Beute niedertretende Vogel — d. h. wohl jeder Raubvogel — ist unrein כל

עוף הדורס טמא אבא.

Was unter „webfüssig“ zu verstehen ist, weiss ich nicht. Munk hat dafür palmipèdes = plattfüssig (zum Schwimmen geeignet¹)?). Vielleicht entspricht das Original dem mischnischen עיף הדורלק האת הילד־ (s. oben S. 309 Note 1). Da wohl die Mischnah, nicht aber die Schrift dies und andere Zeichen anführt, so ist kaum ein Zweifel darüber möglich, dass die letztere von den Hindus entlehnt habe. Recht augenfällig zeigt sich diese Entlehnung in der Gemara bezüglich der Vögel, welche Fische fangen. Den Vogel, שלך (3. M. XI, 17) markirt Gem. Chul. 63a: הז השישר־ הדים זם םירד ןמ הים Onkelos nennt diesen Vogel שלי־י:א, Jerus. ימא ןמ ־יי:שלך. Ebenso zu 5. M. XIV. 17 Onkelos ששלי־:א: Jerus. macht hier (Vers 16) fälschlicher Weise das ־ישוי־ן zum שלי־:א und übersetzt שלך־ (Vers 17) mit ־ירקריפא, während er ־ישוי־ in 3. M. XI. 17 mit קפצמא wiedergiebt. Dieser zweck- und gedankenlose Wankelmuth des Pseudo-Jonathan hat seinen Grund darin, dass er das Verzeichniss des Deuter. nach dem von Levit. flüchtig und mechanisch übertragen hat. Nun hätte dies an sich nichts zu bedeuten, wenn die Reihenfolge in beiden Stellen die gleiche wäre. Dies ist aber nicht der Fall, denn שלך im Deuter. ist nicht in derselben Reihenfolge wie in Levit. placirt. Daher dann jener grobe Irrthum und die heillose Verwirrung der Nomenclatur²).

gleich der Gegenstand von wenig Belang, wäre es doch interessant zu wissen, wie es sich damit im Manu-Original verhält. (Vor du vanneau und de ceux ist wohl la viande zu ergänzen oder ist gar „de ceux“ Druckfehler statt des oiseaux?)

¹) Dann müsste ja aber Gans und Ente der Hindus (von den Israeliten zu schweigen) als unrein gelten! (S. übrigens R. Nissim zu Alfasi fragl. Mischnah u. Toss. Chul. 61a Stchw. ־־הז.

²) Wie unsicher übrigens die alten Versionen und selbst die ältesten Talmud-Commentare in der Wiedergabe der diesbezüglichen Namen und

§ 14: „Keine zahmen Schweine und keine Fische irgend einer Art, ausgenommen die, welche ausdrücklich erlaubt sind." Hier werden also zum Unterschiede vom Mosaismus nur die zahmen Schweine verboten — vielleicht verstand es sich bezüglich der wilden von selbst, oder möglichweise kommt die Differenz zwischen Mose und Manu bezüglich des Wiederkauens hier in Betracht. Bei Fischen wird im Hindu-Codex nach Hüttner kein Reinheitszeichen angegeben. Munk dagegen übersetzt: „Que l'on s'abstienne de poissons. Toute fois on peut manger les poissons à écailles de toute espèce." Ich weiss nun nicht, ob der französische Uebersetzer, der dieses mosaische Reinheitszeichen der Schuppen angiebt, treuer ist, als der deutsche, der nichts davon erwähnt, wie wir sahen. Uebrigens genügt auch nach der Mischnah Niddah 51 b und Gem. Chul. 66 b das eine Reinheitszeichen, nämlich Schuppen' weil mit diesen auch Flossen verbunden sind (nicht aber umgekehrt). Bei Sommer (Bibl. Abhandl. „Rein und Unrein" [1]) findet sich zu § 14 noch der Zusatz: „Derjenige, welcher das Fleisch eines Thieres isst, ist ein Esser dieses Thieres [2]; der Fischesser ist ein Esser aller Arten von Fleisch; deshalb muss man sich der Fische enthalten." Ein Hauptmoment bei Manu ist also die specifische Nahrung der Thiere; die fleischfressenden sollen von reinen Menschen nicht gegessen werden. Auch hier sehen wir den Gesetzgeber Israels, trotz seiner Entlehnung, doch in der Auffassung wieder ganz selbständig; bei Mose ist das Hauptmoment „Rein und Unrein" nicht relativ und involvirt, sondern direct und begrenzt, daher von überwiegenderem Werth.

§ 17: „Der Wiedergeborene esse nie Fleisch von einsamen oder von unbekannten Thieren oder Vögeln, obgleich sie in allgemeinen Ausdrücken zu essen erlaubt wurden, auch nicht von reinen Thieren `

—

Bezeichnungen in Levit. und Deuter. waren, ist aus Raschi und Tossafoth Chul. 63 a zu ersehen.

[1] Sommers Abhandlung ist nach Form und Inhalt gediegen, vortrefflich, geradezu mustergiltig. In dem Capitel über die Thiere bin ich ihm vielen Dank schuldig, den ich hiermit öffentlich dem ebenso humanen, wie gelehrten Manne von Herzen ausspreche.

[2] S. u. unter „Relig. Gesichtsp." A. b. Esra und die Kabbalisten.

mit fünf Klauen." Munk: „Qu'il (l'homme régénéré) ne mange pas
les animaux solitairs, ni les quadrupèdes et ovipares inconnus,
ni les animaux à cinque ongles, même ceux, que l'on compte parmi
les espèces permises." Diese Einschränkung, trotz der Reinheitszeichen sich nur auf Tradition und auf die Belehrung von Sach-
kennern zu verlassen (wovon im Pentateuch nichts enthalten ist),
haben wir oben (S. 309) in ihrer ganzen Schärfe formulirt bei
Raschi gefunden. Auch bezüglich der einsamen Vögel findet sich
ein Analogon im Rabbinismus; s. u. über פרס u. עזניה.

Im nächsten Paragraphen finden wir eine grosse Verschiedenheit zwischen den zwei Gesetzgebungen. Er lautet:

§ 18: „Den Igel und das Stachelschwein, die Eidechse und
die Schildkröte und das Kaninchen (oder den Hasen) haben weise
Gesetzlehrer [1]) für erlaubte Nahrung unter den Thieren mit fünf
Klauen erklärt! Alle diese Thiere sind bekanntlich biblisch verboten. — Dagegen mit den folgenden Worten des Manu: „Alle
vierfüssigen Thiere, welche nur eine Reihe von Zähnen haben,
das Kameel ausgenommen, sind erlaubt." unter welchen Thieren bekanntlich die Wiederkäuer [2]) gemeint sind, stimmen, wie wir oben
S. 304 gesehen, die Rabbinen vollständig überein.

§ 22: „Thiere von vortrefflichen Gattungen können die Brahminen zu Opfern . . . schlachten." Dies findet seine vollständige
Analogie in der Bibel selbst, denn auch nach der mosaischen Vorschrift können ja nur gewisse Gattungen und von diesen überdies
blos die, die ohne Leibesfehler sind, für den Altar verwendet werden.

[1]) Vgl. zu dem Ausdruck „weise Gesetzlehrer" das חכמים אמרו אבל
der Mischnah Chul. III, 3.

[3]) Die im rabbinischen Schriftthum zuerst in der Pessikta ausführlicher formulirte Sentenz der Gemara: כל בהמה שאין לה שנים מלמעלה
בידוע שהיא מעלת גרה [ומפרסת פרסת וטהורה ,,aus dem Fehlen der oberen
Zahnreihe ist zu erkennen, dass das Thier ein Wiederkäuer etc. und rein
ist", in Verbindung mit dem Ausschluss des Kameels, weist unbedingt
auf eine Entlehnung aus dem Hindugesetz hin, wenn dieselbe auch nicht
unmittelbar ist; s. w. u. S. 324. Die von der Schrift ausgeschlossenen ארנבת
und שפן, die auch als Wiederkäuer bezeichnet werden, haben nach den
Rabbinen eine obere Zahnreihe: nur das Kameel, besonders das junge, wie
wir oben sahen, macht eine Ausnahme.

3. M. XXII, 19: „Dass es zu Eurem Wohlgefallen gereiche, sei es vollkommen, männlich, vom Rinde, von Schafen oder Ziegen,‘‘ לרצנכם תמים זכר בבקר בכשבים ובעזים, und Maleachi I, 8 eiferte gegen das Darbringen fehlerhafter Thiere zum Opfer: „Und wenn Ihr Blindes zum Opfer bringet, ist das nicht schlecht?‘‘ Und wenn ihr Lahmes und Krankes bringet, ist das nicht schlecht? וכי תגישון עור לזבח אין רע וכי תגישו פסח וחלה אין רע Opfer und Fleischgenuss standen auch, wie bekannt, und wie wir in einem früheren Abschnitte gezeigt, in einem engen Zusammenhange. Glaubte man ja sogar B. Bathra 60 allen Ernstes, sich nach Zerstörung des Altars der Fleischkost enthalten zu müssen.

Noch eine weitere Analogie mit den jüdischen Speisesatzungen finden wir bei Manu. V. §§ 49—55 wird überhaupt von Fleischkost abgemahnt aus Schonung der Thiere[1]), doch ist das Tödten derselben bedingungsweise gestattet. Gott hat die Thiere zum Opfer bestimmt, V. 31. Der Dwidja darf das Fleisch der Thiere essen, die unter Gebet geschlachtet werden[2]) und wovon ein Opfermahl dargebracht wird. Im 1. B. M. scheinen Anfangs alle Fleischspeisen verboten und nur Pflanzenkost gestattet gewesen zu sein; 1 M. I, 29: „Und Gott sprach: siehe, ich gebe euch alles Kraut, das Samen trägt, das auf der Oberfläche der ganzen Erde ist, und jeden Baum, an dem Baumfrucht ist, die Samen trägt; dies sei euch zur Nahrung.‘‘ Erst dem Noah und seinen Nachkommen, nachdem er Opfer von allen reinen Thieren dargebracht, wurde der Fleischgenuss gestattet: 1 M. 9, 2—3: „Und eure Furcht und euer Schrecken sei über alles Gewild der Erde und über alles Geflügel des Himmels, über Alles, womit die Erde sich reget, über alle Fische des Meeres; in eure Hand seien sie gegeben. Alles Regsame, das lebend ist, soll euch zur Speise sein; wie das grüne Kraut gebe ich euch Alles.‘‘

Und wie bei Manu, so war auch dem Israeliten anfangs nur

Hindu

---

[1]) Wir finden dieselbe Maxime aus diesem und auch einem anderen Motive bei den Rabbinen und jüdischen Asketen des Mittelalters vertreten.

[2]) Maim. Schech. 1, 2: Vor dem Schächten sprechen wir: Gepriesen seiest Du . . . der Du uns geheiligt und uns ein Gebot über das Schlachten ertheilt hast‘‘

Opferfleisch zu geniessen gestattet [1]); 3 M. XVII, 4—5: „Wer da . . . schlachtet und es (das allgemeine, zum Genuss geschlachtete Vieh) zum Eingange des Stiftszeltes nicht bringt, um es als Opfer darzubringen dem Ewigen vor der Wohnung des Ewigen, so soll es als Blutschuld demselben Manne angerechnet werden; Blut hat er (gleichsam) vergossen, und derselbe Mann soll aus der Mitte seines Volkes ausgerottet werden. Damit die Kinder Israel herbeibringen das Schlachtvieh, das sie auf freiem Felde schlachten wollen und es hinbringen dem Ewigen an den Eingang des Stiftszeltes zum Priester und es als Friedensopfer dem Ewigen schlachten.“

Wir sprachen seither immer nur vom Entlehnen unserer Speisesatzungen aus dem Hindu- und Parsencodex. Doch ist es selbstverständlich, dass für Mose Egypten die Mittlerschaft für diese Ent-
Egypten. lehnung bietet. Egypten, oder vielmehr seine Priesterschaft, hat sich wohl die diesbezüglichen Vorschriften des Manu mit einigem Eclectismus angeeignet, und der zum Theil egyptisch-priesterlich geschulte Lehrer und Führer des israelitischen Volkes hat die beste Auswahl getroffen. Die Talmudisten, die mit Parsen und Parsismus vielfach in directe Berührung kamen, haben wiederum manches von diesem Adoptirtes hinzugefügt. Doch ist das Material für die Kenntniss der egyptischen Speisesatzungen leider weniger reichlich, als für die des Hinduismus. Porphyrius indessen berichtet im Buche de abstinentia etc: τῶν δὲ . . . ἰχθύων τε ἀπείχοντο πάντων καὶ τετραπόδων ὅσα μώνυχα ἤ πολυσχιδῆ [2]) ἤ μὴ κερασφόρα [3]). πτηνῶν δὲ ὅσα σαρκοφάγα. Von den Vögeln enthielten sich also die Egypter der fleischfressenden, wie bei Mose und Manu [4]); unter den Vierfüsslern der einhufigen, das Wiederkäuen freilich oder das Fehlen der oberen Zahnreihen ist nicht erwähnt [5]); doch mieden

---

[1]) S. auch o. das über § 22 am Schluss Bemerkte.

[2]) Entspricht wohl dem Manuschen „Thiere mit 5 Klauen“ § 17.

[3]) Ueber dieses Reinheitszeichen „Hörner“ s. d. S. 304 u. 305 und weiter u.

[4]) Auch Prof. Sommer l. l. S. 287 bemerkt: „Betreffs der Vögel scheinen auch die Egypter keine äusseren Reinheitszeichen aufgestellt zu haben: alle σαρκοφάγα waren unrein, wie bei den Hebräern.“

[5]) Wie wir oben sahen, genügte ja auch dem Talmud das eine Reinheitszeichen, nämlich gespaltene Klauen, weil dies das Wiederkauen

sie vollständig den Genuss von Fischen[1]. Was diese letzteren
anbetrifft, so sahen wir oben bei Manu § 15, dass ausnahmsweise
manche Fische ausdrücklich „erlaubt sind," welche Stelle ja Munk
mit: „Toute fois on peut manger les poissons à écailles de toute
espèce" in etwas erweiterter und präcisirender Form wiedergiebt.
Und fernerhin bemerkt Munk in seinen „Réflexions" S. 61: „Il ne
sera pas mal à propos de rappeler ici ce que dit Plutarque sur la
croyance des Perses selon laquelle les animaux aquatiques (ἔνυδροι)
appartenaient au règne d'Ahriman." Nun, wie bekannt, was den
Parsen Ahriman, war den Egyptern Typhon: Das böse Princip
in deren Religionsdualismus, und weil diese alle Fische und sonstigen   Egypten.
Wasserthiere mit Typhon in Beziehung glaubten, waren bei ihnen
alle Arten derselben verpönt. Es ist auffallend, dass Munk diesen
handgreiflichen Umstand so ganz ignorirt[2]. Hengstenberg dagegen
(die Bücher Moses und Egyptern, S. 192) führt[3] an: „Die Egypter
enthalten sich derjenigen Speisen, die in irgend einer vermeintlichen Beziehung zu Typhon, dem bösen Princip, standen. Der
Grund des Abscheues gegen gewisse Thiere liegt bei ihnen überall darin, dass sie ihnen für Bilder und Erscheinungsformen des
Typhon galten[4].

---

präsumirt, und nur das Schwein macht eine Ausnahme. Dass sich aber
die Egypter des Schweines enthielten, ist aus Herodot II, 47 bekannt.
Nur am Vollmond opferten sie ein Schwein und verzehrten es. (S. u.
S. 333, Note 1.)

[1] Herodot II, 37.

[2] Ich fand später bei Munk „Réflexions" S. 61, dass wohl die
Priester Egyptens, wie die Brahmanen, sich aller Fische enthielten,
dem Volk aber hätten sie nur die unbeschuppten verboten. Dadurch
hebt sich mancher Widerspruch mit Herodot. Vgl. Plutarch de Jside
c. 6. Nach Rosenmüller (Morgenland II., S. 240) assen die Egypter Fische
gerne; er steht mit seiner Relation vereinzelt da. Aus 4. M. XI, 5, wo
die Israeliten in der Wüste der in Egypten umsonst erhaltenen Fische
sehnsüchtig gedenken, lässt sich muthmassen, dass die Egypter selbst
sich derselben theilweise enthalten hätten, da sie sonst wohl nicht so
billig, ja für nichts zu haben gewesen wären.

[3] Nach Plutarch de Jside c. 32 u. Jablonski Panth. Aeg. 3. p. 67.

[4] Doch giebt Plutarch de Jside auch an, die Fische seien den
Egyptern verboten, weil sie nicht zu den nöthigen Nahrungsmitteln ge-

Es erhellt daraus, dass dieselbe Speisesatzung bei verschiedenen
Völkern total verschiedene Ausgangs- und Zielpunkte hat und haben
muss. Dies tritt beim Mosaismus noch schärfer und klarer zu Tage;
in seinem strengen und absoluten Einheitsglauben kann selbst der
leiseste Dualismus keinen Raum finden; er fasst zudem die Schöpfung
optimistisch und harmonisch auf: „Und Gott sah Alles, was er geschaffen, dass es sehr gut sei" steht am Eingange (1. M. I, 31)
seines Religionsbuches in leuchtenden Zügen. Die biblische Lehre
kann also eine Zweitheilung der Thierwelt auf Grundlage eines
guten und eines bösen Principes unmöglich zugeben. So erweist sich
der pentateuchische Gesetzgeber trotz mancher Compilirung dennoch
wieder als originell und genial, insofern seine Grundlagen und seine
Endzwecke auch speciell in Bezug auf die Speisevorschriften geläuterter, ethischer und systematischer sind [1]).

Ich kann mir nicht versagen, ein grösseres instructives Citat
Munks hinzusetzen und alsdann zwei nichtisraelitische Autoritäten
seine Ansicht bestätigen zu lassen — welches letztere Verfahren
wohl nicht als heterodox erscheinen wird; denn der israelitische
Gesetzgeber selbst giebt ja (4. M. XXIII—XXIV) zur Erhärtung
seiner Verheissungen sogar einem heidnischen Seher das Wort,
wie er auch früher (2. M. XVIII, 14—24) dem vernünftigen
Rathe eines heidnischen Priesters Folge gegeben. Munk sagt
nämlich:

„Quelle qu'ait été d'ailleurs la filiation des doctrines et des
cérémonies religieuses, il est certain, que les rites des Hébreux
offrent de nombreux rapports avec ceux de plusieurs autres peuples

---

hören, sondern etwas Ueberflüssiges sind. Und ibid. c. 8 spricht er von
der Verfluchung des Königs Meinis, weil dieser zuerst die Egypter von
ihrer einfachen Lebensweise abgebracht. — Nach Homer haben, beiläufig
bemerkt, weder die üppigen Phäaken, noch die Inselbewohner von
Ithaka Fische genossen, was beweist, dass nicht alle Völker gleich den
Egyptern (obiger Mittheilung Plutarchs zufolge) Fische als Leckerbissen
betrachtet.

[1]) Doch kann es auch sein, dass Mose zum ursprünglich rationelleren
Speisegesetz, das namentlich Parsen und Egypter mit ihrem Dualismus
corrumpirt hatten, zurückkehrte.

de l'antiquité, et notamment des Indous [1]). Les rapports ne sauraient être fortuits, et il est évident, que Moïse a beaucoup emprunté aux autres nations; car on ne pourrait guère soutenir avec la moindre vraisemblance historique, que les Indous aient pu emprunter quelque chose aux Hébreux, avec lesquels ils n'avaient pas la moindre relation, tandis que les Hébreux ont pu recevoir des usages indiens par l'intermédiaire de l'Égypte. Mais en étudiant les anciens cultes de l'Orient, bien loin de faire un reproche à Moïse des pratiques et des cérémonies qu'il prescrit aux Hébreux, on sera étonné au contraire, qu'il ait pu entreprendre une si immense réforme en réduisant à si peu de chose les innombrables pratiques, par lesquelles tout l'Orient crut honorer ses divinités, et en proscrivant toutes celles, qui n'avaient pour base que la superstition et qui ne s'accordaient pas avec le monothéisme et la morale." Und nun bringt Munk ein Raisonnement des Epicuräers Celsus, und was gegen dasselbe der Kirchenvater Origines berichtigend einwendete: „L'épicurient Celse, dans son „discours véritable", disait que les lois cérémonielles que les Juifs prétendaient avoir reçues de Dieu, étaient imitées des Égyptiens, des Perses et d'autres peuples. Origène le lui accorde: „mais, dit-il, si l'on applique son esprit à bien pénétrer dans le dessein du législateur, et qu'on examine les institutions de ce peuple avec celles qui chez les autres nations sont en vigueur

---

[1]) Auch bei Manu findet sich die abgeschlossene Priesterkaste in Brahmanen und Dwidias *) geschieden, und wie bei diesen, so war auch im Pentateuch zwischen Priester und Laien ein Unterschied betreffs der Speisevorschriften (und nicht allein in Bezug auf Hebe und Zehnten) statuirt: der Priester soll Gefallenes und Zerrissenes nicht geniessen, 3. M. XXII, 8; Hesek. XLIV, 31. In anderen biblischen Büchern wird aber diese Kluft wieder behoben; die Gesammtheit Israels wird als ein Priesterreich erklärt, 2 M. XIX, 6; Jes. LXI, 6; und darum ist ja wiederum das Verbot des Zerrissenen und Gefallenen an das ganze Volk unterschiedslos gerichtet, 2. M. XXII, 30; 5. M. XIV, 21.

*) Gemeinsame Bezeichnung der drei oberen Klassen im Hindusystem, auch „Wiedergeborene". Wie ich noch annehmen zu dürfen glaube, diejenigen, welche nicht, wie die Brahminen, alle, aber doch zwei Bücher der Vedas gelesen.

jusqu'à ce jour, on n'aura certainement pour aucun peuple plus d'admiration; car en repoussant tout ce qui est inutile au genre humain, les Hébreux n'ont adopté que ce qui est utile" (Contra Celsum)."

Schenkel, Bibel-Lexicon, II. S. 518: „Der mosaische Cultus ist in seinen Grundzügen immer als eine wesentlich neue, geniale Schöpfung des Gesetzgebers zu betrachten und jedenfalls nicht als eine Nachahmung egyptischer Cultusformen; denn er ist durchgängig von der monotheistischen Idee eines allmächtigen und heiligen Gottes beherrscht."   •

Bened. Winer, Reallexicon, Art. Gesetz: „Wirklich finden wir . . . die in sich abgeschlossene Priesterkaste, die allgemeine Idee der Theokratie in Egypten wieder, und auch in den Institutionen des Cultus begegnen uns nach neuen Forschungen überraschende Parallelen. Dagegen lassen sich aber manche scharfen Gegensätze auch nicht verkennen, und der Geist, den der israelitische Gesetzgeber den egyptischen Formen einhauchte, stellte sich als ein wesentlich verschiedener, dem egyptischen, wie dem kananitischen entgegengesetzter (Levit. XVIII, 3) dar. Mose erscheint überhaupt viel zu selbständig, als dass man die hebräische Legislation etwa nur eine Copie der altegyptischen nennen dürfte." (Jerusalem, Herder u. A. s. o. S. 300.)

Nach dieser Digression kehren wir zu dem Citate aus Porphyr zurück. Nach ihm waren den Egyptern auch die nichtgehörnten Vierfüssler, μὴ κερασφόρα, verboten. Nach der oben erwähnten Mischnah Niddah 51 und Gem. Chul. 59b: „Hat das Thier Hörner, so brauchst du nicht nach gespaltenen Klauen dich umzusehen," sind, wie bereits ausführlich erörtert, Hörner nicht etwa die alleinige conditio, sine qua non, für die Reinheit, sondern ihr Besitz macht die Aufsuchung der anderen biblischen Reinheitszeichen, des Wiederkäuens und der gespaltenen Hufe, entbehrlich, und machten wir auch schon o. S. 305 auf den schweren Irrthum [1]) des Targ. Jonathan aufmerksam.

---

[1]) Ausser der oben beregten, schwankenden und zum Theil corrumpirten Lesart in Tossefta und Gemara trug zu diesem Irrthum viel-

Nach den Egyptern verdienen die Sabier unsere Aufmerk- Sabier.
samkeit. Doch müssen wir vorausschicken, dass wir über die alten
Gesetze derselben leider keine ganz sicheren Nachrichten besitzen:
was darüber bekannt, rührt doch nur aus abgeleiteten Quellen her.
So fehlt uns jede Gewissheit über das Alter derjenigen sabäischen
Speisevorschriften, die uns im Folgenden beschäftigen werden: doch
erhellt auch aus ihnen, wie tief im Allgemeinen die Unterscheidung
zwischen reinen und unreinen Thieren in den Vorstellungen und
Lebensgewohnheiten der grauen Vorzeit wurzelt, und wie dieselben
Erkennungszeichen behufs jener, wenn auch in dem einen oder
anderen Falle mehr oder weniger ausgeprägt und streng markirt,
bei allen leitenden Völkern des morgenländischen Alterthums in
Geltung waren.

Auch im Sabäismus — wie im Mosaismus — finden wir, dass
nur Thiere, die Lunge und Blut haben, geopfert wurden[1]). Zu
essen verboten waren ihnen die Vierfüssler, die in beiden Kinnladen Zähne haben, d. h. die nicht Wiederkäuer sind. — Hottinger
hist. orient. c. 8 p. 282 schreibt: Sabaei prohibentur edere came-
lum et quidquid non sacrificatur; quidquid item dentes in utraque
maxilla habet conjunctim ut porcus, canis, asinus. Ex avibus praeter
columbas et aves rostratas nihil comeditur. Gerade die Licenz für aves
rostratas scheint sehr verdächtig. (Es soll wohl non rostr. heissen).
Hören wir darüber die wörtliche Aeusserung eines der neuesten
Forscher auf dem Gebiete des Sabäismus. Chwolsohn II, 7 berichtet:
„Zu Opfern wurden von den Sabiern geschlachtet: Männchen[2])

---

leicht noch Ps. LXIX, 32 bei, weil neben צרים auch קרן sich findet.
Die Gem. Chul. 60a schliesst ja aus dieser Stelle, dass der Stier, den
Adam (der erste Mensch) geopfert, Hörner oder ein Horn an der Stirn
hatte. — Kabbalistisch-theosophisch ergeht sich darüber R. Jonathan
Eibenschütz in einer Deraschah zum 7. Tag des Pessach; s. Note 16
am Schlusse dieses Artikels.

[1]) Diesen Punkt, der eigentlich nicht zu dem uns gegenwärtig beschäftigenden Gegenstand gehört, führen wir, gleichsam nebenbei, nur
aus dem Grunde an, weil er uns in der Ansicht bestärkt, dass die Speisegesetze aus den Opfervorschriften hervorgegangen.

[2]) Wer erinnert sich hierbei nicht des יקריב תמים זכר „ein Männ-
liches, Fehlerfreies soll er opfern" (3. M., 1, 3)?

von Rindern, Schafen, Ziegen und allen übrigen vierfüssigen Thieren [1]), welche keine Schneidezähne in beiden Kinnladen haben, mit Ausnahme des Kameels. Vom Geflügel sind die erlaubt, welche keine Krallen haben, d. h. keine Raubthiere sind." [2])

Bd. II, S. 104 sagt er: „Die Speisegesetze der Egypter sind denen der Juden, Sabier und Inder zwar ähnlich, durchaus aber nicht mit ihnen identisch. [3]) Die Egypter dürfen keine Thiere geniessen, welche keine Hörner haben. Diese Bestimmung, welche der mosaischen Gesetzgebung sowohl, wie der rabbinischen Tradition völlig fremd [4]) ist, spricht entschieden gegen diejenigen, welche die mosaischen Gesetze aus den egyptischen herleiten wollen." Ferner bemerkt Chwolsohn l. l.: „da die rabbinische Tradition die mosaischen Kennzeichen aufgab und dafür die annahm, welche sich bei Manu und den Syrern finden, so kann sie nicht jungen Ursprungs sein. Jene erwähnten rabbinischen Erkennungszeichen müssen eben deswegen, weil sie mit den indischen und syrischen völlig übereinstimmen, aus hohem Alterthum herstammen . . . Die vorderasiatischen Stämme müssen also sehr früh in unmittelbarer Verbindung mit Indien gestanden haben. Die Geschichte weiss aber von einer Verbindung nichts, dieselbe muss daher in vorhistorischer Zeit stattgefunden haben." Dieses Raisonnement

---

[1]) Ob auch, im Gegensatz zum Mosaismus, Wild geopfert wurde, bleibt doch noch zweifelhaft.

[2]) Bei Chwolsohn findet sich noch der Zusatz: „ausgenommen die Tauben." Vielleicht galten sie den Sabiern für heilig und ausschliesslich den Göttern geweiht. Jedenfalls aber steht dieser Zusatz im Widerspruch mit der oben angegebenen Relation Hottingers.

[3]) Wir haben bereits bemerkt, dass die verschiedenen Völker (Priester) die Gesetze, wenn sie dieselben auch anderswoher entlehnt, doch nach ihren besonderen Anschauungen und Bedürfnissen modificirt, gleichsam acclimatisirt und naturalisirt haben, was namentlich auch vom Mosaismus gilt.

[4]) Schon früher wurde von uns der wahre Sachverhalt, der diese Behauptung Chwolsohns als irrig erkennen lässt, zur Genüge erörtert, und brauchen wir hier nicht weiter darauf zurückzukommen. Chwolsohn scheint die Mischnah Niddah 51 und Gem. Chul. 59 b, sowie ganz besonders Targ. Jonath. übersehen zu haben. Schorr (Hechaluz, VIII, S. 60) gelangt zu einem Schlusse, der dem Chwolsohns entgegengesetzt ist.

Chwolsohns ist vielfach uncorrect, und der Schluss, zu dem er gelangt, ganz unlogisch und unerfindlich: denn von einem Aufgeben der mosaischen Kennzeichen bei den Rabbinen ist eigentlich gar nicht die Rede, sondern nur im Nothfalle, wo die Untersuchung nach mosaischen Merkmalen nicht angeht, genügt die Constatirung, dass die obere Zahnreihe fehlt. Gegen Chwolsohns Schluss, dass die fraglichen Erkennungszeichen nicht jungen Ursprungs sein können, ist zu erinnern, dass sie die Mischnah noch nicht kennt; erst die Tossefta erwähnt sie. Eine Verbindung vorderasiatischer Völker mit Indien hat wohl in alter Zeit stattgefunden, aber warum denn in „vorhistorischer Zeit?" Die Rabbinen hätten also in vorhistorischer Zeit von den Indiern angenommen? Welch' eine contradictio in adjecto!! [1] Aber überflüssig zu erwähnen ist, dass durch die Eroberungszüge der asiatischen Herrscher und Alexanders des Grossen Hinter- mit Vorderasien in Verbindung kam. Und was die Adoptirung indischer Sitten und Gebräuche speciell seitens der Juden betrifft, so finden wir von der talmudischen Zeit her, dass solche zu diesen in Fülle, wahrscheinlich mittelbar durch Zwischenträger, etwa die Perser, gekommen sind. Und warum vergisst Chwolsohn denn den Aufenthalt der Juden in Chaldäa und Persien noch vor Cyrus? Ausserdem rechtfertigt Nichts seine Desavouirung der Annahme Munks und anderer Forscher, dass nicht erst die Rabbinen, sondern bereits die mosaische Gesetzgebung die Speisevorschriften der Inder mittels der egyptischen Priester, welche Schüler der Brahmanen waren, mit Electicismus u. A. mit Ignorirung des Merkmales κερασφόρα, angenommen habe. Die Hellenisten vollends unter den Ptolemäern können doch von Neuem Manches importirt haben. — Mündliche Aussprüche und Schriften haben zudem Fittige [2]; man weiss nicht immer, auf welche Weise sie in die Ferne gelangten. Man erkennt es nur an den Früchten, dass dies der Fall war.

---

[1] Wenn das Raisonnement Chw. nicht als ein Widersinn gelten soll, muss man statt „Rabbinen" vielmehr „die ältesten Hebräer" substituiren und geradezu an das ‏חמים‎ ‏ויהי‎ ‏שמבני‎ denken.

[2] Wie der Midrasch dies in seiner Weise allegorisch von dem Decalog sagt: ‏אותיות‎ ‏פורחות‎ ‏באו"א‎.

Ich schliesse mit dem Orient, indem ich noch bemerke, dass. während das Christenthum das Speisegesetz, namentlich betreffs der unreinen Thiere, aufhob, Muhamed den Gläubigen befahl, ausser Blut, Verrecktem und Zerrissenem, sich auch des Schweinefleisches zu enthalten. Koran, Sure VI „das Vieh" (Ullman S. 108): „In dem, was mir geoffenbart wurde, finde ich weiter nichts verboten zum Essen, als . . . und das Schweinefleisch, denn dies ist ein Gräuel . . . den Juden haben wir verboten (Geheiss Allahs), Alles, was Klauen (sic!) hat." Wie aber Sommer l. l. nach Weil (Mohamed der Prophet S. 188) anführt, hat er auch das Fleisch vom zahmen Esel, von den reissenden Thieren und von den Raubvögeln verboten. Es ist kaum anzunehmen, dass er aus sich heraus diese Verbote aufgestellt, sondern wahrscheinlicher, dass er diese Abstinenz bei den Arabern vorgefunden. sie aber im Koran (Sure V u. a. St.) durch ein Gebot sanctionirt hat.

Wir gehen zu den Occidentalen über.

Griechen. Auch die Griechen haben manche mosaisch unreinen Thiere nicht genossen. Ich finde bei Porphyrius de abstinentia lib. I: Οἱ Ἕλληνες οὔτε κυνοφαγοῦσιν, οὐδ' ἵππους ἐσθίουσιν [1]). Οὐδὲ γὰρ χρήσιμον πρός ἄλλο τι ὃς ἢ πρὸς βρῶσιν. (Φοίνικες δὲ καὶ Ἰουδαῖοι ἀπέχονται (sc. τῶν ὑῶν). ὅτι οὐδ' ὅλως ἐν τόποις ἐφύετο [2])

---

[1]) Hier sind ohne Zweifel folgende Worte ausgefallen: ὑς μέντοι ἐσθίουσιν. Also Schweine — ὑς haben die Griechen gegessen. Ja, wie unter Anderen Sommer nachweist (l. l. S. 334, nach Varro de R. R.), sollen gerade die Schweine zuerst zum Opfer verwendet worden sein.

[2]) Ursache und Wirkung werden hier verwechselt. Gewiss gab es in Palästina deshalb keine Schweine, weil sie verboten waren. In der That durften Schweine in Palästina nicht gehalten werden, Mischnah Baba Kama VII, 7*). Dagegen wird im Evang. Matth. VIII, 30 berichtet, dass es dort Schweineheerden gab. Nach der Gem. datirt das Verbot erst von der Zeit des Bruderkrieges zwischen Hyrkanus und Aristobul; doch mag Schweinezucht schon früher in Palästina zu den Seltenheiten gehört haben. Uebrigens sind obige und die nachfolgenden Worte nicht die des Porphyr, sondern der Gegner seines Systems, die das Fleischessen empfehlen

---

*) Nach Josephus (Antiqu. 12, 3) verbot Ant. d. Grosse, unreine Thiere in die heilige Stadt einzubringen.

... οὐδὲ Αἰγύπτιοι θεοῖς θύουσιν ὅν παρὰ τὴν αὐτὴν αἰτίαν[1]). Τὸ δ'ὅλως ἀπέχεσθαι τοῦ ζώου τινὰς ὅμοιόν ἐστὶ τῷ μηδ'ἄν ἡμᾶς ἐθελῆσαι καμήλεια ἐσθίειν). Kameele waren also fast überall auch verboten oder doch nicht gegessen. Sommer l. l. S. 322 sagt: „Die alterthümlichen Vorstellungen von rein und unrein gehören nicht allein dem Morgenlande an. Auch bei den Griechen und Römern herrscht der Glaube, dass Sünde und Schuld nicht allein die Seele, sondern auch den Leib beflecken, und wer den Göttern Griechen wohlgefällig sein wolle, müsse in seiner ganzen Persönlichkeit, auch dem Aeusseren nach, rein sein." Auch bei den Griechen scheinen ursprünglich nur die zum Opfer sich eignenden Thierarten für eine angemessene Fleischspeise gegolten zu haben. Keine anderen Thiere sehen wir bei Homer zum Mahle verwendet, als die opferbaren: Rinder, Schafe, Ziegen. Doch zählt auch das Schwein, welches Griechen opferten und assen, bei ihnen zu dieser Kategorie; Odyss. XIV, 437: „Den Odysseus ehrte er mit dem gestreckten Rückenstück des weisszahnigen Schweines." Auch findet sich bei Homer kaum der Genuss von Wild oder Geflügel[2]), wogegen ja im Mosaismus von Vögeln die Taube altarfähig war, von Wild zwar nichts geopfert wurde, aber doch sieben Arten, wie Hirsch, Reh u. A. zum Speisen verstattet waren. Hat Sommer sich wirklich aus der griechischen Literatur überzeugt, dass bei den Griechen ursprünglich eine religiöse Scheu obwaltete und nicht vielmehr ein natürlicher Widerwille, eine Idiosyncrasie, die auch, was wir wiederholt betont, andere civilisirte Völker und Individuen

---

[1]) S. o. was Herodot II, 46 berichtet. Ibid. 75 wird im Gegensatz das Schwein ohne jene Einschränkung des Cap. 46 als ein opferfähiges Thier bezeichnet. Doch lesen Andere statt ὄων — οἰῶν, Schafe.

[2]) Ueber Fische scheint nichts festgestellt zu sein. Doch erwähnt Plut. de Iside 7, dass nach Homer die Gefährten Odysseus' nur in der äussersten Noth Fische gegessen, und dass dieselben weder von den üppigen Phäaken, noch den Ithakensern genossen wurden, wie wir bereits citirt. Ich finde hinterher Odyss. XII, 327: „So lange sie anderen Vorrath hatten; als aber alle Lebensmittel verzehrt waren, da begaben sie sich aus Noth auf die Jagd nach Fischen, Vögeln und was sonst in ihre Hände gerieth; denn der Hunger quälte." Sehr einleuchtend: Noth kennt kein Gebot; ein leerer Magen überwindet selbst die stärkte Aversion.

auf dem Gebiete des Geschmackes und der Verdauung zu allen
Zeiten leitete und leitet? Uns scheint diese Begründung zutreffender.
Auch die Römer beobachteten in Bezug auf Speisen einen
gewissen Unterschied. So berichtet Tacitus, hist. IV, 60, wie nur
während einer Belagerung aus Noth [1], bei Mangel an anderen
Nahrungsmitteln, zu sonst gemiedenen Speisen Zuflucht genommen
wurde: ‚Cunctantibus solita insolitaque alimenta deerant, absumptis
jumentis equisque et ceteris animalibus, quae profana foedaque in
usum necessitas vertit.‘ Von der Enthaltung vom Schweine- und
Hundefleisch ist zwar in den Versen des Horaz, die wir alsbald
citiren werden, nicht ausdrücklich die Rede; doch würde man aus
dem Abscheu, den Hunde und Schweine wegen ihrer Unfläthigkeit
bei den Römern erregten, immerhin darauf schliessen dürfen, dass
dieselben jene Thiere als Nahrungsmittel perhorrescirten. Sat. I,
3, 100: mutum et turpe pecus, glandem atque cubilia propter . . .:
Epist. I, 2, 26: vixisset canis immundus, vel amica luto sus;

(margin: Römer.)

---

[1] „Nichts Neues unter der Sonne", oder, Alles wiederholt sich in
der Geschichte; so war es ja auch bei den verwöhnten Parisern während
des letzten deutsch-französischen Krieges. So zeigte sich denn wiederum,
dass weit mehr eine Idiosyncrasie, als religiöses Motiv der Vermeidung gewisser Speisen zu Grunde lag und liegt. Der Ursprung
dieser Idiosyncrasie (die Wichtigkeit des Gegenstandes möge die Wiederholung entschuldigen!) ist wohl ein physiologischer und ein auf der
Gewohnheit beruhender. Mancher Thiere Fleisch verursacht an sich
durch dessen wenig einladenden Geruch Abneigung und Widerwillen:
andere durch ihre wilde oder schmutzige Natur oder Lebensweise und
einige wiederum, weil ihnen wegen ihres Aussehens oder ihrer Gewohnheiten der Volksaberglaube dämonenhafte Eigenthümlichkeiten zuschrieb.
Der eine oder der andere dieser Gründe erklärte die sehr grosse Aehnlichkeit, die fast Identität zu nennen ist, welche in Bezug auf die
Speisegesetzgebnng bei den alten Völkern herrschte. Und der Praxis
folgte dann die Theorie; die landläufigen Gewohnheiten wurden von
sichtenden und beobachtenden Köpfen in Gesetze gebracht. Man fand,
dass im Allgemeinen die Kriterien für die Tafelfähigkeit der Thiere
deren Widerkauen und gespaltene Klauen sind. Die geringen Abweichungen und Schattirungen haben klimatische oder territoriale Umstände (die bekanntlich die Geschmacksrichtung bedeutend beeinflussen)
als prävalirende Ursachen.

ibid. II, 2, 76: hac rabiosa fugit canis; hac lutulenta ruit sus [1]). Indessen wurden nach Virgil Aeneis I, 638 bei den Hekatomben Schweine geopfert.

Plinius hist. nat. XXX, 10, berichtet, dass nach Numas Verordnung nur Schuppenfische gegessen werden durften: Numa constituit, ut pisces, qui squamosi non essent, ne pollucerent.

Es wird gewöhnlich angenommen, dass das Christenthum die mosaischen Speisegesetze ganz ignorirte. Dies ist jedoch ein Irrthum; denn noch lange Zeit galt bei einem Theile der Christen der Genuss manchen Fleisches als strafwürdig. So schreibt [2]) Papst Gregor III. (731—41) an Bonifacius: „Allen, die vom Pferde essen, ist eine strenge Kirchenbusse aufzulegen. Der Genuss von Pferdefleisch ist unrein und verdammlich." Papst Zacharias (742) an denselben [3]): „Du bittest uns, dir anzugeben, welche Speisen von Fleisch bei den Germanen zuzulassen und welche zurückzuweisen sind? . . . Von Geflügel sind besonders die Dohlen, Krähen und Störche vom Tisch der Christen fernzuhalten. Von Säugethieren dürfen der Biber, der Hase und das Pferd nicht gegessen werden."

Auch hinsichtlich der Motivirung unseres Verbotes finden wir bei den rabbinischen Exegeten Analogien mit derjenigen, welche bei nichtisraelitischen alten Völkern im Schwange waren. Mann sagt bekanntlich: „Derjenige, welcher das Fleisch eines Thieres isst, ist ein Esser dieses Thieres [4])." Derselben Ansicht huldigt A. Esra zu 3. M. XI, 43: ‏ידע כי גוף האוכל ישוב בשר כשר בגוף האיכל‎

Das klingt bei den späteren Rabbinen und Kabbalisten hundertfältig nach: Der Genuss der verbotenen Thiere sei für Geist und Herz depravirend, womit sie diese Hypothese der griechischen

---

[1]) Vrgl. Jes. LXVI, 3, wo gleichfalls Schwein und Hund als verabscheuenswerth neben einander genannt werden: ‏עם־לבב חזיר בלב‎.

[2]) Samml. der Briefe des heil Bonif., von Würdtwein.

[3]) Acta sanct. ord. S. Bened., von Mabillon, Band 2.

[4]) Aehnlich lautet ja die Maxime aller Feinschmecker und auch einiger philosophischer Materialisten: „Der Mensch ist, was er isst." Ein Körnchen Wahrheit steckt allerdings in diesem Epigramm; keineswegs ist es für die leibliche und geistige Constitution des Menschen absolut gleichgiltig, was und wie er isst.

Schriftsteller vom Fleischgenuss überhaupt auf den Genuss der verbotenen Thiere allein anwendeten. S. Lurja äussert sich: כתבי המקיבלים שאבילת שרצים ורמשים וריבלת הלב מטמטמין. Aehnliches berichtet Sommer (Bibl. Abh. I, S. 348) über das Motiv der Enthaltung vom Gehirn bei den Griechen: es galt ihnen als Sitz der Seele, und fürchteten sie, durch dessen Genuss zugleich seelische Bestandtheile des Thieres herüberzunehmen und somit sich zu verunreinigen. Athenaeus II c. 24, p. 65: Οὐδένα τῶν ἀρχαίων βεβρωκέναι (sc. τὸν ἐγκέφαλον) διὰ τὰς αἰσθήσεις ἁπάσας σχεδὸν ἐν αὐτῷ εἶναι.

Die letzte Erörterung bildete sich einleitend den Uebergang zum

Religiösen Gesichtspunkt.

Wenden wir uns, wie immer, zuerst an die Schrift selber.

Sie ruft uns, wie es scheint, apodictisch, ohne Motiv, ihr Verdict zu (3. M. XI, 8): „Von ihrem (gewisser Thiere) Fleisch sollt ihr nicht essen und ihr Aas nicht ber'hien, sie seien euch unrein,“ מבשרם לא תאבלו ובבלתם לא תגעו טמאים הם לכם (1 und (ibid. v. 12): „Ein Gräuel seien sie Euch, von ihrem Fleische

---

1) Die beiden Bezeichnungen für die verbotenen Thiere, nämlich שרץ und טמא, werden, wie bereits in früheren Abschnitten erwähnt, promiscue gebraucht und scheinen daher gleichbedeutend zu sein. Unser Sprachgefühl zwar will uns sagen, dass das Wort שרץ ein stärkerer Ausdruck des Unreinen ist und einen grösseren horror einflössen soll. Während nun Levit. bei einigen verbotenen Thieren die Bezeichnung טמא, bei anderen שרץ anwendet, hat Deuter. für alle ohne Ausnahme nur טמא — mithin wäre L. b. Gerson's Bemerkung zu 3. M. XI, 12, der zwischen שרץ und טמא einen (materiellen) Unterschied machte, durchaus hinfällig. Uebrigens findet sich 3 M. VII, 21 טמא שרץ unmittelbar zusammen (vielleicht, nebenbei bemerkt, ist es nicht zu gewagt hier שרץ טמא zu lesen). Dagegen bemerkt schon vor ihm Chinnuch § 104 zu אל תשקצו את נפשתיכם (3 M. XI, 43): ויבדו בה איסור טמאה בהמה ואיסור שקץ טמא ושרץ ... כי ... כל האיסור והמרויתם ובלל בשיקיץ כמו בי לא בזה ולא ישקץ שקץ עות נפש: (Ps. XXII, 25). Deut. XIV, 3 leitet noch das Verbot der unreinen Thiere mit „Du sollst keinerlei Gräuel essen" ein: לא תאבל כל תועבה abominabilis, wovon wir uns mit Abscheu abwenden sollen; welcher Ausdruck תועבה auch bei den sexuellen Verboten vorkommt, 3. M. XVIII, 24 bis Schluss des Cap.

sollt ihr nicht essen und ihr Aas sollt ihr verabscheuen" (*וְשִׁקְצוֹ

יהיה לכם; מבשרם אל תאכלו ואת נבלתם תשקצו Doch blicken
wir etwas tiefer, so erkennen wir leicht, dass der peremptorische
Ausspruch der Schrift eines weitgreifenden Motivs nicht entbehrt.
Er wird (ibid. v. 44. 45.) mit den theokratischen Verhältnissen in
enge Verbindung gebracht: weil Israel dem heiligen Gotte angehört,
sind manche Nahrungsmittel seiner unwürdig, כי אני ד' אלהיכם,

והתקדשתם והייתם קדשים כי קדוש אני ולא תטמאו את נפשתיכם
בכל השרץ הרמש על הארץ כי אני ד' המעלה אתכם מארץ מצרים להית
לכם לאלהים והייתם קדשים כי קדוש אני Hier schliesst sich zwar
das Motiv der „Heiligung", resp. der „Verunreinigung", zunächst dem Verbot der Reptilien an; doch ein klares Verständniss
zeigt, dass es, als emphatischer Abschluss des ganzen Capitels,
sich auch auf die vorgenannten Säugethiere, Fische und Vögel
bezieht, — wie zum Ueberfluss noch bald darauf 3 M. XX, 25
— 26 lehrt: „Und unterscheidet zwischen dem reinen Vieh und
dem unreinen und zwischen dem unreinen Geflügel und dem reinen,
und machet eure Seele nicht zum Abscheu durch das Vieh oder
das Geflügel oder durch irgend Etwas, das sich regt auf der Erde,
das ich für euch ausgeschieden und für unrein erklärt habe. Und
ihr sollt mir heilig sein" u. s. w. והבדלתם בין הבהמה הטהרה

לטמאה ובין העוף הטמא לטהר ולא תשקצו את נפשתיכם . . .
והייתם לי קדשים וכו'.

Manche, besonders christliche, Forscher haben zwar aus dem
hinzugefügten (ib. V. 26): „Und ich habe euch ausgeschieden
von den Völkern, um mein zu sein" ואבדיל אתכם מן העמים [1]

---

*) S. die vorhergehende Note.

[1] Viele Bibelforscher, das vorliegende Gesetz dem von בהלל שורבה
coordinirend und ihm einen gleichen Begriff der levitischen Reinheit
beimessend, wollen eruiren, dass auch jenes mit Tempel und Theokratie
aufgehört habe, noch verbindlich zu sein. Eine Stütze dieser Hypothese
wäre der Umstand, dass die Vorschriften über reine und unreine Thiere,
wie viele andere über levitische Reinheit auch an Ahron, und nicht bloss
an Mose, gerichtet sind; 3 M. XI, 1 — 13, XV, 1: ויאל אל משה ד' וידבר
אהרן. Herzfeld (Gesch. Isr. A. S. 433) dagegen schliesst aus der Bezeichnung שקץ bei unreinen Thieren, dass hier nicht die levitische Reinheit
das Motiv sei. Wir müssen aber diesen Schluss als unzutreffend be-

ל־ לֵרִית‎ den Schluss gezogen, dass es in der Absicht des Gesetz-
buches lag, Israel durch die Speisevorschriften von den übrigen
Völkern abzusondern. Dies ist aber sachlich und geistig ein
augenscheinliches Missverständniss: sachlich: denn viele sogenannte
unreine Thiere wurden ja, wie wir oben sehen und es geschichtlich feststeht, auch von anderen Völkern des Alterthums gemieden,
während die sogenannten reinen Thiere, wie Rind, Schaf und
Ziege, meist auch die Nahrungsmittel der Heiden waren. Und
darum ist, auch geistig genommen, jene Schlussfolgerung eine
irrige: das וָאַבְדִּל אֶתְכֶם‎ motivirt bloss die Heiligkeit im Allgemeinen,
zu der Israel berufen ist, welche Heiligkeit auch die Abstinenz von
unreinen Thieren erheische. Es ist, als ob der Gesetzgeber sagte:
„weil ich euch ausgesondert, eine höhere Heiligkeit euch vindicirt,
darum sollt ihr euch des Genusses dieser unreinen Thiere enthalten.‟

So weit die Schrift. Wenden wir uns nun zu den Exegeten.

Bekanntlich knüpft die Gem. Joma 39a an das fehlende א‎ in
וְנִטְמֵתֶם‎ (3. M. XI, 43), die agadische Bemerkung אַל תִּקְרֵי וְנִטְמֵאתֶם‎
אֶלָּא וְנִטַּמְטֶם‎, dass also das Endmotiv nicht die Verhütung levitischer
Unreinheit, sondern psychischer Depravation sei. Darauf berufen sich
denn selbst diejenigen Exegeten des vorliegenden Gesetzes, die sonst der
talmudischen Ansicht huldigen, dass da, wo die Schrift selber das Motiv
verschweigt, nach einem solchen gar nicht geforscht werden dürfe.
Für uns ist natürlich, wie wir bereits oben (S. 63 u. 64) und
sonst dargethan, diese Ansicht keineswegs massgebend; im Gegentheil, wir halten sie für geradezu unjüdisch, unbiblisch, religions-
widrig; denn ohne ein klares Verständniss der Grundlage und
der Endzwecke einer religiösen Vorschrift kann deren Uebung

---

zeichnen, und zwar auf Grund des oben von uns Bemerkten: und überdiess
gebraucht die Schrift selbst das Wort שֶׁקֶץ‎ nicht von Vierfüsslern. Herzfeld
gehörte wohl kaum zu denjenigen, die der am Eingange dieser Note gedachten Theorie auch praktische Folge gegeben zu sehen wünschten oder
wünschen. Doch glauben wir, dass auch diese letzteren jüdischen Exegeten
doch eher die Aufhebung des Verbotes mancher sogenannter unreiner
Thiere, als des Aases und des Zerrissenen für zeitgemäss hielten und
halten, da, wie wir oben erörtert, נְבֵלָה וּטְרֵפָה‎ (im wahren, biblischen
Sinne!) zu den Kategorien gehören שֶׁאֵלּוּ לֹא נִצְטַוּוּ רְאוּיִם הֵם לְהִצְטַוּוֹת‎.

weder das vorgesteckte Ziel an sich erreichen, noch versittlichen
und beseligen. Ohne Gedanke ist der Buchstabe todt, ohne Geist
ist die Form morsches Gebein und werthlos. Nichtsdestoweniger
müssen wir es aber aussprechen, dass diejenigen Commentatoren,
die ihre Auslegung unseres Verbotes mit jener Joma-Stelle rechtfertigen, sich nur auf schwaches Rohr stützen; denn die midraschisch
gefärbte Maxime der Gemara hat jede Uebertretung im Auge;
der Ausspruch, der an die citirte Bibelstelle (3. M. XI, 43) geknüpft wird, hat die allgemeine Anwendung: עבירה מטמטם לבו
של אדם „Jede Uebertretung (Sünde) stumpfe Herz und Geist
des Menschen ab."

Es verdient hier vorweg bemerkt zu werden, dass nach der
Ansicht einer Reihe jüdischer Schriftsteller (Religionsphilosophen)
auf biblischem Standpunkte die Fleischkost überhaupt vom Uebel
sei, und dass es besser wäre, wenn man auf sie verzichtet und sich
mit Pflanzenkost begnügt, wie denn dem Menschen vor Noah nur
solche gestattet war [1]). — Auch bei den Griechen gab es ja Schulen
welche von der Thierkost abmahnten, und selbst in dem christlichen

---

[1]) Diese Ansicht scheint insofern in der Schrift einen gewissen
Anhalt zu finden, indem ja zu dem Ur- und Naturmenschen (vor Noah)
1. M. 1, 29 nur vom Verspeisen von Pflanzenkost gesprochen wird [*]).
Sonst ist hingegen der Bibel, namentlich aber dem Pentateuch, die Askese
fremd; selbst die Institution des Nasiriten war ja nur tolerirt und in
enge Grenzen gebracht, jedoch keineswegs empfohlen und als verdienstlich dargestellt. Und darin liegt eben ein Hauptunterschied zwischen
dem Alten und dem Neuen Testament. Dieses ist mehr pessimistisch
durchhaucht, beurtheilt die materiellen und socialen Antriebe und Interessen des Lebens eher als etwas, das zu meiden und zu fliehen, betrachtet das Erdendasein, kurz ausgedrückt, als Jammerthal und weist
fortwährend auf das Jenseits hin. Das A. T. hingegen ist grösstentheils
lauter Optimismus, erblickt in unserem Aufenthalte und Wirken auf
Erden eine wesentliche Bedingung und einen massgebenden Factor unserer
Bestimmung und unseres Werthes, fordert nicht allein zu Pflichten,

---

[*]) Diese von einigen Religionsphilosophen vertretene Ansicht findet
ihre volle Widerlegung ibid. in dem vorangehenden Verse, wo bereits
dem ersten Menschenpaar die Herrschaft, das Schalten und Walten über
die Fische des Meeres, Vögel des Himmels eingeräumt wird. Was be-
deutete dies Alles ohne die Licenz des Verspeisens?

Zeitalter wird die Abstinenz von derselben, weil sie den Menschen unwürdig mache, seitens nichtjüdischer Religionsphilosophen nachdrücklichst empfohlen [1]. Schon Maimon., der meist von sanitären Gesichtspunkten ausgeht, motivirt das mosaische Speisegesetz nebenher auch im Sinne der Mässigkeit und Selbstbeherrschung [2]. Ausführlicher und nachdrucksvoller geschieht dies bei Joseph Albo (Ikkarim III, 15), der den Gesichtspunkt der Grausamkeit ganz besonders betont [3]. Noch entschiedener wird diese Ansicht von S. Carça im Mekor Chajim vertreten [4]. Beide scheinen sie von griechischen Philosophen adoptirt zu haben [5], da die Schrift nirgends

sondern auch zu Genüssen und zu Freuden, und ausdrücklich zu denen des Mahles, auf: „Freuet euch der Feste!" „Sei durchaus froh!" „Nach aller Lust deiner Seele magst du Fleisch essen u. s. w. Verheisst ja der Gesetzgeber dem Volk sogar zu wiederholten Malen „ein Land, das von Milch und Honig überfliesst," ein Land, in dem irdische Güter und Genüsse in Hülle und Fülle vorhanden, „Häuser voll alles Guten" בתים מלאים כל טוב (5. M. VI, 11); ibid. VIII, 10: „Und du wirst essen und dich sättigen und sollst preisen den Ewigen, deinen Gott für das schöne Land, das er dir gegeben" ואכלת ושבעת וברכת את ד' אל' על הארץ הטבה אשר נתן לך. Wir heben diese fundamentale Differenz im Charakter der beiden Grundschriften hier nicht ohne gewichtigen Anlass hervor. Wir meinen nämlich, dass alle diejenigen Commentatoren, die dem Speisegesetze das Motiv der Askese zuschreiben und annehmen, dass die gänzliche Verdrängung des Fleischgenusses die eigentliche Absicht des Gesetzgebers gewesen wäre, nicht auf dem Standpunkte des Alten, sondern, bewusst oder unbewusst, auf dem des Neuen Testamentes den Gegenstand in's Auge fassen. Erst nach der Zerstörung des Tempels taucht die falsche, fragliche Idee auf, und die Rabbinen wurden, ohne es zu ahnen, Adepten der Christologie.

[1] Porphyr. de abst.

[2] S. o. S. 272 Note 1.

[3] S. Note 17 am Schlusse dieses Art. S. 379.

[4] S. Note 18 am Schlusse dieses Art. ibid.

[5] Dies ist mir fast zur Evidenz gewiss. Clemens Alex., strom. VII (s. das Citat bei Sommer S. 187 u. 188) weiss sie schon dem Xenokrates — ob dem Philosophen und Schüler des Plato oder dem Arzte zur Zeit des Tiberius u. Nero ist fraglich — zu vindiciren. Δοκεῖ Ξενοκράτης κ. τ. λ. Ein Ausspruch des Pythagoräers Androcydes daselbst lautet: σαρκῶν ἐμφορήσεις σῶμα μὲν ῥωμαλέον κ. τ. λ. Also Fleischkost sei wohl heilsam für Leibeskraft, das Gegentheil aber für die psychischen Functionen. S. auch hierüber die gegnerische Ansicht bei Porphyr 1, 15.

den Fleischgenuss missbilligt. Ausser Porphyr hat schon Aristoteles in der Ethik ähnliche Ansichten ausgesprochen Er meint, der Gefühlssinn, welcher in uns das Bedürfniss der Speise erzeugt, gereiche dem Menschen zur Schande. Auch nennt er die, welche sich der Essgier ergeben, niedrige Menschen. (S. Maim. Moreh Neb. III. 49) [1]).

Beim Vater der jüdischen Religionsphilosophie, R. Saadjah Gaon, Emunoth Wedeoth 3,2, finde ich über das Motiv des Verbotes mancher Thiere eine räthselhafte Stelle [2]).

A. b. Esra schliesst sich, wie überall, so auch hier am engsten dem Schriftworte an, das er bloss umschreibt. Er erklärte אל תשקצו את נפשתכם (im Abschn. Schemini) mit: להיות מטונפת לא תטמאו בהם und ומגואלות mit den oben oft citirten Worten, die mit dem desfallsigen Ausspruch des Manu so ganz übereinstimmen: כי ידוע כי הגוף האכל ישוב בשר בגוף האוכל „das Fleisch der verbotenen Thiere ist unsauber und ekelhaft, und die verzehrte Substanz geht in das Fleisch und Blut des Verzehrenden über." Dieser rein ethische Grund harmonirt mit dem Begriff der Heiligkeit in der Schrift sehr gut. Doch giebt A. Esra in Kedoschim neben diesem auch einen gemischt physisch-psychisch-sanitären Grund an: „Das Fleisch jedes Raubvogels und aller unreinen Thiere schadet der Seele und der Intelligenz, wie das eines jeden Fisches, der keine Flossfedern und Schuppen, dem Körper nachtheilig ist" ויזק לנפש החכמה בשר כל גוף דורם והבהמות הטמאת כאשר יזק לגוף כל הג. שאין לו סנפיר וקשקשת. Auf Grund dieser und anderer Stellen imputirt ihm sein Supercommentator Çarça, Anfangs Tasria, ebenfalls phys.-psychologische Motive: „Erwäge, was A. B. Esra schreibt, dass nämlich die fleischliche Substanz des verzehrten Thieres sich wiederum zu Fleisch im Körper des Verzehrenden entwickelt, worauf das Verbot der unreinen Thiere und Vögel begründet sei. Denn einige dieser Thiere sind Raubthiere, die mit Gift versehen sind: das genossene Fleisch anderer hingegen, obgleich giftlos, verstopft und versumpft die Canäle und Functionen der Vernunft, während das von unreinen

---

[1]) S. Note 19 am Schlusse dieses Art. S. 379.

[2]) Sie wird aus besonderem Grunde erst u. bei Abrav. ausführlich erörtert, S. 357 bis 359.

Fischen und Land- und Wasser-Reptilien allerlei Arten von schweren und bösartigen Krankheiten im Menschen erzeuge. Von allen diesen Thieren heisst es: Machet eure Seele nicht zum Abscheu והסתכל

במה שכתב אבן עזרא . . . שהגוף האכל ישוב בשר בגוף האוכל . . .
ואמר החיות והעופת הטמאים כי יש מהם שדורסים ויש להם ארס
ואחרים אעפ שאין להם ארס שבותמים דרבי התבונה והדגים הטמאים
ושרצי הארץ והמים שמולידים מיני חלאים קשים ורעים ועל כלם אמר
אל תשקצו את נפשתיכם.(1)

Da wir nun einmal Çarça citirten, so wollen wir schon jetzt, obgleich noch frühere Autoren zu verzeichnen sind, seine Aeusserungen über unsere Speisesatzung anführen. Ueber das Schwein sagt er (Abschn. Schemini): „Manche halten dessen Genuss für gesund; es sei nur verboten, weil es unter dem Einfluss des Saturn stehe"

יש אימרים כי החזיר טוב ושוה למזג האדם יטעם יסורו לפי שהוא
מחלק שבתאי. Auch in Kedoschim giebt er der gleichen Ansicht, nur in etwas erweiterter und ummwundener Form, Ausdruck: „Einige behaupten, man könne unmöglich sagen, das Schwein sei deshalb den Israeliten verboten, weil sein Fleisch unserer Gesundheit schädlich sei, denn gerade nach dem Dictum ärztlicher Autoritäten ist das Schweinefleisch für die menschliche Constitution nahrhafter und zuträglicher, als das der übrigen, erlaubten, Thiere. Der Grund seines Verbotes sei vielmehr, weil es unter dem Einfluss des Saturn stehe, wie ja ebenso die Egypter das Fleisch vom Kleinvieh deshalb verabscheuten, weil dies dem Sternbild „Widder" unterstellt sei." י"א החזיר אי אפשר לומר שהיה איסורו מחמת שהזיק לגוף כי חכמי הרפיאה אומרים שהוא טוב ושוה למזג האדם משאר הבהמות האכלות וטעם איסורו הוא לפי שהוא מחלק שבתאי

---

1) Çarça fährt fort: Es sei bekannt, dass alle diese Dinge das Blut depraviren und es für viele Heimsuchungen empfänglich und zugänglich machen; sie machen Körper und Seele zum Abscheu גלה שבל אלי הדברים עושים דם רע מוכן לכמה פורעניות ומשקצים הגוף והנפש: Dieses Argument legt schon der Verf. des 4. Makkabäer-Buches, c. 5, dem Märtyrer Eleasar in den Mund: ὁ τοῦ νόμου κτίστης τὰ μὲν οἰκειωθησόμενα ἡμῶν ταῖς ψυχαῖς ἐπέτρεψεν ἐσθίειν τὰ δὲ ἐναντιωθησόμενα ἐκώλυσε σαρκοφαγεῖν. — Einen physiologisch-eschatologischen Grund führt Bechai in seinem Pentateuch-Commentar an: „sie sollen Wohlbefinden des Leibes (Gesundheit) und der Seele Wonnen oder Fortdauer nach dem Tode vermitteln."

כמו שֶׁחָזוּ הַמִּצְרִים עוֹשִׂים שֶׁחָזוּ מַתְעֲבִים אֲכִילַת הַגָּאוֹן מִפְּנֵי שֶׁהוּא מָל מֵחֲמַת תַּחַת טָלֶה. Diese Ansicht ist aber ganz unlogisch und zeugt keineswegs von einer klaren und correcten Erfassung der mosaischen Gesetzgebung. [1]) Denn einer der hervorstechendsten

---

[1]) Wenigstens nicht auf diese ist zutreffend, was Movers (Phönicier, S. 218) betreffs unseres Gegenstandes sagt: „Wenn man den Grund dieses Abscheus (des Schweins) in der Unreinlichkeit des Thieres oder in diätetischen Rücksichten findet, so verkennt man die religiöse Ansicht des Alterthums dabei oder wenigstens die Vorstellung des Heidenthums von der Heiligkeit der Thiere, die, wie sonst Pflanzen, deswegen für heilig galten, weil sie einer Gottheit geweiht waren, deren Charakter sich an einer Eigenschaft derselben auf eine hervorstechende Weise kundgiebt. Das Schwein war ein „heiliges Thier", und nur der Um-stand, dass es einer infernalen Macht geweiht war, machte es zugleich auch zum Gegenstand des religiösen Abscheus, eine Ansicht, welche auch in jüngerer Zeit bei den Juden (Movers hätte sagen sollen: Juden-Christen) nicht ganz verwischt war; cf. Matth. VIII, 28. Sagt doch auch Plutarch, Symp. Quaest. V: Utrum suem venerantes Judaei aut potius aversantes carne ejus abstineant." — Es muss befremden, dass Movers gar keine Rücksicht auf Herodot nimmt, der II, 47 ausdrück-lich berichtet, dass das Schwein den Egyptern unrein war, und dass sie, wenn sie ein solches berührt haben, sich sammt den Kleidern in's Wasser tauchen; auch dass unter allen Hirten die der Schweine die verächtlichsten Menschen sind, die deshalb auch in keinen Tempel ein-treten. (S. Note 20 am Schlusse dieser Art.) Wie Herodot versichert, wurde das Schwein nur einmal im Jahre der Selene und dem Dionys geopfert. Herodot wusste oder giebt sich die Miene, als ob er wüsste, was die Egypter über diese Observanz erzählten; es ist nur zu bedauern, dass er, so geheimnissvoll thuend, das Mysterium nicht näher mittheilen wollte. — Clemens Alex. (Paed. 3) giebt für die Abneigung gegen das Schweinefleisch einen zwar auffallenden, aber immerhin plausiblen Grund, wie er sich oft auch bei den Kabbalisten findet, nämlich: weil dieses Thier wegen seiner Geilheit berüchtigt sei, daher unter Schweinen auch solche Menschen gemeint sind, welche ἡδοναῖς σωματικαῖς κνηστιῶντες πρὸς Ἀφροδίτης κακόχαρτον ἡδονὴν χαίρουσιν. Daher, weil das Schwein das πνεῦμα ἀκάθαρτον (רוח טומאה) sei, bitten die Teufel Jesum, dass er ihnen gestatte, in die Säue zu fahren. S. Lit. Bl. des Orients 1840, S. 377 von Dr. Benfoi. Fast ganz dasselbe bei Hengstenberg (die Bücher Moses und Egypten, S. 192 u. 193): „Die Schweine waren den Egyptern wegen ihrer schmutzigen Lebensart als Incarnation des unreinen Geistes ver-hasst." „Ueberhaupt — sagt Plutarch — hält man alle schädlichen

Charakterzüge und energischsten Zielpunkte derselben ist es ja
gerade, jeden astrologischen Aberglauben und alle polytheistischen
Gepflogenheiten auf's Strengste zu verbannen. Wäre es also wahr,
was Çarça meint, dass das Schwein im damaligen Volksglauben
dem Saturn geweiht gewesen, so hätte Mose es sicherlich gerade
deshalb den Israeliten zum Genusse gestattet und nicht durch das
Verbot des Schweines dem Saturn-Wahne und -Cultus mittel- oder
unmittelbare Sanction, Nahrung und Fortdauer gegeben.

Çarça führt auch im Abschnitt Schemini die Ansicht der
Anonymen, der zufolge wohl das Verbot aller anderen Thiere,
aber nicht das des Schweines auf sanitären Gründen beruhe, auf
den Umstand zurück, dass die Talmudisten nur von diesem letzteren
behaupten, dass das Motiv unerfindlich sei. [1]

Wer hingegen mit dem Geist des Talmud vertraut ist und
sich mehr von jenem als von dem Wortlaute desselben leiten lässt,
wird mir zustimmen, wenn ich meine, dass Çarças, (d. i. der ‏ר"א‏)
diesfallsige Schlussfolgerung auf einem völligen Missverständniss
der talmudischen Dialectik und Dogmatik basirt. Gerade weil das
Verbot des Schweines, wegen dessen unreiner Lebensart und seines
Hautkrankheiten erzeugenden Fleisches, so rationell in die Augen
springt, sucht es der Talmud in tendenziöser Weise als jedes vernünftigen Grundes entbehrend zu bezeichnen. Es ist dies so die
Art der talmudistischen Methodik, biblische Vorschriften als auto-
kratisch-despotische Edicte aufzufassen und hinzustellen, um ihnen
eine vermeintlich höhere Sanction und werthvollere Unterlage zu
verleihen: „Man sage nicht: mir ekelt vor Schweinefleisch, sondern
vielmehr: ich könnte und möchte es wohl geniessen, habe aber

___

Kräuter und Thiere, sowie alle unglücklichen Zufälle für Handlungen
und Wirkungen des Typhon." An die religiöse Bedeutung schloss sich
die moralische an. Die Repräsentanten des Typhon im Thierreich galten
zugleich als Bilder der ihm ergebenen Menschen. „Der Schuldige —
bemerkt Champollion (Briefe, S. 153), eine egyptische bildliche Darstellung erklärend — erscheint in Gestalt einer mächtigen Sau, über
die man mit grossen Buchstaben „Schwelgerei" und „Völlerei" geschrieben
hat, ohne Zweifel das Hauptverbrechen des Schuldigen, irgend eines
Schwelgers der damaligen Zeit."
[1] S. Note 21 am Ende dieses Art. S. 379.

keine Wahl gegenüber dem apodictischen Erlass meines himmlischen Vaters" אל יאמר אדם נפשי קצה לאכול לאבול חזיר אלא אפשר ומה
אעשה ואבי שבשמים צוה עלי. Ferner: „Es ist ein Statut, und es
steht uns nicht frei, nach seinen Ursachen und Zielpunkten zu
forschen" 1) חקה היא ואין לך רשות להרהר אחריה. Als ob der
Werth eines Gesetzes nicht vielmehr in der Verständlichkeit und
dem Verständniss seines Motives liege! Als ob Religion und irgend
eine religiöse Uebung durch mechanischen sclavischen Lippen- und
Formendienst und nicht vielmehr gerade durch Verständlichkeit
und Vertiefung in ihre Motive an Weihe und Werth gewinnen!

Wir kommen nun zum Haupt der rationellen Schriftforscher:
Maimonides, der ja allen Speisegesetzen ein sanitäres, bezw. auch
ein asketisches Motiv beilegt, Moreh N. III, 48: „Das gesundeste
Fleisch ist uns zum Genusse gestattet, das, was auch ärztlicherseits
nicht angezweifelt wird" והטוב שבבשר הוא מה שהותר לנו לאכלו
מה שלא יסמק בו רופא. Gerade vom Schwein aber, sagt er, werde
behauptet, es sei gesund 2). Dem aber sei nicht so. Es sei allerdings der Gesundheit nachtheilig; dazu sei es höchst unsauber,

---

1) Diese beiden Dicta werden vielfach variirt; cf. Raschi zu 3. M.
XX, 26, 4. M. 19, 2, Sifra z. St., Maim. פ״ק ח׳ I, 6.

2) Dr. Scheyer bemerkt zu diesen Worten: „Wahrscheinlich bezieht
sich Maim. auf des Isaac b. Soleiman diätetisches Werk, worin das
Schweinefleisch als sehr gesunde Speise gerühmt wird." (Das ist wohl
auch die Quelle der א״ bei Çarça!) — Dieser Isaac b. Soleiman ist
identisch mit Isaac Israëli, von dem Munk zu dieser Stelle des Maim.
schreibt: „Isaac Israeli, médecin juif du Xe siècle, vante la chair de
porc comme un aliment très-sain." Nach Rossi starb er 940. — Er und
Çarças א״ haben ihre Ansicht wohl von den Griechen adoptirt, die auch
vielleicht der Talmud unter den Nichtjuden (אה״ד), welche im Verein
mit dem Satan manche Satzung Israels mit Spott übergiessen, im Auge
hat. Plut. Symp. libr. IV, 5 lässt den Kallistratos ausrufen: Πῶς ὑμῖν
δοκεῖ κεκλῆχθαι τὸ πρὸς τοὺς Ἰουδαίους, ὅτι τὸ δικαιότατον κρέας οὐκ ἐσθίουσιν?
Ja, schon dem Antiochus Epiphanes wird von dem sog. 4. Makk.-Buch,
c. V, die Frage in den Mund gelegt, warum die Märtyrer das so un-
tadelig wohlschmeckende Schweinefleisch perhorresciren? — Wir stimmen
wohl mit Maim. überein, dass es eine ungesunde Speise ist, nur glauben
wir, dass das Motiv der Schrift vorwiegend in der theokratischen Heiligkeit und nicht in sanitären Rücksichten liegt.

nähre sich von allerlei Ekelhaftem. Die Thora aber sei Feind eines ekelhaften Anblicks[1] selbst auf freiem Felde, geschweige an bewohnten Orten[2].

Ich kann hier nicht umhin, mein Befremden darüber auszusprechen, dass auch ein so nüchterner und umsichtiger Forscher, wie Munk, dem mosaischen wie dem Manu'schen Speisegesetze ganz im Allgemeinen ein zum Theil hygienisches Motiv beimisst. Er sagt l. l. No. 60: Si nous comparons les lois diététiques de Moïse

---

[1] Die Schrift selbst hält das Schwein für ein κατ' ἐξοχήν garstiges, ekelhaftes Thier, Prov. XI, 22: „Wie goldenes Geschmeide an der Nase eines Schweines" (so die beiden äussersten Extreme, der wohlgefälligen und der abstossenden Erscheinung, gegenüberstellend) חזיר אף נזם. Ebenso das Evang. Matth. VII, 6 und 2 Petri II, 22 (s. Note 22 Ende d. Art.). Auch in der Gemara gilt es als solches, das überdies noch namentlich meist mit Aussatz behaftet ist und diesen auf den Geniessenden überträgt: Kidd. 49b: „Zehn Maass von Hautplagen kamen auf die Erde: neun von ihnen haben die Schweine erhalten" נטלו חזירים תשעה ידרו נגעים קב עשרה, und Sabb. 129b: „Wer auf ein Etwas stösst, trägt einen unnennbaren Schaden davon" מי בדבר אחר, קשה לדבר אחר, wozu Raschi: „Wer auf ein Schwein stösst, trägt den Aussatz davon, denn Schweine sind damit behaftet מי בחזיר קשה לצרעת שהחזירים מנוגעים בה. Wie kann also der Talmud mit sich selber in Widerspruch behaupten, dass das Verbot des Schweines zu denen gehöre, deren Motiv unerklärlich sei? — Ueber die allgemeine Unfläthigkeit des Schweines siehe noch die sinnreiche Parabel im Midrasch Tanchuma zu נח: „Satan nahm ein Schwein und schlachtete es unterhalb des von Noah neugepflanzten Weinberges. Als Noah zu viel des Weines trank, wurde er dem Schweine ähnlich, sich mit allerlei Unrath besudelnd." שטן רבא חזיר ודבו תחת הכרם... בין ששתה יתר מראי נעשה וכברו: הלים במי מתלכלך בחזיר. Schon das דבר אחר, womit das Schwein (ebenso wie Götzendienst, Excremente u. s. w.) im Talmud bezeichnet wird, drückt den höchsten Grad der Aversion aus. Hadrian mag dadurch dieselbe zu seiner Zeit wenn möglich noch gesteigert haben, dass er über der Pforte Jerusalems ein Schwein in Stein anbringen liess. — Wie der Talmud so eben, so dachten auch die Griechen; denn derselbe Plutarch, von dem wir in einer vorangehenden Note die Worte des Kallistratos brachten, legt dem Lamprias wiederum ganz andere Worte in den Mund: Das Schwein sei voller Aussatz, deshalb fürchten sich die Barbaren (Juden), sein Fleisch zu essen. S. Note 23 am Schlusse dieses Art. Ueber die Römer s. o. S. 334.

[2] S. Note 24 am Schlusse dieses Art. S. 380.

arec celles de Manou et de Zoroastro, nous ne pouvons douten,
qu'elles ne soient toutes émanées d'une certaine idée de pureté
ou d'hygiène, comme à tous les peuples de l'Orient. Wäre dies
richtig, dass nämlich hygienische Principien dem mosaischen Gesetze zu Grunde liegen, so ist es, wie schon von anderen Seiten
hervorgehoben wurde, äusserst befremdlich, dass die Bibel nicht
auch die Giftpflanzen verbietet. Auch bei Manu und den Egyptern
können hygienische Rücksichten nicht obgewaltet haben, denn selbst
bei ihnen waren ja, obgleich zwar manche Pflanzen, so doch keineswegs die giftigen untersagt. Welches Motiv hierfür bei ihnen massgebend gewesen, gehört nicht in das Gebiet unserer Untersuchung,
da das mosaische Speisegesetz keine Pflanzenverbote enthält. Beim
Opfer freilich wird Sauerteig und Honig ausgeschlossen, 3. M. II.
11: „Nichts von irgend welchem Sauerteig und irgend welchem
Honig (ob auch der von Bienen herrührende?) sollt ihr in Rauch
aufgehen lassen als Feueropfer dem Ewigen", כל שאר וכל דבש
לא תקטירו ממנו אשה לדֹ — worüber Sommer („Rein und Unrein")
zu vergleichen ist. Derselbe glaubt allerdings, dass den Orientalen,
so befremdlich dies auch ist, manche Pflanzen durch irgend ein
Merkmal als unrein erschienen.

Ein sehr gründlicher Schriftforscher vor Maim., nämlich
R. S. b. Meir, motivirte (3. M. XI): „Alle verbotenen Thiere sind
verwerflich (anwidernd), depraviren und erhitzen den Körper; darum
heissen sie unreine. Dies werde auch von tüchtigen Aerzten behauptet. Auch der Talmud äussere sich, dass die Völker, welche
dergleichen essen, ihren Körper erhitzen (חבל יבעיל יבעירו) [1]"

---

[1] J. D. Michaelis giebt dies nur sehr bedingt zu (Mos. Recht
§ 203): „Ich leugne nicht ganz den Einfluss der Speisen auf das
moralische Temperament; aber davon bin ich noch nicht überzeugt,
dass das doch nicht tägliche Essen einer gewissen Art von Thieren es
so sehr verändere und dem Gesetzgeber Ursache geben konnte, die Thiere
zu verbieten. Auch glaube ich nicht, dass das Essen des Fleisches
eines Thieres uns gerade die Affecte dieses Thieres gebe, sondern es
wird in anderer Weise wirken." Der Ausdruck יבעיל יבעיר, dessen sich
unser Autor nach Vorgang des Talmud in nachtheiligem Sinne bedient,
um den schädlichen Einfluss des verbotenen Fleischgenusses zu kenn-
zeichnen, ist nicht sehr glücklich gewählt, denn an mancher Stelle wird

Man sieht, dieses Schwanken zwischen sanitären und ethischen
Motiven, diese Ungewissheit, ob der Genuss der unreinen Thiere
die Physis oder die Psyche oder beide vereint schädige, das
Punctum saliens, theokratische Heiligkeit, nicht ausschliesslich, oder
doch nicht nachdrücklichst urgirend, kennzeichnet alle Commentare
von den ältesten bis zu den jüngsten und macht sie zu unsicheren
und wenig befriedigenden Leitsternen auf unserem Gebiete. Noch
erkennbarer zeigt sich jener Mangel an Präcision und jener Ueberfluss an Halbdunkel bei dem bedeutenden Theosophen und Mystiker
Nachmanides, obgleich er sich hier nicht gerade überschwänglich
ausdrückt. Treu dem Schriftwort wird von ihm wohl bei טהרת
der ethisch-theokratische Gesichtspunkt ausschliesslich hervorgehoben [1]); anders hingegen 3. M. XI bei den unreinen Thieren.
Hier präsumirt er bei der einen Classe ein diätetisches, bei einer
anderen ein ethisches Motiv, welches letztere freilich einen An-
hauch von theokratischem Principe hat, wenn es auch mit diesem
nicht gerade identisch ist. Bei den Fischen (wir folgen seiner
etwas auffallenden Ordnung) führt er lediglich einen sanitären Beweggrund an. Die mosaisch reinen, so argumentirt er, kommen
mehr an die Oberfläche des Wassers, werden mehr der Luft theilhaftig, besitzen darum einige Wärmegrade, die das Uebermass von
Feuchtigkeit verdrängen, während die flossen- und schuppenlosen
mehr in der Tiefe und Trübe des Wassers bleiben, zumal die in
sumpfigen Gewässern sich aufhaltenden eine oft geradezu tödtlich
einwirkende Kälte und Feuchtigkeit besitzen. Anders bei den
Vögeln. Der Genuss derjenigen Thiere, welche selber grausam
sind (wie die Raubvögel), erzeugen aus ihrem schwarzen dicken

---

er gerade lobend auf den grossen Eifer der Israeliten für die Gesetz-
erfüllung angewendet (s. Sabb. 86b, Ab. Sarah 31b, Niddah 34b).

[1]) S. oben sein Citat bei טהרה. — Nachm. schliesst: „Siehe! die
Reptilien machen die Seele zum Abscheu" והנה הרמצים משקצין הנפש.
Er wurde zu diesem Dictum wahrscheinlich durch A. b. Esra verleitet,
der (im Abschn. ראה) gerade die שרצים hervorhebt, während ja die
Schrift 3. M. XX nicht allein auf Reptilien, sondern auf alle unreinen
Thiere ohne Ausnahme das „Machet eure Seelen nicht zum Abscheu"
ולא תשקצו את נפשתיכם anwendet.

Blute ähnliche Substanzen und Neigungen zur Grausamkeit[1]). Die
in 3. M. XI als unrein namhaft gemachten seien sämmtliche existirenden Raubvögel. Nur der ברס und die שיצה seien keine solchen,
von der Torah aber doch verboten, weil durch ihren beständigen
Aufenthalt in der Oede und Wildniss ihr Blut ebenso brandig und
verdorben ist, wie das der Raubvögel[2]). Nachm. giebt noch eine
genaue Beschreibung der Art, wie die Raubvögel ihre Beute verzehren (הדריסה). Die eigene Erfahrung und Beobachtung habe ihn
in seiner Auffassung bestätigt: er wiederholt: „Die Grausamkeit
ihres Naturells sei das Motiv ihres Verbots." Bei den Vierfüsslern schwankt Nachm. wieder zwischen dem ethischen und dem
sanitären Beweggrunde; doch wird der letztere von ihm mehr
hervorgehoben. Zunächst bemerkt er: „Unter den Wiederkäuern
und Doppelhufern finde sich kein דורס; die anderen seien reissende,"
— mithin wiederum, wie bei Vögeln, ein ethisches Motiv. Dann
bemerkt er: „Die Weisen behaupten, die Milch der reinen Thiere
wird fest, die der unreinen aber nicht, gerinnt niemals[3]). Wäre
deren Genuss gestattet, so würde die hierdurch in den menschlichen Genitalien sich ansammelnde Feuchtigkeit der Fortpflanzungs-
fähigkeit empfindliche Nachtheile zufügen. Ausserdem hätten die
reinen Thiere notorische Vortheile." Speciell die Milch der Schweine
betreffend, will er in medicinischen Schriften gelesen haben, dass
der sie geniessende Säugling von Aussatz heimgesucht werde[4]).
Das sei ein Beweis für die grosse Schädlichkeit der verbotenen
Thiere[5]). Vgl. auch Nachm. Derashah (תור'ת ד' וגו' ed. Jellinek
S. 29), wo ebenfalls die Gesundheitsrücksicht vorwiegt[6]).

Im Pentateuch-Commentar zu 5. M. XIV, 3, wo das Speisegesetz mit dem allgemeinen Ausspruch: „Du sollst keinerlei Gräuel

---

1) Nachm. ist hier der Wiederhall A. b. Esras, der gleichfalls bei
den Fischen anders, als bei den Vögeln motivirt; s. o.

2) S. Note 25 am Schlusse dieses Art. S. 380.

3) R. Lippmann sagt im Buche Nizzachon; „Im Gegensatz zu
allem anderen Fett schwimmt das des Schweines nicht auf dem Wasser,
sondern sinkt unter.

4) Dieselbe Ansicht findet sich auch bei Plut. de Iside c. 8.

5) S. Note 26 am Schlusse dieses Art. ibid.

6) S. Note 27 ibid.

essen" לא תאכל כל תועבה eingeleitet wird, abstrahirt jedoch
Nachm. von jedem anderen Motive und bemerkt einfach und richtig:
„Die Schrift erklärt mit Gräuel (תועבה), dass alle verbotenen
Speisen der reinen Seele gräuelhaft sind . . . denn die verbotenen
Speisen erzeugen in uns Crassheit und Stumpfsinn [1]).

Ahron Halevi (Chinnuch § 154) sagt, dass für unreine Thiere
dasjenige gilt, was er als allgemeinen Gesichtspunkt für die verbotenen Speisen unter dem Artikel טרפה aufgestellt; es ist mithin
das physisch-Sanitäre mit dem ethisch-Psychischen verschmolzen [2]).
R. Levi b. Gerson ist über die eigentliche Bedeutung des
Begriffes טמא bei den Thieren in Zweifel, i. e. ob dies die levitische Reinheit oder eine herabwürdigende Speise bedeute [3]); aber
doch wiederum: der Grund sei Rücksicht für die leibliche und
geistige Gesundheit [4]). Thiere ohne gespaltene Hufe seien Raubthiere, ihr Fleisch erzeuge ein schwarzes und rohes Fluidum, —
mit welcher Ansicht er also nur Nachmanides copirt [5]), über dessen
Grausamkeitsmoment er hingegen schweigt. Das Fleisch der
Wiederkäuer sei zarter, dem menschlichen Organismus zuträglicher [6]). Gewiss geben wir Alles dies unbedingt zu; nur ist ebenso
sicher, dass mit „rein" und „unrein" טהור und טמא, nicht zarte

---

[1]) להגיד כי כל האסרים נתעבים לנפש הטהורה . . . כי כל המאכלים
האסרים ילדי טובי ואטמית בשב. Der Rabbi hätte nur nicht כל „alle
verbotenen Speisen" sagen sollen: manche verbotene Speisen, wie דר
הגשה und בשר בחלב wird wohl keine nüchterne Exegese als תועבה
bezeichnen.

[2]) S. oben bei הלב S. 136 u. Note 28 am Schlusse d. Art. S. 380.

[3]) Da einestheils ja auch die reinen Thiere nach ihrem Tode durch
Berührung verunreinigen, und andererseits sogar manche unreine, wie
die verbotenen Fische, dies keineswegs thun, so hätte L. b. Gerson nicht
im Zweifel darüber sein dürfen, dass hier in טמא der Begriff der depravirenden Speise und nicht der levitischen Unreinheit liege.

[4]) Auch hiernach hätte sich ja R. L. b. Gerson für die zweite der
von ihm aufgestellten Bedeutungen des טמא hier entscheiden müssen,
ohne auch nur einen Augenblick im Zweifel zu sein.

[5]) Er vermuthet auch, dass die unreinen Thiere eine giftige Flüssigkeit enthalten; sollte er dies vielleicht aus dem libr. quaest. des Anast.
Sinaita geschöpft haben? S. Note 29 am Schl. dieses Art. S. 380.

[6]) S. Note 30 ibid.

oder zähe Speise gemeint sein kann. Dass der Gesetzgeber unter
טהור „gesund“ und „zuträglich“, und unter טמא „ungesund“ und
„unzuträglich“ verstanden habe, muss wohl eine treue, schlichte
Exegese für durchaus unzulässig erklären.

Bei den Fischen bemerkt unser Autor, wiederum ganz nach
seinem Grossvater Nachmanides, dass in Folge der leichten Beweg-
lichkeit der bellossten und beschuppten, deren Fleischsubstanz leichter
und darum auch dem Menschen zuträglicher ist, als das der anders
beschaffenen Fische, die sich mühsamer und schwerfälliger bewegen.

Betreffs der Vögel unterscheidet er sich von Nachm. insofern,
als dieser alle, auch die mischnischen, Kriterien der Raubvögel
unter einem Gesetze auffasst und dieses an ihnen erkannt wissen
will; unser Autor sondert die Erkennungszeichen, so zwar, dass
er von einem Theile der Reinheitsmerkmale sagt, dieser bezeuge,
dass der Vogel kein Raubvogel sei, von einem anderen Theile hingegen, dass das Fleisch des Vogels leichte Verdaulichkeit besitze.
In den talmudischen Reinheitszeichen: Kropf und schälbarer Magen
erblickt er Symptome leichterer und besserer Verdauung, — also
Analogien des Wiederkauens bei den Vierfüsslern. [1]

Unser Autor sucht in derselben Weise und Richtung nach
einem Erklärungsgrund für das Verbot der Reptilien. Doch wäre
er aus jener Richtung „Sichtung der leichten und verdaulichen
Speise“ ein wenig herausgetreten, so hätte er sich die Mühe des
Suchens und Forschens ersparen können. Der Grund liegt auf der
Hand [2]: er ist die natürliche Idiosyncrasie gegen Reptilien, die bei
allen civilisirten Völkern und Individuen heimisch ist.

---

[1] S. Note 31 ibid.

[2] Chaskuni bemerkt, im Gegensatz zu anderen Exegeten, einigermassen treffend: „Die Schrift habe Vierfüssler mit Einem Reinheitszeichen nur darum ausdrücklich verboten, weil es überflüssig wäre, diejenigen zu untersagen, die jedes Reinheitszeichens ermangeln, da vor
solchen Thieren auch andere Völker eine Aversion haben.“ — J. b. Pol-
kar (lebte Ende des 13. Jahrh.) dagegen sagt in seiner „Disputation“
mit den Philosophen: „Wenn Du den Gesetzen nach ihrem Zwecke für
uns nachspürst, so wirst Du finden, dass es unter ihnen verbotene
Speisen giebt, deren Motiv unsere Einsicht überragt“ ובשתתדקדק במצות
לתועלתנו תמצא כי יש מהן מאכלות אסורות אשר שכלנו מעבירן׃

Ueber R. Joseph Albo, der chronologisch hier einzureihen wäre, haben wir schon oben gesprochen. Zu seinem Lobe verdient hervorgehoben zu werden, dass er, unseres Wissens, der Erste[1]) ist, der mit Uebergehung des physisch-hygienischen ausschliesslich das psychisch-ethische Motiv geltend macht: „Die unreinen Thiere erzeugen Krassheit, Getrübtheit[2]) und Stumpfsinn der Seele."

Mit Isaac Arama (Akedath Jitzchak, porta 60) rückt ein neues Motiv in die Erörterung ein; bezw. ein bei Maim. nur schwach und nebenher geltend gemachtes wird von ihm als Hauptgrund betont: „Die Verbote bezwecken, den Israeliten an Enthaltsamkeit und Genügsamkeit zu gewöhnen."[3]) Dann sagt er: „Je mehr man hienieden an irdischen Genüssen entbehrt, desto mehr machen wir uns für seelische Genüsse im Jenseits empfänglich".[4]) (S. Note 33

---

[1]) Nämlich unter den Rabbinen, denn vor ihm hat es ja Josephus sowie mancher nichtisraelitische Forscher behauptet; s. o.

[2]) Die alten Aerzte behaupten, Hasenfleisch erzeuge dickes, melancholisches Blut.

[3]) S. Note 32 am Schlusse dieses Art. S. 380.

[4]) Manche philosophirende jüdische Religionslehrer haben sich bekanntlich bestrebt, die mosaischen Institutionen mit den Ideen der beiden Hauptvertreter der griechischen Schulen, des Plato und des Aristoteles, in Einklang zu setzen, wie dies in Bezug auf den ersteren namentlich seitens Philos, und mit dem letzteren vornehmlich durch Maimonides und Arama geschehen. Dieses Pfropfen fremder Begriffe auf die bibl. Lehre und Gesetzgebung hat dieselben hie und da, sozusagen, in einen Zwitter, um nicht zu sagen Centauren, verwandelt. Denn nichts liegt, wie wir bereits oben S. 340 betont, dem A. Test. mehr fern, als Askese, die Flucht der Welt und ihrer berechtigten Interessen, sowie der maassvollen und gottbewussten Freuden des Daseins. Sie fordert vielmehr oft genug zur — sittlich veredelnden — Lebensfreude auf. Ist ja selbst der Talmud, bevor in der Folgezeit mit der Tempelzerstörung Morosität, Abstinenz und Selbstkasteiung, gleichsam als ausländisches Gewächs, in jüdischer Mitte Platz gegriffen, der strengen Askese durchaus abhold und glaubt, der Nasiräer hätte deshalb ein Sündopfer bringen müssen, weil er die Enthaltung vom Weingenuss sich auferlegte. לפי׳ שציער עצמו מן היין, wie er auch denjenigen einen Sünder nennt, der zu viel fastet. Nein, der Eudaimonismus und Optimismus der israelitischen Lehre, die das Jenseits kaum ausdrücklich erwähnt und den Schwerpunkt der menschlichen Existenz, Aufgaben, Entwickelungen

am Ende des Art. S. 381). Dabei spricht er, jedoch etwas unklar, von der Verdienstlichkeit des unbedingten Gehorsams, der, ohne nach dem bisweilen wirklich unerforschlichen Grunde [1]) zu fragen, sich willenlos unterwirft.

In diesem Sinne hätten die Talmudisten den (von uns oben bereits citirten) Ausspruch gethan: „Niemand sage: ich kann es nicht über mich gewinnen, Schweinefleisch zu essen, sondern: ich kann wohl, darf aber nicht, da es mir Gott verboten." אל יאמר אדם א׳ אפשי בבשר חזיר אלא וכו׳ (cf. zu חקת porta 79). Bei alledem führt er noch als zweiten Grund den bekannten an, dass die Speisen auf's Temperament und die Moral einwirken, wie erfahrungsmässig an der Gesittung verschiedener Völker constatirt werden kann [2]). Ja, er schreibt den Nahrungsmitteln einen Einfluss auf die menschlichen Gemüthsanlagen in einem solchen Grade zu, wie wir dies bei keinem anderen Schriftsteller finden. Doch protestirt er entschieden gegen sanitäre Motive, durch welche das erhabene göttliche Gesetz zum medicinischen Katechismus herabsinken würde. Zudem könnte ja die Schädlichkeit für die Gesundheit durch Mischung anderer Substanzen, wie dies ja auch sonst im Haushalt geschieht, paralysirt werden. Ferner überzeugen wir uns, dass die Völker, welche jene Speisen geniessen, gesund und

und Schöpfungen in das Diesseits legt, hat nichts mit jener, das Verhältniss gerade umkehrenden Anschauung und Lebensregelung einiger griechischen Philosophen, Kirchenväter und Rabbinen gemein, die aus dem Diesseits einen Kerker, eine Oede, ein Jammer- und Thränenthal und aus dem Menschen einen Flagellanten, einen müssigen Himmels-Schwärmer machen wollen. (Jes. XLV, 18): „nicht um öde zu sein, hat er sie, die Erde, geschaffen, sondern zum Bewohnen bildete er sie, לא תהו בראה לשבת יצרה. Zeit genug, reine Seelenfreuden zu geniessen, wenn nach einem würdigen und segensvollen Erdenleben unser Körper in Staub zerfällt und unsere formentkleidete Seele in's Reich der Geister einzieht.

[1]) Geradezu unerforschlich nur in Bezug auf die Naturgesetze und das menschliche Schicksal, doch nicht, was die religiösen Vorschriften anbetrifft. Denn deren aller Motive waren wohl bekannt, doch manche sind im Laufe der Zeiten vergessen oder unkenntlich geworden.

[2]) S. Note 34 am Schlusse dieses Art.

kräftig sind. Nur psychich-ethische Motive könnten daher vorhanden sein: [1] darum ist der Giftpflanzen nicht Erwähnung gethan.[2])

Abravanel behauptet: „die Thiere mit den Reinheitszeichen haben meist ein dem menschlichen Organismus zuträgliches Fleisch"
יהטעם בזה שהבהמות שיש להם הסימנים האלה על הריב בשרם :זאת לאכילת האדם „Denn das Wiederkauen kommt daher, dass sie in der oberen Kinnlade keine Zähne haben, durch die sie die Speisen zermalmen können, deshalb können sie nicht Knochen verzehren, sondern nur Kräuter, die sie im Ganzen verschlingen. Erst wenn diese mittelst der physischen Wärme im Magen erweicht sind, bringen sie jene durch die Kehle wieder zurück, zerreiben sie mit der Kinnlade und verschlingen sie zum zweiten Male. Da sie sich nun theils von frischem, theils von trockenem Kräuterwerk nähren, so ist ihr Temperament gemässigt (מזג יותר שוה). Sie sind deshalb auch nicht grausam, reissend. Darauf weist auch der Umstand hin, dass ihr Huf durchspalten, breit und platt ist, so dass sie der Zähne und Nägel nicht bedürfen, wie die reissenden Thiere, deren Nahrung in Fleisch (Blut) und Knochen besteht. Dadurch wird auch in demjenigen, der diese Thiere verzehrt, ein trockenes, heissblütiges Temperament erzeugt, das zur Grausamkeit hinneigt (שיולידו באוכל אותם מזג חם ויבש אכזריות חמה). Schwein, Kameel, Hase und Kaninchen tragen wohl eines jener Reinheitszeichen an sich, haben aber doch eine Fülle verderblichen Stoffes in sich. Gott, der Schöpfer, kennt das Naturell seiner Creaturen, weiss, was dem menschlichen Temperament dienlich, d. h. was

---

[1] Dieses Argument kann aber auch gegen das (psychisch-ethische) Motiv des Arama selbst gekehrt werden: Ueberzeugen wir uns ja, dass die Völker, unter denen wir leben, und die die mosaische Speisegesetzgebung ignoriren, an ihrer Psyche und Gesittung nicht Schaden leiden, dass sie grosse Denker, edle Menschen, tüchtige Charaktere, Biedermänner und ausdauernde Arbeiter genug in allen Ständen und Klassen besitzen. (Vgl übrigens u. S. 364 bei Viterbo.) Es müsste denn sein, dass Arama meint, der Israelit habe eine exclusive, speciell gestaltete Psyche erhalten, deren Weihe und Werth nicht so sehr in der Kraft des Geistes und in der Höhe der Gesinnung, sondern in einem undefinirbaren „Israelitenthum" liegt, welche nebelhafte Ansicht und engherzigen Chauvinismus wir aber zurückweisen würden.

[2] S. Note 35 am Schlusse dieses Art.

seinem psychischen Wesen gedeihlich ist und hat uns deshalb das
eine erlaubt, das andere verboten. Die „Weisen" aber haben für
die, welche sich auf das Zeichen des Wiederkauens nicht verstehen,
ein anderes Merkmal gelehrt: Hörner. Denn bei den Wiederkäuern
hat die Natur die Knochenmasse, aus der sich die Zähne entwickeln
sollen, in Hörner verwandelt. Weil sie sich weder mit scharfen
Klauen, noch mit Zähnen vertheidigen können, sind ihnen Hörner
zum Schutze gegen Angriffe zugetheilt worden [1]. Aehnlich verhalte es sich mit den Vögeln. Die reinen haben keine Krallen,
ihre Füsse sind breit (platt), weil sie, um sich ihre Nahrung zu
suchen, auf dem Erdboden umhergehen müssen. Darum haben sie
oberhalb des Fusses eine hervorstehende Zehe (היתר אצבע‎), die
das Gehen unterstützt. Der Kropf und der schälbare Magen be-
fördern die zweimalige Zermalmung der Speisen, entsprechend dem
Wiederkauen der Vierfüssler. So giebt es also auch bei den Vögeln
zwei Reinheitszeichen, wodurch die zahmen von den räuberischen
sich unterscheiden [2].

Die Reinheitszeichen der Fische aber weisen ihn auf einen
physisch-sanitären Einfluss. „Flossfedern und Schuppen, bilden
einen Ableiter für den Ueberfluss an Feuchtigkeit; das gewährt den
reinen Fischen eine grössere (materielle) Reinheit, macht sie zum
Genuss zuträglicher, als die anderen, welche die Feuchtigkeit [3),
den Ueberfluss der Säfte in sich behalten." Und dennoch — welch
lauter, unausgleichbarer Widerspruch! — verwahrt sich Abravanel
gegen ein diätetisches Motiv, durch welches die heil. Schrift zu
einem Arzneibuche herabsinken würde [4). Nein, sagt er, der Grund
sei lediglich ein psychisch-ethischer.

---

[1] Das ist offenbar ein Cirkelschluss, denn die Natur hätte ihnen ja Zähne
geben können, dann hätten sie nicht zur Vertheidigung der Hörner bedurft.

[2] Lezteres ist talmudisch nicht ganz correct. Das diesbezügliche
ausschlaggebende Merkmal der Reinheit ist ja bei dem Vogel die Gewissheit, dass er kein reissender דורס‎ ist.

[3] Nicht in dem Sinne anderer Commentatoren. Abrav. erläutert
nämlich: „die Fische, welche jener Zeichen entbehren, halten sich auf
dem Boden der Gewässer auf und nehmen einen erdigen Geschmack an·

[4] Hier copirt im Grossen und Ganzen, wie sonst öfter, Abrav.
seinen etwas älteren Zeitgenossen Arama, ohne ihn zu nennen. Manche

Das Motiv der natürlichen Abneigung, das von Nachmanides zu (5 M. XIV, 3): „Du sollst keinerlei Gräuel essen [1]" לא תאכל כל תועבה gegeben wird, weist Abravanel in seinem orthodoxen Uebereifer zurück. Dagegen giebt er noch eine andere, auch nicht neue, schon bei Saadja und noch früher bei den Kirchenvätern sich findende Begründung an: es solle oder könne bei manchen Thieren, die in einer gewissen Berührung mit Götzendienst standen, eine Verhütung desselben vorliegen: „Auch weil damals die verbotenen Speisen [2] dem Götzendienst geweiht waren, wie es ja sogar in der Gegenwart in Indien verboten ist, von Rindern und Schafen zu essen . . ., während man in anderen Ländern die uns verbotenen Speisen gerade des Götzendienstes wegen isst, und darum wurden diese verbotenen Speisen „Abscheu" genannt, ganz so, wie Götzendienst [3]) „Abscheu" genannt wird" גם כי הוו או המאכלים הם [2](האסורים מתיחסים לעכו״ם וגם היום בארץ הודו אסור לאכיל מן הבקר ומן הצאן . . . ובארצות אחרות אוכלים מאכלות אסורות מפני עבודת אלהיהם ולכך נקראי המאכלים האלה (תועבה כמו שנקרא ע״א תועבה Der Sinn dieser etwas unklaren, theils unrichtigen, Worte scheint zu sein, dass die Heiden sich mancher Thiere darum enthielten, weil diese den Göttern geweiht waren, theils sie aber gerade deswegen genossen. Ich stelle auch seine Worte zu ראה hierher: „Jedoch nennt die Schrift die verbotenen Speisen „Abscheu", weil

Stellen sind dem letzteren, sogar wörtlich, von unserem Autor entnommen (s. o. S. 278 Note 1).

[1]) „Es war nicht nöthig, hiernach Reptilien und alles sich Regende ausdrücklich zu nennen, denn es ist bekannt, dass die Seele eines jeden ästhetisch Empfindenden sie verabscheut" ולא הוצרך לפרוש אח״כ השרצים וכל הרמש כי דבר ידוע הוא שתתעב אותם נפש כל נקי דעת.

[2]) Es ist hier nicht etwa auf die verbotenen Speisen überhaupt, sondern nur auf die verbotenen Thiere abgesehen.

[3]) Abrav. übersieht, dass nicht allein Götzendienst, sondern alles Verwerfliche und Unstatthafte, ja selbst Unredlichkeit im Handel und Wandel, von der Schrift „Abscheu" (תועבה), das darum auch den Menschen anwidern soll, genannt wird (5. M. XXV, 13—16); „Du sollst nicht in Deinem Behältniss haben zweierlei Gewichtsteine, grosse und kleine... denn ein Gräuel des Ewigen, Deines Gottes, ist Jeder, der dies thut, Jeder der Unrecht thut" . . . לא יהיה לך אבן ואבן . . . כי תועבת ה' אל' . . . כל עשה עול.

es bekannt (und Gott, dem Gepriesenen offenbar) ist, dass sie in Verbindung mit den Götzen und deren Anbetern Weihe und Werth hatten: darum waren sie die Nahrung der Götzendiener, und hat Er sie, Israel, dem Volk seiner Nähe (Erwählung), verboten רק

קרא המאכלות אסורות תועבה לפי שייש להם התיחסות וערך ידוע
(וגלוי לפניו יתברך) עם העבי״ם ועיבדיה ולבן היו הם מאכל עובדי
עבו״ם ואסרם לב״י עם קרובי.

Uns ist diese, ganz und gar nicht sachgemässe Motivirung die allerunwahrscheinlichste [1]). Abrav. ist hier aber nur der Nachtreter wahrscheinlich Saadja's, gewiss aber des Maim. Was dieser betreffs der Opfer motivirt, wendet Abr. auf das Speisegesetz an.

Betrachten wir zuerst die bereits oben 341 angedeutete räthselhafte Stelle des Saadja, Emunoth Wedeoth III, 2: ומתולת איסור

אכילת קצת בעלי חיים שלא ידמיהו לבורא כי לא יתכן שיחיב לאכול
מה שהיא דומה לו ולא לטמאו . ושלא יעבוד האדם מאומה מהם כי לא
יתכן ליעבוד מה שדרשם לי לאבול ולא מה שהושם אצלו טמא.[2])

Der zweite Theil dieser Begründung ist noch ziemlich verständlich: ("Der Zweck des Verbotes des Genusses mancher Thiere ist . . .") "und damit der Mensch durchaus nichts von ihnen abgöttisch verehre, denn es wäre ja widersinnig, dass er anbete, was ihm zum Essen vorgesetzt (gestattet) ist, und ebenso widersinnig wäre

---

[1]) Die Schrift selber bedient sich bekanntlich für alle verbotenen Thiere einer und derselben Bezeichnung: "Abscheu" (שקץ) oder "Gräuel, (תועבה). Es ist darum unwiderleglich ersichtlich, dass bei den verschiedenen Thierclassen wohl einigermassen, aber nicht so total verschiedene Gründe, wie Abrav. so willkürlich conjecturirt, nämlich bei der einen Entfernung vom Götzendienst, bei der andern Verhütung leiblicher Schädigung, für die Untersagung des Genusses jener Thiersubstanzen vorherrschend gewesen sein können.

[2]) Seltsam! Die Schrift selber verkündet es im Grossen und Ganzen in klarster und nachdrücklichster Sprache, dass Heiligung, Enthaltung von anwiderndem oder grausamem reissenden Gethier den diesbezüglichen Verboten zu Grunde liege, und Saadja forscht mit den Kirchenvätern nach Dunklem, Mystischem und Fernliegendem! Auch ihm könnte man gewissermassen das vielbenutzte, aber so treffende talmudische Wort zurufen: "Die Schrift legt es offen und klar vor Augen, und du verdeckst es und machst ein dunkles Geheimniss daraus." התורה מגלה יאתה אתה מכסה oder Kohel. 7, 29.

es, das zu vergöttlichen, was bei ihm als unrein gilt (angenommen
ist)." Der vorangehende Passus dagegen ist viel dunkler. Fürst
(s. o. S. 133, Note) in seiner Uebersetzung des Werkes (Emunoth
Wedeoth) giebt die Stelle folgendermassen wieder: „Der Zweck,
dass manches von den erlaubten Thieren, wie gewisse Fettstücke,
verboten wurde, liegt darin, dass die Menschen nicht Gott gleich
sein sollen und das geniessen, was ihm geopfert wurde. Denn
Gott kann nicht gestatten, das zu geniessen, was nur ihm, auf den
Altar, gehört; ebenso wenig das Unreine, damit es den Menschen
nicht verunreinige." Fürst bemerkt in einer Note: „Im Original
hat diese Stelle viele Schwierigkeiten, die durch diese tief eingehende Uebersetzung nun gehoben sind." Wenn aber Fürst
keinen anderen Text vor sich hatte, so fasse ich diese Uebersetzung
nicht, die nicht eine solche, auch nur annähernde oder umschreibende,
ist, sondern als eine ausschweifende eigenmächtige Unterschiebung
bezeichnet werden muss. Gleich den Rabbinen bei einer andern
Gelegenheit müssten wir sagen: „Die Hauptsache fehlt im Texte,"
עיקר חסר מן הספר. Ich meinerseits möchte das ידמה nicht auf
den Menschen, sondern auf das Thier (בעל חי) beziehen, das ich
aus dem unmittelbar vorhergehenden קצת בעלי חיים eruire, und
ich fasse den zweiten Theil als eine Ausführung des ersten. Ich
übersetze also: „Der Zweck des Verbotes des Genusses einiger
Thiere liegt darin, dass er (der Mensch) es (das Thier) nicht dem
Schöpfer gleichstelle: denn es wäre ja ungereimt, dass er (der
Mensch) verpflichtet שידחה sein solle, das zu essen, noch das
Thier unrein zu erklären, was ihm (dem Schöpfer) ähnlich ist.
Und (nämlich fernerer Zweck liegt darin): dass der Mensch keinen
von ihnen [1]) (den Thieren) diene, sie gottesdienstlich verehre; denn
es wäre ja ungereimt, das göttlich zu verehren, was ihm zum Essen
vorgesetzt (gestattet) ist, ebensowenig wie das, was ihm als unrein
erklärt worden." Beide Theile congruiren also, in beiden wird
der Zweck des Verbots einiger Thiere als Aufklärung über das
Absurde des Thierdienstes nachgewiesen. Das schwierige שידחה

---

[1]) מאומה מהם, „keinen von ihnen", weder den unreinen, noch den
reinen Thieren.

„verpflichtet sei". erklärt sich vielleicht aus der Pflicht, von manchen
Opferthieren zu speisen (? דְקָרְשֵׁיהוֹן הֵסַב ?) (Oder übersetzt man es
besser: „er muss", d. h. sein Leibesbedürfniss nöthigt ihn hiezu.)
Saadja meint also, manche Thiere seien verboten, um den Thierdienst zu beseitigen; denn Jeder wird einsehen, dass Creaturen
nicht als Gottheiten verehrt werden können, die theils verspeist,
theils für unrein erklärt werden [1]   Diese Begründung Saadjas
ist übrigens die am wenigsten befriedigende, höchstwahrscheinlich
auf christlichem (scholastischem) Boden emporgewachsen.   Saadja
erscheint hier ganz und gar als das Echo des Kirchenvaters Theodoret (s. Note 36 am Ende des Art.)   Ihm, nämlich Saadja, und
seinem Nachtreter Abrav. möchte ich zurufen die Worte Kohel. VII,
29: „Zuviel Klügeleien! zuviel Klügeleien!"   Der Sinn der Schriftstelle ist einfach, gerade und klar und bedarf keiner spintisirenden
Auslegung.

Nach dieser Digression zurück zu Abrav. und seinem oben
gebrachten Citate!: גב׳. הזה הִיתָ בְאֶרֶץ הזִרו וג׳. Schon diese Worte
liefern den Beweis, dass er hier den Maim. copirt. Aber dieser
motivirte mit dem Thierdienst nicht das Verbot des Genusses gewisser Thiergattungen, sondern vielmehr das Gebot der Opferung
bestimmter Thiere. Wir müssen diese Stelle im Maim. so ziemlich
ihrem ganzen Umfange nach hierher setzen, weil sie uns auch
Aufschluss über eine andere, unseres Erachtens falsche, Auffassung.
und zwar bei Palquira giebt. Maim. sagt (M. N. 46). כבר אמרה
התורה כפי׳ מה שפי׳ אונקלוס(־) שהמצריים היו עובדים מזל טלה מפני

---

[1] Freilich ist das Wort שׁרשים, wie auch manches andere im Texte,
weder ganz klar, noch stilistisch fliessend ausgedrückt. Der Philosoph
lässt sich oft nur von dem Gedanken beherrschen, greift zum erst ihm
passend erscheinenden Wort im guten Glauben, der Leser werde ihn schon
verstehen. Trotz meiner Bemühung gelang es mir nicht, etwa durch
Vergleich mit dem arabischen Original den wahren wirklichen Sinn
des Ganzen mit Sicherheit zu eruiren.

[2] Die Stelle des Onkelos, woraus Maim. entnimmt, dass die Egypter
das Sternbild des Widders göttlich verehrten und darum kein Lamm
opferten — während gerade deshalb den Israeliten das Opfern eines
Lammes befohlen wurde — ist wohl 1. M. XLIII, 32: „Denn die Egypter
könnten nicht mit den Hebräern speisen, denn es ist den Egyptern ein

זה היו אוסרים לשחוט הצאן והיו מאסים רועי צאן · אמר הן נזבח את
תועבת מצרים כי תועבת מצרים כל רעה צאן . ובן היו כתות מן הצא״בה
עבדים לשדים והיו חושבים שהם ישובו בצורת העזים ולזה הזו קדאים

כי לא יכלין המצריים לאכול את העברים כי תועבה היא למצרים "Gräuel", wozu
Onk.: „Denn das Vieh, das die Egypter verehrten, genossen die Hebräer
ארי בעירא דמצראי דחלין ליה עבראי אכלין, und 2. Mos. VIII, 22: „Denn
den Gräuel der Egypter schlachten wir dem Ewigen, unserem Gotte;
siehe, würden wir den Gräuel der Egypter vor ihren Augen schlachten
und sie uns nicht steinigen?" כי תועבת מצרים נזבח לד׳ אלי׳ הן נזבח את
תיעבת מצרים לעיניהם ולא יסקלנו, wozu Onk.. „Denn das Vieh, das die
Egypter verehren, von dem bringen wir ein Opfer dem Ewigen, unserem
Gotte; siehe, brächten wir von dem Viehe, das die Egypter verehren,
ein Opfer dar und sie sähen es, würden sie nicht befehlen (oder darauf
denken) uns zu steinigen?" ארי בעירא דמצראי דחלין ליה מה אנחנא נסבין
לדבחא קדם ד׳ אלוי הא נדבח ית בעירא דמצראי דחלין ליה ואינן חזן יהון הלא
יומרן למרגמנא. — R. S. b. Meïr u. A. verstehen zwar jene Schriftstelle
(1. M. XLIII, 32) so: Die Egypter hätten alle Schafhirten verachtet,
weil sie die Schafe für unrein hielten. Doch scheint uns die Auffassung
des Onkelos die richtigere; denn sie stimmt, aber nur für gewisse Be-
zirke oder Nomen, mit dem Berichte Herodots überein, dem zufolge die
Egypter in verschiedenen Districten einen verschiedenen Cultus hatten.
So sagt Herod. II, 42, dass im thebanischen Nomos Ziegen und keine
Schafe, im mendesischen Schafe und keine Ziegen geopfert wurden (s.
Note 37 am Schlusse d. Art.), wobei es freilich auffällt, dass Gosen, wo die
Israeliten lebten, im mendesischen Nomos zu suchen ist. — Zu den an-
geführten Stellen des Onkelos vrgl. Munk, Guide des Egarés, III, S. 362:
„Les écrivains sacrés, pour ne pas profaner les noms de la divinité,
emploient souvent, en parlant des divinités paiennes, des termes de
mépris comme תועבה ou שקץ, par exemple 1. Rois XI, 5 et 7; II. Rois
XXIII, 13 . . . C'est dans le même sens qu'Onkelos au passage de l'Exode
rend le mot תיעבה par בעירא דמצראי דחלין ליה." Munk hätte auch als
Beleg Raschi zu 5. M. XII, 3 anführen können: „Einen Götzentempel
nennt man einen Unrathstempel בית גליא קרין ליה בית כריא. S. Sifre zu
dieser Stelle: „Man solle ihnen einen anderen Namen geben; vielleicht
etwa einen wohlklingenden oder löblich lautenden? Darum sagt die
Schrift: ihr sollt sie verabscheuen!" לשנות את שמם או יכול לשבח .ת״ל
ותרו שקץ. Vrgl. auch Jes. XLIV, 17 u. 19 עשה לאל עשה und ושאריתי
לתיעבה אעשה, wo sich also „Götze" (אל) und „Gräuel" (תיעבה) geradezu
decken. So auch A. b. Esra zu 2. M. VIII, 22 im Namen des R. Jeschuab:
„Der Sinn der Worte „die Gräuel der Egypter" ist der: Mose nennt so
verächtlicher Weise die Götter Egyptens; denn wenn er mit Pharaoh

לשדים שעירים וכבר התפשט הדעת הזה מאד (בימי משה ואמ״הב)
ולא יזבחו עוד את זבחיהם לשעירים אשר הם זנים אחריהם ולזה היו
אוסרים הכתות ההם גם כן אכילת העזים אבל שחיטת הבקר כמ״ט
שהיו מואסים אותו רוב עובדי עא״) (ויכילם היו מגדילים זה המין מאד
ולזה תמצא אנשי הודו עד היום לא ישחטו הבקר כלל יאפילו בארצות
אשר ישחטו שאר מיני ב״ח. ובעבור שימחה וכר אלה הדעות (ואשר אינם

sprach, nannte er sie „die Götter Egyptens" פי׳ תועבת מצרים משה כתב
בן לגיית עז כי לא אמר לפרעה, רק אלהי מצרים וכו׳ — Dass die Egypter
in manchen Bezirken das Sternbild des Widders verehrten, rührt daher,
dass ihr Gottesdienst vorzüglich Sonnencultus war und im Widder die
Frühlingssonne erscheint. Jupiter Ammon hatte daher Widderhörner.
[1]) Vrgl. hierzu noch Maim.'s Bericht (M. N. III, 30) über den
Werth, den die Heiden dem Rindvieh wegen dessen Dienstleistungen
beim Ackerbau beimassen, und dass aus diesem Grunde dasselbe von
ihnen nicht geschlachtet wurde. „Die grosse Werthschätzung der Götzendiener für das Rindvieh entsprang aus dem bedeutenden Nutzen desselben
für den Ackerbau. Sie verboten daher, es zu schlachten, weil es für
die Agricultur unentbehrlich war und sich dabei dem menschlichen
Willen so unterwürfig zeigt. Diese Gefügigkeit des Rindviehs in den
Willen des Menschen hat die Gottheit zum Wohle des letzteren so
geordnet." — Munk führt hierzu an (l. l. p. 244, Note 4) Varron de
re rustica: „Hic (sc. bos) socius hominum in rustico opere et Cereris
minister. Ab hoc antiqui manus ita abstineri voluerunt, ut capite
sanxerint, si quis (bovem) occidisset." Columella I, 4: „Quod deinde
laboriosissimus adhuc hominis socius in agricultura cujus tanta fuit
apud antiquos veneratio, ut tam capitale esset bovem necasse quam
civem." Von den Egyptern können übrigens Maim.'s Worte nicht gelten,
da sie zwar nicht Kühe, wohl aber Stiere und Kälber opferten. Vrgl.
Herod. II, 38 u. 41 (s. Note 38 am Schl. d. Art.) — Unerfindlich vollends
ist, was Maim. (auch A. b. Esra 1. M. XLVI, 34 u. sonst, s. Note 39
ibid.) über die Inder behauptet, da doch das Hindugesetz, wie wir oben
gesehen, gerade im Gegentheil Rind und Schaf, weil sie Wiederkäuer
und Doppelhufer sind, für erlaubt erklärt. Wahrscheinlich aber hat
weder Maim. noch A. b. Esra das Hindugesetz gekannt.

[2]) Wir haben schon oben S. 343 mit Çarça wegen seines wunderlichen, ohne jede abweichende Randglosse gebrachten יש׳ אימרים strenge
Abrechnung gehalten und können nicht umhin, an dieser Stelle wieder
auf ihn zurückzukommen. Wie er diese Ansicht ausspricht, ist es ja
so, als ob die pentateuchische Gesetzgebung wirklich nur aus Superstition und heidnisch-cultuellen Rücksichten das Schwein verboten habe.
So herrschte ja thatsächlich, wie wir oben schon citirt, namentlich bei

אמתיות צונו להקריב אליו השלשה מינים לב מַד הבהמה מן הבקר ומן
הצאן תקריבו את קרבנכם ועד שיהיה המעשה אשר חשבוהו תכלית
המרי בו יתקרבו אל השם ובמעׂשה ההוא יכופרו העונות.... והן הטעם
בבחירת השלש המינים האלה לבד לקרבן. (Vgl. Tacitus Hist. V, 4

Caeso ariete, velut in contumeliam Hammonis. Bos quoque immolatur, quem Aegyptii Apin colunt.)

Wir theilen jetzt noch zu den vielen Motiven eine sehr aus-
führliche Stelle aus (אמנת חכמים mit, dessen Verfasser, R. Chajim Viterbo, bekanntlich gegen Ende des 17. Jahrhunderts Rabbiner
zu Venedig war. Das Citat hat wohl einiges Interesse. Der Mann
geht zum Theil in das Leben selber ein, nimmt die Erfahrung zu
Hilfe, tritt dem sanitären Motiv des Maim. scharf entgegen und
meint, die göttlichen Gebote hätten keinen Grund, oder, wenn sie
dennoch einen hätten, so sei er für uns unerfindlich. Schliesslich
ist er aber doch der Ansicht, dass das Gesetz von den unreinen
Thieren einen psychisch nachtheiligen Einfluss befürchte, und dies
wohl das Motiv sein könne. Seine Worte lauten auszüglich, aber
in wortgetreuer Uebersetzung: „Für das Verbot der unreinen Vierfüssler, Vögel und Fische haben wir durchaus keinen Grund.[2])
Unrichtig ist der von Maim. angegebene, nämlich, weil sie dem
Körper nachtheilig, denn es giebt beflosste und beschuppte Fische, die
unverdaulicher, als die der Reinheitszeichen entbehrenden Gattungen

Griechen der Wahn, dass die Juden aus Verehrung das Schwein nicht
verzehren. Carça hätte die Meinung der יׂש אומרים als lächerlich und
hirnverbrannt bezeichnen oder sich antithetisch etwa folgendermassen
ausdrücken müssen: „weil das Schwein von den Egyptern dem Typhon
oder von anderen Völkern dem Saturn vindicirt und sanctificirt wurde,
darum habe die mosaische Lehre das Schwein für unrein und einen Abscheu erklärt, damit jene abergläubische Auffassung זבר אלה שימחה בעבור
רעות — wie Maimonides sich an dieser Stelle correct ausdrückt — verhindert und ausgetilgt werde.“

[1]) Herausgegeben von Elieser Aschkenasi, in der Sammlung טעם
זקנים.

[2]) Das ist doch etwas einseitig und übertrieben; denn ein allgemeiner, wenn auch nicht substantiirter, Grund ist doch in den Worten
והייתם קרושים לא תשקצו „dergleichen Speise sei des theokratischen
Volkes unwürdig“, von der Schrift selber nachdrücklichst und wiederholt
gegeben.

sind und dennoch gegessen werden dürfen. Das Kaninchen- und
Hasenfleisch ist sicherlich angemessener, verdaulicher, als das des
תאו. אקן, דישון und זמר, die die Schrift ob der Reinheitszeichen
zum Genuss verstattet, obgleich ihr Fleisch hart wie Holz ist, den
Leib schädigt und geradezu tödtliche Krankheiten erzeugt.[1] In
den nördlichen Gegenden, 50 Grade vom Aequator, ist das Schweinefleisch gesünder, zuträglicher und leckerhafter als Ziegen- und
Lammfleisch; wird es aber deshalb erlaubt sein? Die Schrift macht
ja den erlaubten Genuss lediglich vom Wiederkauen und dem Ge-
spaltensein der Klauen abhängig. Die Egypter und die Bewohner
anderer afrikanischer Länder essen Kameelfleisch; die Nazarener
der nördlichen und östlichen Gegenden essen Schweinefleisch ohne
den geringsten Nachtheil.[2] So ist denn Maim.'s Begründung
durchaus verfehlt. Die Medicin und das biblische Gesetz gehen
verschiedene Wege. Was würde Maim. für das Verbot von גדי
בחלב אמו vorbringen? Es kann doch wohl nicht von Gesundheits-

---

[1] Eine solche Behauptung seitens eines Laien auf diesem Gebiete
ist wohl geeignet, wegen ihres apodictischen Charakters Erstaunen und
Misstrauen zu erregen; eine bescheidene skeptische Meinungsäusserung
wäre wohl eher am Platze und von einem wahrheitsliebenden, denkenden
Religionslehrer zu erwarten gewesen. Nur geschulte und erfahrene
Mediciner und Veterinärkundige — wir können diesen einfachen Gedanken
nicht oft genug wiederholen — sind competent, ihr Votum über Gesund-
heitsfragen abzugeben.

[2] Gewiss, nach Viterbos Ansicht und der seiner Zeit. Es hat sich
aber in der Gegenwart, durch die gründlichen Forschungen bedeutender
Pathologen, herausgestellt, dass viele Krankheiten und Todesfälle, denen
seither andere Ursachen zugeschrieben wurden, in der Trichinosis, also
im Genusse des Schweinefleisches, ihren Grund haben. Viterbo hätte,
ganz abgesehen von diesem Momente, das ihm nicht bekannt sein konnte,
als allgemein raisonnirender Bibelcommentator die umgekehrte Anwendung
der Worte Çarça (zu Kedoschim) machen sollen: „Manche Speise könnte
doch für viele, wenn auch nicht für alle Menschen in allen Gegenden,
nachtheilig sein." ואם שייך שיוך לשים אדם כך טבעי איה ראה שבך שים, So
bemerkt nämlich Çarça zu dem genannten Schriftabschnitt, und schon
dieses Argument hätte Viterbo veranlassen sollen, nicht so allgemein
und zuversichtlich sein „ohne den geringsten Nachtheil" zu äussern.

schädlichkeit [1]) die Rede sein, wenn nun, und vollends gar in Folge und im Ausbau dieses Verbotes, der Talmud normirt, dass eine geringe Quantität von Milch in Fleisch, und umgekehrt, die Speise rituell ungeniessbar macht, sowie, dass Milch nach Fleisch zu geniessen wohl verpönt, der Genuss dieser beiden Substanzen aber in umgekehrter Reihenfolge gestattet ist![2]) Es ist also zweifellos, dass der Grund für das Verbot nicht in sanitären Rücksichten liegt. Die Gemara (Joma 39 a) aber motivirt ja, das biblische Wort in Bezug auf die verbotenen Thiere bedeute ונטמתם בם, das will sagen: ihr werdet durch sie (ihren Genuss) abgestumpft, verstockt werden. Vielleicht wollte sie damit aussprechen, dass der Mensch im Ebenbilde Gottes geschaffen wurde, um Gottes Werke verstandesmässig erfassen zu können: . . . die ganze Construction des Menschen ist theils thierisch, theils intellectuell und göttlicher Natur. Ist ihm nun auch des Lebensunterhaltes wegen gestattet, dies und jenes zu geniessen, so ist ihm doch wegen des Anschlusses an Gott hingegen Alles das verboten, was dem menschlichen Geiste und Verstande hinderlich ist. Da nun die fraglichen Speisen der Art sind, dass sie uns in intellectueller Hinsicht schädigen [3]), so

---

[1]) Dies ist in der That eine eclatante petitio principii. Viterbo nimmt für selbstverständlich an, dass das Verbot „Du sollst das Junge nicht in (an) der Milch seiner Mutter bereiten," die Bedeutung und die Tragweite habe, wie sie die talmudische Interpretation und Gesetzgebung eruirt und feststellt und fragt dann ganz naiv: „Wie kann dabei von Gesundheitsschädlichkeit die Rede sein?" Ist es nicht vielmehr kritiklose Leichtgläubigkeit seitens Viterbos, die talmudische Auffassung und Legislation der Schrift selber aufzudrängen und zu behaupten, diese meine nicht, was sie sage, sondern was der Talmud spintisirt, dass nämlich das fragliche Gesetz die geringste Vermischung von Milch und Fleisch etc. vor Augen habe? Uebrigens ist Viterbo in der Sache selbst fehlgegangen: er rectificirt Maimonides, und doch erklärt ja dieser von seinem ärztlichen Standpunkte aus (s. oben S. 65), gegen Viterbo, den Genuss von Fleisch mit Milch für gesundheitsschädlich.

[2]) S. die vorige Note.

[3]) Wie wir oben S. 354, Note bereits Arama, so könnten wir auch hier Viterbo mit seinen eigenen Worten schlagen. Wie wir täglich in nahe Berührung mit zahllosen Menschen kommen, die trotz des Verspeisens des Fleisches der sog. unreinen Thiere leiblich dennoch gesund und

sind sie den Israeliten, die über die Herrlichkeit Gottes nachdenken,
geistig forschen sollen, verboten . . . Es ist ja auch wahrzunehmen,
dass die, welche sich wissenschaftlich, als mit Medicin, Astronomie,
Geometrie beschäftigen, sehr, sehr wenig und auch nur leichte
Speisen zu sich nehmen. כ"א אוכלים ואינם מזיר מעט אוכלים
מטעמים קלים. Darum heisst es ja auch bei unseren Weisen:
„Das Thorastudium entkräftet den Menschen." [1] Dieses Moment
dünkt uns das eigentliche Motiv für das Verbot mancher gedachten
Speisen und zwar lehnen wir uns dabei an die Worte unserer
Weisen." Soweit Viterbo.

Zum Schlusse dieses Artikels wollen wir noch Einiges an die mehr
als bloss auffallenden Worte Çarças über חזיר „Schwein" [2] anknüpfen. Er schreibt: Nach meiner Meinung [3] haben unsere Weisen,

kräftig sind, so sehen wir auch, dass dieselben Menschen intellectuell
und moralisch ebenso wohlauf und solide sind und auf geistigem Gebiete
Grosses und Treffliches leisten. Porphyr. de abst. I, 5 lässt seine
Gegner, Stoiker und Peripatetiker, ausrufen. Διὰ τί δ᾽ἄν τις καὶ ἀπόσχοιτο
τῶν ἐμψύχων; Ἄρα τε τὴν ψυχὴν χεῖρω ποιεῖ ἤ, τὸ σῶμα; Δῆλον δ᾽ἐστιν ὡς
οὐδέτερον. „Bringt etwa das Fleischessen der Seele oder dem Körper
Schaden? Offenbar ist keines von beiden der Fall: denn die fleischessen-
den Thiere sind klüger, als die anderen." Τὰ γὰρ σαρκοφαγοῦντα ζῶα
τῶν ἄλλων συνετώτερα.

[1] Gesunde Logik und die Pflicht der Selbsterhaltung sollten aber
gerade zu dem umgekehrten Schlusse und der Folgerung führen: da
Studium den Menschen abschwächt, so muss der Studirende um so mehr
kräftige Nahrung geniessen. Viterbo scheint den Wahrspruch „mens
sana in corpore sano" weniger gekannt und jener schwachsinnigen Ansicht gehuldigt zu haben, dass der körperlich Schwache desto befähigter
sei, auf geistigem Gebiete Tüchtiges zu leisten. Der Magen ist und
bleibt der Verpfleger und die Nährmutter auch des Geistes. Wohl wohnt
oft in einem starken Körper ein schwacher Geist und, umgekehrt, ein
Riese an Intelligenz in einem winzigen, schwächlichen Leib: doch wir
sprechen von den normalen Erscheinungen und Bedingungen des Lebens
und der Naturgesetze.
[2] S. o. S. 342.
[3] לפי דעתי; doch hätte Çarça sich nicht so ausdrücken sollen, da
es, im Grunde genommen, nicht seine Meinung ist, die er hier ausspricht, sondern nur die Anderer. So namentlich wiederholt er fast
wörtlich, was Abba Mare im קנאת מהה sagt: „Einst wird ihnen Gott
den Grund (des betr. Verbotes) offenbaren, und dies ist der Sinn der

da ihnen der Grund des betr. Verbotes unerfindlich war, den Namen des fraglichen Thieres (חזיר) deshalb mit חזרה (Wiederherstellung) in Verbindung gebracht, weil Gott es den Jsraeliten wiederherstellen werde, d. h (כלומר) in der Zukunft wird den Weisen der Grund (sc. des Verbotes) offenbart werden." Die Frage, warum das Thier חזיר heisst, ist schon an und für sich eine sehr curiose, wird aber doch in den Midraschim hin und her ventilirt. Bald lautet die Antwort: „Gott wird einst die Krone (des davidischen Hauses?) in ihrem alten Glanze wiederherstellen" שעתיד להחזיר עטרה לישנה: bald: „Gott wird einst die königliche Würde ihrem eigentlichen Besitzer, Israel, „wiedergeben" שעתיד להחזיר את המלכות לבעליה, — und noch mehr solcher unverständlichen, oder geradezu widersinnigen Etymologien und curiosen Bizarrerien. Es fehlt aber auch nicht an Interpreten, die deutlich sprechen und das ההחזירה dahin deuten: „Gott wird einst (in der messianischen Zeit) den Genuss des Schweinefleisches wiedergestatten" שעתיד לי חזירו לישראל לאכלו.(¹ In vielen gedruckten Midraschim vermisst man aber gerade diesen höchst bezeichnenden, wie soll ich nur sagen, „scurrilen" Passus, der von den Alten vielfach citirt wird. In seinem, am Ende des vorigen Jahrhunderts erschienenen Predigtwerke אהבת יונתן berichtet der berühmte Eibenschütz zur Haftarah des 7. Passahtages von einem wohl noch auffallenderen Midrasch: „Der Heilige, gelobt sei er! wird in zukünftiger (messianischer) Zeit alle unreinen

---

„Wiederherstellung", von der der Midrasch spricht," אמרי בי לע"ל הקי"בה מגלה להם טינ▘ת איסור▘ וזאת היא התורה הכתובה במדרש. Das sollte wirklich der Midrasch mit עתיד להחזירה לנו gemeint haben? Abba Mare mag dies vielleicht geglaubt haben, kaum aber Çarça; dieser aufgeklärte Kopf beabsichtigt vielleicht mit der Wiedergabe der widersinnigen Erklärung etwas Anderes, ידי למבין sapienti sat.

¹) Diese messianische Prophezeiung bewährt sich doch keineswegs in unserer Zeit, die sich trotz des von den niedrigsten Triebfedern entsprungenen und geschürten, wie wir zuversichtlich hoffen, kurzlebigen Antisemitismus unaufhaltsam zu einer wahrhaft messianischen entwickelt. Wir verzichten auf diese Licenz, die uns der Midrasch für die messianische Zeit in so liberaler Weise in Aussicht stellt — wie ja auch viele Nicht-israeliten sich des Genusses des Schweinefleisches, wegen der Trichinose, der Finnen, der Blasenwürmer und dergl. Unsauberkeiten enthalten.

Thiere herbeibringen, sie für die Frommen schlachten und zu diesen
die Worte Jes. LI, 4) sprechen: „Eine neue Lehre geht von mir
aus [1]). כי תורה חדשה מאתי תצא.“ Nach dieser Auffassung wäre
es somit eine messianische Licenz oder ein göttlicher Dispens für
alle unreinen Thiere, die oder den die goldene Zeit der Zukunft,
sammt anderen verheissenen Segnungen, bringen wird, ohne dass
eigentlich der Nutzen einer solchen Licenz recht ersichtlich ist, so
lange die betr. Thiere das bleiben, was sie sind, d. h. für den
menschlichen Genuss unverwerthbar oder anwidernd oder sogar
physisch und psychisch schädlich.

Bechai im Pentateuch-Commentar zu Schemini berichtet: „Es
giebt unter andern in dem fragl. Midrasch eine Lesart [2]), die nur
lautet: „Der Heilige, gelobt sei Er! wird uns das Schwein wieder
herstellen“, עתיד הקב״ה להחזירה לנו, welche Midraschstelle die
ungelehrte Volksmenge so versteht, als ob es (das Schwein) für
Israel einst werde für rein erklärt werden.“ Hiergegen eifert nun
R. Sam. Jaffe in seinem Commentar Jefeh Toar zu Schemini auf's
Heftigste: „Nur zeitweise, während der einstigen Kriege mit den
Völkern in der messianischen Zeit, wird das Schwein erlaubt sein,
wie es vordem einst, nach der Gemara Chul. 17a (S. Raschi, קטל׳
דחזיר׳ d. i ,geräuchertes Schweinefett) zur Zeit der Eroberung

---

[1]) Die Stelle lautet also: ראיתא במדרש לנ״ל מביא הקב״ה כל היית
טמאין וטוחטן לצדיקים ואומר להם תורה חדשה מאתי תצא Eibensch. fügt
seinerseits hinzu: יראה דהמין הוא דכל מה דאסר לן רחמנא שרי לן. Hier
wurde ja ganz unverzeihlich der jesajan. Text durch Einschaltung des
Wortes חדשה alterirt. Aber unser Eibensch. hat ja seinen Vorgänger
bereits in einem nicht etwa apokryphen, sondern in dem kanonischen
Midrasch Rabbah zu Schemini im Namen des R. A. b. Cahana: אמר
הקב״ה תורה חדשה מאתי תצא, Freilich fügt dieser hinzu תורה חדש
מאתי תצא, und wie sonst immer die euphemistischen Erklärungen der
apologetischen Interpreten lauten. Aber radical, höchst radical bleibt
ja doch diese Aeusserung des Midrasch, womit er ja das Paradoxon be-
schönigt, dass Gott zur messianischen Zeit gerade den Frömmsten, den
צדיקים, aus dem Fleische der nicht rituell geschlachteten, sondern sich
gegenseitig zerfleischenden Thiere, des Behemoth und des Liwjathan ein
Mahl bereiten wird. Mit Jesajah rufe ich aus: מי האמין לשמעתי!

[2]) In der That lautet die fragliche Phrase in den verschiedenen
Midraschim verschieden.

Canaans unter Josua gegessen wurde." Er hält sogar den fraglichen
Midrasch für eingeschwärzt und von einem frivolen Witzling herrührend. Es sei, so meint er, vor Erfindung der Buchdruckerkunst
ein Leichtes gewesen, wunderliche Sätze unterzuschieben oder ein-
zuschmuggeln und dann ein spöttisches Lächeln erregende Erklärung
dazu zu fabriciren. Wir aber fragen: ist es denkbar, dass in jener
so ernsten, strengorthodoxen Zeit irgend Jemand ein so leichtfertiges
Spiel getrieben und spottsüchtige Scherze sich erlaubt hätte? oder
dass, wenn dies Unglaubliche dennoch stattgefunden haben sollte,
das Factum von den zahllosen ernsten Männern und Midrasch-Be-
flissenen nicht alsbald entdeckt und mit Entrüstung zurückgewiesen,
resp. ausgemerzt worden wäre? Die Stelle findet sich aber schon
in alten Ausgaben, und wenn Jaffe sie in der seinigen nicht fand,
so ist es leicht möglich, dass in späteren Editionen sie von einem
Herausgeber, dem individuell der fragliche Passus anstössig,
ketzerisch erschien, eliminirt wurde[1]). Doch die radicale Sentenz
des fraglichen Midrasch, so frappant sie auch ist, setzt uns nicht

---

[1]) Wie ja auch in unserer Zeit manche anstössig erscheinende
Stellen von den Editoren der Gebethbücher in lauterer bester Absicht
abgeändert werden. So weisen die Handschriften und alten Drucke in
der אלהיכם überschriebenen Dichtung zum Sabbath Chanukkah die Lesart
דת חדשה יחדש nach; unsere heutigen Ausgaben aber haben nach dem
Vorgange des Grammatikers Sal. Hanau (Auf. des vorigen Jahrhunderts),
der דָת חרשׂ: anstössig fand, statt dessen דֵעה חדשה Ebenso, glaube ich,
ist von ängstlichen Editoren im Pijut des Versöhnungstages אז מלפני
בראשית statt ברית חדשה die Aenderung in ברה חדשה getroffen worden.
Aber consequent wurde nicht verfahren: denn im Sulath zum Freuden-
feste liessen sie die nach ihnen doch anstössige Stelle . . . חשב ברדּותי:
זרת דת חדשה unverändert stehen und ebenso unbeanstandet im Siluk
zu Sabbath ha - Chodesch die noch verfänglicheren Worte ד דת ;להנתן
חדשה ברית לבריות חדשה. Die letzten drei Worte sind ja auch ganz
schriftgemäss nach Jerem. 31, 31 . . . ברית חדשה . . . וכרתי את בית ישראל.
Uebrigens braucht ja ברית nicht „Gesetz" διαθήκη zu bedeuten, sondern
das durch früheren Abfall von dem Einzigen, Einigen gestörte, durch
Busse und Rückkehr wieder hergestellte intime Verhältniss zwischen
Gott und Israel. Anders freilich verhält es sich mit der Bezeichnung
דת. Was übrigens das Raisonnement Jafes betrifft, so ist es grossentheils
eine Copie des Abravanelschen ראש אמנה im 13. Capitel.

in Erstaunen; denn in der thalmudisch-midraschischen Literatur, in
welcher Heiligthümer und ganz Unwesentliches mit gleicher ge-
wichtiger Miene, Breite und Dialectik besprochen und bewiesen
werden, wo die engste geistige Buchstabengläubigkeit und Formenver-
göttlichung mit der schrankenlosesten Phantasie und Negation Hand
in Hand gehen, finden sich ja noch radicalere, ja die denkbar-
radicalsten Aussprüche, die je in dem Gehirne eines auf biblischem
Grund und Boden stehenden jüdischen Theologen entsprungen sind.
So heisst es, um nur wenige Beispiele von vielen anzuführen, in
Niddah 61 b (S. auch die Thoss. z. Stelle): „Die göttlichen Gesetze
werden einst (in der messianischen Zeit) nichtig werden, aufhören‟
מצוות בטלות לעתיד לבא; Midrasch Rabbah zu Wajikra und Jalk.
Schim. zu den Sprüchen 944: „Alle Festtage werden einst (in der
messianischen Zeit) aufhören, ausser dem Purimfeste‟, nach
R. Elieser auch dem Versöhnungstage, כל הימים טובים עתידים
להתבטל חוץ וגו'; ja, was doch wohl der höchste Grad von Radi-
calismus ist (Gem. Succah 5 a): „Weder ist Gott jemals herab (auf
„Erden, auf den Sinai), noch Mose und Eliah hinauf (zum Himmel)
gestiegen‟ — also weder Offenbarung, noch Himmelfahrt — מעולם
לא ירדה שבינה למטה (ולא עלה משה ואליהו למרום. Mit solchen
Aussprüchen, namentlich mit dem citirten: מצוות בטלות לעתיד לבא,
steht also unsere ventilirte Midrasch-Sentenz in vollkommenster,
specialisirender Harmonie und bot für jene die Etymologie des
Namens des Thieres (חזיר) einen willkommenen, wenn auch fadenscheinigen, Anknüpfungspunkt. Und dass diese unsere Ansicht
keineswegs eine willkürliche ist, und dass vielmehr alle Ignorirungs-
und Ausmerzungsversuche des verfänglichen Midrasch nichtig sind,
beweist u. A. folgende prägnante Stelle[2] im Midrasch Schochar tob

---

[1] Was dort durch למטה למצלה מעשרה מעשרה טפחים auszugleichen gesucht
wird, kann wohl nur ein Lächeln über die naive Kindergläubigkeit ab-
gewinnen.

[2] Man vgl. auch die Paraphrase des talmudisch so ganz und gar
durchtränkten Targ. Jonathan zu Jesaias XII, 3: „Und ihr werdet mit
Wonne Wasser von den Quellen des Heiles schöpfen,‟ ושאבתם מים
בששון וגו', „ihr werdet mit Wonne eine neue Lehre von auserwählten
Frommen empfangen‟ ותקבלון אולפן חדת בחדוא מבחירי צדיקיא.

zu Ps. 146: „Es heisst „Gott befreit die Gefesselten"; dies wird von Einigen יש אומרים also gedeutet: Gott wird in der messianischen Zeit alle jetzt für unrein erklärten Thiere als rein verkündigen, und so wird denn das jetzt Verbotene (אסור) erlaubt (מותר) sein,

ר' מתיר אסורים" יש אומרים כל בהמה שנטמאת בעוה"ז הקב"ה מטהר איתה לע"ל הוא מתיר את כל מה שאסר[1). An der Echtheit der qu. Aeusserung ist also nicht zu zweifeln; sie findet sich an so verschiedenen Stellen in so verschiedenen Redewendungen, wenn sie auch im letztgenannten Midrasch nur einigen Rabbis (יש אומרים) in den Mund gelegt wird und über diesen problematischen Dispens ein förmlicher Disput stattfindet.

Wir wollen hier noch Einiges aus der jüdischen Mystik anführen und dabei zeigen, dass, wie der Midrasch, so auch die Kabbalah zum Theil der Ansicht von der einstigen Abrogation des erörterten Verbotes zustimmt und dieselbe in ihrer Weise zu be-

---

[1) Des frappanten Inhalts wegen geben wir den Midrasch ausführlicher; מהי מתיר אסורים? יש אומרים כל בהמה שנטמאת בעוה"ז הקב"ה משהר אותה לעוה"ב וכן הוא אומר (קהלת) מה שהיה הוא שיהיה וג' שהירים הוי מקודם לבני נח יבה"א בירק ישב נתתי לכם את כל מה ירק ישב נתי לכל אפההזה והבהמה לכל מהחלה. ולמה אסר איתה? לראות מי שמקבל דבריו . . . ולע"ל כל הבהמיה טמאית. Ebenso Jalk. Reubeni: מתרן הקב"ה לע"ל Sam. Jafe scheint also der Midrasch Schocher tob nicht bekannt gewesen zu sein, ebenso dem sonst so belesenen Abrav. zur Zeit der Abfassung des Rosch Amanah, da er über die fragl. verfügliche Midraschstelle zu Ps. 146 schweigt, wohl aber eifert Abr. auf das Heftigste dagegen in seiner Schrift Jeschuath Meschicho (Ijun 4, 3). (Auf diese Stelle wurde ich durch Midrasch Thilim ed. Buber aufmerksam gemacht. Ich nehme gerne Veranlassung den fleissigen, gelehrten, scharfsinnigen Midrasch-Bearbeiter für manche Belehrungen den vollen Dank auszusprechen.) Abr. schilt über Apostasie und vermuthet endlich, die fragl. Stelle sei vielleicht eingeschwärzt. Ist denn aber die Stelle von Jalkut zu Jesaj. 26, 2 weniger verfänglich, welche also lautet: עתיד הקב"ה להיות יושב ... תירה הדשה שעתיד ליתן ע"י משיח? Ich habe mich gerade in jüngster Zeit ziemlich viel mit den Midraschim beschäftigt und bin nur in meiner Ansicht befestigt worden, dass das mancherlei Gute und Schöne, das in denselben sich findet, fast ganz verloren geht in der ohne allen Vergleich grösseren Menge des Faden, des Absurden und der vielen schädlichen Irrthümer, wovon einige Proben im vorliegenden Artikel über הויד gegeben sind.]

gründen sucht. Der allbekannte gefeierte mystische Theologe R. Jesajah Horwitz sagte in seinem berühmten Werke של"ה (Art. תשב" עם S. 418) Folgendes: אין ספק שלאלו סימני טהרה יש סוד׃ת בשרשם העליון מצד הרוחניות . . . ולא לחנם זה טהור וזה טמא . . . אם מסטרא דמסאבה טמא הוא . . . ואם מסטרא דקדושה או טהור הוא — וסימנו מוכיח עליו ודי בזה למבין.

Jalk. Chadasch Likutim § 36: (להורי) חויר עתיד שאמרו מה להתירו דוא שעתה אין לו אלא ס״ א׳ מפרסת פרסה אבל לעתיד גם מעלת גרה יהיה Wir rufen mit Hiob aus רוח לדברי הקץ: „Hat es mit den eiteln windigen Reden ein Ende"? Leider hat es damit noch kein Ende; wir lesen das. § 79: סוד למה נקרא שמו חויר וכו׳ ובן עתיד לשחוט הזהר. הענין כי בל בהית הטומאה . . . לע״ל יתמתקן ויחזרו לקדושה ובן סמאל יבטל איתזיה סם ואותיות אל ישארו ויחזרו לקדושה. Je mehr gerade bei diesem Speisegesetz, den unreinen Thieren, Vögeln, der Talmud sich eng an die Bibel anschloss, keine Weiterungen machte, desto mehr bemächtigte sich die Mystik, desto schrankenloser und ausschweifender verfuhr die Geheimlehre auf diesem Gebiete.

Ich lasse die symbolische Deutung der unreinen Thiere, wie sie so reichlich und mannigfach in der Midrasch-Literatur vertreten ist, dass unter den verschiedenen Thiernamen verschiedene heidnische Nationen zu verstehen sind, als etwas ganz Abgeschmacktes, wie auch manches andere weniger Fade, als nicht den Kern der Sache betreffend und demnach für unseren Zweck von keinem Belang, hier unerwähnt. Der Vater auch dieser Allegorien ist unbedingt wohl Philo, in dessen Fusstapfen Midraschlehrer und Kirchenväter gefolgt. Auf einem für mystische Phantasmagorien so einladenden und fruchtbaren Gebiete ist es selbstverständlich, dass der Sohar sich nicht in bescheidene Schweigsamkeit hüllen werde. So lässt er sich in der That über unsere Materie in seinen Bemerkungen zu משפטים ed. Krotoschin S. 118 b wie folgt, aus: שיפין בופף ובברקבן נקלף באיברו דופף וקלופה בקרקבן רשימין שיפן למיבל ובעירן בתרי סימנין . . . כוונא דערלה ופריעה דמתעברן מעמא קדישא. אבל תלמידי חכמים כלהון רשימין מנהון בכרסיא. רשיעיא אינן רשימין בלא סימנ דטהרה וכו' Welche Verkleisterung eines so klaren, durchsichtigen Gesetzes! Ferner zu Schemini S. 41 b: ואת החיה אשר תאכלו בין דאית בעירן

דאתיין מסטרא דא ואית דאתיין מסטר׳ אחרא מסאב, וסימנ׳ דלהין
בכתוב בל מפרסת פרסה.

Noch bringen wir in Kürze, was der bereits genannte hervorragende Rabbanist und Kabbalist zugleich, Jon. Eibenschütz, im
Gegensatz zu Abba Mare, Abrav., Sam. Jafe und M. Kunitzer in
Hamezaref, die Alle von dem Gedanken der einstigen Abrogation
dieser Speisesatzung sich entsetzen, zu dem schon oben Berichteten
l. l. S. 49b schreibt: וריה ... דבאמת האריה יאכל תבן כבקר ואריה
הוא טהור בעצמותו (אלא לפי שאוכל דברים טמאים... לזה הוא טמא
אבל לע״ל אריה כבקר יאכל תבן ומתפטם בהיתר ונשאר טהור
דהנה מ״ט פנים יש ולעומת זה נשה אלהים מ״ט פנים :49b ibid.
בקדושה ולעתיד יטהרו הטמאים אף החולדה")²

Die Mystik unseres Gegenstandes betreffend, sei noch Folgendes
hier erwähnt. In Geiger's Zeitschrift XI S. 69 theilt Dr. Gold-
ziher Nachstehendes mit: „Al Gili, ein mohamedanischer Mystiker
des 14. Jahrhunderts, der ein Werk „„„Der vollkommene Mensch
über die Kenntniss der letzten und ersten Dinge““" geschrieben,
findet in dem jüdischen Ceremonialgesetze der Speiseverordnung u. s. w.

___

¹) Ueber diese Aeusserung s. oben S. 366.

²) Selbstverständlich, und wie bereits wiederholentlich bemerkt, be-
geistern wir uns keineswegs für die uns verheissenen Licenzen; doch
glauben wir, dass unsere Hyper- und die Neuorthodoxen und Ceremonial-
dienst-Verhimmler aus dem Angeführten doch wohl die nützliche Lehre
gewinnen könnten und sollten, um im üblichen Jargon zu sprechen, in
Bezug auf טרפה und כשר, „erlaubte" und „verbotene" Speisen, sowie
andere Aeusserlichkeiten etwas weniger- und mehr massvoll zu verfahren.
Je mehr seit einigen Decenien ein grosser Theil der Christenheit die
Lehre und Predigt ihres grossen Meisters von der allgemeinen Menschenliebe hinter den Rücken wirft, ein ziemliches Contingent unter dem
studentischen Nachwuchs so verroht, dass sie um die Wissenschaft und
die leidende Menschheit hochverdienten und darum auch von der ganzen
gebildeten Welt hochverehrten und gefeierten Gelehrten, wenn diese
ihren engherzigen Chauvinismus und blöden Materialismus zurechtweisen,
mit Pietätlosigkeit, Gemeinheit und kecker Frivolität begegnet, desto-
mehr sollen die Rabbinen den Mittel- und vollen Schwerpunkt ihrer
Wirksamkeit in die Vertiefung der Ethik, in die Predigt und Be-
thätigung uneingeschränkter Menschenliebe verlegen und in diesem
Sinne die jüdische studirende und gewerbsthätige Jugend erziehen.

Geheimnisse von solch' verlockender Kraft, dass er dieselben zu
veröffentlichen sich nicht getraut, aus Furcht, dass viele der Un-
wissenden (Mohamedaner) danach verlangen könnten und sich von
ihrer Religion abwenden möchten, weil sie die Geheimnisse dieser
letzteren nicht kennen". Wir bedauern es allerdings mit Gold-
ziher, dass Al Gili mit seinen Geheimnissen so ängstlich zurück-
hielt. Es wäre immerhin interessant gewesen zu untersuchen, in
wie weit etwa die jüdisch-kabbalistische Vergeistigung der Ritual-
speciell der Speisesatzungen mit der mohamedanisch-mystischen
zusammentrifft.

Diätetischer Gesichtspunkt.

Ein kurzes Resumé des bisher über unseren Gegenstand Gesagten genügt, um diesen Gesichtspunkt zu erledigen. Bei keinem anderen Speisegesetze haben die Schriftforscher denselben so wortreich und so eingehend besprochen, als bei der vorliegenden Materie, wie dies aus unseren absichtlich gehäuften Citaten ersichtlich. Erfahrung, Geschmack und wohl auch die ärztliche Wissenschaft scheinen doch im Allgemeinen mit den biblischen Anschauungen und Bestimmungen in Einklang zu stehen. Die mosaisch zur Speise verstatteten Arten, wie Rind, Schaf und Ziege, wurden und werden auch von den ältesten, wie von den zeitgenössischen Völkern als die üblichste und zuträgliche Fleischnahrung betrachtet und genossen [1]. Auch werden, umgekehrt, sehr viele biblisch verbotene Thiere, theils weil das genannte Fleisch nicht verdaulich oder schmackhaft oder sonst Aversion erregend ist (was wohl auf dasselbe hinauskommt), mehr oder weniger stricte auch von der Tafel der Nichtisraeliten ferngehalten [1]. Nur verdient neben dem Hasen noch vorzüglich das Schwein ein Wort der Verständigung. Wir haben gesehen, dass einige jüdische Exegeten nach dem Vorgange mancher alten Schriftsteller dessen Fleisch als ein dem menschlichen Organismus zuträgliches bezeichnen, und dass die Midraschim und Kabbalisten sogar die einstige vollständige Freigebung dieses Thieres in sichere Aussicht stellten. Doch abgesehen von dessen unsauberer Lebens- und Nahrungsweise, welche wohl selbst einem medicinischen Laien die Ueberzeugung von der Gesundheitsunzuträglichkeit des Schweinefleisches aufdrängen müsse, haben die Finnenkrankheit, Blasenwürmer und die in neuerer Zeit häufig auftretende Trichinose auch in vielen nichtjüdischen Kreisen eine gewisse Abneigung gegen seinen Genuss, weil gesundheitsgefährdend, wachgerufen.

[1] Dasselbe gilt auch von den Fischen und Vögeln — allgemein genommen. Von dem Nachtheil des in der jüdischen Haushaltung so häufigen Genusses des Gänsefleisches war bereits oben die Rede. Der jüdische Arzt Mussafia (s. o. S. 308) vindicirt diesem Fleische, das J. D. Michaelis, wie wir sahen, gar zu den unreinen Vögeln zählt, Einfluss auf Melancholie; המרה השחורה אוו אמר בנימין עוף ידוע ובשרו נאבל אך יגבר.

בשר אדם Menschenfleisch.

Wie in der Schöpfungsgeschichte der Mensch zuletzt in's Dasein gerufen ward, so kommen auch wir in unserem Artikel von den „reinen und unreinen Thieren" zuletzt auf den Menschen. Wenn darüber verhandelt wird, ob sich für den Genuss von Menschenfleisch ein biblisches Verbot finde, so kann selbstverständlich von einem Zweifel an der Statthaftigkeit oder Unstatthaftigkeit des Cannibalismus nicht die Rede sein. Von der Leiche eines Verstorbenen ist nach der Uebereinstimmung Aller nicht allein das Essen, sondern jede Nutzniessung überhaupt verboten. Dafür wird das biblische Verbot aus Deut. c. 21, 4 entnommen. Der cannibalische Genuss von Menschenfleisch wird aber unter allen Umständen als ein Greuel (שקוץ) angesehen. Wird doch selbst das Saugen der Muttermilch seitens eines Kindes, das ein bestimmtes Alter überschritten hat, für ein Greuel erklärt (כיונק שקץ Kethubot 60 a). Als ein Greuel wurde bekanntlich der Cannibalismus auch von den Juden zu allen Zeiten angesehen. Egypter und Phönizier freilich, sagt Porphyr II, 11, würden eher Menschenfleisch als Fleisch von einer Kuh essen, die ihnen ja als Gottheit gilt. Der Jude aber, und wäre er der ultraorthodoxeste, würde doch hundert Mal eher Schweinefleisch als Menschenfleisch geniessen; ja er würde gewiss darüber zum Märtyrer werden.

Wenn aber der Bericht des Dio Cassius L XVIII [1]), dass die Juden bei ihrem Aufstand in Cyrene unter Trajan von den Leichnamen der ermordeten Feinde assen, nicht — wie es sehr wahrscheinlich ist — eine pure malitiöse Verleumdung, sondern wahr wäre, so hätte ganz ausnahmsweise nur raffinirte römische Grausamkeit die bis zum Wahnsinn Gebrachten oder vor Hunger und brennendem Durst zu Tode Gemarterten zu solchem Cannibalismus getrieben. (Vgl. 2. B. d. Kön. 6, 28 u. 29, Klgl. Jerem. 4, 10.)

In der Mischna und Gemara wird davon überhaupt nicht gesprochen. Nur im Sifra zu Schemini, Abschn. 4, ist nach der uns vorliegenden Lesart, welche von Anderen als falsch bezeichnet

---

1) Οἱ κατὰ Κυρήνην Ἰουδαῖοι τοὺς τε Ῥωμαίους καὶ τοὺς Ἕλληνας ἔφθειρον καὶ τάς τε σάρκας αὐτῶν ἐσιτοῦντο.

wird, davon die Rede. Es heisst nämlich daselbst: כול אף בשר
מהלכי שתים יהא בלא תעשה על אכילתו ת״ל זה טמא זה הוא
בל״ת מהלכי שתים בל״ת [1]). Aus dem Wortlaut bei Maimuni
מ״א 2, 3 ist zu entnehmen, dass auch ihm unsere Lesart des Sifra
vorgelegen hat. Es heisst daselbst האדם אע״פ שנאמר בו ייהי
האדם לנפש חיה אינו מכלל מיני חיה בעלת פרסה לפיכך אינו בלא
תעשה והאוכל מבשר דאדם בין מן החי בין מן המת אינו לוקה אבל
אסור הוא בעשה שהרי מן הכתוב שבעת מיני חיה ואמר בהן זאת
החיה אשר תאכלו – הא כל שהוא חוץ מהן לא תאכלו ולאו הבא
מכלל עשה עשה. Dieser Auffassung des Maimonides widersprechen
Nachmanides, Salomo b. Aderet und Ascheri, während R. Nissim,
Josef Karo, Migdal Os u. R. M Isserles Maimunis Ansicht vertheidigen
und ihr beipflichten.

Für diejenigen, welche sich gegen die Annahme eines biblischen
Verbotes sträuben, handelt es sich hierbei hauptsächlich um die
Consequenz, welche aus dem Grundsatze היוצא מן הטמא טמא gezogen werden müsste. Denn wäre בשר אדם ח' ein איסור דאו',
so müsste consequenterweise auch die Muttermilch als biblisch verboten angesehen und dem Säugling vorenthalten werden. (S. R. Nissim
zu Kethubot 60a). In späteren Responsen werden weitere Consequenzen ganz ernstlich behandelt für etwa vorkommende Fälle,
wenn von dem amputirten Menschenfleisch etwas zufällig in eine
Speise gerathen wäre, oder wenn Jemand seine Hand in eine heisse
Brühe gesteckt und sich dabei verbrannt hätte, ob die Speisen
noch zum Genusse statthaft wären u. s. w.

Im Ganzen hatte die Frage nur einen rein akademischen
Charakter ohne jeden praktischen Zweck.

---

[1]) Dagegen שיטה מקובצת Kethubot p. 60a Schlgw. יהחמרת, wo es heisst:
והבי אשתחן בספרא בנוסחי דוקאני דלא גרסי יכיל יהא בשר מהלכי שתים, vergl.
auch Tossafot daselbst, Schlgw. יכיל.

Citate zu Art. VII. „Unreine Thiere".

1) Zu S. 298, Z. 5. v. u: Und da Moses doch kein Jäger oder
Wurfschütze war und doch von der Existenz eines Wunderthieres wusste,
das freilich sein Dasein nur der schrankenlosen Phantasie des Talmud

verdankt, soll darum erwiesen sein, dass Gott selber dem Mose das Gesetz und nähere Anweisungen über die reinen und unreinen Thiere
offenbart haben musste. (S. auch die uns nur ein verwundertes Lächeln
abnöthigende naive Controverse der Toseph. das.)

1a) Mechilta: מלמד שהיה משה אותו החיה ומראה להם לישראל ואמר
להם זה האבלי זה לא האבל׳.

2) Gem. Chul. 42a: ואת החיה אשר תאבלו בלמד שתאבם הקיבה מכל מין
(cf. Menach. 29a u. Tanch. ימין יראה לו למשה ואת האבול ואת לא תיביל
z. St.). Die Tossaphisten (Chul. 61a) lassen die Lehre von reinen und
unreinen Vögeln schon lange vor Moses, schon von Noah tradirt sein:
רשמא קבלה היתה מימית ית שהקריב מכל עיף טהור ובדק את כילן ומס-
לדורות ובי׳. Vgl. die ebenso, oder noch naivere Debatte, und wie die
Lorbeeren des einen Rabbi den andern nicht schlafen liessen, Toss.
Chul. 66b Stichw.: כל שיש לו קשקשׂ׳ם :מנין היה להם זה לחכמים (כלימי
הידיעה מכל הדגים) דהא לא משמע במקרא שקרא אדם שמות אלא לבהמות
ולעפית? ר״ל מכל אשר יקרא לו האדם יש לרבית אפי׳ דגים.

3) zu S. 303, Note 1). Ein sehr instructives Beispiel dafür, dass
auch die Rabbinen bei ihren Decisionen nach den Informationen selbst
nichtjüdischer Sachverständiger (cfr. das אא־אמאה אקפילא) (סמבין) sich
richteten, findet sich Kiduschin 36b Tos. Stichw. מצוה: nämlich:
וקשה . . . איך אנו נהנין מן הכרמים שהעכרים מכריבין איתן בכל שנה . . . .
יאומר רביי שמשון שטאל בעוכדי ארמה ואמרו לי שאן חיתבן הומרה מן הסדן.

4) zu S. 304, J. Deah C. 79: המוצא בהמה ואעה מכירה ופ־סותיה:
חתיבית שהר׳ אין יבול לבהזק ברם יבוהן אם אין לה שיים ילא ניבין למעלה
בידע שהוא טהורה יהוא שיביר בן נמל.

5) zu S. 307, Note 1 u. 2) Ikkarim 4, 11: ההשנחה האלהית תניג
לכל מין וזמן הכטיה . . . וזה נעלה מאד בכל אהר מהמינים שנתן לו השי׳
אברים וכלים וכהות נאיתים לשמירת המן לקיומי באיפן שלם שבהמות הבעל׳
קרנים ראזבלים את עטב השדה לפי שהחומר שראי׳ שיתהוו ממנו השניים
בלה בקרנים ולא הספיק הטבע לעשית להם שיים בלחי העליין ולא יבלו לחתו׳
המזון יפה שם בהם הטבע כח להתאלית נרה להשתלים בלעיסה השניה מה שחסר
בראישונה . . . ובכעל׳ המנרף והעיבפיה שהורסים לפי שאן מונם מן הצמחים
הביצא להם הטבע כלים בהם יכלו׳ להיות שונים מן יצר׳ יהבן להם בצפ־נים
אדם יטילו איתו בנת הדריסה. בד׳ לבטל המון ולדקרכן ישׂבח הארם והומ׳ עומ׳
להם במקם האש לבשל הבשר.

6) zu S. 307 am Ende des Textes, Chul 59a: מצא פיה נמום יפרסותיה
חתיבית בידך בכטירה (בכנפי השנקן) אם מהלך שתי וערב בדינו שהיא טהורה
יבלבד שיכיר צהוד.

7) zu S. 308, Muss.: יבלל וה יעלה ביוך כל חברמיח הטהריית יש להן
שלשה כרסים ולריאה שלהן יש איעה, גם לבבר שלהן יש אונית, ורהבליית שלהן
מהחבית. לא בן הבהמות הטמאות, בי כרם אחד להן יראה הבבר יבן הבבר יהבלית
הנדיבה אחת בל אהה מהם.

Uebrigens bemerkt R. L. b. G. zu 3. M. 11: ‫בב״ח‬ ‫בספר‬ ‫התבאר‬ ‫וכבר‬

‫ב׳ כל מה שהיה הב״ח יותר נכבד הכן לי הטבע בטנים יותר על הניכול.‬

‫אמרו חכמים כל עוף הדורם טמא כל שי״ט לו אצבע יתירה וזפק וקרקבני (א‬

‫נקלף טהור.‬

9) zu S. 309, Note 2: ‫יש לפנינו‬ ‫הבא‬ ‫דעוף‬ ‫לי‬ ‫נראה‬ ‫בדם‬ ‫בקיאין‬ ‫אנו‬ ‫שאין‬ ‫ומתוך‬

‫לומר שמא ידרוס דהא הך תרנגולתא דאגמא הי׳ מחזיקין בטהורה ולאחר זמן ראוה‬

‫שדורסה ואין עוף נאכל לנו אלא במסורת עוף שמסרו לני אבותינו בטהור ושלא‬

‫מסרו לנו יש לחוש יבמסורת יש לני לסמוך כדאמר גמ׳ ס״ב .ב׳ שעוף טהור נאכל‬

‫במסורת.‬

J. Deah, § 82, 3 Glosse des R. M. Isserles: ‫אלא‬ ‫עוף‬ ‫שום‬ ‫לאביל‬ ‫ואין‬

‫במסורת שקבלו בו שהוא טהור.‬

9a) zu S. 311 und 12: ‫אינו‬ ‫שוגבי‬ ‫הדג‬ ‫ואמרו‬ ‫אחד‬ ‫סימן‬ ‫הוסיפו‬ ‫והם‬

‫בשירי ארבן של שתי פאותיו טמא אבל אם גגבו שוה הוא טהור.‬

10) zu S. 312: ‫אחד‬ ‫ראשה‬ ‫שכוזרת‬ ‫כל‬ ‫ביצים‬ ‫הסימני‬ ‫הן‬ ‫ואלו‬

‫כד וראשה אחד חד טהורה ב׳ ראשותיה בדין אי ב׳ ראשיה חדין טמאין.‬

10a) zu S. 312 und 313, z. Note: ‫העילם‬ ‫והיה‬ ‫שאמר‬ ‫מי‬ ‫לפני‬ ‫וידוע‬ ‫גלוי‬

‫שבהמה טמאה מרובה מן הטהורית לפיכך מנה הכתוב בטהורות גלוי וידוע יבי׳‬

‫שעופות טהורים מרובים על הטמאין לפיכך מנה הכתוב בטמאין.‬

11) zu S. 313, Chul. 67b: ‫יבי׳‬ ‫שבצדדים‬ ‫הויין‬ ‫את‬ ‫להוציא‬ ‫הארין‬ ‫על‬

Ebenso Maim. l. l. 2, 14: . . . ‫ובמאכלות‬ ‫בפירות‬ ‫הנבראין‬ ‫המעין‬ ‫אלו‬

‫אם לא פרישו מותר לאביל את הפרי והתולעה שבתוכם.‬

12) ibid. Chul. 66b: ‫ליה‬ ‫דלית‬ ‫אבול‬ ‫ליה‬ ‫אית‬ ‫רבי‬ ‫הוא‬ ‫ובנחלים‬ ‫בימים‬

‫לא היכול הא בכלים (בנעיצין ובתריצין) אע״ג דלית ליה אבול.‬

So auch Maim. l. l. 2. 18: ‫ובמערות‬ ‫וכשיחין‬ ‫בבירות‬ ‫הנברא‬ ‫המים‬ ‫שרין‬

‫הואיל ואין מים ניבעין . . . הרי הן במים שבכלים ומותר וכי׳.‬

So auch J. Deah § 84.

13) Chinuch § 111: ‫וכי׳.‬ ‫מה‬ ‫כגון‬ . . . ‫נפשו‬ ‫לשקץ‬ ‫שלא‬ ‫דיחוקו‬ ‫ודיני‬

‫שאמרו ז״ל שלא לאכול ולשתות בכלים מאוסים . . . וכי׳.‬

J. Deah, 116, 10: ‫שבכל‬ ‫מליכלבים‬ ‫כלים‬ ‫וע״ג‬ ‫מזוהמת‬ ‫בידים‬ ‫אבל‬ ‫לא‬ ‫יכן‬

‫אלו בכלל אל תשקצו את נפשותיכם‬

14) ibid. im Namen des Adereth: ‫וא״ל‬ ‫מרדות‬ ‫מבות‬ ‫אותו‬ ‫מבין‬ ‫בזה‬

‫למה לא ידא חייב מלקות נמור נראה משום דהו לאו בכללות וכי׳.‬

15: ‫את‬ ‫תשקצו‬ ‫אל‬ ‫כתיב‬ ‫ב״א‬ ‫פ׳‬ ‫אליהו‬ ‫אדרת‬ ‫מס׳‬ ‫השחיטה‬ ‫ענין‬ ‫קיצור‬

‫נפשותיכם צריך שיהא נזהר מכל הדברים המשקצים את הגפש.‬

16) zu S. 329, Jon. Eibenschütz: ‫אדהי״ר‬ ‫שהקריב‬ ‫שיר‬ ‫חולין‬ ‫בגמ׳‬ ‫איתא‬

‫יבי׳ ותמהה. וגראה דאיתא בגמ׳ נדה: כל שיש לו קרגים יש לו טלפים. הכונה‬

‫דבהמות טהורות יש להם קרנים וכו׳.‬

(Eib. verfällt also auch in den oben beleuchteten Irrthum.) Er

fährt fort: ‫מושל‬ ‫שהוא‬ ‫עליונה‬ ‫עילוי‬ ‫על‬ ‫ומורה‬ ‫למצלה‬ ‫ועולה‬ ‫נבנ‬ ‫דקרן‬ ‫הוא‬ ‫וענין‬

‫בכל, ולכך טהורות יש להם קרן יטמאית שחיה ומוטלל בעפר קרים.‬

Nil mirari rufen wir mit dem römischen Dichter aus! Ein so scharf-

sinniger, haarspaltender Kopf, wie Eibenschütz, hat noch Raum für solche Abgeschmacktheiten. Vgl. noch o. S. 372 und folgendes Curiosum zur Haftarah des 8. Tag Possach:

ואריה כבקר יאכל תבן ... דבאמת האריה הוא שהיה בעצמותי אלא לפי שיאבל דברים טמאים באשׁר חיית יבהמות טמאית לזה הוא טמא. Doch ist ja der Löwe weder Wiederkäuer noch Doppelhufer und darum an und für sich als unreines Thier verboten.

17) zu S. 340: מלבד מה שיׁש בהריגת ב״ה אכזריות ילמוד הבריה מיה לשׁפוך דם חנם עד יולד אכילה בשר קצה ב״ח עבירית ואטימות בנפש וב׳ ובעבור זה א״פ שבתר קצת הב״ח מן טוב יאׁית אל הארם ... ולזה אמׁר (כל) הב״ח לארם. Dem ersten Adam wäre aller Fleischgenuss ohne Ausnahme verboten gewesen, abgesehen von der Grausamkeit, ein Geschöpf zu tödten, wegen des verderblichen Einflusses auf Geist und Gemüth. Albo fügt noch hinzu: Selbst was die Thora den späteren Menschen gestattet, geschah nur, weil der Genussucht des Menschen nicht gänzlich beizukommen ist, deshalb ist ihm von der Torah diese Concession gemacht worden.

לא דברה אלא כנגד יצר הרע ובן אמרו ר״ל (ספרי ראה חולין פ״ד, א) הנה גלי בפריׁ שאבילת הבשר לא היתה אלא על צד ההכרח.

18) zu S. 340, Çarça, Ende Schemini: ידיע הוא כי החטׁנים אפילו אותם שהמיטו מהם מותר משקצים הנפש השכלים ב״ש המאכלות האסירות.

19) zu S. 341. Die sehr interessante Stelle lautet: ואין מׁתר ... הׁה מצד התירה מלבד כי חטׁנין הׁה ניב אצל הפׁלוסׁפׁם כבר הדׁתתי דברי אׁיסטו זה החוש אשר היא חרפה ליׁ, חוש המׁׁת המבׁא לבחור המאכל ... הוא קורא בספרו האנשׁם הבחׁרׁם ... אבׁלת מׁי התבׁשׁלים הפחותׁם ׁרתׁב פה. בנׁׁתם ותלוׁצׁ עליהם. Vgl. noch Aristot. Nikomach- Ethik 3. 10, bezüglich der Mässigkeit (σωφροσύνη): Καὶ δόξειεν ἂν δικαίως ἐπονείδιστος εἶναι, ὅτι οὐχ ᾗ ἄνθρωπος ἐσμέν, ὑπάρχει, ἀλλὰ ᾗ ζῷα κ. τ. λ.

20) zu S. 343: ὃν δὲ Αἰγύπτιοι μικρόν ἡγῶνται θηρίον εἶναι ... τοῦτο δ᾽ οἱ συβῶται ... ἐς ἱερὸν οὐδέν τῶν ἐν Αἰγύπτῳ ἐσέρχεται μοῦνοι πάντων.

21) zu S. 344. Die Anonymen sind wohl Soleiman (S 345 Note 2) und Schem Tob. Palquir. Letzterer sagt: מׁי חׁל (יומא ס׳ז) בהׁקׁם בשר חזׁר עם לבׁשׁת שטׁטן וב׳ ולא מׁנו מהם שאר בהמה טמאה מפני שהׁטׁב. בהם ׁדׁעׁ והוא רׁע מׁנם מה שׁאׁן בן בשׁר חזׁר. Es ist bemerkenswerth, dass diese Ansicht von der Güte des Schweinefleisches in jüdischen Kreisen ein so vielfaches Echo findet. Im R. G. A. des R. S. Aderet und dem 81. Briefe von Minch. Kenaot heisst es: דרׁש אׁחד בבהׁב״ׁ: מה ראה משה לאסׁר את החזׁר? אם מחמת רע אׁׁותׁ? הרופאׁם לא מצאו בו ר״ׁ איכות ב״ב.

22) zu S. 346, Matth.: μηδὲ βάλητε τοὺς μαργαρίτας ἐμπροσθεν τῶν χοίρων. Petr.: κύων ἐπιστρέψας ἐπὶ τὸ ἴδιον ἐξέραμα καὶ ὗς λουσαμένη, εἰς κύλισμα βορβόρου.

23) zu S. 346, Plut. Sympos 4, Quaest. 5: τὸ δὲ θεῖον κρέας οἱ ἄνδρες
ἀφοσιοῦνται δοκοῦσιν. ὅτι μάλιστα οἱ βάρβαροι τὰς ἐπὶ λεπρίας καὶ λέπρας
ἐυσχερούσιν πάσχαν δὲ ἐν ὑπὸ τὴν γαστέρα ἀναπλέων καὶ ψωριῶν ἐξανθημάτων
ὁρῶμεν.

24) zu S. 346. Nachdem Maim. die günstige Ansicht vom Genusse
des Schweinefleisches zurückweist, fährt er fort: ממה לה יתר החזיר ב'
שצריך ורב הפסילה . . . בבר ידעת אמרם פ' חויר בצואה שוברת דמי.

Man sollte fast glauben, Maim. habe Plut. vor sich gehabt, der
l. l. sagt: οὐ μὴν ἀλλὰ καὶ τὸ θηλέρον περὶ τὴν δίαιταν τοῦ θρέμματος ἔχει
τινὰ πονηρίαν. οὐδὲν γὰρ ἄλλο βορβόρῳ χαίρον οὕτω καὶ τόποις ῥυπαροῖς καὶ
ἀκαθάροις ὁρῶμεν κ. τ. λ.

25) zu S. 349. Nachm.: התוברים מלבר שירהים עוף העולם בכל יאן
באני?) ברם הוא ודהו אחר זלחי דורם שאיני שוף האבירם בכל שאין . . . זו בפרשה
תורה ואברתי בדורסן ורע עשורך דמי בחרבות שוב? ישהוא מבני ואולי . . . שונה.
עמהם. Das (von mir eingeklammerte) א' ist ja gegen die Schrift, die beide
Vögel zusammenstellt, doch finde ich nirgends darauf aufmerksam gemacht.

26) zu S. 349: . . . נקפא איננו העמאים חלב :יגמד הטהורים הלב כל
מצידע יהיה ממני היונק אם ייק החויר הלב . . . הורג באיבי שיונקו מזה יתכן
מאד. רצונות סגולות בכילם שיש לאית וזה.

27) zu S. 349: וחיית בהמת מקצת תולדת בסוד עינים מאירת התורה
ולבריאות לרפואה שובם מאכלים אין [שהאסורים] ידע . . . והים וטופת
מלד ובשרם הלב מבעטמית שוהן לומר א' הבר ושמתב זהו בנפש מק להם יש
החמנים. להיות נצטווינו אנחנו נפש אבהיית

In einer Handschrift, die Herrn Osias Schorr vorlag, finden sich
noch einige Ergänzungen, die sich noch enger an Nachm.'s Worte in
seinem Commentar in Schemini anschliessen.

28) zu S. 350, Chinuch: מעמו שדרחיק המאבלית כל בי אלהים ידע
על ולהתעלות בהם לבצול כלים שיהם לניצב נוקם בה יש בחר אשר
הטובים. מעשרה די'.

29) zu S. 350, Sinaita: τὰ ἔνια τῶν ζώων χερσαῖων τε καὶ ἐνύδρων
πλείονα ἰὼν ἔχοντα πάντη, ἀπηγόρευσεν.

30) ibid. Es ist schon oben S. 308 erwähnt, was Gerson dem
Stagiriten nachspricht: מזון יתר שובי קרם רבים לשנוים יצטרך המזון
ושמנו הטבע הזרים יהנה . . . . הבמנים רבי היה הבבה ולואת חברי לדקות
יב'. בטוני קצה פוקל לבפיל נה מעלה

31) zu S. 351: הקרקבן ובהיית . . . החומר דקת של מיה הופך מצאות
יתר שם יהיה הטבעי שרתים לפי עבולו להסביר הבלי זה האותות של יהרה נקלף
יב'. האחר בבטן מקף הבשר הבטן בשהיה ושמר

32) zu S. 352 (s. o. S. 272). Noch mehr kann uns folgendes
Citat bei Clem. Alexandr. im Namen des Novatianus überzeugen,
dass Maim. und Arama und höchstwahrscheinlich auch Andere den
Fusstapfen der christl. Asketiker gefolgt sind. Nov. sagt: Ut multa a
Judaeis ciborum genera tollerentur, immunda multa sunt dicta! non ut

illa damnarentur, sed ut isti coercerentur servituri uni Deo, quia ad hoc
assumptos frugalitas decebat et gulae temperantia, quae semper religioni
deprehenditur esse vicina. Ad coercendam ergo temperantiam populo
remedia sunt quaesita.

33) zu S. 352, Arama: כי כל זה יועיל משני פנים. האחד מה שובהיתו
חבמים ... שימול האדם בעילמו הגזהי מה שעוב מההגאה והתענג בעיהו. Das
klingt doch förmlich wie ein Tauschgeschäft, eine Compensation der
Entbehrungen hienieden mit den Genüssen im Jenseits. Das befremdet
uns an dem sonst so idealen Forscher.

34) zu S. 353, Arama: אמנם מה שהיא לפי התיעלה השני .... להתק. ﬠבﬠ ולובך מזו מיתר האנשים ולהבאי אל נקיה הדﬠ ﬠוﬠ התביﬠ. Finden
wir ja, fährt er fort, dass auch klimatische Verhältnisse einen Einfluss
auf das Temperament und den Intellect ausüben, warum sollte es nicht
bezüglich der genossenen verschiedenen Nahrungsmittel der Fall sein?
והה נמצא החלוק הזה המופלג ביניהם להתחלפם בﬠבﬠ הארצות במזו הפירות
יתר המאכלים אש־ מהם יתחיו.

35) zu S. 354, Arama: בל האיﬠידין הללו אינן מצד החק המﬠיﬠ מהם לניפﬠ
... תדﬠ ﬠהרי יﬠ בראיות אהרות בנן האפﬠה ובל נחﬠ ﬠרﬠ וﬠקרב ובן בנﬠﬠﬠ
הממיתין ולא נזברו בבאן לפי ﬠהוא ידוﬠ אצלו יתﬠלה ﬠﬠן ﬠומאﬠן המזרה בﬠ
וה בבל יבין לרפיאתן אﬠר הﬠפﬠית בהיוק. Betreffs der Schlangen und
Basilisken נחﬠ ﬠרﬠ וﬠקרב ist Arama ganz incorrect, sie brauchten ja
nicht als verboten besonders namhaft aufgeführt zu werden, es genügt
ja der Umstand, dass sie kriechendes Gewürm sind.

36) zu S. 358 und 359, Theodoret quaest. in Levit.: θύεσθαι αὐτῷ
(ὁ θεός) προςέταξε τὰ παρ' Αἰγυπτίων θεοποιούμενα. ἀπὸ μὲν τῶν τετραπόδων
μόσχον καὶ τράγον καὶ πρόβατον. ἀπὸ δὲ τῶν πτηνῶν τρυγόνα καὶ περιστερῶν
νεοττούς Οὐκ ἀγνοοῦμεν ὅτι καὶ ἄλλα πολλὰ ἐθεοποίουν Αἰγύπτιοι, ἀλλὰ τῶν
θεοποιουμένων τὰ ἡμερώτερα ταῖς θυσίαις ἀπένειμε τὰ ἄλλα δὲ ἀκάθαρτα προς-
ηγόρευσεν, ἵνα τὰ μὲν ὡς ἀκάθαρτα βδελυττόμενοι μὴ θεοποιήσωσι τὰ δὲ ὡς
θύοντες μὴ θεοὺς ὑπολάβωσιν, ἀλλὰ μόνον προσκυνῶσι τὸν ᾧ ταῦτα προσφέ-
ρεσθαι χρή. Es ist kaum anzunehmen, dass Saadia von selbst auf diese
Hypothese gekommen sei, und ich muss hinzufügen, weil sie mir zu
geistlos erscheint, dergleichen aber bei den Kirchenvätern und bei der
Wissenschaft baaren Rabbinen nicht zu den Seltenheiten gehört. Es
ist wohl nicht dasselbe, wenn ich conjecturire, Moses habe deshalb die
Asche des goldenen Kalbes den Israeliten zu trinken gegeben, um sie
ad absurdum zu führen, dass sie ihren Gott als Gott verschluckt. Vgl.
auch Jes. 44, 19: ולא רﬠ רﬠﬠ לאﬠר הציו ﬠרﬠﬠי ﬠל נחﬠﬠ לחם אﬠﬠה ואﬠ אﬠﬠﬠ
בﬠר אﬠל ﬠﬠﬠﬠ לﬠﬠﬠﬠ אﬠﬠﬠ לﬠﬠ ﬠﬠ אﬠﬠﬠ־. Es könnten aber dennoch
diese beiden Stellen unserem Saadja vorgeschwebt haben.

37) zu S. 350, Herod.: ὅσοι μὲν Θηβαίος ἵδρυνται ἱρὸν .... ὅυτοι μὲν
πάντες ὀίων ἀπεχόμενοι αἴγας θύουσι .... ὅσοι δὲ τοῦ Μένδητος ἔκτηνται ἱρὸν ...
οὗτοι δὲ αἰγῶν ἀπεχόμενοι ὅις θύουσι.

38) zu S. 361: τοὺς μὲν καθαροὺς βοῦς τοὺς ἔρσενας καὶ τοὺς μόσχους οἱ πάντες Αἰγύπτιοι θύουσι, τὰς δὲ θηλέας οὔ σφι ἔξεστι θύειν.

39) zu S. 361: ‏כ׳ תועבת מצרים כל רעה צאן‎ A. b. Esra: ‏כ׳ לאות‎ ‏בימום הרם לא היו אוכלים בשר ולא ינובו אדם שיובח צאן כאשר ישו היום אנשי‎ ‏הודו ׳מ׳ שהוא רעה צאן תועבה היא שהוא שותה החלב. ואנשי הודו לא יאכלו ׳לא‎ ‏ישת׳ כל אשר יצא מח׳ מרניש‎. Man möchte fast ausrufen: hier waltet ein schwerer Irrthum ob ‏מרודו עד בוש‎. Ausführlicher noch äussert sich A. b. E. zu 2. M. 28, 22, dass die Egypter, wie der grössere Theil der damals bewohnten Erde, streng dem Vegetarianismus huldigten, was er also nur kritiklos nachsprach.

VIII.

תערובות. „Vermischungen.“

Unter diesen versteht man bekanntlich solche Nahrungsartikel,
in denen sich unerlaubte mit an und für sich erlaubten Speisen
vermengt haben.

Wäre die talmudische Deutung und Gesetzesausspinnung des
לא תבשל גדי בחלב אמו richtig, was wir, wie oben in dem betreffenden Artikel zu ersehen, selbstverständlich verneinen, so
hätten natürlich die beiden Rubriken בשר בחלב und תערובות die
innigste Verwandtschaft mit einander: bei beiden wäre die Verbindung zweier Esssubstanzen der Grund des respectiven Speiseverbotes, nur mit dem Unterschiede, dass bei ב״ח jede einzelne
Substanz zum Genuss gestattet ist und erst die Mischung das
Verbot herbeiführt[1]), wogegen es sich bei תערובות um eine er-

---

[1]) Da nur das gemeinsame Product verpönt ist, das durch die Verbindung beider Substanzen, des Fleisches und der Milch, entsteht, so
ist der eigentliche Factor des Verbotes d. h. welche der beiden Substanzen dieses letztere herbeiführt, durchaus nicht zu bezeichnen. Nach
einer zufällig erwähnten vereinzelten Ansicht in Gem. Chul. 108b wäre
indessen wohl die Fleisch-Substanz die wahre causa efficiens und die
Milch nur das passive Moment in dem verbotenen Gemische. Rab behauptet, die Thora habe das Zicklein (Junge) und nicht die Milch untersagt, רב אמר גדי אסרה תורה ולא חלב. Ob Rab bei dieser Ansicht von
einem Humanitäts-Motiv (Philo) geleitet wurde? Denn die Milch geniessen wir ja so wie so, ohne dass der Mutter, der sie entnommen wird,
dadurch auch nur der geringste Schmerz oder Nachtheil zugefügt ist,
wohingegen das zarte Junge, um, und vollends gar in der Milch der
eigenen Mutter, genossen zu werden, erst getödtet werden muss, zu
seinem eigenen Schmerze und zur Abstumpfung unseres Mitleidsgefühls.

laubte Speise handelt, mit der eine unerlaubte sich dermassen vereinigte, dass diese letztere nicht mehr ganz entfernt werden kann, sei es, dass sie unerkennbar geworden, oder dass ihr Geschmack in der erlaubten zurückblieb. Welche sind nun die näheren Bedingungen und Verhältnisse, welche die Wirkung der verbotenen Substanz auf die andere bestimmen? Dies ist die Materie, welche im Talmud, im Schulchan Aruch in 87 Paragraphen und in der späteren rabbinischen Casuistik abgehandelt wird. Ob man sich hierfür bei der Schrift Raths erholen kann? Ob in derselben auf einen derartigen Fall, wie die „Vermischung" solcher zwei Speisesubstanzen es ist, irgend wie Bedacht genommen? Es ist eine Sentenz des Talmud: „Es giebt kein Thema, womit der letztere sich beschäftigt, das in der Schrift nicht mindestens angedeutet wäre." מי איכא מלתא דלא רמיזא באורייתא? Nun, speciell auch in Anwendung auf unseren Gegenstand, behauptet die Gem. Chul. 11a, dass der Grundsatz: „Die Mehrheit entscheidet" זיל בתר רובא, eine vom Mosaismus vorgeschriebene Regel [1]) sei. Bildet also in einer „Vermischung" die erlaubte Speise die überwiegende Quantität, so ist jene trotz der Anwesenheit einer verbotenen Substanz, die sich aber in der Minderheit befindet, doch zum Genusse gestattet; ist das Verhältniss ein umgekehrtes, so wird die „Vermischung" zu einer verbotenen Speise.

Jenen Kanon, dass nämlich die überwiegende Quantität oder Mehrzahl entscheide (זיל בתר רובא), leitet die Gemara bekanntlich aus der Schrift 2 M. XXIII, 2 ab, indem sie den hier befindlichen Worten אחרי רבים להטות die Deutung giebt: „Es ist Pflicht, der Menge sich zuzuneigen," d. h. von ihr sich bestimmen zu lassen. Die Vernünftigkeit und practische Nothwendigkeit des Kanons an sich und im Allgemeinen lassen sich kaum anfechten. Der Stimmenmehrheit in Rathsversammlungen, Gerichtsverhandlungen רובא דאיתי קמן und selbst in intimen Kreisen und für nicht officielle

---

[1]) Die freilich, wie von der Bibel, auch vom Talmud selbst in vielen Fällen limitirt wird. Was würde auch aus den Rationellen, Intelligenten, Gerechten und Wohlmeinenden werden — waren und sind diese nicht gar sehr oft in der Minderheit, — wenn diese nolens volens sich der Majorität gebunden geben, beugen und fügen müssten.

Handlungen muss in vielen Fällen eine Ausschlag gebende Kraft zugestanden werden. Eben so beruhen auch unsere eigenen und die öffentlichen Erfahrungen auf der grösseren Anzahl der Erlebnisse und Ergebnisse. Nicht minder ist es unbestreitbar, dass in zahlreichen Collisionen oder Mixturen auf irgend welchem Gebiete die Form und der Charakter der geringeren Substanz von der stärkeren beherrscht und modificirt werden. Doch wenn wir auch dem talmudischen Kanon conditionell unsere vollste Anerkennung zollen, so können wir die Gemara nicht zu der Art und Weise beglückwünschen, wie sie diesen Kanon herleitet und promulgirt. Diesmal begeht sie nicht, wie so oft, das Unrecht ein einfaches und klares Gesetz gigantisch auszudehnen oder einen allgemeinen, unbestimmt gelassenen Ausspruch der Schrift bizarr und mit überschwänglichster Phantasie zu interpretiren, sondern das noch schwerere, das gerade Gegentheil dessen, was die Schrift sagt, aus dieser herauszulesen [1]. Denn der Vers lautet: „Schliesse dich nicht der Menge an zum Bösen [2]), sage bei einer Streitsache nicht

---

[1]) Hier trifft die Gem. vollkommen der schwere Vorwurf עד מת, אתה מעית טלימ את הבהובים.

[2]) Dass die Gemara den Kanon nicht etwa so deducirt: „Die Schrift sagt, zum Bösen solle man sich nicht der Mehrheit zuneigen; daraus folgt, dass dies in allen anderen Fällen eine mosaische oder göttliche Vorschrift sei", ist klar ersichtlich aus der frappanten Stelle in Baba Mezia 59b, wo über den תנור ש עכנאי verhandelt wird und der dissentirende R. Elieser trotz aller Wunder und Zeichen, ja trotz der göttlichen Stimme (בת קול), die sich zu Gunsten seiner Ansicht aussprechen, dennoch auf Grund des Principes רובא בתר ־ זיל in den Bann gethan wurde, weil er, seiner eigenen Ueberzeugung getreu bleibend, sich nicht der Meinung der Majorität anschliessen wollte. Der Talmud meint also, dass Vernunft und Gewissen, ja die göttliche Weisheit selber der Stimmenmehrzahl gegenüber werthlos sei. Es leuchtet somit ein, dass מבלל לאי אתה שומע ן, („aus der Negation lasse sich die Affirmation folgern") die Gemara zur Herleitung ihres Kanon aus der citirten Stelle nicht veranlasst hat und haben kann. Die erstaunliche Procedur beruht vielmehr lediglich auf dem Umstande, dass sich der Talmud, bewusst oder unbewusst, die Machtvollkommenheit zuschreibt, mit der Schrift zu verfahren, wie es ihm gut dünkt und jeweilig in seinen Plan passt. Dass übrigens, was in der fraglichen Gemara-Stelle erörtert wird, nicht

so aus, dass Du Dich etwa der Mehrheit zuneigst, zu beugen (das Recht)" d. h. also, Du sollst Dich nicht der Menge anschliessen, wo nach Deinem besten Wissen und Gewissen das Recht auf Seiten der Minderheit ist!) לא תהיה אחרי רבים לרעת ולא תענה על רב לנטת אחרי רבים להטת.

Indessen, ist der biblische Beleg der Gemara für die beregte Maxime auch ein durchaus verfehlter und selbst die schneidenste Waffe gegen dieselbe, so ist doch, wie bereits geäussert, unter gewissen Bedingungen und innerhalb bestimmter Grenzen die Maxime an sich eine ganz gesunde, richtige, für's practische Leben, für Gesetzgebung und Gerichtsbarkeit unentbehrliche. Wie wäre denn auch, wo völlige Uebereinstimmung nicht herrscht, irgend welche Beschlussfassung für practische Zwecke möglich? Ja, die Maxime ist so einfach, dem nüchternen Verstande so naheliegend, dass es zu ihrer Begründung wahrlich nicht erst einer fingirten „sinaitischen Tradition" bedurfte.

Ueberdies hat der Talmud diese Maxime aus der eigentlichen Sphäre der richterlichen Functionen und der gesellschaftlichen Ordnung auf ein ganz heterogenes Gebiet übertragen רובא דאית קמן רובא דלית קמן und ihr da nicht selten eine viel zu weit gehende Bedeutung und wirkende Kraft vindicirt. Nach talmudischer Normirung ist die Minderheit der Mehrheit gegenüber bisweilen ein Nichts, hört selbst dann, wenn diese im Vergleich zu jener auch nur eine durchaus schwache und unbedeutende ist, oft fast

---

irgend wie auf geschichtlicher Begebenheit, sondern lediglich auf leicht-gläubiger phantasiereicher Causerie beruht, kann nur bezweifeln, wer blindlings auf den Talmud als geoffenbartes Gotteswort schwört.

1) Raschi z. St. macht kein Hehl daraus, dass die talmudische Auffassung dem Wortlaute und der Absicht der Schrift nicht entspricht. Er sagt: יש במקרא זה מדרשי חכמי ישראל אבל אין לשון המקרא מיישב בהן על אפנו. Raschi hätte sagen können, die talmudische Exegese sei hier der Ausdruck und Sinn der Schrift verrenkend, entstellend, ja geradezu umkehrend. Raschi sucht übrigens den Schriftsinn einigermassen — aber nur einigermassen — wiederherzustellen; dennoch aber bemerkt er zu Chul. 12a, dass der Kanon „die Mehrheit entscheidet" ויל בתר רובא aus dem Satz אחרי רבים להטות herzuleiten, oder eine „sinaitische Tradition" sei.

ganz zu existiren auf. Die Folge ist, dass, wo dieser Kanon
rabbinisch zur Anwendung gebracht wird, der Talmudismus bald
zu indulgirend und connivirend, bald zu rigorös verfährt. Verliert
sich z. B. irgend ein Quantum verbotener Speise unter erlaubte,
so hält er das Ganze, auf Grund der von ihm aus dem Zusammenhange gerissenen, ja, misshandelten drei Bibelworte אתרי רבים
להטות, mosaisch, und in manchen Fällen auch rabbinisch, zum
Genuss erlaubt, wenn die erlaubte Speise die verbotene auch nur
um einen verschwindend kleinen Theil an Quantität übertrifft.

Gehen wir nun auf diesen Punkt genauer ein. Das Quantum
bestimmend, um welches in gewissen Mischungsfällen die erlaubte
Substanz die verbotene übertreffen muss, wenn die Mischung zum
Genuss gestattet sein soll, giebt der Talmud für verschiedene
Vermengungen verschiedene Maasse (שיעורין) an und bezeichnet
diese Maassverhältnisse als sir aitische Tradition הלכה למשה
מסיני. So heisst es Succah 4b und Erubin 4a: „Die talmudischen
Maassbestimmungen für verschiedene Mischungen sind biblisch
(göttlich) angeordnet שיעורין דאורייתא".

Machen wir dies an einem Beispiel klar. Mischnah Chul. 96b
normirt: „Wenn die Spannader des oberen Hüftgelenkes mit Rübengemüse gekocht worden, so ist die Mischung nach Entfernung der
Spannader erlaubt, wenn die beiden Quantitäten sich so zu einander verhalten, dass in diesem Falle das Fleisch (nach seiner
Entfernung) keinen Geschmack im Rübengemüse mehr zurücklassen
würde 1).“ Raschi bemerkt hierzu: „Die Maassverhältnisse (hier
bei dem angeführten Beispiele: 1 zu 60) sind dem Mose am Sinai
tradirt worden.“ Ebenso Maim. (Verbotene Speisen, II, 11): „Alle
Maassverhältnisse und ihre Mischungs-Scheidungen 2) sind sinaitische
Ueberlieferungen" כל השיעורין ימחלכותם הל"מ.

---

1) Nun heisst es aber Gem. Chul. 99b, dass die Spannader überhaupt gar keinen Geschmack hat, einen solchen also nicht anderen
Substanzen mittheilen kann, — והלכתא אין בניד"ן בניד"ן טעם Statt גיד
müsste es demnach שומן הגיד, das Fett der Spannader, in dem citirten
Beispiele lauten.

2) Ein merkwürdiges, kaum entschuldbares Missverständniss findet
sich bei dem Glossator, מניה, (Verf. des מרכבת המשנה) zu dieser Stelle.

Wir wollen einige dieser „Maasse" nach dem Codex des Maimonides (ibidr. XV, 1) anfühen.

א) Ist eine verbotene Speise mit einer erlaubten von ungleichartigem Geschmacke vermengt, so ist die ganze Mischung verboten, wenn sich der Geschmack der verbotenen bemerkbar macht; sind sie aber, die beiden Substanzen, von gleichartigem Geschmacke (מין במינו), so verschwindet das Verbotene in der Mehrheit des Erlaubten, d. h. das Verbotene ist als nicht vorhanden zu betrachten, wenn das Quantum des Erlaubten mehr ist.

ב) Ist z. B. Nierenfett in ein Bohnengericht gerathen und darin ganz aufgelöst, so ist letzteres gestattet, wenn man keinen Nierenfettgeschmack verspürt. Ist Geschmack und etwas Wesenhaftes vom Nierenfett (ממשו) darin, so ist es biblisch verboten; hat es jedoch blos Geschmack, nicht aber etwas Wesenhaftes von Nierenfett (טעמו ולא ממשו), so ist es rabbinisch, wenn auch nicht biblisch, untersagt.

ג) Wann bildet das Verbotene in der Mischung etwas Wesenhaftes?

Wenn mit einem Quantum von drei Eiern das Quantum einer Olive (1/2 Ei) von Inschlitt sich vermengt findet, so erleidet, wer von dieser Mischung das Quantum von drei Eiern gegessen, die Strafe der Geisselhiebe.

Die Quelle für diese Normirungen des Maim. ist Gem. Abodah Sarah 67 a. Wir gewinnen hier mit Hilfe der Commentare, namentlich Raschi's z. St., in Bezug auf Mischungen die Maassbestimmungen (שיעורין):

α) Bei gewissen Mischungen רוב „einfache Mehrheit", wo es nur irgend einer noch so geringen Mehrheit des Erlaubten bedarf, חד בתרי בטל ולאו דוקא חד בתרי ממש אלא אפי' כל שהוא.

———

Er schreibt ein Grosses und Breites darüber, dass ja nach Maimonis anderweitigem Kanon bei הל"מ kein Streit (מחלקה) stattfinden kann. Er verwechselt also das Wort מחלקה, welches „Streit", „Widerspruch" bedeutet, mit dem hier von Maim. gebrauchten, worunter „Scheidung" „Eintheilung" zu verstehen ist, im begreiflichen Zusammenhange mit שיעורין.

β) טעם „der Geschmack" entscheidet, was bei ungleicharligen, aber indifferenten Substanzen sich in der Regel wie 1 zu 60 verhält; bei besonders intensiven, würzenden Ingredienzien (תבלין דבר חריף) u. dgl. nach einem anderen Maassverhältniss.

γ) בית כדי אכילת פרס „ein Olivenquantum zu drei Eiern der Mischung".

Wir wollen nun sehen, was es mit diesen, namentlich in der Speisegesetzgebung eine Hauptrolle spielenden, „הל״מ" auf sich hat. Wir werden nachweisen, welch' Dunkel[1]), welch' grosse Ver-

---

[1]) Wie dunkel und räthselhaft lauten doch die Worte in Tossaph. Erub. 21 b: מפני מה לא נכתבו וגם בהל״מ לא נתנו כדי שלא ישתבחו. Nach der landläufigen Auffassung müsste die Uebersetzung dieser Worte also lauten: „Warum sind sie (die sogenannten mündlichen Satzungen) nicht aufgeschrieben und auch als הל״מ nicht überliefert worden?" Antwort: „Damit sie nicht vergessen werden." Wahrscheinlich auf dieser fraglichen Stelle basirend, jedenfalls aber damit übereinstimmend, wäre der Ausspruch Maimonis, dass bei den הל״מ keine Vergessenheit stattfindet.*) Was nun dieses Axiom betrifft, so constatiren wir es immer nur, doch discutiren es nicht.*) Denn wir könnten mit vollem Recht einwenden, dass das, was niedergeschrieben und in unzähligen Exemplaren verbreitet ist, weniger Gefahr läuft vergessen zu werden, als das, was nur auf dem wandelbaren Gedächtniss hinschwindender Geschlechter mit wechselvollen Lebensschicksalen beruht. In dem 18 (sage: achtzehn) enggedruckte Quartseiten ausfüllenden Responsum 192 des R. I. Ch. Bachrach (Chawoth Jair), auf welches R. Jes. Berlin zur Stelle uns hinweist, erhalten wir durchaus nicht Aufschluss über diese dunklen Worte, auch nicht in dem Responsum 53 der Sammlung חיים שער dess. Verfassers; Hier wird die Schwierigkeit wohl berührt, Aufhellung und Aufklärung wohl versucht, aber durchaus nicht befriedigend oder genügend gelöst. Musste man nicht, nachdem 7 bis 8 Jahrhunderte über diese Tossaphothstelle hingegangen, verwundert ausrufen לית נר ולא נר כר גבי דיפיקתיה! Ich aber gestatte mir, die Antwort zu geben: אנא לא גבי דכ ולא בר גבי אלא ואנא ובקי. Ein College, der nicht genannt sein will, ein kritischer Kopf, glaubt, dass die Stelle etwas corrumpirt ist und also lauten müsste: מפני מה לא נכתבו בם הל״מ אלא נתני? Also: „(Wohl sind andere Lehren nicht), warum aber sind die הל״מ nicht niedergeschrieben אלא נתנו, sondern dem Mose nur mündlich übergeben worden"? Antwort: כדי שלא ישתבחו „damit sie nicht vergessen werden". Da bleibt ja aber der von uns erhobene Einwurf bestehen, dass ja gerade durch schrift-

---

*) S. zu beiden Stellen Note 1 am Schlusse d. Art.

wirrung, welch' greifbare Widersprüche auf diesem Gebiete
herrschen, und wie die Bezeichnung „מהל״מ" andereutheils gar
nicht so ernst gemeint war, ja bei manchen Rabbinen von hervorragender Autorität als blosse Hyperbel galt. Wie berechtigt wären
wir darum, viele unserer Speisegesetze zu entlasten, da die be-
schwerlichsten, namentlich die lästigen minutiösen Satzungen bezüglich des Schlachtritus, ebenso wie manche für טרפה geltende
pathologische Abnormitäten, wie sie der Talmudismus so kleinlich-
skrupulös ausspintisirt, von ihm als „הל״מ" ausgegeben werden.

Hören wir über das Wesen und die Bedeutung der „הל״מ"
in erster Reihe die anerkannteste nachtalmudische rabbinische Autorität, nämlich Maimonides. Dieser äussert sich in seiner allbekannten
Einleitung zu זרעים wie folgt: „Was hat es mit jenen besonderen
Satzungen auf sich, von denen es bei den Rabbinen heisst, sie
seien vom Sinai her dem Mose tradirte Vorschriften? Halte
Folgendes als Grundsatz fest: „Bei den dem Mose mündlich gegebenen Normen findet in keiner Weise eine Meinungsverschiedenheit, (noch im Laufe der Zeit Vergessenheit statt)[1]. Seit Mose bis auf

_____

liche Aufzeichnung der Vergessenheit vorgebeugt würde. Aber מקום
ב׳ להתגה לי חבר׳ הניח Ich glaube, die Schwierigkeit vollkommen gelöst
zu haben: Die drei Worte כד: שלא ישתבח׳ם sind nicht, wie bis auf den
heutigen Tag von Allen, als Antwort, sondern zu den früheren Wörtern
hinaufzuziehen und noch als Frage aufzufassen: „Warum sind, wenn
auch manche andere Satzungen, „auch" כם die הל״מ nicht schriftlich auf-
gezeichnet, sondern (wie viele andere) nur mündlich übergeben worden
אלא, נתה, damit sie (mittels der Niederschrift) nicht in Vergessenheit
gerathen?" Also היק: die Tossaphisten lassen diese Frage unbeantwortet.

[1]) Vgl. Jebam. 77b Stichw. אומר אי הלכה Tossaf.: קאמר להל״מ לאו
יהודה ר׳ עליה פל׳ג אמא דא״ב? Wie diametral entgegengesetzt äussert
sich dagegen Raschi Erub 21b: „Dies sind dem Mose mündlich über-
lieferte Thora-Lehren, über die, als das Erkenntnissvermögen schwächer
geworden und man sie vergessen hatte, zwischen den Weisen Israels
Meinungsstreite sich entspannen" אלו דבר׳ תורה שנמסרו למשה על פה
ושבח׳ הלב שנתמעט לאחר ישראל חכמ׳ בהן שנחלקו. Nach Raschi herrschte
also bei den Rabbinen sowohl Vergessenheit wie Controverse in Bezug
auf sinaitische Traditionen; beide Kriterien des Maim. für eine הל״מ, dass
nämlich eine solche nie aus dem Gedächtniss der Weisen geschwunden,
noch von ihnen zum Gegenstande entgegenstehender Ansichten gemacht
worden, sind demnach seitens Raschis ignorirt, ja geradezu paralysirt·

R. Aschi (Redacteur des Talmud) war unter den Weisen kein Disput darüber, ob die Bibelworte „Auge um Auge" wörtlich zu nehmen oder als Vorschrift zur Zahlung eines Sühnegeldes aufzufassen seien [1]). Was sich in der Schrift in keiner Weise angedeutet fand [2]), auch nicht aus logischen Schlussfolgerungen resultirte, dergleichen allein wurde mit der Bezeichnung הל״מ belegt."

הל״מ sind also nach Maim. diejenigen Normirungen, welche der Talmud nicht den Worten der Schrift entnimmt, für welche auch in dieser sich nicht eine leise Andeutung findet; es walte ferner über sie kein Widerspruch und keine Abweichung der Ansichten unter den Gesetzeslehrern ob, denn sie seien etwas fertig Ueberkommenes, speciell Tradirtes und nicht durch Nachdenken und Syllogismen (סברות) Gefundenes [3]). Wie wankend und schwach, wenn dies Verdikt eine richtige Basis hätte, wäre demnach das Fundament der sogenannten הל״מ! Es finden über solche nach

---

[1]) Bekannt ist, dass Maim. hier und im Jad. Hachasakah mit dem, was er im M. N. III. äussert, in Widerspruch geräth. Im letzteren Werke behauptet er ja geradezu, dass nach dem Pentateuch das jus talionis wörtlich und buchstäblich zu nehmen sei und dass erst die Rabbinen die biblisch statuirte Leibesstrafe in ein Sühnegeld umgewandelt hätten.

[2]) Dagegen Falk Cohen (דרישה z. Joreh Deah I): „Obgleich die Schlachtregeln sinaitische Traditionen sind, sind doch einige von ihnen in der Schrift verzeichnet, wie z. B. dass, wenn das Schlachtmesser nicht hin und her gezogen, sondern auf den Hals des Thieres hinabgedrückt wird, dasselbe zum Genusse verboten ist: denn es wird ja nachgewiesen, dass der Ausdruck וישחט nur die Bedeutung von וימשך (an dem Halse des Schlachtthieres mit dem Messer hin- und herfahrend) habe", אבל הלכות שחיטה הל״מ הם יש מהם שנכתבו כגון דרסה דמפקין לקמן מישחט אין ישחט אלא ל' ומשך.

[3]) Ich überlasse es dem Urtheil der Einsichtigen zu entscheiden, ob obiges Raisonnement des Maim. mit seinen Worten im Mischnah-Commentar Kelim XVII, 12 übereinstimmt: „Lass' Dich nicht täuschen, wenn sie gesagt (Maim. denkt hier an den Ausspruch der Tossefta Mikwaoth 5), die Maassverhältnisse (שיעורין) seien nur sopherisch (מדברי סופרים), während wir den Kanon aufstellten, die Maassverhältnisse sind הל״מ; denn was nicht in der Schrift der Thora erörtert ist, wird mit der Bezeichnung „sopherisch" belegt, obgleich es הל״מ ist." Vgl. das Citat, mit einer einzigen kleinen Variante im Ausdruck, bei R. Lippm. Heller zu Oholoth VII, 3.

Maim. keine Controversen[1] statt, während wir thatsächlich sehr vielen Disputen über eine grosse Anzahl derselben begegnen. Ja, sogar über den Punkt selbst, ob diese oder jene Satzung eine הל״מ sei, gehen die Ansichten auseinander!

Einige Beispiele mögen dies erhärten. Maim. (Verbotene Speisen X, 10) behauptet: „ערלה בח״ל, das Verbot von ערלה ausserhalb Palästinas, sei הל״מ[2]), und doch ist im Talmud Streit darüber. R. Asai huldigt allerdings der von Maim. recipirten Meinung, während R. Eleasar (Kidd. 39a) das Gegentheil behauptet, nämlich: אין ערלה בח״ל.

In Themidim und Mussafim X, 6 sagt Maim.: „Es sei eine הל״מ, dass man an jedem Tage des Hüttenfestes eine Wasserspende auf den Altar zu bringen hätte." Seine Quelle ist unbedingt Gem. Moed Katon 3b. Dagegen lesen wir Gem. Thanith 2b: „Die Schrift schreibt beim zweiten Tage ונסביהם, beim sechsten ונסכיה und beim siebenten כמשפטם; da ist also ein מ, י, ם, welche drei Buchstaben zusammengestellt, das Wort מים, Wasser, bilden: dies ist eine Hindeutung dafür, dass die Spende des Wassers eine biblische Vorschrift sei," נאמר בשני ונסבדהם ואמר בששי ונסכיה ואמר בשביעי כמשפטם הרי מ׳ י׳ ם׳ הרי כאן מים מכאן רמו לניסוך המים מן התורה. Es ist also hier für die Ceremonie der Wasserspende eine mosaische Andeutung (רמז) geltend

---

[1] Dasselbe behauptet er im Jad Hach'sakah, Mamerim I, 3: „Bei sinaitischen Ueberlieferungen gab und giebt es nie Dispute" דברי קבלה אין בהם מחלקת לעילם. Er fügt noch ausdrücklich hinzu: „Findet Meinungsverschiedenheit statt, so ist dies eben ein voller Beweis dafür, dass die Satzung nicht von Mose überkommen ist" כל מקום שתמצא בו מחלקת בידוע שאינו קבלה ממשה רבנו. „Von Streit (durch Vergessenheit?) könne dabei nicht die Rede sein."

[2] Der Behauptung des Maim. setzt R. Ob. Bartenora (Orlah III, 9) noch die Krone auf, indem er erklärt, nicht bloss ערלה בח״ל אסיר sei הל״מ, sondern sogar, dass in zweifelhaften Fällen ausserhalb Palästinas kein Verbot darüber bestehe, ספק ערלה בח״ל מיתר. Dagegen spricht sich Bartenora rationeller zu Jadajim III, 3 aus: „Dass man im Lande von Amon und von Moab verzehnten muss, ist הל״מ; doch nicht buchstäblich הל״מ — denn es ist dies ja keine biblische Vorschrift — sondern nur gleichsam eine הל״מ. Die Tossefta aber nimmt an, dass die Mischnah es als wirkliche הל״מ betrachtet.

gemacht, was ja aber nach dem maimonischen Kanon bei einer הל״מ nicht stattfindet[1]). Noch mehr: Die Gem. Thaan. ibid. und Sebach 110b weist aus der Pluralendung ונסכיה nach, dass es zwei Libationen (נסכים) gebe, nämlich eine Wasser- und eine Weinspende (נ׳ יין und נסוך המים), also neben dem רמ״ז noch eine grammatische Stütze für die Wasserspende! Die Tossafoth kommen auch wirklich zu dem Resultate: adhuc sub judice lis est, dieser Punkt sei ein strittiger, ויפ׳ זה משמע דאיבא למאן דאמר נ׳ המים דרבנן. Was soll man aber zu dem Kanon des Maim. sagen, der auf dem Gebiete der mosaischen Casuistik als zweiter Mose gilt[2])?

Ein anderes Beispiel. Gem. Succah 44a heisst es: Die Ceremonie der Bachweide am siebenten Tage des Hüttenfestes sei nach R. Jochanan von den Propheten eingesetzt, ערבה יסוד נביאים. Bald darauf aber wird der Einwurf gemacht: „Derselbe Rabbi habe ja diese Ceremonie für eine הל״מ erklärt?" und die Antwort lautet: „Während des Aufenthaltes in Babylon sei diese sinaitische Tradition betreffs der Bachweide in Vergessenheit gerathen[3]) und von den späteren Propheten auf göttlichen Befehl restituirt worden[4]), שבחום וחזרו ויסדום. Also eine הל״מ gerieth, trotz des Maim.s Kanon, in Vergessenheit!

---

[1]) Den Tossaphisten (Moed Katon ibid.) stiess anderes Bedenken auf; sie beschwichtigen es mit der Einwendung: Dieses רמז von מ״ם sei nur ein Strohhalm als Stütze," אסמכתא בעלמא. Diese Ausflucht würde unserem Maimonides nicht so gelingen, wie l. l. gegen den Einwand von ארץ חטה ושעורה.

[2]) S. die sehr lehrreiche Bemerkung über die Wasserspende bei dem ehrlichen, gründlichen Schriftforscher Reggio in Bechinath Hakabalah, S. 260.

[3]) R. J. Ch Bachrach Resp. 192: „Maim. schrieb ja aber mit gutem Grunde und Verständnisse, dass bei einer sinaitischen Ueberlieferung Vergessenheit in keiner Weise stattfindet," והלא כתב הרמב״ם בכר בטוב טעם ודעת דבהל״מ לא שייך שכחה בשום אופן.

[4]) Wie rührend-naiv klingen doch solche kindliche Aufschlüsse und phantasiereiche Enthüllungen zur Schlichtung künstlich geschaffener barocker, dialektischer Schwierigkeiten! Was muthet man doch Alles den auf den Talmud Schwörenden zu, als baare Münze und als unbezweifelbare Himmelswahrheit hinzunehmen! S. Note 2, Ende d. Art.

Sehen wir indessen, wie der hochorthodoxe Ascher b. Jechiel [1]). Anf. zu Mikwaoth) über die sogen. הל"מ in eines Andern Namen sich äussert: „Wir finden nirgends, dass die Unbrauchbarkeit manches rituellen Tauchbades als eine הל"מ bezeichnet wird, und fände sich's irgendwo, so bedeutet dieser Ausdruck nur, dass die Normirung gleichsam eine הל"מ wäre. So kann Baraitha Chagiga betreffs der Verzehndung im Ersatzjahre in den Ländern von Amon und Moab nur bedeuten: die Sache sei so klar, wie wenn sie eine הל"מ wäre. Ebenso verhält es sich mit dem Ausdruck באמת אמרו הלכה. Beispielsweise das באמת אמרו הלכה in Verbindung mit dem selbstverständlich doch nur rabbinischerseits aufgestellten Verbote, „am Sabbathe beim Kerzen- oder Lampenlicht zu lesen", kann ja nur bedeuten, die Sache sei so ausgemacht, als ob sie eine הל"מ wäre." Vgl. die damit ganz sich deckenden Verdicte des R. Tam und des daselbst angeführten Jeruschalmi.

So werden hier von unanfechtbaren hochorthodoxen Autoritäten viele sogenannte הל"מ auf ihren wirklichen Ursprung, als eine rabbinische Deutung und blosse Hyperbeln bezeichnet. Maim. aber mit seinem doppelten Wissen und Gewissen, dem philosophirenden und talmudisirenden, giebt mit der einen Hand, was er mit der anderen wieder zurücknimmt. Es ist somit vielleicht nicht zu gewagt zu behaupten, dass er uns weniger durch den Morch vor-

---

[1]) Ascheri referirt hier freilich blos im Namen des Rabbenu Tham; nun wohl, so haben wir dadurch auf unserer Seite eine noch bedeutendere Stimme! — Beiläufig bemerkt, am Schlusse des Ascheri-Tham'schen Referats ist etwas nicht ganz klar; es scheint sich da eine Unrichtigkeit des Ausdrucks eingeschlichen zu haben. Die Stelle sollte wohl lauten: בירושלמי כתוב אמר' ר' אליעזר כל מקום שישנינו באמת הל"מ. So findet es sich in der That, in Jerus. Therumoth, II u. Sabb. I, und hierzu wahrscheinlich bemerkt R. Tham im Sepher Hajaschar, und Ascheri stimmt damit überein: מדרבנן אלא דבר ברור כהל"מ . . . אט"ג דאיסור קאמר. Ebenso äussert sich Bartenora Therumoth II. 1: כל היבא דתנינן באמת אמרו כאלו הוא הל"מ אבל לאו דוקא הל"מ שהרי בפ"ק דשבת שנינו באמת היא אמרו החזן רואה היכן התינוקות קורין ומדרבנן. In der Babyl. Gem. Baba Mezia 60a lautet die Stelle: כל באמת אמרו הלכה היא; die Worte למשה מסיני sind nicht hinzugefügt. Raschi giebt hierzu die Erklärung: באמת אמרו הלכה: מדיהיב טעם למלתיה מפני שמטבחו . . . ש"מ כל היבא דתני באמת דבר. Vgl. R. Lippm. Heller B. Mezia IV, 11.

wärts, als durch Cod. Jad Hachasakah rückwärts geführt hat.
Jede noch so vage, barocke, hyperbolische Aeusserung und Einrichtung des Talmud zu einer הל״מ stempelnd, hat er diesem
eine Kanonicität beigelegt, die derselbe gar nicht beansprucht hat.
Der allseitig gebildete und sehr gelehrte R. J. Ch. Bacharach
weisst in No. 192 seiner vortrefflichen Gutachtensammlung die
vielen Irrthümer und Widersprüche des Maim., vor dem er sonst
wahrlich eine unbegrenzte Hochachtung [1]) zu erkennen giebt, un-
verhohlen und unwiderleglich nach. So interpellirt er Maim. beispielsweise darüber, dass dieser כריכת תפלין במטלית zu einer
sinaitischen Tradition stempelt. „Wo — fragt R. J. Ch. Bacharach
anstandslos — hat er diese Lehre [2]) her?)"

Da wir einmal die הל״מ besprechen, so wollen wir noch zwei,
nicht zwar aus Maim., anführen; sie verdienen ihrer Sonderbarkeit
wegen hier eine Stelle. In Tanchuma zu 4 M. (ed. Ff. S. 176) lesen
wir: „R. Tanchuma berichtet, durch eine ganze Kette von Traditionen bis zu den זקנים, den Nachfolgern des Josua, zurück, es als
eine הל״מ überkommen zu haben, dass auf denjenigen, der einen
belehrenden Ausspruch nicht im Namen seines Autors wiedergiebt,
das Schriftwort seine Anwendung findet (Spr. Salom. XXII, 22):
„Beraube nicht den Armen, denn er ist arm." Diese sinaitische
Ueberlieferung, die sich, curios genug, an einen Spruch Salomo's
lehnt, ist inhaltlich wenigstens harmlos, ja, er schliesst eine schöne,
wohl zu beherzigende Lehre in sich. Doch ein anderes ist es mit

---

[1]) ב׳ מי עַרְ שלא יראה ולא יבין מחזבוריו הפלות ידיעתי בכל התורה עם
בל שבע החכמות עד שאמרו עליו ממשה עד משה לא קם במשה.

[2]) Der kabbalistische Verf. des ס׳ הקנה stellt im Namen seines
Lehrers den Ausspruch unseres Maim.'s noch in den Schatten. Er behauptet nämlich, sogar die Art und Weise des Nähens, Schwärzens,
Einhüllens der Phylakterien müsse eine הל״מ sein, da dies durchaus nicht
vom Verstande befürwortet ist, הן דם שאין השבל מורה בם. — Klingt das
nicht fast wie ein credo quia absurdum? Doch unterschreiben wir gern
die Worte Jerus. Peah 1: „Dies will Dich lehren, dass alles das, wofür
das Synhedrion die Hingabe unseres Lebens zur religiösen Pflicht macht,
sich so für die Dauer erhält, als ob es dem Mose vom Sinai her überliefert worden wäre" ללמרך שכל דבר שב״ר נותנין נפשם עלי׳ מתקים כמי
שנאמר למשה מסי׳.

der folgenden Behauptung in Gem. Pessach. 110b: „Es ist eine
הל״מ, dass Eier, Nüsse und Gurken nicht in Paaren gegessen
werden dürfen" הל״מ קישואין ושתי אגוזים ושתי ביצים שתי. Dieses
abergläubische [1] Dictum ist keineswegs unschuldig, nicht blos absurd, sondern verderblich, gottlos. Was soll man zu der offenbaren
Blasphemie sagen, solche blöde, finstere heidnische Superstition auf
unseren lichtvollen, unsterblichen Lehrer, Vater und Meister der
Propheten, auf Mose, auch gar auf den Urquell und Inbegriff aller
Weisheit und Heiligkeit, auf Gott selbst, zurückzuführen, während ja so
viele Stellen [2] der heiligen Lehre Israels in den eindringlichsten
Worten gegen solch' stupide, abergläubische und verdummende
heidnische Ideen und Gebräuche gewarnt wird?! Und nun kommt
der Talmud und lehrt gar [3], Mose, ja Gott, habe traditionell ver-

[1] Gepaarte Dinge nicht zu essen findet sich im Namen der alten
Griechen bei Porphyr, vita Pythagor. angeführt: μηδ᾽ ἐσθίειν . . . διδύμων.
Vergil Ekl. VIII, 75: „Es erfreut Ungrades die Gottheit, numero deus
impare gaudet.

[2] 5 M. XVIII. 9—13 u. v. a. St.

[3] Ausser den obengenannten Beispielen, die noch durch viele andere
vermehrt werden könnten und die auch dem blödesten und hartnäckigsten
Talmudanhänger über Bedeutung und Werth vieler Halachos die Augen
öffnen müssen, seien hier noch zwei zur Vervollständigung erwähnt
Niddah 45a: בשם שבל התורה כולה הל״מ כך פחותה מבת ג' שנים בשרה בכהונה
הל״מ. Es handelt sich dort um die Pro- und Restitutionsfähigkeit
eines dreijährigen Mädchens. — „Buch der Frommen", das zwar kein
talmudisches Buch im engeren Sinne, aber doch immer auf talmudischem
Gebiete eine gewichtige Stellung einnimmt, lehrt § 302: לא תהיג נביל
רגך אשר גבלו ראשונים שלא נאמר נגין של תורה לנביאים ולכתבים וכו'
„Du darfst die Melodie für den Pentateuch nicht für die Bücher der
Propheten und Hagiographen, und ebenso wenig vice versa, benutzen,
für jede der drei Abtheilungen der Bibel sei die eingeführte besondere
Melodie zu beachten: denn Alles dieses ist eine dem Mose vom Sinai her
tradirte Satzung" הל״מ שהבל. Und der aus der Schrift beigebrachte Beweis hierfür? Es heisse bei der Verkündigung der Zehnworte: „Mose
redete und Gott beantwortete mit einer Stimme" בקיל יעני והאלהים.
Man begreift nicht, wie ein vernünftiger Mensch auf solch' thörichte
Einfälle kommen und den Muth haben kann, sie sinnigen Menschen vor-
zulegen! Fürwahr mit Channah möchten wir ausrufen (1 Sam. I, 16):
מרוב שיחי וכעסי דברתי עד הנה. Weniger aber gilt unser Verdruss und

ordnet, man dürfe Esswaaren nur in ungleicher Anzahl geniessen, da anderweitig dämonenhafte Geister die Speise und den Verzehrenden umgeben und schädigen!

Wenn wir nun von diesen Satzungen und Observanzen, welche, behufs grösseren Gewichts und dauernder Sanction, die Rabbinen so ernst und feierlich mit dem Heiligenschein des Sinai und der Autorität des Mose umkleiden, mit der Schrift ausrufen müssen 2. Könige XVII, 9): ויחפאו בני ישראל דברים אשר לא כן על ד' אלה׳ „Sie ergrübelten (Raschi sagt בדאו) gegen den Ewigen, ihren Gott, Worte, die nicht wahr sind", sollen wir uns so manchen rabbinischen Auffassungen und Anordnungen, die der gesunden Vernunft, dem veredelten Geschmacke oder der geläuterten Sitte widersprechen, noch immer mit verbundenen Augen überliefern?

Lasst uns nun das vom Talmud und von Maim. aufgeworfene Bollwerk der הל״מ in Bezug auf unseren Gegenstand, nämlich in Bezug auf die verschiedenen Maassbestimmungen (שיעורין) für verschiedene Mischungen (התערובות), in etwas beleuchten. Hier, wie in vielen anderen Fällen, haben die Talmudisten im Volksleben vorgefundene vermeintlich-religiöse Usancen, für die sie einen Anhalt und Hinweis in der Schrift nicht ausfindig machen konnten, als „sinaitische Ueberlieferungen" bezeichnet; wie sie auch zuweilen das, worauf sie selber durch Nachdenken gekommen und als religiös nothwendig oder opportun hielten, in der Schrift aber nicht angegeben fanden, mit dem Namen הל״מ belegten, wofür sie indessen unser Protest den naiven, unwissenschaftlichen und im einseitigsten Talmudismus geboren und auferzogenen Pilpulisten und Novitäten- (הידוש הזה) Entdeckern, als vielmehr unseren akademisch gebildeten, logisch und kritisch geschulten modernen Theologen, die, soll ich mit Jesaj. sprechen, מהשביל מיראת אתם מלמדה (?) oder zu furchtsam sind, es offen auszusprechen, dass die talmudisch-rabbinische Literatur neben dem vielen Schönen, Edlen und Beherzigenswerthen auch viel Unsinniges, Triviales und Absurdes enthält und daher nicht unser ausschliessliches und unfehlbares Gottesbuch sein kann, noch ist. — Und zumal zum Verständniss der Bibel für uns, die wir jetzt durch Fortschritte in der Kritik und Erforschung des orientalischen Alterthums einen besseren Einblick in dasselbe gewonnen haben, sollten wirklich die morschen Krücken und das verschwommene Licht talmudisch-rabbinischer Interpretation ausschliesslich massgebend und unentbehrlich sein?

bisweilen durch eine weithergeholte Deutung eines damit durchaus nicht im Zusammenhang stehenden Schriftwortes eine schwache Stütze (אסמכתא בעלמא) in der Bibel aufsuchten.

Auch wir wollen nachdenken und nachweisen, wie wir uns bei Mischungen erlaubter Speisen mit unerlaubten (תערובות) zu verhalten haben. Doch werden wir dabei selbstverständlich unvoreingenommen und rationell zu Werke gehen und erklären schon jetzt als eines der Ergebnisse unseres reiflichen Nachdenkens und sachlicher Prüfung, dass wir uns, so wenig wie mit so vielen rabbinischen Erweiterungen und Erschwerungen, ebenso wenig mit manchen, gerade auf diesem Gebiete (תערובות) talmudisch concedirten Erleichterungen und weitgehenden Licenzen befreunden können.

Gehen wir also an die Prüfung der speciellen Normirungen!

Der Talmud und nach ihm die Casuisten entscheiden, dass bei den Mischungen trockener fester Substanzen von gleicher Art (d. i. von gleichem Geschmack), wenn die verbotene nicht herausgefunden und entfernt werden kann, lediglich die Mehrheit massgebend ist, wäre selbst der Genuss der verbotenen Substanz mit Kareth belegt. Nicht einmal rabbinisch ist die Mischung verboten, wenn die erlaubte Speise auch nur um ein verschwindend geringes Quantum die Mehrheit bildet: . . . תערובות יבש ביבש מין במינו דעת רוב הפוסקים שבטל האיסור ברוב אפי' ברוב כל שהוא אפי' מד"ס ואפי' באיסור כרת.

Der Grund dieser sehr befremdlichen Licenz ist, weil hier, wo ein Amalgamiren, eine gegenseitige Durchdringung nicht stattfindet, die erlaubte Substanz, die äusserlich durchaus unerkennbar, allein genossen werden und man bei jedem Stück, das genossen wird, sich einbilden kann, das eben zu geniessende Stück sei das erlaubte בתערובות יבש ביבש אפשר לאכול ההיתר לברו בלתי מעורב עם דאסור ובכל אחד מן החתיכות שהוא אוכל אפשר לומר שהיא של היתר.

Wir stehen nicht an, diese Normirung als eine mehr als ungerechtfertigte, als juristische Casuistik, als sophistische Dialectik zu bezeichnen; sie ist keine gewissenhafte Auffassung und Klarlegung einer religiösen Vorschrift, sondern eitle Selbsttäuschung oder noch etwas Schlimmeres[1]). Denn, wenn auch bei jedem einzelnen Stück, das ich eben geniesse, angenommen werden kann, dies gerade sei nicht das verbotene, so ist es doch aber gewiss — wie nur irgend etwas gewiss ist — dass ich bei alledem verbotene Speise geniesse, wenn ich die ganze Mischung verzehre. Ebenso sophistisch und verwerflich finden wir das Auskunftsmittel: „es sollen die einzelnen Stücke von mehr als einem Individuum verzehrt werden", weil so jeder sein Gewissen damit beschwichtigen könne, nicht er, sondern der Andere habe das verbotene Stück verzehrt. Denn auch in dieser Weise ist es ja sicher, dass einer der Verzehrenden Verbotenes geniessen wird[2]). Nicht minder leichtfertig und eitle Selbsttäuschung ist auch der noch überdies ertheilte Rath, man solle mindestens ein Stück dieser Speise unverzehrt lassen, weil so angenommen werden kann, dieses sei das verbotene. Denn ebenso gut möglich ist ja auch der gerade umgekehrte Fall, dass nämlich das zu verzehrende Stück das unerlaubte und das ungenossen bleibende das gestattete ist. Wird unter solchen Umständen irgend Jemand, der gerade denkt und es ehrlich mit religiösen Vorschriften meint, durch derartige Winkelzüge und Seitenthüren[3]) sich mit seinem Gewissen und Glaubenssatzungen abfinden können und wollen?

Freilich, wenn man mit einer Fraction von Talmudisten annimmt, die biblischen Ceremonialgesetze hätten keine intelligenten oder sittlichen Ausgangspunkte oder Endzwecke, sondern seien blosse גזרות, Absolutismus-Decrete, dann ist die erwähnte Nor-

---

[1]) Hier wahrlich gilt Jes. VII, 13 המעט מכם הלאות אנשים כי תלאו גם את אלהי. Am liebsten möchte ich diese Worte mit einem Anonymus übersetzen: „Ist es euch zu wenig, Menschen zu narren, dass ihr auch Gott narren wollet?"

[2]) Ueber ähnliche, nur auf Fictionen und Selbsttäuschung beruhende Auskunftsmittel s. Note 3 am Schlusse d. Art.

[3]) Die oben ventilirten und anderweitigen „Winkelzüge" und „Seitenthüren", die von einigen, nicht etwa von allen Rabbis, im Talmud — s. unsere Verwahrung o. S. 121 u. 122 — statuirt werden, wir aber auf's Categorischeste perhorresciren, beziehen sich nur auf gewisse Ceremonial-, aber nicht auf Moral- und Sittengesetze; hier ist mehr die mens sana vorherrschend.

mirung begreiflich. Denn alsdann kommt es ja nicht auf die Sache selbst, auf die Wirklichkeit an, sondern nur auf den Schein und Schatten, auf die Etiquette und den Namen [1]), welche allerdings durch die Mischung andere geworden. Mit der Mischung hat das Kind, die Substanz, gleichsam einen neuen Namen [2]) und mit diesem einen Wechsel der Natur erhalten! Wer aber der Ansicht ist, dass die biblischen Vorschriften nicht für sclavischen Gehorsam und mechanische Uebung, sondern für ethische Zwecke und aus vernünftigen Gründen gegeben [3]), der wird mit Regeln und Paragraphen wie חד בתרי בטל sich niemals einverstanden erklären können.

Bei לח בלה, d. h. bei Mischungen von flüssigen, sich gegenseitig durchdringenden und ineinander verschmelzenden Substanzen (wozu auch Mehl gehört), verhält es sich nach talmudischer Ansicht also: sind die Substanzen gleichartig (מין במינו) — und zwar heisst hier gleichartig, was desselben Geschmackes ist — so sei biblisch wiederum die Mehrheit massgebend (ברובא בטל). Die Rabbinen aber traten hier fürsorglich ein und bestimmten das Verhältniss von 1:60, damit man nicht auch bei ungleichartigen Sub-

---

[1]) Diese extravagante Theorie hat wirklich in der Decision Geltung erlangt. Bei Mischungen stellt Isserles J. D. § 98, Glosse 2, die Regel auf, dass gleichnamige Substanzen als gleichartige zu betrachten sind, auch wenn der Geschmack ungleich ist, und umgekehrt, ungleichnamige als ungleichartige angesehen werden müssen, auch wenn der Geschmack derselbe ist, denn der Name entscheidet ויל בתר שמא. S. Note 4 am Schlusse d. Art. Muss man nicht über solche Normirung die Hände zusammenschlagen? S. jedoch das Richtigere ibid. bei Sabthai Cohen und Peri Chadasch.

[2]) Bekanntlich spielt diese schrullenhafte Anschauung auch auf einem anderen Gebiete eine bedeutende und heidnisch-abergläubische Rolle: man denke nur an die absurde Namensänderung in Krankheitsfällen; durch שׁי השם „Namensveränderung" erhofft man einen günstigen Verlauf der Krankheit.

[3]) So dachten alle denkenden Bibelforscher, z. B. A. b. Esra in seinem Jessod Moreh: „Wie sollen die Völker, nach der biblischen Verheissung (5. M. IV, 6—8), unsere Satzungen gerecht, weise und vernünftig nnd uns Israeliten, die wir diese Satzungen üben, eine weise und vernünftige Nation nennen, wenn diese Satzungen gar keinen Grund hätten, sondern nur willkürliche Befehle wären? S. Note 3 am Schlusse d. Art.

stanzen (d. h. die ungleichen Geschmackes sind) nach blosser Mehrheit entscheide (נזרו מין שאינו אמו במינו מין).

Wir unsererseits können nicht glauben, dass hier der Rabbinismus mit seinem מין בטל ברוב כטעמו במינו, das er erst nur wegen der angegebenen Befürchtung der Verwechselung anders normirt, mit dem Geiste der biblischen Gesetzgebung harmonire. Denn das Motiv für gewisse Speiseverbote ist ein psychisches oder ethisches: „Ihr sollt eure Seele nicht herabwürdigen" (3. M. XI, 43) [1]. Wird aber nicht dem flagrant entgegengehandelt, wenn man nach jener rabbinischen Regel verfährt? Denn wenn auch in der Mischung der Geschmack ein gleichartiger ist, so nehme ich ja doch die wesentliche, nicht alterirte Masse verbotenen Nahrungsstoffes in mich auf. Ist es sittlich-religiös, da, wo es sich nach den Aussprüchen der gewiegtesten und erleuchtetsten Bibelforscher um טהרת הנפש, um Seelenreinheit handelt, in Bezug auf unser besseres, edleres Theil [2] so wenig scrupulös zu sein und uns mit einer fadenscheinigen Selbsttäuschung zufrieden zu geben [3])? Wird der rationelle Physiker sich mit solch leerem Schein und eitler Vorspiegelung begnügen und nicht vielmehr seine Pflegebefohlenen dadurch vor Schaden zu sichern suchen, dass er sorgfältig (chemisch) prüft, bei welchem Quantum eine nachtheilige Substanz in der Mischung ihre schlimme Wirkung verliert?

Wie der Rabbinismus bei flüssigen ungleichartigen Mischungen לח בלה מין בשאינו מינו normirt, ist bereits oben erwähnt.

---

[1] S. die anderen hierher gehörigen Stellen aus der Bibel und manchen religions-philosophischen Schriften, auch dieselbe Note 3, S. 428 am Schlusse d Art.

[2] Und selbst wenn manches Speiseverbot nach manchem Schrifterklärer ein sanitäres Motiv hätte, würden diese unsere Einwände voll berechtigt sein.

[3] Man nenne mich also nicht — wie schon an einer früheren Stelle monirt — ein בז רוח שין, als ob mein Streben überall dahin gehe, nur Licenzen zu schaffen. Wie hier, so habe ich oben und werde auch unten manchen talmudischen Erleichterungen, die den Bibelquellen oder der Gewissensstimme widersprechen, nicht das Wort reden, sondern erschwerend normiren.

Stehen wir aber in solchen Fällen (bei Mischungen) darum
rathlos da, wenn wir auch die sog. הל"מ zurückwiesen und von
jeder, aus der Schrift künstlich abgeleiteten Massbestimmung abstrahiren? Keineswegs! Denn der gesunde nüchterne Menschenverstand mus uns ja sagen, dass es am vernünftigsten und zweck-
mässigsten sei, einen Sachverständigen darüber zu Rathe ziehen,
in welchem Grössenverhältniss das Erlaubte zu dem Verbotenen
stehen müsse, wenn die letzte Spur der Wirkung des letzteren auf
das erstere als völlig geschwunden betrachtet werden könne. Und
das Verdict eines solchen competenten Fachmanns würde für uns
entscheidende Kraft besitzen, — wie ja auch der Talmud selbst,
Laie auf vielen Gebieten, sich oft je nach den Umständen bei Sachverständigen für rituelle Fälle Rath erholt. (s. oben S. 237 u. 377.)

Der Talmudismus discutirt ferner die Frage טעם כעיקר
דאוריתא אי מדרבן „wenn der Geschmack einer unerlaubten Speise,
aber ohne deren wesentlichen Bestandtheil an sich, in einer erlaubten vorhanden, ist die Mischung biblisch oder nur rabbinisch
verboten?" In ersterem Falle wäre nach dem bekannten Kanon [1]),
wenn ein Zweifel obwaltet, erschwerend zu entscheiden, in letzterem
hingegen der erleichternde Gesichtspunkt massgebend. Nun, für
טעמו ולא ממשו דרבן spricht sich (in der Gemara) Rāba im Gegensatz zu Abbaje aus, und bekanntlich wird ja im Talmud zumeist
nach Rāba gegen Abbaje entschieden [2])! Ferner vertreten die
grössten Geisteslichter unter den Decisoren, wie Jizchaki, Maim.,
Nachm., Ahron Halewi und Nissim, die Ansicht, dass die fragliche
Mischung nur rabbinisch und nicht biblisch verboten sei. Wir
könnten somit gerade vom talmudischen Standpunkte oft erleichternd
entscheiden. Doch wird jeder ernste Theologe solche auf blosser
Dialektik beruhende Licenzen ebenso sehr zurückweisen, wie er
gegen Erschwerungen desselben Charakters protestiren wird.

Als unhaltbar zurückweisen müssen wir indessen auch den
Beweis, den die entgegengesetzte Ansicht, dass nämlich die qu.
Mischung biblisch verboten sei, aus der Schrift beibringt, und worauf

---

[1]) ספק דאוריתא לחומרא ספק דרבנן לקילא.

[2]) הלכתא כרבא כריב אבי בר מיע"ל קי"ם.

sich namentlich die den jüdischen Küchenhaushalt so mannigfach belästigende Verordnung von zweierlei Geschirr [1]), d. i. für Fleisch- und für Milchspeisen. gründen soll. Es ist die Schriftstelle 4 M. XXXI, 23, wo der Befehl ertheilt wird, dass die von den Midianiten erbeuteten Geräthe je nach deren früherer Verwendung durch Ausglühen oder Bespülen für Israeliten brauchbar gemacht werden sollen. „Wozu das — fragt die erwähnte Ansicht — wenn nicht, um den etwaigen Geschmack, den die Gefässe enthalten, zu entfernen? Folglich ist schon der blosse Geschmack verbotener Speisen biblisch verpönt." Offenbar aber handelt es sich hier nicht entfernt um die Beseitigung des Geschmacks verbotener Speisen, sondern um die Reinigung der Gefässe von der Unreinheit, die ihnen durch die Berührung mit Leichnamen [2]), anhaftete. Dies beweist ja auch die Vorschrift אך במי נדה יתחטא, „die Lustration muss noch mit Sprengwasser vorgenommen werden," eine Vorschrift, die ja ganz besonders von Leichenverunreinigungen gilt. Deshalb mussten die Israeliten überdies ihre Kleider waschen (ibid. 24). Es ist auch die Conjectur nicht zu gewagt, dass die Lustration der Geräthe wegen ihres früheren Gebrauchs zum Götzencult, welches ebenfalls als verunreinigend galt [3]), vorgeschrieben wurde [4]).

---

[1]) קדרה שבשל בה בשר לא יבשל בה חלב Tossephta Terum. 8.

[2]) Wir werden beim interconfessionellen Gesichtspunkte nachweisen, dass auch in Zeiten, da die anderen ceremoniellen Satzungen ignorirt wurden, die Satzungen über Rein und Unrein doch Beobachtung fanden, und zwar auch bei anderen orientalischen Völkern, wie in Sommers lehrreicher Abhandl. über „Rein und Unrein" zu erfahren.

[3]) Heisst es doch in der Mischnah Sabb. 9a: מנין לעבודה זרה שמטמאה במשא כנדה שנאמר וכו׳.

[4]) Dasselbe Schwanken, ob die Reinigung wegen Leichenberührung oder wegen Götzencults vorgeschrieben war, hat auch bei der Stelle 1 M. XXXV, 2 statt: „Schaffet die fremden Götter in eurer Mitte fort und reinigt euch und wechselt eure Kleider"! Wohl geht dem „reinigt euch" unmittelbar voran „schaffet die fremden Götter fort"; aber einige Verse früher lesen wir: „Und die Söhne Jakobs kamen zu den Erschlagenen". Auch Nachm. giebt diesem Zweifel Ausdruck: להזהרם במטמאת ע״ז או מן הטמאים שרצי. — Beiläufig bemerkt, diese Lustrationen von Götzencultgegenständen waren symbolischer Natur. Ruft ja der

Auch Raschi giebt zu, dass es sich nach dem einfachen (d. h. richtigen) Wortsinn lediglich um eine levitische Lustration handelt לפי פשוטי חטוי זה לטהרו מטומאת המת: nach seiner Gewohnheit aber geht er auch auf den דרוש, die talmudischen Deuteleien und Weiterungen, ein. Zu V. 22: „Jedoch das Gold u. s. w." bemerkt er: „obgleich Moses nur betreffs der Verunreinigung Vorschriften gab, so bleibt doch noch die Warnung bezüglich der Entfernung des zurückgebliebenen verbotenen Geschmacks . . . ihr dürft nämlich die Geräthe selbst nach ihrer Lustration von der Todtenverunreinigung nicht benutzen, bis ihr sie auch von dem Eingesogenen (dem Geschmack) der nicht rituell getödteten Thiere[1] (מבלות) befreit". Um uns aber in Kürze ein unwiderlegbares Urtheil über die Extravaganzen der talmudischen Exegese im vorliegenden Fall zu bilden, brauchen wir nur die Worte nachzulesen: ורבותינו אמרו אך את הזהב לומר שצריך להעביר חלודה שלו „das Wort „jedoch" אך vor „das Gold" deutet an, dass man auch den Rost entfernen müsse."!! שמו על זאת ושערו über solche Schriftdeutung.

Auch S. D. Luzzato im Hamischthadel z. St. weist überzeugend nach, dass es sich hier um levitische Lustration handelt, nicht aber um Reinigung vom Geschmack verbotener Speisen. „Denn — sagt er — sie hatten wohl Armbänder und Ringe von Gold, aber doch nicht silberne und goldene Töpfe[2]). Und — fährt er fort —

der Psalmist aus (LI, 9): „Entsündige mich (wie) mit Ysop, dass ich rein werde." Gab es aber eine schwerere Sünde als den Götzendienst, mit dem in jenen Zeiten alle anderen schwersten Vergehungen verbunden waren? Wie man also von Verunreinigung durch Todtenberührung vermittelst Abspülens mit Sprengwasser (מי נדה) und vermittelst des gesammten Apparats von Ceremonien bei der „rothen Kuh" sich reinigte und entsündigte, so symbolisirte man sich auch bei den zum Götzencult benutzten Geräthen der Midianiten ihre legitime Wiederherstellung durch die vorgeschriebene Lustration. Dies, und nicht die talmudische Auslegung, ist die Bedeutung von בישול מדין.

[1]) Warum nicht auch der unreinen Thiere (בהמה טמאה)?
[2]) Luzz. hätte ja noch schlagender sagen können: Sind denn ibid. V. 20 auch die Kleider von Wolle, Haaren und Leder wegen des in ihnen haftenden Geschmacks von verbotenen Speisen als reinigungsbedürftig erklärt worden?

können die Worte „Sprengwasser" (מֵי נִדָּה), die so klar auf die
Asche der „rothen Kuh" hinweisen, anders als mit levitischer Un-
reinheit in Verbindung gebracht werden? Es seien aber die Lustra-
tionen für die Geräthe dort verschärft und verdoppelt worden zur
Abschreckung wegen des Götzendienstes der Midianiten, dem die
Israeliten so ergeben waren [1]".

Doch wozu bedarf es erst der weitläufigen Beweisführung?
V. 19 macht es ja über allen Zweifel klar, dass es sich an unserer
Stelle um Verunreinigung durch Leichenberührung handelt: „Lagert
ausserhalb des Lagers sieben Tage lang. Jeder, der eine Person
erschlagen oder einen Erschlagenen berührt hat, entsündige sich
am 3. und 7. Tage, ihr und eure Gefangenen." Und unmittelbar
hieran schliessen sich die verschiedenen Vorschriften über die
Reinigung der Gefässe.

Wie wir also sahen, verpönt der Talmud eine Speise, die in
einem Geschirr bereitet wurde, in welchem zuvor eine verbotene
Substanz gekocht worden. Hat jedoch dies innerhalb 24 Stunden
nicht stattgefunden, so — mirabile dictu! — erlaubte er jene,
weil der nach einem solchen Zeitraume entströmende Geschmack
ein depravirender ist, der nach talmudischer Fiction biblisch verstattet sei נֹתֵן טַעַם לִפְגָם מֻתָּר. Diesen sonderbaren Kanon leitet
der Talmud folgendermassen aus der Schrift ab. Es heisst 5. M.
XIV, 21: „Ihr sollt Gefallenes nicht essen, dem Fremdling in
Deinen Thoren magst Du es zu essen geben," daraus ist zu
schliessen: nur wenn das Gefallene noch so beschaffen, dass es
sich zur Speise für den Fremdling eignet, ist es verboten. Befindet es sich aber in einem Zustande der Verwesung, dass es
auch der Fremdling verschmäht [2]), so heisst es nicht mehr Gefallenes;
also ist es — wer sollte über eine solche Schlussfolgerung und
solche Licenz sich nicht entsetzen?! — dem Israeliten zu essen

---

[1]) S. Note 6 am Schlusse dieses Art. S. 428.

[2]) Die Gemara hätte ja in ihrer Art der Consequenzmacherei noch
weiter gehen können. Es heisst 2. M XXII, 30: „Zerrissenes sollt ihr
nicht essen, dem Hunde magst du es vorwerfen"; was sich noch zur
Speise für den Hund eignet, das heisst טְרֵפָה, und ihr dürft es nicht
essen; verschmäht es aber bereits der Hund, so . . . risum teneatis!

406

gestattet [1]); נבלה הראויה לגר קרויה נבלה שאינה ראויה לגר אינה קרויה נבלה. Von dieser Prämisse aus stellt die Gemara den so eben genannten allgemeinen Kanon auf: נותן טעם לפגם מותר „was einer Speise einen depravirenden Geschmack beibringt, lässt die Speise als erlaubt gelten".

Wir haben von dem Geiste und der Aesthetik der hl. Schrift eine bessere Meinung, als dass wir annehmen könnten, der Gesetzgeber habe gerade das Schlechte, das Depravirende, Anwidernde zum Genusse verstattet oder als Grund für die Gestattung des Genusses betrachtet.

Von den vielen diesbezüglichen Stellen in der rabbinischen Literatur citiren wir nur, etwas abgekürzt, das Raisonnement des R. A. Halewi im Chinnuch 472: „Die Schrift hat nur solche Speisen verboten, die für den Menschen noch geniessbar sind, hat aber nicht solche verboten [2]), die ein menschliches Wesen anwidern und lediglich wie Staub zu betrachten sind [3]). . . . Hieraus haben unsere Weisen s. A. geschlossen, dass, wenn irgend ein ekelhaftes Reptil in einen Topf fällt, der Inhalt erlaubt ist, nachdem man das Reptil entfernt hat, auch wenn dieses einen Geschmack zurücklässt, und wenn auch den Inhalt nicht wie 60:1 sich verhält". Weil es ekelhaft ist und den Inhalt depravirt, deshalb ist dieser nicht verboten!! Soll man über eine solche Theorie mit Demokrit lachen oder mit Heraklit trauern? Zu welcher Sophistik und sklavischer

---

[1]) Wenn mich mein Gedächtniss nicht irre führt, sagte einmal ein gefeierter christlicher Gelehrter, der eher Philo- als Antisemit war: „Auch das nachbiblische Judenthum hat herrliche Lehren und Maximen, aber — ohne Auswahl — liess es sich zuweilen von seinem späteren Schriftthum mit dem Nessus-Gewande des Lächerlichen und Absurden bekleiden," (Talmudismus und Rabbinismus theilen darin mit allen anderen theologischen und profanen Erzeugnissen das Geschick: im Laufe der Jahrhunderte haben sich viele Quisquilien angesammelt und so die ursprünglich lautere und fassliche Lehre und Gesetzgebung vielfach verunziert und entstellt.)

[2]) Correcter wäre אינם statt des Wortes חגם, dessen sich Chinnuch an dieser Stelle bedient.

[3]) Nein, nicht Staub! Ekelerregendes ist doch noch etwas ganz anderes. Wozu dieser Euphemismus?!

Nachtreterei verirrt sich hier ein Mann, der sonst für die biblischen
Gesetze der verschiedensten Art ethische Motive aufzustellen sucht
und keine einzige Vorschrift als auf göttlichem Absolutismus be-
ruhend ausgiebt. Gerade „ein Aas, das selbst vom Fremdling
verschmäht wird", (נבלה שאינה ראויה לגר) muss doch wahrlich
dem Israeliten, dem zu theokratischer Heiligkeit berufenen Volke,
um so mehr verpönt sein! Und was wird denn aus dem emphati-
schen Ausspruch לאתשקצו את נפשתיכם „ihr sollt euch nicht
durch ekelhafte Genüsse entwürdigen", wenn er auf den Genuss
verwester Aeser keine Anwendung findet? R. A. Halewi selbst
wirft zwar diese Bedenken auf, aber doch nicht im Entferntesten
befriedigend kann seine Widerlegung sein, „dass eine geringe
Quantität von jenem Mahnruf nicht betroffen sei" מישוט כזה ליבא
משים כל תשקצי דכל דבר שהוא דבר מישוט כזו ידא ליבא משום
כל תשקצי ומותר לבתחילה. Nimmt es doch der Rabbinismus sonst
mit der geringsten Quantität bei verbotenen Speisen so scrupulös
genau; doch die grösste Quantität des Geschmackes eines ver-
pesteten Cadavers (נבלה מסרחת) verstattet er unbedenklich und
gar noch auf biblischem Grunde! — Um wie viel rationeller spricht
sich doch R. Akiba in Aboth de R. Nathan 26 aus. — Der Sinn
des hier offenbar etwas corrumpirten Textes ist unzweifelhaft: „Wer
Speisen geniesst, die dem Körper nicht conveniren, begeht eine
dreifache Sünde: er entwürdigt sich und die Speise und spricht
eine unstatthafte Benediction."

Hören wir doch eine Aeusserung [1]) des hochorthodoxen Nachm.:
„Im Allgemeinen gehören alle verbotenen Speisen zu den herabwürdigenden, darum brauchen hier (5. M. XIV) nicht die einzelnen
Reptilien als verpönt aufgezählt zu werden; denn es ist selbst-
redend, dass jeder civilisirte Mensch sich mit Abscheu davon abwendet." Liegt nicht in diesem Raisonnement, wenn auch unbewusst, die schneidigste Verurtheilung der Maximen, dass „ein Aas,
das selbst den Fremdling anwidert, und ein in Fäulniss über-
gegangenes Aas nicht Aas genannt werden und darum zum Ge-

---

[1]) Obgleich schon oben citirt und besprochen, ist es doch angezeigt, sie auch in Bezug auf die vorliegende Materie zu bringen.

408

musse gestattet sind" בלה שאינה ראיה ליד בבלי נמררת אינה קריה: בלה: Aber auch Nachm., wie so mancher Andere, war naiv und in der blinden Anbetung des Talmud befangen genug, dessen absurden und allem gesunden Menschenverstande hohnsprechenden Syllogismen beizustimmen, anstatt die natürlichen und nothwendigen Consequenzen seiner eigenen richtigen Auffassung der biblischen Speisegesetze zu ziehen.

Wie wir nun diese rabbinischen Erleichterungen und Genusserlaubnisse entrüstet zurückweisen, so protestiren wir auch gegen die mancherlei Erschwerungen des Rabbinismus auf dem Gebiete der „Mischungen" (תערובות). Zu diesen gehört namentlich die Normirung, dass bei חמץ während des Passahfestes [1]), דבר שיש לו מתירין ודבר המעמיד u. dgl. selbst das Maassverhältniss von 1:1000 von keinerlei Belang ist," אפילו באלף לא בטל. Solche und ähnliche in's Ungeheuerliche gehende Uebertreibungen und Erschwerungen (חומרא יתירה) haben im Geiste der Bibel keinen Grund und Boden, sind blosse Fictionen und Sophismen und daher mit vollstem Rechte zurückzuweisen.

Wir haben uns schon oben dahin geäussert, dass wir bei „Mischungen" (תערובות) oder „Maassbestimmungen" (שיעורין) keine „sinaitisch dem Mose anvertraute Tradition" (הל״מ) anerkennen. Wir müssen in solchen Fällen auf die chemische Wissenschaft recurriren. Stimmt diese mit dem Verhältniss 60:1 des Talmud überein, so mag es sein Bewenden dabei haben; wo und wann sie aber anders entscheidet, ist das Licht und Gewicht der Wissenschaft, und nicht die laienhafte rabbinische Düftelei und Systemmacherei unsere leitende Autorität [2]). So will es der gerade

---

[1]) Für diesen Rigorismus werden zwei Gründe angeführt: entweder 1) „das Volk, während des ganzen Jahres hindurch zu sehr an den Genuss des Gesäuerten gewöhnt, müsse am Passah in diesem Punkte um so straffer in Schranken gehalten werden", — eine Art von Belagerungszustand auf ceremoniellem Gebiete, der weder berechtigt noch erspriesslich ist; oder 2) „weil der Genuss des Gesäuerten am Pessach mit der schweren Strafe von כרת belegt ist"; — dann müsste ja aber bei Inschlitt und Blut derselbe Rigorismus gelten!

[2]) R. L. da Modena sagt bezüglich der „Mischungen" (תערובות) „Ist die verbotene Substanz eine trockene und erkennbare, so entferne

und gesunde Menschenverstand, der Wortlaut und Geist der Bibel,
der Machtspruch gewissenhafter und erleuchteter Frömmigkeit und
die Lehre und das Beispiel mancher Heroen im Talmud selbst,
wie wir wiederholt gezeigt.

Antiquarischer Gesichtspunkt.

Wie die jüdische Speisegesetzgebung überhaupt, so hat auch
die Reinigung und theilweise Verpönung der Geräthe, in denen
Unerlaubtes bereitet wurde (s. o. S. 403) ihr Analogon bei anderen
alten Völkern des Orients.

Wir lesen im Gesetzbuch des Manu V. 110 (wir citiren nach
Munk's „Réflexions", cinq. livre des lois de Manou): „ . . écoutez
aussi la loi de pureté pour les differentes choses inanimées.
111. Les sages ont dit, que la purification des métaux luisans, des
perles et de tout ce qui est fait de pierre, s'éffectue par les
cendres, l'eau et la terre. 112. Un vase d'or sans enduit[1]) se
purifie par l'eau . . . 112. C'est par la réunion du feu et de l'eau
que naissent l'or et l'argent; c'est pourquoi leur purification s'effectue
le mieux par leurs éléments."

---

man sie; ist sie flüssig oder sonst unentfernbar, so untersuche man, ob
sie sich im Gemische spürbar machen kann, dann ist dies zum Genuss
nicht zu verstatten." Dies ist unseres Dafürhaltens eine vernünftige
Entscheidung, welche jeder Denkende und nicht von talmudischer
Parteischolastik Befangene unterschreiben wird. — Reggio bemerkt:
„Wer noch selbständig denkt, mag sich sein Urtheil über die 87 Paragraphen bilden, die im Schulchan Aruch über unser fragl. Thema abhandeln." Meine Zählung brachte nur einige 70 Paragraphen zusammen.

[1]) Hier werden wir an die Minutiosität des Rabbinismus erinnert
באבר בלים הבשישים ושושים „Geräthe, die bestrichen und mit Blei ausge-
legt sind". Vgl. noch Pess. 30b. Auffallend ist, dass Manu sich gar
nicht über irdene Geräthe äussert; dagegen behauptet die Gem. l. l.:
התירה מעידה עד כל חרם שאינו יוצא מידי דפיו לעולם „für irdenes Geschirr,
das zu unerlaubten Speisen benutzt worden, giebt es keine Wiederherstellung." Einige Jahrhunderte vor dem Talmud meinte schon Horaz
(Sat. 1, 2, 69): Quo semel est imbuta recens, servabit odorem testa diu.
„Lange wird das irdene Geschirr den Geruch bewahren, womit es zuerst
durchzogen wurde."

Wir finden hier also noch speciellere Observanzen, wie ja auch sonst das Speisegesetz der Hindus scrupulöser als das biblische ist, da es sich auch auf die Pflanzenwelt erstreckt. Das Motiv für die Lustration durch die beiden entgegengesetzten Elemente, Feuer und Wasser, weil Gold und Silber durch Feuer und Wasser entstehen, ist Manu eigenthümlich.

„114. La purification des vases de cuivre, de fer, de laiton, d'étain . . . s'opère convenablement avec des cendres, des acides et de l'eau." — Hier finden wir, merkwürdig genug, auch Asche als Medium der Lustration, wie 4. M. XIX. 17 und XXXI, 23.

Die Egypter, Schüler der Hindus, berührten nach Herodot II, 41 (s. Note 7 am Schlusse dieses Artikels S. 428) kein Geräth eines Griechen und genossen keine Speise, wenn sie mit dem Messer eines Griechen geschnitten wurde, weil es vielleicht zu unreinen Speisen benutzt worden. Ein Egypter küsst keinen Griechen auf den Mund. (S. Rosenm. Morgenl. I. S. 206.)

Plutarch (de Iside c. VII) berichtet: „Manche Egypter essen nicht Fische, welche geangelt wurden, weil die Angel mit Unreinem könnte in Berührung gekommen sein."

Aber nicht blos bei den Orientalen, auch auf dem Boden des klassischen Alterthums sind dergleichen Lustrationen heimisch. Die erste Stelle unter den Reinigungsmitteln nimmt das Wasser ein: καθαρὸν, ἀβλαβὲς ὕδωρ aus einem Quell oder Fluss, also wie in der Bibel (3. M. XIV, 5; 4. M. XIX, 17 u. a. St.): מים חיים Liv. I, 45: Quidnam tu, hospes, paras? incesto sacrificium facere? quin tu ante vivo perfunderis flumine? Verg. Aen. II, 719: donec me flumine vivo abluero.

Neben dem Wasser wurde ebenfalls Asche angewendet, namentlich Opferasche; Vergil Ecl. VIII. 101—102: Fer cineres Amarylli, foras, rivoque fluenti — Transque caput iace.

Ebenso wie in der Bibel gilt auch bei den Römern und Griechen das Feuer als purgamentum, κάθαρμα; Verg. Georg. I, 87: Sive omne per ignem excoquitur vitium. — Ovid. Fast. IV, 785: Omnia purgat edax cinis.

Und wiederum, wie im pentateuchischen Ritus, sehen wir auch hier beide Elemente, Feuer und Wasser, als Reinigungsmittel ver-

einigt. Plut. in der Schrift περὶ αἰτιῶν Ῥωμαικῶν sagt, dass bei
den Römern die Braut Feuer und Wasser berühren müsse, διότι
τὸ πῦρ καθαίρει καὶ τὸ ὕδωρ ἁγνίζει. Auch das ramo felicis olivae
lustravit (Aen. VI, 230) erinnert an die mosaisch vorgeschriebene
Reinigung mit Ysop, das bei mancher mosaischen Lustration eine
Rolle spielt.

Der Artikel תערובות bietet ausser dem antiquarischen, den
wir soeben besprochen, für die anderen Gesichtspunkte, die wir
bei den früheren Speisegesetzen zum Theil ausführlich erörterten,
zum Theil wenigstens streiften, nichts von besonderem Interesse.
Aber wir können nicht umhin, hier eine allgemeine Betrachtung
zu dem Bisherigen hinzuzufügen.

Wir haben in dem eben abgeschlossenen Artikel תערובות
Gelegenheit gehabt, zu erkennen und zu constatiren, in welchem
Grade der Talmud oft übertreibt, wie er nicht selten die scheinbar
geringfügigsten Gebräuche (auch offenbare Missbräuche) zu „sinaitischen Traditionen" (הל״מ) stempelt. Vielleicht setzte er stillschweigend als selbstverständlich voraus, dass man viele seiner
Aussprüche für das nehmen wird, was sie wirklich sind, für
Hyperbeln[1]) לשון הבאי, גוזמא בעלמא mehr für anregende Causerien,
als wie für ernstgemeinte Axiome.

Wenn nun aber so Vieles, was vom Talmud auf Moses und
Gott zurückgeführt wird, seinen menschlichen, nachmosaischen,
nachbiblischen Ursprung nicht verleugnen kann, wie sollen wir demjenigen Theile der talmudischen Halacha, der jenes hochklingenden
Titels (הל״מ) entbehrt, eine zwingende Kanonicität oder gar unfehlbare Autorität beimessen? Dennoch aber ist dies seitens Maimonides geschehen, obgleich ihn nichts, nicht einmal ein etwaiger

---

[1]) Chul. 90b.: „Die Thorah spricht in Hyperbeln, die Propheten
bedienen sich der Hyperbeln, und auch die (rabbinischen) Weisen reden
in Hyperbeln.

412

vollgiltiger Ausspruch des Talmuds selbst, zu einem solchen Verfahren nöthigte. Er ist, um unsere knappe Charakteristik zu wiederholen, talmudischer als der Talmud selbst [1]). So stempelt er ja in der Einleitung zur Mischnah Seraim, wie zu seiner Jad Hachesakah gleichsam jeden Einfall eines talmudischen Rabbi zu einem unantastbaren Kanon und führt eine Leiter talmudischer Traditionen durch 40, sage vierzig Stufen (Generationen, דורות) von der Erde bis zum Himmel hinan! Was es mit dieser Stufenleiter von R. Aschi bis zu Mose und Gott selber auf sich hat, kann man aus der Glosse des R. A. b. D. ersehen, welcher ausruft: „Dieser Compilator hat nur aus sich selber zusammengetragen, kann es aber nicht vertreten;" und etwas später: „Das ist ein reines Phantasiegebilde, dem auch keine Spur von Wahrheit und Wirklichkeit innewohnt." [2]) (וזה לא היה ולא נברא).

---

[1]) Wir brauchen hier nicht nochmals auf die Gegenstände hinzuweisen, die Maim. eigenmächtig für „sinaitische Tradition" (הל"מ) erklärt, obgleich der Talmud selber sie keineswegs als solche bezeichnet. Doch wollen wir nicht unerwähnt lassen, dass er auch ausnahmsweise einmal rationell kritisirt und rectificirt. Es geschieht dies in seiner Bemerkung zu Mischnah Edujoth VIII, 7: R. Jehuda sagt: Ich habe die Tradition von R. Joch. b. Sakkai, der es von seinem Lehrer gehört und dieser wieder von dem seinigen und so fort bis zu Mose selber, dass der Prophet Elias u. s. w.", wozu Maim.: „Nicht dass es Jemand wörtlich also von Mose gehört, sondern nur dem Sinne nach." Schlimm genug, dass wir schon für diesen Pseudo- oder Quasi-Liberalismus dankbar sein müssen!

[2]) Vgl. noch die vortrefflichen Bemerkungen Reggios in Rechinath Hakkabalah. Man spottet oft über jenen Pseudogelehrten mit seinem Ut narrat oder dicit Rabbinus Talmud, und wir verfallen doch in denselben Fehler, wenn wir uns immer und immer äussern: Der Talmud sagt so und so, während es doch lauten müsste: R. N. N. spricht also im Talmud da und da, während ja ein anderer R. N. N. an einer anderen Stelle, und oft schon auf derselben Seite, ganz anders und gar im entgegengesetzten Sinne spricht. So wird doch halachisch einer rabbinischen Normirung eine inferiore Bedeutung und Geltung im Vergleich zu einer pentateuchischen eingeräumt: ספיקא דאורייתא לחומרא; ספיקא דרבנן לקולא während sich doch im Talmudismus mehrere Aussprüche wie folgender (Erubin 21b) finden: הזהר בדברי סופרים יתר מדברי תורה שדברי תורה יש בהן עשה ולא תעשה ולא תשה והעובר על דברי סופרים חיב מיתה. „Achte

Was nun den Talmud selbst betrifft — das mögen doch
denkende und wahrheitsliebende Juden und Christen gleicherweise
beherzigen! — ist er ja gar kein geordnetes Lehrbuch der Religion,
noch viel weniger ein solches ausschliesslich, sondern ein nicht
abgeschlossenes Sammelwerk, das aus den heterogensten Elementen
besteht und die verschiedensten Zeitalter und Richtungen verkörpert;
das neben Gesetzbestimmungen, in denen wir grossentheils keine
fertigen, definitiven Normen, sondern Deutungen und Discussionen,
Privatmeinungen, Thesen, Antithesen und Hypothesen[1]) haben, —
auch profane Lebensinteressen, Laien-Wissenschaft, Geschichtliches
und Ungeschichtliches, gemüthliche Unterhaltungen, Zaubereien,
Sagen, Fabeln, Allegorien und hundert andere Gegenstände enthält, die mit Gesetz und Religion an sich auch nicht den leisesten
Zusammenhang haben; ein Sammelwerk, in welchem, wie kaum
wiederholt zu werden braucht, vom Erhabensten und Herrlichsten
bis zum Seichtesten, Trivialsten, Abgeschmaktesten und Wider-
sinnigsten — oft kaum ein Schritt ist. Und man sollte uns ein-
reden wollen, dass ein solches Sammelwerk unser unfehlbarer
Gesetzescodex, unsere religöse Richtschnur für unser ganzes Leben
und Wirken sei?! Wenn Maim. dies dennoch behauptete, so konnte
es nicht sein voller Ernst sein, sondern eher eine unüberlegte,
übereilte oder von den Zeitverhältnissen und seiner Umgebung er-
presste Redensart.

auf die rabbinischen Satzungen mehr als auf pentateuchische; denn
während die pentateuchischen zum Theil nur Geheiss und Verbot enunciren (deren Uebertretung mit geringer Strafe gesühnt wird), hat jeder,
der rabbinische Satzungen übertritt, das Leben verwirkt." Welch krasse
Hyperbel! s. oben.

[1]) Beim Talmud ist daher das Hyperbolische bei weitem erklär-
licher, als bei Maim. (und Anderen, der ja codificirt, bestimmte und
feste Normen aufstellt und dennoch allerlei verschwommene und excentrische Meinungen äussert oder wiederholt. Was soll man z. B. zu der
Behauptung sagen: „Alle Gebote, die dem Mose auf Sinai geworden,
sind ihm zugleich mit ihrer (rabbinischen) Erklärung übergeben worden,
wie es heisst (2 M. XXIV, 12), „Ich übergab Dir die steinernen Tafeln
und die Lehre (Thorah) und die Vorschrift (Mizwah)," unter Lehre
(תורה) sei die Schrift, unter Vorschrift (מצוה) die (rabbinische) Erklärung dazu zu verstehen?" Hier wird also nach Maim. der ganze Inhalt,

Da man das Vorhandensein vieler Allotria, Alfanzereien und
Absurditäten in diesem gigantischen Sammelwerke nicht gut hin-
wegleugnen kann, so haben von jeher dessen unbedingte Apologeten
im Talmud einen Unterschied nach zwei Hauptbestandtheilen statuirt,
nämlich zwischen dem Ernst und der Würde der Halachah und
den diese Charakterzüge minder bekundenden und anstrebenden
Partien der Hagadah. Doch ist mit dieser Unterscheidung nicht
viel gewonnen. Denn erstens sind ja zumeist die Hagadisten dieselben, die auch an der Halachah mitwirkten; der Geist der Will-

des Talmud auf Mose zurückgeführt. Oder zu der Aeusserung: „R. Aschi
(Red. der Gemara) hat die Erklärung von Râba, dieser von Rabbah, u. s. w.
von Josua, Josua von Mose, Mose vom Munde Gottes selbst erhalten,
mithin haben sie Alle die (rabbinische) Erklärung vom Herrn, dem Gotte
Israels"? Man müsste wahrlich glauben, Maim. hätte durch solche ungeheuerliche Aufstellungen oder Copirungen, wie es ähnlich bisweilen,
nach einer Meinung, A. b. Esra sub rosa gethan, den ganzen Talmudismus nur persifliren, discreditiren wollen, wenn uns nicht über allen
Zweifel bekannt wäre, welch' ein hoher sittlicher Charakter und ernster
Autor er war! Man vgl. auch die Aufnahme der curiosen Trivialität in
seinem Codex (Kelim I, 7): „Ein (levitisch) unreiner Korb, den ein
Elephant verschlungen und dann auf excrementalem Wege wieder von
sich gegeben, verbleibt in seiner (levitischen) Unreinheit." Solche abge-
geschmackte Casuistik nimmt er auf! er, der Rationalist, der Aristoteliker,
der Feind des Obscurantismus, der in einem, auch von unserer modernen
Ultra- und Neuorthodoxie wohl zu beherzigenden, Briefe an seinen Sohn
diesen von der Lectüre der bigotten Schriften der französischen Rabbiner
so eindringlich mahnt, jener Rabbinen, die da glaubten, sie stehen Gott
näher und ihr Gebet finde willfährigere Erhörung, wenn sie immer nur
im Talmud lesen; er endlich, der auch diesem seinem Sohn die Schriften
des A. b. Esra, des skeptischen Kritikers, warm empfiehlt (S. Note 8
am Schl. dieses Art.). Diese geistige Doppelnatur in Maim., gleichsam
wie Jakob und Esau in Rebekkas Mutterschoosse, ist ein erstaunliches
Phänomen: vielleicht hatte seine Talmudgläubigkeit ihren Grund in der
unüberwindlichen Macht der Gewohnheit, der Umgebung, der Zeit, erhalten, während sein eigenes und wahres Wesen — des gedanklichen
Erfassens und logischer Gliederung — sich quand même nicht verleugnete
und so besonders im Moreh sich Ausdruck verschaffte. Es lagen Theorie
und Praxis in ihm, wie in vielen anderen hellen Köpfen und achtungs-
würdigen Charakteren, unvermittelt nebeneinander.

kürlichkeit, der Trivialität, Ueberschwänglich- und Possenhaftigkeit,
der sich zuweilen in jenen kundgiebt, konnte mithin auch in der
letzteren sich nicht ganz und gar verleugnen und fehlen. Zweitens
sahen wir ja in Wirklichkeit schon auf den wenigen und begrenzten
Gebieten, die uns in vorliegender Abhandlung beschäftigten, dass
von jenem Geiste auch die Halachah nicht frei war. Und endlich
drittens hält ja sogar der Talmud selbst die qu. Unterscheidung
nicht fest; es wird ja oft auch über hagadische Erörterungen discutirt. Man muss sie also für vollen Ernst genommen haben;
sonst würde man es nicht für der Mühe werth befunden haben,
.Einwände gegen sie zu erheben und wieder zu beseitigen. Die
Tossafisten zumal disputiren ebenso ernstlich über hagadische
Aeusserungen, fragen, antworten, greifen an und vertheidigen
solche 1) ebenso ernstlich, wie die halachischen.

Und warum sollte man sich denn so sehr bestreben, offenbare Mängel und Schwächen des Talmud zu ignoriren, zu leugnen,
zu vertuschen? Auch Talmudisten waren ja nur Menschen und
Kinder ihrer Zeit und der Umstände. Und so viele Zeitalter,
Localitäten, Verhältnisse, geschichtliche Ereignisse und die verschiedensten Individuen haben ja an dem Talmud gearbeitet und
demselben seinen Inhalt und sein Gepräge gegeben! Kann man
sich also wundern, dass nicht Alles in demselben reines Gold und
werthvolles Product ist? (S. o. S. 121, Note 2.) Und ist es
billig und verständig, solches zu erwarten oder zu proclamiren,
d. h. dass nur edles Metall und göttliche Weisheit im Talmud enthalten sei, und nicht auch Schlacken, scherzhafte Causerien und
Scurrilitäten 2)? (S. auch S. 198 und dazu eine Note unten im Anh. II.)

1) Vgl. z. B. Aboda Sarah 3 b zu: „Gott lacht nicht" אִין שְׂחוֹק לְפָנֵי
הַקָּבָה, und zu dem Stichwort: „In der zweiten Nachtwache sitzt Gott
auf seinem Richterstuhle und hält Gericht" שְׁנִיָּה יוֹשֵׁב וְהָן u. dgl. mehr.

2) So der Glaube an die Existenz von Dämonen, guten und bösen
Geistern, Omina, günstigen und ungünstigen Zeiten, Oertlichkeiten u. s. w.,
sowie daran, dass manche Menschen, Zauberer, Wunder verrichten, die
Gesetze der Natur verändern können, alles dieses und noch mehr, entweder aus der eigenen verirrten und überschwänglichen Phantasie oder
von der heidnischen Umgebung gewonnen. Und auf diesen Glauben

Niemand, der mit dem Talmud vertraut ist und sich eine unparteiische und verständnissvolle Kritikfähigkeit erworben hat, wird dessen mannigfache Verdienste um die Erhaltung des Judenthums in Abrede stellen. Der Talmud hat in Zeiten und Ländern der Finsterniss, der Barbarei, unter Druck und Drangsal, Licht und Wärme im jüdischen Volke erhalten und dessen Geist und Herz genährt und angeregt. Er hat den starren Buchstaben oft belebt, die pentateuchische Gesetzgebung oft nach den Bedürfnissen der veränderten Zeit und Lebenslage umgestaltet, reformirt, erweitert und zuweilen auch begrenzt. Es war ein schweres, langes Werk, dem in manchem Betracht viel Dank und volle Anerkennung gebührt. Darum dürfen wir aber doch nicht behaupten, dass die Talmudisten niemals geirrt und fehlgegangen; dass alle ihre Erläuterungen und Erweiterungen oder Begrenzungen das Richtige getroffen und Maass gehalten, und dass darum alle ihre Ansichten und Bestimmungen unanfechtbar und unantastbar sind und bleiben müssen.

Nicht dadurch erweist man den Talmudisten eine ehrenvollere und einflussreichere Stellung, wenn man annimmt, dass sie das ganze Religionsgebäude als etwas Fertiges überliefert überkommen hätten, dass ihnen der Vorrath an Gesetzen, Deutungen und Observanzen, ja selbst der Gedanke, so zu sagen, als reife Frucht in den Schooss gefallen sei, so dass sie nur danach zu greifen brauchten; sondern vielmehr, wenn man der inneren und äusseren Wahrheit gemäss es ausspricht, dass sie nach ihrem besten Wissen und Gewissen an dem grossen Religionsgebäude lange gearbeitet, nach und nach die Bausteine dazu zusammengetragen. Unter den Hunderten von Männern, denen der Talmud Inhalt und Wesen verdankt, gab es verschiedene Grade von Mutterwitz, Intelligenz, Scharfsinn, Schulung, Gelehrsamkeit, Logik, Erfahrung. Temperament, Charakter und allgemeinem Wissen. Ist es da zu verwundern, dass neben dem Licht auch Schatten, neben den Vorzügen auch Schwächen sich

haben Talmudisten sogar viele Halachoth aufgebaut. Sie beriefen sich dabei auf einige biblische Stellen, die sie aber missverstanden und daher fälschlich gedeutet haben.

in ihm geltend machen? Dass hier Weisheit und Verstand, dort
Irrthum und Fehlgriffe in ihm anzutreffen sind? Dass er in vielen
Stücken über seiner Zeit oder seinen Zeiten stand, in anderen
hingegen von dessen oder deren Einflüssen ganz beherrscht er-
scheint? Dass Talmudisten in ihrem Zusammenleben mit anderen
Völkern und in ihrem Zusammentreffen mit ausserjüdischen Indi-
viduen unwillkürlich, ohne dass sie es selbst ahnten, mitunter sogar
fremde, heidnische Ansichten und Sitten adoptirt, auf den heimischen
Boden religiöser Ideen und Institutionen verpflanzt und so zuweilen
Heiliges mit Profanem und Superstitiösem vermengt haben?

Dass die Talmudisten so Manches, was nur das Ergebniss
ihres eigenen Nachdenkens, der Ausfluss ihrer entwickelten Lebens-
oder religiösen Anschauung war, auf das graue Alterthum, auf
Mose, ja auf Gott selbst zurückführten, darf uns nicht irre leiten,
kann auch nicht einmal als pia fraus bezeichnet werden. Prediger
und religiöse Gesetzgeber leiteten und leiten ja zu allen Zeiten und
in allen Verhältnissen ihre individuellen Ansichten und Vorschriften
auf ältere Autoritäten, ja auf die ältesten zurück; jeder meint und
oft im besten Glauben, in der Bibel das zu finden, was er sucht,
was ihm nothwendig, subjectiv göttlich dünkt. Auch halfen sich
die Talmudisten, von ihren legislatorischen Gegnern, den Boethusen,
Essäern, Sadducäern, Samaritanern, in die Enge getrieben, bisweilen
damit, dass sie die Schrift nicht in ihrem Wortsinn, sondern nach
einer künstlichen Auslegungsmethode, nach erfundenen hermeneu-
tischen Regeln deuteten.

Wir lassen den Alten also Gerechtigkeit widerfahren. Doch
leuchtet es ein, dass Objectivität, absolute Wahrhaftigkeit und
Rücksicht für die geachtete Stellung und segensvolle Fortdauer
des Judenthums uns die Pflicht auferlegen, auf diesem Gebiete
gewissenhaft zu prüfen und zu sichten, die Spreu von dem Weizen
auszusondern und das Verfehlte, Ueberflüssige, Abgeschmackte und
Schädliche zu desavouiren und zu entfernen, aber nicht unsern
Geist, Einsicht und Bewusstsein unter so ganz und gar veränderten
Zeitverhältnissen den Lucubrationen des Talmud gefangen zu geben.
So dachten viele weise, wahrhaft fromme Männer vergangener
Zeit, wenn sie es auch unter den zu ihrer Zeit obwaltenden Um-

ständen nicht wagen durften oder konnten, sich ganz rückhaltlos
freimüthig auszusprechen. Oft muss man bei ihnen zwischen den
Zeilen lesen. Doch hören wir statt vieler eine alte Stimme
(Othioth di R. Akiba, Zeichen ‎ז): „Hieraus kannst du entnehmen, dass das vernünftige Denken vor dem Heiligen: Gelobt
sei Er! höher darsteht, als selbst die Thorah. Denn wenn der Mensch
auch die Bücher Mosis, die Propheten und die Hagiographen läse,
auch die Mischnah, die Midraschim, alle Halachoth, Agadoth, alles
Theosophische und Mysteriöse und, wer weiss, was noch Alles inne
hätte, sich aber nicht vernünftigen Denkens bellisse, wäre alle seine
Gelehrsamkeit für nichts zu achten." (S. Note 5, Ende des Art.)

Gewiss, viele ihrer Auslegungen sind sinngemäss und darum
wahr: Vieles, was sie in der Schrift zu finden vermeinten, ist an
sich schön, gut, beherzigenswerth, auch wenn die Schrift es nicht
im Sinne hatte. Vieles ist aber nur zum Theil wahr, Vieles geradezu
verfehlt, irrig, phantastisch, Manches leider gar heidnisch —
abergläubisch. Vielen von ihnen und den späteren Rabbinen kam
der klare Wortsinn zumeist geradezu abhanden, da man sich allmählich an den Gedanken gewöhnte und die Ueberzeugung festhielt,
dass das offene Wort, ja, der kleinste Strich oft ungesehene und
weitgehende Andeutungen und Vorschriften enthalten. Dazu kommt,
dass sie in ihrem halachischen Eifer mitunter das Studium der
Schrift selbst vernachlässigten oder diese nur mit flüchtigen Blicken
und halboffenen Augen sahen und lasen [1]. Uns aber ist die heilige
Schrift die Ur- und Hauptquelle der Religion, der klare, nimmerver-
siegende Born, aus dem wir, an der Hand einer einfachen und
geraden, von aller Casuistik und Mystik freien Erfassung des Wortlautes und des Geistes, die lebendigen Wasser der Wahrheit, der
Tugend, der Menschenliebe und die Kenntniss und das Verständniss
der fürs religiöse Leben nöthigen und erspriesslichen Formen und
Gebräuche schöpfen [2]. Diese letzteren mögen im Laufe der Zeiten

---

[1] Die Tossafisten waren aufrichtig genug, dies unverblümt heraus-
zusagen (Baba Battra 113a): „Sie, die Talmudisten, waren zuweilen mit
den Bibelversen nicht recht vertraut" ‎בקראי הי ואלש םימעפ‎ ‎בםימוקב‎.
S. auch ob. S. 121 u. 122.

[2] ibid.

unter anderen Himmelsstrichen und socialen Verhältnissen Aenderungen erheischen, wie ja so vielfach vom Talmud und den späteren Rabbinen als nothwendig erkannt und auch bewerkstelligt.

Die talmudischen Tanaim und Amoräer, unsere früheren Religionslehrer, erstrebten für ihre Zeit das, was ihnen das Nothwendigste, Förderlichste und Heilsamste schien. Auch uns liegt es ob und leitet der reine und biblische Gedanke, für unser Geschlecht und die nachkommenden Generationen nach unserem besten Wissen und Gewissen das zu wollen, zu schaffen und zu festigen, was geboten, wahrheitsgemäss und segensvoll ist. Das Streben und der heilige Endzweck sind dieselben, wenn auch die Zeiten und Umstände und somit auch die Mittel und Maassregeln verschieden sind und nothwendigerweise verschieden sein müssen. Hier trifft jenes scheinbare Paradoxon zu: „In den einen wie in den anderen Meinungen und Institutionen spricht sich der göttliche Geist aus" (אלו ואלו דברי אלהים חיים[1]; denn, wie der Talmudismus selbst so weise und schlagend es ausdrückt (Menach. 99 b): פעמים שבטולה של תורה זהו יסודה „manchmal wird durch Aufhebung eines Gesetzes das Gesetz begründet, befestigt." Wo die Gegenwart dem gewissenhaften, einsichtsvollen und quellenkundigen Religionslehrer eine סתירה, die Abänderung oder Beseitigung eines Begriffs oder einer Institution zur Pflicht macht, ist dies nicht ein Niederreissen, schlechthin, ein Zerstören, sondern eine סתירה של מנת של לבנות, „ein Einreissen, das den Zweck hat aufzubauen," das Judenthum, das heilige Erbe der Väter, mit neuer Lebenskraft und Erspriesslichkeit zu erfüllen und sein geschwächtes Ansehen und seine verdunkelte Erkenntniss innerhalb und ausserhalb Israels von Neuem zu klären, zu heben und sicherzustellen.

Die Hand auf's Herz! Ich frage jeden intelligenten Israeliten, was bei den Fortschritten unserer Zeit an Bildung und in den profanen Wissenschaften aus unserem Judenthum geworden wäre, wenn wir bei den Ghettoeinrichtungen des Mittelalters wären

---

[1]) Vgl. R. Haschanah II Mischnah 9:

ולמה לא נתפרש שמית; של זקנים ללמד שכל שלשה שלשה שעמדו ב"ד על ישראל הרי הוא כבית דין של משה.

stehen geblieben und nicht vielmehr in Schule und Synagoge an
dem Religionsunterricht der Jugend, an der früheren Belehrungs-
und Predigtweise mit der verbessernden Hand der Neuzeit nachgeholfen hätten? Ist nicht selbst die starrste Orthodoxie trotz
ihres Zeterns gegen sogenannte Neologie von der Unerlässlichkeit
mancher Reform auf den fraglichen Gebieten überzeugt und durch-
drungen worden und hat ebenfalls, wenn auch nur quantitativ geringer, Reformen eingeführt?

Indem wir zu dem Gegenstande zurückkehren, der uns speciell
mit vorliegender Abhandlung beschäftigt, resumiren wir: die Reform
der jüdischen Speisegesetze ist für unsere Zeit ein dringendes Bedürfniss und auch vollberechtigt, insofern und soweit sie von uns
als biblisch unbegründet und irrig nachgewiesen sind. Das Urtheil
über die jüdischen Speisegesetze ist jetzt spruchreif. Unter „jüdische
Speisegesetze" meinen wir selbstverständlich nur die talmudisch-
rabbinischen; denn die mosaischen oder biblischen lassen
wir intact. Unser Reformbestreben auf diesem Gebiete ist ein sehr
bescheidenes; es will nur die auf Unkenntniss oder Missverständniss,
auf künstlicher und forcirter Interpretation beruhenden und doch
am meisten unnöthigerweise belästigenden, dem socialen Verkehr
hinderlichen rabbinischen Satzungen beseitigen.

Nicht biblisch ist das Gesetz von der Spannader (גיד הנשה)
und noch weniger eine biblische Satzung ist der Usus, die sogen.
Hinterviertel nicht zu essen.

Nicht biblisch ist das Verbot des Genusses der Mischung
von Fleisch- und Milchspeisen; denn die betreffenden Schriftstellen
haben unbezweifelbar einen ganz anderen Connex und Sinn; jede
der von uns herbeigeführten Erklärungen derselben ist berechtigter,
als die talmudische, die jeder Begründung und Vernünftigkeit entbehrt und auf blosser Fiction und weithergeholter Deutelei beruht.

Inschlitt (חלב) ist biblisch nur verboten, sofern es auf den
Altar kommt, oder doch nur während der Zeit, da geopfert wird [1]).

---

[1]) Wenn anders, weil es meist für den Altar bestimmt war, auch in
unserer Zeit nicht zu privatem Gebrauch verwendet werden sollte, so
müsste es eher, als zum Verspeisen, viel mehr zu profanem Gebrauch,
Verfertigung von Licht, Seife, Schuhwichse und dgl. verpönt sein.

Nachdem aber die Thieropfer seit 1800 Jahren abrogirt sind, kann von einem solchen Verbote nicht mehr die Rede sein. Dass die Ausdrücke in 3 M. III, 17: „Eine ewige Satzung, in allen eueren Wohnungen" u. s. w. nicht strikte die bedingungslose Fortdauer und Allörtlichkeit der Vorschrift in sich schliessen, haben wir a. S. 140 bis 142 ausführlich erörtert und nachgewiesen.

Dasselbe könnte auch vom Verbote des Blutes gelten, wenn die Schrift bei dieser Substanz ausser dem Motiv: „Es ist ein Opferobject," nicht noch ein anderes schwerwiegendes, nämlich: „Das Blut ist die Seele (das Lebenselement)", so feierlich verkündigt und wiederholt nachdrücklich urgirt hätte. Doch, wie schon dieser Ausdruck zeigte, ist nur das herausströmende Lebensblut („auf der Erde sollst Du es ausgiessen wie Wasser"!) zum Genusse verboten. Nicht entfernt aber will das biblische Gesetz, dass man das Fleisch salzen und auswässern müsse, um latentes Blut herauszuziehen und herauszupressen.

Nicht biblisch ist fast Alles, was der Talmud unter „Trefah" verpönt; denn unter טרפה versteht die Schrift nichts Anderes, als ein von einem Raubthier zerrissenes, getödtetes oder doch lebensunfähig gemachtes Thier, nicht aber, was durch innere oder äussere Krankheiten oder sonstige Gebrechen und Schwächen hingesiecht oder dem Versiechen nahe ist. Dies gehört in eine andere, in die Grenzkategorie, nämlich die von „Aas" נבלה.

Was der Talmudismus aus diesem, dem biblischen נבלה, macht, verdient die ganze Schale unseres Zornes. Weil er eben in das Gebiet „Trefah" so Vieles verpflanzt, was schrift- und vernunftgemäss nicht dahin, sondern zur Klasse „Cadaver" (נבלה) gehört, so war er in voller Verlegenheit, was er mit dieser letzteren anfangen solle, und so nahm er die „fünf Schlachtregeln" und erklärte alles Vieh für נבלה, welches nicht nach diesen selbsterdachten fünf Schlachtregeln getödtet wurde, von denen die Schrift nichts weiss. Die Schrift — und auch der gerade Menschenverstand — will, dass ein durch Krankheit verendetes Thier nicht genossen werde, und dass, um genossen zu werden, das noch lebensfähige, gesunde Vieh auf die schmerzloseste Weise und unter Ausströmung des Lebensblutes getödtet werde. Lebensgefährlich erkranktes Vieh

(מספכת) kann also hiernach, wenn auch der Talmudismus es gestattet, nicht durch rechtzeitiges Schlachten zum Genusse zulässig
gemacht werden. Und andererseits sind die „fünf Schlachtregeln"
im Allgemeinen ebenso unnöthig und nichtig, wie speciell, dass
beispielsweise der Schächter viele Wochen, ja Monate lang darauf
einexercirt wird, Scharten im Schlachtmesser herauszufühlen und
herauszufinden, die kein anderer Mensch, geschweige denn das
Vieh, herausfühlen und empfinden würde. Es genügt, dass mit
einem scharfen, recht glatten Messer ohne Unterbrechung geschlachtet
werde. Auch ist bei dem dem Schlachten vorangehenden Niederwerfen des Thieres die grösstmögliche Rücksicht und Schonung für
das letztere zu beobachten Für Wild genügt die Schusstödtung (Der
auf Wild bezügliche biblische Wortlaut 3 M. XVII, 13 beweist, dass
die talmudischen „fünf Schlachtregeln" willkürlich Ersonnenes sind).

Nur betreffs der verbotenen Thiere unterscheidet sich Biblisches
vom Rabbinischen fast gar nicht, und in Bezug auf „Mischungen"
(תערבות) genügt es kurzweg zu sagen, dass die talmudischen
Maassbestimmungen (שיעורין) weder von der Schrift noch wissenschaftlich begründet und beachtenswerth sind.

In zweifelhaften Fällen ist sowohl bei „Mischungen" (תערבות)
wie bei „Trefah" nicht der incompetente veraltete rabbinische
Kodex oder der in den in Betracht kommenden Specialfächern
nicht geschulte Rabbiner, resp. Schächter, sondern ein anerkannter
Chemiker und ein erfahrener Veterinärkundiger zu Rathe zu ziehen
— bei „Mischungen", um zu constatiren, mit welcher Quantität
die verbotene Substanz die erlaubte in Bezug auf Qualität und
Geschmack beeinflusst; bei „Trefah", um zu entscheiden, ob eine
Krankheit, von der ein Thier befallen war, dessen Fleisch für den
Genuss des Menschen schädlich macht; ob nur das kranke Organ
oder das ganze Thier zum Verzehren zu beanstanden sei. Wir
haben o. S. 232, 303 und 377 erwiesen, dass die Talmudisten
selber für nicht dogmatische Gebiete nichttheologische, ja nichtjüdische Fachmänner und Männer der Erfahrung zu befragen und
ihnen Folge zu leisten nicht Anstand genommen haben.

Die Emancipation von den unbegründeten extravaganten rabbinischen Speiseobservanzen und die Rückkehr zu Bibel und Wissen-

schaft auf diesem Gebiete beabsichtigen keineswegs, der Bequem-
lichkeitsliebe und der Genusssucht Vorschub zu leisten, sondern
den klaren und wahren Interessen der Religion, der individuellen und
communalen Wohlfahrt und der Entbürdung des Alltagsseins von unnöthigen Beschwerlichkeiten und von grund- und zweckloser Vertheuerung des Lebensunterhalts pflicht- und verstandesgemäss zu dienen.

Was den letzten Punkt anbetrifft, so wird ja vom Talmud
selbst[1]) stricte Oekonomie und möglichste Vermeidung aller Schädigung
oder Entwerthung des (eigenen oder fremden) Besitzthums, selbst
wo es sich um religiöse Vorschriften handelt, als biblisches Axiom
wiederholt eruirt und nachdrücklichst geltend gemacht. Sind denn
aber nicht die vielen unnützen unbiblischen Speisegesetze der
Rabbinen namentlich für die überwiegenden Mittel- und armen
Klassen pecuniär äusserst drückend und die stärkende Fleischdiät
erschwerend, beschränkend, ja, oft ausschliessend[2])? Man denke an

---

[1]) עַד מָתַי אַתֶּם מְכַלִּין מָמוֹן שֶׁל יִשְׂרָאֵל הִתִּירָה הַתּוֹרָה חֶסָּה עַל מָמוֹנָם שֶׁל יִשְׂרָאֵל,
Joma 44 b, Chul. 49 b, R. Haschan. 27 a u. v. a. St. M. vgl. auch Mischnah
Negaim XII, 5 zu 3. M. XIV, 36. Nach dieser Schriftstelle soll, bevor
der Priester in's Haus tritt, um den ausgebrochenen Schaden (lepris)
zu untersuchen, Alles ausgeräumt werden, damit nicht jeder Gegenstand,
der sich im Hause befindet, für unrein erklärt werde. Hierzu bemerkt
nun die citirte Mischnah: „Was will denn die Thora mit dieser Anordnung bezwecken? was soll dabei geschont, nicht für unrein erklärt
werden? Antwort: selbst das irdene Geräth, die Krüge, der Feuerherd.“
Und nun wird dort die Anwendung gemacht: Wenn die Thora schon
diese so geringfügigen Vermögensobjecte des Menschen geschont wissen
will, um wie viel mehr wesentliche Güter“ u. s. w. Wahrlich, ein schöner
Ausspruch, dessen Beherzigung den späteren Rabbinismus von gar vielen
Erschwerungen, unnöthigen Vermögensbeschädigungen, Auferlegungen
überflüssiger Opfer an Zeit, Geld, Körper- und Seelenkräften hätte zurückhalten sollen!

[2]) Auch Proletarierthum, Bettelwesen und was in dessen Folge
sich einstellt, wie auch Stellenlosigkeit von Handwerks- und Kaufmanns-
gehilfen werden durch die minutiöse jüdisch-rabbinische Speisegesetzgebung erzeugt. Der jüdische Hausstand kostet mehr, der jüdische
Lehrling und Gehilfe oder Dienstbote kann nicht bei einem christlichen
Brotherrn beköstigt werden; Gaben von nicht rituell bereiteten Lebens-
mitteln aus nichtjüdischen Wohlthätigkeitsvereinen können von stricten
Anhängern rabbinischer Normen nicht genossen werden u. s. w.

das Beschaffen und Halten von zwei-, ja dreierlei Geschirr (für Fleisch-, für Milch- und für neutrale Speisen); die Abstinenz von dem nahrhafteren Fleische des Hinterviertels der Thiere; das Aussalzen und Verwässern des Fleisches, wodurch dieses seiner besten Kraftingredienzen beraubt wird; die Benutzung des kostspieligen (und bei häufigem Genuss auch gesundheitsnachtheiligen!) Gänsefetts, statt der Butter oder des Inschlitts bei der Bereitung von Fleischspeisen; die Besoldung eines eigenen — anderweitig häufig ganz ungebildeten und dadurch bei Nichtisraeliten Spott und Verachtung erregenden — Schächters [1], die dadurch in kleineren Gemeinden und auf dem Lande zumal bei sehr dürftigen Vermögensverhältnissen die Anstellung eines zeitgemäss geschulten und Achtung gebietenden Religionslehrers unmöglich macht; die Vertheuerung des Fleisches an sich dadurch, dass das biblische „Trefah" seitens der Rabbinen in unwissenschaftlicher, unverantwortlicher Weise einen horriblen Jargon bildend, auf alles Mögliche und Unmögliche übertragen wurde: Spannader, Fett, Fleisch- und Milch-Composition, Bläschen in der Lunge etc., alle diese Kategorien heissen „Zerrissenes" טרפה.

Es kann auch Niemand behaupten, dass die Religion an Achtung und geistiger Wirksamkeit gewinnt, oder dass die nöthige Musse, Aufgelegtheit und verständnissvolle Würdigung für die häusliche Andacht und Besuch des Gotteshauses [2] u. s. w. für die

---

[1] In Folge der rabbinischen Casuistik, die weder auf biblischem Grunde beruht, noch irgend einem guten Zwecke dient, ist der Schächter, oft ein naturalisirter polnischer Ignorant, der wichtigste Gemeindebeamte geworden, dem, wenn Interessen collidiren oder nur über geringe Mittel verfügt werden kann, Alles und jeder Andere zu weichen hat. Daher denn der ungenügende und verwilderte Religionsunterricht der Jugend und der geist- und gemüthlose Schlendrian des Gottesdienstes in allen unbemittelten Gemeinden — abgesehen von der Missachtung und dem Hohn, den ein Schächter, der nur zu schächten versteht, auf sich selbst und auf Juden und auf Judenthum ladet.

[2] Wir lassen die Erfahrung sprechen, wir heben aus vielem dergleichen Erlebten ein Beispiel hervor. Wir fragen superreligiöse Hausfrauen, warum sie oder ihre Töchter während des achttägigen Passahfestes das Gotteshaus erst am letzten Tage (Seelenfeier) besuchen? Die Antwort lautet: Die nichtisraelitische Köchin könnte vielleicht mit

Hausfrau vorhanden sein werden, wenn sie mit religiöser Aengstlichkeit und scrupuloser Peinlichkeit über die vielerlei Kleinigkeits-
krämereien eines rabbinisch vorgeschriebenen Küchenwesens zu
wachen und sich emsig damit zu beschäftigen hat, dass nur ja
kein Milchlöffel in einen Fleischtopf sich verirre [1]), und was der
„wichtigen" und „frommen" Minutiositäten und Düfteleien noch
mehr den Geist und das Gemüth der rabbinisch-jüdischen Küchen-
heiligkeit erfüllt und bewegt.

Denn auch in Bezug auf Religion ist es nur zu wahr: „Im
engen Kreis verengert sich der Sinn." Wenn man auf Fictionen
und Trivialitäten und deren Praxis ein erhebliches Gewicht legt,
so schwindet bei mittelmässig veranlagten Naturen [2]) das Verständniss und die Neigung für die grossen Wahrheiten und die höheren
Aufgaben des Lebens. Oberflächlichkeit, mechanisches Lippen- oder
Fingerwerk und wohl auch Schein und Heuchelei — oft freilich
ganz unbewusst [3]) — greifen Platz beim Alltagsmenschen und ge-

Chamez irgendwie in Berührung kommen und dann, Gott verhüte! eine
Pessach-Speise oder einen Pessach-Topf anfassen. Ja, was gilt gemein-
schaftliche Andacht und Erbauung, was Belehrung über die höchsten
Wahrheiten gegenüber der Ueberwachung der Küche, der Geschirre vor
Berührung von Sauerteigbrot-Händen . . . (sic.)!!

[1]) S. oben S. 123 die feine ironische Causerie des hervorragenden
Religionsphilosophen J. Kaspi.

[2]) Unsere Grossmütter, die von der Welt isolirt lebten und nichts
zu lernen hatten, konnten sich ohne Schaden für weitere und höhere
Interessen mit allen diesen Sächelchen, die als religiös galten, beschäftigen;
es war auch vielleicht für ihr sonst so leeres und einsames Leben gut,
dass sie solchen Zeitvertreib hatten. Die heutigen Verhältnisse verlangen aber auch von der Frauenwelt ausgedehntere und höhere Bildung
und Theilnahme am socialen Leben und Weben. Sie haben weitere
Aufgaben in der Pflege des Geistigen, Idealen, des wahrhaft Religiösen
zu lösen.

[3]) Wir fragen alle Welt: Wer nimmt es strenger, gewissenhafter
mit der Wahrhaftigkeit, Gerechtigkeit etc., wer nimmt eine höhere
Stellung ein auf dem Gebiete der Sittengesetze und Moral, der deutsche
Israelit, der sich von manchen unnöthigen, ganz unwesentlichen, aber
das Leben desto mehr belästigenden rabbinischen Satzungen emancipirt,
oder seine slavischen Glaubensgenossen, die noch den ganzen Ballast
rabbinischer Bräuche und Missbräuche wie ein himmlisches Heiligthum

langen zur Herrschaft, für das nachwachsende Geschlecht aber allmählich Quasirationalismus, Indifferentismus und Atheismus vorbereitend.

Wir sind es aber nicht blos uns und unsern Kindern, sondern — wie wir es noch im letzten Artikel „Allgem. interconf. Gesichtspunkt" erörtern werden — auch unseren christlichen Mitbürgern schuldig, eine für unsere Zeit und Verhältnisse meist boden- und gehaltlos gewordene und doch so tief einschneidende Schranke, wie es nicht die biblische, sondern die rabbinische Speisesatzung ist, zu beseitigen. Es ist freilich wahr, dass dieselbe in der Praxis von Jahr zu Jahr von Tausenden immer weniger beachtet wird. Dies ist aber nicht die richtige Regelung der Schwierigkeiten und die geeignete Beseitigung der Hemmnisse und Wirrnisse; denn dabei spielen Laxität, Ueberzeugungsschwäche und falsche Genirtheit eine Hauptrolle, die auch, direct und indirect, das ganze Religionsgebäude in Mitleidenschaft zieht und von Aussenstehenden nicht zur Ehre des Judenthums und der Judenheit gedeutet wird oder werden kann. Nein! Die nach unserem besten Wissen und Gewissen werth-, halt- und bedeutungslos gewordenen rabbinischen Speiseverordnungen müssen mit allem Ernst und Feierlichkeit in Synoden, zusammengesetzt aus Rabbinen und intelligenten Männern der profanen Wissenschaften, von reicher Erfahrung, mit warmen Herzen für das angestammte Erbe, an denen wir Gottlob keinen Mangel haben, documentarisch und autoritativ vor aller Welt als beseitigt, abrogirt enunciirt werden.

Möge dann noch immerhin eine gedankenlose, den Staub des Alterthums verhimmelnde Minorität zurückbleiben, die grössere Zahl der Denkgläubigen, der Kern unseres Stammes, befindet sich dann, so hoffen wir zuversichtlich, auf klar gezeichneten, ebenen Bahnen (Jesaj. 40, 3), und das Leben und Streben des Kernes Israels und des Israelitenthums liegt vor Aller Augen frei und lauter im Angesichte Gottes und der Menschen. „Das wird unsere

---

mit sich herumtragen? Der engherzige, selbstsüchtige oder gedankenlose Alltagsmensch ist gar zu sehr geneigt, zu compensiren, glaubt durch peinliche Beobachtung äusserer Werkheiligkeit der Uebung der Werke der Gerechtigkeit, Wohlthätigkeit, der Nächstenliebe überhoben zu sein.

Weisheit und Vernunft sein vor den Augen der Völker u. s. w."
(5. M. 4, 6.)

Wir denken hierbei nicht etwa an Antisemiten und plaidiren für die in Rede stehenden Reformen keineswegs, um jene zu bekehren und günstiger für uns zu stimmen. Dies wäre vergebliches eitles Bemühen. „Kann der Mohr seine Haut veredeln, der Parder seine Flecken? So wenig könnt ihr Gutes thun, Eingeübte in der Bosheit!" (Jerem. 13, 23.) Wären auch unsere Tugenden, die Tugenden aller Juden ohne Ausnahme, strahlend wie die der Engel — Gift und Galle vorurtheilsvoller oder brutaler verroheter Naturen, wenn auch von Profession Professoren, würde doch durch alle Belehrung nicht in die Milch frommer, gesitteter menschlicher Denkungsart zu verwandeln sein. Die meisten agitiren ja gegen uns wider besseres Wissen — gegen ihre Ueberzeugung, Verlogenheit über Verlogenheit! Ritualmord. Brunnenvergiftung. Vaterlandsverrath — kein Mittel war und ist ja den Hamans aller Zeiten und Länder zu schlecht, uns anzuklagen, zu verleumden, um uns Juden — wenn wir nicht von der Staatsgewalt, dem Einfluss humaner, edler Menschen, der Autorität der öffentlichen Meinung und Stimmung beschützt und geschützt werden — zu erdrücken, zu vernichten.

Nein! um der Wahrheit, geläuterter Frömmigkeit, um unserer selbst und unserer achtbaren, edlen Mitbürger willen (s. den Anhang, „Allg. interconf. Gesichtspunkt") plaidiren wir für Reform der drückenden und den geselligen Verkehr hemmenden, nicht biblischen, sondern fingirten rabbinischen Speiseverbote. לְמַעַן בֵּית ד' אֱלֹהֵינוּ

אֲבַקְשָׁה טוֹב לָךְ לְמַעַן אַחַי וְרֵעָי אֲדַבְּרָה נָא שָׁלוֹם בָּךְ יְהִי שָׁלוֹם בְּחֵילֵךְ שַׁלְוָה בְּאַרְמְנוֹתָיִךְ (Ps. 122, 7—9).

Möge zu diesem dringenden und heiligen Endzweck auch die vorliegende Arbeit des Verfassers unter dem Beistande Gottes ihr Scherflein beitragen!

———

Noten und Citate zu Art. VIII תַּעֲרוּבָה „Mischungen".

1) Zu S. 389, Note 1: Ich habe dort und noch an einigen anderen Stellen dem angeführten Resp. Bachrachs nachgesprochen, „Maim. behaupte, dass bei חָלָב keine Vergessenheit stattfinde". Ich selber habe dies

bei Maim. nicht auffinden können, ich glaube aber, dass, wenn er anders
dies behaupte, seine Quelle dafür nur jener missverstandene corrumpirte
Text·in Tossaph. Erubin ist. Dagegen findet sich die Behauptung, dass
bei הל׳מ kein Streit, kein Disput statt hat, bei Maim. mehr als einmal.
Seine Quelle dafür dürfte wohl sein Tossaph. Jebam. S. 77 b Stichw.
לאו להל׳מ דא׳ב אבא׳ פל׳ג. Eine Stütze meiner Meinung, dass die fragl.
Toss.-Stelle in Erubin corrumpirt ist, fand ich hinterher bei dem Frage-
steller im הות יא׳ר Resp. 192: מאן ל׳מא דרב׳ הת׳ם׳ אלה מתרצתיב׳ אפשר
שתהלמיר טונה כתב׳ על הגלין ונדפס בפנים.

2) zu S. 393, Note 4: Temur. 16a: . . . אלף ושבע מאות קלין וחמורן
נשתחתו ב׳מ׳ אבלו של משה ׳אנצ׳ב החורן נתניאל מתוך פלפולו שנ׳ ׳לבדה
נתיאל. Für den Tadel einer solchen Beweisführung finden wir keinen
parlamentarischen Ausdruck.

3) zu S. 399, Note 2: Dergl. Fictionen sind: כל קב׳׳ג במחצה על
מחצה דמ׳ . ובכשינתו היו׳ד ויומא כל דפר׳ש מרובא פר׳ש . שת׳ קופות א׳ של
תרומה . . . הר׳ אנ׳ אימ׳ לתוך של תרומה נפלה.

4) zu S. 400, Note 1: ולענין מין במ׳מו אולין בתר שמא אם הוא שוה
הו׳ מ׳ן במ׳מו אבל לא אולין בתר טעמא אם היא שוה או לא.

5) zu Seite 400, Note 3 A. b. Esra und Maim.: ׳אם א׳ן להם
טעמים . . . א׳ך יאמרו העמים שהם חקים צדיקים ואנחנו השומרים אותם חכמם .
ואלה שנקרא׳ חקים לא יאמ׳ן המן החכמים שהם עינים שאן להם סבה כ׳ זה
יב׳א לבזולה ההבל.

Noch schärfer verurtheilt der Hochorthodoxe R. E. b. Nathan jene
Ansicht, die bibl. Gebote hätten keine sittl. Unterlage. Er nennt sie
eine häretische, טימאה, und schon sie anzuhören, geschweige auszusprechen, sei strafbar. Hier erkennen wir Vernunft, Forschungstrieb
und zugleich Drang, gegen alle Anfechtungen, der Wahrheit die Ehre
zu geben.

6) zu S. 405. Das muss besonders gegen Nachm. betont werden,
der zur Stelle וטהר באש תעבירו bemerkt: בנבלה א׳ במה אין הבל׳ שנגע
נטהר באש שאן טבילה התורה אלא במים ולפיכך הוצרכו רבותינו לפרש שזו
הטהרה להגעילם מא׳סורי המאכלות וב׳.

7) Zu S. 410: τῶν εἴνεκα ὅσ' ἀνὴρ Αἰγύπτιος; οὐδὲ μαχαίρῃ ἀνδρὸς
Ἕλληνος γεύσεται· οὐδὲ . . . λέβητι· οὐδὲ κρέως καθαροῦ βοὸς διατετμημένου
Ἑλληνικῇ μαχαίρῃ γεύσεται. Vgl. noch Porph. IV, 7: Τῶν μὲν ἐκτὸς Αἰγύπτου
γηγενέων βρωμάτων τε καὶ ποτῶν οὐ θέμις ἢν ἄπτεσθαι. Eine Uebercin-
stimmung in den Motiven dieser einschneidenden Absonderung finde ich
bei diesen Autoren nicht; zumal Plutarch widerspricht sich selber zuweilen. Mir ist jetzt zweifelhaft, ob die egyptischen Speisegesetze der
Grund für die Absonderung, oder ob sie eine Folge waren, weil sie
andere Völker für unrein, ihnen nicht ebenbürtig hielten. Ein Beispiel
der exorbitantesten (fanatischen) Absonderung führt Sommer l. l. S. 321
aus dem Werke des Chevalier Chardin IV. p. 318—321 an. Obwohl die

Beobachtungen der Sunniten und der Schiiten im Wesentlichen übereinstimmen, so werden die einzelnen Verschiedenheiten doch mit solcher
Bestimmtheit geltend gemacht, dass z. B. die schiitischen Perser mit
den sunnitischen Mohammedanern nicht essen, weil sie diese für unrein halten. Chardin fügt noch hinzu: „Das Unreinste von allen Gegenständen ist der Ungläubige und insonderheit der Christ, weil er
Schweinefleisch, Blut isst, Leichen berührt" etc. So wird die Religion,
die doch Menschenliebe lehrt, in majorem dei gloriam karrikirt, zum
Motiv der Verachtung — der Anfeindung der Menschen — gemissbraucht.
O Lessing, Lessing, um nicht andere Weise und Fromme in die Schranken
zu rufen.

8) Zu S. 414 in der Note: השמר לך שלא תטוב תבלך שבלד הוך אלא
בחבירו של ר"א אבן עזרא. ושמיד נפשך מאוד . . . . שיחשבו שהקבה קרוב
בתפלותיהן וצעקתיהם בקראם בתלמיד וזולתי החבורים (Briefe ed. Brünn S. 3).
Hört man bei so vielen unserer akademisch gebildeten fashionablen
graduirten Rabbinen eine ähnliche ungefärbte, erlösende Sprache? Und
der Talmud ist ja noch flüssig, biegsam. Im Schulchan aruch dagegen
sind ja die bisweilen sehr trivialen, intoleranten, anstössigen Aeusserungen steorotyp codificirt.

IX

Anhang I.

Allgemeiner interconfessioneller Gesichtspunkt.

Wir haben in unserer Abhandlung diesen Gesichtspunkt an einigen Stellen hier und da leise gestreift, sind ihm im letzten Artikel תערובות „Mischungen" schon nachdrücklicher näher getreten; doch glauben wir, die Abhandlung über die „biblisch-rabbinischen Speisegesetze" nicht abschliessen zu dürfen, ohne den fraglichen Gesichtspunkt, gestützt auf unanfechtbare historische Belege und belehrt durch die tägliche Erfahrung, ausführlicher und erschöpfender zu erörtern.

Also

Interconfessioneller Gesichtspunkt.

„Welchen Einfluss haben die fraglichen Speisesatzungen auf den socialen Verkehr zwischen Juden und Nichtjuden ausgeübt und üben sie immerfort aus?"

Doch ehe wir zur Beantwortung dieser Frage selbst gelangen, wäre eine Vorfrage zu erledigen: Ob die Speisesatzungen in den verschiedenen Zeitläuften beobachtet worden sind. Diese eigentlich historische Erörterung konnte in unserer Abhandlung nicht bei dem historischen Gesichtspunkte ihren Platz finden, da es sich dort um die objective historische Entwickelung der Satzungen selbst handelt, während wir hier zu untersuchen haben, wie sich das praktische Leben zur Speisesatzung verhalten hat. Wir verfolgen die Spuren der diesbezüglichen Praxis in dieser Hinsicht zunächst in den biblischen Büchern, die insgesammt jedenfalls bereits existirten, bevor an die Abfassung der Mischna noch gedacht wurde, obgleich es immerhin erspriesslicher und wünschenswerth wäre, dass wir über Zeit und Ort der Abfassung jeder der biblischen Schriften etwas Sichereres wüssten, als es in der That der Fall.

Da in den mosaisch genannten Büchern ausser den Speisegesetzen selbst sich kein Anhaltspunkt über das praktische Verhalten [1]) zu denselben findet [2]), so wenden wir uns sogleich zum Buche Josua.

Aber auch in ihm ist nicht der leiseste Ausdruck zu entdecken, welcher auf Beobachtung oder Vernachlässigung der betr. Vorschriften schliessen liesse. Doch darf wohl ohne Anstand behauptet werden, dass während der Eroberung Kanaans den sogenannten „mosaischen" Speisegesetzen, wenn sie überhaupt schon existirten, (von den rabbinischen Zusätzen und Fictionen ganz zu schweigen!) wenig oder gar keine Beachtung wird geschenkt worden sein.

Was wir hiermit blos als wahrscheinlich voraussetzen, stellt die Gemara (Chul. 17 a) als Gewissheit hin: die Israeliten haben während der Eroberung Palästinas sich nicht nur über den Schlachtritus hinweggesetzt, sondern auch den Genuss des Schweinefleisches sich nicht versagt הָשְׁתָּא דְּבַר טְמָא אִישְׁתְּרִי לְהוּ (אֲפִילוּ כָּתְלֵי דַחֲזִירֵי) בְּשַׂר נְחִירָה מְבַעְיָא. Und was inspirirte den Talmud mit dieser felsenfesten Gewissheit? Man höre und staune: Gott habe ihnen ja (5 M. VI, 11)

---

[1]) Der Vollständigkeit wegen können wir nicht unterlassen, zu wiederholen, dass nach dem Talmud freilich alle mosaischen Gesetze, ja selbst rabbinische Weiterungen von den Frommen vor Moses beobachtet wurden. So soll Abraham sogar die Vorschrift über עֵרוּב תַּבְשִׁילִי'ין beobachtet haben — und doch hat er seine eigene Schwester zur Frau geehelicht! Jacobs Söhnen — wiederum nach dem Talmud — musste in Egypten nachgewiesen werden, dass für sie rituell geschlachtet worden sei (Chul. 91a), denn, wie Raschi bemerkt: „Jacobs Söhne waren gesetzestreu; und obgleich das Gesetz noch nicht öffentlich gegeben war, so hatten sie es doch von ihren Vätern empfangen," — und dennoch hat Jacob selbst das so strenge pentateuchische Verbot (3 M. XVIII, 18): „Und ein Weib zu ihrer Schwester bei deren Lebzeiten sollst Du nicht zur Nebenfrau nehmen", ganz unbeachtet gelassen. — Merkwürdige Widersprüche und talmudische Phantasmagorien!

[2]) Ueber den vermeintlichen Beweis der Beobachtung der Speisegesetze aus 4 M. XXXI, 23, s. o. unter הַעֲרוּבּוֹת S. 403 u. f;

„Häuser voll alles Guten" versprochen! Da müssen natürlich die
köstlichen (und oft citirten) Schweinscoteletten mit einbegriffen
sein!! — Wie verträgt sich aber dieser connivirende licentiöse
Talmudismus mit dem sonst so rigorösen Rabbinismus, der nur
der Lebensgefahr, die überdies erst constatirt werden muss, nicht
aber der Lüsternheit, auch nicht einmal dem Hunger schlechtweg
eine solche Concession macht [1].

Im Buche der Richter lesen wir, dass der Engel dem Weibe
des Manoah befiehlt, kein Unreines zu essen. Daraus wird von
Winer (Bibl. Realwörterb. Art. „Speisegesetze") sowie von einigen
anderen christlichen, wie jüdischen Gelehrten die merkwürdige
Schlussfolgerung gezogen — die ihrem kritischen Sinn kein glänzen-
des Zeugniss ausstellt — dass das Speisegesetz unter den Juden
jederzeit strenge beobachtet worden wäre [2]. Unseres Erachtens
beweist die Stelle das gerade Gegentheil; es hiesse ja תבן אתה
מכנים לעפרים Eulen nach Athen tragen, etwas zu verbieten, was
ohnehin allgemein strengstens gemieden wird. Und was assen
denn Simson und seine Verwandten an den Hochzeits- und anderweitigen Tafeln im Lande der Philister? Nur strict rituell Ge-
stattetes? Nein, die citirte Stelle hat nur die, schon der Mutter

---

[1] Vgl. Maim. Verbot. Speisen XIV, 13 u. a. a. St. האוכל מאכל
אסיר להתיאבון אי מפני הרעב חייב ואם היה תיטה במהכר ואין לו מה יאכל אלא
הבר אסור הרי זה מותר מפני סכנת נפשות. Gegen den Philosophen Maim. bemerkt der sonst so strengorthodoxe und sogar kabbalistische Nachmani
zu 5 M. VJ, 10: ואין זה נכון שלא בשביל פקוח נפש או רעבון בלבד היתר, —
בשעת מלחמה, — freilich aber nur im Kampfe für Kanaan.

[2] Während der ganzen Richterzeit wird Klage geführt, dass Israel
thut, was jedem Einzelnen gefiel; nachdrücklichst wird auf den allgemeinen religiös-sittlichen Verfall hingewiesen; der Baal- und Astarte-
Dienst stand in voller Blüthe, und die gröbste Unwissenheit und Rechts-
losigkeit tritt überall zu Tage. Man denke auch an das Menschenopfer
Jephthas, an Simsons tragi-komische Heldenthaten und Liebesaben-
teuer, an die Sodomiterei, Idololatrie, die im Schwange war etc. Und
die „mosaischen" Speisegesetze sollen gerade strenge beobachtet worden
sein? Unglaublich! Höchstens kann man sagen, dass gewisse elementare
Reinheits- und Unreinheitsbegriffe und Observanzen, wie bei den meisten
Völkern des Alterthums, gekannt und festgehalten waren. Aber die sogenannten mosaischen Speisegesetze? — Nicht daran zu denken!

des zukünftigen Nasir auferlegten, nasiräischen Gepflogenheiten und Einschränkungen im Auge, und speciell das dort erwähnte „Unreine" zielt vielleicht gar auf Leichengastmähler oder Speise, die mit einer Leiche in irgend welche Berührung kam, ab, wie ja auch 4 M. VI, 7 das mosaische Nasiräergesetz einen Passus über Verunreinigung an einer Leiche enthält. Der Nasiräer galt für gottgeweiht und hatte sich darum auch von allem Todten und dem Todtencultus fernzuhalten [1]).

Dass „rein" und „unrein" nicht ausschliesslich auf die Speisen an sich, sondern oft auf diese in Verbindung mit körperlicher oder levitischer Reinheit oder Unreinheit bezogen wird, ergiebt sich aus 1 Sam. XX, 26 [2]) und XXI, 5. Im ersteren Satze ist es also der unfreiwillige Samenerguss, im letzteren der geschlechtliche Umgang [3]), was als verunreinigend und das Erscheinen bei der Mahlzeit oder den Genuss der heiligen Brode verhindernd betrachtet wird. [4]) Speisegesetze an sich sind wohl weder von David, noch von seinen Zeitgenossen beobachtet worden. Auf seinen Streif- und Raubzügen hat er gewiss nicht „rituell" gelebt und noch weniger, als er am Hofe und im Dienste des Abimelech war. Und doch wurde er von ganz Israel als streng religiöser Israelit angesehen und geehrt. — Und wir fragen wiederum: Ist es wahrscheinlich, dass von David die speciellen Speisegesetze beachtet wurden, wenn wir (1 Sam. XIX, 13) sehen, dass in seinem Hause noch die Theraphim-Bilder heimisch waren? und (2 Sam. XIII, 13),

---

[1]) Strenger als der gewöhnliche Ahronide, dem Hohenpriester gleich, musste sich ja der Nasiräer auch der Berührung selbst der elterlichen Leiche enthalten.

[2]) Aehnlich 3 M. XII, XIII, XV. 5 M. XXIII, 11 körperliche Sekretion.

[3]) S. auch 2. M. XIX, 15; Sommer l. l. ist daher im Irrthum, wenn er behauptet, der Coitus sei nicht als verunreinigend angesehen worden.

[4]) Ob in II Sam. XI, 4 „von ihrer Unreinheit" sich auf den ehebrecherischen Beischlaf oder die Menstruation bezieht, ist nicht herauszufinden. Immerhin erschien auch einer Ehebrecherin die Lustration von Wichtigkeit.

dass das Verbot 3 M. XVIII, 9 von den Seinigen entweder nicht
gekannt oder nicht beobachtet wurde[1])?

Die Stelle 1 Sam. XIV, 32—34 zielt nicht auf den Abscheu
gegen Blutgenuss an sich ab, sondern hat, wie der Ausdruck „beim
Blute" (עַל דָּם) klar erweist, die Superstition des dämonischen Blut-
cultus[2]) im Sinne.

Nach „2 Könige VI, 25" wurde Eselfleisch verzehrt. Doch kann
diese Stelle natürlich keineswegs für die Behauptung vorgebracht
werden, dass die Speisegesetze damals ein todter oder ganz unbekannter Buchstabe waren; denn Noth — Hungersnoth — kennt
kein Gebot. Nebenbei sei jedoch bemerkt, dass trotz aller harten
Kriegeszeiten und Hungerqualen gewisse Reinheitsbegriffe und Observanzen, hier betreffs der lepris, dennoch in Kraft waren (2 Kön.
VII, 3). Man darf daher mit vollstem Rechte schliessen[3]), dass

[1]) Wie hätte sonst Thamar zu ihrem Bruder sagen können: „Der
Vater wird Dir ja die Ehe mit mir nicht versagen?" Die Ausflucht
des Talm. (Synh. 21a), Thamar sei die Tochter einer Kriegsgefangenen
gewesen, wird kein denkender Mensch irgendwie gelten lassen.

[2]) S. o. unter Art. דם S. 224 und 228. — Der Rabbinismus freilich
hat, wie nicht anders zu erwarten stand, bei dieser Stelle seiner üppigen
Phantasie und Deutungssucht die Zügel schiessen lassen. Aus dem
Wörtchen פה („hier", „schlachtet hier", ib. 34) deutet er, bald, dass
sein Zahlenwerth (14) auf 14 Faustlängen hinweise, die das Schlachtmesser haben müsse, bald auf eine zwölfmalige Untersuchung des Schlachtmessers nach den allergeringsten Scharten, nach dem Zahlenwerth זה
(Chul. 17b, Wajikra R. C. 25). Wohlgelungene Deductionen von über-
wältigender Beweiskraft! (Zum Theil freilich nur Wortspiele אזמרה')

[3]) Da schnell und oberflächlich urtheilende Bibelkritiker aus den
ventilirten Worten herleiten, dass die Speisegesetze zu allen Zeiten gekannt und befolgt wurden, so können wir nicht umhin, gelegentlich
noch an zwei crass und betrübend in die Augen springenden Beispielen
zu erweisen, dass viel wichtigere mosaische Lehren und Institutionen
ungekannt oder ignorirt wurden. Da wird uns in 2 Sam. XXI mit breiter
Umständlichkeit und unter dem Vorschützen eines göttlichen Befehls von
einer That erzählt, vor der selbst verwilderte barbarische Horden zurückschrecken würden. Da dem David, mit Recht oder Unrecht, mitgetheilt
wird, dass Saul einst sieben Gibeoniten getödtet, so überliefert er auf
das Verlangen der Nachkommen derselben des Saul's eigene Nachkommenschaft, mit Ausnahme des Mephiboscheth, zur Hinrichtung und mehr-

wenn auch die Gesetze über reine und unreine Speisen im engeren Sinne während jener Zeiten gekannt oder geübt worden wären, sich irgendwie ein gelegentlicher Hinweis darauf in den betreffenden biblischen Büchern vorgefunden hätte. Dies Schweigen ist beredt! Doch haben wir zwei Stellen, welche es auf's Klarste und Unwiderleglichste erweisen, dass die mannigfachen Speisegesetze in jenen Zeiten gar nicht beobachtet, ja wohl gar nicht gekannt waren, also wohl noch nicht existirt haben. Die eine lautet (1 Könige XVII, 6): „Und die Raben brachten ihm (dem Propheten Eliah) Brot und Fleisch Morgens u. s. w. Nun, Fleisch, welches die Raben brachten, fallen oder übrig oder, wenn verscheucht, zurückliessen, ist doch sicherlich zum Genuss rituell nicht zulässig; und wenn der eifervollste Gottesmann und Prophet dennoch davon ass,

---

monatlichen Schaustellung am Holze. Wo bleibt denn da 5 M. XXIV, 16: „Kinder sollen nicht getödtet werden wegen der Schuld der Eltern"? und ibid. XXI, 23: „Du sollst den Leichnam des Verbrechers nicht über Nacht am Holze hängen lassen, denn eine Herabwürdigung Gottes ist ein Gehängter"? Talmud (Jebam. 79a) und Midrasch (Bam. Rabbah C. VIII) sind freilich nicht in Verlegenheit, diese schauderhaften Unthaten des unschuldig vergossenen Blutes und der langen öffentlichen Schaustellung der so schnöde Gemordeten mit Hilfe einer erbärmlichen Sophistik zu verkleistern und zu beschönigen! Ich halte die Erzählung für ein tendenziöses, stupides Einschiebsel, wofür auch die oft wiederkehrende Siebenzahl vielleicht spricht. — Ferner: Von Salomo wird mit überschwänglicher Genugthuung und Ruhmredigkeit berichtet, dass er zur Einweihung des Tempels 1000 Opfer dargebracht. Doch, wie aus 1 Kön. VIII, 65 zu ersehen, hat er die „mosaisch" so eingeschärfte und hochgestellte Feier des Versöhnungstages nicht begangen. Die rauschenden Festlichkeiten hätten doch einen Tag unterbrochen werden, und es hätte der individuellen und nationalen Wichtigkeit des Jom Hakkippurim Rechnung getragen werden können! Natürlich lässt es die Gem. (Moed. Katon 9a) auch hier an seichten Beschönigungsversuchen nicht fehlen. Der kühlen Sophistik ist eben keine Aufgabe zu schwer, sie vermag aber den geraden und ungekünstelten Verstand nicht zu überzeugen und zu berücken. Dass Salomo auch mit anderen „mosaischen" Gesetzen unbekannt war oder leichtfertig verfuhr, so namentlich mit den Königsgesetzen 5 M. XVII, 16—17, braucht nicht erst hervorgehoben zu werden. (Da wir von der Feier des Versöhnungstages sprachen, so sei es uns gestattet, darauf aufmerksam zu machen, dass selbst zur Zeit des zweiten

so erhellt daraus, dass er von specifischen Speisevorschriften nichts
wusste. Man kann auch auf seine Lage nicht einmal anwenden:
היכא דלא אפשר לא אפשר „Noth bricht Eisen", denn Eliah war
ja ein beispielsloser Ascet, dem es ein Leichtes gewesen wäre,
von wildwachsenden Früchten und Kräutern sich zu nähren, ganz
abgesehen davon, dass er, der unbiegsame Eiferer für Gott und
Gottesgesetz, eher nagenden Hunger erlitten hätte, als ein ge-
wichtiges göttliches Gebot zu übertreten und dadurch dem übrigen
Israel ein verführerisches Beispiel oder Aergerniss zu geben. —
Selbstverständlich übt der Talmud daran seine ganze Dialektik,
um seine überspannten Principien zu verfechten und aufrecht zu
erhalten. Ein Rabbi (Chul. 5a) glaubt zu wissen, die Raben hätten
das Fleisch aus Ahabs Küche gebracht [1]). Wie durfte aber Eliah
aus des götzendienerischen Ahab's Küche essen? Man hilft sich
mit einem deus ex machina: „Auf Gottes Geheiss." Doch wird
damit die Debatte noch keineswegs geschlossen und noch weniger
eingestanden, dass die ganze Behauptung selbst von der mosaisch-
sinaitischen Speisegesetz-Tradition, wie sie die Rabbinen formulirt,
eine unhaltbare Fiction sei. — Nein! lieber macht man aus עורבים
(Raben) עָרְבִים (Araber) oder gar zwei Männer, die עוֹרֵב hiessen,
oder Einwohner einer vielleicht existirenden Stadt, die den Namen
עורב führte, — und nur der Einwand aus dem Gebiete der Ortho-

Tempels der weihevollste und heiligste aller Tage des Jahres weniger
würde- und ausdrucksvoll als in unseren gutgeleiteten Gemeinden begangen wurde. Opfer und mechanische Uebungen scheinen das ganze
Werk des grossen Tages gewesen zu sein, während, wohl in Folge dessen,
die Jugend beiderlei Geschlechts sich nach Taanith 26b und 31 anderweitig und recht weltlich die Zeit vertrieb. Doch haben wir uns darüber
in einer anderen, noch nicht veröffentlichten Schrift des Weiteren ausgesprochen.)

[1]) Dass auch diese wunderliche Behauptung alle „frommen" Bedenken auf rabbinischem Standpunkte keineswegs beseitigt, liegt auf
der Hand. Denn es ist ja eine talmudische Norm, dass Fleisch, welches
eine Weile dem überwachenden Auge entzogen war (בשר שנתעלם מן העין),
nicht gegessen werden darf. Die apologetische Erklärung des Rabbi ist
somit am Ende doch unzureichend, und Eliah hätte trotz derselben, vom
rabbinischen Standpunkte aus, „Verbotenes" genossen.

graphie, es müsste ja dann עֵרְבַּם mit zwei „Jod" lauten[1]), brachte diese talmudische Hypothese zu Fall. Tantae molis erat etc.

Die zweite massgebende Stelle befindet sich 2 Chron. XVIII, 2: „Und Ahab schlachtete für ihn (Josaphat) Kleinvieh und Rinder in Menge und für das Volk, welches bei ihm war." Dem König Josaphat giebt die Schrift oft und nachdrücklichst das Zeugniss, dass sein Lebenswandel in hohem Grade religiös und gottgefällig war. Dennoch hat er Speisen genossen, die in des gottvergessenen Ahabs und der götzendienerischen Isebel Küche gewiss nicht nach „mosaischen" und noch weniger nach „rabbinischen" Grundsätzen bereitet wurden. Dies kann nur die eine Erklärung haben: die pentateuchischen Speisegesetze waren zu jener Zeit kaum gekannt und noch weniger praktisch beachtet.

Der Talmud, der sich nun einmal darauf capricirt, dass sogar seine eigenen Speisegesetzregeln „mosaisch" sind, geht natürlich mit beherztestem Muthe, der einer besseren Sache würdig wäre, daran, auch diesen schreienden Widerspruch zu übertönen. „Wie" fragt er (Chul. 4 b)" durfte der fromme Josaphat geniessen, was der götzendienerische Ahab geschlachtet?" Es wird erwidert: „Josaphat habe der Einladung nicht Folge gegeben." „Nein!" — lautet die Replik — „Ahab liess sich gewiss nicht einen Korb geben." „Vielleicht" — wird darauf entgegnet — „hat Josaphat nur dem Weine zugesprochen, aber die Speisen refüsirt?" „Auch den Wein Ahab's" — heisst es in zurückweisender Erwiderung — „durfte sich Josaphat nicht munden lassen." Nach vielen Debatten wird dann endlich der Möglichkeit Ausdruck gegeben, „Obadiah, Ahab's recht-gläubiger Haushofmeister, habe das rituelle (!) Schlachten vollzogen." Dagegen wird bemerkt: „Keineswegs! Obadiah konnte bei der grossen Menge das Geschäft nicht bewältigen." Aber der Talmud giebt sich nicht gefangen, versucht vielmehr noch weitere Erklärungen, um die Deuteleien und Spintisirungen seiner mosaisch-rabbinischen Speisegesetze gegen jede Attaque zu schützen.

Prüfen wir nun die eigentlich prophetischen Bücher.

Bei Deutero-Jesaias geschieht verbotener Speisen, namentlich

---

[1]) Ist nicht einmal zutreffend, s. Thoss. zur Stelle.

des Schweinefleisches, dreimal Erwähnung. LXV, 4: „Sie essen
Fleisch des Schweines, und Brühe der Gräuel ist in ihren Geräthen;" LXVI, 3: „Man spendet ein Speiseopfer, aber auch das
Blut des Schweines;" ibid, 17: „Die da essen das Fleisch des
Schweines, des Gräuels[1]) und der Mäuse, allesammt werden sie
hingerafft." Der Zusammenhang lässt jedoch keinen Zweifel darüber,
dass hier durchaus nicht von der Uebertretung eines Speiseverbotes
an sich die Rede ist, als vielmehr von der Uebung gewisser heidnischer
Superstitionen, von Götzenopfern, dämonischen Concoctionen[2]) und
diabolischen Ceremonien. Hierauf lässt schon die Erwähnung der
Maus oder Ratte schliessen, welche schwerlich die Speiselüsternheit
reizen[3]). Und die erklärenden Zusätze: „Sie opfern in Gärten,
räuchern auf Ziegeln," „weilen in Gärten und nächtigen in Schlupf-
löchern," geben dem wahren Sinn und der eigentlichen Zielscheibe
der prophetischen Geisselhiebe eine nicht zu verkennende Pointe.

Bei Jeremias, der so Vieles rügt und beklagt, findet sich
keine Reminiscenz der Speisegesetze, aber schwerlich darum, weil
diese allgemein beobachtet wurden, sondern im Gegentheil, weil er
sie nicht kannte oder doch kein Gewicht auf ihre Befolgung legte.

Dagegen findet sich bei Jecheskel, der vielleicht der Verfasser
oder Redacteur eines grossen Theils von Leviticus ist, ein zwei-
maliger Hinweis auf gewisse Speisegesetze IV, 14: „Mein Wesen
hat sich nicht verunreinigt; Gefallenes oder Zerrissenes habe ich
nicht gegessen von meiner Jugend an bis jetzt;" und XLIV, 31:
„Gefallenes oder Zerrissenes von Geflügel oder Vierfüsslern sollen
die Priester nicht essen." Wir haben über diese Stellen schon
oben gesprochen; sie machen es evident, dass diese Speisegesetze

---

[1]) Was „Gräuel" hier und im folgenden Citate speciell bedeutet,
ist nicht ersichtlich; vielleicht ist es ein ekelhaftes Thier — Katze oder
sonst was — für welches der damalige hebräische Sprachschatz keine
besondere Benennung hatte.

[2]) „Brühe der Gräuel" (פרק בגלים) erinnert gewissermassen an
Goethe's „Hexenbrei" im Faust u. s. w. Und hat nicht leider auch der
Talmud mancherlei ähnliche Recepte und absurde Hokuspokus gegen
Dämonen, böse Krankheit und manche Träume? S. Berach. 55—57.

[3]) Vgl. Gesenius zu Jes. LXV, 7.

nur von den Priestern beobachtet werden sollten[1]). Die Worte
IV, 13: „So werden die Kinder Israel ihre Speisen unrein[2])
unter den Völkern essen, unter welche ich sie verstossen werde",
beweisen durchaus nicht, dass die Israeliten während ihres Aufenthaltes in Palästina nur erlaubte Speise genossen und mithin die
Speisegesetze beobachtet hätten. Denn das unmittelbar Vorangehende
wie Nachfolgende zeigt, wie auch Raschi z. St. erklärt, dass das
Wort טמא hier nicht „verboten", sondern „ekelhaft", „unsauber"
(מאוס) bedeutet. „Gerstenfladen in Menschen- oder Thierexcre-
menten gebacken," — zu solcher Hungersnoth-Nahrung werden die
Israeliten im Exil sich getrieben sehen. Hunger sollte des sündigen
Israels Strafrichter sein. Für den Propheten und Priester, der aus an-
geborener Delicatesse und strict-frommem Priestergefühl sich von allen
unsauberen Fleischspeisen, superstitiösen Brühen und schmutzigen
Oertlichkeiten ferngehalten, schien die Theilnahme an jenem gemeinsamen Loose hart und ungerecht. Der Unschuldige muss mit dem
Schuldigen und durch den Schuldigen oft leiden. Nur die einzige
Concession wird ihm gemacht, dass sein Brot nicht mit Excrementen
von Menschen בגללי צאת האדם gemischt, sondern auf Thiermist
gebacken sein solle. — Es ist dies eine drastische Ausdrucksweise,
vielleicht nur Symbolik, des Propheten: aber wir wissen ja. dass
solche von dem kräftig-naturell sprechenden Jecheskel besonders
geliebt wird, vielleicht weil sie auf das Verständniss und das Gefühl
der grossen Masse am ehesten und tiefsten Eindruck zu machen
geeignet war. — Auch sogar der gewiss streng sinngemässer Exegese
sich befleissigende Kimchi deutet IV, 13 nicht auf die Speisegesetze,
sondern erklärt: „denn im Exil werden sie ihre Speisen nicht vor
Verunreinigung bewahren, nicht in Sauberkeit geniessen können."
Eine ähnliche, und noch weniger präcisirte, Aufzeichnung findet
sich Hosea IV, 9: „In Aschur werden sie Unreines[3]) geniessen."

[1]) S. was wir oben S. 265. Note 1 darüber sagen.

[2]) Auch die Accentutation weist darauf hin, dass nicht zu übersetzen sei: „ihre unreine Speise", sondern „ihre Speise unrein" geniessen
werden.

[3]) Auch hier erklärt Kimchi: „Unter den Heiden werden sie ihre
Nahrung nicht in Reinheit und Sauberkeit geniessen können." Kimchi

Auch hier kann selbst die kühnste Phantasie nicht behaupten, dass vom pentateuchischen Speisegesetze im eigentlichen Sinne die Rede sei, sondern vielleicht — wie die Worte im nachfolgenden Verse: „Wie Speise der Trauernden werden sie ihnen; wer davon isset, verunreinigt sich," fast vermuthen lassen — dass die Exulanten nicht einmal die Genugthuung, die Selbsttäuschung haben werden, durch Opfer sich das Wohlgefallen Gottes zu erwerben. So war es ja während des Tempelbestandes; man war dem Götzendienst und allen Lastern ergeben, glaubte aber doch, durch Opfer sich Jihweh [1]) günstig zu stimmen.

Bei den anderen, sogenannten Kleinen, Propheten findet sich nicht die allergeringste Anspielung auf unser Thema.

Unter den Hagiographen — eine einzige prägnante Nachricht in Chronik haben wir schon im Zusammenhang mit einer solchen in Kön. erörtert — führt uns sonst keine Stelle in das Bereich [2])

---

hätte seine Ansicht noch damit motiviren und ergänzen können, dass ja das Ausland selbst (nämlich das ausserpalästinensische Gebiet) im Vergleich zum „heiligen" Boden Palästinas unrein, unheilig genannt wird; s. Amos VII, 17: „Auf unreinem Boden wirst Du sterben."

[1]) Dass die Lesart des Tetragrammaton Jehovah falsch ist, ist längst anerkannt; doch ist auch nicht Jahweh, sondern Jihweh die richtige Aussprache, wie ich das nach R. S. b. M. zu 2. M. 3, 15 an einer anderen Stelle nachgewiesen habe.

[2]) Wir wollen nur noch hier auf das Buch Esther hinweisen. II 10 und 20 wird erzählt, dass Esther ihre Abstammung und ihr Volk nicht kund that. Hätte sie aber jüdische Speisegesetze beobachtet, so hätte es Jeder am persischen Hofe bald gewusst, dass sie Jüdin sei. Die Deduction ist klar, und die Thatsache, dass sie ass und trank, was alle Anderen am Hofe genossen, somit unumstösslich. Selbstverständlich aber ergehen sich Talmud und Targumim mit selbstgefälliger Selbsttäuschung und in gewohnter Antecipation auch über dieses für Phantasmagorie und Märchen fruchtbare Capitel. Sie lassen zu III, 8 gar den Haman über das jüdische Speiseritual raisonniren und natürlich an diesem letzteren die israelitische Heldin der Erzählung selbst im königlichen Harem zu Susa strenge festhalten. Zu II, 9: „Esther genoss Auszeichnung im Harem betreffs ihrer Geschenke und der für sie ausersehenen Kammermädchen," bemerkt Gem. Megillah 13a: „Die Auszeichnung bestand darin, dass man ihr jüdisch-rituell bereitete Speisen verabreicht hat." So die Allwissenheit Rab's. Sein Antagonist Samuel

der Speisegesetze, mit Ausnahme des mystischen und mysteriösen Buches

Daniel. Hier wird uns I, 8 berichtet, dass Daniel [1]) sich weder an den Speisen noch an dem Weine an der Tafel des baby-

ist nicht minder allwissend, sieht aber in seiner Allwissenheit merkwürdigerweise das gerade und schneidendste Gegentheil: „Die Auszeichnung, die Esther genoss, bestand darin, dass man ihr Schweins-Coteletten (das bekannte Delicatessen-Ideal mancher Rabbinen (Chul. 17a) vorsetzte, ‎אמר רב שהאכילה מאכל יהדי ישמואל אמר שהאכילה קוטלי דחזירי‎· Und Raschi hält es gar für nothwendig, dazu zu bemerken, sie sei wegen dieser Uebertretung nicht bestraft worden, da sie nur von den Umständen gezwungen, diese Speisen ass ‎ומתוך אונסה לא נענשה‎. (Und doch bemerkt der Talmud, das Unheil durch Haman sei den Juden von Gott als Strafe dafür gesandt worden, dass sie an den, Eingangs des Buches erwähnten, Gastmählern des Ahasveros theilgenommen ‎שנהני מסעודה של‎ ‎אתו רשע‎.) Auch die beiden Targumim sind um das Seelenheil der jüdischen Perserkönigin, das sie durch jenen Genuss hätte verscherzen können, schwer besorgt und wissen von allerlei Vorkehrungen zur Verhütung des Unheils. Zu II, 9: „Esther erhielt die sieben Kammermädchen, die ihr gebührten (‎הראית‎), aus dem königlichen Palaste,“ hat das erste Targum, das Wort ‎הראית‎ für seinen Zweck benutzend, dieses also paraphrasirt: , Alle sieben Kammerzofen waren streng orthodox (‎בולהן צדיקתא‎) und geeignet, ihr jüdisch-rituelle Speise und Getränke zu verabreichen.“ Das zweite Targum betont die rabbinisch-untadelige Tafel der Esther noch nachdrücklicher: „Esther überliess die ihr vorgesetzten Gerichte den heidnischen Kammerjungfern, da sie selbst den Wein des königlichen Palastes aus religiösen Scrupeln nicht genoss.“ Wir überlassen es dem Leser, welchem von jenen rabbinischen Raisonnements er den Vorzug einräumt. Und wie verhielt sich Esther bei den Gastmählern, die sie dem König und dem Haman zu Ehren gegeben?

[1]) Philippson in seinem Bibelwerke bemerkt hierzu: „Dass im Zeitalter des Exils der frommere Israelit unreine Speisen mit Aengstlichkeit vermied, ersieht man aus Jechesk. IV, 14, Jes. LXV, 4 und schon früher aus Hosea IX, 3.“ Diese Schlussfolgerung ist durchaus irrig und ganz verfehlt, wie wir oben, wo wir jede dieser Stellen erörtert, gezeigt. Philippson ist eben in der landläufigen und talmudischen Fiction befangen, dass die eigentlichen Speisegesetze auch früher schon gekannt und in Geltung waren. Jedenfalls rationeller als der Sohn, hat Moses Philippson (der Vater) commentirt: „Weil die Heiden von allen ihren Speisen und Weinen den Götzen darbrachten“ ‎כי דרכם היה לתת‎ ‎מכל מאכלם ומיינם לע"ז‎.

Ionischen Königs besudeln (verunreinigen) wollte [1]). Statt des sonst in den vorhergebrachten und anderweitigen Stellen bei Speise immer gebrauchten Ausdrucks „unrein" (טמא) findet sich hier die Bezeichnung „besudeln" (גאל,) Hithp. התגאל). Nach der Darstellung daselbst scheinen die drei Schicksalsgenossen des Daniel erst auf dessen gewinnende Ueberredung hin sich für dieselbe Abstinenz entschlossen zu haben. Ausserdem wird auch ausdrücklich erwähnt, dass sie ausser Kräutern und Wasser alle Nahrung, selbst Wein und Brot, zurückwiesen, was also mit pentateuchischen Speisegesetzen nichts gemein hat.

Der mystische und mythische [2]) Charakter des ganzen Buches liegt überdies klar zu Tage, so dass es sicherlich fehlgegriffen wäre, wollte man apodiktische Schlüsse aus seinen vagen Andeutungen ziehen. Alle sogenannten Prophezeiungen des Buches,

---

[1]) Der Commentator Ebn Jachija bemerkt hierzu: „Daniel und seine Gefährten sind entschlossen gewesen, lieber zu sterben, als ihren Mund durch verbotene Speisen zu besudeln." Das geht ja noch weiter als die späteren rabbinischen Erschwerungen, die nur dann ein solches Martyrium verlangen, wenn mit der zugemutheten Uebertretung eine ausdrückliche Demonstration beabsichtigt wird. Selbst der so fanatische Mohamed war viel duldsamer und nachgiebiger als E. Jachija. Er sagt: „Wer aus Noth oder Zwang, nicht aus Neigung oder Uebermuth, Schweinefleisch geniesst, gegen den wird der Herr versöhnend und barmherzig sein." Andere sehen in der Enthaltsamkeit der Knaben eine Cautele gegen Götzendienst; die Enthaltsamkeit, die auch Erwachsenen und Allen zum Vorbilde dienen sollte, hatte den Zweck, den Umgang mit den Heiden abzuschneiden. So R. L. b. Gerson: „Wenn sie vom Brote jener Heiden ässen oder ihren Wein tränken, so könnte es zur Verschwägerung mit diesen und zur Annahme ihrer Unsitten und ihres Götzendienstes kommen." Handgreifliche Antecipation! Brot der Heiden (נזרו על פת כותים) ist ein Verbot einer viel späteren Zeit.

[2]) Abgesehen von dem mythischen und mystischen Inhalt dieses Buches im Allgemeinen, genügt, um ihm Authentie und historische Glaubwürdigkeit ganz und gar abzusprechen, schon der Umstand, dass die Traumdeuterei als förmliche Wissenschaft darin behandelt wird. Daniel, heisst es da, verstand sich auf die Deutung der Gesichte und Träume — während Joseph (1. M. XLI, 16) das Compliment, er verstehe Träume zu deuten, bescheiden zurückweist. Justinus freilich sagt von Joseph: somniorum primus intelligentiam condidit.

namentlich bezüglich Alexanders und der Diadochen, waren zur Zeit der Abfassung des Buches opera operata, bereits eingetretene Facta. Es ist für Jeden, der sich nicht verblenden und selbst täuschen will, wohl kaum zu bezweifeln, dass das Buch Daniel, wie es uns vorliegt, nicht vor der syrischen Religionsverfolgung und dann nur zumeist in der Absicht verfasst worden ist, die damaligen Juden zur Zeit des Antiochus Epiphanes zur Ausdauer und zum Märtyrer- thum aufzumuntern, indem man Daniel und seine Gefährten und Leidensgenossen als Vorbilder aufstellte. Die heterogenen Stücke in dem Buche können zu verschiedenen Zeiten abgefasst, das ganz besonders tendentiöse erste Capitel (wie im Buche Hiob) als Prolog hinzugefügt worden sein [1]).

Dies führt uns zu den Apokryphen, unter denen das authen- tische Buch der Maccabäer das Bindeglied mit Daniel bildet.

Als Hauptbeweis dafür, dass schon in früheren Zeiten das Speisegesetz unter den Juden streng beobachtet worden und diese für dasselbe sogar Märtyrer geworden, werden gewöhnlich die Be- richte in den Büchern der Maccabäer, deren erstes im 1. Jahr- hundert v. Chr. abgefasst ist, angeführt. [2]) Wir meinen nun, eine integre und strenge Befolgung der sogenannten mosaischen Speise- gesetze datire geradezu erst von der maccabäischen Zeit, in welcher wohl auch die Ausdehnung und Ausspinnung dieser Gesetze ihren

---

[1]) Was Herr Prof. Steinthal in der Zeit d. Judenthums in diesem Sommer (ich habe die betreffende Nummer leider nicht vor mir) über das Buch Daniel veröffentlicht, ist zum Theil nicht zutreffend, nicht einleuchtend, besonders setzt er die Abfassung oder Veröffentlichung des Buches zu früh an; nur die maccabäische Zeit ist die richtige. Was ich an diesem hochgelehrten Manne oft bedaure, ist, dass seine ähnlichen Erörterungen und Anregungen in den jüdischen Zeitschriften nur akademischer Natur sind, Theorie ohne Praxis bleiben, so was er über den Mythos der Akedah, über Kaddisch, hier über Daniel wissen- schaftlich vorträgt. (S. dagegen die Ansicht Mendelssohns im „Leben des Sokrates".) Wissbegierig bin ich, wie er sich über Jacobs Ring- kampf mit dem Engel äussert, und ob er die Satzung von גיד הנשה eben- falls ganz intakt lassen würde. Mein Princip ist: die Wissenschaft darf vor keinen Consequenzen zurückschrecken.

[2]) So namentlich von Winer, Bibl. Realwörterb.. Art. Speisegesetze.

Anfang nahm. [1] Dass vor dem Ende des babylonischen Exils sehr wenig von mosaischen Gesetzen gekannt oder doch beobachtet wurde, dass selbst die allerwichtigsten Ge- und Verbote, wie manche Ehegesetze u. s. w. kaum existirt haben können, oder doch jedenfalls ignorirt blieben, haben wir bereits oben aus mehreren berichteten Vorkommnissen unwiderleglich nachgewiesen. Wie sollten nun gerade die Speisegesetze eine Ausnahme gemacht haben?

Was aber alle Straf- und Drohreden der Propheten nicht vermochten, hat das babylonische Exil bewirkt [2]): die Beseitigung des Götzendienstes. Erst als dieser überwunden war, konnten Esra und seine Genossen an die Redaction oder Restauration, wenn man es vorzieht, des sogenannten mosaischen Gesetzes schreiten. Doch erst 200 Jahre nach Esra, und wohl noch etwas später, war das Gebäude der pentateuchischen Institutionen, darunter auch die Speisegesetze, unter Dach und Fach gebracht. Dies geht aus folgender, bisher nicht genügend beachteter Stelle hervor, 1 Macc. I, 11: „In jenen Tagen (des Antiochus Epiphanes) gingen aus Israel ruchlose Leute aus und beredeten Viele: lasst uns einen Bund schliessen mit den Völkern, die rings um uns sind; denn seitdem wir uns von ihnen abgesondert, haben uns viele Leiden getroffen." Es muss nicht eben lange gewesen sein, dass sich Israel von den Völkern so ganz abgesondert. Die Worte „seitdem wir uns von ihnen abgesondert," verrathen deutlich, dass diese Sonderung erst seit kurzer, wenn auch nicht gerade in jener, so doch in der unmittelbar vorangegangenen Zeit eingetreten

---

[1] Der naive kritiklose Talmudismus, ein völliger Fremdling auf dem Gebiete der Culturgeschichte, hätte sich Hunderte von Discussionen ersparen können, wenn sein einseitiger und voreingenommener Geist, oder sprechen wir milder, wenn seine kritiklose Naivetät für den unabweisbaren und überzeugenden Gedanken, dass viele mosaische Gesetze zu jener Zeit ungekannt oder unbeachtet waren, Raum gehabt hätte.

[2] Wie es ja auch im Leben kleiner und grosser Kinder nur zu oft der Fall: Mahn- und Strafreden helfen nichts, bis die Strafe selbst eintritt und die Folgen des Leichtsinnes oder der Rechtsverletzung sicht- und fühlbar werden. Erst das babylonische Exil mit seinen Härten und Entbehrungen brachte Wandel hervor in den Gesinnungen und Handlungen des israelitischen Volkes.

sei.[1]) Der engere Verkehr, wie stricte Scheidung manifestiren sich aber zumeist — da hier von Handel und Verkehr im Allgemeinen nicht die Rede sein kann und das Uebel der Mischehen bereits unter Esra[2]) und Nehemia urgirt war — in der Gemeinsamkeit oder dem Separatismus in Bezug auf Speise und Trank. Und so dürfen wir wohl annehmen, dass die Juden erst um die Zeit des Antiochus des Grossen (c. 218 v. Chr.) sich durch strenge Beobachtung der Speisegesetze von den Heiden abgesondert haben. Hiernach wäre die Verfolgung des Antiochus Epiphanes um so erklärbarer, weil man wusste, dass die stricte Observanz erst etwa ein halbes Jahrhundert vorher sich eingelebt hatte. Wenn wir Josephus unbedingt trauen dürfen, hätten es die Juden von Antiochus dem Grossen erwirkt, dass das Fleisch der unreinen Thiere nach der heiligen Stadt nicht einmal importirt werden durfte. (Ant. XII, 3, 4:) Μηδεὶς τὴν πόλιν εἰςφερέσθω ἵππεια κρέα μήτε ἡμιόνεια μήτε ἀγρίων ὄων καὶ ἡμέρων . . . . καὶ καθόλου πάντων τῶν ἀπηγορευμένων ζώων τοῖς Ἰουδαίοις[3]) κ. τ. λ. — Auffallenderweise erwähnt hier Josephus gerade nicht das Schwein.

Als „Hauptbeweis" aber — nämlich dafür, „dass die Juden zu jeder Zeit (sic!) das Gesetz der verbotenen Speisen und namentlich des Schweines strenge und selbst märtyrerhaft beobachtet hätten" — können dieEreignisse während der maccabäischen Epoche

---

1) Auch aus Sirach (Vorrede) möchte hervorgehen — wenn anders Sirach unter Euergetes I, also um 221, geschrieben — dass damals eine Reaction in der jüdischen Welt eintrat; dass die Juden sich erst neuerdings in das mosaische Gesetz einlebten. Er sagt: „Ich habe viele Mühe und Studien angewendet . . . das Buch herauszugeben für die in der Fremde *), die gern etwas lernen und ihre Sitten danach einrichten wollen, nach dem Gesetze zu leben." Sie haben also bis dahin nicht nach dem Gesetz gelebt!

2) Esra IX, 1 u. a. St.

3) Dieser Bericht ist mir übrigens durch den Zusatz verdächtig, dass selbst für die eigenen Opfer der Heiden nur solche Opfer gestattet waren, die auch dem (jüdischen) Gott recht waren: μόνοις δὲ τοῖς προγονικοῖς θύμασιν, ἀφ᾽ ὧν καὶ τῷ θεῷ δεῖ καλλιερεῖν, ἐπιτετράφθαι χρῆσθαι. Das ist doch sehr unwahrscheinlich!

---

*) Vielleicht aber hatte er hier nur die Alexandriner vor Augen.

mit keinem gutenGrunde beigebracht werden. InZeiten der Verfolgung
werden ja immer die religiösen Gemüther exaltirt und ängstlich strict
selbst in minutiösen Observanzen. Von den Mitgliedern anderer Kirchen,
die einen „Culturkampf" zu bestehen hatten, ganz zu schweigen,
— sahen wir nicht jüngst in Folge der antisemitischen Brutalitäten
und Verleumdungen die jüdisch-rabbinische Orthodoxie von Neuem die
grössten Anstrengungen machen und zu stricter Befolgung selbst des
Schulchan Aruch auffordern und Hunderte zurückführen? Dass somit
Manche, wenn auch gar sehr Viele, zur Zeit der maccabäischen
Verfolgung Märtyrer für die Speisegesetze wurden, hat darum nicht
die geringste Beweiseskraft für andere und frühere Epochen. Zudem bilden in Zeiten der Verfolgung, des Zwanges zum Götzen-
dienste, zur Religionsverleugnung die Speisegesze keine leuchtende
Ausnahme. Nach talmudischen Principien [1]) soll man ja für alles
und jedes, was kaum irgendwie mit der Religion in Verbindung
steht. sogar für eine unbedeutende jüdische Sitte, wenn damit eine
Demonstration coram publico beabsichtigt ist, lieber den Tod erleiden,
als dem Zwange nachgeben. Wie kann man also gerade für die
Speisegesetze Argumente aus der maccabäischen Zeit herbeibringen,
wenn in ausnahmsweisen Verhältnissen der geringste religiöse Usus
mit den wichtigsten heiligsten Gesetzen auf gleicher Linie steht?
— Und warum wird von den in Rede stehenden Kritikern gesagt,
dass man in Bezug auf die verbotenen Speisen und „besonders
des Schweines" lieber Todesqualen ertragen, als eine Uebertretung
sich gestatten wollte? Das Schwein ist, unseres Wissens, nicht
mehr, als alle anderen verpönten Thiere, und zumal die, denen
beide Reinheitszeichen fehlen, verboten.

Mit dem Schweinefleisch, das in den maccabäischen Vorgängen
eine solche Rolle spielt und jenen Kritikern irrigerweise als „Hauptbeweis" dient, hat es ja aber eine ganz andere Bewandtniss: es
war von den heidnischen Opfermahlen, es war den Götzen geweiht,
sein Genuss wurde als eine dem fremden Cultus gebrachte Huldigung

---

[1]) S. Gem. Synhedr. 74: לא שנו אלא שלא בשעת גזרת המלבות אבל
בשעת גזרת המלבות אפי׳ מצוה קלה יהרג ואל יעבור . . ואפילו שלא בשעת
גזרת המלבית לא אמרו אלא בצנעא אבל בפרהסיא אפילו מצוה קלה יהרג ואל
יעבור מה מצוה קלה? אפילו לשנוי ערקתא דמסאנא.

betrachtet[1]). Diese εἰδωλόθυτα hat ja der Apostel auch den zum Christenthum Bekehrten auf's Strengste verboten (Apg. XV 20 und 29)! War dies nicht in gleicher Weise bei den Maccabäern der Fall? Hat man nicht dem Eleasar Schweinefleisch, welches Opferfleisch und dem Jupiter geweiht war, aufzwingen wollen[2])? Eleasar sträubte sich aber, selbst das untergeschobene erlaubte Fleisch zu essen, damit die Jüngeren nicht glauben, er sei zum Heidenthum übergetreten[3]). Das VII. Kapitel Maccab., welches von dem Martyrium der Mutter und ihrer sieben Söhne erzählt, die qualvollen Tod dem Genuss von Schweinefleisch vorgezogen, endet mit den Worten: „Das nun sei von den Heidenopfern und den ausserordentlichen Martern erzählt[4]). Auch in dem sogenannten 4. Maccabäerbuche des Josephus wird das von Antiochus offerirte Schweinefleisch als heidnisches Opfermahl bezeichnet[5]). Von dieser Verfolgungszeit an wurde von den Rathgebern und Führern der jüdischen Gesammtheit gleichsam Repressalien genommen und Dinge, die an sich durchaus gar nicht verboten waren, sobald sie nur irgendwie mit Heidenthum in Verbindung standen oder von Götzendienern berührt waren, als verboten und verunreinigend betrachtet. So dürfte vielleicht auch in dem einem Daniel zugeschriebenen Buche die Enthaltsam-

---

1) Damit wird das hinfällig, was Dr. Joël („Blicke in die Religionsgeschichte S. 63) Abweichendes zwischen der Relation im Maccabäerbuche und der im Talmud über diesen Punkt zu finden glaubt.

2) II Maccab. 6, 21.

3) Ibid. 24, 25.

4) Vgl. auch das Klagelied im Morgengebete für den 9. Ab: מַה

אֱלֹהַי אֵיךְ יֵשֵׁב וְשִׁבְעָה בְּרָחַת נֶּטַשׁ בִּבְכִּי עַל מוֹכִרֶךָ הוֹרִים.

5) Vgl. hierzu Gesenius Commentar zu Jes. LXV. 4: „Dass die Griechen vorzüglich bei den Opfern der Ceres, der Laren und bei Bündnissen und Verträgen Schweinefleisch opferten, ist bekannt. (S. Spencer de leg. Hebr. ritual S. 137) ... Deshalb befahl denn auch Antiochus Ephiphanes vorzüglich Opfer von Schweinen." — Das 2. Targum zu Esther lässt schon zur Zeit der Belagerung des Tempels unter Nebukadnezar Schweineblut über den Tempel hinsprengen: נְבוּבִים אִירְתָא זְרַק מִן דַּם חֲזִירָא עַל בֵּית מַקְדְּשָׁא. Ohne Zweifel wird hier Antiochus in Nebukadnezar antecipirt. S. Diodor Sic. Bibl. Tom. XI Eclag. 34; Μεγάλην δὲ θύσας τό τε αἵμα προσέχεεν αὐτοῖς καὶ τὰ κρέα σκευάσας προσέταξε κ. τ. λ. — Cf. Josephus Antiquit. XIII, 8, 2. Ἀντ. Ἐπιφ. ὃς κατέθυσεν ἐπὶ τὸν βωμόν.

keit der exaltirten Knaben, die sich sogar auf den Wein und das
Brot erstreckte, auf dem Wege der Antecipation zu erklären sein [1]).

Auch das, wohl nicht vor dem ersten nachchristlichen Zeitalter abgefasste legendenartige

Buch Judith enthält Spuren von der Beobachtung der oder
mancher Speisegesetze. Die Heldin affectirt förmlich mit ihrer
strengen Observanz derselben. Da werden uns X, 5 die Speisen,
die sie bei ihrem Besuche des Holofernes mit sich geführt, haarklein aufgezählt, um nur ja nicht befürchten zu müssen, dass sie
etwas Verbotenes gegessen. Dann (XI, 12) verkündet sie dem
Holofernes, dass diejenigen Juden, welche Gott durch Uebertretung
der Speisegesetzgebung erzürnt, ja selbst die, welche nur in grösster
Noth [2]) Verbotenes gegessen, dem Verderben werden preisgegeben

---

[1]) Sogar in der Gem. (Abod. sar. 36a) findet sich diese Ansicht,
dass nämlich Daniels Enthaltsamkeit auch besonders als nachahmens-
werthes Vorbild und pour encourager les autres ausdrücklich beabsichtigt
war: בתי׳ וישם דניאל אל לבו אשר לא יתגאל בפתבג המלך ובין משתיו בשתי
משתאית הבתוב מדבר א׳ משתה יין ואחת משתה שמן ... על לבו שם ולכל ישׂ־אל
הורה, Bemerkenswerth sind dort (36b) auch die folgenden Worte, die
den sonderbaren Causalnexus der diesbezüglichen rabbinischen Verbote
aufdecken: „Verpönt wurde das Brot und Oel der Heiden wegen ihres
Weines, ihr Wein wegen ihrer Töchter, ihre Töchter wegen eines unnennbaren Etwas" משום דבר אחר (welches letztere nach Raschi Götzendienst ist). Im Anschluss daran möge eine andere handgreifliche Antecipation, wie eben eine solche in der rabbinischen Literatur nicht un-
gewöhnlich ist, aus dem Buche פרקי דר׳ אליעזר c. 38 eine Stätte finden:
„Esra, Serubabel und Jehoshua versammelten die ganze Gemeinde im
Heiligthum Gottes, brachten dreihundert Priester nebst dreihundert
Gesetzrollen *) herbei und belegten die Cuthim mit Ausschliessung und
Bann . . . damit Keiner in Israel für alle Zeiten das Brot der Cuthim
geniesse." Daran knüpft sich der Ausspruch: „Wer Speisen der Cuthim
geniest, isst gleichsam Schweinefleisch". — מכאן אמרו כל האוכל בשר
כותי באילו איכל בשר חזיר. Die Tossafot Chul. 13a haben die annehm-
barere Lesart פת כותי anstatt בשר כותי.

[2]) Das ist — um uns eines altväterlichen Ausdrucks zu bedienen
— echtes Frauengerede und Weibertheologie, die der Judith von dem
Autor in den Mund gelegt wird. Die darbenden Juden hätten also nach

*) Zur Zeit des Königs Josias war in ganz Israel nur e i n e Gesetz-
rolle vorhanden und auch diese — ganz unbekannt — nur ganz zufällig
aufgefunden: während Serubabels Zeit dreihundert . . . sapienti sat!!!

werden. Und endlich sagte sie (XII, 2) in Bezug auf sich selber:
„Ich werde nicht davon (von Holofernes' Leckerbissen und Weinen)
geniessen, damit mich nicht eine Strafe treffe, sondern von dem,
was ich mitgebracht, soll mir gereicht werden." Ganz abgesehen
davon, dass, wie bereits erwähnt, das Buch einen legendenartigen
Charakter an sich trägt, ist auch nicht zu vergessen, dass Judith
dem Holofernes gegenüber allerlei Hinterlist anwendet, um ihren
wahren Endzweck zu verdecken. Ueber die Moralität dieses letzteren,
wie der ähnlichen That der Jaël im Buche der Richter, brauchen
wir uns hier um so weniger auszusprechen, als wir das Rad der
Geschichte nicht rückwärts zu drehen vermögen [1]). Das aber steht
fest, dass, selbst besten Falles, aus den Thaten und Reden, die der
Verfasser der Judith zuschreibt, für unseren Gegenstand wenige
Lichtblicke gewonnen werden können [2]).

Desgleichen rühmt sich Tobith in dem gleichfalls legenden-
haften, apokryphischen Buche, das seinen Namen trägt: er allein

dieser Ansicht lieber Hungers sterben sollen? Wo bleibt denn da der
im jüdischen Schriftthum gültige Grundsatz, an 3 M. XVIII, 5 ange-
lehnt: „durch deren Ausführung der Mensch lebe, aber nicht sterbe"?
‏יחי בהם ולא ימות בהם‏. So hat auch vor nicht gar zu langer Zeit der
rabbinisch nicht unterrichtete Lesheim (Process Neustettiner Synagogen-
brand) Gefängnisskost mit den grotesken Worten verschmäht: „Lieber
will ich Hungers sterben, als gegen unser Gebot verstossen." In Gem.
Joma heisst es aber ausdrücklich: „Zur Erhaltung des Lebens darf jedes
religiöse Gesetz (ausser Götzendienst, Unsittlichkeit u. s. w.) übertreten
werden," ‏שאין לך דבר שעומד בפני פקוח נפש חיה וכו׳ אמר וכו׳‏.

[1]) S. was wir S. 435 Note Z. 3 über II Sam. C. 21, 1 bis 9 bemerkt
Sapienti sat.

[2]) Des Buches Judith Haupt-, wie des nachfolgenden (Tobith)
Nebentendenz mag vielleicht gerade sein, den Zeitgenossen die Heiligkeit des jüdischen Speiseritus einzuschärfen vermittelst der oft von uns be-
tonten Antecipation und durch die Insinuation, dass die Frommen, die
schon in alter Zeit diese Observanz streng beachteten, dafür der göttlichen
Belohnung theilhaftig wurden. Ebenso ruhmredig betreffs des Speiseritus lassen die apokryphischen Zusätze zu Esther IV, 17 diese sprechen:
„Auch hat Deine Magd nicht gegessen vom Tische Haman's; auch habe
ich nicht gegessen vom Mahle des Königs und nicht getrunken vom
Trankopferwein." Ueberall dasselbe Streben, die Wichtigkeit und das
Alter der speiserituellen Absonderung als möglichst hoch darzustellen.

unter seinen Mitgefangenen habe sich der Speisen der Heiden enthalten (I, 10—11). So weit, was die Apokryphen anbetrifft.

Führen wir nun noch einen heidnischen Schriftsteller aus der nachchristlichen Zeit an, den einzigen, der sich nicht gehässig über die Beobachtung der Speisegesetze äussert: Porphyrius, welcher diesen sogar seine Anerkennung ertheilt, weil er, wie wir bereits oben erwähnt, überhaupt gegen die Fleischkost eingenommen ist. Bei ihm lesen wir (de abst. IV, 11): Τῶν δὲ γιγνωσκομένων ἡμῖν Ἰουδαῖοι πρὶν ὑπ᾽ Ἀντιόχου τὸ πρότερον τὰ ἀνήκεστα παθεῖν εἰς τὰ νόμιμα τὰ ἑαυτῶν, ὑπό τε τῶν Ῥωμαίων ὕστερον. ὅτε καὶ τὸ ἱερὸν τὸ ἐν Ἱεροσολύμοις ἑάλω καὶ πᾶσι βατὸν γέγονεν οἷς ἄβατον ἦν, αὐτή τε ἡ πόλις διεφθάρη, διετέλουν πολλῶν μὲν ἀπεχόμενοι ζώων, ἰδίως δὲ ἔτι καὶ νῦν τῶν χοιρίων. Vgl. lib. II Ende, mit einer geringen Abänderung: Τοὺς Ἑβραίους σύων οὐ γεύσασθαι . . . . ἀλλὰ καὶ βασιλέων πολλῶν μεταβαλεῖν αὐτοὺς σπουδασάντων θάνατον ὑπομεῖναι μᾶλλον ἤ τὴν τοῦ νόμου παράβασιν. — Auch hier muss daran erinnert werden, dass nach dem mosaischen Gesetze das Schwein nicht strenger, als andere unreine Thiere verpönt [1]) ist, dass aber den (späteren) Juden ganz besonders die Enthaltsamkeit von Schweinefleisch vindicirt wird, weil dessen Genuss mit dem heidnischen Cultus zusammenhing.

Diese sprechenden Citate und ihre Beleuchtungen dürften genügen, um die Zeit festzustellen, wann die Beobachtung von Speisegesetzen urgirt wurde. Es dürfte wohl aber auch instructiv und für die praktischen Zwecke der Gegenwart nicht ohne Interesse sein, ihre Wirkungen auf den socialen Verkehr [2]) zwischen Juden und Nichtjuden geschichtlich und kritisch zu untersuchen.

[1]) Und alle unreinen Thiere mit Einschluss des Schweines nicht so streng verpönt wie Fett und Blut, dessen Genuss ja, und sogar für den „Fremdling", mit Kareth belegt ist.

[2]) Gesellige Vertraulichkeit und intimer Umgang werden, nächst gegenseitigen Verheirathungen, zumeist durch gemeinsame Mahle gefördert (und umgekehrt) — wie ja solche bei den alten Spartanern die engsten Bündnisse mehr befestigten. — Der Rabbinismus hat es ja deutlich genug ausgesprochen, dass von ihm dieses und jenes, was ein Heide nur berührt, משום חתנות, darum verboten sei, damit es zu keinem vertraulichen Umgange und dann zu gegenseitigen Verschwägerungen komme.

Also der allgemeine interconfessionelle Gesichtspunkt der Speisegesetze.

Die Bibel selber und namentlich der mosaische Codex dringt zwar und mit vollem Rechte auf das Sichfernhalten von Götzendienern [1], damit Israel von diesen nicht zum Götzendienst verleitet werde. Nirgends aber — im Gegensatz zum Rabbinismus — ist in der heiligen Schrift ein Speisegesetz damit motivirt, dass durch dasselbe eine Scheidung zwischen Israeliten und Nichtisraeliten beabsichtigt sei [2]. Zu der irrigen Meinung, dass eine solche Absonderung der eigentliche Zweck der diesbezüglichen Vorschriften sei, haben wahrscheinlich zwei Stellen im Pentateuch Anlass gegeben. 2 M. XXXIV, 15 heisst es: „Dass Du nicht einen Bund schliessest mit den Bewohnern des Landes . . . so würde er Dich einladen [3]),

---

[1] 2 M. XXIII 32 und 33, XXXIV, 15 und 16.

[2] So auch Ewald (Altth. des Volkes Isr. S. 205 Anm.): „Zu einer ganz falschen Vorstellung führt die Meinung, Moses habe seinem Volke die Speisegesetze gegeben, um sie dadurch desto mehr zu vereinzeln. Hier verwechselt man die Folge, welche allerdings die Speisegesetze immer mehr hervorbrachten, mit ihrem Ursprunge und ihrem ersten unbefangenen Sinne."

[3] Die Rabbinen haben oft in ihrer buchstäbelnden Deutungssucht und ihrem Uebereifer, Juden von Heiden abzuschliessen, nicht blos den Wein verpönt, den ein Heide berührt, sondern sogar die obige Bibelstelle dahin ausgedehnt, dass der Israelit selbst nicht von seinen eigenen erlaubten Speisen an der Tafel des Heiden oder in dessen Gesellschaft essen darf. Der Autor dieser Ansicht ist in Abodah sarah 8a R. Ismael, in Aboth di R. Nathan 26 R. Simon: „Israeliten, die ausserhalb Palaestinas wohnen, werden oft absichtslos und aus Mangel an Nachdenken (הרהרם, nach Raschi) zu Götzendienern: Wie und wodurch? Ein vornehmer Heide veranstaltet z. B. zu Ehren seines Sohnes ein Gastmahl. zu welchem er auch alle Juden, die in der Stadt wohnen, einladet. Nun, wenn diese auch alsdann von ihren eigenen Speisen und Getränken geniessen und selbst von ihrem eigenen Kellner bedient werden, ist es doch, als ob sie von Todtenopfermählern genossen, denn so heisst es: „und er wird Dich einladen, und Du wirst von seinem Opfermahle essen." Die Gem. betont, dass schon die Folgeleistung der Einladung, und nicht erst das Geniessen der Speise und des Trankes, verpönt sei, da unser Vers nicht schlechtweg sage: „Du wirst essen von seinem Opfermahle," sondern „und er wird Dich einladen" u. s. w. Das Gebot der Fernhaltung be-

und Du würdest essen von seinem Opfer," und darauf V. 16:
„und nehmen von seinen Töchtern für Deine Söhne" u. s. w. Aber
hier ist ja die Absonderung [1]) als eine strenge Forderung voran-
ginnt mit der Einladung. Hier ist freilich nur von Götzendienern die
Rede: vom Wesen und Inhalt des Christenthums scheinen die damaligen
Rabbinen nur dunkle, märchenhafte Begriffe gehabt zu haben.

[1]) Auch an und für sich betrachtet, ist dort blos von einer Cautele
gegen Götzendienst, heidnische Opfermahlzeiten und Sittenlosigkeiten
die Rede. Die Rabbinen haben zwar diese Cautelen bekanntlich noch
weiter ausgedehnt und sogar, wie wir sahen, das gemeinsame Trinken
von Wein mit den Heiden verpönt, deren Einladungen Folge zu leisten
untersagt u. s. w., um die Scheidewand um so stärker zu machen und
um desto enger zu ziehen. Dies mag für die damalige Zeit und Verhältnisse zu entschuldigen, ja empfehlenswerth gewesen sein. Für unsere
Cultur- und gesellschaftlichen Um- und Zustände aber sind solche Cautelen
und solche Scheidewände weder nöthig noch verständig, da unsere bürgerlichen und öffentlichen Mahlzeiten keinen dogmatischen Charakter an
sich tragen, — von Götzendienst und Lasterhaftigkeit ganz zu schweigen.
Wir lieben und achten jeden Christen und respectiren das Christenthum
ebenso hoch, wie wir wünschen, dass Christen uns Juden und unser Judenthum würdigen mögen, und gemeinsame Mahlzeiten können heutzutage
weder den Juden in seinem stricten Gotteseinheitsglauben erschüttern,
noch den Christen z. B. zur Heilighaltung des 7. Tages bekehren.
Mischehen und Uebertritte werden vorkommen, ob die jüdischen Speisegesetze beachtet oder ignorirt werden. Das Herz, der Ehrgeiz, die Eitel-
keit, die Gewinnsucht, der Schwachmuth, die Feigheit lassen sich nicht
vom rituellen Küchenzettel beherrschen. Obgleich ich nun, wie nur
irgend einer, sicherlich zu den Vorurtheilsfreien und allgemein-brüderlich
Gesinnten zähle, wünsche ich doch nicht, — schon aus Rücksicht für
die Seelenharmonie, die nun einmal zwischen Gatten herrschen soll,
sowie auf die einheitlich religiös-consequente Kindererziehung, — dass
Heirathen zwischen den Bekennern des Monotheismus des Judenthums
und denen der Dreieinigkeitslehre des Christenthums stattfinden mögen.*)
Doch ist es absurd, ja wahnwitzig, zu glauben, dass der freundschaft-

---

*) Also nur wegen dogmatischer Differenzen, nicht aber, wie einige
Zeloten im Oct. d. J. in der Brandenburgischen Provinzial-Synode sich
äusserten, wegen Inferiorität in der jüdischen Sittenlehre. Diese aber
wonach unsere Jugend unterrichtet und erzogen, in der Synagoge gepredigt wird, ist mit der christlichen identisch. Ist denn aber in dem
Codex der Zeloten Unwahrheiten behaupten und calumniare andacter
als Sünde gestrichen?!

gegangen [1]), und das Geniessen vom götzendienerischen Mahle und
Theilnahme am heidnischen Cult und der Sittenverderbniss werden
als Folgen eines Bündnisses mit einem kanaanitischen Einwohner
deutlich bezeichnet.

Die zweite Stelle — die wir übrigens schon früher beleuchtet —
ist 3. M. XX, 25: „Ihr sollt unterscheiden zwischen reinem Vieh ·
und dem unreinen" u. s. w. und 26: „und ich sonderte euch aus
von den Völkern" u. s. w. Doch ist auch dieser Beweis von dem
Trennungszwecke der Speisegesetze hinfällig, da ja, wie wir bereits
oben hervorgehoben, die im pentateuchischen Gesetze gestatteten
Arten, wie Rind, Schaf, Ziege, auch von den meisten anderen
Völkern genossen, während viele unreine Thiere, namentlich das
Schwein, von den Egyptern, Hindus, Phöniciern, Arabern gleichfalls perhorrescirt wurden. (S. ein Mehres hierüber o. S. 338.)

Es ist somit unbestreitbar, dass den biblischen Speiseverboten [2])
keineswegs a priori der Gedanke zu Grunde lag, durch sie eine
Scheidewand zwischen Israel und den übrigen Völkern aufzurichten,
und dass der später in dieser Richtung sich geltend machende
exclusive Geist der Juden und der gehässige Animus [3]) gegen diese

---

liche Umgang und gemeinsame Mahlzeiten diese fundamentalen religiösen Ueberzeugungen irgendwie stören und gefährden konnten. Der
wahrhaft Gottesfürchtige und Humangesinnte irgend einer Confession
ehrt die aufrichtige Ueberzeugung eines Jeden und wird durch dieselbe
in seinem persönlichen, socialen und staatlichen Verkehr nicht beeinflusst.

[1]) Bei den Aegypten war das wohl umgekehrt; die Absonderung
von anderen Völkern (Griechen) war die Folge ihrer Speisegesetze. S. o.
S. 410 und 428 Note 7.

[2]) Dem Tacitus und seinen heidnischen Vor- und Nachtretern
(s. u.) war die Bibel natürlich unbekannt; sonst hätten sie weder über
die mosaischen Speisegesetze ihre irrigen Meinungen geäussert, noch
ihre anderen absurden, blödsinnigen Behauptungen in Bezug auf Juden
und Judenthum aufgestellt.

[3]) Selbst der grosse Kritiker Bruno Bauer („Judenfrage") wiederholt die von Anderen schon so oft erhobene Anklage: „Dass der Jude
alle Anderen ausser den Juden für unrein erklärt und als Jude für unrein er-

seitens der Nichtjuden nicht auf die Absichten der diesfallsigen pentateuchischen Gesetzgebung begründet werden können.

klären muss. Seine Speisegesetze sind die Erklärung, dass alle Anderen ausser den Juden nicht seinesgleichen, nicht Mitmenschen sind." Diese Auffassung bedarf wohl heutzutage keiner Widerlegung mehr. Wenn aber Michaelis (Mos. Recht IV, § 208, S. 143) sagt: „Reine und unreine Thiere" ist (nur) so viel, wie zur Speise gewöhnliche und ungewöhnliche," und ibid. S. 146 (Reutlinger Ausgabe): „Unrein, von Thieren gebraucht, ist gar kein heruntersetzendes Beiwort: unter allen Thieren war der Mensch das unreinste, d. i. man durfte am allerwenigsten Menschenfleisch essen," so hat er damit manches Vorurtheil gegen das Judenthum entkräftet; aber, um der Wahrheit die Ehre zu geben, müssen wir doch gestehen: unrein, von Thieren gebraucht, ist allerdings heruntersetzend, denn die Schrift gebraucht ja neben שקץ auch „Gräuel" und „Scheusal" von den unreinen Thieren — Bezeichnungen, deren herabwürdigende Bedeutung wohl Niemand in Frage stellen kann. Doch folgt daraus mit Nichten, dass Nichtjuden von Juden darum für unrein angesehen werden, denn, wie wiederholt erwähnt, waren ja dieselben Thiere auch von anderen Völkern für unrein erklärt und gemieden. — Was indess das Michaelis'sche „man durfte am allerwenigsten Menschenfleisch essen" betrifft, so ist es unbestreitbare Wahrheit, dass auf biblischem Standpunkte, wenn auch nicht ausdrücklich erwähnt, selbstverständlich Menschenfleisch verboten ist. Nach mancher rabbinischen Autorität jedoch, deren Irrthum wir oben S. 375 und 376 unwiderleglich nachwiesen — sei dies schriftgemäss keineswegs und nur rabbinisch verboten. Auch der sonst so gemüth- und geistvolle Ahron Halevi, freilich nur die Meinung des Maim. und Nachmanis reproducirend, schreibt (Chinuch § 154): „Menschenfleisch, obgleich der Mensch kein Wiederkäuer und Doppelhufer ist, ist dennoch insofern nicht als Fleisch eines unreinen Thieres zu betrachten, dass man durch dessen Genuss ein biblisches Verbot übertrete. Verboten sei es aber dennoch, weil in der Schrift sieben Thiergattungen aufgezählt werden und es dann heisst: „Dieses Lebende könnt ihr essen",*) woraus zu schliessen, dass man ausser jenen erlaubten Thieren andere nicht verspeisen dürfe. Dies sei die Ansicht des Maim. (in s. Jad Hachasakah).

----

*) Maim. hat, aus dem Gedächtniss, nicht ganz genau citirte Worte aus 3. M. 11 u. 5. M. 14 zusammengewürfelt.

Von jenem exclusiven Geist und diesem gehässigen Animus
nun ist vor dem babylonischen Exil nicht die geringste Spur vorhanden; eine solche findet sich zuerst während des Aufenthaltes
der Juden unter den Persern, und zwar in dem sehr spät [1]) verfassten und aller Authentie entbehrenden Buche Esther. Hier
heisst es nämlich III, 8: „Es ist da ein Volk ... und seine Gesetze sind verschieden von jedem Volke" u. s. w. Ausser den
antipolytheistischen, den Sabbath-, Beschneidungs- und ähnlichen
charakteristischen Gesetzen sind hier wohl auch die Speisevorschriften [2]) als Momente und Factoren der Selbstisolirung gegen

[1]) Ueber die Abfassungszeit dieses Buches sind wir sehr im Unklaren; dass sie aber ziemlich spät anzusetzen ist, kann nicht bezweifelt
werden. „Weder das Buch," sagt Zunz (Zeitschr. der Morgenl. Gesellsch.
XXVII) „noch sein Inhalt war den Alten bekannt. Den Anlass zu der
erdichteten Geschichte gab ein unter den persischen Juden aus der
Umgebung eingebürgerter Freudentag." Vgl. damit de Wette: „Das
einzige historisch sichere Datum ist der Zusammenhang der Begebenheit
mit dem Purimfeste; das Uebrige ist aus einer unreinen Ueberlieferung
geschöpft und vom Verfasser wahrscheinlich noch mehr ausgeschmückt."
Zu welcher Zeit nun war sein Inhalt zuerst bekannt? Es fehlen hierüber sichere Anhaltspunkte. Das aber steht bei mir fest, dass die
Verfasser der Maccabäerbücher dasselbe nicht gekannt haben. 1. Macc.
VII, 48—49 wird nach einem über Nikanor erlangten Sieg der 13. Adar
als ein Freudentag für spätere Zeiten eingesetzt, und es ist dort weder
von einem Fasten Esther, noch vom Purimfest die Rede; man muss also
beide noch nicht gekannt haben. In dem weniger zuverlässigen und aus
späterer Zeit stammenden 2. Macc.-Buche heisst es gelegentlich des
Sieges über Nikanor (XV, 36): „Sie setzten fest, niemals diesen Tag
ungefeiert zu lassen und den 13. des 12. Monats, einen Tag vor dem
Tage des Mordechai, zu begehen." Vom Fasten Esther ist auch hier
keine Rede, und die seltsame Bezeichnung „Tag des Mordechai" zeugt
hinlänglich dafür, dass das Buch Esther, sowie der Name Purim noch
gar nicht gekannt waren. Im Tractat Soferim XVII, 4 lesen wir:
„Unsere Lehrer in Palästina pflegten nach den Purimtagen anlässlich
des Nikanor und seiner Gefährten zu fasten." Ueber das Nikanorfest
aber herrscht in den talmudischen Schriften Dunkel und Verwirrung;
die Talmudisten waren eben nicht mit den griechischen Apokryphen
bekannt.

[2]) Denn, wie bereits oben nachgewiesen, machte sich in der Zeit
des Antiochus des Grossen — und erst dann, und nicht vorher! — eine

Israel andeutend in's Treffen geführt; Talmud und Targum wenigstens verstehen diese vorzugsweise darunter. So interpretirt Raba in Meg. 13b jene Worte עם מכל שונת ודתיהם mit: „Sie geniessen nicht unsere Speisen und verheirathen sich nicht mit uns [1]" דלא אכל מינן נסבי ולא מינן נסבי ולא מכסבי לן. In unverkennbar antecipirender Weise fährt Raba fort: „Und es geziemt sich nicht für den König, sie in Ruhe zu belassen," — „denn bei ihren

stricte Beachtung von Speisegesetzen geltend, und diese, den alltäglichen Verkehr so nahe berührend und so tief beeinflussend, ist gewiss als schlagendste Waffe von den rabiaten Judenfeinden zur Erweckung und Schürung von Vorurtheil und Hass gegen Israeliten benutzt worden. Und es ist nicht zu verwundern, dass die Hetzer und Verleumder in ihren Anklagen und Aufwiegelungen bei Fürsten und Volk oft leichtes Spiel hatten und haben. Sonderlichkeiten und Absonderung in den harmlos-geselligen Phasen des Alltagsseins, wie sie so augenscheinlich in der Zurückweisung und Vermeidung der Speisen und Getränke Andersgläubiger zum Ausdruck kommen, mussten gleichsam zu Repressalien führen, Juden in deren Augen unsympathisch machen, Muthwillen und Intoleranz gegen sie erwecken und Rechtsverkümmerung und Ausschliessung ihnen bewirken. Exclusivität hie führt zu Exclusivität da, zu Missverständnissen, Antipathien, Gehässigkeiten und zur Verkümmerung der bürgerlichen Stellung. Für Gott, Wahrheit, Recht, Menschenliebe und das Vaterland soll man Schmach, Elend, selbst den Tod muthig ertragen können. Aber indifferenten Dingen eine grosse Bedeutung beizumessen und durch ihre excentrische Beobachtung sich zu isoliren und dadurch Abneigung und Abschliessung zu provociren, ist weder religiös, noch vernünftig. — Wir sprachen von den Zeiten des Antiochus d. Gr. Das frühere Alterthum hätte auch wegen der Speisegesetze keine Feindschaft gezeigt, wie es keine Religions-, sondern nur Eroberungs-, politische Kriege kannte. Und das war bei dem Glauben an Nationalgottheiten ganz natürlich: man schrieb oft der Nationalgottheit des anderen Landes den Sieg zu. Jede Gottheit war nur eifersüchtig auf ihren besonderen Cult in ihrem Lande (s. besonders 2 Kön. 17, 25—33). Später erst nehmen wir religiösen Fanatismus wahr.

[1] Fast immer sehen wir die Absonderung durch die Speisegesetze mit der nuptialen Isolirung in eine Linie gestellt — wie freilich auch in der Bibel, 2. M. XXXIV, 15, 16; aber duo si faciunt idem, non est idem!*) —

---

*) Die Brandenburgische Provinzial-Synode tadelt in diesen Tagen die Christen umgekehrt, dass sie Ehebündnisse mit Juden schliessen.

Mahlzeiten äussern sie Spott und Verachtung gegen das Reich und
die Königliche Person [1]). Fällt z. B. eine Fliege in ihren Becher,
so werfen sie blos die Fliege weg, trinken aber den Inhalt; würde
aber der König den Becher selbst nur berühren, so schütten sie
den Inhalt aus; dieser ist ihnen durch des Königs Berührung ungeniessbar geworden." Das Targum paraphrasirt: „Die Vorschriften
ihres Religionsbuches unterscheiden sich von denen jedes Volkes;
unser Brot und unsere Gerichte essen sie nicht, noch trinken sie
von unserem Weine." Und alsbald an diesen Vorwurf der Absonderung in Bezug auf Speis' und Trank lässt es Haman hinzufügen, dass die Juden auch schlechte Patrioten seien und durch
die Landesgesetze sich nicht für gebunden betrachten [2]): יומי גיטא
דילנא לית־הון נטרין וניטומיא לא מקימין „unsere feierlichen Geburts-
tage begehen sie nicht, noch halten sie unsere Gesetze." Aehnlich,
wenn auch nicht so ausdrücklich, das sogen. Targum Scheni.
Ein Schrifterklärer vom Anfang des 16. Jahrhunderts, Joseph b.
David Jachia (p. 1539) tritt den Talmud und das Targum noch
breiter; er legt dem Haman alle Anklagen in den Mund, wie sie
unseren Vorfahren im Mittelalter und zum Theil auch in der Neuzeit gemacht wurden, und es werden ganz besonders die Speisegesetze betont (s. Note 1 am Anfange d. Anh. I. S. 486).

In 1. Macc. I, 11 heisst es: „Sie (die hellenisirenden Juden)
sagten: lasst uns einen Bund schliessen mit den Völkern, die rings
um uns sind; denn seitdem wir uns von ihnen abgesondert haben,
hat uns viel Leid getroffen." Wir haben schon oben dieses „seitdem u. s. w." auf die Zeit des Antiochus des Grossen bezogen,
unter dessen Regierung mit der stricten, vielleicht gar ostentativen
und demonstrativen Beobachtung von Speisegesetzen begonnen

---

1) Selbst als Dichtung aufgefasst, ist das Benehmen Mordechai's,
der dem Könige das Leben rettet, die beste Antwort auf Hamans und
aller Judenfeinde böswillige Verleumdungen; sie zeugt von der Liebe
der Juden für Vaterland und Fürsten, für Recht und Ordnung.

2) So sprachen und sprechen ja die Judenfeinde aller Zeiten, obgleich die Juden überall und immer sich als gute Patrioten bewährten
und bewähren und die Landesgesetze ebenso hochhalten, wie alle anderen
Religionsbekenner; s. Jerem. XXIX. 7 und Gem. an vielen Stellen: „Das
Landesgesetz ist auch unser Gesetz" דינא דמלכותא דינא.

wurde. Ging ja dieselbe, nach Josephus, wie wir oben gesehen,
so weit, dass die Juden von Antiochus dem Grossen es erbaten
und bewilligt erhielten, dass kein verbotenes Fleisch nach Jerusalem
gebracht, und dass kein Thier, das den Juden nicht erlaubt war,
selbst zum eigenen Opfer der Heiden verwendet werde [1]. Bei
solcher starren Rigorosität und Abschliessung kann es uns freilich
nicht befremden, dass eine Gegenströmung in ausserjüdischen
Kreisen allmählich entstand und genährt wurde; dass in diesen
die Ansicht Raum gewann, die Juden betrachten nicht allein die
von ihnen nicht approbirte Speise, sondern auch den, der dieselbe
geniesst, für unrein und verächtlich. [2]) So erfolgte denn das Ver-
geltungsrecht in weit verschärfter Form. Die Heiden wollten nicht
nur sich selbst keine jüdische Beschränkung auferlegen, sondern
suchten auch die Juden an der Ausübung ihrer Satzungen zu
verhindern.

Wir gehen zu Antiochus Sidetes (c. 140) über und finden
auch in dessen Zeit den nachtheiligen Einfluss der Speisegesetze
auf den socialen Verkehr zwischen Juden und Nichtjuden. Den
Recriminationen, welche die Räthe dieses Königs den Juden wegen
ihres ungeselligen Sinnes machen, und dass diese deshalb auszu-
tilgen seien, liegt wohl ganz besonders die starre Exclusivität in
Bezug auf Speise und Trank zu Grunde. Josephus (Antiq. XIII,
8, 3) berichtet uns aber, dass Ant. Sidetes sonst menschenfreundlich
war [3]), jedoch ausser Anderem von den Juden verlangte, eine Besatzung aufzunehmen. Diese Bedingung lehnten sie mit dem Bedenken ab, dass ihre religiösen Satzungen ihnen eine Lebensweise
vorschrieben, welche durch das Zusammenleben mit einer nichtjüdischen Besatzung zu sehr erschwert werde: Τὴν δὲ φρουρὰν

---

[1]) Dies ist aus dem Zusammenhang mit Sicherheit anzunehmen.
Freilich haben wir schon oben S. 445, Note 2 dies als verdächtig und
unwahrscheinlich bezeichnet.

[2]) Vergl. dieselbe Note 1 im Anhang I, ein Widerhall alles dessen,
was egyptische, griechische, römische und mittelalterlich-christliche
unwissende Schriftsteller und heutige Antisemiten dem Judenthum zur
Last legen.

[3]) S. Note 2, Anh. I, S. 486.

οὐκ ὡμολόγουν διὰ τὴν ἀμιξίαν οὐκ ἐφικνούμενοι πρὸς ἄλλους [1]).

Hier also sprachen Juden selber es unumwunden aus, dass ihnen ihre religiösen Satzungen — wobei man entsprechenderweise doch ganz besonders an die Speisegesetze als ein solches Hinderniss denken muss — das Zusammenleben mit Nichtjuden unmöglich machen [2]). Dass sich übrigens Ant. Sidetes so über jede Erwartung nachgiebig zeigte [3]), lag wohl an den Kriegen, in die er verwickelt war; wahrscheinlich wollte er sich die Juden zu Dank, Hingebung und Unterstützung verpflichten. Doch können wir dies nur als be-

[1]) Dies bestärkt uns noch mehr in der Annahme, dass das Buch Esther sehr spät verfasst worden und die Zeit des Ant. Sidetes hinter sich gehabt habe; das „ihre Gesetze sind verschieden und die Vorschriften des Königs vollstrecken sie nicht" (Esth. III, 8) spielt wohl auf die Ablehnung der Besatzung und damit Zusammen-hängendes an.

[2]) Bemerkenswerth ist, dass die Christen des 1. Jahrh. fast die-selbe Sprache führten und ihre Religion als Hinderniss gegen den Kriegsdienst vorschützten, wie ja der Apostel selber (vgl. II. Cor. VI, 14 u. 17) sie von jedem Umgang mit den Heiden nachdrücklich abge-mahnt (s. Note 3, Seite 486 Anhang I.). Celsus (bei Origenes contra Celsum VIII) sagt nämlich zu den Christen: „Wenn es Alle so machen wie ihr, so würde der Kaiser allein stehen, und dann würde die Re-gierung des Reiches wilden und gottlosen Barbaren in die Hände fallen, die aller Wissenschaft und auch eurem Gottesdienst ein Ende machen würden." Origenes antwortet: „Die Christen seien sämmtlich Priester und könnten also keine Kriegsdienste thun; sie kämpfen für das Vater-land durch ihr Gebet" (s. Note 4, Seite 486 Anhang I.). Auf die Er-mahnung des Celsus, „sie sollten sich doch am Staatsleben betheiligen", antwortet Origenes, „die Christen hätten kein besonderes Vaterland; sie liessen sich durch menschliche Ordnung und Gesetze nicht verunreinigen; ihr Vaterland sei die Kirche; sie bedürften ihrer Zeit und ihrer Kräfte zu heiligen Dingen, zum Gottesdienste, wodurch die Seligkeit erworben werde". Solche Redensarten hört man wohl auch noch in der Gegen-wart seitens (nichtjüdischer) Zeloten. Doch Schwächen und Gebrechen innerhalb anderer Religionsbekenntnisse werden dann klüglich über-tüncht oder übergangen, oder sagen wir lieber, mit dem Mantel christ-licher Liebe verhüllt.

[3]) Aehnliche Hochherzigkeit bekundet das Decret der Sardianer (s. Note 5, Anhang I, S. 487.). Doch sind alle diese Privilegien, wie wir im Verlauf sehen werden, privilegia odiosissima geworden.

scheidenen Zweifel aussprechen; es kann ihm ja ebensowohl ein menschliches Fühlen überkommen sein.

Ungefähr 100 Jahre später! Nach Josephus (Ant. XIV, 10, 12) erklärte der jüdische Gesandte des Hyrkan dem römischen Statthalter Dolabella um 44 v. Chr., dass die Juden Kriegsdienste nicht leisten können, weil sie am Sabbath nicht reisen und die Nahrungsmittel nach dem väterlichen Ritus auf dem Marsche nicht finden könnten. Der Speiseritus — unvergleichlich mehr als der Sabbath, da dieser nur einmal in der Woche, jener aber täglich und stündlich sich geltend macht — trat danach also nicht allein als mächtiger Störer des geselligen Umganges, sondern auch der Waffenbrüderschaft auf, die sonst ein so ausgezeichnetes Mittel ist, Bürger eines und desselben Landes mit einander zu verschmelzen und das Gefühl der Zusammengehörigkeit und der Gleichberechtigung zu besiegeln. An den Römern, die sich doch einmal als die Herren betrachteten, müssen wir die seltene Toleranz bewundern, womit sie unseren Vorfahren die Concession der Befreiung vom Kriegsdienste machten. Dolabella folgte hier nämlich der Präcedenz seines Amtsvorgängers. Josephus berichtet ibid.: Ἀλέξανδρος πρεσβευτὴς Ὑρκάνου .... ἐνεφάνισέ μοι περὶ τοῦ μὴ δύνασθαι στρατεύεσθαι τοὺς πολίτας αὐτοῦ διὰ τὸ μήτε ὅπλα βαστάζειν δύνασθαι μήτε ὁδοιπορεῖν αὐτοὺς ἐν ταῖς ἡμέραις τῶν Σαββάτων, μήτε τροφῶν τῶν πατρίων καὶ συνήθων κατ᾽ αὐτοὺς εὐπορεῖν. [1]) Ἐγώ τε οὖν αὐτοῖς, καθὼς καὶ οἱ πρὸ ἐμοῦ ἡγεμόνες, δίδωμι τὴν ἀστρατείαν καὶ συγχωρῶ χρῆσθαι τοῖς πατρίοις ἐθισμοῖς. Doch dürfen wir wohl voraussetzen, dass, wenn auch Dolabella nachsichtig war, jene Weigerung und deren Motivirung von Seiten der Juden ohne Zweifel bei den übrigen Commilitonen und römischen Bevölkerungen Anstoss und Animosität erregt haben, wie dies aus den lateinischen Schriftstellern, die wir später citiren werden, evident ist.

Führen wir noch aus dem, sonst ganz und gar unechten und höchstwahrscheinlich in der ersten Hälfte des 1. Jahrhunderts nach Chr. in Alexandrien verfassten 3. Maccabäer-Buche (III, 6 u. ff.

---

[1]) S. Note 6, Anhang I, S. 487.

eine Aeusserung an, die unter Ptolemäus Philopator [1]), der Palästina
im Jahre 217 unterwarf, gethan worden sein soll: „Die an dem
Geschlechte in Allem verlautbarte gute Handlungsweise brachten
die Heiden durchaus nicht in Anrechnung. Aber von der Trennung
in Hinsicht des Gottesdienstes und der Speisen machten sie viel
Aufhebens, indem sie sagten: „diese Menschen könnten weder
mit dem König Philopator noch mit den Kriegsleuten Tischgenossen
sein, sondern sie seien feindlich gesinnt und grosse Gegner des
Staatswesens." Ist auch an diesem Berichte kein Körnchen historischer Wahrheit, so reflectirt er doch ziemlich getreu das, was
damals in nichtjüdischen Kreisen und leider auch heute noch vielfach gedacht und gesprochen wurde und wird.

Bekanntlich rechnet der Talmud manche Speisegesetze zu den
Observanzen, die Satan [2]) und die Völker bekritteln und sinnlos
finden [3]. Welche Völker der Talmud meint, darüber brauchen
wir nicht lange hin- und herzurathen. Wir wissen sehr gut, welch'
argen Hohn egyptische, griechische und römische Schriftsteller,
die grösstentheils vor Redaction des Talmud gelebt, über diese
Satzungen ausgegossen haben. Und da die Autoren gewissermassen
die Mundstücke oder intelligenten Väter der öffentlichen Meinung
waren, so dürfte es angezeigt sein, hier einige ihrer Aeusserungen, ausser den bereits citirten, auszüglich oder wörtlich wiederzugeben.

Dem Lysimachus (400 [4])? a. Ch.) werden die Worte in den
Mund gelegt: Παρακελεύσασθαί τε (Μωυσήν) αὐτοῖς, μήτε ἀνθρώπων

[1]) Chronologisch wäre also diese Aeusserung hier nicht am rechten
Orte, doch da sie dem 3. Maccabäerbuche entnommen, ist sie an dieser
Stelle „ein Wort zur Zeit". S. Note 7 ibid.

[2]) C'est à dire, Satan ou l'esprit de doute et de contradiction
critique ces réglements comme inutiles, et les gentils . . . s'en servent
pour attaquer la divinité de la loi (Munk l. l.). Koran, Sure VI (Ullm.
S. 104) heisst es: „So haben wir jedem Propheten einen Feind bestimmt,
nämlich die Satane der Menschen und der Geister, die gegenseitig
trügerische und eitele Reden einblasen."

[3]) הכשי ןושאי האמש אר ןעיב באריש לארשי ימ.

[4]) Nach Anderen erst im II. oder gar im I. Jahrh. lebend.

τινὶ εὐνοήσειν, μήτε ἄριστα συμβουλεύσειν, ἀλλὰ τὰ χείρονα · θεῶν τε ναοὺς καὶ βωμούς, οἷς ἂν περιτύχωσιν, ἀνατρέπειν. Aus dieser Stelle, einem Bruchstück bei Josephus c. Apion. I, 34, ist freilich nur der später sich oft wiederholende Vorwurf zu erkennen, dass die Juden gegen alle anderen Menschen einen feindseligen Sinn an den Tag legen, deren Tempel und Altäre sie zerstören. Dem Ankläger hat vielleicht vorgeschwebt, 5 M. 7, 5; 2 M. XXXIV, 13—15, und da ist es denn möglich, ja wahrscheinlich, dass auch die Absonderung vom Götzenschmaus ihm das Substrat zu seinem Angriffe gegen die feindselige Gesinnung der Juden gegeben.

Manetho, der viel bekanntere Feind der Juden, beschuldigte diese (ib. contr. Ap. I, 26), dass ihr Anführer Moses ihnen unter vielem Anderen auch verboten habe, sich der bei den Aegyptern geheiligten Thiere zu enthalten. Der Sinn dieser Anklage ist wohl der, dass Mose ihnen gestattet, solche zu opfern und zu geniessen. Von einem Aergerniss durch den jüdischen Speiseritus ist hier zwar nicht ausdrücklich die Rede; wohl aber, dass die mosaischen Glaubensbekenner nur Freundschaft unter sich kennen. Manetho sagt: Ἡγεμόνα αὐτῶν . . . . ἐστήσαντο καὶ τούτῳ πειθαρχήσοντες ἐν πᾶσιν ὡρκωμότησαν · ὁ δὲ πρῶτον μὲν αὐτοῖς νόμον ἔθετο, μήτε προσκυνεῖν θεοὺς μήτε τῶν μάλιστα ἐν Αἰγύπτῳ θεμιστευομένων ἱερῶν ζώων ἀπέχεσθαι μηδενός, πάντα τε θύειν καὶ ἀναλοῦν · συνάπτεσθαι δὲ μηδενί. πλὴν συνωμοσμένων · τοιαῦτα δὲ νομοθετήσας καὶ πλεῖστα ἄλλα μάλιστα τοῖς Αἰγυπτίοις ἐθισμοῖς ἐναντιούμενα . . . . Dieser letzte Anklagepunkt wird sich uns w. u. bei Tacitus wörtlich wiederholen.

Was das römische Volk anbetrifft, so sagt Mommsen [1] „Röm. Geschichte:" „Auch zu jener (Caesar's) Zeit begegnen wir der eigenthümlichen Antipathie der Occidentalen gegen diese (Juden) so gründlich-orientalische Race und deren fremdartige Meinungen und Sitten." Die Speisegesetze werden da und bis dahin nicht ausdrücklich erwähnt; doch werden sie alsbald später namhaft gemacht.

---

[1] S. jedoch gegen Mommsen die Note 8, Anh. I.

So bei Strabo (c. 60 a.—25 p. Ch.). Er erhebt gegen die Juden den Vorwurf, dass sie Anfangs gerecht und wahrhaft religiös waren, später aber in Aberglauben verfielen und sich gewisser Speisen [1] enthalten. Lib. XVI: Οἱ δὲ (οἱ τὸν Ἰουδαῖοι λεγόμενοι) διαδεξάμενοι χρόνους μὲν τινας ἐν τοῖς αὐτοῖς διέμειναν δικαιοπραγοῦντες καὶ θεοσεβεῖς ὡς ἀληθῶς ὄντες, ἔπειτ᾽ ἐφισταμένων ἐπὶ τὴν ἱεροσύνην τὸ μὲν πρῶτον δεισιδαιμόνων, ἔπειτα τυραννικῶν ἀνθρώπων. ἐκ μὲν τῆς δεισιδαιμονίας „αἱ τῶν βρωμάτων ἀποσχέσεις· ὥσπερ καὶ νῦν ἔθος ἐστὶν αὐτοῖς ἀπέχεσθαι.

Diodorus Siculus (10 p. Chr.) behauptet geradezu, dass den Juden der Hass gegen andere Menschen recht eigentlich übertragen und vererbt sei; dass ihre Nichtvereinigung mit anderen Völkern (Verbot der Eheschliessung), ihre Absonderung von den Mahlzeiten Anderer damit im Zusammenhange stehe und eine Wechselwirkung bedinge. Bibl. hist. tom. II, eclog. XXXIV, 1: Μόνους γὰρ ἁπάντων ἐθνῶν ἀκοινωνήτους εἶναι τῆς πρὸς ἄλλο ἔθνος συμμιξίας καὶ πολεμίους ὑπολαμβάνειν πάντας . . . . συστησαμένους δὲ τὸ τῶν Ἰουδαίων ἔθνος παράδοσιμον ποιῆσαι τὸ μῖσος τὸ πρὸς ἀνθρώπους. Διὰ τοῦτο δὲ καὶ νόμιμα παντελῶς ἐξηλλαγμένα καταδεῖξαι τὸ μηδενὶ ἄλλῳ ἔθνει τραπέζης κοινωνεῖν τὸ παράπαν μηδ᾽ εὐνοεῖν. Dies ist die Sprache [2] der Rathgeber des Antiochus Sidetes. Da jedoch dieser König gross- und sanftmüthig war — schliesst Diodor — so nahm er Geisseln, wies aber die Anklage zurück. Zweifelhaft ist, ob das, was Diodor ferner über die abweichende Opfer- und Lebensweise der Juden erwähnt, sich auch auf deren Speiseritual bezieht, und ob er damit vielleicht auch ihren vermeintlichen Fremdenhass in Zusammenhang bringt. Eclog. XL. tom. II: Τὰς δὲ θυσίας ἐξηλλαγμένας συνεστήσατο (Μωσῆς) τῶν παρὰ τοῖς ἄλλοις ἔθνεσι. καὶ τὰς κατὰ τὸν βίον ἀγωγάς. Dass dadurch der sociale Verkehr gehemmt wurde — nicht nur wenn die Juden sich wirklich abgesondert, sondern auch wenn die Völker, Römer, es nur voraussetzten — braucht nicht erwähnt zu werden.

---

[1] Er spricht bloss von solchen im Allgemeinen.

[2] Etwas modificirt schon oben nach Joseph. Antiq. VIII, 8, 2 u. 3 angeführt.

Wir zweifeln auch gar nicht, dass Diodor zum Theil seine eigene
Zeit und deren Verhältnisse vor Augen hatte. Der Jude galt ihm
durch seine Absonderung als ein Verächter der Götter und der
übrigen Menschen und darum selber als verachtens- und hassens-
werth [1]).

Apion (30 p. Chr.) verfehlt natürlich nicht, die Juden, wie
wegen der Beschneidung, so gleichfalls wegen ihrer Enthaltsamkeit
vom Schweinefleisch zu schmähen. Joseph c. Apion. II, 13:
Ἐγκαλεῖ ὅτι ζῶα θύομεν καὶ χοῖρον οὐκ ἐσθίομεν καὶ τὴν τῶν
αἰδοίων χλευάζει περιτομήν.

Auch Plinius (23—79 p. Chr.) glaubt den Juden bezüglich
ihrer Enthaltung von unbeschuppten Fischen einen kleinen Seiten-
hieb geben zu müssen. Hist. nat. J. Hard. XXXI, 44: Alind vero
castimoniarum superstitioni etiam sacrisque Judaeis dicatum, quod
fit e piscibus squama carentibus.

Plutarch (50—120 p. Chr.) hat (Symposion lib. IV, Quaest. 5)
ein längeres sarkastisch klingendes Gespräch über die jüdischen
Speise-Observanzen und besonders über die Enthaltsamkeit vom
Schweinefleisch, und dürfte es angezeigt sein, die Unterredung, die
auch aus anderen Gründen, als denen rücksichtlich des socialen Ver-
kehres, unsere Aufmerksamkeit verdient, hier in extenso zu geben.
„Kallistratos spricht: Wie dünkt Euch das, was man den Juden
nachsagt, dass sie nämlich das geeignetste Fleisch nicht geniessen? [2])
Polykrates erwidert: Sehr auffallend! Ich bin aber im Zweifel, ob
sie aus Verehrung oder aus Abscheu vor dem Thiere sich dieser

---

[1]) Man wird bei solchen Erscheinungen unwillkürlich an die Worte
Ben Soma's erinnert: „Wer verdient Achtung? Der Anderen Achtung
bezeugt" איזהו מכבד את המבבד ? הברית Natürlich meinen wir keineswegs,
dass der erste Schritt zur gegenseitigen Verachtung, Entfremdung immer
von den Juden gethan worden sei. Fanatismus und Rancüne suchen
oft nach einem Schlachtopfer, und siehe da, da ist der Jude, der wehrlose und in der hilflosesten Minorität sich befindende Jude!

[2]) Wie würden die Herren erst und mit grösserem Rechte erstaunt
gewesen sein und gespöttelt haben, wenn sie gewusst, dass die Juden
das nahrhafteste Fleisch an den erlaubten Thieren, nämlich die Hinter-
theile, eines Mythos halber nicht geniessen.

Kost enthalten ¹). Denn was jene, die Juden, darüber sagen, klingt
fabelhaft, wenn sie nicht andere Gründe haben, die sie verschweigen
τὰ γὰρ παρ' ἐκείνοις λεγόμενα μύθοις ἔοικεν, εἰ μή τινας ἄρα λόγους
σπουδαίους ἔχοντες οὐκ ἐκφέρουσιν. Kallistratos: Ich nun glaube,
dass das Thier bei jenen Leuten eine gewisse Verehrung geniesst.
Wenn aber das Schwein missgestaltet und schmutzig, so ist es doch
an Gestalt und Bau nicht garstiger als Käfer, Geier, Krokodil und
Katze, welche manche der ägyptischen Priester hoch verehren ²).
Das Schwein habe die Aegypter, so sagen sie, zuerst ackern gelehrt; es habe nämlich mit seiner Schnauze den weichen, schlammigen
Boden aufgewühlt: um desswillen essen manche das Schwein nicht.
Man müsse sich darüber nicht wundern, da die Barbaren andere
Thiere aus noch geringeren und sogar lächerlichen Gründen nicht
essen . . . Ich glaube aber — so fährt er fort — dass, wenn die
Juden das Schwein verabscheuten, sie es tödten würden, wie ja
die Magier die Mäuse tödten; es ist ihnen aber ebenso verboten,
es zu tödten, wie zu essen νῦν δὲ ὁμοίως τῷ φαγεῖν τὸ ἀνελεῖν

¹) Merkwürdig! An den Juden suchte Plutarch die Enthaltung von
Schweinefleisch in's Lächerliche zu ziehen, für die Aegypter hingegen,
wie bereits citirt, führt er de Iside einen entsprechenden Grund an:
„Der Genuss vom Schwein erzeuge überflüssige Säfte u. s. w. So zeigt
sich an dem Urtheil über die Juden und an der Behandlung der-
selben seit den Zeiten Manetho's, Apion's und Plutrach's bis auf Marr,
Treitschke, das par nobile fratrum Stöcker-Hammerstein, von Ehren —
Ahlwardt als Trifolium (und Consorten) nicht zu vergessen, die Moral
der Fabel vom Junker und dem Bauer: „Ja, Bauer, das ist ganz was
Anderes!“

²) Welch' scharfsinnige Logik! Weil also ägyptische Priester noch
garstigere Thiere anbeten, darum ist es wahrscheinlich, dass auch die
Juden das garstige Schwein verehren!! — Andererseits sagt jedoch Plutrach selber, dass (einige) ägyptische Priester das Schwein deshalb verabscheuen, weil es dem Reiche des garstigen Typhon angehört. Dass
aber die Juden eben dasselbe perhorresciren, wird von dem Polyhistor in's
Lächerliche gezogen! Solch' inconsequente und vorurtheilsvolle Procedur,
die übrigens so oft von verschämten und schamlosen Judenfeinden aller
Zeiten geübt wurde und wird, wäre doch zu komisch, wenn sie nicht
zu solch tragischen Folgen führte, wie wir sie leider selbst noch im
letzten Decennium des 19. Jahrhunderts erleben!

ἀπόρρητόν ἐστιν αὐτοῖς. Vielleicht nun — bemerkt er weiter — verehren sie das Schwein aus demselben Grunde, aus welchem sie den Esel verehren[1]). Diesen weil er ihnen eine Quelle Wassers zeigte, jenes, weil es sie pflügen und säen lehrte. Es könnte freilich Jemand annehmen, diese Leute enthalten sich auch deshalb des Genusses des Hasen, als eines beleckten und unreinen Thieres (εἰ μή, νή Δία καὶ τοῦ λαγοῦ φησί τις ἀπέχεσθαι τοὺς ἄνδρας ὡς μιαρὸν καὶ ἀκάθαρτον δυσχεραίνοντας τὸ ζῷον). Keineswegs! — nimmt hier Lamprias die Rede auf — sondern des Hasen enthalten sie sich wegen seiner grossen Aehnlichkeit mit dem Esel. Doch wird vereinzelt die Abstinenz auch auf die Furcht vor der Lepris zurückgeführt[2]).

Etwas Hohn über die Enthaltsamkeit der Juden vom Schweine und dem Hasen liegt wohl jedenfalls in diesem, zum Theil ignoranten und absurden Conjecturiren, und da zeigt sich denn vollends zu welchen Missverständnissen und sonstigen nachtheiligen Folgen eine zu weit getriebene Tafel-Exclusivität führt und führen muss, wenn selbst die, im vorliegenden Fall, rationell so ganz gerechtfertigte mit Hohn verfolgt wird.

Wir kommen zu dem, in Bezug auf Berichte über Juden und Judenthum, bekanntesten und berüchtigtsten römischen Geschichtschreiber. Tacitus (geb. 57? gest. 130? p. Chr.). In seiner herben Kritik über die von allen anderen Nationen abweichenden religiösen Riten der Juden[3]) bleibt die Erwähnung des Schweines nicht aus. Hist. lib. V. 4: Moses, quo sibi in posterum gentem firmaret,

---

[1]) Diese unerklärte und unerklärliche Fabel (ist sie vielleicht, weit hergeholt, aus 2 M. 13, 13 entstanden?) von der Verehrung des Esels, die hier den Juden imputirt wird, findet sich bekanntlich auch bei Tacit. Hist. lib. V, 4: Effigiem animalis (asini) quo monstrante errorem sitimque depulerant, penetrali sacravere.

[2]) De Iside C. VIII. sagt Plutarch, dass die Aegypter (Priester) — also, um es zu wiederholen, doch nicht bloss die von ihm bespöttelten Juden, sich des Schweines deshalb enthalten, weil es sich bei abnehmendem Monde begatte, und bei denen, welche die Milch trinken, Aussatz u. dgl. erzeugt wird.

[3]) Während Manetho, wahrscheinlich auch Strabo und Diodor, offenbar des Tacitus' Quelle, nur von Riten spricht, die denen der

novos ritus contrariosque ceteris mortalibus indidit. Es wird dem
Gesetzgeber geradezu die Absicht imputirt, durch die abweichenden
Gesetze die Israeliten von anderen Völkern zu sondern, es zu keinem
socialen Verkehr kommen zu lassen. Profana illis omnia, quae apud
nos sacra, rursum concessa apud illos, quae nobis incesta . . . caeso
ariete, velut in contumeliam Hammonis. Bos quoque immolatur,
quem Aegyptii colunt [1]. Sue abstinent, memoria cladis, qua ipsos
scabies quondam turpaverat, cui id animal obnoxium. Während
Tacitus hier das Echo anderer Schriftsteller, namentlich des Manetho [2],
ist, finde ich ihn, nach meinem Wissen wenigstens, als Orginal in
Betreff der Motivirung der Mazzoth. Er sagt nämlich: Longam
olim famem crebris adhuc jejuniis fatentur et raptarum frugum argu-
mentum panis Iudaicus nullo fermento retinet.

Am entschiedensten aber bringt Tacitus (ibid. c. V) den Speiseritus mit der Abneigung gegen alle anderen Menschen in Verbindung,
der Institution der Beschneidung gleichfalls die Absicht der Absonderung insinuirend [3]: Apud ipsos fides obstinata, misericordia in
promptu, sed adversus omnes alios hostile odium [4], separati epulis.

Aegypter widersprachen, erklärt Tacitus mit Hamau עם כל שיער הדברים
dass sie den Gesetzen aller Völker entgegengesetzt wären!

1) Ob Maim. (M. N. III, 46, s. o. S. 360 auch diese Stelle des
Tacitus wohl als Quelle hatte? Nach Herod. II, 38 u. 41 wäre Tacitus'
Relation einzuschränken.

2) Vielleicht auch des Plutarch: doch da sie der Zeit nach nur
wenige Jahre auseinander, so weiss ich nicht, wem die schmeichelhafte
absurde Märchen-Priorität gebührt.

3) Circumcidere genitalia instituere, ut diversitate noscantur.
Letzteres ist doch aber insofern unbegründet, als ja nach dem hierin
unbedingt competenten Herodot auch die Aegypter und andere Völker
des orientalischen Alterthums diese Institution (der Beschneidung)
hatten.

4) S. o. bei Diodor und bei Manetho. — Tacitus und andere alte
Schriftsteller erheben gegen die Juden, wie oben ersichtlich, ganz sonder-
bare Anschuldigungen, welche lediglich auf ihre Unbekanntschaft mit
der Religion und dem Grundcharakter der Verhöhnten und Geschmähten
zurückzuführen sind. Sie scheinen alle ihre Kenntniss des Judeuthums
aus einer und derselben trüben Quelle geschöpft und vom Scheine der
Dinge und von einigen unsympathischen oder verkommenen Israeliten

Hier spricht er also nicht blos von ihrem Separatismus durch
Abstinenz vom Schweinefleisch, sondern von ihrem abweichenden
Speiseritus überhaupt, der Feindseligkeit bekunde und solche als
Wechselwirkung herbeiführe.

In seinen Annal. lib. II c. 85 kommt Tacitus wieder auf die
Juden zu sprechen. Diese Stelle wird dadurch besonders bemerkenswerth, dass nach ihr viele Römer jüdische Institutionen adoptirt
haben, worunter wohl, wie wir später aus Seneca erfahren werden,
die Speisegesetze in erster Reihe standen. Gewiss haben die Juden
selber nichts dazu gethan, Proselyten zu machen; nichtsdestoweniger wurden diese letzteren, wenn sie den in den Augen der

auf die Gesammtheit und deren Glaubenssystem und Lebenspraxis ge-
geschlossen zu haben. (Es ist kein Wort darüber zu verlieren, dass am
Ende des 19. Jahrhunderts dies leider auch bei uns der Fall ist.) Als
ob irgend eine Religions- oder Volksgemeinschaft oder Gesellschaftsklasse
zu finden wäre, welche nicht räudige Schafe und schädliche Subjecte in
ihrer Mitte hätte! Macht man deshalb die ganze Gemeinschaft oder
Klasse für die Untugenden oder Unthaten dieser Einzelnen verantwortlich?
Ist das gerecht, vernünftig? Man strafe mit der Schärfe des Gesetzes
den judischen — wie den christlichen — Uebelthäter und weise durch
gesellschaftlichen Ostracismus jeden Lump, jeden Gewissenlosen ab.
Doch die Gesammtheit für die Sünden oder Untugenden Einzelner büssen
zu lassen, zu schmähen, zu verfolgen ist unbillig, unchristlich, un-
menschlich. Protestanten in katholischen Ländern, Katholiken in einer
überwiegend protestantischen Bevölkerung, Christen in mohamedanischen
und heidnischen Staaten, Deutsche unter anderen Racen dürfen sich alsdann nicht wundern, nicht beklagen, dass sie in gleicher Weise beurtheilt
und behandelt werden!

Doch in Bezug auf Tacitus und andere Schriftsteller des Alterthums müssen wir sagen, dass, da bei ihnen nicht die genügende Kenntniss der Bibel vorhanden war, geselliger Verkehr und persönliche Unterhaltung seitens der Juden mit Römern, Griechen u. s. w. bei gemeinsamen
Mahlen nicht statt hatte, dies allerdings wenig dazu beigetragen, manchen
Vorurtheilen und falschen Vorstellungen vom Mosaismus (wurde den
Juden ja Anbetung des Mondes u. dergl. mehr imputirt!) zu begegnen
und sie zu berichtigen und zu zeigen, dass ausser den jüdischen Bettlern
und Gauklern, die das weltbeherrschende, reiche und schwelgerische
Rom anzog (cf. Juv. sat. VI, 390 und Depping, „Die Juden im Mittelalter"
S. 21) es doch auch damals eine Fülle gesitteter, edler, hochgebildeter,
Juden gab.

Römer profanen Riten nicht bis zu einem festgesetzten Termine
entsagt hatten, theilweise in der Insel Sardinien internirt, theilweise aus Italien verbannt: Actum et de sacris Aegyptiis Iudaicisque
pellendis factumque patrum consultum, ut quattuor millia libertini
generis ea superstitione infesti¹), in insulam Sardiniam veherentur.
Si ob gravitatem coeli interissent, vile damnum. Ceteri cederent
Italia, nisi certam ante diem profanos ritus exuissent. Diesen Mann
empört die gegen Menschen geübte canibalische Grausamkeit keineswegs, er verdient es, dass ihm ein antisemitischer Historiograph,
Treitschke, an die Seite gestellt werde. Und dennoch diesem ver-
roheten, gegen Leiden, Thränen und Jammergeschrei (gleicherweise
der Christen wie der Juden) stumpfsinnigen, (s. die Note 9, in dem
Anhange I. S. 487) diesem bezüglich des Judenthums Märchen als
Geschichte vortragenden Tacitus rühmte man nach quot verba tot
pondera! Wenn ihm die Bibel — selbst in der griechischen Uebersetzung — eine terra incognita war, so hätte er doch wenigstens
neben seinen Propheten oder Inspiratoren — Manetho, Strabo und
Diodor — die Geschichtswerke des Josephus lesen sollen. Diesen
letzten Vorwurf erhebt auch der wackere, gewissenhafte Forscher
Ernesti gegen ihn. Unsere heutigen Antisemiten würden keinen
Anstand nehmen auch die Bibel des alten Testamentes als Grund
und Ursache aller Uebel anzuklagen, wenn diese heilige Urkunde
nicht auch die Quelle der christlichen Religion wäre, wegen deren
Verunglimpfung, Verlästerung und Verleumdung der Staatsanwalt einschreiten würde. Da diese Herren alle wahre Christlichkeit und
Menschlichkeit abgestreift haben, so glauben sie, die Welt doch
noch täuschen, eine verzerrte Maske der Christlichkeit vor das gleiss-

---

¹) Es ist klar, dass der Hohn und Aerger mancher heidnischen
Schriftsteller über Juden und Judenthum zum Theil auch darin seinen
Grund hatte, dass viele Heiden so manche jüdische Institutionen und
selbst etliche Speiseriten annahmen. Schon Joseph. c. Ap. II, 39 sagte
gleichfalls: „Seit lange her zeigte sich nicht bloss bei den Philosophen,
sondern auch unter den Massen Nacheiferung unserer Religiösität. Fast
giebt es keinen hellenischen oder barbarischen Stamm, dahin sich nicht
unsere Gebräuche verpflanzt hätten, unsere Sabbathfeier, Fasten . . .
und viele unserer Speiseverbote (s. Note 10, Anh. I. S. 488).

nerische Gesicht halten zu können durch ihren dem Judenthum und
der Judenheit geschworenen unversöhnlichen, giftigen Hass.

Seneca (epist. 108) erwähnt der pythagoräischen Grundsätze,
sich der Fleischkost zu enthalten, weil auch den Thieren eine Seele
innewohne. Ist dies wahr, so sei die Enthaltsamkeit von Thierkost eine Tugend, und ist es falsch, so sei es wenigstens ein
Zeichen der Mässigkeit. Und welcher Nachtheil entstehe denn,
wenn uns die Nahrung von Löwen und Geiern entzogen werde?
„Aus diesem Beweggrunde entschloss ich mich, auf Thierkost zu
verzichten." Er habe es aber aufgegeben, als unter Kaiser Tiberius [1]
die fremden Riten unterdrückt wurden. (Quaeris, quomodo desierim? In
Tiberii Caesaris principatum juventae tempus inciderat: alienigenarum
sacra movebantur, sed inter argumenta superstitionis ponebatur
quorundam animalium abstinentia.) Also war zu Tiberius Zeit, wie
hier deutlich zu ersehen, die Enthaltsamkeit von gewissen Thieren
ein Gegenstand gehässiger Angriffe und Verfolgungen.

Juvenal der Satyriker (um 100 p. Chr.) beschuldigte [2] die Juden,
dass sie die Wolken anbeten, spricht von ihrer Enthaltsamkeit von

---

[1] Dasselbe berichtet Saeton (70—130 p. Chr.) Tiber. c. 36: **Externas**
ceremonias, Aegyptios Judaicosque ritus compescuit.

[2] Der Vollständigkeit wegen bringen wir hier das oben (in Note
S. 468) nur allgemein hin erwähnte Citat aus Juv. Sat. VI, 390f: Cophino
foenoque relicto Arcanum Judaea tremens mendicat .... Qualiacunque
voles Judaei somnia vendunt. — Hieran schliesse sich auch der Wortlaut des ob. von uns ebenso behandelten Depping'schen Citats („Die
Juden in Mittelalter, S. 21): „Die ersten lateinischen Schriftsteller,
welche der Juden erwähnen, sprechen von ihnen in Ausdrücken der Verachtung, woraus man schliessen kann, dass es der Auswurf der Nation
war, welcher sich nach Rom begab, wo die von allen Theilen der Welt
aufgehäuften Schätze und der unbegränzte Luxus der Grossen die Armen
aller Provinzen herbeilockten. Sie widmeten sich den niedrigsten Zweigen
der Industrie und führten ein erbärmliches Leben." Dies ist wahrscheinlich genug, wie wir ja auch sehen, dass, besonders nachdem Berlin
die Reichshauptstadt wurde, Unzählige von kleinen Städten und
Dörfern, Preussen, Deutsche, Slaven u. s. w. Ausländer jeder Confession
(Colluvies gentium) (man denke an die Völkerwanderung nach Amerika),
dahinströmen, um ihr Glück zu versuchen und das erträumte Gold vom
Strassenpflaster aufzusammeln. Doch sind die römischen Berichte hand-

Schweinefleich, kommt auch auf die Beschneidung zu raisonniren und klagt die Juden an, dass sie lieblos und gehässig gegen Nichtjuden seien. Er fabelt ferner, dass sie am Sabbath fasten und in schmutzigen Gewändern dasitzen [1]). Sat. XIV, V. 96:

> Quidam . . . . uil praeter nubes et coeli numen adorant[2])
> Nec distare putant „humana carne suillam“
> Qua pater abstinuit; mox et praeputia ponunt:
> Romanas autem soliti contemnere leges,[3])
> Judaicum ediscunt et servant ac metuunt jus,[4])
> Tradidit arcano quodcumque volumine Moses.

greiflich von krassem Vorurtheil und leichtfertigster Einseitigkeit gefärbt. Hatten die Juden nicht eine grossartige Geschichte hinter sich? Besassen sie nicht grosse Patrioten, Maccabäer, Diplomaten, Feldherren, Führer und Herrscher, eine hochstehende Aristokratie und Mittelclasse, selbst zu jener Zeit? Sind jene Schriftsteller nie mit der besseren und soliden Majorität auch nur vereinzelt oder vorübergehend zusammengetroffen? Unmöglich!

[1]) Lächerlich und selbst eines Atoms von Wahrheit entbehrend, wie Jeder sofort erkennt, der auch nur etwas von der jüdischen Sabbathfeier weiss. Doch wäre die Ignoranz und Spottsucht des lateinischen Satyrikers nicht so masslos geblieben, wenn ein geselliger Verkehr durch die Macht der politischen Verhältnisse, beiderseitiger Vorurtheile und des Wahnes der Superiorität, der hüben und drüben herrschte, nicht unmöglich gemacht, oder jedenfalls erschwert worden wäre!

[2]) Aehnlich Petronius (60 p. Chr.): Judaeus licet et porcinum numen adoret. Et coeli summas advocet auriculas (S. S. 488 Note 11 im Anhang I). „Weil bei den Juden die Vorhöfe der Tempel offen, ohne Dächer waren, und sie keine Götterbilder hatten, glaubte man, sie beteten als ihren Gott Wolken und Himmel an“ (Anonymus). Celsus apud Originem dagegen fabelt, dass die Juden den Himmel und die Engel anbeten, doch nicht die vorzüglichsten Theile des Himmels: Sonne und Sterne.“

[3]) Wiederum die „Hamausche Anklage fast wörtlich; so beten und treten sie Alle Einer dem Anderen nach, und all' die schlammigen Kanäle entströmen fast einer trüben Quelle! Zudem glaubte und glaubt die Kurzsichtigkeit und Boshcit, dass, weil die Juden ihre eigenen Religionsgesetze hatten und haben, sie deshalb die Staatsgesetze desavouirten und desavouiren.

[4]) Das ist das punctum saliens: hinc illae lacrimae! weshalb Juden und Judenthum so vielen heidnischen Schriftstellern so verhasst waren. Obgleich nun, wie wir sehen, römische und griechische Schriftsteller die Religion und Riten der Juden, besonders auch die Speisegesetze, verhöhnten und mit denselben ihre Ungeselligkeit und Abgeschlossenheit

Non monstrare vias, eadem nisi sacra colenti
Quaesitum ad fontem solos deducere verpos.[1])

Philostratus (Anfang des 3. Jahrh. p. Chr.) thut die Aeusserung,
dass die Juden betreffs Speiseritus, Gebet, Opfer mehr als Susa,

von anderen Nationen in Zusammenhang bringen, verdient doch die
bereits vermerkte Thatsache, die fast wie ein Widerspruch klingt, dass
nämlich viele jüdische Satzungen, auch der Speiseritus von zahlreichen
Römern adoptirt wurden, noch einiger näherer Belege. Nachdem Dio
Cassius von dem verfolgten Stamme gesprochen, der bezüglich der Lebensweise (des Speiseritus) von den übrigen Menschen sich absondert
(κεχωρίδαται δὲ ἀπὸ τῶν λοιπῶν ἀνθρώπων ἔς τε τὰ ἄλλα τὰ περὶ τὴν δίαιταν
πάντα), berichtet er, wie die schon citirten Schriftsteller, lib. LXVII, dass
diejenigen Römer, welche den jüdischen Riten huldigten, an ihrem Leben
und Vermögen gerichtet wurden. Mit solchen, den schwersten, Strafen
mussten also die römischen Behörden gegen jene, die von den jüdischen
Observanzen eingenommen waren, einschreiten: Ὑρ ἧς (ἀθεότητος) καὶ
ἄλλοι ἐς τὰ τῶν Ἰουδαίων ἤθη ἐξοκέλλοντες πολλοὶ κατεδικάσθησαν, καὶ οἱ μὲν
ἀπέθανον, οἱ δὲ τῶν γοῦν οὐσιῶν ἐστερήθησαν. Das geschah unter Domitian.
Sein Nachfolger Nerva degegen verbot es, Leute wegen ἀθεότης oder
Judaismus (worunter übrigens auch Judenchristlichkeit verstanden werden
kann) zu verfolgen: τοῖς δὲ δὴ ἄλλοις οὔτ' ἀσεβείας οὔτ' Ἰουδαικοῦ βίου
κατακιάσθαί τινας συνεχώρησεν (Dio Dass. lib. LXVIII).

Celsus apud Originem (170 p. Ch.) tadelt die Heiden, dass sie die
jüdischen Satzungen nachahmen. Die Juden wären weniger zu tadeln,
dass sie ihrer Satzungen warteten. Wenn sie sich aber rühmten etwas
Besseres als Andere zu wissen und sich der Gemeinschaft mit Anderen,
als nicht rein genug abwendeten, so hätten sie doch schon gehört, dass
ihnen, den Juden, ihr Dogma nicht ausschliesslich eigenthümlich, sondern
schon längst den Persern bekannt gewesen. Er spottet dann über die
Enthaltung vom Schweine und über die Beschneidung und meint, dass
die Juden deshalb nicht heiliger als andere seien, denn was letztere anbetrifft, so ist sie schon früher Aegyptern und Kolchern eigen, und die
Aegypter enthalten sich nicht nur vom Schwein, sondern auch von Ziegen,
Schafen und Rindern und Fischen; die Pythagoräer und ihre Jünger
sogar auch der Bohnen und aller Fleischkost: φησὶν οὖν (ὁ Κέλσος) οὐ μὴν
οὐδὲ κατὰ ταῦτα ἁγιώτεροι τῶν ἄλλων ἄν εἶεν, ὅτι περιτέμνονται. τοῦτο γὰρ
Αἰγύπτιοι καὶ Κόλχοι πρότεροι. οὐδ' ὅτι συῶν ἀπέχονται . καὶ γὰρ ταῦτ' Αἰγύπτιοι,
καὶ προσέτι αἰγῶν τε καὶ οἰῶν καὶ βοῶν τε καὶ ἰχθύων · καὶ κυάμων γε Πυθαγόρας
τε καὶ οἱ μαθηταὶ καὶ ἐμψύχων ἁπάντων (lib. V, 43 ed. Spencer).

[1]) Es ist nicht mit unanfechtbarer Sicherheit zu constatiren, ob
der Dichter hier Juden, oder Judenchristen, oder gar heidnische Römer
schildert, die jüdische Riten adoptirt hatten.

Bactrien und Indien, nicht nur von den Römern, sondern auch von allen anderen Menschen sich entfernen. Vita Apoll. Tyan. lib. V, 11 sagt er nämlich: Ἐκεῖνοι (οἱ Ἰουδαῖοι) μὲν γὰρ πάλαι ἀφέστασαν. οὐ μόνον Ῥωμαίων, ἀλλὰ καὶ πάντων ἀνθρώπων. Οἱ γὰρ βίον ἄμικτον εὑρόντες, καὶ οἷς μήτε κοινή πρὸς ἀνθρώπους τράπεζα. μήτε σπονδαί. μήτε εὐχαὶ μήτε θυσίαι. πλέον ἀφεςθῶσιν ἡμῶν, ἢ Σοῦσα καὶ Βάκτρα καὶ ὑπὲρ ταῦτα Ἰνδοί.

Rutilius Numantianus (um 400 p. Chr.) verhöhnt ebenfalls die Juden wegen ihrer Speisegesetze; auch er kommt von diesen auf die Beschneidung zu sprechen; dass er sie der Lüsternheit und Ausschweifung [1] bezichtigte, fordert unsere Entrüstung heraus. (Itiner. I. v. 383): Namque loci querulus curam Judaeus agebat, humanis animal dissociale cibis . . . Reddimus obscoenae convicia debita genti, quae genitale caput propudiosa metit. Dann geht es, wie bei Anderen, auch über den Sabbath her. Und doch spricht hier, wie aus späteren Versen zu ersehen, der Aerger darüber, dass die jüdischen Sitten von Vielen acceptirt wurden (s. S. 488 Anh. I. Note 10.)

So weit von der Isolirung der Tischgemeinschaft zwischen Juden und Heiden. Zwischen Juden und Christen scheint in der darauf folgenden Zeit lange keine Isolirung von den Tafelfreuden stattgefunden zu haben. Haben auch die Juden weniger an christlichen Tafeln theilgenommen, so scheinen doch die Christen die Speisen an jüdischen Tafeln nicht verschmäht zu haben [2]). Denn in den Kirchenversammlungen von Agde, Epaone und Orleans wird den

---

[1]) Schon bei Tacitus fiel uns diese Anschuldigung auf: Hist. l. V, c. 5: projectissima ad libidinem gens, alienarum concubitu abstinent, inter se nihil illicitum. Nichts unerlaubt? Der grosse Historiker hatte also nicht die geringste Kenntniss der mosaischen, geschweige denn der rabbinischen Ehe- und Keuschheitsgesetze. Ich möchte sagen: contra Judaeos nihil illicitum, gegen Juden war nichts unerlaubt, nicht gemeine Gehässigkeit, nicht Verleumdung, nicht Verlogenheit, keinerlei Niedertracht. Also auch in diesem Punkte der leuchtende Vorgänger moderner antisemitisch geblendeter Geschichtslehrer, für die, wie Virchow am 3. Aug. d. J. sarkastisch treffend bemerkte: spiritistisch angehauchte Leute gern einen Lehrstuhl für Antisemitismus creiren möchten.

[2]) Vielleicht war dies aber nur in dem vorurtheilsfreieren Frankreich der Fall.

Christen im Allgemeinen und den Geistlichen insbesondere geboten, nicht ferner noch Mahlzeiten bei den Juden einzunehmen und diesen solche anzubieten, — woraus sich ergiebt, dass bis dahin keine gegenseitige Abschliessung stattfand [1]). Salvador „Geschichte der mosaischen Institutionen" (übers. von Dr. Essena, III. B. S. 44—45), der den Wortlaut dieser Decrete giebt, bemerkt: „Der Text dieser Decrete ist merkwürdig genug, um angeführt zu werden; er legt der Küche beider Nationen eine Wichtigkeit bei, über welche man bei Leuten, für die materielle Dinge bedeutungslos sein sollten, nur staunen kann: „dass alle Geistlichen und Laien sich hüten mögen, bei den Juden Mahlzeiten abzuhalten, und dass Keiner seinerseits sie einlade. Denn da sie nicht dieselben Speisen wie die Christen geniessen [2]), so wäre es eine unwürdige und gotteslästernde That, von ihren Gerichten zu kosten; es hiesse bekennen, dass man ihnen untergeordnet sei'." — Omnes deinceps clerici, sive laici Judaeorum

[1]) Depping (die Juden im Mittelalter S. 45) sagt: „Die Concilien setzten es sich zur Hauptaufgabe, die Juden mitten in der Gesellschaft zu isoliren, indem sie alle Verbindung mit denselben verboten; aber die häufige Erneuerung dieser Verbote beweist, wie unnütz oder wie schwer sie auszuführen waren. O, ihr gründlichen Tacituskenner und ihr Alle, die ihr die Humanität verleugnet und somit nur dem Namen nach Christen seid, ihr Geschichtslehrer und Verkündiger der Lehre der Menschenliebe, die ihr die Geschichte entstellt, das geistliche Gewand missbraucht und herabwürdigt, euch würde der erhabene Stifter des Christenthums zurufen: „ich habe euch nie gekannt." Hier aber habt ihr einen Spiegel für den hoffentlich nur auf kurze Dauer verirrten und verwilderten Zeitgeist, der nur der Herren „eigenster Geist ist".

[2]) Wenn sie also dennoch von Christen geladen und rituell bewirthet wurden, so zeigt dies, wie Gallien damals Germanien und andere Länder an höflicher Sitte und zartsinniger Humanität übertraf, und dass vom gesunden, convivialen Sinne der Bevölkerung der abweichende Speiseritus der Juden keineswegs als Ausdruck und Beweis feindseliger Denkungsart oder bornirter Frömmigkeit angesehen wurde. Er galt einfach als religiöse Gewissenssache einer anderen Glaubensgenossenschaft, der man Duldung und Rücksicht schulde. Doch, obgleich wir dies rückhaltlos lobend anerkennen, halten wir es doch für inopportun, für Fictionen, für rabbinische Commente besondere Concessionen oder gar Privilegien in Anspruch zu nehmen, die wir für Wichtiges und Heiliges beanspruchen.

convivia evitent, nec? (neve)? eos ad convivium quispuam excipiat, quia, cum apud Christianos cibis communibus non utantur, indignum est atque sacrilegium, eorum cibos a Christianis sumi, quum ea, quae, apostole permittente, nos sumimus ab illis judicentur immunda; ac sic inferiores incipiant esse Christiani, quam Judaei, si nos quae ab illis apponantur utamur, illi vero a nobis oblata contemnant (concile d'Agde, anno 506. art. XL). — Si superioris loci clericus haeretici cujuscumque clerici convivio interfuerit, anni spatio pacem ecclesiae non habebit. Quod juniores clerici, si praesumpserint, vapulabunt. A Judaeorum vero conviviis etiam laicos constitutio nostra prohibuit, nec cum illo (ullo?) clerico nostro panem comedat quisquis Judaeorum fuerit convivio inclinatus [1]) (concile d' Epaone oder Epaour, a. 517, art. XV).

Während wir soeben sahen, wie Kirchenversammlungen die Juden wegen Beobachtung der Speisegesetze so hart mitnehmen, ist es gewiss nicht uninteressant zu erfahren, dass der heidnische

---

[1]) Wie diametral entgegengesetzt ist doch dieses feindselige Decret gegen Paulus' humane Aeusserung Epist. ad Romanos XIV, 20: Μὴ ἕνεκεν βρώματος κατάλυε τὸ ἔργον τοῦ θεοῦ, πάντα μὲν καθαρά, ἀλλὰ κακὸν τῷ ἀνθρώπῳ τῷ διὰ προσκόμματος ἐσθίοντι. Καλὸν τὸ μὴ φαγεῖν κρέα . . . . μηδὲ ἐν ᾧ ὁ ἀδελφός σου προσκόπτει, ἢ σκανδαλίζεται, ἢ ἀσθενεῖ. (Anders freilich Timoth. IV, 3.)

Aus cod. Theod, nov. lib. Tit. III (425 p. Chr.) sei hier noch ein Decret angeführt, das mit obigem eine, wenn auch nur sehr entfernte, Aehnlichkeit hat. Es spricht den Juden die Fähigkeit ab, ein öffentliches Amt zu bekleiden, weil sie den römischen Gesetzen feindselig seien (vielleicht spuken auch in dieser immer von Neuem aufgelegten Sykophantie zum Theil die abweichenden Speisesiten der Juden!): Neminem Judaeum ad honores et dignitates accedere . . . Nefas quippe credimus, ut supernae majestati et Romanis legibus inimici . . . judicandi vel pronuntiandi quod velint habeant potestatem.

Merkwürdig bleibt es: das Christenthum klagt so oft das Judenthum der Absonderung an, während es selbst dieselbe so ausdrücklich predigt! 2 Corinth. VI, 17o: ἐξέλθετε ἐκ μέσου αὐτῶν καὶ ἀφορίσθητε. (S. S. 486 Anhang I. Note 3.) Während Tacitus und seine Vorgänger es dem Judenthum zum schweren Vorwurf machen, dass sie keine Ehebündnisse mit ihnen, den Götzendienern, eingehen, beschliesst die Brandenb. Provinzialsynode (October 1893) den Kirchenbann gegen Christen zu verhängen, die in gemischter Ehe leben.

Imperator Julianus Apostata (c. 360 p. Chr.) die Christen darüber interpellirt, dass sie die biblischen Speisegesetze vernachlässigen [1]). Die Schrift dieses Kaisers ist nur noch in Fragmenten enthalten und zwar in der Widerlegung derselben bei Cyrillus, Bischof von Alexandrien (starb 444). Julianus fragt die Christen: „Warum haltet Ihr nicht die Speisegesetze gleich den Juden? Ihr sprechet: weil Petrus (acta apost. X. 15) gesagt hat ἃ ὁ θεὸς ἐκαθάρισε, σὺ μὴ κοίνου. Was kann dies anderes heissen, als dass Gott vormals im A. T. Dinge als unrein bezeichnet, die er im N. T. für rein erklärt? Moses sagt 3 M. XI, 3: Alles, was unter den Thieren gespaltene Klauen hat und wiederkäuet, das dürfet Ihr essen. Das Schwein hat wohl gespaltene Klauen, aber es wiederkäuet nicht, darum soll es euch unrein sein. Nun, wenn das Schwein seit der Vision des Petrus diese Natur verändert hat, so ist dies sehr wunderbar: wenn aber nicht, warum glaubt Ihr ihm?" (Cyrill, lib. IX.).

Andererseits war es ganz in der Ordnung und naturgemäss, dass auch von den Juden selber, und keineswegs nur von den indifferentesten, laienhaften und leichtsinnigen unter diesen, die isolirenden und entfremdenden Folgen der Speisegesetze schmerzlich begriffen und empfunden wurden, sondern während des ganzen Mittelalters, welches bekanntlich für das Judenthum und dessen Bekenner sehr weit in die Neuzeit hineinreicht, die verzweifelungsvollsten Klagen und Betrachtungen darüber auch seitens der frömmsten, gelehrtesten und vortrefflichsten Männer ertönten. So äussert sich kein Geringerer als R. Sal. Jizchaki, genannt Raschi, „die Leuchte des Exils" in Anlehnung an Klagelieder I. 21: „Du, o Gott, bist die Veranlassung, dass die Völker mich hassen, denn

---

[1]) Er rügt auch, beiläufig bemerkt, die Unterlassung der Beschneidung an den Christen: „Warum lasset ihr euch nicht beschneiden? Ihr entgegnet: Paulus sage (Römer II. 28, 29) οὐ γάρ .... ἡ ἐν τῷ φανερῷ, ἐν σαρκί, περιτομή. Ἀλλ᾽ ὁ ἐν τῷ κρυπτῷ ἰουδαῖος, καὶ περιτομὴ καρδίας *). Jesus hat aber gesagt (Matth. V. 17): οὐκ ἦλθον καταλῦσαι ἀλλὰ πληρῶσαι Ὃς ἐὰν οὖν λύσῃ μίαν τῶν ἐντολῶν τούτων τῶν ἐλαχίστων καὶ διδάξῃ οὕτω τοὺς ἀνθρώπους, ἐλάχιστος κληθήσεται ἐν τῇ βασιλείᾳ τῶν οὐρανῶν (Cyrill lib. IX.).

---

*) Paulus spielt an auf 3 M. 26, 41 u. 5 M. 10, 16 u. a. Stellen.

Du hast mich abgesondert von ihrer Speise und ihrem Trank¹) und von der ehelichen Verbindung mit ihnen. Hätte ich mich mit ihnen verschwägert, so hätten sie sich meiner und der Kinder ihrer Kinder erbarmt" אתה גרמת לי שהם שנאים אותי שהבדלתני ממאכלם וממשתיהם ומהרחתן אם כב נתחתני בהם היו בני מרחמים עלי על בני בנותיהם. Diese Worte sind aber nur das Echo eines anderen Rabbi, der über 700 Jahre früher seine müde gehetzte Nation in einem rührenden Gleichniss ihrem Schmerz Ausdruck geben lässt (Midrasch Rabba zu derselben Stelle Klagelieder I, 21): „Unser Zustand" — spricht das verfolgte, gedrückte und gehöhnte Israel — „gleicht dem einer königlichen Gemahlin, welcher ihr Gemahl eingeschärft hatte: „Unterhalte Dich nicht mit Deinen Nachbaren, borge Dir nichts von ihnen, und borge Du ihnen nichts." Später zürnte der König über sie und stiess sie von sich. Da klopfte sie bei allen ihren Nachbaren an, fand aber nirgends Aufnahme. Sie kehrte also zum Könige zurück. Dieser fuhr sie an: „Du bist so dreist, dass Du wieder zu mir kommst." Darauf entgegnete die Frau: „Hätte ich früher meinen Nachbarinnen Geräthe geliehen und von ihnen entlehnt, hätten wir uns gegenseitig Dienste geleistet, wahrlich, ich hätte Aufnahme bei ihnen gefunden." Ebenso verhält es sich mit Israel. Der Heilige, gelobt sei Er! ruft Israel zu: „Ihr seid zu dreist"²). Israel aber erwidert: „Herr des Weltalls! Hast Du nicht in Deinem Gesetze verzeichnet: Du sollst Dich nicht mit ihnen verschwägern, Deine Tochter sollst Du nicht seinem Sohne geben, seine Tochter nicht Deinem Sohn zur Frau nehmen; hätten wir uns gegenseitig nachbarlich und freundschaftlich verhalten, wäre seine Tochter bei mir, die meinige

---

¹) Natürlich für Raschi sind biblische („göttliche") und rabbinische Speisegesetze identisch, doch brauchen wir nicht zu wiederholen, dass meist die Maasslosigkeit und Minutiosität der Letzteren Abschliessung, Vorurtheil, Lästigkeit, Kostenaufwand und Gehässigkeit gezeitigt und fortwährend gebären.

²) Diese Auffassung des אקשיתן אם פנים „ihr seid zu dreist, sc. dass ihr immer wieder zu mir betet, nachdem ich euch aus Tempel und Land verjagt habe", scheint mir richtiger, als die des מתניח בהרוין: הרושיח בהחמ בכים בלפי האמיר שהרי כולם שואים כבלם אבכם.

bei ihm. wahrlich, ich hätte bei ihnen liebevolle Aufnahme und Unterkunft gefunden. Siehe also: Du, o Gott, hast mir dies Leid bewirkt." משל למלך שנשא למטרונה אמר לה אל תשיחי עם חברותיך ואל תשאילי מהן ואל תשאילי להן כך אמר הקב״ה לישראל אקשיתון אפיכון אמרו לפניו רבן העולמים לא כתבת בתורתך לא תתחתן בם אי כילל הויין משאילין להן וכו׳ . . . הד״ כ אי אתה עשית.

Nach dieser auf jüdischen und nichtjüdischen Quellen beruhenden Darstellung kommen wir zum Endresultat und können mit unserer Ansicht und Ueberzeugung nicht zurückhalten, dass die Beobachtung der Spg. auf unsern socialen Verkehr einen sehr nachtheiligen Einfluss ausgeübt hat und zum Theil noch immerfort ausübt. Wie wünschenswerth ist es nun, dass hier, unbeschadet der Gewissenhaftigkeit (Religiösität nach dem alten und eigentlichen Wortsinn) Remedur, Erleichterung eintrete! Unsere Altvorderen im Mittelalter lebten zurückgezogen im Ghetto, wurden aus Umgang und Verkehr mit Genossen einer anderen Confession gewaltsam hinausgedrängt, isolirten sich, um den Bedrückungen und Verhöhnungen aus dem Wege zu gehen, noch grossentheils ihrerseits selber mehr und mehr. Es waren keine gemeinsamen Berührungspunkte: auf politischem, communalem Gebiete zählte der Jude nicht mit, in socialer Hinsicht nahm er keine geachtete Stellung ein, er hatte sich an seine Ausnahmestellung so gewöhnt, in dieselbe so hineingelebt, dass er sich aus derselben gar nicht herauswünschte: er war zufrieden, wenn er seinen Unterhalt durch materiellen Erwerb finden konnte, zufrieden, wenn er aus seiner Ruhe, seinem Besitz nicht gewaltsam verdrängt wurde. Unter solchen Umständen und bei ihrer so lebendigen Hoffnung auf die messianische Erlösung empfanden sie nicht das Drückende und Beengende der Speiseriten, am wenigsten in Rücksicht auf socialen Verkehr mit Nichtjuden, abgesehen davon, dass ihnen die kleinlichste und noch soweit ausgesponnene Ceremonie als ein göttliches Gebot galt, für dessen Beobachtung sie einst im Himmel reichlich werden belohnt werden. Unsere Altvorderen zogen um das fragliche, wie um manche andere Gesetze, einen Zaun um den anderen, einen Wall über den anderen, suchten sich vor den Feinden der Juden und des Juden-

thums noch mehr abzuschliessen und zu isoliren, als dies in Folge
der religiösen Satzungen schon erfolgt war. Doch die Isolirung,
von der Bibel beabsichtigt und verlangt, hatte in dem Götzendienst
und der Sittenverderbniss der damaligen Völker ihren Grund. Und
wenn wir auch die Abschliessung, die der Talmud befürwortete und
durchführte, von seinem Standpunkte aus und für die von ihm in's
Auge gefassten Zeiten und Verhältnisse vollkommen verstehen, ja
im Allgemeinen für nothwendig und opportun halten, so liegen uns
doch in der Gegenwart andere, ja fast entgegengesetzte Pflichten
ob. Wir dürfen und wollen unseren specifischen Glauben und
dessen nöthige Formen und Observanzen nicht aufgeben [1]), wir
brauchen uns aber nicht mehr so ängstlich zurückzuziehen und zu
verbarrikadiren. Bei Sturm und Frost zieht man das umhüllende
schützende Gewand immer enger und fester zusammen; bei ruhigem
Wetter und mildem Sonnenschein lichtet man das Gewand nach und
nach. Die Sturme und Fröste des Mittelalters sind einem milden
Himmel der Civilisation und Humanität gewichen [2]): wir sind in

---

[1]) Nach den früheren Versicherungen brauchen wir nicht zu wiederholen, dass wir unsererseits nur gegen die rabbinischen Missverständnisse und Entstellungen der bibl. Speisegesetze, nicht aber gegen
diese selbst ankämpfen, die ja mit Ausnahme des Blutes und der sogenannten unreinen Thiere auch von den Christen, wie von allen civilisirten
Völkern beobachtet werden.

[2]) Wir schreiben dies Angesichts und trotz des leider gegenwärtig
so lärmend und wuchernd und verwüstend aufschiessenden Giftbaumes
des Antisemitismus in- und ausserhalb unseres deutschen Vaterlandes.
Denn gottlob! Die edelsten Gemüther und gediegensten Geister stehen
auf Seiten des Rechts, der Wahrheit und der Humanität und fühlen
sich um so mehr gedrungen, in die Arena für die werthvollsten und
heiligsten Errungenschaften der modernen Zeit einzutreten. Dank sei
ihnen! und der Segen des Himmels und die Lobpreisungen der spätesten
Generationen werden ihnen nicht fehlen. Was uns Israeliten anbetrifft,
so werden wir trotz aller schroffen Behandlung, Verunglimpfung und
Unduldsamkeit nicht aufhören mit all unserem Vermögen, mit all unseren
Kräften, mit unserem Herzblute die Wohlfahrt, das Heil und die Sicherheit des Vaterlandes, des Staates und der Gesellschaft, in denen wir
leben, zu fördern, unseren Mitbürgern, mit denen wir uns innig ver-
brüdert und solidarisch fühlen, zu dienen und zu helfen. Was jene Judenfeinde betrifft, die sich noch Christen nennen, so bergen sie nur diese

das staatliche Leben, in die Cultur der Gegenwart als vollberechtigte
Bürger eingetreten, und unsere Religion steht unter dem Schutze
der Gesetze. Trennung und Abschliessung war die Parole des
Mittelalters, das für uns Juden bekanntlich bis in die neueste Zeit
hineinreicht; die Devise der Neuzeit ist Anschluss, Vereinigung,
Verbrüderung. Und darum müssen, soweit sie nicht in der reinen
und klaren Lehre des Judenthums begründet, alle Scheidewände
und Grenzpfähle fallen, welche unser gedeihliches, enges Zusammenleben, unser inniges gegenseitiges Verbrüdern mit unseren Mitbürgern verhindern.

Ja, wir haben jetzt ein Vaterland, nehmen an den politischen
und communalen Institutionen und allen heilsamen Bestrebungen
desselben einen lebhaften Antheil und sollen es, wie es auch
geschieht, mit vollem Herzen, ganzer Seele und allen Kräften
umfassen [1]). Dabei aber hat der, wenn auch oft missverstandene

Hülle, aber das Wesen und den Geist des Christenthums, d. i. sittlich-
humanes Leben und Streben, Gerechtigkeit, Duldsamkeit, Nächstenliebe,
worin sich wahres Judenthum und wahres Christenthum einig wissen —
haben sie vergessen oder nie gekannt. Sie, die Lehre ihres Herrn und
Meisters verleugnend, in ihr diametrales Gegentheil verwandelnd, wagen
es dennoch sich Christen zu nennen. Sie wähnen in ihrer Verblendung,
mit der sie auch Andere zu verblenden vermeinen, ihr Scheinchristen-
thum doch noch dadurch documentiren zu können, dass sie ihren Antisemitismus, den einer der edelsten Fürsten, die jemals einen Thron geziert,
(und der, — so lange noch eine humanitär-sittliche Gesellschaft existiren,
nur unter Lobpreisungen zum Segen genannt werden wird) eine Schmach
für das Jahrhundert und des deutschen Vaterlandes nannte — mit Abstreifung allen Schamgefühls vor aller Welt ohne Scheu zur Schau tragen.
Sie säen Wind und werden Sturm ernten, ihre giftige Drachensaat des
Hasses, der Zwietracht schlägt auch dem Staate, seinen Gesammtinteressen,
die schwersten Wunden. Aber „schmiedet nur immer Ränke, haltet nur
immer eure giftgeschwängerten Reden, sie werden doch verstummen,
denn mit uns ist Gott!" (Jesaj. 8, 10.) Das Judenthum, die Nährmutter
des wahren Christenthums, wird sich noch immer mehr läutern und veredeln und wird fortbestehen, wie es bisher allen Stürmen und Angriffen,
allen Verunglimpfungen und Anfechtungen siegreich widerstand!

[1]) Unseren Vorfahren wurde selbst während des babyl. Exils empfohlen, das Wohl des ihnen doch nur für die Zeitdauer von 70 Jahren
zum Aufenthalt angewiesenen Landes mit all ihrem materiellen und

und ganz falsch angewandte Ausspruch: „Man muss Gott mehr ge-
horchen als den Menschen," seine volle Berechtigung, und besser
ist, wie einst ein frommer und weiser Rabbi sich äusserte:
„lebenslang als ein Thor in den Augen der Menschen zu gelten,
als auch nur eine Stunde vor Gott und Gewissen als Sünder da-
zustehen". Emancipiren sich viele Israeliten, nicht aus Ueberzeugung,
dass ihnen ein rabbinischer Ballast aufgebürdet worden, der manches
einfache biblische Gesetz bis zum Nichtwiedererkennen entstellt
hat, sondern aus Genusssucht, Bequemlichkeit, falscher Scham, oder
wer weiss, welchen Verhältnissen sie Rechnung tragen, während
sie immer noch glauben, dass sie nicht recht daran thun, so hat
das allerlei verderbliche Folgen, es erzeugt schwankende, unzu-
verlässige Charaktere, auf die man auch sonst im Leben nicht
rechnen und bauen kann; namentlich aber bringt dies allmählich
Zweifel und Zerwürfniss mit der Religion im Grossen und Ganzen
hervor. „Gesetze erziehen den Menschen, und zumal die Religionsgesetze. Daher demoralisirt auch nichts so arg, als das Bewusstsein,
mit der Religion zerfallen zu sein," sagt ein charaktervoller, geist-
reicher jüdischer Schriftsteller. Dass etwa Rabbinerversammlungen die
Initiative ergreifen, die beregten Punkte in Fluss bringen werden,
daran ist nach den Erfahrungen der letzten Jahre kaum zu denken;
darum mein ceterum censeo, darum wäre es Pflicht aller für das
Judenthum noch warm fühlenden intelligenten Israeliten, Pflicht der
nicht indifferenten Vorsteher, Pflicht der nicht indifferenten Mediciner,
Juristen, Philologen die Initiative zu ergreifen, eine Synode zu
berufen und die Rabbiner dazu einzuladen. Ich habe die Zuversicht,

geistigen Vermögen zu fördern (Jerem. 29, 7), wie unverbrüchlich heilig
vollends muss uns, den ebenbürtigen Kindern unseres wirklichen und
bleibenden Vaterlandes, die Förderung seines Heiles und Wohlstandes sein.
Es ist uns nicht minder um die Uebung der gleichen Pflichten, wie um
den Genuss der gleichen Rechte mit den anderen Söhnen des Vaterlandes
zu thun. Sinnig und treffend heisst es bei den Alten: „Nicht deshalb
sei Moses von dem Wunsche beseelt gewesen, im Lande der Verheissung
zu weilen, um die köstlichen Früchte zu geniessen, deren Palästina sich
vorzugsweise zu erfreuen hatte, sondern um die Pflichten erfüllen zu
können, die nur dort ihre Stätte und Pflege hatten.

dass auch viele Rabbiner in dieser Gesellschaft, tief überzeugt, ohne
Schou und Menschenfurcht rückhaltlos Gott, d. i. der Wahrheit, die
Ehre geben, mancher Reform unbedingt zustimmen werden.

Der selige Geiger war zwar in späterer Zeit etwas kühl bezüglich der Reformbetreibung auf dem Gebiete der Speisegesetze,
er predigt grössere Entschiedenheit, er schliesst sein Raisonnement
(Jüd. Zeitschr. Jahrg. VIII. S. 24) mit den Worten: „Die Speisegesetze sind nun einmal der Art, dass für sie Reform und Ueber-
gangsstufen Nichts bedeuten; sint ut sunt, aut non sint." So
werthvoll und anerkennenswerth auch sonst sein Raisonnement ist,
in allen Punkten kann ich es nicht unterschreiben, namentlich die
Parole sint ut sunt, aut non sint. Ist es nicht heilsamer und
rathsamer, dass wir manche der bisher üblichen Verbote freigeben,
weil wir einsehen und überzeugt sind, dass sie der Basis ermangeln,
auf Missverständniss der Schrift oder auf einer mythischen Anschauung beruhten, so בשר בחלב und גיד הנשה, oder wenn wir
uns bei anderen, wie bei טרפה und נבלה, treu an die Schrift anschliessen, diese Begriffe nach ihrer wahren etymologischen Bedeutung erfassen, alle rabbinischen Ausspinnungen dagegen als
Extravaganz, als unbegründet und ganz unberechtigt erklären: חלב
— weil ausdrücklich nur wegen der Opferung verboten, jetzt ohne
jeden Skrupel freigeben — ist das nicht opportuner und heilsamer,
als sie alle ohne Unterschied, auch die Vorschrift über die unreinen
Thiere, zu beseitigen — oder den gesammten Apparat der rabbinischen Observanzen beizubehalten?

Wozu zur Revolution schreiten, wenn das Ziel auf legalem, ver-
fassungsmässigem Wege zu erreichen ist? Da behält die Schrift ihre
Sanction, das unbestreitbar noch heute Heilsame in diesen Gesetzen
wird beibehalten, die unbegründeten aber und dennoch das Leben
so sehr erschwerenden, Bewegung und Verkehr hemmenden fingirten
Commente auf ganz legitime Weise abrogirt. So sind ja die Talmudisten selber bei ihren noch eingreifenderen Reformen verfahren,
und ihr Werk ist ihnen gelungen.

Eine lange gut geschriebene gelehrte Abhandlung über die
biblischen Speisegesetze von Rabb. Dr. Kohler in der New-Yorker
Zeitschrift „The Jewish Times" 1872, wovon mir aber nicht alle

Nummern zu Gesichte gekommen, schliesst mit den Worten: „Die Speisegesetze sind, wie die zerbrochenen Gesetztafeln, heilige Trümmer, heilig, weil ein höherer Geist ehedem in ihnen verkörpert war, aber Trümmer, weil der lebendige Geist aus ihnen entflohen. Sie sind todt, weil sie kein religiöses Leben mehr in uns erwecken. Sie beruhen auf Anschauungen und wurzeln in Sitten, denen wir ganz und gar entwachsen sind. Die Begriffe von „rein und unrein" die Begriffe vom physischem Leben und seinem Sitze, wie sie die Bibel voraussetzt, starren, wie die Hieroglyphen auf uralten Denkmälern, uns an. Die biblischen Speisegesetze haben mit ihrer Verständlichkeit auch ihre Geltung und Verbindlichkeit verloren." Diese auf gründlicher Forschung und unverhüllter Wahrheitsliebe beruhenden Worte finden im Principe meine Zustimmung. Selbst viele der biblischen Speisegesetze — von den rabbinischen ganz zu schweigen — haben, ebenso wie manche andere biblische Institutionen, für primitive ·Culturepochen oder andere, klimatische, sociale und nationale Verhältnisse berechnet, Inhalt und Tragweite für unsere Zeiten und Verhältnisse verloren. Aber wir verweisen auf das, was wir so eben auf Geigers Verdict bemerkt haben und fügen noch besonders hinzu: nicht das biblische, sondern das rabbinische Speiseritual veranlasst die vielen Plackereien in der jüdischen Küche und die Hemmnisse des socialen Verkehrs.

Ich kann nicht umhin, die Worte, womit ein, wie von Juden, so auch Christen, gefeierter jüdischer Gelehrter, um dessen Parteizugehörigkeit — wie einst 7 Städte um den Geburtsort Homers — Viele, Alt- und Neuorthodoxe und Liberale, sich streiten, einen Artikel über ein biblisches Speiseverbot schliesst, hierher zu setzen. „Für den Werth eines Ausspruches entscheidet die innere Wahrheit, nicht das Alter . . . Mit der Aussicht auf den endlichen Sieg des Rechts und der Freiheit dürfen wir den Gebrauch der Nahrungsmittel dem Ausspruch der Wissenschaft und dem Gebot des Gemeinwohls anheimstellen." (Zunz in der Geigerschen Zeitschrift Jahrg. 8, S. 104.)

„Gedenke der Tage der Vorzeit, erwäge die Jahre vergangener Geschlechter." In den vierziger Jahren unseres Jahrhunderts herrschte viel Leben und Bewegung auf dem Gebiet religiöser Reform im

Allgemeinen und bezüglich der Speiseobservanzen im Besonderen. Mehrere grössere Gemeinden nahmen durch gediegene Denkschriften an den damaligen Rabbinerversammlungen lebhaften Antheil. Die im Jahre 1848 eingetretene politische Umwälzung absorbirte das Interesse an religiösen, theologischen Discussionen, es trat ein Stillstand ein. Neues Leben und Streben auf diesem Gebiete bekundete sich wieder im Jahre 1868 in der Rabbinerversammlung in Cassel, wo neben der liturgischen, auch die speisegesetzliche Frage wieder auftrat, und auch in den darauf folgenden Synoden zu Leipzig und Augsburg stand sie wieder auf der Tagesordnung. Durch den Tod einiger Koryphäen unter den fortschrittlichen Rabbinern, noch mehr aber durch die bald darauf eingetretene antisemitische Bewegung, trat wiederum auf dem fraglichen Gebiete ein Stillstand ein. Einestheils mussten die Kräfte angespannt werden zur Bekämpfung, Zurückdrängung oder doch Abschwächung der grassirenden antisemitischen Seuche; anderentheils glaubten und glauben noch jetzt Viele, das religiöse oder vielmehr ceremonielle Wesen und Leben sei unter den obwaltenden Verhältnissen ein noli me tangere, auch die dringendsten Emendationen und Modificationen auf dem fraglichen Felde müssten auf politisch- oder richtiger „social" günstigere Zeiten verschoben werden [1]. Schreiber dieser Zeilen ist anderer Meinung und bedauert und empfindet um des erwähnten Umstandes, nämlich der Stagnation auf ceremoniell religiösem Gebiete willen, das delirium antisem. um desto schmerzlicher.

Ich erwähnte eben der lebhaften Theilnahme an den Arbeiten der Rabbinerversammlungen in den vierziger Jahren (und an den beiden Synoden) von Seiten der grössten intelligenten Gemeinden Deutschlands durch gehaltreiche, gediegene Denkschriften und glaube diesem Capitel durch Mittheilung einiger Sätze aus der lichtvollen, mannhaften, prägnanten Motivirung des Reformbedürfnisses in der Denkschrift an die Rabbinerversammlung zu Frankfurt 1843 von der Gemeinde zu Worms einen geeigneten Abschluss zu geben. Sie sagt unter Anderem: „Der Zustand unseres religiösen Bewusst-

---

[1] Indess hat zu jeder Zeit selbst die starre Orthodoxie nolens volens manche Reform adoptirt, wenn sie es auch, weil vielleicht sich dessen selbst nicht bewusst, in Abrede stellen mag.

seins ist der Art, dass es nur solche Gesetze als absolut göttlich
anerkennen kann, durch deren Beobachtung in uns irgend eine
Glaubenswahrheit hervorgerufen und vergegenwärtigt oder irgend
ein sittliches Gefühl angeregt oder festgehalten wird, oder endlich,
mit welcher eine sittliche Handlung unmittelbar [1]) verbunden ist.
„In Speise und Trank wurden uns aber in unserer Kindheit gar
mannigfaltige Gebote als absolut göttliche überliefert, die nach dem
gegebenen Maasstabe sich uns nicht als solche bewähren. Selbst
wenn und wo unser häusliches Leben sie noch aufrecht erhält,
setzen wir uns doch, durch sociale Umstände verleitet, ausserhalb
des Hauses vielfach darüber hinweg. In der Periode des religiösen Leichtsinns, wo mehr die Bequemlichkeit, als die religiöse
Berechtigung den Maasstab auf diesem Gebiete lieferte, kümmerten
wir uns wenig darum, ob diese Handlungsweise von Seiten der
Religion gutgeheissen werden könnte oder nicht; jetzt hingegen, da
der Ernst G. s. D. wieder errungen ist, stehen wir verlegen und
rathlos da." Diesen auszüglich mitgetheilten beredten, den Kern
und Grund der Sache erfassenden Worten fügt die Denkschrift
noch Anderes, sehr Beherzigenswerthes hinzu und schliesst mit der
gewiss schwer in's Gewicht fallenden Aeusserung: „Auch in die
Erziehung unserer Kinder schleicht sich dadurch eine Halbheit und
Rathlosigkeit ein, aus der wir uns nicht zu helfen wissen. Sollen
wir unseren Kindern das noch nicht als erlaubt Anerkannte als
erlaubt geben? Dazu fehlt uns die Autorität, und es sträubt sich
dagegen unser Gewissen; sollen wir es ihnen als verboten dar-
stellen? so fürchten wir mit Recht, dass wir dadurch in ihnen
überhaupt jede religiöse Gewissheit untergraben, da das Leben bei
ihnen höchst wahrscheinlich dieselbe Umgestaltung [2]) vornehmen
wird, mit der es auch uns nicht verschonte."

Wie beschämen dieser Scherblick und diese Wahrhaftigkeit in
jener Adresse, die in ihrem Zusammenhange noch viel nachdrucksvoller und eindringlicher erklingen, nach fast 50 Jahren die heutigen
lauen und flauen oder gar kalten Indifferentisten! Wie sticht diese

---

[1]) Ich meinerseits möchte hinzufügen: oder wenigstens „mittelbar".

[2]) Wir hätten gesagt „gewiss eine noch weit radicalere Umgestaltung."

rückhaltlose offene Aussprache von Laien und Rabbinern so vortheilhaft ab gegen die moderne Schönfärberei der Vogel-Strauss-
Religionspolitik unserer Tage! Darum שימו לכם על לבה עצו ודברו
nochmals und nochmals unser ceterum censeo: „Nur eine Synode,
zusammengesetzt aus Rabbinen und für ihre angestammte Lehre
warm fühlenden, begeisterten, intelligenten Laien kann uns, wie
über viele andere, so besonders über die in dieser Abhandlung
beregten Inconvenienzen, Verlegenheiten und Unzuträglichkeiten
erfolg- und segensreich hinweghelfen."

„Sende Dein Licht und Deine Wahrheit, sie sollen uns leiten.
Lehre uns nach Deinem Willen zu wirken; denn Du bist unser
Gott!" (Ps. 43 u. 143.)

Citate und Noten zu Anhang 1.
„Allgemeiner interconfessioneller Gesichtspunkt".

1) Zu S. 457 Jachia: והיה בודאי היא כי יולד זקן מישיבתם בארצותינו
כי הייתם שנית מבל עם כי בל אומות מלכותך . . . יתאחדו לאבול ולשתית
ולהתהתן ולהיות לעם אחד . . . . מה שאלו איכם אוכלים ממאכלות
וילתם . . . . אלו היה אחד מת ברעב והמלך מאכילו ממאכלי לא היה אוכל.
(*בבית תפלתם מקללים בל האומת . והם קוראים שאר האומות טמאים ויצמם
קדושים.

2) Zu S. 458: Ὁ δὲ ἀπωσάμενος τὴν συμβουλὴν τῶν παραινούντων ἐξελεῖν
τὸ ἔθνος διὰ τὴν πρὸς ἄλλους αὐτῶν τῆς διαίτης ἀμιξίαν οὐκ ἐφρόνησε.

3) Zu S. 459 Note 2. II. Corinth. 6: Μὴ γίνεσθε ἑτεροζυγοῦντες
ἀπίστοις. Διὸ ἐξέλθετε ἐκ μέσου αὐτῶν καὶ ἀφορίσθητε. Paulus hebt auch
hervor, wie hoch das Christenthum über das Heidenthum hervorragt und
annectirt gleichsam die Ehrungen und Verheissungen des A. T. für die
Israeliten seinerseits für die Christenheit. Den Israeliten aber wird von
ihren Gegnern immer und immer zum Vorwurf gemacht, dass sie sich
als die Auserwählten betrachteten.

4) Zu S. 459, Note 2. Um wieviel correcter, rationeller, staatsmännischer und zugleich religiöser hat der Prophet Jerem. 800 Jahre
vor Origines seine Glaubens- und Leidensgenossen im Exil zu Gehorsam
und Treue gegen die weltliche Obrigkeit ermahnt. Jerem. 27, 17:
„Dienet dem König von Babel, so werdet ihr (glücklich) leben". 29, 5

---

*) Diese letzte, dem Haman in den Mund gelegte falsche, Anklage
zeugt von der Laienhaftigkeit des E. Jachia auf talmudischem Gebiet:
ישבור ואל ידרג חויק מ'נ דברים.

bis 7: „Bauet Häuser und bewohnet sie, bepflanzet Gärten und geniesset ihre Frucht, tretet in die Ehe und begründet Familienleben, und befördert die Wohlfahrt des Staates, dahin ich euch habe abführen lassen und betet für ihn zu Gott, denn durch sein Wohl wird (auch) euer Wohl befördert." Hier haben wir das rechte ora et labora.

5) ibid. zu Note 3, Jos. Ant. XIV, 10, 24: Ψήφισμα Σαρδιανῶν: ἔδοκται τῇ βουλῇ καὶ τῷ δήμῳ συγκεχωρῆσθαι αὐτοῖς συνερχομένοις ἐν ταῖς προαποδεδειγμέναις ἡμέραις πράσσειν τὰ κατὰ τοὺς αὐτῶν νόμους . . . ὅπως τε τοῖς τῆς πόλεως ἀγορανόμοις ἐπιμελὲς ᾖ καὶ τὰ ἐκείνοις πρὸς τροφὴν ἐπιτήδεια ποιεῖν εἰσάγεσθαι. Nicht minder günstig lauten die Decrete der Halikaruasser und Ephesier. Viele Privilegien bezüglich der Beobachtung ihrer religiösen Riten hatte ihnen schon vorher Jul. Cäsar ertheilt. (Die nachjulianischen Decrete finden sich nicht in allen Ausgaben des Josephus. Vor der Haverkamp'schen Ausgabe aber hatte sie schon Jac. Gronow gesammelt.)

6) zu S. 460 Note 2: Unbefangener und staatsmännischer als Dolabella zeigte sich der sonst hochorthodoxe Oberrabbiner Esek. Landau in Prag in seiner Ansprache an die (in den 50er? Jahren des vorigen Jahrhunderts) in den Krieg ziehenden jüdischen Soldaten: „Seied muthig und tapfer, meine Kinder! könnt ihr im Kriege Sabbath- und Speisegesetze nicht beobachten, so wird euch Gott, was ihr im Dienste des Vaterlandes gegen die jüdische Satzung thuet oder unterlasset, nicht als Sünde anrechnen." (Als ich im Jahre 1842 mit gleichgesinnten Männern bezüglich des Militairdienstes jüdischer Soldaten ein Gutachten abzugeben hatte, wusste ich noch die Stelle anzugeben, wo diese Ansprache abgedruckt war.)

7) Zu S. 461, III. Maccab. 3, 6: Τὴν μὲν οὖν περὶ τοῦ γένους ἐν πάσι θρυλλουμένην εὐπραξίαν οἱ ἀλλόφυλοι οὐδαμῶς διηκρίβμήσαντο. Τὴν δὲ περὶ τῶν προσκυνήσεων καὶ τροφῶν διάστασιν ἐθρύλλουν, φάσκοντες μήτε τῷ βασιλεῖ μήτε ταῖς δυνάμεσιν ὁμοσπόνδους τοὺς ἀνθρώπους γενέσθαι, δυσμενεῖς δὲ εἶναι καὶ μέγα τι τοῖς πράγμασιν ἐναντιουμένους. Alle die Vorzüge wurden nicht beachtet, wohl aber die Schwächen — selbst wo sie doch unverschuldet in den Verhältnissen lagen, wurden gegeisselt: nicht gleiches Maass und Gewicht, nicht gleiche Sonne, nicht gleiche Beurtheilung. Man sollte glauben, heutige, heissspornige, lichtscheue Parlamentarier, fanatische Verdreher oder Verstümmler des Evangeliums zu hören. „Nichts Neues unter der Sonne." Das fragliche Apokryph ist wahrscheinlich in der Zeit des Wütherichs Caligula und des geschworenen Anklägers der Juden — Apion — verfasst, zu deren Portraitirung Ptolem. Philopator sitzen musste.

8) Zu S. 462, Note 2 gegen Mommsen*). Antipathien gegen Juden und ihre Riten bestanden hier allerdings zu Cäsars Zeiten; dieser selbst

---

*) S. jedoch die spätere Expectoration Ms'. voll Mitgefühl für die verfolgten Juden o. im Nachwort S. 10 p.

hingegen hatte viel Wohlwollen für sie, und während er oder die Römer den Institutionen anderer Nationalitäten und Societäten unduldsam gegenüberstanden, duldete, ja protegirte er sogar die jüdischen und stellte ihren Bekennern ein sehr empfohlendes Zeugniss ihres politisch-loyalen Verhaltens aus; er nennt sie „Freunde und Bundesgenossen, die sich um unsere Stadt wohl verdient gemacht". In Tafeln von Erz und Stein wurden die Worte eingegraben (Jos. l. l. C. 10, § 8): Ὁμοίως δὲ καὶ ἐγὼ τούτους μόνους ἐπιτρέπω κατὰ τὰ πάτρια ἔθη καὶ νόμιμα συνάγεσθαι καὶ ἵστασθαι καὶ ὑμᾶς οὖν καλῶς ἔχει, εἴ τι κατὰ τῶν ἡμετέρων φίλων καὶ συμμάχων ψήφισμα ἐποιήσατε τοῦτο ἀκυρώσασθαι διὰ τὴν περὶ ἡμᾶς αὐτῶν ἀρετὴν καὶ εὔνοιαν. Stahls geflügeltes Wort von der „Umkehr der Wissenschaft" hat sich nicht bestätigt; in der ganzen civilisirten Welt und in Deutschland besonders sind auf allen Gebieten der Wissenschaft und Kunst weltbewegende Fortschritte gemacht worden, aber auf dem Felde der Duldsamkeit, der Humanität, selbst der Gerechtigkeit? —

Ein Vergleich der Decrete des römischen Senats, des Caesar und Dolabella gegen den damaligen Antisemitismus 50 ante mit der — um keinen unparlamentarischen Ausdruck zu gebrauchen — mit der Passivität gegen denselben von Seiten vieler Behörden Deutschlands im letzten Decennium des 19. Jahrhunderts post Chr. wird die beredte Antwort geben.

9) Zu Seite 469. Prof. Treitschke wärmt den alten Kohl des adversus omnes alios hostile odium von Seiten der Juden nach Tacitus hist. V, 5 wieder auf. Aber schwört denn unser frommgläubiger Historiker ebenso auf des Meisters Worte, wenn dieser (Annal. XV. 39) denselben Vorwurf des odium generis humani gegen die Christen erhebt, die er noch weit schnöder und schmachvoller abkanzelt, als die Juden? Man höre und erstaune, wie Tacitus über die von dem Unmenschen Nero fälschlich der Brandanstiftung angeklagten Christen sich äussert. Wie tief empört sein selbst gegen die Majestät des heldenmüthigsten Martyriums abgestumpfter, verrohcter Fanatismus jedes noch menschlich fühlende Herz! Neben seinem gerechten Zorn gegen den Mordbrenner und Unschuldige belastenden Nero giebt Tacitus doch auch seinem finsteren Groll gegen die in seinen Augen Gottlosen, Superstitiösen, nämlich gegen die Christen, Ausdruck. Abolendo rumori Nero subdidit reos et quaesitissimis poenis adfecit, quos per flagitia invisos vulgus Christianos appelabat. (Welches waren denn aber die scelera und flagitia, die Verbrechen und Schandthaten der Christen? Dass sie nicht, wie Tacitus und die anderen Römer, den Donnergott, der seine eigenen Kinder verschlingt, Saturn, den leichtlebigen Götterboten Merkur etc. etc., sondern eine unsichtbare Gottheit als höchstes Wesen anerkannten und anbeteten.) Auctor nominis ejus Christus Tiberio imperitante per procuratorem Pontium Pilatum suppliciis adfectus erat...

Superstitio, der Aberglaube — dafür wurde das Christenthum von den
Römern und Tacitus gehalten — etiam per urbem erumpebat quo
cuncta atrocia aut pudenda confluunt. (Wir können also wohl annehmen,
dass sich in Rom auch jüdische Plebs eingefunden hatte, die dem
Judenthum keine besondere Ehre machte, und auf diese waren wohl
dis Pfeile des Witzes und Spottes der römischen Satyriker gerichtet).
. . . . Multitudo ingens corrcpta est, haud proinde in crimine incendii
quam odio humani generis convicti sunt. (Also nicht etwa, dass die
Christen der Brandstiftung, sondern des Hasses gegen das menschliche
Geschlecht überführt wurden.) Sie wurden ergriffen, ut ferarum tergis
contecti laniatu canum interirent, multi crucibus adfixi aut flamma usti,
aliique, ubi defecisset dies, in usum nocturni luminis urerentur . . . .
Unde quamquam adversus sontes et novissima exempla meritos miseratio
oriebatur. Tacitus erklärt also: „obgleich die Märtyrer all diese entsetzlichen, teuflischen Quälereien wegen ihres Verbrechens, des christlichen Bekenntnisses, durchaus verdienten, regte sich dennoch bei den
Römern ein menschliches Fühlen und zwar nur deswegen, weil sie
lediglich der Grausamkeit des Einen zum Opfer fallen sollten." Meine
Feder sträubt sich, während ich dies niederschreibe, mein Inneres er-
bebt über die Abstreifung des menschlichen Gefühls, dass Tacitus die
miseratio adversus sontes etc. rechtfertigen zu müssen glaubt, weil die
Christen nicht utilitate publica, sed in saevitiam unius absumpti sunt.
Dieser Historiker ist dem Historiographen Treitschke ein unfehlbarer
Gewährsmann, um nur dem Antisemitismus in Wort und Schrift fröhnen
zu können.

Ad vocem Treitschke möchte ich — gewiss zur Befriedigung
aller wahrhaften Verehrer Christi — wiederum die oben citirten drei
Heiden vorführen: Antiochus den Grossen, Caesar, Dolabella, die den
Juden aus Gewissenhaftigkeit den Waffendienst am Sabbath erliessen.
(Auch der wahrhaft pietätvolle gottselige König Friedrich Wilhelm IV·
wollte die Juden beim Antritt seiner Regierung vom Kriegsdienst überhaupt dispensiren, damit sie wegen des Sabbaths ihr Gewissen nicht
belasten, die Juden aber petitionirten um die Verpflichtung zum Kriegsdienst.) Als an einer Simultanschule ein jüdischer Lehrer seinen·
christlichen Collegen ersuchte, ihn am Sabbath für eine oder zwei
Stunden (Zeit des öffentlichen Gottesdienstes) zu vertreten, wofür er ihm
Gegendienste leisten wolle, stigmatisirte dies der fromme Professor
als „jüdische Anmassung".

Um von dem hochsinnigen christlichen König zu schweigen, wer
hat im Sinne Christi gehandelt, Treitschke oder die früher genannten
Heiden? Die Antwort giebt der Apostel Lucas 10, 36 und 37.

10) Zu S. 469 Jos. c. Apion II. 39; Πρῶτοι μὲν οἱ παρὰ τοῖς Ἕλλησι
φιλοσοφήσαντες . . . . ἐκείνῳ (sc. Μῶσῃ) κατηκολούθησαν . . . . Οὐ μὴν ἀλλὰ

καὶ πλήθεσιν ἤδη πολὺς ζῆλος γέγονεν ἐκ μακροῦ τῆς ἡμετέρας εὐσεβείας . οὐδ᾽ ἔστιν οὐ πόλις οὐδὲ ἓν ἔθνος ἔνθα μὴ τὸ τῆς ἑβδομάδος . . . . καὶ πολλὰ τῶν εἰς βρῶσιν ἡμῖν οὐ νενομισμένων παρατετήρηται. Tempora mutantur et homines mutantur in illis. Wie wandelbar sind doch die Menschen nach Zeit und Raum! Bald liest man von Verhöhnung und Anfeindung der Juden wegen ihrer Riten im Allgemeinen und der Speisesatzungen im Besonderen, bald liest man von dem Anschluss an dieselben von Seiten der Heiden, die erst durch strenge Strafe von denselbon abzubringen waren. Vgl., ausser dem Citat aus Tacit. Annal. oben S. 469, Suet. und Seneca oben S. 470, noch die Worte des Letzteren, eines Zeitgenossen des Josephus, in dem Fragmente aus seinem Werke de superstitione, das sich bei Augustin. de civ. dei erhalten: Usque eo sceleratissimae gentis consuetudo convaluit, ut per omnes jam terras recepta sit; victi victoribus leges dederunt. Man würde den Worten des Joseph keinen Glauben geschenkt und sie für Prahlerei und Aufschneiderei gehalten haben, wenn sie nicht von einem so glaubwürdigen, den jüdischen Riten durchaus abgeneigten, heidnischen Zeitgenossen bestätigt wären.

11) Zu S. 471, Note 2: Veranlassung zu diesem Irrthum gab vielleicht die Wahrnehmung, dass die Juden jedes Mal bei Verjüngung des Mondes — erstes Viertel — unter freiem Himmel, wobei sie in den Mond schauen, ein Gebet verrichten קדוש לבנה.

12) Zu S. 475: Atque utinam nunquam Judaea subacta fuisset Pompeji bellis imperioque Titi! Latius excisae pestis contagia serpunt, victoresque suos natio victa premit. (S. Note 10, die Worte Senecas.)

Anhang II.

Da auf eine von hochachtbarer Seite vortrefflich motivirte Anregung zur Synode im vor-vorigen Jahre — in einem hyperorthodoxen Blatt von dessen Redacteur nur mit arroganter Verhöhnung erwidert wurde und intelligente Laien sich dagegen schweigsam verhielten, und doch nicht blos das in vorliegender Schrift behandelte Thema, sondern auch Cultus — (Liturgisches) und namentlich Fragen auf dem Ehegebiete — Levirat, Chaliza und Scheidebrief (Get), brennende Fragen geworden, so hofft Schreiber dieser Zeilen, doch die Synodalangelegenheit in Fluss zu bringen, indem er in diesem zweiten Anhang wieder auf die lebhafte Betheiligung von intelligenten Laien an den fraglichen Thematen in den vierziger Jahren und in den Synoden 1869 und 1871 zu Leipzig und Augsburg hinweist.

Denkschrift an die zweite Rabbiner-Versammlung in Frankfurt a. M vom Jahre 1845 mit 168 Unterschriften aus Breslau über manche nöthigen Reformen; der dritte Gegenstand dieser Denkschrift betrifft die Speisegesetze. Ich halte diese Denkschrift für wichtig genug, um den letzten Punkt ganz unverkürzt hier wiederzugeben. Ich schliesse jedoch auch noch einige Zeilen, die unmittelbar vorhergehen, an, die sich auf die Sabbathgesetze beziehen, weil in ihnen ein Wink gegeben wird, der auch bezüglich des uns hier speziell beschäftigenden Themas seine Verwerthung finden kann.

Frankfurter Protokolle 1845. S. 252.

„Wir legen Ihnen, hochwürdige Herren, keine Vorschläge vor, wir glauben blos auf diesen Punkt Ihre besondere Aufmerksamkeit richten zu müssen. Nehmen Sie nicht zu sehr veraltete Bücher zu Ihren Führern, das frische Leben drängt, und der offene Blick in dasselbe gebe Ihnen die Kraft und den Muth, Gebrechen zu heilen, die Tag für Tag gefährlicher werden. Nicht minder

wichtig ist ein dritter Gegenstand: „die verbotenen Speisen".
Es ist unser Beruf nicht zu untersuchen, ob die Gründe, welche
diese Verbote hervorgerufen, heutigen Tages noch bestehen, noch
weniger die Grenzen zu ziehen zwischen den einfachen biblischen
Vorschriften und den thurmhohen talmudischen Anhäufungen; aber
das müssen wir aussprechen, dass dieses einen so weiten Umfang
einnehmende Gebiet ein Krebsschaden unserer religiösen Zustände
ist. Die Küche ist die Zufluchtsstätte der Religion geworden, und
das für alle religiösen Gefühle so empfängliche Gemüth der Frauen
wird niedergedrückt durch die kleinliche Sorgfalt, in welche ihr
vorgeblich religiöses Wirken eingeschlossen wird. Der Rabbiner wird
von seiner hohen Aufgabe abgeführt, um mit diesen minutiösen Details
und mit Entscheidungen darüber sich abzumühen. (S. Monatsschrift
von Dr. Frankel Jahrg. XI. S. 161. Wiener.) Die Thatkraft und die
Geldmittel der Gemeinde werden für diesen unfruchtbaren Zweig
vergeudet, eine Fleischverwaltung, Schlächter, gesonderte wohlthätige Stiftungen für jedes Elend werden nöthig, weil doch die
Gemeinde, mögen auch noch so viele Mitglieder derselben sich
über diese Gebote hinwegsetzen, sie nicht ignoriren darf, und
Kräfte, welche weit Edlerem gewidmet werden könnten, müssen
dafür, wir können es nicht anders betrachten, verschwendet werden.
Als wir hier die Anforderung stellten, das neu zu gründende
Bürgerhospital solle nicht die Juden ausschliessen, da rief man uns
entgegen: Ihr könnt ja doch nicht den dortigen Tisch theilen.
Wenn wir an den Freitischen der kgl. Universität uns betheiligen
wollen [1]), wird uns wieder dasselbe entgegnet, und was sollen wir

---

[1]) Wir wissen aus eigener Erfahrung ein Beispiel hierzu anzuführen.
Ein jüdischer Student erhielt wegen seiner überaus günstigen Em-
pfehlung an einer Universität das Benefiz des Freitisches. Nur durch
diese Begünstigung war dem Mittellosen das Studium ermöglicht. Da
er aber in der christlichen Restauration aus Gewissensscrupel nicht
speisen konnte, musste er die ihm von der Universität überwiesenen
Speisekarten um den vierten Theil ihres Werthes veräussern, wodurch
das ganze Benefiz illusorisch wurde. Er wollte sich später durch Ueber-
nahme einer Hauslehrerstelle in einer jüdischen Familie das Universitäts-
studium ermöglichen, da ihm aber bemerkt wurde, dass wohl keine
verbotenen Speisen auf die Tafel kommen, der Schlachtritus zwar mit

darauf antworten im Namen der Gesammtheit? Bedenken Sie aber
ferner die ewige Entfremdung, welche gerade diese Speiseverbote
in ihrem Gefolge haben, wie kann eine gesellige Annäherung
stattfinden, wenn das Mahl ein getheiltes bleiben muss? Seitdem wir
aber unserm deutschen Vaterlande unsere ungetheilte Liebe schenken,
keinen träumerischen Hoffnungen für die Wiedererlangung eines
jüdischen Staates nachhängen, ist auch das Bedürfniss einer vollständigen Anschliessung an unsere Staatsgenossen ohne Unterschied
des Glaubens ein so dringendes geworden, dass eine Störung
der geselligen Verhältnisse geradezu den Glauben untergraben, ihm
seine Würde und Weihe rauben heisst. Wie sollte auch uns das
volle Vertrauen geschenkt werden, wenn dem Nichtjuden das Fern-
bleiben von seiner Tafel als eine Geringschätzung, als eine Unrein-
erklärung erscheinen muss? Mögen wir immerhin diesen Vorwurf
entschieden zurückweisen und die Versicherung geben, diese Verbote beruhten in ganz anderen Vorstellungen, der schlichte Sinn
wird sie niemals anders auffassen, und die wohlthätigen Früchte
eines immer allgemeiner werdenden und herrlich sich bethätigenden
Gemeinsinns und der Bruderliebe werden für uns verscherzt.
Auch hier wollen wir keine bestimmten Anträge stellen, es ist aber
unsere Pflicht Ihnen aus dem Leben heraus nachzuweisen, in welche
arge Conflicte diese Gesetze den Juden der Gegenwart mit allen
seinen Bestrebungen verwickeln."

Der Denkschrift aus Worms haben wir bereits oben S. 485
gedacht. Wir wollen, um das dort über die Speisegesetze Gesagte
vollständig zu geben, noch Folgendes aus derselben ergänzen: „Abgesehen davon, dass die Haushaltung hierdurch (Speiseritus) vertheuert wird, und wir nicht wüssten, wie unter solchen Verhältnissen

---

vieler Sorgfalt im Hause, aber doch nicht vom Schächter vollzogen werde,
war es für den Studiosus wieder mit seinen Hoffnungen zu Ende. Solche
Vorkommnisse sind jetzt מעשים בכל יום, sind nicht Angelegenheit unter-
geordneter Art, sondern bilden häufig eine Lebensfrage. Soll ein Israelit
wirklich um gewisser — nicht Gesetze, sondern bei sorgfältiger Prüfung
— nur missverstandener Gepflogenheiten willen sein Lebensglück, seine
ganze Zukunft aufs Spiel setzen? Darum immer und immer שימו לבבכם
עליה שבו ודברו: Ihr Gemeindevorsteher berufet eine Synode!

der jüdische Tagelöhner und Fabrikarbeiter mit dem christlichen Bruder concurriren könnte, ja selbst davon, dass dies den Zwiespalt im socialen Leben unter verschiedenen Confessionen nur weiter auseinanderzuhalten geeignet ist. können wir uns nicht denken, wie wir zur Erlernung von Handwerken, überhaupt von Künsten und Wissenschaften, welche in der Regel weite Reisen erfordern, rathen und selbst unsere Kinder dazu anhalten dürften."

Antrag an die Synode zu Leipzig 1869 von Professor Dr. Julius Fürst. (S. Verhandlungen der ersten israelitischen Synode zu Leipzig S. 254.) Die Synode erklärt und beschliesst:

1) „Dass die in den letzten vier Büchern des Pentateuch niedergelegten Gesetze, Gebote und Verbote, welche die primäre Grundlage unserer Ritualgesetze bilden, nur nach ihren letzten Gründen, ihrer religiös sittlichen Seite, im Geiste der Alterthumskunde geschichtlich und kritisch aufzufassen sind. Sie will diese Gesetze nur nach freier Forschung im Einzelnen, nach Vergleichung mit den Gesetzgebungen der alten Welt. nach Aufsuchung der bald zeitlichen, bald örtlichen Veranlassungen, bald nach Prüfung der eigenthümlichen Entstehungsverhältnisse, der Zwecke und der Gründe (הַמִּצְוֹת טַעֲמֵי) wie Maimonides und Andere versucht haben, aufgefasst wissen. Sie erklärt, dass die Vorarbeiten von Salvador, Saalschütz und Steinheim in ihren Werken. die Einzelarbeiten von Geiger und Anderen der dazu erwählten Commission zur Anleitung dienen mögen für Weiterführung dieser Arbeit. Nach erfolgter kritischer Durchprüfung der Commission soll sich für die Gemeinden herausstellen, was noch für unsere Zeit eine Geltung haben kann. Denn wenn schon nach dem orthodoxen Standpunkte die agrarischen Gesetze, die mosaischen Civil- und Criminalgesetze, die Institutionen über Sabbath- und Jubeljahre, über Opferkult, Rechtsverfassung des Priesterthums, welche fast neun Zehntel der Gesetze ausmachen — wenn man die Religionslehren, Sitten- und Barmherzigkeitsgesetze ausnimmt — längst nur der Wissenschaft und dem Studium des Alterthums angehören, im Leben der Israeliten hingegen keinen Boden mehr haben, so müssen nothwendig auch die übrigen mosaischen Gesetze, welche den Ausgangspunkt zu unseren Speisegesetzen bilden und im jüdischen Leben ohne einen Geisteshauch. blos nach altem Brauch sich

forterhalten, durch die wissenschaftliche Forschung geprüft werden. Nur nach Ergebnissen der Wissenschaft, nach Erforschung der Entstehungsgründe, sollen die brennenden Fragen im Judenthum der Neuzeit, die Fragen über Scheidung בט, über הליצה, über Verschollenheitserklärung, Speisesatzung u. a. m. theoretisch festgestellt werden. Nur eine aus der Wissenschaft hervorgegangene Theorie bietet einen Boden zu einem Kampfe gegen die herkömmlichen Missbräuche, und der böse Wille kann dann die Versammlung nicht des Leichtsinnes und der Neuerungssucht zeihen.

2) „Es soll die Commission bei Benutzung des Talmud genau unterscheiden zwischen denjenigen Halachas oder Ueberlieferungsgesetzen, die blos aus einer ungeschichtlichen und unrichtigen Auffassung des Bibelwortes gefolgert wurden, und zwischen den reinen Ueberlieferungsgesetzen, welche aus gewissen Zeit- und Ortsbedürfnissen, aus bestimmten Zwecken und Verhältnissen entsprungen sind, so dass, wenn diese Bedürfnisse und Zwecke verschwunden sind, diese Gesetze keinen Boden mehr haben können" [1]).

---

[1]) Verf. dieser Abhandlung verweist zu Obigem auf sein Referat über das „Orgelspiel am Sabbath" in den „Referaten über die der ersten israelitischen Synode überreichten Anträge" 1871, S. 85: „Wohl herrscht im Gegensatz zu dem Gesetz der Natur und der gesunden Logik: „cessante causa cessat effectus oder cessante legis ratione cessat legis dispositio", auf talmudischem Gebiete und auch in der späteren rabbinischen Casuistik die, gelindest ausgedrückt, absonderliche Maxime, dass trotz der gänzlich veränderten Zeitverhältnisse, trotzdem, dass eine Anordnung unter einem Gesichtspunkte getroffen wurde, der jetzt gänzlich geschwunden, sie dennoch ihre volle Geltung behalte. Vergebens bitten und betteln wir um Erleichterung, um Aufhebung der jetzt hinfällig gewordenen Satzung — es wird uns ein non possumus entgegengestellt, „es bleibt bei der alten, wenn auch ganz veralteten, überlebten Satzung, und wäre sie auch keine biblische, sondern nur rabbinische Vorschrift". So Maim. Mamrim II, 2: ב"ד שגזרו גזרה . . . . ב"ד אחר אינו יכול לבטל את דבריו אפילו בטל הטעם וכו' . . . . עד שיהיו גדולים מהם הראשונים גזרו שבטללו. Dieser Ukas des Maimonides, der, wie jeder Talmudist wissen wird, oft römischer ist, als Rom, lähmt, überlastend und hemmend, wie ein erdrückender, erstickender Alp, jeden Fortschritt des geistigen Judenthums. Aber von diesen, von gewiss nicht unfehlbaren, sondern oft Schwächen und Irrthümern verfallenden Menschen uns geschmiedeten, Fesseln müssen wir uns emancipiren. Der fragliche maimonidische Kanon ist in der That schon

„Eine Synode hat das Recht nach einer vorangegangenen all-
seitigen Prüfung, solche nach Zeit, Ort, Verhältnissen entstandene
Gesetze, wenn die Ursachen aufgehört haben und die Bedürfnisse
ein anderes Verfahren nothwendig machen, umzugestalten oder aufzuheben. Die Wissenschaft hat die Berechtigung, von den Ergebnissen der Theorie auf die Praxis überzugehen [1]); den Ergebnissen

---

von einer hervorragenden, wohl noch orthodoxeren Autorität durch-
brochen worden. R. A. b. D. zur Stelle עירין שוקץ יבי כפירות
קש״א עליה שהראשונים תקונה ריב״ז בטלה . . . מפני שהתבטל הטעם ולא היה
גדול מהראשונים. Ein schlagender Beweis dafür, dass selbst auf talmudischem Gebiet, sobald der Grund für eine Institution geschwunden, diese
auch von unbedeutenderen Autoritäten, als wie die Anordnenden waren,
abrogirt werden könne, findet sich Gem. Beza 4 b, wo die Frage aufgeworfen wird: והשתא דידינן בקציא דידהא מ״ט עבדינן תרי ימי? Nun, da müsste
sich ja jeder Talmudbeflissene selber fragen: ומאי קושיא והא ודאי ב״ד
טביעי המוראי אינו גדול בטל המתקנים שני ימים? Da ist ja aus dieser Stelle
auf dem eigenen Boden des Talmud erwiesen, dass, wenn der Grund für
eine Institution geschwunden, diese auch von einer geringeren Autorität
abrogirt werden kann. Was Kes-Mischneh hiergegen anführt, ist un-
gemein gezwungen. (Vgl. noch die lichtvolle Auseinandersetzung bei
R. L. Heller zu Maass. Scheni V, 2.)

[1]) Der heutige Ultraconservatismus geberdet sich über die Maassen
bescheiden, um nur ja an keinem talmudischen Ritual und Spruch zu
rütteln. (Ich möchte dieser falschen Bescheidenheit mit Salomo (Spr. 19,
27) zurufen: „Unterlass es doch einer Unterweisung zu folgen, wodurch
man dem Ausspruch der Vernunft untreu wird.") Der Talmud selbst
dagegen ist hierüber ganz anderer Ansicht. „Warum," so fragt die
Mischnah R. Haschanah 2, 9, „sind die 70 Greise im Rathe des Moses
nicht nach ihren Namen aufgeführt? ללמד שכל ג' וג' שנמדו בית דין על
ישראל הרי היא כבית דינו של משה, „um daraus die Lehre zu ziehen, dass
auch andere (spätere) Gerichtshöfe in Israel dem Gerichtshofe des Mose
gleichzustellen sind." Die Gemara fügt erläuternd hinzu: „Damit nicht
dieser und jener sich äussere: Ist etwa der Richter N. N. so bedeutend, wie
Mose, wie Aharon, N. N. so anzuerkennen wie Nadab und Abihu etc?"
Hierzu Raschi: Leicht könnte Jemand über den Gerichtshof seiner Tage
sich äussern: Ist denn unser Gerichtshof etwa aus Männern wie Mose
und Aharon zusammengesetzt, dass ich mich seinen Aussprüchen unter-
werfen soll? Da aber die Namen jenes Greisenrathes nicht genannt
sind, können wir erwidern: Sind auch Deine heutigen Richter nicht so
bedeutend wie Mose und Aharon הרי הוא כאחד משאר זקנים; so sind sie
vielleicht so competent wie die, deren Namen nicht genannt sind. Weiss

der Forschung werden die Gemeinden vertrauen. nur diese fördern unangefochten den Bestand der Gemeinschaft."

Dann liegt noch handschriftlich ein Antrag des sel. Dr. Geiger betreffs der Speisegesetze vor; er ist wohl aus Versehen nicht zum Abdruck in den Protocollen, mir aber. dem später zum Referenten Ernannten, zu Händen gekommen. Im Betreff der Frage über die fortdauernde Verbindlichkeit der Speiseverbote erklärt die Versammlung (so lautet der Geiger'sche Antrag):

„Dass eine Herstellung des Einklanges zwischen der immer allgemeiner werdenden Praxis des Lebens, welches dieselben gänzlich oder grossentheils ignorirt, und dem religiösen Herkommen, welches sie noch immer als wichtigen integrirenden Bestandtheil des Judenthums betrachtet, ein dringendes Erforderniss ist, wenn nicht das Ansehen des Judenthums bei seinen eigenen Bekennern, die es dennoch Tag für Tag verletzen, gänzlich verschwinden soll.

. . . . Sie muss es als nachdrücklichen Wunsch bezeichnen, dass der Gegenstand in ernste wissenschaftliche Behandlung genommen und zur Spruchreife vorbereitet werde." (S. unsere Bemerkg. zu S. 482.)

Auch jenseits des Oceans,˙ nämlich in Philadelphia, wurde vor mehreren Jahren ein dringender Antrag auf Revision der Speisegesetze gestellt. Man sieht also, hüben und drüben weicht diese Frage nicht mehr von der Tagesordnung, bis sie endlich ihre gründliche Erledigung finden wird, und zwar, wie vorauszusehen, nicht in Rabbinerversammlungen, sondern in Synoden, zu deren Besuch von für das Ansehen und die Ehre des Judenthums sich interessirenden Gemeindevorstehern Rabbiner und intelligente Laien eingeladen werden. Mögen es sich die Grossgemeinden Berlin, Breslau, Frankfurt a. M., Hamburg, Wien zur Ehre rechnen eine solche zu Stande zu bringen.

Ich kann von dieser Arbeit nicht scheiden, ohne die von sehr grosser Gelehrsamkeit und gründlicher, scharfsinniger, unparteiischer Forschung zeugenden Abhandlung Sommers (Biblische Abhandlung.

es die Ultraorthodoxie nicht sehr wohl, dass der Talmud — nach seinem besten Wissen und Gewissen — über die Schrift selbst sich hinwegsetzt, sie bald erweiternd, bald verengend?

„Rein und Unrein nach dem mosaischen Gesetz mit besonderer Rücksicht auf den Unterschied zwischen reinen und unreinen Thieren." Bonn 1846) zu erwähnen. Ihm verdanke ich auch manchen Nachweis, den ich sonst vielleicht nicht gefunden hätte. Sommer weist den Unterschied zwischen Rein und Unrein als durch den ganzen Orient vorherrschend nach, der aber selbst auf dem classischen Boden der Griechen und Römer nicht fehlt, hier freilich nicht in so determinirter Weise. Sommer geht von der Ansicht aus, und sie hat sehr viel für sich, dass das ganze System der levitischen Unreinheit in der Unreinheit des Todes seine Wurzeln hat, welche unter allen die intensivste, wie dies ja im Mosaismus allbekannt ist. Und hier wiederum ist der menschliche Leichnam qualitativ und quantitativ der am meisten unreine und verunreinigt selbst ohne jede Berührung Jeden, der nur in demselben Zelte, ja in einer gewissen Nähe weilte. Auch gewisse Secretionen des menschlichen Leibes, die auf Krankheit und Verwesung hindeuten, die also mit dem Tode in einer gewissen Verbindung stehend betrachtet werden, wirkten verunreinigend. Mag bei dem Verbote manchen Thieres auch eine andere Anschauung obgewaltet haben, so ist nach ihm doch höchst wahrscheinlich, dass namentlich Thiere, die von Aas sich nähren, wie dieses selbst, verunreinigend wirken. Mit manchen Völkern des Orients, namentlich den Hindus, hat das mosaische Speisegesetz, wie wir bereits oben nachgewiesen, eine auffallende Aehnlichkeit; identisch aber ist es nicht; immer aber sehen wir mit diesem System von der Unreinheit des Todes die Speisegesetze in Verbindung gebracht. Freilich weist S. nach, wie bei jedem Volke besondere Modificationen auf diesem Gebiete sich zeigen. Und wie wir oben zeigten, wenn dem pentateuchischen Gesetzgeber auch nicht die Priorität, so doch das Verdienst eines vorzüglich rationellen Eklekticismus nicht abgesprochen werden kann, so räumt auch Sommer nach seiner gewissenhaft unparteiischen Forschung freilich nicht dem rabbinisch mosaischen, aber doch dem reinmosaischen System den Vorzug ein. So sagt er von den Mohammedanern (Seite 319), deren Religion auf Reinheit gegründet, dass sich in ihren Satzungen nicht sowohl die Aeusserung einer nach verschiedenen Richtungen sich verzweigenden lebendigen Idee,

wie es z. B. in den mosaischen Reinheitsbestimmungen der Fall
ist, sondern mehr nur die systematische Ausbildung eines Formen-
wesens erkennen lässt. — Wir sprachen soeben von unparteiischer
Forschung. Leider hat unser Autor, dessen Werk vor fast fünf
Decennien geschrieben, nicht viele Nacheiferer gefunden. Partei-
hass verblendet manchen Gelehrten, oder er schreibt unter der Brille
eingesogener, anerzogener Vorurtheile. In der letzten Zeit hat eine
förmliche Verrohung unter manchen Schriftstellern Platz gegriffen.
Man lese Henne am Rhyn über das alte Testament; mit einem
Fünkchen Pietät für das Erhabene und Vortreffliche, unbeschadet
der subjectiven Wahrheitsliebe und Ueberzeugung, würden seine
und seiner Consorten Kritiken doch etwas urbaner und civiler lauten.
Glaubt man wirklich, dem Evangelium, das ja auf das alte Testament sich aufbaut, einen Dienst zu leisten, wenn man über die
Mutterreligion so wegwerfend urtheilt? Ein sehr frommer Christ,
Verfasser der Geschichte Mosis, J. J. Hess, schreibt Ende des vorigen
Jahrhunderts bei Anführung der absurden Urtheile der griechischen
und römischen Classiker über Moses und Judenthum: „So trefflich
wusste man schon vor Alters die biblische Geschichte zu ver-
stümmeln! Die Neueren haben es kaum besser gekonnt. Billig
muss es sie freuen, so witzige Wortspiele — Hierosolyma „hierosyla‘‘
„Tempelraub‘‘ zu Vorgängern gehabt zu haben.‘‘ — Wie mancher
Apostat seine Aufrichtigkeit gegen die neue Religionsgesellschaft
durch Anklage und Beschimpfung der früheren Glaubensgenossen
zu beweisen sucht, so will der Historiker Treitschke seine slavisch-
tschechische Abstammung, auf die schon sein Name hinweist, durch
das Uebermass seiner Germanomanie vergessen machen, die er gegen
die Juden in's Treffen führt, die höchst wahrscheinlich in Deutschland
sich schon früher acclimatisirt und assimilirt haben, als seine Ahn-
herren, dieser chauvinistische Pseudo-Urgermane, der als Geschichtsschreiber den Tenor des Tacitus, die „Annalen‘‘ wenigstens, nicht
zu fassen scheint, da er die herabwürdigenden, albernen, giftigen
Aeusserungen des Letzteren gegen die Christen mit den bei Weitem
glimpflicheren über die Juden verwechselt, dieser Antis. Treitschke,
der ihm nachgewiesene, offenbar unrichtige statistische Unwahrheiten
und unter seinem Namen verbreitete falsche Behauptungen zur

Aufreizung gegen eine wehrlose Minorität öffentlich zu widerrufen nicht den Muth hat. — Wenden wir uns ab von diesen literarischen Missgeburten, freuen wir uns der wahrhaft christlich frommen Gelehrten. „Der Weisheit Anfang ist Gottesfurcht" (Frömmigkeit); aller Frömmigkeit Anfang und Ende aber ist Dankbarkeit." Es ist dem Schreiber dieses ein unabweisbares Herzensbedürfniss, einem nun in Gott ruhenden hervorragenden christlichen Forscher über das Grab hinaus im Namen unserer israelitischen Gesammtheit unseren tiefgefühlten Dank hinüber zu senden. Der als Orientalist gefeierte, leider zu früh dahingegangene Dr. Fr. Delitzsch, Prof. der Theologie und orientalischen Sprachen in Leipzig, schrieb in Bezug auf die gegenwärtige antisemitische Bewegung wie folgt: „Christlicherseits spielt ein unchristlicher Racenhass, welcher zum Himmel schreit, und da die Wurzeln des Christenthums mit denen der alttestamentlichen Religion dieselben sind, das ekelhafte Verhalten eines Vogels darstellt, der sein eigenes Nest beschmutzt. Möge dieses unselige Feuer bald verflackern und ersterben. Ich höre nicht auf, es mündlich und schriftlich zu verurtheilen."*) Nach dieser Expectoration zurück zu Sommer.

Die Consequenz seiner gründlichen Erörterung ist ja die, zu welcher auch wir kommen mussten, dass mit dem Aufhören der levitischen Institution, die eben mit Palästina und dem Tempel zusammenhing, zum Theil auch das System von Reinheit und Unreinheit der verschiedenen Thiere selbst auf biblischem Standpunkte fallen kann. Wir unsererseits haben uns schon oben ausgesprochen, dass gerade das Verbot der unreinen Thiere, auf welchem Gebiete einzig und allein der Talmudismus keine Erweiterungen eingeführt hat, und das am wenigsten das interconfessionelle Leben beeinträchtigt, aufzugeben wir uns nicht gedrungen fühlen. Wir hätten so, wie auf dem ganzen Gebiete der jüdischen Speisegesetze, wie schon oft erwähnt, event. ausschliesslich nur mit dem Talmudismus, aber nicht im Geringsten mit der Bibel gebrochen.

---

*) S. vorne auch eine ähnliche Aeusserung Mommsens in der „Nachschrift" zum Nachw. S. 10p.

— —— —

Ergänzungen und einzelne Corrigenda.

Zn dem „diätetisehen Gesichtspunkte" oben S. 216 möchte ich noch
die Aeusserung des Experteu, Dr. Niemann (Caspars Vierteljahrsschr.,
Bd. 9) nachtragen: „Wenn fast allgemein bei den Juden noch die Ansicht vorwaltet, dass das Schächten (— unter dieser Bezeichnung ist bei
Dr. Niemann das ganze Ritual, auch die Untersuchung der Lunge zu
verstehen —) ihnen volle Sicherheit gewähre, gesundes Fleisch zu erhalten, so muss ich mit Entschiedenheit mich gegen die Richtigkeit
derselben aussprechen . . . Wie der Talmud einestheils nicht berücksichtigt, dass lokale Krankheiten der Lunge und anderer Organe bestehen
können, die keinen Einfluss auf die Beschaffenheit des Fleisches haben[1]),
so anderntheils auch nicht, dass das Fleisch ungesund sein kann, und
es ist keine Localaffection im Sinne des talmudischen Gesetzes nachzuweisen."

Wir können es gewiss nur lobend und mit vollem Dank anerkennen,
wenn ein nichtisraelitischer Gelehrter seine Abhandlung über die
jüdischen Speisegesetze mit folgendem Wunsche schliesst: „Sollten diese
Zeilen dazu beitragen, aufgeklärte jüdische Gemeinden von der Nothwendigkeit zu überzeugen, dass im Interesse der Gesundheit eine Reform
auf diesem Gebiete nothwendig ist, so ist der Zweck vollständig erreicht.
In dem Sinne des Gesetzgebers lag es nicht, die Juden mit einem Gesetze
zu beglücken, wie es im Laufe der Zeit durch die Talmudisten ausgebildet wurde. Da nicht der Buchstabe eines Gesetzes entscheidet,
sondern der Geist, so kann einer vernünftigen Reform, die den Juden
ein gutes nahrhaftes Fleisch verschaffen würde, kein sonderliches Hinderniss entgegenstehen." Möchte doch dieses weise Wort eines Philanthropen
und Sachverständigen von unsern Rabbinern beherzigt werden! קַבֵּל
‫האמת ממי שאמרו‬ (s. oben S. 483 fast dieselbe Aeusserung über diesen
Punkt bei Dr. Zunz).

---

[1]) „Kein Thierarzt," so fährt Dr. N. fort, „wird eine vergrösserte
Lunge für ein so erhebliches Krankheitsmoment ansehen, dass man deswegen den Genuss des Fleisches untersagen sollte.*) (In diesem Punkt
dürfte wohl Dr. N. das talmudische Verdict missverstanden haben). Bei
dem lockeren Gewebe der Lungensubstanz beim Rindvieh kommen Farben-
veränderungen der Substanz der Lungen und Verwachsungen derselben
‫סירכות‬ mit dem Rippenfell häufig vor. Hypertrophien am Zellengewebe
sind bei Kühen und Ochsen, die zum Fettmachen aufgestellt werden,
eine gewöhnliche Erscheinung, das Muskelfleisch leidet aber nicht dabei
und ist wohl geniessbar."

*) Gegen den Kanon ‫כל יתר כנטול דמי‬ „ein überflüssiges Organ oder
Glied ist, ebenso wie ein defektes, als ‫נטול‬ zu betrachten," würde die
Veterinärkunde gewiss protestiren. (Wiener.)

Medicinalrath Dr. Pappenheim äussert sich in seinem Werke „Sanitätspolizei" unter Anderem wie folgt: „Ein gewisser Theil des Publicums und der Aerzte hat von jeher eine alte Legislatur unseres Gegenstandes mit einer Art Neid und Bewunderung betrachtet und in ihr ein sanitätspolizeiliches Ideal um so eher gesehen, als sie als Garantie des Gehorsams den Glauben hat . . . Aber die Wissenschaft hat doch das Recht, zuzusehen! . . ."

Nachdem auch Pappenheim, ungefähr wie Niemann, behauptet, dass die Untersuchung durch den jüdischen Schächter keine genügende Garantie für gesundes Fleisch gewährt[1]), wie anderntheils Vieles von dieser Seite als krankhaft und ungesund erklärt wird, das aber die Veterinärkunde durchaus nicht zugestehen kann, bemerkt er zu der Untersuchung des Schlachtmessers nach Scharten, wie folgt: „Da diese Untersuchung mit der Fingerspitze geschieht, bietet sich bei Ungeschicklichkeiten Gelegenheit zu Milzbrand- und anderen gefährlichen Infectionen durch das blutige Messer." Schreiber dieses kann, als aus seiner Erfahrung constatirt, hinzufügen, dass sich Schächter in Fällen von Milzbrand auch bei der inneren Untersuchung der Lunge inficirt haben.

Die beiden soeben angeführten Autoritäten haben sich wohl über Hygiene des Blutentziehens nach rabbinischem Ritus ausgesprochen, ihre Ansicht aber, ob die rabbinische Schlachtweise Thierquälerei ist, erfahren wir von ihnen nicht; wir zweifeln jedoch nicht, dass sie den Koryphäen auf dem Gebiete der Physiologie im Allgemeinen und der Veterinärkunde im Besonderen (s. o. S. 244 Note 1) beistimmen, die diese Frage ganz entschieden verneinen. Da gerade in letzter Zeit diese Frage wieder oft ventilirt wird, so wird wohl die gründliche lichtvolle und beredte Auseinandersetzung des so hervorragenden Gelehrten, Herrn Hofrath Dr. Dembo, der gerade die rabbinische Schlachtmethode in einem in den jüngsten Tagen von zahlreichen Fachmännern

---

[1]) Das müssen ja auch die allertreuesten Anhänger des Rabbinismus eingestehen, da ja der Talmud selber gar nicht verlangt, dass man die Thiere auf alle Defecte und Schäden untersuche, die das Thier lebensgefährlich machen. Denn nach seiner Veterinärkunde hält er die meisten Thiere für gesund, zum mindesten für lebensfähig, und er hat ja für alle menschlichen Verhältnisse (einige Fälle ausgenommen) den Kanon aufgestellt: „Die Mehrheit entscheidet", und es bedarf keiner weiteren Untersuchung (S. ob. Art. שחיטה S. 295 Note 1); nur die Lunge macht bei ihm eine Ausnahme, weil sich an ihr die meisten Krankheiten bemerkbar machen, darum soll sie auf manche Schäden und Defekte untersucht werden. Ist uns aber die Lunge durch irgend einen Casus nicht zugänglich, so ist das Thier anstandslos zum Verzehren gestattet. Raschi Chul. 12ª.

besuchten Vortrage, der auch durch den Druck veröffentlicht werden
wird*), sowohl als die humanste (thierfreundliche), wie in hygienischer
Hinsicht als die empfehlenswertheste erklärt, das unkenhafte Geächze
der verbissenen Feinde des Judenthums endlich verstummen machen.
Wir unsererseits erkennen in mancher Beziehung eher zu viel, als
zu wenig Schutz und Schonung für die Thiere von Seiten des Talmudismus; den Israeliten aber wird gerade durch seine übertriebene
minutiöse Cautele für die Thiere das Leben erschwert. Was aber die
Quelle und Autorität des jüdischen Schlachtritus betrifft, so kann ich
nur immer und immer wieder mein früheres Verdict wiederholen
(s. o. S. 248—255 die ausführlichen Beweise), dass das Schächten im
Pentateuch nicht angeordnet ist, dass die Worte: וזבחת מבאשר צוה־תיך
5 M. 12, 21.). die der Talmud als Stütze dafür hinstellt, von ihm
ganz und gar missverstanden sind. Was vollends das Schächten des
Geflügels betrifft, das er ebenfalls als ein sinaitisches Gebot הלמ׳ט
ausgiebt, so sind es ja die drei vollgiltigen Tanaim und Emoraim
R. Eleasar ha Kappor, R. Jitzchak b. Pinchas und R. José b. Jehuda,
nach Toss. R. José b. Chanina. die ausdrücklich behaupteten: אין
התירה מן לעוף שחיט׳. Es bedarf also nach den eben genannten
Talmudisten, wie die Tossaf. Nasir 29a ausdrücklich bemerken, beim
Geflügel nur der: נזרת סימנים להוציא דם דרך הסימנים ומב׳ מולק
ירמ׳צא אם הם תי לא אם צי־ר. Dies wäre ein unleugbarer Beweis, dass sich
הילק׳ שחיטת lediglich an שחיטת קדשים anlehnte (ältere Ansicht der
Mechilta und Sifre), und hier (bei קדשים) fand ja מליקה und nicht
שחיטה statt. S. dazu Raschi, Chul. 27b Stichwort zu לעוף אין שחיטה
ואפ׳ מתי־ und zwar מי׳ התירה מחל״מ אי׳ לו אלא מד־ם נבלה ואין נכלה
עוף קרו יבבלה אא׳ב מתה מאליה או ־תנה במכה שלא על ידי סימנים אבל נחיה
אם ניקיר סימנים כשר ב׳. „Nach den soeben angeführten Talmudisten
wäre Geflügel nur dann als Nebelah zu betrachten, entweder wenn es
krepirt — von selbst verendet — oder durch einen Schlag auf einen
anderen Körpertheil getödtet worden; ist dagegen in die סימנ׳ einge-
stochen (נחירה), oder sind dieselben gewaltsam durchgerissen, so ist es
zum Essen erlaubt." Das giebt doch etwas zu denken!

Zur Motivirung auf dem Gebiete der pent. Speiseverbote hätte ich noch
zu bemerken, dass die jüdischen Exegeten wenig originell sind. Philo, der
Pseudoepigraph Aristeas u. v. A. freilich haben für die verbotenen Thiere
spielende, fast kindische Allegorien angeführt, die in verschiedenen Midraschim ihr Echo finden. Sie sind so abgeschmackt, dass sie auch nur andeutungsweise erwähnt zu werden nicht verdienen. Dann schweigt die
Motivirung meines Wissens eine Zeitlang bis auf Saadja, der bezüglich der

*) Ist inzwischen bereits erschienen.

Thiere das Motiv von der Idololatrie herleitet*). Weiter freilich geht A.
b. Esra, wir glauben, dass, so originell er sonst grade ist, er doch bisweilen die christlichen Philosophen oder Kirchenväter bei seiner Motivirung benutzt hat. Die reichliche Benutzung des Aristoteles (Ethik)
von Seiten Maimonis ist zu bekannt. Nach ihm finden wir schon sehr
häufig Motivirungen den Kirchenvätern und zum Theil heidnischen
Philosophen entnommen**). Und dies gereicht ihnen wahrlich nur zur
Ehre nach dem Ausspruch der Mischnah: „Wer ist weise? Der von
Jedermann Belehrung annimmt." Auch sonst finden wir in der Mischnah,
wie oben oft nachgewiesen, dass die damaligen Lehrer bisweilen die
Physiker (הרופא הרופים) und sonstige Gelehrte um Belehrung angingen.
Hätten sie die Aerzte unserer Zeit vor sich gehabt, so würden sie behufs
Feststellung der lebensgefährlichen oder gefahrlosen Thierkrankheiten
diese befragt haben. Und heute heilen ja auch die orthodoxesten
Beschneider (מוהלים) die Schnittwunde des jungen Kindes nicht nach
talmudischer Vorschrift, die jeden Beschneider kassiert, der die Blutung
der Schnittwunde nicht durch Aussaugen (מציצה) stillt, sondern sie
verfahren nach der Vorschrift der jetzigen Aerzte.

*) Ohne Zweifel nach Theodoret s. ob. S. 133, 341, 357—359 und
381 Note 36.
**) Wenn sie dieselben auch nicht namhaft aufführen. Ich weiss
auch nicht, auf welchem Wege sie Ihnen bekannt wurden.

Bemerkung zu S. 46 Note 1. Nachdem ich jene Note längst
niedergeschrieben, fand ich zu meiner Befriedigung in אגרת בקורת des
sel. R. H חיים צבי Folgendes: שורשת הלכה ב׳ טו׳ א' מ׳ המגיד הרב
diese Worte gerade umgekehrt wieder). מבת מבת מבני שב"ש (Ein Druckfehler giebt
בבשיול ובש"ש באמילה הרמב"ם דבשר בחלב אסור
Maim. im Midrasch ויקרא nicht gefunden, auch erwähne Maim. diesen
Syllogismus in seinem מ' המצית nur bezüglich des Verbotes von בת
הבת דבת מק"ו aber nicht auf בב"ח, auch deute er nicht irgendwie auf
den Midrasch zu ויקרא hin! So hätten wir doch diese litterarische
Auffälligkeit in der Note S. 46 ausführlicher erörtert durch das Hervorheben, dass die fragl. Conclusion weder nach מיענה להם in ר' בראשית
noch nach מיענה מגיד in ויקרא רבה sich findet
Noch findet sich im 6. Bande [des ברס חמר von einem Anonymus
(vielleicht ist es שיר) ein Versuch die fragl. litterarische Schwierigkeit
auszugleichen, er fühlt sich aber selbst gar nicht davon befriedigt und
vermuthet, dass unserem Maim. irgend ein uns unbekannter Midrasch
wird vorgelegen haben.

Nachbemerkungen.

Die letzten Zeilen dieser Abhandlung waren eben beendet, da erhalte ich die epochmachende Rede des Herrn Dr. Dembo, ja sie ist epochemachend, es ist keine blosse Rede, es ist eine That, eine Grossthat. Der charaktervolle Gelehrte hat sich unsterbliches Verdienst erworben, Alle, die sich nicht aus Leidenschaft und Hass geradezu gegen die Wahrheit verschliessen, zu aufrichtigem Danke verpflichtet, einestheils auf hygienischem Gebiete, indem er fachwissenschaftlich constatirt, dass gerade nach dem jüdischen Schlachtritus, der eine starke Blutentziehung erzielt, gesünderes Fleisch geliefert wird;[1] er hat sich auch verdient gemacht um den Thierschutz, indem er auf das Evidenteste nachweist, dass gerade die rituelle Schlachtweise dem Thiere den kürzesten und am wenigsten empfindlichen Schmerz bereitet. Zu ganz besonderem Danke hat er einen grossen Theil der Judenheit verpflichtet, da die durch ihn eines Besseren belehrten und überzeugten Staatsbehörden keinen Gewissenszwang ausüben werden. Wenn er auch darin irrt, dass in der Mischnah Chul. 3, 2 „nitlah" und nicht der Plural „nitlu" steht, so ist ihm doch mit vollem Recht gegen die Mischnah beizustimmen, dass, wenn das Thier beider Nieren beraubt wird, es durchaus nicht mehr lebensfähig ist.

Der ebensowohl als Talmudist, wie als Arzt competente Dr. Bergel (Studien über die naturwissenschaftlichen Kenntnisse u. s. w.

---

[1] Dr. D. steht nicht im Widerspruch zu den Aeusserungen der beiden Autoritäten Dr. Niemann und Pappenheim. (O. S. 215—16.) Diese äussern sich nur abfällig gegen die nach erfolgter Ausblutung hinterher erfolgende Begiessung, Einweichung im Wasser, Besalzung und erneuerte Begiessung, wodurch das Fleisch stark verwässert wird und inneren Gehalt, Saft und Kraft, verliert.

S. 40) behauptet und motivirt nach dem Vorgang der beiden
Autoritäten Prevost und Dumas dasselbe. [1] Es verdient besondere
Anerkennung, dass Dr. Dembo um die Wahrheit zu ergründen, sich
der grossen Mühe unterzog, die Quelle aufzusuchen, den Talmud
zu studiren, das für Unzählige mit sieben Siegeln verschlossene
Buch, in welchem die antisemitischen Thierschützler auch nicht
eine Zeile zu entziffern vermögen. Gerade aber als Dank gegen
den gewissenhaften Gelehrten glauben wir ihn aufmerksam machen
zu müssen, dass er in der Mischnah Maaser scheni 5, 15 die
Worte ועד ימיו היה פטיש מכה בירושלים missverstanden hat: Der
dort erwähnte schlagende Hammer in Jerusalem deutet auf etwas
ganz Anderes hin; aber ubi plurima nitent etc. Es wundert uns aber,
dass die Redaction der Presse, die doch das Votum des Dr. D.
bringt, im Briefkasten No. 8 nicht darauf aufmerksam machte. Ich
glaube, dass unser Votant dem Talmud mehr Ehre erweist, wenn
er die bezüglichen Vorschriften des rituellen Schlachtens dem
Forschergeiste der Talmudisten vindicirt, als dieselben den Talmudisten als reife Frucht vom Himmel in den Schooss fallen zu
lassen. Die drei Erörterungen über das rituelle Schlachten, in der
No. 9, 13 und 14 der jüdischen Presse, von den Herren Rabbinern

---

[1] Dr. Bergel führt in seinem Werke noch viele Irrthümer der
Talmudisten bezügl. ihrer שחיטה- und בשרות-Erklärungen an, die ihnen
durchaus nicht zum Vorwurf oder Tadel gereichen, sie theilten die
Irrthümer ihrer Zeit, die die Fortschritte unserer Zeit auf den Gebieten
der Anatomie, Physiologie und Aitiologie nicht kannten. Wären sie im
Besitze der Fortschritte der heutigen Wissenschaft gewesen; so hätten
sie über diesen und jenen Punkt nach diesem Standpunkt und nicht
nach dem veralteten irrthümlichen entschieden. Zu tadeln aber ist
der Chauvinismus der mittelalterlichen Rabbinen, deren pfäffische
Ueberhebung bezügl. der talmudischen Veterinairkunde wir oben S. 236 bis
239 gekennzeichnet haben. Diese mittelalterlichen Epigonen der
eigentlichen Talmudisten, die sonst ein so übertriebenes Interesse für
den Thierschutz, für Schonung der Thiere beim Schlachten zeigen und
uns Menschen durch allerlei Spintisirungen das Leben erschweren, ge-
währen uns anderntheils eine Licenz, die wir gerade im Interesse des
Thierschutzes, der Hygiene und des biblischen Blutverbotes mit aller
Entschiedenheit, ja, mit Entrüstung zurückweisen. S. o. S. 246 u. 247.

'Hildesheimer, [1]) Horowitz und Hoffmann, [2]) deren Gelehrsamkeit, Scharfsinn und Verdienste um das Judenthum ich sonst gern anerkenne, pressen, wie der Talmud selbst die beiden Worte באשר צויתך presst und verrenkt, um nur nachzuweisen, dass die bekannten rituellen Schlachtregeln dem Mose von Gott selbst tradirt wurden. — Sie finden ihre Widerlegung in diesem Buche S. 248—255 wo ich S. 253*) Note (ausser vielen Koryphäen der biblischen Exegese) besonders auf den Verfasser des סמ״ג (und der beiden Supercommentare Derischah und Perischah Tur Joreh Deah § 1. zu C. 1) hinweise, der wahrlich kein Neologe, sondern ein hochorthodoxer Rabbi war, dem aber die Wahrheit, die Erforschung des Wortsinnes

---

[1]) In seinem Gutachten könnte uns wohl der von ihm angeführte Umstand imponiren', dass ja auch die Karäer die 5 Schlachtregeln respectirten; aber wir wissen ja, dass im Gegensatz zu den älteren, die späteren Karäer so Manches von dem Rabbinismus acceptirt haben. Die freie vorurtheilslose Forschung behauptet, dass nicht die הלכה, sondern die Talmudisten die 5 Schlachtregeln aufstellten, gestützt auf ihre Interpretation des באשר צויתך, und Herr Dr. Hildesh. weist uns auf die Gemara hin, die behauptet, dass באשר צויתך uns auf Mose hinführt. Das ist ja ein sonderbarer Cirkelschluss. Selbst Sifre mit seinem כי braucht ja nur auf שחיטה „den Halsschnitt" im Gegensatz zu נחירה „Abstechen" hinzudeuten, von den fragl. 5 Schlachtregeln war auch bei שחיטת קדשים nicht die Rede.

[2]) Dr. Hoffmann sagt: „Es muss demnach auch an unserer Stelle das באשר צויתך auf ein diesbezügliches ausführliches Gesetz Bezugnehmen." Aber das באשר צוה 5 M 5, 16 nimmt doch gewiss Bezug auf 2 M. 20,, 12. Ist etwa dort das Gesetz ausführlicher gegeben? Eher umgekehrt durch den späteren Zusatz למען ייטב לך; aber viel wahrscheinlicher ist, dass unser באשר צויתך sich auf 1. M. 9, 4 bezieht.**) בהמה „Du sollst schlachten באשר צויתי, wie ich Dir 1. M. 9, 4 befohlen habe" בשר בנפשו דמו לא תאכלו „Fleisch vom nicht getödteten, noch lebenden Thiere מן אבר בעוד בו חיו nicht zu essen." Von den 5 Schlachtregeln ist aber nicht die Rede.***)

—

*) Siehe S. 296 Note m,
**) S. oben im Text zum Worte סמ״ג.
***) Die Tossaphisten Chul. 28 a. schwören fast auch — und ihre Nachtreter erst recht — auf die kindische Wortspielerei: א באשר צויתך אחר בעין ט שנים ב בבהמה ה רובו של אבר ב במיני ...

über die Ehre des Talmud und alles Andere ging. Wer freilich
an das Studium des Talmud mit dem Vorurtheil herantritt, dass
dieses ein unfehlbares, göttlich geoffenbartes Werk ist; der wird
— man verzeihe mir die talmudische Hyperbel — wie die Pumbe-
dither einen Elephanten durch ein Nadelöhr gehen lassen, wer den
Talmud aber rückhalts- und vorurtheilslos, als ein wenn auch gar
vorzügliches, aber immer doch menschliches Werk, wie so viele
menschliche Schriftwerke behandelt, der wird zu ganz anderen
Resultaten gelangen.

Was ich (im Art. כב״ח) bezüglich der Worte לא תבשל ובו׳
behauptet, das behaupte ich auch bezüglich der Worte באשר צייתך:
all die verschiedenen Interpretationen haben mehr oder minder
eine Wahrscheinlichkeit für sich, nur die talmudische ist durchaus
unannehmbar.

Wir schliessen diese Nachbemerkung, die erst nach Abdruck
des Nachwortes (S. 10 q. geschrieben wurde, mit den Worten der
Mischnah Jebam. 2, 4 und Gem. 14 b über die beiden oft dissentirenden Schulen (die Hillel- und Schamaische): „Obgleich die eine
verbietet und die andere erlaubt, die eine verwirft und die andere
gestattet, verketzerten, befehdeten sie sich doch nicht gegenseitig,
weil sie dem Ausspruch des Propheten huldigten (Sech. 8, 9):
„Liebet die Wahrheit, (die Treue.) liebet den Frieden.‟

Druckfehler und Ergänzungen.

Ungenaue Interpunktion und die sehr vielen stehen gebliebenen Verwechslungen ähnlicher Buchstaben, wie ב und כ, נ und ג, ד und ר, ה und ח und dgl. mehr wird der gütige Leser wegen meiner Augen-schwäche wohlwollend entschuldigen und selber verbessern; nur die den Sinn entstellenden und störenden Druckfehler und unerlässliche Ergänzungen sind hier angemerkt.

Seite 8   Abs. 2 Zeile 9 von unten „vormosaisch“.

=   9   Zeile 2 von unten „Schriftworten“ anstatt „Schriftwerken“

= 10d   = 8 von unten „Ehegesetze“.

- 10g   = 14 von oben „Zeit — und“

=   = 21 „nur der Talmudist von Fach kennt“.

= 10h   = 18 von oben „beider“.

= 10i   = 8 „würde“ anstatt „müsste“,

Zu Zeile 13 gehört folgende Note: „S. übrigens M. Neb. 1, 54: נקה לא יקה עיני ושרש לא ישרש מאמרו יקתה לארץ תשב und מסדרי התפלית הפרידו ונקה מלא יקה Aramah Akeda porta 54: אבל לא יסביל כן הפשט וחשבון המדות.

= 10n   Zeile 5 „und den neu-orthodoxen“.

=   = 15 „198 und in einer dazu gehörigen Note S. 297“.

= 10o   = 7 „und sie nicht“, das. Zeile 14 „Was“ statt „Wie“.

= 14   Note 1 „לבני נח“, Note 2 „יעקב נצטוה“.

= 15   Zeile 2 unt. Strich „היׁשה“.

= 16   = 4 von unten „מׁשהדל“.

= 17   Note 1 letzte Zeile „בהוב“.

= 19   letzte Textzeile „Erinnerung an“, das. Note 1 „המאכלים“ und „אכילתו“.

= 21   Zeile 2 von oben „רק“, das. Zeile 5 „היׁב“.

= 23   Abs. 2 Zeile 2 „Huntington“, Zeile 3 „Jahrg. S. 241“.

= 25   Note 1 Zeile 1 „Observanz bei“.

= 26   Zeile 5 „Movers“.

= 27   = 8 „ׁשלהי“, das. Note 1 Zeile 9 „entgegengesetzt“.

= 30   : 4 „soll eine Note besagen: Herr Seminar-Rabbiner Lewy löst diesen Widerspruch damit, dass es auf den Standpunkt ankommt, von dem aus man die נידין in Augenschein nimmt.

Seite 31 Zeile 4 von unten „מִימָן‎", das. Note 1 „Raschi".

= 33 Note Zeile 7 von unten „דּוֹג‎".

= 35 Zeile 15 v. ob. „בֵּן יָבִין‎", das. Note Zeile 5 v. unt. „rariores".

= 39 = 4 v. ob. „ע״ם‎", Zeile 6 „וַיֵּלֶךְ‎" Zeile 8 von unten „מִצָּה‎".

= 40 = 5 v. ob. „הַחְמִירוּ‎", das. gehört zu Zeile 8 von unten die
Note: „Desto enger an einander schliessen sich so inhaltlich
die Worte: עַל כֵּף הִירך‎ אֲשֶׁר הֲשָּׁה עַיִד‎".

= 42 Zeile 15 „Exegeten", Note Zeile 2 von unten „עֶרְכֵּי פִידוֹת‎".

= 43 = 18 „berechtigt", das dortige Fragezeichen gehört in die
folgende Zeile.

= 45 Zeile 12 „Exegese".

= 46 = 16 „Rabbah", Zeile 13 von unten „Analogon", vorletzte
Zeile von unten „הֵדִי‎".

= 48 Zeile 3 Der Punkt muss hinter אָמַן‎ und nicht hinter מָ‎ stehen.

= = 10 „דּוּקָא‎", Note Zeile 8 „geschehen müsste".

= = 4 von unten „Vgl. Seite 118 Karäer zu dem Worte אָמוּ‎
und עָמוּ‎".

= 51 Zeile 12 von oben „שֶׂ‎", Zeile 4 von unten „וַלְדִי‎".

= 52 = 2 Note „keinen".

= 53 = 4 von unten „כָּתַשׁ‎" soviel wie „שִׂיא שֶׁקֶר‎".

= 56 = 16 von unten „רְחֹק‎"

= 58 = 11 von oben „נוּבַח‎", Zeile 19 „verpönt".

= 63 = 3 von oben „וַלֹא‎" Zeile 16 „הַנִּמְצָא‎", Zeile 22 „הַפְּשָׁטִים‎",
letzte Zeile „Schor S. 79".

= 66 Zeile 11 „בְמָה‎".

= 68 = 2 v. ob. „טָבְשׁוּ‎", Zeile 15 „נְבוּה‎". S. 70. Zeile 17 „הָרְחוּקִים‎".

= 71 Zeile 2 von oben „מוֹן‎".

= 73 Note Zeile 5 und 13, „(Ar.) soll heissen Aramah".

= 77 Zeile 12 von unten „Abravanel".

= 79 Note 2 „לְהוֹרִג‎" und „יוֹבֵף‎", Das. soll eine Note 3 lauten: „Ich
erfahre hinterher, dass die beiden Gelehrten Dr. Berliner und
Zadok Cahn sich über diese Frage geäussert. Stimmt meine
Hypothese mit der ihrigen überein, dann בָּרוּךְ שֶׁבְּנָתִי‎, andernfalls werde ich gern widerrufen, wenn ich widerlegt werde".

= 80 Note 2 Zeile 6 von unten gehört eine Bemerkung „s. dies Druck-
fehlerverzeichniss S. 509 zu וַנְקָה‎".

= 84 Abs. 3 Zeile 6 „idololatras", Zeile 7 „feraciores".

= 87 Note 1. „וָלָה‎", Zeile 2 „מָה‎".

= = = k. „הֵלֶב‎", Zeile 3 „אַחֶרֶת‎".

= 90 Zeile 3 „Silvanum", Zeile „18 Vergil".

, 92 = 1 (soll anstatt 2, eine 1 stehen und Zeile 4 von unten
„erkennen 2").

= = Zeile 3 „für die Thiere".

Seite 93 Zeile 5 „Behauptung" statt „Behandlung".

=   = letzte Zeile „im 3 B. M. C. 11".

=   97 Zeile 6 von unten soll heissen „worüber wir in diesem Werke in der Rubr.".

=   99 Note 1 Zeile 4 „Juchasin aber, die".

=   104 Zwischen Zeile 11 und 12 soll der Satz heissen: Eben so windig wie auf die Frage: את יתי בני את ליהבר ibid. 115 die Erwiderung: מדאסר רחמנא מחטר ומן לנבוה מכלל דלהדיוט שרי.

=   107 Zeile 4 von unten „ותרבה".

=   118 = 12 ist Folgendes hinzuzufügen. „Hier scheinen im Drucke aus meinem Manuscripte einige Worte ausgefallen zu sein: „Ich bedaure, in dem כהר הורה jetzt nicht einblicken zu können; wie mir aber doch zum Theil erinnerlich, hat der Karäer seinem rabbinischen Gegner gegen die Verallgemeinerung des Verbotes das בחלב אמו urgirt, worauf dieser erwidert habe, אמו sei hier gleich עמו. Eine andere, wie soll ich es nur nennen, willkürliche Spielerei bezüglich des אמו oder עמו s. oben Note 3, Seite 47 und 48".

=   119 Zeile 16 soll bemerkt werden: „Nach der Mischnah Chul 5,1 Gem. 115a ist, wenn das Verbot von ואת אתו בנו verletzt worden, der Genuss des Fleisches deshalb nicht verboten" s. den auf dieser Seite oben zu S. 104 gebrachten Satz.

=   121 Zeile 2 soll heissen „חלב ודם". Zeile 16 von unten „Ländern", das. „nach" statt „auch". Zeile 7 von unten „erwiderte". Die Ueberschrift soll lauten „III. u. IV."

=   127 Zeile 5 v. u. „befriedigend", Zeile 3 „S. unter Corrigenda S. 296".

=   129 vorletzte Zeile „Dafür zeugen noch 2 Sam. 7, 13 und 16, dreimal, 1 K. 1, 31, 1 Chr. 28, 4 und noch viele andere Bibelstellen".

=   134 Zeile 6 von oben „venerabilis", Zeile 9 von unten „Idololatrie".

=   136 Note 1 „נעש" Note 3 Ende s. Sommers Abhandlung „Rein und Unrein".

=   141 Zeile 10 von unten „Aber auch".

=   142 zu Zeile 7 von unten gehört eine wichtige Note 3, die sich als Note 2 Seite 296 befindet.

=   = Note 1 Ende „Siehe auch Seite 183".

=   = Note 2 Ende „s. Seite 365—370".

=   143 Ende des Absatzes „s. S. 494 die letzten 13 Zeilen".

=   = Ende Note 2 „?השצה יטירתה".

=   144 Zeile 4 von unten „ist".

=   151 Die letzten Worte der Note 2 sollen lauten: „eine völlig werthlose Beschäftigung, unnütze Zeitverschwendung!"

=   153 Zeile 8 „הצע".

=   156 Note „1 נר".

Seite 158 Note 2 „בִּצְיִ־".

= 160 Ende der Seite ist hinzuzufügen: „Wie kommt es, dass der
so umsichtige Prof. Sommer diese kannibalische Gepflogenheit
mancher Völker in Abrede stellt?"

= 166 drittletzte Zeile „פְּלִים".

= 170 vorletzte Zeile „בְּו".

= 183 Zeile 5 von unten „אֱלֹהִית".

= 184 Absatz I, Zeile 16 „Siehe weiter unten Seite 366".

= 185 vorletzte Zeile Note „Das".

= 186 Zeile 2 „und bedecke", Zeile 20 das Komma zwischen „Blutes"
und „der Milz" muss wegfallen.

= = Zeile 5 von unten gehört eine Note 2, welche hinweist auf
eine Note Seite 297.

= = letzte Zeile soll heissen „מ״א 6, 3 auch im Mischnah commentar
zu Kher. Abschnitt V scheint".

= 187 Zeile 1 „Mischneh", Note 3 Zeile 3 „auch das".

= 193 Zeile 6 von unten „absichtlich und auch nicht unabsichtlich".

= 196 Zeile 6 nach dem Worte „der" die ersten und Zeile 11 nach
dem Worte „konnte" die letzten Anführungszeichen. Das.
Zeile 7 „rabbinisch-Hebräischen".

= = Zeile 6 von unten soll heissen „dem vorstehenden Thema, das
ja die ganze intelligente internationale Lesewelt interessirt,
noch folgende . . .", vorletzte Zeile „werden".

= 197 Zeile 5 von unten „minimalen", Zeile 4 „das Blut im Sinne".

= = = 3 = = das „zumal gar rein zufällige Verschlucken".

= = Note 1 hinzuzufügen: „Siehe oben Seite 187".

= 198 Zeile 3 „oder vollends gar", Zeile 13 „werden können".

= = zu Zeile 13 und 8 von unten gehört eine Note 2, oder Hinweis
auf „Nachwort S. 10 n und weiter unten Seite 297, Note
Zeile 11 bis 2 von unten".

= 200 vorletzte Zeile „וּבְמָקוֹמוֹתֵינוּ".

= 201 Zeile 3 von unten „Inhalte nach wie Alfasie, gegen die Gem.
hatte".

= 203 Zeile 6 von unten „auch „das" vierzehnte mal".

= 204 = 15 von oben „Minhag ist aber," das. בֵּיצָה 11 a.

= 205 Note 2 „Rosenmüller Morgenland".

= = = 3 „βωμοῦ".

= 207 Zeile 12 „Grausamkeit, den".

= = = 3 von unten „Manipulationen", Note 1 „Ahron b. Eliah".

= 209 Absatz 2 ὄρυξ', Absatz 3 „Necromantie".

= 210 Note 1, Zeile 6 „arae".

= 211 Zeile 2 wir „oben" jɔ.

Seite 212 Zeile 10 von unten „Verträgen", Zeile 8 von unten Anfang
dieser Zeile „antiquarischen".

=   =   Ende dieser Zeile den „antiquarischen Gesichtspunkt des
Blutverbotes".

=   221 Zeile 4 „Diese verschiedenen Grenzgebiete".

=   =   zu Zeile 12 gehört eine Note 2 lautend „siehe auch unten
Seite 231 und 243".

=   222 Zeile 1 „Interdicte".

=   =   =   12 „Gefallenem", letzte Zeile ζώου.

=   224 Note „Schemini".

-   226 Zeile 7 vor dem Worte aus „Anfang-Zeichen".

=   =   =   6 von unten „Auffassung".

=   228   =   17 „Hypothese".

=   230   =   12 „יתעביתידם".

=   232 Zeile 10 „diese", Zeile 18 beachten „könne".

=   234 Note Zeile 4 von unten hinter dem Worte „bemerkten" soll es
heissen: „Siehe jedoch in B. Jos. zu T. J. Déah die ausführ-
liche Antwort M'. an die Gelehrten von Lunell".

=   235 Zeile 1 „Federstrich gegenüber dem Talmud der Wissenschaft", Zeile 13 „Kesseph".

=   236 Note Zeile 1 „oder die".

=   237 Zeile 5 „Nidda", Zeile 11 „מאלבבגדר'".

238 Note Zeile 4 „hierarchisch" statt „pfaffisch".

=   =   zur Note Zeile 10 gehört folgende Bemerkung: „Diese höchst
tadelnswerthe, hierarchische Maxime, die dem herrlich heiligen
Schriftwort צדק צדק תרחק־תרחק שקר מדבר־תרדוך Hohn spricht,
macht sich auch geltend bei dem sonst so hochachtbaren
R. Sal. Jizchaki (Chul 32a) betreffs שהייה. Um nur die Unfehlbarkeit der Gemara aufrecht zu erhalten, die die allergeringste Unterbrechung des Schächtens verpönt, solle man einem
bereits geschächteten, aber wahrscheinlich mangelhaft geschächteten Geflügel, das noch lebt, frisst und trinkt, nicht
mit dem fein geschliffenen, scharfen, schartenlosen Schlachtmesser den Gnadenstoss geben, sondern es an die Wand
schleudern, mit dem Fusse niedertreten, oder es sich zu Tode
abquälen lassen. Siehe auch Seite 247".

=   239 Zeile 10 „נשחטו", Zeile 5 von unten „darf טרפה nur".

=   =   letzte Zeile „werden darf".

=   240 Zeile 6 von unten „והעיפיה".

=   =   zu Zeile 4 v. unt. gehört eine Note 3 lautend: „s. S. 293 Note h
bei Bergel", vorletzte Z. „Mibchar", drittletzte Z. „Hechalia".

=   Note 2 „Abhandlung Seite 289".

244 Zeile 7 von oben „Schächtritus שחיטה, den".

Seite 246 Note, der letzte Zeile zuzufügen: „Siehe u. S. 291 Note g".

= 247 zu Zeile 10 von oben gehört eine Note 2 lautend: Siehe ähnliche chauvinistische — hierarchische Anwandlungen auf Seite 238.

= = Zeile 14 von unten soll eine Note 3 bemerken: vgl. Oholot 1, 6 אדם אינו מטמא עד שיצא נפש:

= = Zeile 12 von unten „vielleicht nur deshalb", Zeile 11 „הורידם ‏ „man müsse die Schlagadern durchschneiden".

= 248 Zeile 11 von unten „Gnadenstoss".

= 249 Ende Note 1 noch die Bemerkung: „Haben die Brüder Josephs (1 M. 37, 31) וישחטו שעיר עזים den Ziegenbock wirklich nach allen Regeln des rabbinischen Schlachtritus geschächtet?"

= = Zeile 3 von unten „ישפך‏".

= 250 vorletzte Zeile „weiter unten".

= 251 Note 1 „Art. Seite 289".

= 253 Note 1 zu Zeile 4 gehört die Bemerkung: „Siehe auch u. Seite 391, Note 2".

= = Zeile 11 von unten „Talmud".

= 255 = 14 „בלה: nicht wie die Bibel nur als", Zeile 15 „sondern auch als", Note Zeile 4 „Gepflogenheit hat".

= 257 Zeile 17 „Maim. § 7".

= = = 18 „הבשום".

= 258 Absatz 5 Zeile 2 „Doppel", Note 1 „כל הטריפה".

= 259 letzte Zeile „Intensivität".

= 261 Zeile 3 von unten „untersagt wenn der".

= 266 = 2 v. u. „und die neuorthodoxen". Letzte Zeile „paradoxon".

= 267 Zeile 6 von unten „Noch unsinniger".

= 269 Zeile 3 von oben „eher und mehr discutirbar als die versuchte Aufhebung".

= = Note 1 „Art. Seite 290".

= 272 = 1 „de Iside C. 5," Ende Note 1 „Siehe Anhang II, Seite 503 und 504".

= 273 Zeile 10 „irgend etwas". Von Zeile 11 „daher auch" bis Ende Zeile 13 incl., als durchaus unrichtig zu streichen und auf das hinzuweisen, was in diesem Fehlerregister S. 511 zu oben Seite 119 bemerkt ist".

= = Zeile 13 v. u. „also nicht", „oder doch nicht ausschliesslich".

= = = 12 von unt. „Vgl. S. 277 Note 2, die Doppelmotivirung".

= 275 vorletzte Zeile „ירדו‏".

= 280 Zeile 13 II. Abschnitt „hinweisen" statt „verbreiten".

= = = 16 = = „Verbotes" statt „Gesetzes".

= = Note 2 Ende „Antisemitismus gegen Mitmenschen, die (freilich?) keine Arier, keine Urgermanen, sondern nur Menschen, stille ruhige Bürger sind, tagtäglich feiert."

Seite 284 „Diätetischer Gesichtspunkt".

= 285 Zeile 3 von unten „pecuniäre".

= 287 = 13 = = „Kautschuk".

= 288 Anschliessend an das letzte Wort im Texte soll es heissen:
„Ein Atom von Scharte, die herauszufühlen unser Schächt-
jünger wochen-, ja monatelang einexercirt und eingedrillt
werden müssen, spürt sonst kein anderer Mensch und noch
weniger der Bulle heraus. Die Mischna kennt diesen exaltirten
Fingerspitzen-Mechanismus der Gemara und späterer Casuistik
noch nicht".

= 291 Zeile 4 von unten „Hinsicht die von uns Seite 247 und 272,
Note 3 besprochenen Punkte ausgenommen sogar".

293 Zeile 19 von unten gehört eine Note lautend: „Anderer Ansicht ist Baco: Vana omnis eruditionis ostentatio, nisi utilem
operam secum ducat. Aehnlich äussert sich Mendelssohn
(Phädon im Leben des Sokrates)".

= 293 Note h „Seite 240, Note 3".

= 295 Zeile 24 „nach jener".

= 296 = 2 ist zuzufügen: „Ich nehme diesen Wunsch später
(Anhang II, Seite 502) zum Theil zurück".

= 296 Absatz II. Zeile 5 „dennoch auch", Zeile 11 „כ׳ עד כאולתי".

= 297 Zeile 7 von unten die Worte: „von mir" sollen wegfallen.

= = = 4 = = : „Sinne nach vom Schreiber dieses".

= 298 letzte Zeile „Art. Seite 376".

= 301 Zeile 5 von unten „Geschlechtsvermischungen".

= 303 = 12 = = soll es heissen „כל שאין כמוה חיה gilt als
טרפה".

= = letzte Zeile „Art. Seite 377".

= 306 Zeile 4 von oben „käuen".

= 307 letzte Zeile „Art. Seite 377".

= 308 Zeile 3 „ממם".

= 309 Absatz 2 „Siehe auch Gem. Niddah 50b und Raschi".

= 311 Zu Zeile 4 Ende gehört eine Note 3: „Was Dr. Bergel in
seinem Werke Seite 61 zu Gem. Ab. Sarah 39b bemerkt, ist
nicht ganz correct. Bemerkenswerth ist Raschi ibid. S. 40a
zum Stichwort: ובדים כל שיש נאמlich: אלמא אין סימן לדגים
ברבר אחר. Es werden ja aber auch sonst für die Thiere in
der talmudischen Schrift andere Reinheitszeichen als in der
Bibel angeführt, und in der nachmischnischen Zeit andere,
als in der Mischnah".

312 Zeile 1 muss das Wort „Fisch" wegfallen.

314 Text vorletzte Zeile „בבינה".

= 316 Zeile 4 von unten „XLV, 7", letzte Zeile „des Tetragrammaton".

Seite 317 Zeile 3 von ob. „beiden, den heidnischen und den mosaischen",
= = = 18 „II M 3, 13—15", Zeile 25 „nach seinem und seines
Volkstammes".

= 318 Zeile 18 „Siehe u. Seite 319 und folg."

= 319 Zeile 10 „unrein (aber doch einigermassen in § 13)".

= 322 die Fussnote soll nicht mit „3" sondern mit „2" bezeichnet
sein und statt „Pessikta" soll „Tossephta C. 3 stehen".

= 327 Zeile 6 von unten „Discours l'épicurien".

= 328 = 8 „eine blosse Nachahmung".

= 331 = 7 von unten „Eklecticismus".

= = letzte Zeile statt „an den Früchten" — „an dem Inhalt".

= 332 letzte Zeile „(τῶν ὑῶν)".

= 333 Zeile 1 Note 1 „Ibid. 45", Zeile 4 von unten „hatten, enthielten
sie sich der Rinder".

= 335 Zeile 7 von unten „Manu V, 15 sagt bekanntlich".

= = = 5 = = „Thieres selbst".

= 337 Note 1 „נבלה".

= 341 letzte Zeile „bis 359 und 381 Note 36".

= 342 Zeile 9 „Carça als Eche A. b. E'. citirten".

= 343 Note Zeile 17 von unten „dieses Art. Seite 379".

= 349 Zeile 15 von unten „Säugling היונק", „ob aber gerade nur der
Säugling von Aussatz heimgesucht werde?".

= 353 Zeile 4 „soll kein Absatz sein".

= 357 = 12 „bereits oben Seite 133 u. 341 u. unten 381, Note 36
angedeuteten".

= 359 Note 1 Zeile 1 „שיחייב bei Tibbon".

= 362 Zeile 1 „לבד מן".

= 364 = 1 soll heissen „wenn vollends gar in Folge" . . .

= 367 vorletzte Zeile „Raschi Stichwort קוטל".

= 371 Zeile 11 „Kirchenväter gefolgt. Siehe u. Seite 503, Abs. 2
und Seite 504".

= 372 Zeile 6 von oben „Alle vor".

= = Note 2 Zeile 5 u. 6 Etwas unverständlich! „Wir bezeichnen es
als „Jargon", dass man alle verbotenen Speisen: גיד הנשה בשר
בחלב u. s. w. im Volksmunde mit dem Worte טרפה benennt,
während es für manche Kategorien טמא lauten sollte oder אסור,
was für alle verbotenen Speisen ohne Ausnahme passend wäre".

= Zeile 7 „etwas weniger zu übertreiben" und Zeile 8 „Decennien".

= = = 14 „diese derlei engherzigen".

379 Zeile 4 „טמאים ומתפטם".

= = Note 18 Zeile 2 „מותר הבאכלות", Note 19 „ואין המוסר".

= = Note 22 „Matth. 7, 6", „II Petr. 2,22".

• 380 Zeile 3 „δυσχεραίνουσι".

Seite 381 Note 35 Ende hinzuzufügen: „Betreffs der verbotenen Giftpflanzen s. Sommer".

= 382 Note 39 „A. b. E. zu 2. M. 8, 22", letzte Zeile „kritiklos dem
Hörensagen nachsprach".

= = Note 40 Zeile 2 „Gutachten R. Sal. Ader. resp. 364".

= = = 40 Ende hinzuzufügen: „Nein, man würde es nicht
glauben, dass Menschen mit gesundem Sinne sich mit dergleichen Scurrilitäten befassen können".

= 388 Note Zeile 4 von unten „welches im Rabbinischen „Streit". . . .

= = = = 3 = = „hier nach 1 Chr. 27, 4".

= 389 Ende dieser Seite „Art. Seite 427".

= 391 Note 2 Zeile 1 hinzuzufügen: „Vgl. oben Seite 253 Note, dort
spricht er als unparteiischer Bibelforscher, hier gleichsam als
eingeschworener Talmudist".

= 392 Zeile 8 von unten „sei eine הל״מ. Dagegen" . . .

= 393 Note 4 Ende „Art. Seite 428".

= 399 = 2 „Art. Seite 428".

= 400 = 1 Zeile 7 „Art. Seite 428", Note 5 Ende „Art. S. 428".

= 401 Zeile 17 „zu geben³)?"

= = = 4 von unten „oben gegen den Talmud erschwerend entschieden".

= 402 Zeile 6 von oben „Rathe zu".

= 406 = 4 von unten „Der Inhalt".

= 409 Note 1 Zeile 3 ist der Satz von „Auffallend bis behauptet"
zu streichen, und dafür folgendermassen zu lesen: „Manu V 111:
Glänzende Metalle, Edelsteine und Alles, was aus Stein gefertigt
wird, soll mit Wasser, Asche und Erde gereinigt werden,
ibid. 123: Irdenes Geschirr, welches mit . . . . befleckt worden
ist, kann selbst durch ein zweimaliges Brennen nicht rein
gemacht werden. Ebenso die Gem. l. l."

= 411 nach I. Absatz soll eine Ueberschrift lauten: „Resumé aus
dem bisher Besprochenen, besonders aus dem Art. תיעורים".

= 412 Note 2 die 1. Zeile soll in Klammer kommen. „Bechinath"
statt Rechmath.

= 414 Zeile 10 von unten „Siehe Note 8, Seite 429".

= 415 letzte Zeile „dazu Note 8, Seite 429". . . .

- 416 „zu Absatz 2 ist hinzuweisen auf: „Nachwort S. 12b—12i".

= 418 Z. 12 „ihrer (der Talmudisten) Auslegung", Z. 11 „Art. S. 428".

= 423 Note 1 Zeile 1: „Wie lange noch werdet Ihr Israels Habe
vergeuden? Die Torah nimmt ja so oft schonende Rücksicht
auf die Habe Israels!" „על מה חסה התורה? על בל בלי חרם ויל
פני וכו' אם כך חסה התורה על ממונו הבזוי קי על ממונו החביב"
Negaim 12,5.

Seite 424 Note 1, Zeile 1 „Casuistik, namentlich auf dem Gebete des rituellen Schächtens".

= = Note Zeile 3 „Cultusbeamte".

= 430 Anhang I. nach der 1. Zeile soll es heissen: „Entstehungszeit und internationale Wirkungen der speisegesetzlichen Uebertreibungen".

= 432 Absatz 1 „macht[1])?"

= Note 1 Zeile 3 „siehe dagegen ein anderes Verdict בלבים 'ה Cap. 8, 1 מיתר להן לאכיל בלות וטרפות · · · חלוצי צבא · · · · · · אם ריב ולא מצא מה יאכל אלא מאכלות אלו האסורים "החיר.

437 Note 1 „Ist „masoretisch" nicht". Daselbst zu Ende: „Die Gem. (Rabina) zeigt hier nur geringe Bekanntschaft mit der Bibel, da ja auch von עבדי und מצרי die Mehrheit nicht mit zwei י Jod lautet. Aber dem Talmud muss nun von mancher Seite Unfehlbarkeit vindicirt werden. — Die Thossaph. eilen zur Ehrenrettung herbei".

= 440 vorletzte Zeile „in II. Chronik 18, 2".

= = letzte Zeile „in I. Kön. 17, 6, siehe oben Seite 435—437".

= 443 Note 1 Zeile 5 von unten „Ich meine mit der Citirung Mendelssohns, dass dieser auf einen möglichst praktischen Erfolg aller theoretischen Erörterungen dringt".

= = Das. „wie St. sich".

= = zu Ende dieser Note 1 gehört eine Vervollständigung: „Auf die Erwiderung Dr. St'. in d. Zt. d. Jud. 1893 No. 9 gegen die Berliner Zeitung lässt sich gar viel und entschieden Einwand erheben".

= 445 Note 3 Zeile 2 „nur solche".

= 446 Zeile 6 „die heutige rabbinische".

= 447 = 8 „Das II. Maccabäerbuch VII. Capitel", Zeile 12 „erzählt", Note 5 „ים?וי".

= 449 Note 1 „Siehe, was wir Seite 434, Note 3 über".

= 451 soll nach der 2. Zeile folgende Ueberschrift stehen: „Fortsetzung des Anhang I. „Entstehungszeit und internationale Wirkungen der Speisegesetze überhaupt und der rabbinischen Uebertreibungen insbesondere".

= = Note 3 Zeile 5 „Gesellschaft nicht". Das „nicht" Zeile 4 muss ausfallen".

= 453 Zeile 14 „ein Mehreres".

= 454 zur Note **) Ende „(S. Juven. 14, 9.) Nec discere putant humana carne suillam. Dieser Heide hatte also von der jüd. Lehre und Praxis in diesen Punkte die correcte Ansicht, dass sie den Genuss von Menschenfleisch über Alles verabscheut. Vgl. oben Seite 376".

Seite 462 zur Note zuzufügen „Anhang I., Seite 487 und oben Nachwort
Seite 10 p."

= 463 Zeile 8 ὤνπερ.

= 464 = 11 „Plinius 25".

= 465 Note I. Zeile 6 „Plutarch's".

= 469 letzte Zeile „Seite 489 und Seite 473".

= 470 Zeile 3 „Seneca", Note I. Zeile 1 „Sueton".

= 473 Ende Absatz 2 „siehe Seite 489 u. 490 Anhang I., Note 10
u. Seite 469 Note".

= 474 Note 1 Zeile 5 „waren".

= 475 Zeile 1 „quispiam".

= 486 zu Ende der Note 3 „Siehe auch Seite 475 Note Zeile 6
von unten".

= 487 letzte Zeile „Nachwort Seite 10 p" S. 494 Jobel.

= 496 Zeile 14 u. 16 „Die beiden Fragezeichen gehören zu מי ה־־
und שי׳ ימים.

= 500 Zeile 5 von unten „somit auf".

= 503 2 Absatz Zeile 3 zu „Aristeas" „unter anderen Abgeschmacktheiten motivirt er das Verbot des Wiesels, weil dies Thier durch
die Ohren empfängt, (schwanger wird) und durch den Mund
Junge zur Welt bringt. Τῆς γαλῆς γένος βίαζον ἐστί . χωρὶς
γάρ τοῦ προειρημένου ἔχει λυμαντικὸν κατάστημα . διὰ γὰρ τῶν
ὤτων συλλαμβάνει τεκνοποιεῖ δὲ τῷ στόματι. Dergl. abgeschmackte
Fabeln haben leider Midrasch und Talmud unzählige aufgenommen, während der göttliche Gesetzgeber gerade durch
manche uns auferlegten Entbehrungen vor Annahme derlei
Aberglauben und Albernheiten uns bewahren wollte.

= = Zeile 3 von unt. „Echo finden. Siehe ob. Seite 371, Abs. 3".

= 504 Note **) „Sie scheinen bezüglich der Motivirung mancher
Speisegesetze und ihrer Askese heidnischen und christlichen
Pessimisten nachgebetet zu haben, unter Andern dem Pythagoras
und Seneca; s. dessen epist. 108".

= 507 Zeile 8 die 3 Worte „des מבק und" sollen ausfallen.

= = = 9 soll lauten: „Perischah zu Tur J. Deah C. 1 § 1".

= = Note 1, Zeile 4 „Die Käraer behaupten ja nicht, dass die
fraglichen fünf Schächtvorschriften pentateuchisch geboten
sind, sondern dass ihre autoritativen Weisen sie als correct und
unerlässlich betrachten. Haben diese ja doch zu den fünf
bei den Rabbinen pentateuchisch sanctionirten noch andere
dem Talmudismus unbekannte fünf Vorschriften hinzugefügt,
nämlich: השארה הגברה השפלה התוה הפסקה, und so fällt denn
Dr. Hildesheimers Hauptstütze für die bekannte talmudische
Behauptung fort.

Gleiches habe ich gegen den Abgeordneten der baierischen
Kammer, den Herrn Pfarrer Dr. Frank, (s. Isr. Wochenschr.
d. J. No. 20, S. 157) bezüglich seiner Beweisführung von den
Samaritanern zu bemerken. Doch zuvor von etwas Anderem!
Seine Erörterungen über Schechitah machen seinem Herzen,
seinem Gerechtigkeitsgefühle, seinem Forschertriebe alle Ehre,
er ist nicht nur ein Gelehrter, sondern auch ein grosser
Charakter, an denen unsere Periode des versumpften, wahnwitzigen Antisemitismus wahrlich keinen Ueberfluss hat.
Doch vor Allem der Wahrheit die Ehre! In seinem edlen Eifer
und Bestreben, einer ecclesia pressa, einer in ihrem religiösen
Gewissen sich bedrückt fühlenden Minorität und dem Talmud
zu Hilfe zu kommen, begeht er einigen Irrthum und setzt
sich gerade mit dem Talmud in directen Widerspruch. Dr. F.
führt für seine Behauptung ‏שׁורך טבח לעיניך‏ (5. M. 28, 31)
in's Treffen: „während ‏טבח‏ jedwede Art vom Abschlachten,
Abstechen bedeute, habe die Schrift mit ‏שׁחט‏ ausdrücklich
das vom Talmud normirte „Schächten" bezeichnen wollen."*)
Nun sehe man Gem. Chul. 91 a zu 1. M. 43, 16: ‏מאי דכתיב‏
‏טבח טבה והכן: פרע להם בית השחיטה שלא יאמרו בשר הנחדה אני‏
‏אוכל‏, wozu Raschi commentirt: ‏לפי שבני יעקב שומרי מצוה היו.‏
‏דאע"פ שלא נתנה תורה מקובלין היו מאבותיהם.‏ „Joseph habe
seinem Haushälter befohlen, seinen (Josephs) Brüdern den
rituellen Schächtschnitt bloszulegen, damit man nur ja nicht
glaube, er geniesse abgestochenes Fleisch; denn die Söhne
Jakob's haben, obgleich das Gesetz Moses noch nicht promulgirt war, doch durch Ueberlieferung von ihren Vorfahren
alle späteren Satzungen beobachtet"! Und gerade auf das ‏טבח‏
‏טבה והכן‏, diese fingirte Krücke, die der Gem. als Stütze und
Beweis dient, dass Joseph und seine Brüder nur rituell Ge-
schächtetes gegessen haben, begründet der Talmud Chul. 85 a
nach Raschi ein anderes Verdict: ‏נמר מטבח טבח והם מה‏
‏להלן שחיטה רא"ה בדכתיב כי אתי יאכלו האנשים‏ „So wie unter
taboach Tébach wehachen bei Joseph und seinen Brüdern
nur „rituelles Schächten" gemeint sein kann — denn es heisst

---

*) Nach der Definition des Dr. Fr. hätte es in der Haupt-
stelle, die als Beweis für die pentateuchische Quelle des talmudischen Schächtritus dienen soll, 5 M. 12, 21, mindestens
lauten müssen „‏וּשְׁחַטְתָּ כַּאֲשֶׁר צִוִּיתִךָ‏" nicht aber ‏וזבהת‏, das dem
Sinne und Inhalt und selbst dem Buchstabenlaute nach ganz
identisch ist mit ‏טבחה‏, das ja nach Dr. Fr. **jederlei** Art von
Abschlachten, Abstechen bedeutet.

ja: „mit mir werden die Männer, die Brüder, speisen" — so
muss überall, wo es sich um „שחיטה" handelt, nur „rituelle
Schächtung" verstanden werden." Auf eine so felsenfeste
Basis ein so unerschütterlicher Bau aufgeführt!!

Auch der Hinweis auf die Samaritaner ist keineswegs
überzeugend. Gewisse, gesicherte Erkenntniss von dieser Secte
und ihren Usanzen besitzen wir durchaus nicht. Welch' Hin-
und Herschwanken bezüglich derselben in der Gem. je nach
den verschiedenen Zeit- und Ortsverhältnissen! Bald sind sie
nur גרי אריות „Löwenbekehrte" und werden, wie נכרים גמורין, als
eigentliche Heiden betrachtet und behandelt, „denn man habe
דמות יונה ein von ihnen verehrtes Götzenbild auf dem Garisim
vorgefunden;" bald gelten sie als äusserst scrupulös in der
Beobachtung jüdischer Satzungen כל מיבת שהחזיקו בהן כיתים
הרבה מדקדקין בהן יותר מישראל. Vgl. auch מס׳ כיתים ed. Kirch-
heim und כרמי שמרון, wie auch Geiger Art. Samaritaner Z. d.
D. M. G. XX. S. 527—573.

Wenn Herr Dr. Frank unsere Erörterung über Schechitah
in diesem Werke S. 244—255 lesen sollte, würde er seine
Meinung über die pentateuchische Quelle für die talmudische
rituelle Schächtweise ändern. Derselbe sagt noch (s. Wochschr.
No. 10, S. 77): „Der Talmud ist für die Juden so wichtig wie
die Bibel selbst." Damit leistet er nicht uns, sondern nur.
den wahnwitzigen, blutdürstigen Antisemiten einen Dienst
Wir weisen diese Insinuation an mehreren Stellen dieses
Werkes ganz entschieden zurück und wundern uns, dass
der Referent der Frank'schen Rede l. l. die fraglichen Worte
ohne jedes Amendement weiter verbreitet, während doch das
bekannte Manifest der mehr als 200 Rabbiner Deutschlands,
worunter freisinnige, freiconservative und hyperorthodoxe,
über deren Stellung zur Autorität des Talmuds ziemlich
anders lautet.

Bei nochmaliger sorgfältiger Durchsicht des Druckfehler-verzeichnisses finde ich, dass doch noch einige Druckfehlervermerke u. dgl. nachzuholen sind; wie überhaupt der wohlwollende Leser ersucht wird, bei der Lectüre eines jeden Blattes zuvor gefälligst die Druckfehlervermerke berücksichtigen zu wollen.

Soite 375 Zeile 10 von unten das Wort „ist" fällt aus und kommt hinter
dem Wort „Verleumdung" zu stehen.

= 433 Zeile 14 siehe auch Joseph. c. Apionem II. 24: Ἡ καὶ μετὰ
τὴν νόμιμον συνουσίαν ἀνδρὸς καὶ γυναικὸς ἀπολούσασθαι κελεύει ὁ
νόμος. Siehe auch Sommer S. 203, Note die diesbezügliche
Vorschrift für die Theilnehmer an den Eleusinien.

= = zu Ende der Note 3 ist hinzuzufügen: „Ich finde hinterher,
dass Prof. Sommer die von mir citirten Bibelstellen in seinem
Buche S. 229 selber anführt, aber seine Behauptung dennoch
erhärtet."

= 436 Fussnote Zeile 6 statt „haben ausgesprochen" lies: „sprechen
wir uns aus".

= 452 vorletzte Zeile lies Unrichtigkeiten.

= 487 Note 6 Zeile 8 „Männern in der Stadt Posen".

= 512 Zeile 19 statt 11 lies 8.

= 499 lies statistische Unwahrheiten.

= 506 statt pfäffisch lies hierarchisch.

= 508 Zeile 3 dieser.

= = = 8 von unten Nachbemerkungen, Zeile 7 wurden.

= 513 = 11 von oben statt Anfangs lies Anführungs.

= = = 12 von unten ein Komma vor dem Wort „Geflügel".

= = drittletzte Zeile statt Hechalja lies Hechaluz.

= 514 Zeile 5 von unten statt II. Abschnitt lies Absatz 3.

= 517 = 5 bis 8 von oben müssen ganz ausfallen.

= = = 19 von unten statt Menu VIII lies V, 111.

= 518 = 5 von unten statt discere lies distare.

= 521 lies מצות.